Gaisler, Jirí.

La grande encyclopedie
des mammifères /
1995.

2002 06 18

DATE DE RETOUR

08 MAR. 2010

BRODART   Cat. No. 23-221

Collège Boréal
Centre de ressources
21, boul. Lasalle
SUDBURY ON P3A 6B1

LA GRANDE ENCYCLOPEDIE DES MAMMIFERES

LA GRANDE ENCYCLOPEDIE DES MAMMIFERES

Texte de Jiří Gaisler et Jan Zejda

Adaptation française
de Bruno Porlier et Michel Cuisin

Révision générale de Michel Cuisin,
attaché au Muséum national d'histoire naturelle

GARANTIE DE L'ÉDITEUR
Pour vous parvenir à son plus juste prix, cet ouvrage a fait l'objet d'un gros tirage. Malgré tous les soins apportés à sa fabrication, il est malheureusement possible qu'il comporte un défaut d'impression ou de façonnage. Dans ce cas, ce livre vous sera échangé sans frais. Veuillez à cet effet le rapporter au libraire qui vous l'a vendu ou nous écrire à l'adresse ci-dessous en nous précisant la nature du défaut constaté. Dans l'un ou l'autre cas, il sera immédiatement fait droit à votre réclamation.
Librairie Gründ – 60, rue Mazarine 75006 Paris.

À Marie-Charlotte Saint-Girons
Que les auteurs tiennent à remercier pour son aide précieuse dans
le domaine de l'étude et de la protection des Mammifères de France et du monde entier.

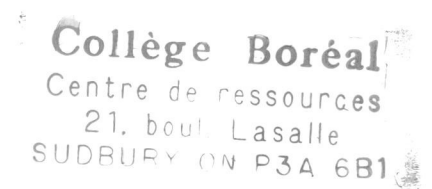

Adaptation française de Bruno Porlier et Michel Cuisin
Texte original de Jiří Gaisler et Jan Zejda
Révision générale de Michel Cuisin, attaché au Muséum national d'histoire naturelle
Illustration de Jaromír Knotek et Libuše Knotková
Arrangement graphique de Pavel Helísek et Markéta Soukupová
ISBN : 2-7000-2506-7
Dépôt légal : septembre 1995
Édition originale 1995 par Aventinum, Prague
© AVENTINUM NAKLADATELSTVÍ, s. r. o., 1995
Imprimé en République tchèque
3/19/08/53-01

SOMMAIRE

Introduction   6

Clé de détermination des ordres   7

Signification des abréviations et symboles utilisés
dans la partie illustrée   9

    Monotrèmes et Marsupiaux   10

    Insectivores et Macroscélides   46

    Toupayes et Galéopithèques   70

    Les Chiroptères   76

    Les Primates   118

    Édentés et Pangolins   170

    Les Carnivores   182

    Cétacés (baleines et dauphins)   268

    Les Rongeurs   288

    Les Lagomorphes   344

    Les Tubulidentés   345

    Lamantins (Siréniens), Damans (Hyracoïdes), Éléphants (Proboscidiens)   354

    Les Ongulés Périssodactyles   366

    Les Ongulés Artiodactyles   386

Bibliographie   490

Index   491

INTRODUCTION

Les premiers mammifères sont apparus sur terre il y a quelque 200 millions d'années, à la fin du Trias (ère mésozoïque ou secondaire). Ils dérivaient des reptiles de la sous-classe des Synapsidés, qui s'étaient développés à la fin du Paléozoïque (ère primaire). Au cours de leur évolution, certains membres de l'ordre des Thérapsidés acquirent des dents et d'autres caractéristiques propres aux mammifères ; leurs vertèbres s'aplatirent et les mouvements de leurs membres changèrent. Cette évolution se poursuivit ultérieurement chez les mammifères primitifs ; le volume du crâne augmenta, leur cerveau grossit, ils devinrent vivipares et nourrirent leurs petits avec le lait maternel. L'accroissement des relations entre la mère (ou les deux parents) et les petits favorisa le développement de la vie sociale et améliora les facultés de survie. Malgré cela, au cours de l'évolution des mammifères, de nombreux groupes sont apparus, mais beaucoup ont disparu. Ainsi, à la fin du Mésozoïque et surtout au cours de l'ère tertiaire, la moitié des ordres connus cessèrent d'exister. Actuellement, il y a vingt ordres de mammifères vivants avec au total quatre mille deux cents espèces environ.

Le nom scientifique de la classe, *Mammalia*, dérive du mot latin *mamma*, qui signifie mamelle. La possession de glandes productrices de lait et la présence d'un pelage sont les caractères les plus évidents qui distinguent les mammifères de tous les autres animaux. Contrairement aux autres vertébrés, leur mâchoire inférieure (mandibule) comporte un seul os, leur oreille moyenne a trois osselets et ils possèdent plusieurs sortes de dents (incisives, canines, prémolaires et molaires). Presque tous ont sept vertèbres cervicales ; ils possèdent un diaphragme musculeux et des globules rouges dépourvus de noyau. L'écorce de leur cerveau secondaire (néopallium) présente un développement extraordinaire, notamment chez les espèces les plus évoluées.

Les mamifères sont des animaux à sang chaud, mais chez certains la température interne peut baisser temporairement quand ils se trouvent dans un état léthargique (hibernation). Leur comportement, plus complexe et plus variable que celui des autres animaux, n'est pas purement inné car ils sont capables d'apprendre. Leur étude est d'autant plus intéressante que l'Homme est un mammifère. Nous maltraitons souvent les espèces sauvages, et beaucoup ont déjà disparu, c'est pourquoi il est aujourd'hui nécessaire de protéger ces animaux ainsi que leur habitat.

CLÉ DE DÉTERMINATION DES ORDRES

Cette clé ne concerne que les mammifères existant de nos jours. Lors de son élaboration, nous avons pris soin de sélectionner les caractères les plus simples possible, afin d'éviter des explications détaillées et des termes spécialisés. Toutefois, de nombreux ordres de mammifères sont très variables et ne peuvent pas toujours être différenciés par leurs seuls caractères externes. Nous renvoyons donc le lecteur à la seconde partie de l'ouvrage, où le crâne du mammifère et son squelette sont illustrés et décrits. Dans cette clé, le nombre de dents est parfois cité sous forme de fraction. Les chiffres inscrits concernent toujours la moitié de la mâchoire, c'est-à-dire le nombre de dents du côté droit ou gauche. Par exemple, les Rongeurs ont 2 incisives supérieures et 2 inférieures, soit une sur chaque demi-mâchoire, en haut et en bas. En abrégé, elles seront notées « incisives 1/1 ». Certains ordres ont dû être subdivisés ; dans ce cas le mot *certains* est écrit entre paranthèses après le nom de l'ordre, et le nom de l'unité de classification inférieure à laquelle les traits décrits s'appliquent est inscrit juste en dessous.

Cette clé ne s'applique qu'aux individus adultes. Pour l'utiliser, commencez la lecture par les entrées numérotées inscrites à gauche du texte. Selon la description des caractéristiques, il est possible, soit d'identifier directement l'ordre, soit d'arriver à un autre chiffre inscrit en bas à droite du texte. Celui-ci renvoie à l'entrée correspondante. À titre de contrôle, nous avons rappelé entre parenthèses, immédiatement après ces entrées, le numéro de l'entrée précédente ayant mené à ce niveau de la détermination. Procédez de cette manière jusqu'à l'identification de l'ordre auquel appartient le mammifère recherché.

1	– Membres antérieurs transformés en ailes supportées par les longs os des bras, avant-bras, poignets et doigts ; seul le pouce est court. Surface alaire rattachée aux côtés du corps et parfois aussi entre la queue et les membres antérieurs. Animal pouvant voler .... *Chiroptera* – Chauves-souris	
	– Ne possède pas d'ailes et est incapable de vol actif	2
2 (1)	– Dents absentes	3
	– Présence de dents	6
3 (2)	– Gros animaux avec crâne de plus de 50 cm de long. Dans la gueule, présence de plaques osseuses appelées fanons. Corps allongé en forme de poisson et absence de membres postérieurs visibles extérieurement. Animal vivant dans la mer .... *Cetacea* – Baleines, marsouins et dauphins (certains) .... *Mysticeti* – Baleines à fanons	
	– Petits animaux avec crâne de moins de 50 cm. Quatre pattes. Ne vivent, pas dans la mer	4
4 (3)	– Arcades zygomatiques complètes sur le crâne. Corps recouvert de fourrure ou de piquants. Si piquants absents, présence de palmures aux pieds .... *Monotremata* – Monotrèmes	
	– Arcades zygomatiques incomplètes. Piquants et palmure absents	5
5 (4)	– Corps recouvert de grosses écailles se chevauchant. Griffes puissantes mais pas nettement courbées .... *Pholidota* – Pangolins	

	– Corps non couvert de piquants mais de fourrure. Griffes longues, courbées et acérées ....*Edentata* – Édentés (certains) .... *Myrmecophagidae* – Fourmiliers
6 (2)	– Corps fuselé et sans membres postérieurs visibles. Animal passant toute sa vie dans l'eau 7
– Corps non fuselé. Si l'animal vit dans l'eau, ce n'est toutefois pas en permanence 8
7 (6)	– Dents coniques, non différenciées et généralement très nombreuses. Crâne asymétrique, avec orifice respiratoire sur le dessus. Mâchoires allongées vers l'avant .... *Cetacea* – Baleines, marsouins et dauphins (certains) .... *Odontoceti* – Baleines à dents
– Dents non coniques et différenciées en incisives et molaires. Crâne symétrique, mâchoires courtes, museau aplati .... *Sirenia* – Dugong, lamantins
8 (6)	– Présence d'os marsupiaux rattachés aux os pubiens de la ceinture pelvienne ; femelles ayant souvent une poche ventrale. Bords inférieur et postérieur des os de la mâchoire inférieure souvent recourbés vers l'intérieur (en direction de la langue). Souvent, présence de plus de 3/3 incisives .... *Marsupialia* – Marsupiaux
– Os marsupiaux et poche absents. Bords postérieurs des os de la mâchoire inférieure généralement non recourbés vers l'intérieur. Nombre maximal d'incisives : 3/3 9
9 (8)	– Crâne conique, tête très longue et oreilles mesurant de 15 à 21 cm. Incisives et canines absentes ; molaires à couronne plate, dépourvues d'émail, composées de barres de dentine entourant un canal central .... *Tubulidentata* – Oryctérope
– Crâne habituellement non conique. Si la tête est très allongée, les oreilles font moins de 15 cm de long. La denture n'est pas du type décrit ci-dessus 10
10 (9)	– Incisives supérieures allongées, transformées en défenses ; incisives inférieures absentes. Présence d'une trompe très flexible, plus longue que la tête. Poids de plus de 4 t .... *Proboscidae* – Éléphants
– Incisives supérieures non transformées en défenses. Trompe généralement absente mais si présente, beaucoup plus courte que la tête. Poids ne dépassant pas 4 t 11
11 (10)	– Incisives 1/1, longues et incurvées, avec émail sur la face antérieure seulement ; canines absentes 12
– Nombre d'incisives généralement différent ; si 1/1, elles ne sont pas incurvées. Canines pouvant être présentes ou absentes 13
12 (11)	– Orbites fermées à l'arrière. Trou occipital à la base du crâne. Troisième doigt des membres antérieurs extrêmement fin .... *Primates* – Primates (certains) .... *Daubentoniidae* – Aye-aye
– Orbites ouvertes à l'arrière ou en partie fermées. Trou occipital s'ouvrant à l'arrière ou en oblique vers l'arrière. Doigts des membres antérieurs tous de la même épaisseur .... *Rodentia* – Rongeurs
13 (11)	– Incisives supérieures épaisses, longues et incurvées, poussant en permanence, généralement réparties 1/2 ou 2/1 14
– Incisives ne poussant pas en permanence et ne présentant pas les caractéristiques décrites ci-dessus 15
14 (13)	– Incisives 1/2. Incisives supérieures de section triangulaire ne possédant de l'émail que sur leur face antérieure. Mâchoire inférieure massive. Plante des pieds nue, doigts pourvus de sabots miniatures en forme d'ongles .... *Hyracoidea* – Damans
– Incisives 2/1. Celles de la première paire supérieure, larges, en forme de ciseau et entièrement couvertes d'émail ; celles de la seconde paire, petites et en forme de cheville. Mâchoire supérieure perforée à l'avant. Plante des pieds poilue, doigts griffus .... *Lagomorpha* – Lièvres et lapins
15 (13)	– Incisives 2/3. Incisives inférieures larges à l'extrémité et pectinées, molaires de forme normale ; ou bien incisives non pectinées et molaires à couronne en forme de W. Taille modérée, longueur tête + corps de 10 à 42 cm 16
– Incisives inférieures non pectinées, couronne des molaires non en forme de W ; répartition des incisives fréquemment 2/3. Toutes tailles 17
16 (15)	– Les deux premières incisives de chaque côté plates, entaillées et rainurées comme un peigne. Patagium fort, large et velu s'étendant de chaque côté du corps depuis la tête jusqu'aux membres et à la queue .... *Dermoptera* – Galéopithèques
– Surface masticatoire des molaires (notamment les supérieures) en forme de W. Absence de patagium sur les côtés du corps .... *Scandentia* – Toupayes
17 (15)	– Membres transformés en nageoires. Se nourrissent dans l'eau. À terre, allure lente, maladroite et démarche balourde ; incapables de courir .... *Carnivora* – Carnivores (certains) .... *Pinnipedia* – Pinnipèdes
– Membres non transformés en nageoires. Même si la nourriture est obtenue dans l'eau, aucune difficulté à se déplacer à terre ; peuvent courir, grimper ou creuser 18
18 (17)	– Incisives et canines absentes, dents dépourvues d'émail. Vivent soit dans les arbres, pendus corps et tête en bas par les quatre membres, soit à terre et sous la terre, portant une cuirasse articulée à plusieurs bandes .... *Edentata* – Édentés (certains)

	.... *Bradypodidae* – Paresseux
	.... *Dasypodidae* – Tatous
	– Denture complète ou incomplète, mais canines et incisives présentes. Dépourvus des autres caractères décrits ci-dessus 19
19 (18)	– Troisième et quatrième doigts, ou bien seulement le troisième, plus épais et plus longs. Présence de sabots. Denture pouvant être incomplète. Il peut y avoir des cornes ou des bois sur la tête 20
	– Absence de sabots ; si les doigts présentent des différences notables d'épaisseur et de longueur, ils sont équipés d'ongles. Denture complète. Absence de cornes et de bois 21
20 (19)	– Troisième et quatrième doigts très gros, l'axe du membre passant entre eux. Premier doigt toujours absent. Second et cinquième doigts courts pouvant être présents, touchant ou ne touchant pas le sol durant la marche. Au total, 2 ou 4 doigts sur les membres antérieurs et 2, 4 ou 3 sur les membres postérieurs. Portent parfois une paire de cornes ou de bois .... *Artiodactyla* – Ongulés paridigités
	– Troisième doigt le plus épais et le plus long. De 1 à 4 doigts aux membres antérieurs et 1 ou 3 aux postérieurs. Jamais de bois mais une ou deux cornes peuvent être présentes, l'une derrière l'autre, sur les os du nez .... *Perissodactyla* – Ongulés imparidigités
21 (19)	– Denture généralement caractérisée par de longues canines et des dents carnassières (dernières prémolaires modifiées ou premières molaires) remarquablement développées. Exceptionnellement, crocs absents, ou dents présentant toutes à peu près la même longueur. Dans le premier cas, orbites s'ouvrant à l'arrière dans la fosse temporale et longueur corps + tête supérieure à 50 cm. Dans le second cas, orbites partiellement séparées de la fosse temporale. Animaux se nourrissant exclusivement ou essentiellement de nourriture animale .... *Carnivora* – Carnivores (certains)
	.... *Fissipedia* – Carnivores terrestres
	– Canines pouvant être longues mais jamais de crocs ou de dents carnassières. Si les canines sont longues, les orbites sont fermées à l'arrière ou longueur corps + tête inférieure à 50 cm. Si les canines sont courtes, les orbites sont ouvertes à l'arrière. Régime alimentaire varié 22
22 (21)	– Orbites séparées de la fosse temporale par un septum postorbital. Le trou occipital s'ouvre vers le bas ou en oblique vers l'arrière et vers le bas. Présence d'ongles plats sur tous les doigts ou au moins sur le pouce et le gros orteil, les deux ou le gros orteil seul pouvant être opposés aux autres, formant une pince. Bons grimpeurs, surtout arboricoles ; régime végétarien .... *Primates* – Primates (certains)
	.... *Prosimia* – Prosimiens, excepté les *Daubentoniidae*
	.... *Simiens* – Singes
	– Orbites ouvertes à l'arrière et trou occipital s'ouvrant vers l'arrière. Doigts pas tous pourvus de griffes et gros orteil non préhensile. Pour la plupart, non grimpeurs et se nourrissant d'insectes 23
23 (22)	– Nez prolongé par une sorte de petite trompe mobile. Gros yeux, pattes postérieures nettement plus longues que les antérieures .... *Macroscelidae* – Macroscélides
	– Nez pouvant être long mais non mobile, comme une trompe. Petits yeux, pattes postérieures pas beaucoup plus longues que les antérieures .... *Insectivora* – Insectivores

SIGNIFICATION DES ABRÉVIATIONS ET SYMBOLES UTILISÉS DANS LA PARTIE ILLUSTRÉE

Traces : haut = empreinte d'une patte antérieure
           bas = empreinte d'une patte postérieure

E = espèce éteinte

M = espèce menacée d'extinction, dont la survie est peu probable

V = espèce vulnérable, risquant de passer en catégorie M si sa situation ne change pas

R = espèce rare, à faible répartition

I = espèce de statut indéterminé

IC = espèce insuffisamment connue

Si l'espèce est entièrement protégée, l'abréviation n'est pas encadrée. Une abréviation encadrée signifie que seule l'une des sous-espèces est protégée.

C = convention de Washington sur le commerce international de la faune et de la flore sauvages.

MONOTRÈMES ET MARSUPIAUX

Ce chapitre aborde deux ordres de mammifères très curieux, pas très proches l'un de l'autre mais qui, néanmoins, diffèrent des autres ordres par bien des aspects. Tous deux habitent une grande partie de l'Australie et chacun apparaît également séparément ailleurs dans le monde. Les Monotrèmes sont le seul groupe encore existant de mammifères ovipares (sous-classe des *Prototheria*). Celle-ci comprend également les ordres des *Trichonodonta* et des *Docodonta* qui vécurent au Mésozoïque (ère secondaire), et l'ordre des *Multituberculata* qui a existé du Jurassique supérieur à l'Éocène durant le Cénozoïque (ère tertiaire). Les Multituberculés ont habité la planète pendant environ quatre-vingts millions d'années, c'est-à-dire plus longtemps que n'importe quel autre ordre de mammifères. D'après leur denture et d'autres caractéristiques, ils étaient essentiellement végétariens et vivaient comme les Rongeurs actuels. Les Monotrèmes ne descendent toutefois pas des Multituberculés et leurs liens avec les Triconodontes et les

Distribution des Marsupiaux

Distribution des Monotrèmes

Docodontes sont également assez obscurs. Certains paléontologistes considèrent qu'ils ont évolué à partir des Docodontes, d'autres qu'ils constituent une lignée évolutive complètement isolée, issue directement des Reptiles et ayant pénétré dans les régions australiennes durant le Jurassique. Ils s'y sont probablement installés beaucoup plus tôt que les Marsupiaux plus évolués, mais les preuves fossiles étayant cette théorie manquent encore.

Les Marsupiaux appartiennent au super-ordre des *Metatheria* (animaux à poche) qui, avec le super-ordre des *Placentalia* (mammifères placentaires) et quelques groupes éteints, forment la sous-classe des *Theria* (mammifères vivipares). On connaît mieux les processus évolutifs intervenus au sein de cette sous-classe que chez les Protothériens. Marsupiaux et mammifères placentaires sont tous deux issus du super-ordre éteint des *Pantotheria* (« tous les mammifères ») qui occupa l'Europe, l'Asie, l'Afrique et l'Amérique du Nord de la fin du Trias au milieu du Crétacé. Les *Pantotheria* comportent deux ordres, celui des *Symmetrodonta* (le plus ancien) et celui des *Eupantotheria*, dont les membres sont considérés comme les ancêtres directs tant des Marsupiaux que des mammifères placentaires. Les Marsupiaux ont probablement vu le jour en Amérique du Nord et se sont répandus en Europe à la fin du Mésozoïque et au début du Cénozoïque, d'où ils disparurent plus tard. De plus, ils se sont étendus rapidement vers le sud, colonisant l'actuelle Amérique du Sud, et atteignirent l'Australie et les îles qui l'entourent en passant par l'actuelle région antarctique. Les mammifères placentaires ont probablement vu le jour en Asie ; ils s'étendirent ensuite dans toutes les directions, mais

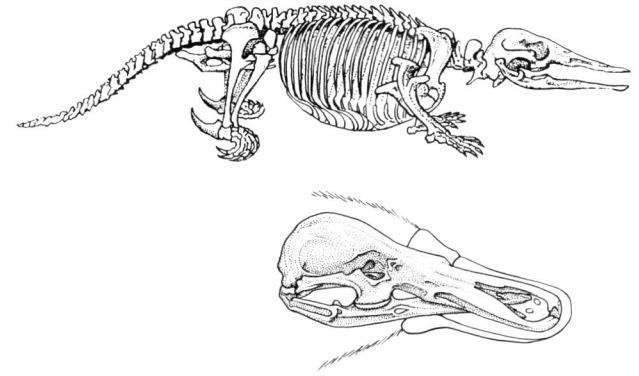
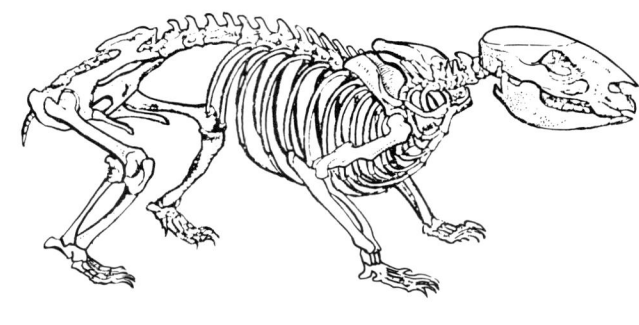

Squelette et crâne d'Ornithorynque   Squelette de Wombat

n'atteignirent pas l'Amérique du Nord avant les Marsupiaux. Par la suite, ils se répandirent rapidement vers le sud, remplaçant les Marsupiaux plus primitifs, mais ne parvinrent pas à les suivre jusqu'en Australie à cause de la progression de la dérive des continents.

Le super-ordre des Marsupiaux ne comporte qu'un seul ordre (*Marsupialia*). Il est donc beaucoup moins diversifié que le super-ordre des mammifères placentaires qui en comporte trente-deux, si l'on compte les ordres éteints. Il est évident que les Marsupiaux n'ont pas beaucoup évolué. De nombreux spécialistes ont cherché à comprendre pourquoi, parmi lesquels le paléontologue américain Lillegraven et le zoologiste McNab. Ce n'est pas parce que les Marsupiaux sont plus anciens, puisque les mammifères placentaires apparaissent dans des strates géologiques antérieures (Crétacé inférieur). Mais ils se révèlent plus primitifs, tant par la structure de leur caryotype (formule chromosomique) que par leur mode de reproduction, leur métabolisme plus réduit, leur cerveau et divers autres caractères moins développés. En général, les Marsupiaux constituent un groupe beaucoup moins varié et ont un comportement plus simple (notamment en groupe) que les mammifères placentaires. Toutefois, là où ils ont pu vivre depuis des millions d'années sans la compétition des mammifères placentaires, ils se sont fortement différenciés et ont constitué de nombreux groupes analogues, dont le mode de vie ressemble à celui de divers Insectivores, Rongeurs, Carnivores, Ongulés et autres.

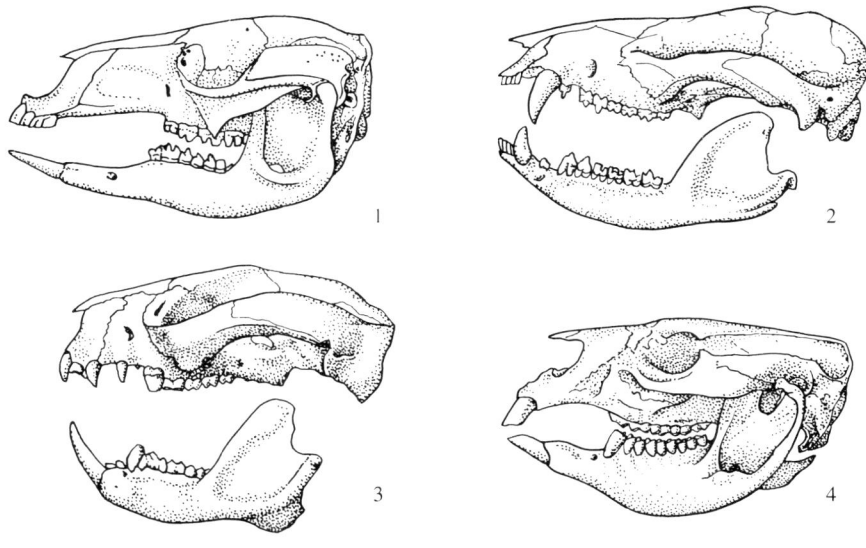

Crânes de plusieurs Marsupiaux : Kangourou (1), Opossum (2), Couscous (3), Wombat (4). Les différences de taille n'ont pas été prises en compte

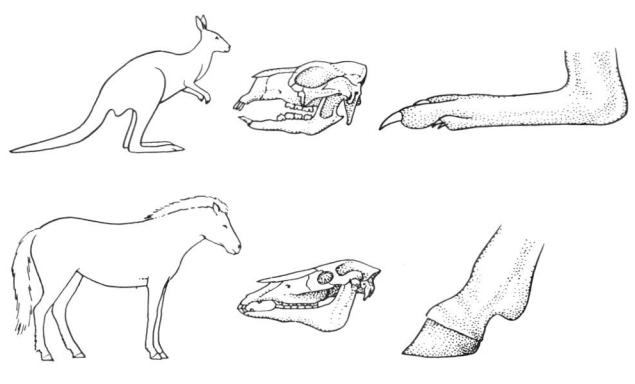

En Australie, les kangourous tiennent la place occupée par les Ongulés sur les autres continents. Crâne et membre postérieur de Kangorou (en haut) et de Cheval (en bas)

Situation de la poche marsupiale et sens de son ouverture chez plusieurs Marsupiaux : Koala (1), Kangourou (2), Wombat (3), Bandicoot (4)

Les Monotrèmes *(Monotremata)*

Ces mammifères, les plus primitifs encore existants, présentent de nombreuses marques de spécialisation. La plus remarquable est l'oviparité (les femelles pondent des œufs), qui est aujourd'hui bien connu mais qui provoqua jadis un grand trouble parmi les zoologistes. Personne ne voulait croire qu'un animal couvert de fourrure et élevant ses jeunes au lait maternel pouvait être issu d'un œuf comme un Oiseau ou un Reptile. Les œufs des Monotrèmes mesurent environ 16 × 14 mm, sont presque sphériques et ont une coquille coriace mais non calcaire. L'incubation s'effectue soit dans un nid (Ornithorynque), soit dans une poche (Échidnés). Les organes génitaux sont du même type que chez les Reptiles et s'ouvrent dans un cloaque, cavité où l'urine et les fèces sont également collectées. Le squelette présente encore des traits reptiliens résiduels, que l'on ne retrouve pas chez les autres mammifères. Le plus marqué est la structure des ceintures pelvienne et scapulaire : cette dernière est constituée de quatre paires d'os plus un os unique, alors que chez les mammifères vivipares, seules subsistent par paires les omoplates et les clavicules. On discerne également des traits reptiliens dans la structure du cœur, des yeux et du cerveau. De plus, la régulation de la température interne n'est pas aussi perfectionnée que chez les autres mammifères.

Quoi qu'il en soit, personne aujourd'hui ne doute plus qu'Ornithorynque et Échidnés appartiennent à la classe des mammifères *(Mammalia)*, car ils possèdent des caractères typiquement mammaliens. Contrairement aux Reptiles, leurs glandes cutanées sont très développées, y compris les glandes mammaires. Toutefois, ces dernières ne comportent pas de tétines et s'ouvrent à la surface du ventre de la femelle par de nombreux conduits séparés. Les jeunes lèchent le lait qui coule sur la fourrure. Les poils sont un autre trait typiquement mammalien des Monotrèmes. Les Échidnés portent des piquants sur le dos, mais une fourrure normale sur la face ventrale. Leur mâchoire inférieure est constituée d'une paire d'os unique, l'articulation de la mandibule est secondaire, leur oreille moyenne comporte trois osselets et la colonne cervicale compte sept vertèbres. Les caractéristiques mammaliennes sont également prépondérantes dans les viscères : on notera la présence d'un diaphragme et le cœur est entièrement divisé en quatre cavités. Les signes de spécialisation proviennent des modes de vie atypiques de l'Ornithorynque et des Échidnés. Dans les deux cas, les mâchoires ressemblent à un bec d'oiseau et sont dépourvues de dents, tous portent un éperon corné au niveau des articulations tarsiennes des pattes postérieures et ont aussi des os marsupiaux (*ossa marsupialia*). Les monotrèmes vivent en Nouvelle-Guinée, Australie, Tasmanie et sur quelques îles plus petites de la région. Ils se divisent en deux familles existantes et une troisième aujourd'hui éteinte.

Les Marsupiaux *(Marsupialia)*

Ce vaste groupe, uniforme du point de vue des structures anatomiques, existe depuis le Crétacé. Au cours de son évolution, de nombreuses espèces ont vu le jour, dont certaines atteignaient la taille de nos actuels rhinocéros. Bien que de nombreuses familles et espèces soient aujourd'hui éteintes, les Marsupiaux restent un ordre important. On distingue seize familles existantes réunissant deux cent soixante-trois espèces, classées en cinq superfamilles ou sous-ordres. Certains spécialistes, notamment en Australie, considèrent chaque sous-ordre comme un ordre indépendant. Le trait distinctif des Marsupiaux est l'existence, chez la majorité des espèces, d'une poche ventrale (ou marsupium) chez la femelle. La poche est soutenue par les os marsupiaux se projetant à partir du bassin, qui existent également chez les espèces où la poche est vestigielle ou absente. Il est intéressant de remarquer que l'on a aussi trouvé les os marsupiaux chez des mammifères éteints du Mésozoïque et même chez certains reptiles thérapsidés (ancêtres des mammifères). La présence de la poche n'était donc sans doute pas nécessairement associée à la naissance des jeunes, mais aurait servi à l'incubation des œufs, comme c'est encore le cas chez les Échidnés.

Les Marsupiaux sont vivipares, mais comme ils ne disposent pas d'un placenta suffisamment développé pour assurer la nutrition d'un embryon, les jeunes naissent sous forme de prématurés. Les nouveau-nés doivent alors gagner par eux-mêmes, depuis l'orifice urogénital, la poche ventrale où ils compléteront leur développement. Ils grimpent le long du ventre de la mère au moyen de leurs membres antérieurs puissants, leurs membres postérieurs étant presque inexistants. Une fois dans la poche, ils se fixent par la bouche à l'une des mamelles, les lèvres se développant autour de la tétine. Ils se trouvent ainsi fermement ancrés : même l'impact des bonds de la mère ne risque pas de leur faire lâcher prise. La gestation est courte, mais le développement des petits dans la poche est long. Chez les kangourous par exemple, la gestation dure 30 jours, mais le jeune ne quitte pas la poche avant six ou sept mois après sa naissance, et au début de façon occasionnelle. Les Marsupiaux femelles possèdent deux utérus et deux vagins, et les mâles ont donc généralement un pénis fourchu. Toutefois, les deux vagins s'ouvrent dans une poche urogénitale commune possédant une seule ouverture à la surface du corps. La denture des Marsupiaux comporte plus d'incisives et moins de prémolaires que celle des mammifères placentaires. Leur formule dentaire originale est 5/4 1/1 3/3 4/4, celle des placentaires étant 3/3 1/1 4/4 3/3. Le mode de remplacement des dents de lait par la denture définitive est également différent. Bien que les Marsupiaux soient d'une manière générale moins évolués, ils ont survécu avec succès aux côtés des mammifères placentaires dans certaines régions. La croyance bien enracinée selon laquelle tous sont lents et d'une intelligence peu développée n'est pas réellement justifiée et certaines de leurs adaptations physiologiques sont en fait assez avancées. Les Marsupiaux habitent aujourd'hui une grande partie de l'Amérique du Nord, toute l'Amérique du Sud ainsi que l'Australie et les îles voisines. Ils n'existaient pas à l'origine en Nouvelle-Zélande, mais certaines espèces australiennes y ont été introduites par l'Homme.

Monotrèmes

Échidné d'Australie
(*Tachyglossus aculeatus*)   Échidnés (*Tachyglossidae*)

C'est l'une des deux espèces du genre *Tachyglossus*. Le mâle adulte mesure de 35 à 45 cm et pèse de 3 à 6 kg ; la femelle est légèrement plus petite. Le dos est recouvert de durs piquants entremêlés de poils, le ventre uniquement de fourrure. La griffe du second doigt des pattes postérieures est particulièrement longue et recourbée. L'Échidné s'en sert pour se gratter la peau entre les piquants, sur le dos et les côtés du corps.

L'Échidné d'Australie occupe un vaste espace depuis le sud et l'est de la Nouvelle-Guinée jusqu'à la Tasmanie et l'île Kangourou, en passant par l'Australie. Il fréquente des biotopes terrestres variés et il est surtout actif le soir et la nuit. Il se nourrit essentiellement de termites et de fourmis dont il éventre les nids à l'aide de ses griffes robustes, collectant les insectes grâce à sa longue langue collante qu'il ramène dans sa bouche dépourvue de dents. Il passe l'hiver en hibernation. Le zoologiste australien Griffiths a étudié le comportement des échidnés dans la région de Canberra, au sortir de leur sommeil hivernal en août et septembre. À cette époque de l'année, ils recherchent les fourmilières renfermant des reines vierges. Ils les éventrent du côté le plus ensoleillé, là où les fourmis et leurs reines se concentrent en fin de saison froide. Ils attrapent préférentiellement les reines, dont le corps contient une forte proportion de graisse (47,2 %), ce qui leur permet de reconstituer leurs réserves énergétiques perdues au cours de l'hibernation.

Les échidnés sont d'excellents fouisseurs et s'ils se trouvent face à un danger, ils s'enterrent, se faufilent entre les pierres ou se roulent en boule épineuse, à la manière des hérissons. À la saison de reproduction, une poche musculaire se forme sur le ventre de la femelle, ouverte du côté du cloaque. Personne ne sait exactement comment l'œuf

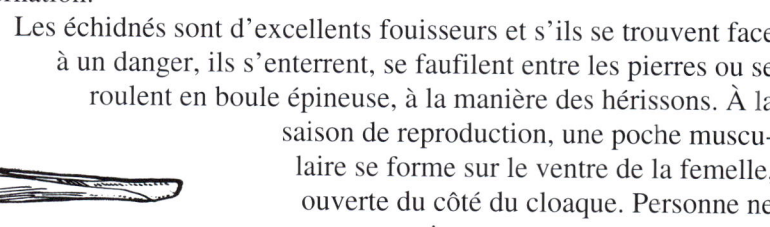

Crâne d'Échidné

Échidné d'Australie

Monotrèmes

unique (rarement 2 ou 3) parvient à atteindre cette poche malgré des observations indiquant que la femelle enroule son corps durant la ponte, ce qui lui permettrait de déposer l'œuf directement dans la poche. L'incubation dure dix ou onze jours. À la naissance, les jeunes sont nus et restent dans la poche. Quand leurs piquants se sont développés (ce qui prend environ six semaines), la femelle les dépose dans un endroit abrité, par exemple sous un rocher. Elle les laisse là et revient à intervalles irréguliers de un jour et demi à deux jours pour les allaiter. Cette période dure environ trois mois.

Échidné enroulé en position défensive

Échidné de Bruijn, Échidné à long bec V

(Zaglossus bruijnii) Échidnés *(Tachyglossidae)*

Cette espèce est plus grosse que l'Échidné d'Australie ; les sujets adultes mesurent de 45 à 77 cm et pèsent de 5 à 10 kg. Les piquants sont plus courts et plus épais que chez les autres espèces et la fourrure est souvent plus longue que les piquants eux-mêmes. Les mâchoires sont plus longues que chez l'Échidné d'Australie et sont légèrement recourbées. Comme chez ce dernier, le mâle porte un éperon corné sur chaque patte postérieure. On ne sait pas grand-chose sur le mode de vie de l'Échidné de Bruijn, mais il semble avoir des habitudes similaires aux autres espèces, se nourrissant également de fourmis et de termites. Il habite l'intérieur de la Nouvelle-Guinée et l'île de Salawati, où il fréquente les forêts humides de montagne, à des altitudes comprises entre 1 000 et 3 000 mètres. Les autochtones le chassent pour sa chair, ce qui entraîne une réduction de ses effectifs.

Échidné à long bec
(Échidné de Bruijn)

15

Monotrèmes

Ornithorynque

(Ornithorhynchus anatinus)　　　　　　　　　　　　　　　　　　　Ornithorynques *(Ornithorhynchidae)*

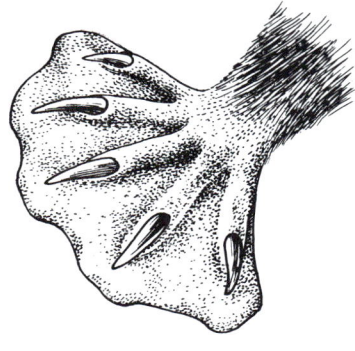

Patte antérieure avec les palmures repliées (sur la face inférieure) et déployées

Seul représentant de sa famille, l'Ornithorynque est un animal aquatique vivant dans l'est de l'Australie et en Tasmanie. Son corps mesure de 30 à 45 cm, sa queue de 10 à 15 cm et il pèse de 1 à 2 kg. Les mâles sont plus gros et plus lourds que les femelles. La caractéristique la plus remarquable de l'animal est la forme de ses mâchoires en bec de canard. Ce bec n'est pas corné comme chez les oiseaux, mais souple et sensible, et les plaques qui le composent se prolongent sur le front et le menton. Les doigts des quatre membres sont reliés par une palmure et portent de grosses griffes. La palmure des pattes antérieures est beaucoup plus longue que les doigts eux-mêmes, griffes incluses. Lorsque l'Ornithorynque nage, elle est maintenue largement écartée, mais à terre, lorsqu'il marche ou creuse le sol, elle est repliée sous les doigts. Sur chaque patte postérieure, les mâles portent un éperon creux relié à une glande à venin. En fait, ces éperons sont présents chez les jeunes des deux sexes, mais disparaissent ensuite chez les femelles.

Au bord des rivières, ruisseaux et lacs, l'Ornithorynque creuse des terriers dont l'entrée est située au-dessus de la surface, mais qui peut être submergée en cas de crues. Des terriers simples servent d'abri au couple ou à un animal solitaire, ou encore de retraite aux mâles pendant que la femelle élève les jeunes. L'accouplement a lieu dans l'eau, du mois d'août au mois de novembre, accompagné de parades nuptiales complexes. Pour la reproduction – qui, comme chez les oiseaux, peut être appelée nidification – la femelle creuse un terrier plus long et plus élaboré qui remonte généralement d'abord à l'oblique dans la berge, puis horizontalement, sur une distance pouvant atteindre 18 mètres. Le

Ornithorynque

Monotrèmes

En plongée, l'Ornithorynque tient les yeux et les oreilles fermés

nid est garni de feuilles et autres morceaux de végétaux que la femelle transporte avec sa queue en recourbant son extrémité vers l'avant. La ponte compte de 1 à 3 œufs, généralement 2. Ceux-ci sont couvés par la femelle, tandis que la litière humide du nid les empêche de se dessécher. L'incubation dure de douze à quatorze jours et les nouveau-nés, qui mesurent environ 2,5 cm, sont nus et aveugles. De minuscules dents se développent d'abord sur leurs mâchoires, remplacées ensuite par des plaques cornées. La femelle allaite les jeunes pendant dix-sept semaines environ, au terme desquelles ils quittent le nid et peuvent s'aventurer dans l'eau, dotés d'une fourrure complète.

L'Ornithorynque est un animal crépusculaire, surtout actif en fin d'après-midi, le soir et au petit matin. Il nage en s'aidant essentiellement de ses pattes antérieures à large palmure. Bon plongeur, il explore les eaux et le fond à la recherche de nourriture à l'aide de son bec. Il semble entièrement guidé par le toucher, car il n'attrape que les proies avec lesquelles il a un contact direct. On a observé un mâle ayant capturé une grenouille qui enserra d'abord sa proie entre ses pattes postérieures avant lui inoculer son venin par ses éperons, et la dévorer. Toutefois, les larves d'insectes aquatiques, les vers, les crustacés, les têtards et autres petits animaux aquatiques constituent l'essentiel de son régime alimentaire. On a constaté sur des sujets captifs une consommation de nourriture quotidienne équivalant à la moitié du poids corporel.

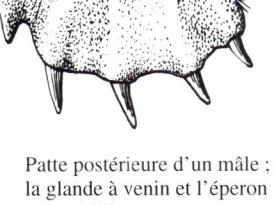

Patte postérieure d'un mâle ; la glande à venin et l'éperon sont visibles

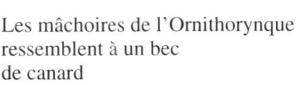

Les mâchoires de l'Ornithorynque ressemblent à un bec de canard

17

Marsupiaux

Opossum de Virginie

(Didelphis virginiana)   Opossums *(Didelphidae)*

C'est le membre le plus connu de la famille des Opossums, qui compte environ quatre-vingts espèces. La plupart appartiennent au genre *Marmosa* que l'on rencontre en Amérique du Sud. L'espèce que nous décrivons ici est quant à elle essentiellement nord-américaine : elle vit à l'est des montagnes Rocheuses, du sud de l'Ontario au Costa Ricaen Amérique centrale, en passant par les États-Unis et le Mexique. Elle a également été introduite le long de la côte Pacifique, depuis Crescent City jusqu'à San Diego. Pendant longtemps, elle s'est activement répandue vers le nord, prouvant par là même son aptitude à résister à la compétition des mammifères placentaires. Toutefois, elle ne pourra certainement plus progresser vers le Canada, à cause de ses oreilles nues et du bout de sa queue dépourvu de fourrure qui risqueraient de geler en hiver.

L'Opossum adulte est à peu près de la taille d'un chat : son corps mesure de 38 à 51 cm, tout comme sa queue, et il pèse de 4 à 6 kg, les femelles étant légèrement plus petites que les mâles. Une grande partie de la queue préhensile est nue, et le plus long doigt des pattes postérieures dépourvu de griffes est opposable aux autres doigts. La femelle a une poche bien développée, qui abrite généralement treize tétines disposées en demi-cercle, dont l'une est au centre.

L'Opossum fréquente différents milieux, depuis les forêts claires et les lisières jusqu'aux prairies, y compris les zones agricoles et même les abords des villes. Il part à la recherche de nourriture après la tombée de la nuit, passant la journée caché dans un trou de rocher, un arbre creux abattu ou non, un terrier abandonné par d'autres animaux ou sous un amas de branchages. Le nid est garni de feuilles et d'herbes que l'animal transporte dans sa gueule ou sous sa queue enroulée vers le bas. Il se déplace généralement à terre mais c'est également un bon grimpeur. Son régime alimentaire très varié comporte charognes, insectes, vers, grenouilles, oiseaux, reptiles, petits mammifères, fruits

Attitude d'un Opossum en présence d'un danger

Marsupiaux

Jeunes de l'Opossum de Virginie

et graines. Le maïs et les pommes sont des friandises appréciées. En cas de danger, l'animal ouvre la gueule, exposant ses 50 dents, siffle et bave. À l'occasion, il peut faire le mort, se laissant tomber sur le côté, yeux fermés et langue pendante, et l'on dit que même les zoologistes s'y sont laissés prendre plus d'une fois. L'Opossum est une victime fréquente de la route, tué par les véhicules lorsqu'il vient y rechercher des proies écrasées.

L'Opossum de Virginie est un animal solitaire, excepté à la saison des accouplements. La femelle produit deux portées par an (trois dans le sud). Au terme d'une courte gestation de douze ou treize jours seulement, elle met bas de 8 à 14 jeunes, alors moins gros que des abeilles. Ceux-ci remontent dans la fourrure jusqu'à la poche ventrale où chacun se fixe à une tétine. S'il n'y a pas suffisamment de tétines, les petits en surnombre meurent, comme ceux qui ne parviennent pas à les trouver. Les jeunes restent dans la poche environ deux mois, mais la mère les transporte encore un certain temps sur son dos et l'allaitement dure environ cent jours. Beaucoup de jeunes meurent également au cours de la période d'allaitement.

Opossum sud-américain
(Marmosa cinerea)
avec ses petits

19

Marsupiaux

Souris marsupiale à queue grasse

(Sminthopsis crassicaudata)   Dasyures *(Dasyuridae)*

Les Dasyures constituent une famille de Marsupiaux exclusivement australiens comprenant quelque cinquante espèces, dont les tailles varient à peu près de celle d'une souris à celle d'un chien. Ils présentent une denture complète de 42 à 46 dents et se nourrissent principalement d'insectes et autres invertébrés, bien que certaines espèces soient carnivores ou charognardes. La plupart sont terrestres, mais certains sont de bons grimpeurs. Ils occupent des milieux variés, dans les plaines et en montagne jusqu'à une altitude de 3 400 m. En règle générale, ils sont vifs et intelligents.

La Souris marsupiale à queue grasse est un très joli animal avec de grands yeux et de grandes oreilles, une tête large, un museau allongé et effilé. Les sujets adultes pèsent de 15 à 25 g et mesurent de 7,5 à 8,5 cm. La queue est plus courte que le corps et sa moitié proximale (base) est nettement épaissie. Elle contient des réserves de graisse que l'animal peut utiliser en cas de famine. De plus, pour économiser leur énergie, les souris marsupiales tombent en léthargie en cas de stress ou de manque de nourriture, comportement des plus utiles pour des êtres vivant dans les régions chaudes ou très chaudes.

La Souris marsupiale à queue grasse habite la majeure partie de l'est de l'Australie et on la rencontre également dans le Sud-Ouest. Elle fréquente les bois secs, la brousse, les prairies, ainsi que les milieux sableux et rocheux. C'est un animal terrestre et nocturne qui se nourrit d'insectes et d'autres arthropodes, mais n'attaque pas les vertébrés. Elle creuse des terriers ou bien se cache le jour sous des éboulis ou dans des arbres creux tombés possédant encore leurs branches. La gestation dure de treize à seize jours et des portées atteignant 10 petits sont mises au monde tous les quatre-vingts jours environ durant 6 mois. Les jeunes quittent la poche à 40/43 jours et sont indépendants à 61/69 jours. Les femelles sont sexuellement matures dès l'âge de 4 mois.

Souris marsupiale à queue grasse

Marsupiaux

Souris marsupiale à queue
grasse et ses petits

Souris marsupiale à queue hérissée V

(Dasycercus cristicauda) Dasyures *(Dasyuridae)*

Cette espèce est plus grosse que la précédente. Son corps mesure de 12,5 à 22 cm, sa queue de 7 à 13 cm, et elle pèse de 100 à 175 g. La poche de la femelle est faiblement développée. La Souris marsupiale à queue hérissée est encore plus résistante à la sécheresse que l'espèce précédente et habite pratiquement toutes les régions arides d'Australie. Selon certains spécialistes, elle ne boit pas du tout et ne s'alimente pas non plus de plantes grasses dont les tissus pourraient

Souris marsupiale
à queue hérissée

Chez la Souris marsupiale à queue
hérissée la queue noire est typique

constituer une source d'eau suffisante. Elle se nourrit d'insectes et de petits vertébrés. En captivité, on a constaté qu'elle consomme jusqu'à 25 % de son propre poids de viande par jour. La digestion des viandes entraîne toujours une forte production d'urée, mais cet animal l'excrète sous une forme très concentrée sans que cela provoque de fortes pertes en eau. Après une gestation de trente jours environ, la femelle met bas 6 ou 7 jeunes qu'elle allaite pendant trois mois et demi. La Souris marsupiale à queue hérissée est terrestre et nocturne. Durant la journée, elle se cache dans un terrier, mais elle est également connue pour son goût des bains de soleil.

Marsupiaux

« Chat » marsupial

(Dasyurus maculatus)   Dasyures *(Dasyuridae)*

Les animaux précédemment décrits sont, en quelque sorte, des versions marsupiales d'insectivores, mais les chats marsupiaux sont des Carnivores. On parle communément de « Chat marsupial » (les Australiens les appellent « *native cats* », c'est-à-dire « Chats indigènes »), mais ces animaux peuvent également être comparés à des martres ou des civettes. Ils se distinguent toutefois de ces Carnivores placentaires non seulement par leur morphologie interne mais aussi par leur allure, notamment leur pelage tacheté de clair sur fond sombre. Il en existe cinq espèces, et les deux présentées dans cet ouvrage (genre *Dasyurus*) sont les plus communes. Le « Chat » marsupial décrit ici est le plus gros. Il pèse de 2 à 3 kg, mesure de 40 à 77 cm et sa queue tachetée de blanc est légèrement plus courte que le corps.

« Chat » marsupial

Le « Chat » marsupial est un animal actif et robuste, aussi bon coureur que grimpeur. Il chasse essentiellement la nuit mais parfois aussi par temps sombre et pluvieux ; on peut également l'observer en plein jour. Il est capable de suivre une proie à l'odeur sur des kilomètres et sauter de branche en branche. Il se nourrit principalement de petits mammifères et d'oiseaux mais ne dédaigne pas non plus les insectes.

Marsupiaux

L'espèce se reproduit entre mai et août, au cours de l'hiver australien. La gestation dure vingt et un jours et la portée compte habituellement 5 jeunes. Ceux-ci sont sevrés à l'âge de 4 mois et demi et atteignent leur maturité sexuelle à la fin de leur première année. Le « Chat » marsupial vit dans les forêts humides et les bois d'eucalyptus du nord et de l'est de l'Australie et on le rencontre également en Tasmanie.

Attitude de menace du « Chat » marsupial

Martre marsupiale, Quoll

(Dasyurus viverrinus)   Dasyures *(Dasyuridae)*

Le premier doigt des pattes postérieures est absent, ainsi que les taches blanches sur la queue (bien que l'extrémité puisse parfois être blanche). Les oreilles sont plus larges et évoquent plus les vrais chats que celles de l'espèce précédente. Le corps mesure de 35 à 45 cm et la queue de 21 à 30 cm. Le mâle adulte pèse environ 1 kg, la femelle environ 700 g. En 1777, cette espèce avait été nommée *Dasyurus quoll*, d'après son nom aborigène, mais cette dénomination n'obéissant pas aux règles de la nomenclature zoologique, elle a été récemment modifiée par la Commission internationale et l'année de référence est désormais 1800.

La Martre marsupiale vit dans les bois secs et s'aventure en milieu ouvert, souvent à proximité des installations humaines. Elle est commune en Tasmanie et sur certaines petites îles australiennes. À l'origine, elle était également répandue dans l'est de l'Australie mais les persécutions qu'elle a subies ont réduit sa répartition à quelques îlots séparés. Ses mœurs sont similaires à celles du « Chat » marsupial, mais son régime alimentaire est plus varié. Comme chez le précédent, la femelle a une poche ventrale peu profonde. La gestation est très courte (de huit à quatorze jours seulement), le nombre de jeunes (de 6 à 8) correspond à celui des tétines et la maturité sexuelle est atteinte au même âge que les autres espèces. Des cas de superfétation (développement d'œufs alors que des fœtus sont déjà présents dans l'utérus) ont été rapportés – bien que ce phénomène reste par ailleurs rare chez les Marsupiaux australiens – et on connaît le cas d'une femelle ayant donné naissance à 18 jeunes.

Martre marsupiale, Quoll

23

Marsupiaux

Diable de Tasmanie
(Sarcophilus harrisi)   Dasyures *(Dasyuridae)*

Cette espèce, la plus grande de la famille des Dasyuridés, est à peu près de la taille d'un chien terrier. Le corps mesure de 52 à 80 cm de long, la queue de 23 à 30 cm et le mâle pèse de 7 à 11 kg contre 4,5 à 6 kg pour la femelle. Sa fourrure noire, son comportement agressif et les bruits qu'il émet lorsqu'il rencontre des congénères lui ont valu son nom de « Diable ». Toutefois, s'il est correctement traité, un individu captif se montre doux et amical.

De nos jours, le Diable de Tasmanie ne vit plus que sur l'île du même nom, mais les restes osseux que l'on a retrouvés prouvent qu'il vivait jadis également sur le continent australien. Il ne fait aucun doute que le Dingo y a été responsable de sa disparition, qui doit donc être intervenue avant l'entrée en scène de l'Homme blanc. L'unique spécimen capturé à Melbourne en 1912 était un sujet échappé de captivité.

Le Diable de Tasmanie donne l'impression d'un animal lent et gauche, mais il attaque ses proies très rapidement. Ses mâchoires puissantes peuvent briser des os et il possède un excellent odorat. En chasse, il garde en permanence le museau au sol. C'est également un bon grimpeur. Son régime carnivore varié comprend des invertébrés, du poisson, des petits mammifères et reptiles, y compris des serpents venimeux. Il tue même les jeunes de mammifères plus gros que lui et des animaux adultes malades. Néanmoins, il se nourrit principalement de charognes et, au temps où le Loup de Tasmanie (Thylacine) était encore répandu, les restes de repas du grand prédateur ont probablement constitué sa principale source de nourriture. Lorsque la Tasmanie fut colonisée par les Blancs,

Diable de Tasmanie

Marsupiaux

l'animal se mit à attraper des petits animaux domestiques, jusqu'à la taille d'un agneau, et il fut donc chassé sans merci. Depuis qu'on le protège, ses populations ont à nouveau augmenté, à tel point qu'il a été nécessaire de les réguler.

Le Diable de Tasmanie est un animal nocturne, mais dans la journée, il prend parfois des bains de soleil. Il se dissimule dans des grottes, des fissures de rocher, dans les troncs ou sous les racines des arbres tombés. Il se reproduit entre mars et juin. Après une gestation d'environ un mois, la femelle met bas sur une litière constituée d'écorce, d'herbe et de feuilles réunies par les deux parents. La femelle a une poche entièrement formée qui, contrairement à celle des autres dasyures, est complètement fermée. Après la saison de reproduction, celle-ci rétrécit jusqu'à devenir pratiquement invisible. À l'intérieur, les tétines sont au nombre de quatre, autant que de jeunes mis au monde. Ces derniers restent quinze semaines dans la poche ; lorsqu'ils en sortent, ils possèdent une fourrure entièrement développée et leurs yeux sont ouverts. Toutefois, ils ne quittent pas leur mère et, comme les autres petits dasyures, s'accrochent à sa fourrure (surtout sur son dos). La mère les transporte avec elle et continue de les allaiter jusqu'à l'âge de 5 mois environ. Tandis qu'ils grandissent, elle les laisse de plus en plus souvent seuls au gîte pour chercher de la nourriture. Finalement, ils quittent eux-mêmes le gîte, ou bien en sont chassés par la femelle. Les jeunes Diables de Tasmanie s'accouplent pour la première fois à l'âge de 2 ans. Ils ont une longévité d'environ sept à huit ans.

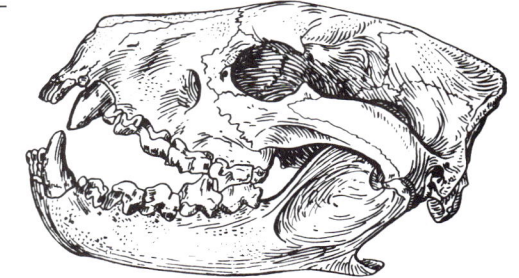

Crâne de Diable de Tasmanie

Le Diable de Tasmanie a une grosse tête et un cou massif

25

Marsupiaux

Loup de Tasmanie, Thylacine   E
(Thylacinus cynocephalus)   Thylacines *(Thylacinidae)*

L'histoire du Loup de Tasmanie est l'un des plus tristes chapitres de cette encyclopédie. Au début du XXe siècle, cette espèce était encore relativement abondante en Tasmanie, mais depuis 1915, on n'en a pratiquement plus entendu parler. Le dernier spécimen conservé en captivité mourut en 1933 au zoo de Hobart. En 1957, la mort d'un mouton dans la vallée de Derwent, dans le sud de la Tasmanie, fut attribuée au Thylacine et l'on dit que le dernier individu vivant a été vu en 1961. Depuis, on rapporte quelques découvertes d'empreintes appartenant prétendument à l'animal. Mais de nombreux zoologistes doutent fortement qu'il ait pu survivre et considèrent l'espèce comme éteinte.

Le Loup de Tasmanie était le plus gros prédateur marsupial contemporain. Son corps atteignait de 1 à 1,30 m, sa queue de 50 à 65 cm et il pesait environ 20 kg. Sa ressemblance avec les vrais loups placentaires était frappante, et les deux étaient souvent cités comme un exemple typique d'évolution convergente (analogie dans le développement) due à des modes de vies similaires. Sa denture puissante ressemblait à celle des Canidés carnivores et comme eux il était digitigrade. En revanche, il avait la possibilité d'écarter ses mâchoires beaucoup plus largement qu'un Loup. La poche de la femelle, qui s'ouvrait vers l'arrière, dissimulait quatre mamelles.

Les mœurs du Loup de Tasmanie étaient essentiellement nocturnes. Il chassait en solitaire, rarement en couple ou en famille. Ce n'était pas un coureur très rapide, mais il traquait ses proies avec une singulière ténacité. Il se nourrissait essentiellement de différentes espèces de kangourous, ainsi que d'autres petits mammifères et d'oiseaux. Ses parties préférées étaient les viscères ainsi que le sang mais, une fois repu, il ne revenait jamais sur sa proie. La reproduction avait lieu principalement en hiver et au printemps, la femelle donnant naissance à 2 ou 3 jeunes. L'espèce ne s'est jamais reproduite en captivité. Les jeunes quittaient la poche à l'âge de trois mois, mais restaient avec leur mère jusqu'à 9 mois.

Thylacine ou Loup de Tasmanie

Marsupiaux

Le dos et la base de la queue du Thylacine sont nettement rayés

Le Thylacine (en bas) pouvait écarter ses mâchoires plus largement que le Loup (*Canis lupus*) (en haut)

Le Loup de Tasmanie vivait à l'origine dans des milieux variés : steppe, savane, forêt. De nos jours, les seuls endroits où il pourrait avoir la chance de survivre sont les forêts denses, qui ne constitueraient probablement pas son milieu optimal. L'animal appréciait les régions rocheuses, ses tanières étant généralement situées sous les rochers ou les arbres tombés. Son aire de répartition a commencé à se réduire il y a très longtemps. À l'origine, il peuplait également la Nouvelle-Guinée et l'Australie ; la Tasmanie ayant constitué son dernier refuge. Au cours du XIXe et XXe siècles, de nombreux témoignages évoquent des traces de l'animal retrouvées en Australie ; mais tous sont très douteux. En revanche, un Loup de Tasmanie momifié, découvert dans une grotte de la plaine de Nullarbor, constitue une preuve indubitable, mais son origine, déterminée par datation au radiocarbone, remonte entre 2940 et 2240 av. J.-C. On considère que la principale raison de la disparition de l'espèce en Australie fut la compétition et les attaques des dingos. En Tasmanie revanche, c'est bien l'Homme qui l'a persécuté. Entre 1888 et 1909, des récompenses ont été attribuées pour la destruction de 2184 individus. Ce n'est qu'en 1966 que l'on créa des réserves pour sa protection dans le sud-ouest de l'île, mesures qui se révélèrent beaucoup trop tardives.

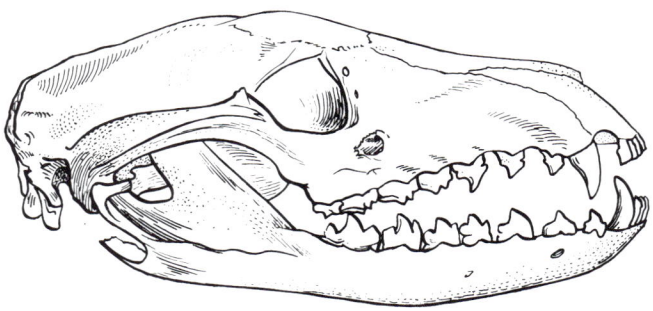

La boîte crânienne du Thylacine est faiblement convexe ; les arcades zygomatiques sont épaisses

27

Marsupiaux

Fourmilier marsupial, Numbat   M
(Myrmecobius fasciatus)   Fourmiliers marsupiaux *(Myrmecobiidae)*

Ce Marsupial aux couleurs voyantes est le seul représentant de sa famille. Sa ressemblance avec les fourmiliers sud-américains est un autre excellent exemple de convergence morphologique. En revanche, sa taille ne dépasse guère celle d'un écureuil ; son corps mesure environ 25 cm, sa queue 16 cm, et son poids est de 350 g environ. La tête est allongée avec le museau étroit, typique à tous les mammifères mangeurs de fourmis, et la langue, longue et gluante, peut sortir de la bouche sur une dizaine de centimètres. Les oreilles, elles aussi longues et étroites, ont une extrémité arrondie, et une bande noire court depuis leur base en travers des yeux. Le pelage est rude et assez long, notamment sur la queue où il est souvent hérissé.

Contrairement à la plupart des autres Marsupiaux, le Fourmilier marsupial est actif durant la journée. Il se déplace lentement, le museau à terre. S'il détecte des termites – sa principale nourriture – il se met à gratter avec frénésie et, dès qu'il atteint le nid, capture les insectes à l'aide de sa langue. Il se nourrit également de fourmis. L'animal aime les bains de soleil, notamment par les fraîches journées d'hiver. S'il suspecte un danger – les oiseaux rapaces sont ses principaux ennemis – il se dresse et aussitôt qu'il a localisé et identifié la menace, se hâte de se dissimuler. Il s'abrite essentiellement dans des trous d'arbres, mais les femelles creusent des tanières souterraines pour abriter leur portée ; le nid est garni d'herbe et de feuilles.

Le Fourmilier marsupial vit en solitaire, excepté durant la période d'accouplement. Les jeunes naissent entre janvier et mai. La femelle ne possède pas de poche et ses quatre mamelles apparaissent, non protégées, à la surface de son ventre. Les petits, au nombre de 2 à 4, s'accrochent fermement aux tétines et leur mère les transporte ainsi en tous lieux. Après un certain temps, ils abandonnent les tétines et restent au nid, où la

Fourmilier marsupial adulte (Numbat)

28

Marsupiaux

Jeune Fourmilier marsupial

femelle revient les allaiter. L'allaitement dure environ six mois et, en octobre, les jeunes font leur première sortie à la recherche de termites. D'abord assez court, leur museau s'allonge progressivement avec le temps.

Le Fourmilier marsupial vit dans trois régions isolées du sud-ouest et du sud de l'Australie, où il occupe les boisements ouverts d'eucalyptus et les secteurs secs à la périphérie. On ne sait pas exactement quels sont ses effectifs, mais depuis les années 70, ses populations semblent être en diminution. Les raisons en sont évidemment les modifications de leur environnement provoquées par l'Homme et l'introduction de carnivores (renards et chats harets). Dans la forêt de Wandoo, dans le sud-ouest de l'Australie, l'espèce est encore relativement commune. Les principales espèces qui en constituent les boisements sont *Eucalyptus wandoo* et *Eucalyptus redunca*, souvent attaquées sur pied par les termites de l'espèce *Captotermes acinaciformis*. Les fourmiliers sont donc assurés d'y trouver une nourriture abondante. De plus, le sol y est jonché de branches tombées qui leur fournissent de nombreux abris. S'ils sont surpris dans leur tanière, ils lancent des sortes de grognements d'alerte gutturaux et des sifflements semblables au bruit d'un jet de vapeur.

Crâne de Numbat

Le Numbat relève souvent sa queue et la fait bruire, surtout s'il est inquiété

29

Marsupiaux

Taupe marsupiale

(Notoryctes typhlops)   Taupes marsupiales *(Notoryctidae)*

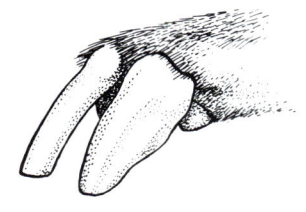

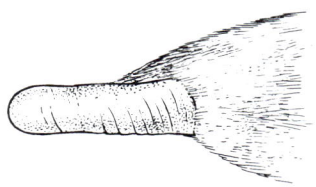

Détail d'une patte antérieure (en haut) et de la queue (en bas) de la Taupe marsupiale

La Taupe marsupiale ressemble à une taupe placentaire tant par son aspect physique que par ses mœurs. Le corps mesure de 9 à 15 cm, la queue de 1,5 à 2,5 cm et elle pèse environ 66 g. Le museau est recouvert d'un écusson corné, elle n'a pas d'oreilles externes et ses yeux minuscules, situés sous la peau, ne possèdent ni cristallin ni pupille, de sorte que l'animal est aveugle. Ses pattes sont très courtes et les doigts curieusement formés. Quatre des doigts des pattes antérieures sont en majeure partie fusionnés, le cinquième restant libre. Les troisième et quatrième doigts portent de larges griffes élargies en forme de pelle, celles des deux premiers sont étroites, enfin la cinquième griffe est toute petite, en forme de bouton. Les pattes postérieures portent également cinq griffes, les trois centrales étant allongées, celle du premier doigt réduite et celle du cinquième minuscule. Le corps trapu de la Taupe marsupiale et les caractéristiques de sa tête et de ses pattes lui permettent un type de mouvement particulier dans les sols sableux : ouvrant son chemin avec sa plaque nasale et repoussant le sable vers l'arrière à l'aide de

Taupe marsupiale

Un genre de vie analogue entraîne des ressemblances chez des espèces non apparentées : en haut, Taupe marsupiale ; en bas, Taupe dorée (Insectivore)

Taupe marsupiale en train de s'enfouir dans la terre

ses quatre pattes, elle semble y nager. Selon des témoignages visuels, son activité souterraine se reconnaît généralement à une ondulation de la surface du sol et à l'effondrement de la galerie derrière elle. Occasionnellement, la Taupe marsupiale émerge à la surface et y chemine un instant, rampant à l'aide de ses pattes postérieures.

La Taupe marsupiale vit dans l'ouest, le nord et le sud de l'Australie, dans les déserts sableux et les semi-déserts parsemés d'acacias et de buissons. On sait peu de choses sur sa reproduction. La poche de la femelle est bien formée, s'ouvre vers l'arrière et abrite deux mamelles. On suppose que les accouplements ont lieu en octobre et qu'elle met bas 2 jeunes.

Bandicoot-Lapin

(Macrotis lagotis)

V

Bandicoots *(Thylacomyidae)*

C'est l'une des deux espèces de la famille des Thylacomyidés. Elle possède des oreilles remarquablement allongées ; le corps mesure de 20 à 55 cm, la queue de 12 à 28 cm, pour un poids de 500 g à 1,5 kg. Les deuxième, troisième et quatrième doigts des pattes antérieures sont les plus longs, tandis que sur les pattes postérieures, seul le quatrième se distingue par sa longueur ; tous portent de longues griffes. Le Bandicoot-Lapin court sur ses quatre membres, ou bien saute sur les pattes postérieures à la manière d'une gerboise. Il habite les régions très sèches avec boisements ouverts, les savanes, les prairies et même les déserts.

Il creuse des galeries en descendant en spirale jusqu'à une profondeur de 1,50 m environ, se dissimulant généralement tout au fond. Dans le désert central australien, il peut de cette manière échapper aux fortes chaleurs de la journée. Le terrier peut être occupé par un seul animal, un couple ou une femelle avec ses petits. Les bandicoots, qui sont actifs au crépuscule et la nuit, se nourrissent de petits vertébrés et d'insectes. La poche de la femelle s'ouvre vers l'arrière et renferme 8 mamelles, bien qu'il n'y ait jamais plus de 3 jeunes à la fois. La reproduction a lieu de mars à mai. Cette espèce habitait jadis une grande partie de l'Australie mais, de nos jours, ses populations sont réduites à des îlots répartis dans l'ouest, le nord et le sud du pays.

Bandicoot-Lapin

Marsupiaux

Koala
(Phascolarctos cinereus) Koalas *(Phascolarctidae)*

Le Koala est le plus populaire des Marsupiaux australiens et constitue un modèle d'« ours » en peluche. On le classait jadis parmi les Phalangers, mais on pense aujourd'hui qu'il appartient à une famille séparée dont il est le seul représentant. Les adultes mesurent de 60 à 85 cm et pèsent de 8 à 15 kg. Les mâles sont plus gros et plus lourds que les femelles.

Le Koala est l'un des mammifères les plus spécialisés. Il passe pratiquement tout son temps dans les eucalyptus, dont les feuilles de quelques espèces seulement, ainsi que celles du buis (*Tristania*), constituent sa seule nourriture. Il vit seul ou en petit groupe. Durant la journée, il dort habituellement sur la fourche d'une branche (il ne construit pas de nid). La nuit, il se déplace dans l'arbre pour s'alimenter. L'animal ne descend au sol que pour changer d'arbre ou pour lécher ou ingérer un peu de terre, ce qui lui apporte un

Koala

Face inférieure d'une patte antérieure (en haut) et d'une patte postérieure (en bas) du Koala

complément en sels minéraux et stimule sa digestion. La reproduction a lieu au cours de l'été australien : de novembre à février dans l'État de Victoria et de septembre à janvier en Nouvelle-Galles du Sud. La durée de la gestation est d'environ trente-cinq jours. L'unique jeune reste de cinq à six mois dans la poche qui dissimule 2 mamelles. Celle-ci s'ouvre en direction de la queue, ce qui n'est guère avantageux pour un animal dont la posture est le plus souvent verticale ; le petit doit y être fermement fixé pour ne pas risquer de tomber. En revanche, cette disposition lui facilite l'accès à l'anus de sa mère, car au moment du sevrage il se nourrit des fèces qu'elle rejette, ce qui a pour effet de le préparer à sa future alimentation végétarienne. À 8 mois, le jeune se nourrit d'eucalyptus, mais reste avec sa mère une année entière ou même plus. Il est adulte à 4 ans et sa durée de vie atteint vingt ans. Le Koala habite les régions de l'est de l'Australie et, grâce à une protection stricte, est encore commun de nos jours.

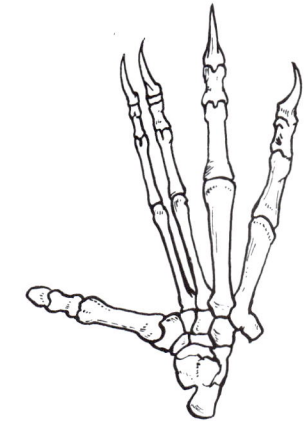

Squelette d'une patte postérieure de Koala

Couscous tacheté

(Phalanger maculatus)

C

Phalangers *(Phalangeridae)*

C'est l'une des quinze espèces de Marsupiaux arboricoles que compte la famille des Phalangers. Par sa robe tachetée et sa queue préhensile, l'animal rappelle certains singes sud-américains. Son corps mesure de 33 à 65 cm, sa queue de 24 à 61 cm et il pèse environ 6 kg. Sa coloration varie du blanc au brunâtre ou rougeâtre avec des taches claires contrastantes (ou des taches sombres sur un fond clair). Il vit dans les forêts vierges tropicales de Nouvelle-Guinée, les petites îles proches et sur la péninsule du cap York en Australie. C'est un animal nocturne aux mouvements lents qui descend rarement à terre. Il passe la journée enroulé sur une branche dans le feuillage dense, ou bien dans un trou d'arbre. Bien qu'omnivore, il se nourrit surtout de feuilles et de fruits, auxquels il ajoute parfois des insectes, de petits reptiles, des oiseaux et leurs œufs. Il peut se reproduire tout au long de l'année. La gestation dure environ treize jours et malgré la présence de 2 à 4 jeunes à l'origine dans la portée, un seul survit en général.

Couscous tacheté

Marsupiaux

Phalanger à queue touffue
(Trichosurus vulpecula)   Phalangers *(Phalangeridae)*

Le genre *Trichosurus* compte trois espèces ; le Phalanger à queue touffue, qui habite pratiquement toute l'Australie, la Tasmanie et a été introduit en Nouvelle-Zélande, est le plus largement réparti. Le corps mesure de 32 à 58 cm, la queue de 24 à 35 cm, pour un poids de 1,3 à 5 kg. Sa coloration est très variable, allant du blanc crème au gris, brun et noir. Le dessous de sa queue préhensile est dépourvu de poils. Le Phalanger à queue touffue se rencontre principalement dans les forêts, où il se nourrit de tiges, feuilles et fruits, d'insectes et de jeunes oiseaux. La femelle donne généralement naissance à un jeune, qui reste dans sa poche de quatre à cinq mois.

Phalanger à queue touffue

Wombat commun
(Vombatus ursinus)   Wombats *(Vombatidae)*

La famille des Wombats comprend trois ou quatre espèces de gros Marsupiaux terrestres, dont le Wombat commun est la plus commune. Avec son corps rond et trapu, ses oreilles et ses pattes courtes, sa queue très courte et son pelage rude brun sombre ou grisâtre, il ressemble à un petit ours. Son corps atteint de 70 cm à 1,25 m de long et il pèse de 15 à

Marsupiaux

Wombat commun

Tête de Wombat commun (en haut) et de Wombat à museau velu *(Lasiorhinus latifrons)* (en bas)

36 kg. Contrairement aux autres wombats, son museau est dépourvu de poils. La poche de la femelle s'ouvre vers l'arrière et abrite une seule paire de mamelles.

Le Wombat commun vit dans le sud-est de l'Australie, sur l'île de Flinders et en Tasmanie. Il fréquente les boisements ouverts avec rochers escarpés. Les Wombats sont d'excellents fouisseurs et, bien qu'il s'agisse d'une qualité répandue chez les Marsupiaux, ils sont les seuls parmi les grosses espèces à la posséder. Ils creusent des tanières souterraines, généralement à la base d'un arbre ou d'un rocher, et s'abritent également dans des grottes ou dans des trous d'arbres tombés. Le terrier n'a qu'une seule entrée mais peut comporter plusieurs galeries et atteindre 20 mètres de long. À l'intérieur, le gîte est garni de végétaux, essentiellement de fougères et d'écorce. Le jeune apprend à creuser alors qu'il vit encore avec sa mère et, ensemble, ils ouvrent de petites galeries latérales à partir de la chambre d'habitation. Tous les wombats sont des végétariens exclusifs et le Wombat commun se nourrit d'herbe, d'autres végétaux verts, racines et champignons. Malgré son apparente lourdeur, l'animal peut courir étonnamment vite, au moins sur de courtes distances. À l'état sauvage, c'est surtout la nuit qu'il est actif, bien qu'il sorte parfois dans la journée car il aime prendre des bains de soleil à proximité de sa tanière.

Dans ses régions d'origine, le Wombat commun se reproduit durant la saison froide. La femelle donne naissance à un seul jeune (rarement deux), qui naît généralement à la fin de l'automne australien et devient indépendant au cours de l'été suivant. Après sa sortie de la poche, le jeune reste instinctivement dans le sillage de sa mère. Alors qu'il était encore un écolier, en 1960, Peter Nicholson mena une intéressante étude sur les wombats de Timbertop, dans l'État de Victoria, pénétrant en rampant dans leurs terriers pour y effectuer des observations directes. Les wombats étaient pour la plupart assez amicaux, et l'un d'eux s'était pris pour lui d'une affection telle qu'il le suivait et se laissait gratter. Nicholson découvrit ainsi que, bien que chaque wombat possède sa propre tanière, ce sont des animaux très sociables et conviviaux.

Marsupiaux

Marsupial volant pygmée

(Acrobates pygmaeus)   Phalangers-loirs, etc. *(Burramyidae)*

Marsupial volant pygmée

La famille du Marsupial volant pygmée comprend sept espèces. Celui-ci est un petit animal dont le corps et la queue mesurent chacun de 6 à 7 cm et pèsent entre 12 et 16 g. Du poignet à la cheville, il possède de chaque côté du corps un patagium qui, agissant comme un parachute, lui permet d'effectuer des bonds planés d'arbre en arbre. C'est l'un des plus petits planeurs marsupiaux. Il se rencontre dans l'est et le sud-est de l'Australie où il mène une existence si secrète que la plupart des gens ignorent tout de lui. La nuit, il parcourt les arbres, s'agrippant à l'aide de ses coussinets digitaux et de ses griffes ; il peut saisir les tiges avec ses doigts et sa queue. Celle-ci lui sert également en cours de saut pour se diriger. Le Marsupial volant pygmée se nourrit d'insectes et de larves, de nectar et de fleurs. La poche de la femelle, bien développée, abrite quatre mamelles ; de 1 à 4 jeunes naissent à la fin du printemps ou au cours de l'été.

Souris à miel

(Tarsipes spenserae)   *(Tarsipedidae)*

Seul membre de sa famille, la Souris à miel est un petit animal à longue queue préhensile et museau effilé. Son corps mesure de 7 à 8,5 cm, sa queue de 8,5 à 10 cm et elle pèse entre 12 et 25 g. Elle habite les forêts et les landes de l'extrême sud-ouest de l'Australie. C'est un mammifère nocturne au régime alimentaire très spécialisé, composé de nectar et de pollen qu'elle suce sur les fleurs à l'aide de sa très longue langue ; des petits insectes viennent parfois en complément. Sa période de reproduction dure de juin à août et les jeunes, au nombre de 1 à 4 (le plus souvent 2) restent quatre semaines dans la poche de la femelle.

Souris à miel

Marsupiaux

Phalanger volant

(Schoinobates volans)   Écureuils marsupiaux volants *(Petauridae)*

Avec un poids d'environ 1 kg, un corps de 30 à 48 cm de long et une queue de 45 à 55 cm, c'est le plus gros membre de la famille. Il possède un patagium bien développé qui lui permet de planer sur des distances de plus de 100 mètres. Il vit dans les forêts d'eucalyptus des zones montagneuses qui bordent la côte est de l'Australie, au sud du tropique du Capricorne. Le Phalanger volant est commun mais dépend de la présence de vieux arbres qui lui fournissent les cavités où il gîte. À la différence des espèces proches, il se nourrit exclusivement de feuilles, jeunes pousses et fleurs d'eucalyptus. La femelle a une poche bien développée qui dissimule deux mamelles, mais elle n'élève qu'un seul jeune par an. Celui-ci passe quatre mois dans la poche, après quoi sa mère le transporte encore un certain temps avec elle sur son dos.

Phalanger volant en train de planer

Écureuil marsupial volant

(Petaurus norfolcensis)   Écureuils marsupiaux volants *(Petauridae)*

Cette famille d'Écureuils marsupiaux comporte quelque vingt-cinq espèces arboricoles et planeuses. L'Écureuil marsupial volant mesure environ 20 cm, sa queue est plus longue encore et très touffue. Il est commun dans les boisements ouverts d'eucalyptus de l'est de l'Australie. C'est un animal nocturne, formant de petits groupes familiaux, qui se nourrit de nectar, de la sève douce des eucalyptus, d'insectes et peut-être aussi de petits vertébrés. La femelle a quatre mamelles mais elle n'a généralement pas plus de 2 jeunes à la fois. Ceux-ci restent environ dix semaines dans la poche et, après l'avoir quittée, encore deux mois au nid.

Écureuil marsupial volant

Marsupiaux

Dendrolague de Matschie

(Dendrolagus matschiei)

V

Kangourous *(Macropodidae)*

Les Kangourous sont les Marsupiaux les plus connus. Les quelque cinquante à soixante espèces habitent la Nouvelle-Guinée et les îles proches, l'Australie et la Tasmanie. Certaines espèces ont été introduites en Nouvelle-Zélande et dans d'autres parties du monde.

Tête, vue de profil, d'un Dendrolague de Matschie

Dendrolague de Matschie

Le Dendrolague de Matschie vit dans les montagnes du nord-est de la Nouvelle-Guinée et sur l'île d'Umboi. Son aspect ne correspond pas à l'image que l'on se fait généralement d'un kangourou. Comme tous les kangourous arboricoles (ou dendrolagues), il porte une fourrure fine et épaisse et, comparé aux espèces terrestres, de plus gros membres antérieurs pourvus de griffes ainsi que des membres postérieurs plus courts. Son

Marsupiaux

Jeune Dendrolague de Matschie dans la poche marsupiale

corps mesure de 52 à 60 cm, sa queue de 42 à 65 cm et il arbore de vives couleurs. Le Dendrolague de Matschie est un grimpeur expert qui passe la majeure partie de sa vie dans les arbres, dont les feuilles et les fruits constituent son régime alimentaire. Il se déplace dans les branches avec agilité et peut sauter d'arbre en arbre ou depuis les arbres jusqu'au sol. Comme tous les kangourous, la femelle a une poche bien développée ouverte antérieurement, c'est-à-dire vers la tête. La durée de la gestation est d'environ trente-deux jours et elle n'a en règle générale qu'un seul jeune. On ne possède pas d'autres données sur sa reproduction.

Dendrolague de Lumholtz

(Dendrolagus lumholtzi)

C

Kangourous *(Macropodidae)*

Le Boongary, comme l'appellent les aborigènes, est un Marsupial arboricole massif avec des oreilles courtes et arrondies et une queue ronde de la même longueur que le corps, c'est-à-dire environ 66 cm. Son poids est d'environ 10 kg. C'est, comme l'espèce précédente, un excellent grimpeur capable de sauter dans les arbres. Il passe toutefois une partie de son temps au sol. Durant la journée, il reste enroulé sur une branche et ne s'abrite pas, même quand il pleut, partant à la recherche de nourriture – feuilles, écorce et jeunes pousses – après la tombée de la nuit. Il peut sauter d'un arbre à l'autre sur des distances atteignant 9 mètres, se servant de sa queue comme gouvernail et comme balancier pour s'équilibrer, mais non pour s'accrocher aux branches. S'il est dérangé, il quitte sans hâte l'arbre où il se trouvait en descendant au sol, queue la première. Mais en cas de danger, il peut sauter d'une hauteur de 20 mètres sans se blesser. S'il est surpris au sol, il saute dans l'arbre le plus proche, tête et corps penchés en avant pour compenser le poids de sa queue, et il disparaît rapidement dans les branchages. Lorsque les hommes le poursuivent dans les arbres, il revient généralement à terre pour chercher refuge dans un autre arbre. L'animal vit en petits groupes. On sait peu de choses sur sa reproduction, mais la femelle n'a probablement qu'un seul jeune.

Le Dendrolague de Lumholtz habite les forêts vierges du nord-ouest du Queensland et son avenir dépend de la protection de ce milieu.

Dendrolague de Lumholtz

Marsupiaux

Wallabie-Lièvre rayé

(Lagostrophus fasciatus)

M, C

Kangourous *(Macropodidae)*

L'Australie et les îles voisines sont habitées par un grand nombre de petites espèces de kangourous qui, souvent, n'occupent qu'une aire de répartition très restreinte. C'est le cas du Wallabie-Lièvre rayé, seul représentant du genre *Lagostrophus* qui, avec les membres du genre *Lagorchestes*, forme le groupe des wallabies-lièvres ; ces derniers sont ainsi dénommés à cause de leur type de locomotion ressemblant à celui des lièvres. Le corps du Wallabie-Lièvre rayé mesure de 40 à 46 cm et sa queue de 30 à 40 cm. Le Wallabie-lièvre rayé habitait à l'origine le sud et le sud-ouest de l'Australie mais, depuis 1906, il y a eu très peu de témoignages de sa présence sur le continent australien. Il est possible qu'il y survive encore, mais c'est principalement sur les îles Bernier et Dorre, dans la baie de Shark, qu'on le rencontre aujourd'hui. Les zones sèches avec fourrés bas et les boisements sclérophylles (à feuilles coriaces) ouverts ou les landes constituent ses milieux naturels. Contrairement à beaucoup d'autres kangourous, les wallabies-lièvres rayés sont grégaires. Durant la journée, ils se cachent dans des fourrés denses et se nourrissent la nuit des différentes parties des plantes. Les femelles mettent bas un seul jeune entre février et août. Leurs ennemis naturels sont les oiseaux rapaces et les reptiles (varans et serpents).

Wallabie-Lièvre rayé

Marsupiaux

Quokka

(Setonix brachyurus)   Kangourous *(Macropodidae)*

Le Quokka est un animal important pour les zoologistes australiens, car c'est le premier de tous leurs Marsupiaux qui fut étudié en détail. Les recherches menées par Waring, Main et leurs élèves ont jeté les bases de l'étude de la biologie des autres espèces. Par exemple, l'embryogenèse différée – que nous décrirons en détail pour les grandes espèces – a été observée la première fois chez ce kangourou. On a découvert plus tard que son tube digestif, comme celui des ruminants, contient des colonies de bactéries qui dégradent la cellulose et qui absorbent les sous-produits de cette dégradation, ces bactéries étant également elles-mêmes digérées. Mais ce n'est pas tout ! Dans certaines conditions, le Quokka peut réutiliser une partie de l'urée, résidu de digestion produit et excrété par l'organisme, pour compenser les carences en protéines de son alimentation. Ces particularités ont été découvertes plus tard chez d'autres espèces et montrent que ces animaux sont capables de tirer le meilleur parti du faible potentiel alimentaire de leur milieu naturel.

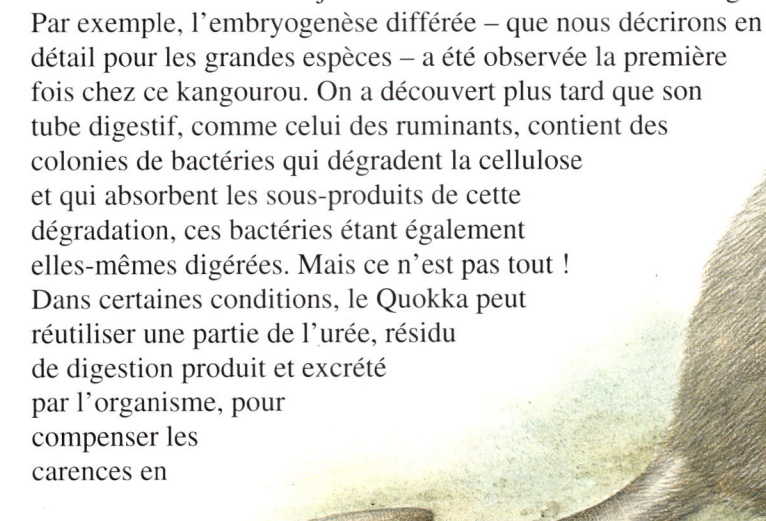

    Le Quokka est légèrement plus gros qu'un chat domestique. Son corps mesure de 47 à 60 cm, sa queue de 25 à 35 cm et il pèse entre 2 et 5 kg. Il vit dans le sud-ouest de l'Australie et c'est sur les îles Rottnest et Bald qu'il est le plus abondant. Il se nourrit d'un grand nombre d'herbes et de plantes herbacées. Sur le continent, il fréquente la végétation dense des marais et boisements sclérophylles (à feuilles coriaces). Sur les îles, on peut l'observer partout, même en plein jour, alors qu'il est plutôt nocturne ailleurs. Un seul petit naît après une gestation de vingt-sept jours.

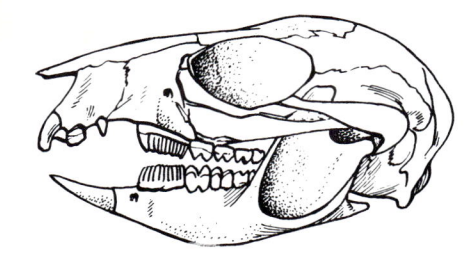

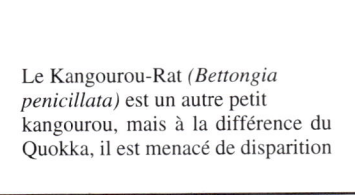

Quokka

Crâne de Kangourou-Rat

Le Kangourou-Rat *(Bettongia penicillata)* est un autre petit kangourou, mais à la différence du Quokka, il est menacé de disparition

Marsupiaux

Wallabie des marais
(Wallabia bicolor) Kangourous *(Macropodidae)*

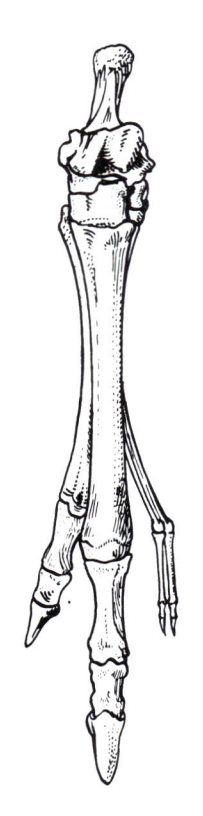

Wallabie est le terme employé pour désigner un groupe de kangourous de taille moyenne, plus petits que les grandes espèces du genre *Macropus,* mais le nom générique scientifique *Wallabia* n'est plus appliqué aujourd'hui qu'à la seule espèce *Wallabia bicolor.* La longueur moyenne de son corps est de 84 cm, la queue mesure 66 cm et l'animal pèse environ 15 kg. Sa formule dentaire 3/1 0/0 2/2 4/4 est typique de la plupart des kangourous et révélatrice d'un régime herbivore. La structure des membres est similaire à celle des autres kangourous décrits dans cet ouvrage. Les pattes antérieurs sont courtes, pourvues de cinq doigts terminés par une griffe. Les pattes postérieures sont puissantes, longues et étroites ; le premier doigt est absent, les deuxième et troisième sont petits et fusionnés, le quatrième est le plus long et le cinquième assez long. Le Wallabie des marais a trois types de démarches. Comme les autres kangourous moyens et grands, il se tient sur ses quatre membres lorsqu'il broute, ramenant ses pattes postérieures vers ses antérieures et laissant traîner sa queue. Lorsqu'il sautille, il n'utilise que ses pattes postérieures, laissant là encore traîner sa queue au sol. Mais lorsqu'il bondit rapidement, il ne touche le sol que de l'extrémité de ses quatrième et cinquième doigts et garde sa queue relevée.

Le Wallabie des marais habite l'est de l'Australie, depuis le Queensland jusqu'au Sud où il fréquente différents types de forêt, des lieux humides et des champs ; localement, il est très abondant. Le jour, il se cache dans la végétation dense, mais la nuit, il sort pour se nourrir d'herbe, de plantes herbacées, de fougères et pour brouter les arbustes. Cette activité se poursuit souvent jusqu'au matin, ou bien débute dans le courant de l'après-midi. La femelle a une poche bien développée et quatre mamelles, mais ne donne généralement naissance qu'à un seul jeune. La gestation dure environ trente-sept jours et les jeunes restent dans la poche environ deux cent soixante-sept jours.

Squelette de la patte postérieure d'un membre du genre *Wallabia* (le quatrième doigt est le plus grand)

Wallabie des marais

Wallabie de rocher
(Petrogale xanthopus) Kangourous *(Macropodidae)*

Les sept espèces du genre *Petrogale* sont adaptées à la vie en terrains rocheux. Le Wallabie de rocher mesure environ 70 cm et sa queue 62 cm. On le rencontre dans le sud et l'est de l'Australie et il a été introduit à Hawaii. C'est un mammifère nocturne qui passe la journée caché dans des anfractuosités de rochers, des grottes ou sous des éboulis. Sa nourriture est essentiellement composée d'herbe et de plantes herbacées et, à la saison sèche, l'animal peut rester longtemps sans boire, en consommant des écorces

Marsupiaux

succulentes, les feuilles de certains arbustes et divers tubercules. Il vit en groupe pouvant compter plusieurs dizaines de membres. Il se déplace avec agilité parmi les rochers, grimpant et effectuant des bonds atteignant 4 mètres de long. On sait peu de choses de sa reproduction. La poche de la femelle abrite quatre mamelles mais on suppose que, comme chez la plupart des kangourous, un seul jeune vient au monde à la fois.

Wallabie de rocher

Wallabie de rocher

43

Marsupiaux

Kangourou roux
(Macropus rufus) Kangourous *(Macropodidae)*

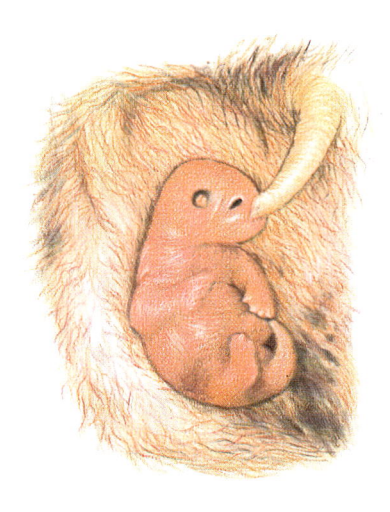

Macropus signifie « longues pattes », terme qui convient parfaitement pour évoquer le trait le plus typique de ce groupe de kangourous. Le genre regroupe quatorze espèces, dont les cinq plus gros Marsupiaux vivants. En ce qui concerne la taille, les deux espèces décrites ici se disputent la première place : le Kangourou roux est légèrement plus grand (un vieux mâle dressé sur ses pattes postérieures dépasse largement 2 m), mais le Kangourou gris peut être plus lourd (un vieux mâle peut atteindre 91 kg). Les mâles des deux espèces sont considérablement plus gros que les femelles et chez le Kangourou roux, les deux sexes présentent des colorations différentes. Les Kangourous gris poursuivent leur croissance toute leur vie, de sorte que les vieux individus sont nettement plus gros que les jeunes.

Le Kangourou roux pèse de 40 à 80 kg, son corps mesure de 90 cm à 1,65 m et sa queue de 75 cm à 1,05 m. Il porte une fourrure courte et épaisse. Le mâle présente une coloration dominante brun rougeâtre, avec le ventre blanc grisâtre, tandis que la femelle est grisâtre à gris bleuâtre avec le ventre blanc. Toutefois, dans certaines régions, les femelles arborent des colorations similaires aux mâles. Grâce à ses pattes postérieures puissantes, l'animal peut effectuer des bonds de 9 mètres de longueur et atteindre, sur de courtes distances, des pointes de vitesse de 50 km/h.

Cette espèce occupe une grande partie de l'Australie, depuis la côte ouest jusqu'à 143° de longitude environ. Elle fréquente les steppes herbeuses et broussailleuses, les prés salés et parfois les régions agricoles. Elle vit en petits troupeaux regroupant en général moins de dix animaux, mais dans les secteurs où la nourriture est abondante, plusieurs groupes peuvent pâturer ensemble. Son régime alimentaire est exclusivement constitué d'herbe et de plantes herbacées. Ce kangourou est actif essentiellement la nuit mais, par mauvais temps, se nourrit aussi en pleine journée. Les points d'eau sont généralement visités après la tombée de la nuit. La reproduction de l'espèce a été très bien étudiée et l'on a constaté chez plus de 60 % des femelles l'existence d'une diapause embryonnaire (implantation de l'œuf différée). Après une gestation d'environ 33 jours, la femelle donne naissance à un seul jeune (rarement à des jumeaux), qui rejoint la poche et se fixe à une

Kangourou nouveau-né fixé à une tétine dans la poche de sa mère

Kangourou roux : femelle et son petit

Marsupiaux

Kangourou gris en train de sauter

mamelle. Quelques jours plus tard, la femelle peut s'accoupler à nouveau. Cette fois, le nouvel embryon ne se développe pas immédiatement mais reste « au repos » dans l'utérus. Dès que le premier jeune quitte la poche (après deux cent trente-cinq jours environ), ou bien s'il meurt, le second embryon s'implante dans la paroi utérine et commence son développement normal. Le jeune ayant déjà quitté la poche revient téter sa mère pendant environ quatre mois encore. Ainsi, la femelle peut allaiter en même temps deux jeunes d'âges différents et porter encore un embryon de « réserve » dans son utérus. Ce phénomène remarquable permet une reproduction relativement rapide et le remplacement des pertes parmi les jeunes.

Kangourou gris

(Macropus giganteus)   Kangourous *(Macropodidae)*

Le corps de ce puissant Marsupial mesure de 80 cm à 1,50 m et sa queue de 70 à 90 cm. Le Kangourou gris se rencontre dans tout l'est de l'Australie, excepté dans le nord du Queensland, et vit aussi en Tasmanie. Il fréquente différents types de milieux, depuis les bois clairs jusqu'aux plaines herbeuses et les terres cultivées. Ses mœurs sont semblables à celles de l'espèce précédente, mais le développement post-natal est plus long que celui des autres Marsupiaux ; le jeune reste dans la poche pendant dix mois environ et son allaitement se prolonge jusqu'au dix-huitième mois.

Kangourou gris

INSECTIVORES ET MACROSCÉLIDES

Les Insectivores sont les mammifères placentaires vivants les plus primitifs. Contrairement aux Marsupiaux, les mammifères placentaires n'ont ni os marsupiaux, ni poche ventrale. Les femelles possèdent toujours un vagin unique et leur utérus présente une structure variable. On distingue différents types, depuis l'utérus double (*uterus duplex*) dont les deux éléments ne se rejoignent qu'à leur extrémité inférieure (comme chez les souris, par exemple), jusqu'à l'utérus unique non divisé (*uterus simplex*) que l'on rencontre chez les Primates supérieurs, y compris l'Homme. Mais le trait le plus important des mammifères placentaires est l'existence d'un placenta véritable, ou chorioallantoïdien, qui assure les échanges entre l'organisme de la mère et le fœtus durant son développement. Il est constitué par la fusion du chorion et de l'allantoïde (membranes embryonnaires) avec l'endomètre (membrane recouvrant la face interne de l'utérus). L'ensemble assure la nutrition, la respiration et les fonctions d'excrétion du fœtus. Mais il ne peut empêcher les réactions immunitaires si la composition de son sang est différente de celle de la mère.

Il existe quatre types de placentas chorioallantoïdiens, correspondant à quatre degrés de connexion de l'embryon avec les tissus utérins. Le plus primitif est le *placenta diffusa* qui entoure l'embryon de toutes parts. On le rencontre chez de nombreux Insectivores, mais également chez certains Prosimiens, Pangolins et Ongulés. Du point de vue fonctionnel, ce placenta est dit épithéliochorial, les connexions entre le système circulatoire du fœtus et celui de la mère étant relativement peu développées. La forme la plus avancée est le *placenta discoidea*, situé d'un seul côté de l'utérus et de structure circulaire ou discoïde. On le rencontre chez de nombreux ordres de Mammifères : certains Insectivores, les galéopithèques, les Primates supérieurs, les damans et les éléphants en sont pourvus. Du point de vue fonctionnel, on le qualifie d'hémochorial. Les barrières que doivent franchir les nutriments sont réduites au minimum, essentiellement à la très fine couche interne des vaisseaux sanguins du fœtus (endothelium). Toutefois, les différents types de placentas – qui présentent des formes transitoires entre les deux précédemment décrites – ne correspondent pas toujours au degré général d'évolution des groupes chez lesquels on les rencontre, ce qui démontre que le développement des organes n'est pas nécessairement en relation avec le degré de développement du système nerveux et du comportement de l'animal.

D'autres caractères différencient encore les mammifères placentaires des Marsupiaux, par exemple leur denture, ainsi que la structure et la taille relative de leur cerveau. Les femelles possèdent toujours deux rangées de mamelles ou seulement deux mamelles. Les comportements, sociaux notamment, sont plus complexes que chez les Marsupiaux et les comportements acquis jouent un plus grand rôle que dans les autres groupes d'animaux. Certains spécialistes classent les mammifères placentaires les plus primitifs, existants et éteints, dans un ordre unique d'Insectivores. D'autres placent les mammifères primitifs éteints dans un ordre distinct, celui des *Proteutheria*. Les Proteuthériens étaient de petits mammifères possédant un crâne allongé, une denture de type insectivore et une longue queue, qui vécurent du crétacé supérieur au début du Cénozoïque. De nos jours, on ne les considère plus comme les précurseurs des Insectivores, ces derniers se retrouvant jusque dans les strates du crétacé inférieur.

Les Insectivores (*Insectivora*)

L'ordre des Insectivores est un groupe vaste et important du point de vue de l'évolution, au sein duquel on retrouve les origines de la plupart des autres groupes de mammifères placentaires. Si l'on excepte les chauves-souris, l'ordre compte en ses rangs les plus petits des mammifères et d'autres espèces petites et moyennes atteignant approximativement la taille d'un lapin. Ces animaux possèdent une boîte crânienne aplatie et un petit cerveau dont la surface des hémisphères est lisse. Les lobes olfactifs du télencéphale et l'organe olfactif lui-même sont bien développés. La denture est complète. Les dents, dont les types ne sont que légèrement différenciés, sont pointues ou à bord coupant. Excepté les groupes spécialisés comme ceux des taupes (*Talpidae*) et des taupes dorées (*Chrysochloridae*), les Insectivores ont conservé la morphologie mammalienne typique : corps allongé, longue queue et quatre membres de longueur à peu près égale possédant

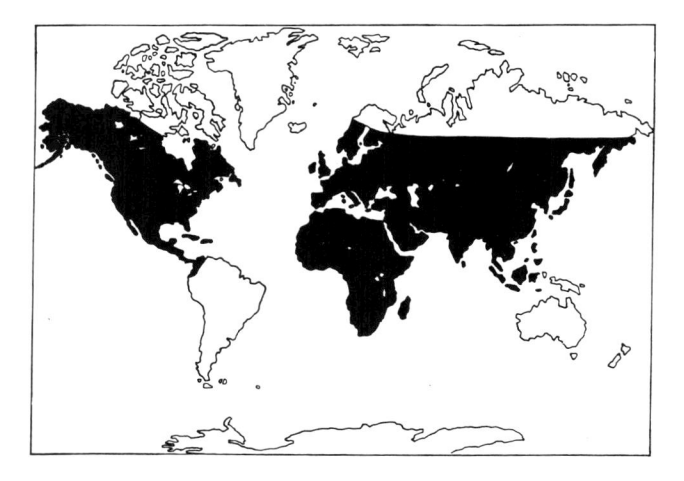

Distribution des Insectivores

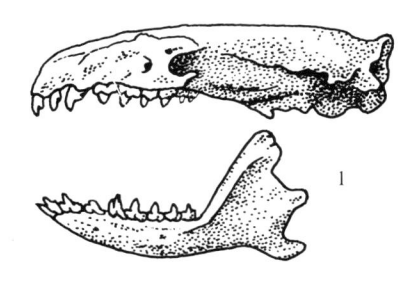

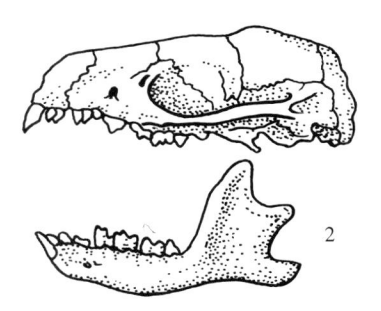

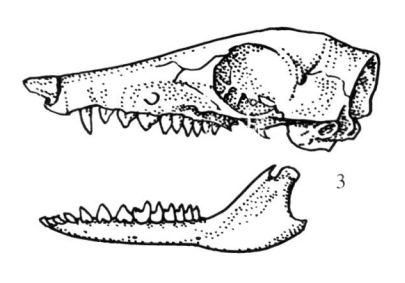

Crânes de tenrec (1), hérisson (2), macroscélide (3)

cinq doigts. Ils marchent sur la face inférieure des doigts et la totalité de la plante du pied (ils sont donc plantigrades). Les orbites sont dirigées vers les côtés de la tête, les yeux et les oreilles sont généralement petits (les hérissons du genre *Hemiechinus* constituent une exception).

Comme l'indique le nom de l'ordre, les Insectivores se nourrissent essentiellement d'insectes, mais incluent également dans leur régime divers autres animaux. Les principaux constituants du menu des espèces souterraines sont les vers et les larves d'insectes, tandis que les espèces aquatiques consomment des crustacés, des poissons et même des amphibiens. Les Insectivores ont un mode de vie essentiellement terrestre. Les petites espèces s'abritent dans des galeries sous la terre. Certains se sont adaptés à une existence entièrement souterraine et, dans ce cas, ont un corps court et trapu, avec une queue courte ou absente ; leurs membres antérieurs puissants ont acquis une structure en forme de pelle. D'autres, bons nageurs, possèdent souvent une dense touffe de poils entre leurs doigts postérieurs et une queue en forme de quille. C'est dans cet ordre que se rencontrent le plus grand nombre d'espèces à piquants. Les Insectivores sont des animaux crépusculaires et nocturnes. Ils se guident principalement au toucher et à l'odorat. Certains d'entre eux, mais à un degré d'évolution bien moindre que les chauves-souris, émettent des ultrasons qui leur servent peut-être à s'orienter. Il y a généralement plusieurs petits par portée et souvent plusieurs portées par an. À la naissance, les jeunes sont nus, aveugles et imparfaitement développés.

L'ordre des Insectivores est réparti dans le monde entier, excepté la région australienne et les latitudes polaires. En Amérique du Sud, il ne vit que dans une petite région du Nord-Ouest. Deux espèces relictuelles se rencontrent à Cuba et en Haïti. Madagascar, au contraire, en abrite un très grand nombre. Il existe en tout six ou sept familles d'Insectivores regroupant quelque quatre cents espèces.

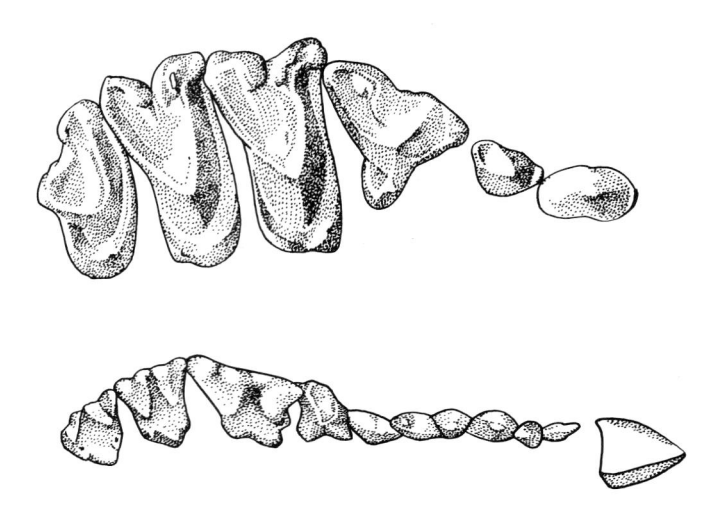

Rangée dentaire supérieure droite d'un solénodon
(en haut) et d'un desman (en bas)

Les macroscélides (*Macroscelidea*)

Parmi les mammifères récents, on trouve quelques groupes qui, par de nombreux aspects, se rapprochent des Insectivores et peuvent être considérés comme les descendants directs d'une branche évolutive d'Insectivores anciens. Les principaux sont les deux grands ordres des Chiroptères (chauves-souris) et des Primates et le petit ordre des Dermoptères (galéopithèques). Depuis, toutefois, ceux-ci ont connu une tout autre évolution et apparaissent aujourd'hui très différents des Insectivores, de sorte que dès le siècle dernier, les zoologistes les classaient sans hésiter dans des ordres distincts. Pour deux autres groupes en revanche, la situation est beaucoup moins claire. Il s'agit des toupayes (*Scandentia*) en Asie et des macroscélides (*Macroscelidea*) en Afrique, les deux groupes possédant d'ailleurs un cerveau beaucoup plus développé et de plus gros yeux que les Insectivores, sans doute en raison de leur mode de vie partiellement diurne. Cela excepté, ils ressemblent énormément aux Insectivores et ont longtemps été inclus dans cet ordre. Les toupayes furent d'abord reclassés parmi les Primates, avant d'être reconnus comme membres d'un ordre distinct (voir le chapitre suivant).

Les macroscélides sont également considérés comme un ordre indépendant depuis plusieurs décennies. Ils nous montrent l'un des chemins évolutifs possibles pour des Insectivores primitifs vers des formes mammaliennes plus avancées. Il s'agit d'un petit groupe, comptant une seule famille et quinze espèces. La majorité vivent en Afrique, au sud du Sahara, une seule se rencontrant sur la côte méditerranéenne dans le nord du continent. Ces animaux possèdent deux caractères distinctifs bien évidents : leur long museau effilé portant les narines à l'extrémité, flexible et sans arrêt en mouvement, et leurs longues pattes postérieures dont le tibia et le péroné fusionnés forment la partie la plus longue. Les macroscélides se déplacent normalement sur leurs quatre membres, mais certaines espèces s'échappent sur leurs pattes postérieures si elles sont effrayées, sautant comme des gerboises ou des kangourous. Contrairement à la plupart des Insectivores, ils ont de petites portées et les jeunes, généralement au nombre d'un ou deux, sont bien développés et non aveugles à la naissance, dotés d'une fourrure assez épaisse et capables de se déplacer après une courte période. Les macroscélides sont des mammifères terrestres vivant souvent dans des milieux très secs ; certains sont forestiers.

La structure du cerveau des tenrecs (Insectivores de Madagascar) est très primitive

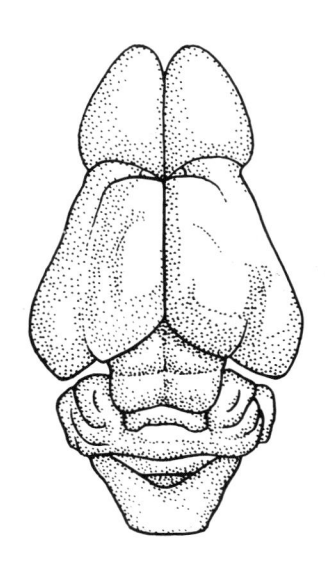

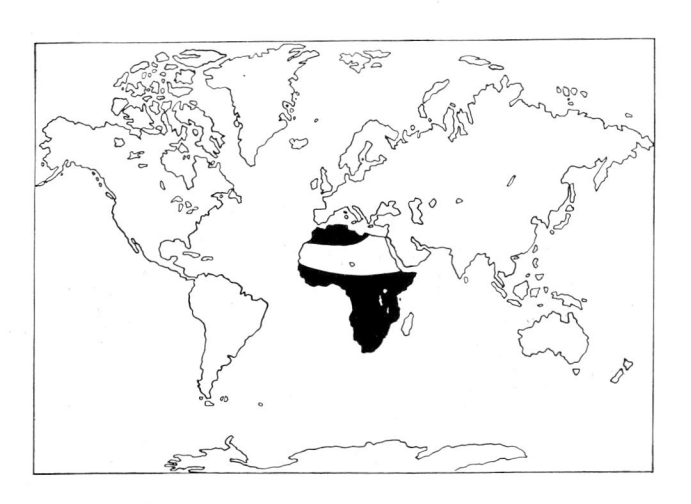

Jadis, l'aire de répartition des macroscélides était continue mais la formation du Sahara l'a divisée en deux

Insectivores

Solénodon de Cuba

(Solenodon cubanus)

M

Solénodons *(Solenodontidae)*

La famille des Solénodons ne compte que deux espèces, toutes deux en danger d'extinction et figurant dans le Livre rouge de l'UICN.

Le Solénodon de Cuba ou Almiqui, comme l'appellent les Cubains, ressemble à une grosse musaraigne gauche. Son corps mesure de 28 à 32 cm et sa queue de 17 à 25 cm. Comme son cousin le Solénodon d'Haïti (*Solenodon paradoxus*), il possède des glandes à venin submaxillaires, dont les conduits s'ouvrent à la base des secondes incisives inférieures. Ces dents possèdent une rainure sur leur face interne pour conduire le liquide toxique et la morsure de ces animaux provoque chez l'Homme de fortes enflures et de la fièvre.

Le Solénodon de Cuba vivait jadis dans l'ouest, l'est et le sud-est de l'île, mais de nos jours on ne le rencontre plus que dans l'ouest et le centre de la province d'Oriente, où il fréquente les forêts de montagne humides à couvert dense. Actif la nuit, il passe la journée dans des terriers ou dans des trous d'arbres tombés. Il se nourrit de divers invertébrés et de petits reptiles, complétés d'une certaine part de végétaux. Pour rechercher sa nourriture, il fourrage des pattes et du museau dans la litière forestière. La femelle met bas de 1 à 3 jeunes aveugles, dépourvus de dents et de poils. On ne sait pas exactement quels sont les effectifs de l'espèce, mais de récents rapports provenant de Cuba indiquent que dans les zones reculées il pourrait en subsister plus qu'on ne l'a d'abord supposé.

Crâne de Solénodon de Cuba

Solénodon de Cuba

Insectivores

Potamogale
(Potamogale velox)   Potamogales *(Tenrecidae)*

Avec deux autres espèces proches, certains biologistes classent le Potamogale dans la famille distincte des Potamogalidés, notamment parce qu'ils vivent sur le continent africain alors que tous les autres Tenrecidés vivent à Madagascar. Par son aspect et ses mœurs, le Potamogale rappelle une loutre. Son corps mesure de 29 à 35 cm, sa queue de 25 à 29 cm et il pèse environ 1 kg. Ses narines sont recouvertes de plis de peau qui agissent comme des clapets lorsque l'animal est en plongée. Ses pattes dépourvues de palmure sont maintenues serrées le long du corps quand il nage rapidement. Il se propulse principalement au moyen de sa grosse queue comprimée latéralement.

Potamogale

Le Potamogale se rencontre en Afrique équatoriale du Nigeria à l'Angola et vers l'est jusqu'à la vallée du Rift. Il habite aussi bien les rivières boueuses de plaine et les eaux stagnantes que les torrents de montagne aux eaux cristallines. Les crustacés d'eau douce constituent sa nourriture favorite et il peut en consommer jusqu'à vingt-cinq en une seule nuit. Il se nourrit aussi de poissons, de mollusques et de grenouilles. Dans les berges, ce Mammifère nocturne creuse des terriers dont les entrées se trouvent généralement sous le niveau de l'eau. Il vit solitaire ou en couple. On sait peu de choses de sa reproduction, qui de toute évidence a lieu toute l'année, comme c'est normalement le cas chez les mammifères tropicaux. Il n'a probablement que 2 jeunes par portée.

Insectivores

Tenrec

(Tenrec ecaudatus)   Tenrecs *(Tenrecidae)*

La famille des Tenrecidés comporte trente espèces que l'on ne rencontre qu'à Madagascar et aux Comores, mais qui ont été introduites à la Réunion, sur l'île Maurice et aux Seychelles. Bien que les tenrecs soient les Insectivores les plus proches de la souche primitive, les mammifères placentaires les plus primitifs, ils sont parvenus à s'adapter aux différents milieux naturels de Madagascar, comme l'atteste la diversité de leur aspect. Certains rappellent les opossums sud-américains, d'autres ressemblent à des hérissons ou des musaraignes, d'autres encore creusent comme des taupes et l'une des espèces nage et chasse ses proies sous l'eau.

Le Tenrec est un animal au corps trapu mesurant de 26 à 39 cm, avec une queue très courte (de 1 à 1,5 cm). Les mâles sont plus gros que les femelles et peuvent peser jusqu'à 1,5 kg. Le pelage est composé de poils et de piquants rigides.

Si l'animal est dérangé ou menacé par un ennemi, il hérisse les soies de son dos et de sa tête, trépigne de ses pattes antérieures, émet un sifflement ou bien ouvre la gueule aussi grand qu'il le peut. Sa morsure est douloureuse.

Le Tenrec se rencontre partout à Madagascar et aux Comores et a été introduit dans plusieurs autres îles de l'océan Indien. Assez abondant par endroits, il habite différents types de forêts jusqu'à 900 mètres d'altitude environ. En temps normal, il est actif la nuit, partant à la recherche de sa nourriture (insectes, larves, vers et racines) dans la litière forestière et le sol. La reproduction a lieu au printemps, c'est-à-dire en octobre et novembre. Après une gestation de cinquante-huit à soixante-quatre jours, la femelle met bas de 16 à 32 jeunes, mais seulement 12 à 16 d'entre eux survivent. Le Tenrec reste néanmoins l'un des mammifères les plus prolifiques. Les jeunes sont allaités durant vingt-cinq à trente jours. Pendant la période sèche de l'hiver austral, l'animal hiberne dans une galerie souterraine de 1 à 2 mètres de long, après en avoir bloqué l'entrée.

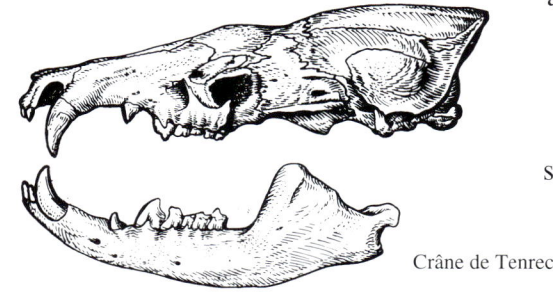

Tenrec

Crâne de Tenrec

Insectivores

Tenrec rayé

(Hemicentetes semispinosus)   Tenrecs *(Tenrecidae)*

Ce tenrec est de forme similaire à l'espèce précédente, mais plus petit et possédant des pattes plus longues. Son corps mesure de 12 à 16,5 cm, sa queue est vestigielle et il pèse environ 200 g. Sa fourrure comporte des piquants acérés dont certains sont dotés de barbes et peuvent se détacher. Si l'animal est attaqué par un prédateur (par exemple un fosa ou une mangouste), les épines de la tête et du dos se redressent et sont dirigées vers le museau ou les pattes de l'ennemi.

Tenrec rayé

Le Tenrec rayé habite les forêts vierges tropicales de plaine dans l'est de Madagascar, où il creuse de longs terriers peu profonds abritant généralement des familles entières. Il est actif de jour comme de nuit et sa nourriture principale est constituée par les vers de terre. La gestation dure cinquante-huit jours et les 5 à 8 jeunes sont sevrés entre le dix-huitième et le vingt-cinquième jour. Cette espèce est menacée par la disparition des forêts malgaches.

Le Tenrec-Musaraigne, du genre *Microgale,* ressemble à une musaraigne et montre que les tenrecs n'ont pas tous des piquants

Insectivores

Taupe dorée du Cap
(Chrysochloris asiatica)   Taupes dorées *(Chrysochloridae)*

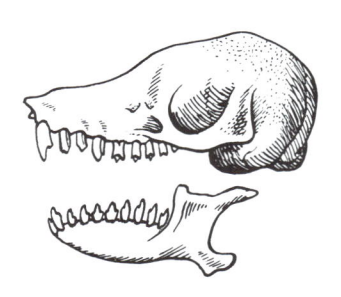

Crâne de Taupe dorée du Cap

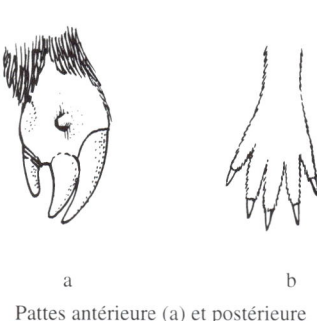

a   b
Pattes antérieure (a) et postérieure (b) de la Taupe dorée du Cap

Les dix-huit espèces de la famille des Taupes dorées vivent en Afrique. Elles se répartissent à peu près de l'équateur jusqu'au Cap où, par leurs mœurs et leur aspect analogue, elles remplacent les vraies taupes qui ne se rencontrent pas sur ce continent. En plus des griffes de leurs pattes antérieures, les taupes dorées utilisent également l'écusson corné de leur museau pour creuser. La longueur et la profondeur de leurs galeries dépendent de la structure locale du sol. La majorité des espèces vit en Afrique du Sud, où elle fréquente aussi bien les régions sèches et sableuses que les forêts et les champs cultivés. La plupart ne sont pas très communes et huit espèces figurent dans les listes du Livre rouge de l'UICN.

Taupe dorée du Cap

    La Taupe dorée du Cap, considérée comme assez abondante, est le membre le mieux connu de la famille. Elle se rencontre dans la province du Cap en Afrique du Sud et sur l'île Robben, peut-être aussi en Namibie et au Damaraland. Son corps mesure de 11,5 à 12,5 cm de long et elle pèse environ 30 g. Sa queue est invisible extérieurement, ainsi que ses yeux rudimentaires qui sont recouverts de peau. Elle ne possède pas d'oreilles externes. Les membres antérieurs portent quatre doigts dont les deux centraux sont plus épais que les autres et possèdent d'énormes griffes. Les pattes postérieures sont plus courtes et ont cinq doigts. Le pelage très épais présente des reflets dorés, verts ou pourprés selon l'angle d'incidence de la lumière. La femelle a quatre mamelles.
    La Taupe dorée du Cap vit dans les sols légers et souvent sableux, dans les prairies ou la brousse. Elle creuse de longs passages, généralement juste sous le niveau de la surface d'où ses galeries sont observables. Occasionnellement, elle peut creuser plus profond. Dans ce cas, elle doit rejeter la terre à l'extérieur, formant des petits tas semblables aux taupinières. Pour creuser, elle fore du bout de son nez et repousse la terre derrière elle à l'aide de ses pattes antérieures. Elle se nourrit de vers, de larves d'insectes et autres invertébrés. Elle se reproduit probablement durant la saison des pluies, d'avril à juillet. Les jeunes naissent dans un nid souterrain garni d'herbe. Ils mesurent 45 mm à la naissance et sont allaités pendant deux à trois mois jusqu'à ce que leurs dents sortent, époque à laquelle ils ont presque atteint leur taille adulte.

Insectivores

Gymnure
(Echinosorex gymnurus)   Gymnures, Hérissons *(Erinaceidae)*

Cet animal à l'aspect bizarre est le plus grand Insectivore existant. Son corps mesure de 25 à 44 cm, sa queue de 20 à 21 cm et il pèse de 500 g à 1,4 kg. Son corps très comprimé latéralement lui permet de s'insinuer dans les espaces très étroits. Son pelage est constitué d'une bourre épaisse et de très longs poils de garde qui en émergent, mais il est dépourvu de piquants. Certains individus sont complètement blancs. Le museau est long et mobile et porte une rainure sur la face inférieure.

Le Gymnure vit dans les forêts tropicales de Thaïlande, de la péninsule Malaise, de Bornéo, de Sumatra et dans bon nombre d'îles plus petites. Il est actif aussi bien la nuit que le jour et se nourrit de vers, coléoptères, termites, myriapodes, araignées et différents animaux aquatiques, notamment des têtards. Il se reproduit probablement toute l'année. Il y a généralement 2 jeunes par portée.

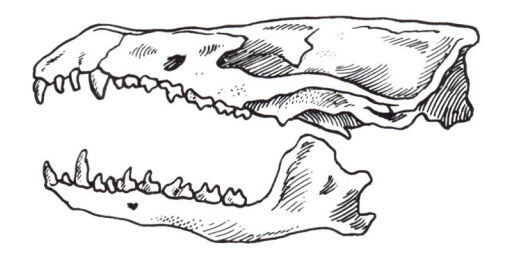

Crâne de Gymnure

Gymnure

Insectivores

Hérisson

C

(Erinaceus europaeus)

Gymnures, Hérissons *(Erinaceidae)*

C'est le plus connu des Erinacéidés, famille qui comporte de seize à dix-neuf espèces inscrites aux annexes de la Convention de Washington sur le commerce international des espèces menacées. Le Hérisson et son cousin le Hérisson d'Europe orientale ne sont toutefois pas en danger immédiat d'extinction. Dans la plupart des pays européens, ils sont protégés par la loi et font souvent l'objet de soins de la part d'associations de bénévoles qui, par exemple, placent en hibernation artificielle les sujets trouvés en mauvaise condition physique durant l'automne.

Le Hérisson possède une fourrure d'un brun uniforme. Une ligne sombre peu distincte part du museau vers les yeux et les piquants présentent des anneaux réguliers et bien nets de couleur blanchâtre et brune alternées. Le corps mesure de 19 à 31 cm de long, la queue de 1,8 à 4,3 cm et il pèse de 500 g à 1,2 kg. Les zoologistes ont calculé qu'un Hérisson adulte porte de sept mille à huit mille piquants sur l'ensemble du corps.

Le Hérisson vit dans une grande partie de l'Europe et de l'Asie, depuis l'Irlande jusqu'à l'ouest de la Sibérie, la Mandchourie et la Corée, mais il est absent d'Europe centrale et du Sud-Est. En

Crâne de Hérisson

Hérisson

Insectivores

Europe centrale, approximativement entre l'Elbe et la Vltava à l'ouest et entre l'Oder et la Morava à l'est, sa répartition recouvre en partie l'aire du Hérisson d'Europe orientale. Il fréquente les forêts de feuillus et mixtes, les abords des forêts de conifères, les jardins et les parcs (même en ville), les bordures de routes et les berges. Durant la journée, il reste dans une sorte de tanière peu élaborée et part la nuit à la recherche de vers de terre, coléoptères, chenilles et petits vertébrés dont il se nourrit, auxquels il n'adjoint qu'occasionnellement un complément d'origine végétale. L'idée selon laquelle il ramasse des pommes en les piquant de ses épines est fausse. Sa saison de reproduction dure d'avril à août et les 2 à 10 jeunes naissent après une gestation de trente et un à trente-cinq jours. À la naissance, leurs piquants sont recouverts de peau et il faut plusieurs heures avant que n'en émergent les extrémités. Les piquants sont d'abord blancs, mais ils s'allongent et acquièrent leur couleur typique dans les quelques jours qui suivent. Les jeunes sont allaités durant quatre à six semaines. Les Hérissons hibernent d'octobre à avril parmi les feuilles mortes, sous les racines des arbres ou entre des pierres.

Hérisson d'Europe orientale C
(Erinaceus concolor) Gymnures, Hérissons *(Erinaceidae)*

Cette espèce diffère de la précédente par sa coloration et sa taille légèrement plus petite. Les individus jeunes ont la tête et le ventre de couleur brun sombre prédominante et une bavette blanche, tandis que chez les adultes ces zones sont de teinte plus claire. Il n'y a pas de marques noires sur la tête. Les piquants présentent des anneaux indistincts et irréguliers où le blanc terne prédomine ; ils sont moins nombreux (de six mille à sept mille) que chez l'autre espèce.

Le Hérisson d'Europe orientale se rencontre en Europe centrale à l'est de l'Elbe, en Europe orientale (excepté dans le Nord) et depuis l'Asie Mineure jusqu'à Israël. À l'origine habitant des steppes, il s'est adapté à la vie dans les bois clairs, les villages et les villes. Ses mœurs sont très semblables à celles du Hérisson, bien qu'il hiberne dans des terriers peu profonds.

Hérisson d'Europe orientale

Le Hérisson à grandes oreilles *(Hemiechinus auritus)* est répandu depuis le nord de la Libye et l'Égypte à travers les semi-déserts asiatiques jusqu'à la Chine septentrionale

Insectivores

Crossope, Musaraigne aquatique
(Neomys fodiens)   Musaraignes *(Soricidae)*

Les pattes postérieures et antérieures sont bordées de poils raides

La vaste famille des Musaraignes comporte vingt genres et environ deux cent quatre-vingts espèces réparties dans le monde entier, à l'exception des régions arctiques (elles sont absentes du Groenland et d'Islande), de l'Antarctique, de l'Australie, de la majeure partie de l'Amérique du Sud et de quelques îles. Avec les petits Rongeurs, elles forment souvent les plus importantes communautés mammaliennes et les deux groupes sont réunis sous le terme de micromammifères. On y inclut aussi parfois les chauves-souris. Ces petits mammifères étant très discrets, le public les connaît en général très peu et un enfant européen qui sait sans peine différencier un lion d'un tigre confondra le plus souvent une musaraigne avec une souris. Pourtant, un examen attentif révèle des différences assez nettes, les musaraignes possédant un long museau effilé, de très petites oreilles et de courtes pattes. D'une manière générale, la longueur du corps des musaraignes varie entre 3,5 et 18 cm, la queue entre 1 et 12 cm et le poids entre 2 et 50 g. À l'âge adulte, la plupart des espèces pèsent de 4 à 20 g. Elles sont relativement à l'abri de l'extinction : deux espèces seulement (n'apparaissant pas dans cet ouvrage) figurent dans le Livre rouge de l'UICN.

La Crossope est la plus grosse espèce européenne et compte parmi les plus spécialisées de la famille. Excellente nageuse, bonne plongeuse, elle chasse ses proies essentiellement

Musaraigne aquatique, ou Crossope

Insectivores

sous l'eau. Elle porte entre les doigts, notamment ceux des grosses pattes postérieures, de longs poils blancs rigides. Une pilosité comparable est présente sur la face inférieure de la queue, formant une sorte de quille. Cela la distingue de sa cousine légèrement

Crossope de Miller

plus petite, la Crossope de Miller (*Neomys anomalus*), moins adaptée au mode de vie aquatique et chez laquelle ces formations pileuses sont plus courtes ou absentes. Le corps de la Crossope mesure de 7 à 10 cm, sa queue de 4,5 à 7,5 cm et elle pèse de 10 à 23 g. Les poils du dos sont d'un noir profond typique, ceux du ventre blancs ou blanc jaunâtre. En plongée, de l'air reste emprisonné dans sa fourrure, ce qui lui donne un aspect argenté.

La Crossope possède une aire de répartition très vaste, depuis la Grande-Bretagne jusqu'à l'île Sakhaline et la Chine à travers l'Europe et l'Asie. Toutefois, sa présence y est discontinue, ses populations les plus orientales étant séparées des populations centrales sibériennes. La Crossope vit principalement en forêt mais se rencontre aussi dans les zones montagneuses. Elle fréquente les eaux courantes et stagnantes dans lesquelles elle attrape crustacés aquatiques, larves d'insectes, mollusques, vers, petits poissons ou autres petits vertébrés. La salive sécrétée par ses glandes sous-maxillaires contient un venin qui paralyse les systèmes nerveux et respiratoire de ses proies, mais qui est sans danger pour l'Homme. La Crossope s'abrite dans des terriers peu profonds, généralement creusés dans les berges ; la femelle y installe le nid où elle mettra ses petits au monde. Ces derniers naissent au bout de dix-neuf à vingt et un jours, entre mai et août, et sont allaités durant vingt-sept à trente-sept jours. Ils sont au nombre de 4 à 9 par portée.

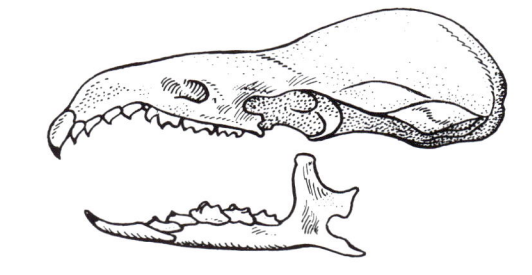

Crâne de Musaraigne aquatique

Insectivores

Musaraigne carrelet

(Sorex araneus) Musaraignes *(Soricidae)*

Présente dans la majeure partie de l'Europe mais également en Asie, jusqu'au lac Baïkal et à l'Ienisseï, c'est la plus commune des musaraignes. On ne la rencontre pas en Irak ni dans la péninsule Ibérique. Son corps mesure de 6 à 8 cm de long, sa queue de 3,5 à 5 cm et elle pèse de 5 à 12 g. La Musaraigne carrelet est à l'origine un animal typique des milieux forestiers mais elle s'adapte en fait presque partout, même dans les parcs urbains et les habitations humaines. De jour comme de nuit, elle se déplace avec fébrilité dans l'herbe, parmi les feuilles mortes ou dans les terriers de rongeurs, à la recherche de sa nourriture. Elle consomme essentiellement des insectes et d'autres invertébrés, des petits vertébrés (principalement sous forme de cadavres) et, dans une moindre mesure, les graines des arbres. Elle creuse ses terriers dans les terrains légers et se reproduit généralement d'avril à août. Après vingt à vingt-sept jours de gestation, la femelle met bas de 4 à 9 jeunes ; elle a en général deux portées par an. Les petits sont allaités environ 3 semaines, pendant lesquelles la femelle consomme quotidiennement plus d'une fois et

Musaraigne carrelet

demie son poids de nourriture. Les musaraignes ont une durée de vie très courte et même quand elles survivent à leur premier hiver, atteignent au maximum l'âge de 18 mois.

Musaraigne pygmée

(Sorex minutus) Musaraignes *(Soricidae)*

Modèle réduit de la Musaraigne carrelet, le corps de la Musaraigne pygmée mesure de 4 à 6,5 cm, sa queue de 3,5 à 5,6 cm et elle pèse de 2,5 à 6 g. Proportionnellement au corps, la queue est donc légèrement plus longue que chez l'espèce précédente, et sa coloration est généralement un peu plus claire. Le meilleur critère pour différencier les deux espèces reste toutefois la longueur du pied qui mesure moins de 11 mm chez la

Insectivores

Musaraigne pygmée alors qu'elle les dépasse chez la Musaraigne carrelet. Les deux espèces ont des répartitions assez semblables. En Europe, la Musaraigne pygmée est absente de la majeure partie de la péninsule Ibérique et des îles méditerranéennes. On la rencontre essentiellement dans les forêts humides et elle est plus commune dans les régions montagneuses que dans les plaines. Son mode de vie est similaire à celui de la Musaraigne carrelet mais sa consommation de nourriture est plus élevée, atteignant par jour plus de double du son poids corporel.

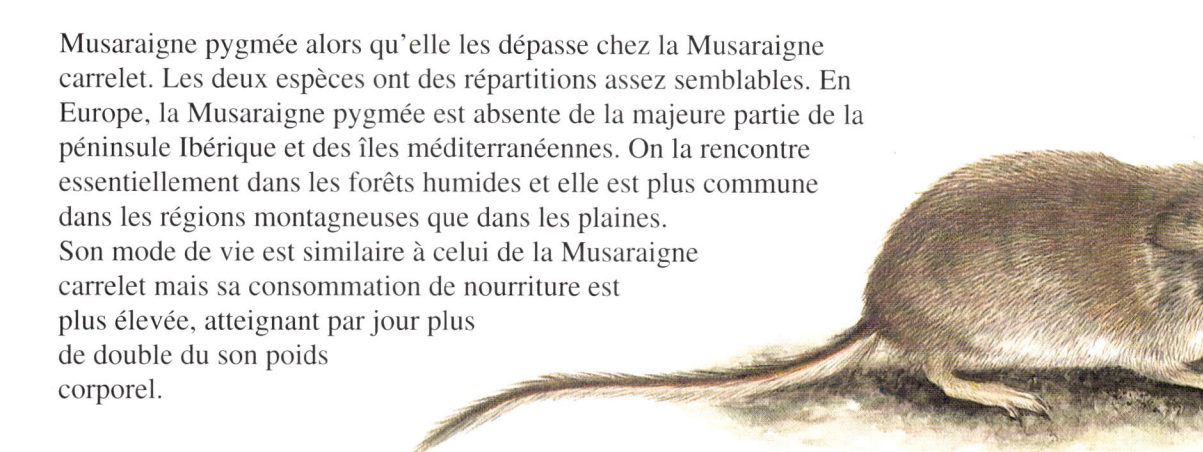

Musaraigne pygmée

Musaraigne alpine

(Sorex alpinus)

Musaraignes *(Soricidae)*

Cette espèce apparaît dès l'abord plus jolie que les deux précédentes. Elle est complètement grise ou noir grisâtre, sauf le dessous de ses pattes relativement grandes qui est blanc ou rose, et la face inférieure de sa queue blanc argenté. Son corps mesure de 6 à 8,5 cm et sa queue, avec ses 5,5 à 7,5 cm, est très longue pour une musaraigne ; son poids est de 6 à 14 g. Cette espèce, plus rare que les autres, ne se rencontre que dans les forêts des montagnes européennes, notamment dans les Pyrénées, les Alpes, le massif du Harz, les Sudètes et toutes les Carpates. Elle a occasionnellement été rencontrée dans les régions de collines au pied de ces massifs. Les vallées boisées de torrents et rivières de montagne constituent ses milieux typiques et, de là, elle peut également atteindre les prairies subalpines. Elle se dissimule sous des surplombs ou des éboulis, se nourrissant de larves d'insectes, vers, limaces, etc. Une ou deux fois dans la saison, la femelle donne naissance à une portée de 2 à 9 jeunes.

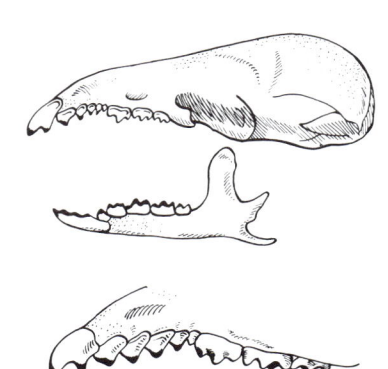

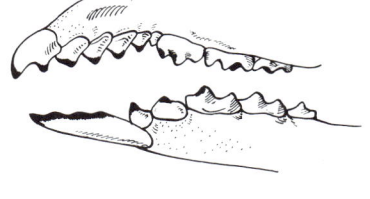

Dans le genre *Sorex*, les adultes ont l'extrémité des dents de couleur rouge

Musaraigne alpine

61

Insectivores

Musaraigne musette

(Crocidura russula)   Musaraignes *(Soricidae)*

Les Musaraignes à dents blanches (*Crocidurinae*) diffèrent des autres musaraignes par de nombreux traits morphologiques, leur écologie et leur comportement. Leurs dents ont des extrémités blanches (celles des adultes des genres *Sorex* et *Neomys* sont rouges), leur pelage est court et dense, leur queue est parsemée de longs poils qui émergent ; elles ont de plus grandes oreilles, tendent à vivre plutôt dans les endroits chauds et secs, ne sont actives qu'en soirée et la nuit, peuvent tomber en léthargie et par conséquent économiser leur énergie. Enfin, lorsque la femelle quitte le nid avec ses jeunes, ceux-ci la suivent en file indienne.

La Musaraigne musette habite l'Europe de l'Ouest (excepté les îles Britanniques), le nord-ouest de l'Afrique et les îles de l'ouest de la Méditerranée (sauf la Corse). Son corps mesure de 6 à 9 cm, sa queue de 3 à 5 cm et elle pèse de 6 à 15 g. Elle fréquente les régions broussailleuses, les boisements secs et se rencontre communément à proximité des habitations, dans les parcs et jardins, à l'intérieur et autour des constructions. Elle se nourrit d'insectes, limaces et escargots, vers et petits vertébrés, vivants ou morts. La gestation dure trente jours. La femelle peut avoir plusieurs portées par an et, dans les constructions, peut même mettre bas pendant l'hiver. Pour ses 3 ou 4 petits, elle aménage un nid qu'elle garnit d'herbe sèche, dans le terrier d'un autre mammifère ou bien dans un endroit abrité, sous un éboulis, par exemple.

Procession de crocidures : la mère conduit les petits qui tiennent chacun entre leurs dents la queue de celui qui les précède ; cela les empêche de s'égarer

Musaraigne musette et ses petits

Crocidure des jardins
(Crocidura suaveolens) Musaraignes *(Soricidae)*

Cette espèce se rencontre dans l'ouest, le centre et le sud-est de l'Europe, s'étend jusqu'au Proche-Orient et à l'Asie centrale et apparaît dans quelques endroits d'Afrique du Nord. Son corps mesure de 5,5 à 7 cm de long, sa queue de 2,5 à 3,5 cm et elle pèse de 3 à 7 g. La Crocidure des jardins vit dans les régions chaudes de plaines et de collines et, occasionnellement, envahit les hôtels et chalets de montagne. Elle se nourrit d'invertébrés divers. Après une gestation de vingt-six à ving-sept jours, la femelle a deux portées de 2 à 6 jeunes par an, entre avril et août. Comme les autres musaraignes à dents blanches, celle-ci est facile à élever en captivité où elle peut vivre plus de deux ans.

Crocidure des jardins

Pachyure étrusque, Musaraigne étrusque
(Suncus etruscus) Musaraignes *(Soricidae)*

C'est l'un des plus petits mammifères du monde puisqu'elle mesure de 3,6 à 5,2 cm de long (hors la queue de 2,4 à 2,9 cm) pour seulement 1,5 à 2,5 g. Ses oreilles, plus grandes que celles des autres musaraignes à dents blanches, dépassent nettement la fourrure. La Pachyure étrusque vit dans la région méditerranéenne et plus au sud, ainsi qu'au bord de la mer Noire, en Transcaucasie, en Asie centrale, en Inde, en Thaïlande et au Yunnan, dans une partie de l'Afrique au sud du Sahara et à Madagascar. Elle fréquente les broussailles, les lieux boisés, les champs, les jardins et les vieilles maisons. Elle grimpe très bien. Elle se nourrit d'insectes, araignées et autres invertébrés ; sa ration quotidienne équivaut au triple de son poids. À l'issue d'une gestation de vingt-sept jours environ, de 2 à 6 petits naissent et il y a deux ou trois portées par an. Les principaux prédateurs de cette espèce et des autres musaraignes à dents blanches sont des chouettes, hiboux et de petits carnivores.

Pachyure étrusque

Insectivores

Desman russe

(Desmana moschata)

V

Taupes *(Talpidae)*

Les deux espèces de desmans sont adaptées à la vie aquatique. Avec son corps de 18 à 21 cm, sa queue de 17 à 20 cm, et un poids de 100 à 200 g, le Desman russe paraît assez gros pour un Insectivore. Son corps épais, sans cou visible, s'effile en direction de la tête, celle-ci s'achevant en une petite trompe aplatie et allongée. La queue, rétrécie à la base, est épaisse et comprimée latéralement, squameuse (écailleuse) et couverte de poils épars. Les pattes postérieures sont plus longues et plus puissantes que les antérieures. Les pieds sont bien palmés et sur les côtés des doigts, on note aussi la présence de poils épais qui augmentent leur surface. Une glande dermique à la base de la queue sécrète une substance à forte odeur musquée.

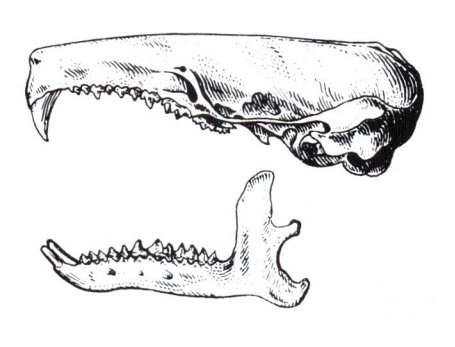

Le Desman russe ne se rencontre qu'en Russie. Originaire des bassins de la Volga, du Don et de l'Oural, il a été réintroduit dans de nombreuses parties du bassin du Dniepr, d'où il avait été éliminé, et introduit en Sibérie dans les vallées de certains affluents de l'Ob.

Il était jadis chassé pour sa fourrure et en partie également pour son musc qui servait à la préparation de parfums. Signalons à titre d'exemple que, dans la première moitié du XIXe siècle, cent mille individus étaient tués chaque année. Cela conduisit à une réducion dramatique des effectifs. Parmi les autres causes de raréfaction, il faut également citer l'augmentation des troupeaux de bovins qui ont détruit ses terriers en piétinant les bords des rivières et des lacs et, plus tard,

Crâne de Desman russe

Desman russe

Insectivores

l'extension du rat musqué qui chassa le Desman de nombreux milieux. Aujourd'hui, le Desman russe est strictement sauvegardé ; cinq réserves et une quarantaine de zones protégées ont été mises en place pour sa défense.

    Le Desman russe habite les zones de végétation dense au bord des eaux courantes et des lacs dont le niveau reste stable et qui ne gèlent pas en hiver. Dans une berge sèche, il creuse un terrier dont l'entrée se situe sous le niveau de l'eau, mais dont la chambre d'habitation est située au-dessus. En plus du terrier principal, le même individu peut creuser plusieurs autres cachettes où il se repose entre ses repas. Il se nourrit de mollusques, vers, insectes et leurs larves, petits poissons, grenouilles, têtards, ainsi que de végétaux. Il est actif au crépuscule et la nuit. C'est un excellent nageur qui peut rester en plongée jusqu'à cinq minutes. Après quarante à quarante-cinq jours de gestation, la femelle met bas de 1 à 5 jeunes (le plus souvent 3 ou 4) qui sont indépendants à l'âge de 3 ou 4 mois.

Desman des Pyrénées   V

(Galemys pyrenaicus)   Taupes *(Talpidae)*

Semblable en plus petit à l'espèce précédente, il a un corps de 11 à 15 cm, une queue de 12 à 15 cm (mais pas aussi nettement comprimée latéralement) et pèse de 50 à 80 g. Il est plus menacé encore que le Desman russe, car on ne le rencontre que dans une très petite zone des Pyrénées et des montagnes du Portugal, entre 300 et 1 200 m d'altitude. Il vit dans les torrents clairs de montagne, où il chasse divers invertébrés et des petits poissons.

Desman des Pyrénées. Chez les deux desmans, les yeux sont très petits et il n'y a pas de pavillons auditifs

65

Insectivores

Taupe
(Talpa europaea)   Taupes *(Talpidae)*

C'est le représentant typique de la famille des Taupes, qui compte trente et une espèces avec les desmans. Aucune des vraies taupes ne figure dans le Livre rouge de l'UICN. La Taupe occupe une vaste bande territoriale depuis la Grande-Bretagne et la France à l'ouest jusqu'à l'Ob et l'Irtysh en Sibérie, aire où elle est presque partout très abondante.

Taupe

Animal souterrain typique, elle a un corps cylindrique sans cou discernable ; son corps mesure de 12 à 17 cm, sa queue de 2 à 4 cm et elle pèse de 65 à 120 g. Elle porte une fourrure courte et épaisse, ses yeux sont très petits à vestigiels et elle ne possède pas d'oreilles externes. Ses pattes sont courtes mais les antérieures, adaptées pour creuser, sont extrêmement robustes, pourvues de très grosses griffes et de paumes en forme de pelle dirigées vers l'extérieur.

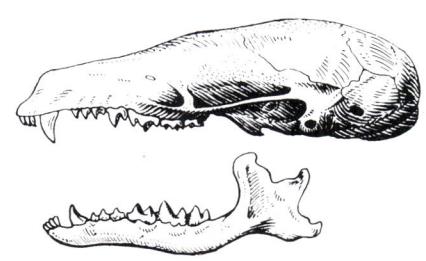

Crâne de Taupe

La Taupe creuse avec ses pattes antérieures tournées latéralement, les paumes dirigées vers l'extérieur et en arrière

Insectivores

La Taupe se rencontre dans les prairies, les bois, les parcs et les jardins. Elle est plus commune en plaine mais fréquente aussi les montagnes jusqu'à plus de 2 000 m d'altitude. Elle passe la majeure partie de sa vie sous terre, dans des galeries situées entre 5 et 70 cm sous la surface. La longueur totale de ses tunnels peut atteindre 200 m, mais elle est plus généralement située entre 40 et 60 m. La terre déplacée est rejetée sous la forme de taupinières. La Taupe se nourrit principalement de vers de terre qu'elle stocke vivants, les paralysant en détruisant leur centre nerveux ; ses magasins peuvent en contenir plusieurs centaines. Elle consomme également des larves d'insectes, des myriapodes et, parfois, de petits vertébrés. Le nid est une cavité garnie de plantes séchées et reliée par plusieurs entrées au système de galeries. Si le sol est mou et humide, le nid peut être situé à la surface, entouré de terre. La femelle met bas une (rarement deux) fois par an entre mars et juin. La gestation dure environ quarante jours, les 2 à 9 nouveau-nés pesant chacun 3 g. Ils quittent le nid pour la première fois à l'âge de 5 semaines, mais restent avec leur mère encore un certain temps. Les adultes vivent solitaires et défendent leur territoire. Ils sont actifs de jour comme de nuit. Ils émergent parfois à la surface et sont aussi capables de nager.

Taupe à nez étoilé

(Condylura cristata)   Taupes *(Talpidae)*

Cette espèce, la plus curieuse des sept taupes nord-américaines, a un museau en forme d'étoile dont partent vingt-deux tentacules de couleur rose clair. Ces tentacules sont très mobiles et jouent un rôle dans l'orientation de l'animal et dans la recherche de nourriture. Le corps mesure de 12 à 13 cm de long, la queue de 5,5 à 8,5 cm, pour un poids de 35 à 80 g. La Taupe à nez étoilé est moins strictement souterraine que les autres taupes et, bien qu'elle creuse des terriers, se nourrit essentiellement à la surface du sol et dans l'eau. Elle consomme des vers, des larves d'insectes aquatiques, des crustacés et des mollusques. Les 2 à 7 jeunes naissent entre la fin mars et juin. La Taupe à nez étoilé habite l'est du Canada et des États-Unis, depuis le sud du Labrador et les Grands Lacs jusqu'à la Virginie et la Géorgie.

Taupe à nez étoilé et détail de son museau

Macroscélides

Macroscélide d'Afrique du Nord

(Elephantulus rozeti)   Macroscélides *(Macroscelidae)*

Les macroscélides sont des mammifères tropicaux et seule l'espèce nord-africaine vit dans les régions subtropicales, depuis le Maroc à travers le nord de l'Algérie et la Tunisie jusqu'à l'ouest de la Libye. Ses ancêtres ont envahi cette partie méditerranéenne de l'Afrique par le sud bien avant que le Sahara ne s'assèche. Le développement du désert a coupé le Macroscélide d'Afrique du Nord des régions habitées par les autres membres de sa famille.

Les mensurations du Macroscélide d'Afrique du Nord sont de 9 à 13 cm pour le corps, de 9,5 à 15 cm pour la queue et il pèse de 25 à 50 g. On le rencontre dans les boisements ouverts et secs, les semi-déserts et les terrains rocheux avec éboulis, où il creuse des tanières souterraines. Il utilise également des terriers de rongeurs. Il est actif surtout dans la journée, excepté durant la période la plus chaude de l'après-midi pendant laquelle il reste caché. Son régime alimentaire est constitué principalement d'insectes et autres arthropodes souterrains, et peut-être d'un complément végétal. La reproduction a lieu au printemps, mais on ne possède pas de données précises sur cet aspect de sa biologie. À en juger d'après les espèces proches d'Afrique tropicale, on peut supposer que la gestation dure environ un mois et demi et qu'il y a 2 jeunes par portée.

Macroscélide d'Afrique du Nord

Macroscélide tacheté

(Rhynchocyon cirnei)   Macroscélides *(Macroscelidae)*

Cet animal de la taille d'un lapin, au corps mince et aux pattes remarquablement allongées, a un museau très long et mobile rappelant une trompe et de grands yeux, comme tous les membres de la famille. Les trois espèces du genre *Rhynchocyon* sont les plus gros de tous les macroscélides et diffèrent des autres genres par de nombreux aspects ; ils n'ont par exemple que quatre doigts aux pattes postérieures (le premier doigt est absent).

Le Macroscélide tacheté vit en Afrique orientale, depuis l'est du Zaïre et de l'Ouganda jusqu'au Mozambique. Il habite les forêts très ombragées à épaisse litière dans

Macroscélides

Macroscélide tacheté

lesquelles il se déplace le jour, grattant le sol de ses pattes et reniflant. Il se nourrit de termites, fourmis et autres insectes, et occasionnellement d'escargots, d'œufs d'oiseaux, de leurs jeunes et autres petits vertébrés. Cette espèce est très vive. Les macroscélides du genre *Rhynchocyon* s'associent souvent par couples ou par groupes, restant en contact entre eux en émettant constamment des sortes de couinements. Les individus des deux sexes marquent leur territoire en frottant une glande odoriférante située à la base de la queue sur des pierres, des tiges ou autres objets similaires. Ils ne creusent pas de terriers mais font un nid de feuilles parmi les racines, sous des arbres tombés et des branches ou dans des dépressions du sol. Ils se reproduisent toute l'année et une femelle peut mettre bas quatre à cinq fois par an. Elle n'a qu'un seul jeune à la fois, mais relativement gros, doté d'une fourrure bien développée et pouvant voir peu de temps après sa naissance. Le jeune animal reste au nid environ trois semaines, se mettant ensuite en route avec sa mère.

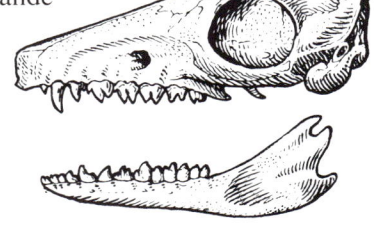

Crâne de Macroscélide tacheté

    Deux espèces de macroscélides vivent dans les steppes caillouteuses et buissonnantes de l'Afrique et du Cap. Ces animaux se font particulièrement remarquer par leur rythme quotidien. Ils sont en effet actifs pendant la journée, donc pendant la canicule de midi où ils prennent même des bains de soleil. On reconnaît leur domaine en suivant les chemins qu'ils tracent entre la tanière et les différents buissons et tas de pierres.

TOUPAYES ET GALÉOPITHÈQUES

Vers la fin du Mésozoïque et au début du Cénozoïque, de nombreux groupes de mammifères commencèrent à se différencier à partir de la souche insectivore. Ce fut le cas des toupayes et des galéopithèques ou colugos. Les membres des deux ordres présentent de nombreux caractères primitifs, mais également des traits plus évolués qui les séparent des Insectivores, si bien qu'ils n'ont plus guère en commun que leur origine. Les toupayes sont considérés comme une lignée évolutive parallèle à celle des Primates. Certains caractères indiquent une parenté possible avec les macroscélides (par exemple le degré de développement de l'encéphale et la structure de l'appendice). Les galéopithèques présentent quelques analogies avec les chauves-souris mais à un moindre degré de développement car ils sont incapables de pratiquer un vol actif. Ils restent donc clairement différenciés et classés dans un ordre plus ou moins isolé.

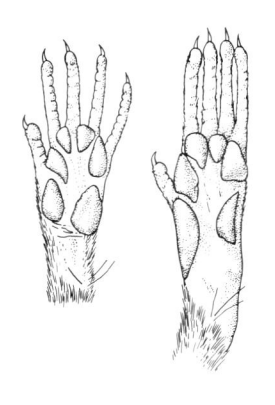

Les toupayes (*Scandentia*)

Les toupayes, parfois classés au sein des *Tupaioidea*, sont des mammifères omnivores dont la taille varie de celle d'un rat à celle d'un écureuil ; ils vivent à terre et dans les arbres. La plupart des espèces sont principalement insectivores, mais consomment aussi des fruits, des graines et des feuilles. La partie faciale du crâne est allongée, avec un museau effilé, mais les oreilles ressemblent plus à celles des Primates. Ils possèdent des griffes et leur ceinture scapulaire comporte des clavicules. La queue est toujours longue et généralement touffue, parfois nue en dehors de quelques poils terminaux. Comme les Primates, les toupayes ont une bonne vision dont le rôle dans l'orientation est probablement en liaison avec le haut degré de développement du cerveau. En revanche, leur denture ne présente qu'une faible spécialisation ; cela s'applique particulièrement à la structure des cuspides des molaires, qui sont de type insectivore. Les toupayes ont fréquemment été étudiés en tant que modèle d'évolution initial des Primates, entreprise d'autant plus facile qu'ils vivent relativement bien en captivité. Mais si les recherches ont mis en lumière des points de ressemblance avec les Insectivores, les macroscélides et les Primates inférieurs, elles ont aussi permis de constater de remarquables différences. La longueur des intervalles entre les séances d'allaitement des jeunes constitue l'une des particularités comportementales des toupayes. Chez certaines espèces, elles n'ont lieu qu'une seule fois par jour ou même tous les deux jours, les jeunes buvant tant à chaque fois qu'ils finissent par ressembler à de petites boules, le lait apparaissant à travers la peau de leur ventre distendu.

Pattes antérieure (à gauche) et postérieure (à droite) d'un toupaye

Distribution des toupayes

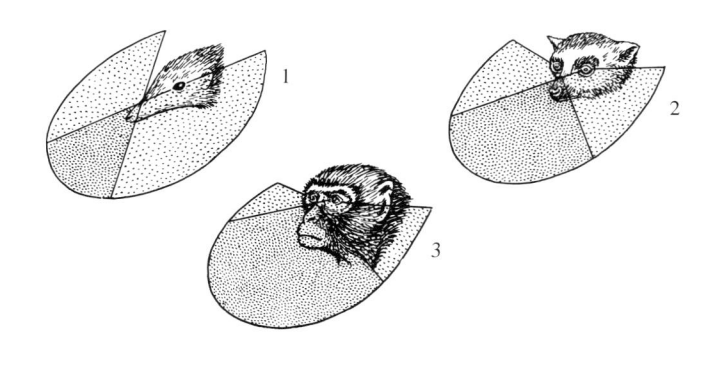

Champ de vision d'un toupaye (1), d'un Prosimien (2) et d'un singe (3)

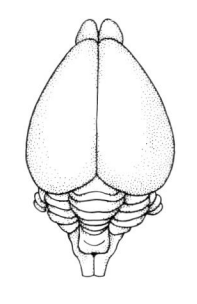

Le cerveau des toupayes ressemble à celui de certains Prosimiens

Les toupayes constituent un ordre ancien comprenant deux familles éteintes et une encore vivante. Celle-ci compte seize espèces qui vivent dans le sud-est de l'Asie, depuis l'Inde jusqu'aux Philippines, Bornéo et Java. Aucune ne figure dans le Livre rouge de l'UICN.

Les galéopithèques ou colugos (*Dermoptera*)

Les galéopithèques se répartissent en deux familles dont l'une est éteinte, l'autre ne comptant elle-même que deux espèces. Ils constituent donc l'un des plus petits ordres mammaliens, juste après celui des oryctéropes. Ils vivent dans les arbres et leurs vols planés peuvent les transporter sur des distances atteignant 140 mètres. Ce type de « vol » est rendu possible par la présence d'une surface de peau recouverte de fourrure s'étendant de chaque côté du corps entre le cou, le poignet, la cheville et la queue. Comme chez les chauves-souris, cette « aile » est appelée patagium, mais elle est bien plus épaisse que chez ces dernières et non supportée par les os de la main. Les galéopithèques ont de courts doigts griffus. La structure de leurs incisives inférieures est unique, chacune étant subdivisée en plusieurs « dents » plus petites (jusqu'à 12), formant une sorte de peigne

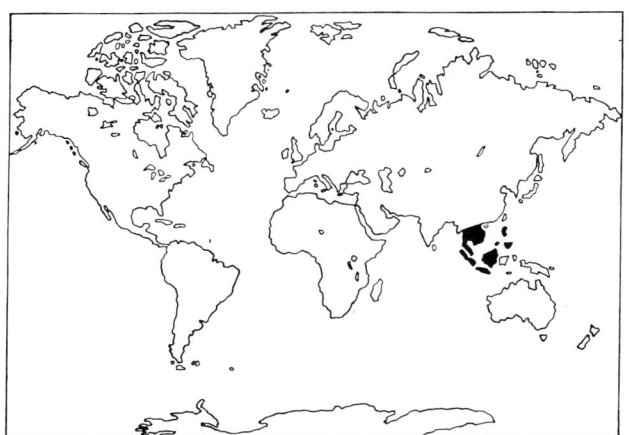

Distribution des colugos ou galéopithèques

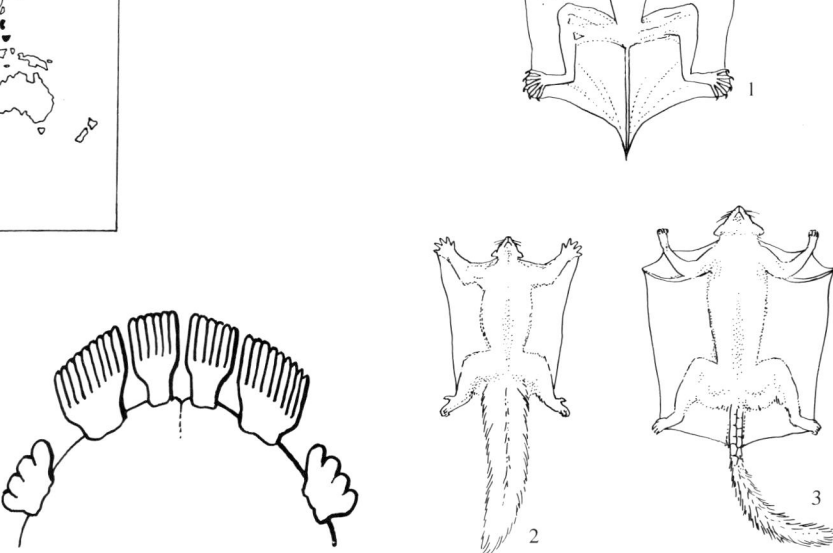

Les colugos ont des incisives inférieures pectinées qui leur servent à déchiqueter leur nourriture et à lisser leur pelage

qui sert à la fois pour ronger la nourriture et pour entretenir la fourrure. Le crâne est modérément allongé et nettement aplati, les yeux sont gros et la boîte crânienne relativement grande. L'aspect global de la tête rappelle quelque peu celui des Primates inférieurs (Lémuriens).

Tandis que les toupayes sont actifs le jour, les galéopithèques sont des animaux essentiellement nocturnes et également complètement herbivores. Les fossiles montrent qu'ils n'ont jamais été communs ni très répandus. De nos jours, on ne les rencontre que dans l'extrême sud-est de l'Asie, principalement de Sumatra aux Philippines. Aucune des deux espèces ne figure dans le Livre rouge de l'UICN.

Les colugos (1), les phalangers volants (Marsupiaux) (2) et les écureuils volants ou anomalures (Rongeurs) (3) disposent d'un patagium qui leur permet de planer

Toupaye
(Tupaia glis)

Toupayes *(Tupaiidae)*

Le Toupaye, le plus familier du groupe, a un aspect et un comportement similaires à ceux d'un écureuil, mais possède un museau plus long et légèrement courbé, évoquant celui d'une musaraigne. Son corps mesure de 14 à 23 cm, la queue à peu près autant et il pèse de 100 à 200 g. Ses oreilles dépourvues de poils, son museau et sa bouche sont roses. Ses pieds portent tous cinq doigts, le premier n'étant pas opposable aux autres.

Toupaye

Le Toupaye habite une vaste zone s'étendant depuis le Sikkim et le sud de la Chine (île de Hainan comprise) jusqu'à Java, Bornéo et de nombreuses îles voisines. On le rencontre dans divers types de forêts et dans la brousse. Son régime alimentaire est principalement composé d'insectes, mais il consomme aussi d'autres animaux, des fruits, des graines et des feuilles. Il adopte très souvent une position assise, tenant la nourriture entre ses pattes antérieures. Il est actif durant la journée et presque constamment en mouvement. Il passe le plus clair de son temps au sol mais c'est aussi un agile grimpeur. Le nid est construit parmi les racines, dans le tronc d'un arbre tombé ou occasionnellement au sol dans des fourrés. Les toupayes vivent en couples et le mâle marque son territoire à l'aide d'une sécrétion à l'odeur âcre, issue d'une glande située au niveau du cou. La femelle a une ou deux paires de mamelles et, après une gestation de quarante-six à cinquante jours, met généralement bas 2 jeunes à la fois. Les jeunes restent au nid, où la femelle les laisse seuls pour de longues périodes entre deux allaitements. Ils quittent le nid pour la première fois vers 25 jours, sont sevrés vers le quarantième jour et atteignent l'âge adulte en quatre mois.

Toupaye à queue plumeuse

(Ptilocercus lowi) Toupayes *(Tupaiidae)*

Cette espèce, légèrement différente des autres genres de toupayes, est parfois classée dans une sous-famille séparée, celles des Ptilocercinés. Son trait le plus remarquable est sa longue queue nue, excepté dans la partie terminale où sont implantées deux rangées de poils formant chacune un plan, comme l'empennage d'une flèche. Les longues vibrisses du museau, qu'elle doit probablement à son mode de vie nocturne, constituent une autre différence. Les oreilles sont plus longues que chez les autres espèces. Les pattes relativement grosses portent cinq doigts, terminés chacun par une courte griffe acérée. Le corps mesure de 10 à 14 cm et la queue de 13 à 19 cm.

On sait peu de choses des mœurs du Toupaye à queue plumeuse. Il est surtout actif la nuit et probablement plus arboricole que les autres toupayes, bien qu'il puisse aussi se déplacer en sautant à terre. Sa queue lui sert de balancier pour s'équilibrer pendant ses déplacements dans les arbres et lors des sauts ; « l'empennage » du bout pourrait avoir une fonction tactile. Le Toupaye à queue plumeuse se nourrit d'insectes et de fruits et gîte dans des trous d'arbre ou parmi la végétation dense. Il habite le sud de la Thaïlande, la Malaisie, Sumatra, Bornéo et les petites îles proches.

Toupaye à queue plumeuse

Galéopithèques

Colugo des Philippines, Galéopithèque

(Cynocephalus volans)   Galéopithèques ou Colugos *(Cynocephalidae)*

C'est la mieux connue des deux espèces de Galéopithèques, malgré sa répartition plus réduite (on ne la rencontre qu'aux Philippines). L'autre espèce, *C. variegatus*, vit dans le sud de la Birmanie, au Cambodge, dans le sud du Viêt-nam et à Sumatra, Java et Bornéo. Le corps du Galéopithèque mesure de 38 à 42 cm, sa queue de 22 à 27 cm, et il pèse de 1 à 1,7 kg. La coloration du pelage varie, celle des mâles étant généralement plus

Colugo des Philippines
et son petit

Galéopithèques

foncée que celle des femelles. Elle a une fonction de camouflage, se confondant avec l'écorce des arbres sur lesquels vit l'animal. Les longs membres sont reliés par le patagium sur toute leur longueur. La face dorsale du patagium est recouverte d'une épaisse fourrure, la face ventrale est également poilue, excepté sur les bords. La femelle a une seule paire de mamelles dans la région thoracique (comme les Primates et les Chauves-souris).

Les deux espèces de galéopithèques vivent dans les forêts vierges tropicales, les forêts secondaires et les plantations d'arbres. Les galéopithèques grimpent très bien mais pas très rapidement. Pour monter sur un tronc vertical, ils se hissent d'abord à l'aide des membres antérieurs, puis remontent les pattes postérieures, gardant le patagium replié sous le corps, quoique la partie caudale puisse être repliée ventralement ou dorsalement selon les besoins. Au sol, ils se déplacent par bonds maladroits et, s'ils sont dérangés, tentent d'atteindre l'arbre le plus proche et y grimpent le plus rapidement possible. Durant la journée, ils s'accrochent verticalement, la tête vers le haut, dans un trou d'arbre. S'ils se reposent parmi le feuillage, ils se laissent pendre à une branche, accrochés par les griffes en position inversée, de la même façon que les paresseux. Mais leur plus fantastique faculté reste cette possibilité de prolonger leurs sauts par un vol plané. La technique est assez simple : l'animal monte jusqu'à bonne hauteur et saute dans le vide, étendant au maximum les pattes et la queue, aplatissant en même temps le corps, de sorte que le patagium soit bien tendu ; il plane ainsi à travers les airs comme un deltaplane. D'autres groupes spécialisés de mammifères, notamment parmi les Rongeurs et les Marsupiaux, possèdent la même faculté, mais avec de moindres performances. Les colugos couvrent facilement 30 à 70 mètres sans perdre de hauteur et l'on en a vu ne perdre que 10 mètres d'altitude lors d'un saut de 136 mètres. Ils peuvent descendre en oblique, changer de direction en vol et entreprendre un atterrissage.

Les galéopithèques sont surtout actifs la nuit. Lorsqu'ils mangent des feuilles, des jeunes tiges et des fruits, ils se laissent généralement pendre le dos vers le bas. Ils peuvent tirer les tiges à eux et se suspendre seulement par les pattes antérieures ou postérieures. Leur queue n'est pas préhensile. La femelle met bas un seul jeune (rarement 2) dans un trou d'arbre. La gestation dure environ soixante jours. Lorsque la mère part à la recherche de nourriture, elle peut laisser le petit au gîte ou bien l'emporter avec elle. Dans ce cas, il s'accroche à son ventre à l'aide de ses griffes et de ses dents de lait, protégé par le patagium. Parfois, depuis son abri, le jeune risque un coup d'œil par le côté sur le monde qui l'entoure, comme le font les jeunes kangourous depuis la poche maternelle. On a constaté que la femelle peut entrer à nouveau en gestation alors qu'elle a déjà un petit à élever.

Patte postérieure d'un Colugo

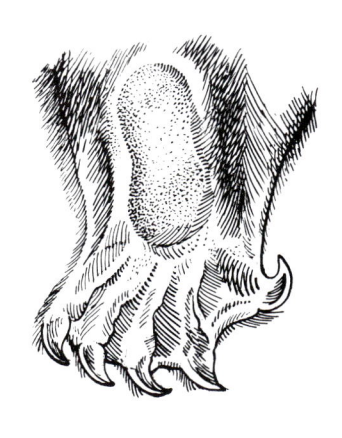

Colugo planant entre deux arbres

Cynocephalus variegatus

LES CHIROPTÈRES

Avec les oiseaux, les chauves-souris (*Chiroptera*) sont les seuls Vertébrés vivants capables de vol actif. Toutefois, à la différence des premiers, toutes les chauves-souris volent, même si la Chauve-Souris à queue courte de Nouvelle-Zélande (*Mystacina tuberculata*) court et grimpe plus qu'elle ne vole. D'une certaine manière, les chauves-souris sont les équivalents nocturnes des oiseaux ; il existe en effet relativement peu d'oiseaux sortant la nuit et ils n'entrent pas en compétition avec les chauves-souris. On trouve de nombreux groupes de chauves-souris, dont l'ordre au sein des mammifères n'est devancé, du point de vue du nombre de représentants, que par les Rongeurs. Il comporte deux sous-ordres, dix-huit familles et environ neuf cent vingt espèces. Ces nombres ne sont d'ailleurs pas définitifs car on découvre constamment de nouvelles espèces ; en 1974, c'est même une famille entière qui a été ajoutée.

Les deux grands sous-ordres sont ceux des Mégachiroptères (*Megachiroptera*) et des

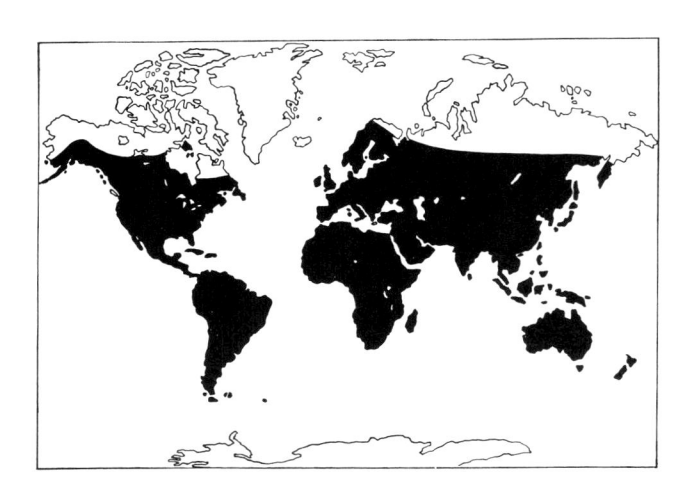

Distribution des Chiroptères (chauves-souris)

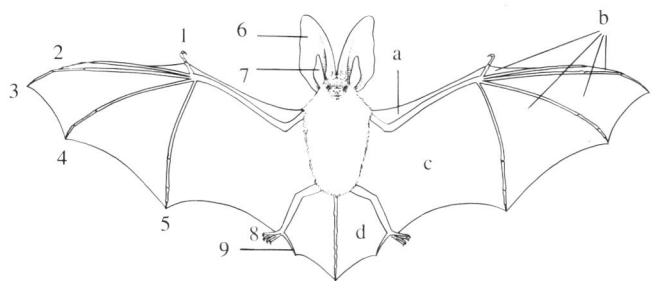

Face ventrale d'une Chauve-Souris aux ailes déployées. L'aile (patagium) comprend : a – le propatagium ; b – le dactylopatagium ; c – le plagiopatagium ; d – l'uropatagium (absent chez certaines espèces). Le pouce (pollex) est libre et les doigts 2 à 5 supportent le dactylopatagium (2–5) ; certaines espèces ont un tragus (7) devant l'oreille (6), chez d'autres, les pieds (8) portent un éperon (9)

Microchiroptères (*Microchiroptera*). Assez semblables au premier abord, ils se distinguent en réalité par de nombreuses différences. Les Mégachiroptères (cent quarante-six espèces environ) vivent dans les régions tropicales et subtropicales de l'Ancien Monde, y compris l'Australie et les îles du Pacifique. Ils portent sur chaque aile deux doigts griffus et leurs yeux sont relativement gros, tandis que leurs oreilles sont proportionnellement plus petites que celles de la plupart des Microchiroptères. En vol, ils comptent généralement surtout sur leur vision pour se diriger, et lorsqu'ils recherchent leur nourriture, utilisent également leur odorat. Un seul genre est capable de s'orienter au moyen d'ondes sonores réfléchies, mais les signaux ne sont pas émis de la même façon que chez les autres chauves-souris et sont audibles par l'oreille humaine. Dans la journée, la plupart des Mégachiroptères se reposent à l'air libre dans les branches des arbres ; seules quelques espèces recherchent des abris dans les grottes ou les constructions. Toutes sont végétariennes, se nourrissant de fruits, fleurs, pollen et nectar, n'attrapant ni insecte ni autre animal. Il y a quelques années, le zoologiste australien Pettigrew constata que les chemins du nerf optique des Mégachiroptères étaient différents de ceux des autres chauves-souris, et similaires à ceux des Primates. Sur cette base, renforcée par d'autres différences entre les deux sous-ordres, il émit l'hypothèse que les Mégachiroptères et les Microchiroptères avaient pu évoluer à partir de mammifères non volants indépendamment l'un de l'autre et que la structure semblable de leurs ailes et de leur patagium était le résultat d'un développement convergent au cours de l'adaptation à des modes de vie similaires ; cette théorie n'a toutefois pas été acceptée.

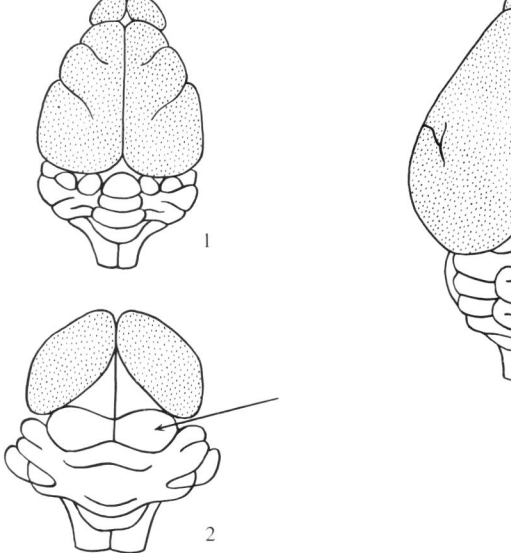

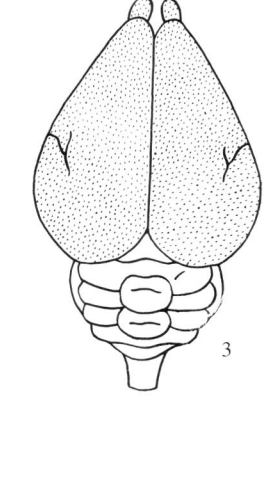

Cerveau d'un vampire (1), d'un vespertilion (2) et d'une chauve-souris frugivore (3). La flèche montre la position du colliculus, centre de coordination de l'audition

Les Chiroptères ont un thorax large (1), l'humérus (2), l'avant-bras (3) et les métacarpiens 2–5 très longs (4)

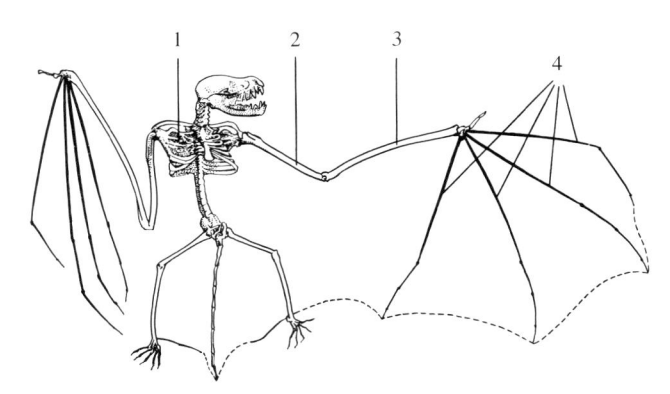

Les Microchiroptères se rencontrent dans le monde entier, excepté dans les régions les plus froides, et sont spécifiquement cinq à six fois plus nombreux que les Mégachiroptères. Ces chauves-souris sont en moyenne plus petites et d'un poids inférieur. Elles possèdent cinq doigts mais seul le pouce est libre et porte une griffe. Le reste, avec les métacarpes très allongés, forme le squelette de la main, qui soutient l'aile. Les yeux sont généralement petits, mais les oreilles peuvent être grandes et de structure complexe. Bien que toutes puissent voir et aient un excellent odorat, leur sens le plus important est l'ouïe. Les signaux ultrasonores qu'elles utilisent pour s'orienter sont émis par des vibrations des cordes vocales dans le larynx et généralement inaudibles par l'oreille humaine. Les chauves-souris les transmettent par l'intermédiaire de leur gueule ouverte ou à travers leur nez. Dans ce dernier cas, elles possèdent souvent autour des narines des processus membraneux complexes que l'on ne rencontre jamais chez les Mégachiroptères. Durant la journée, elles se cachent dans des trous ou fissures dans les arbres, sous des écorces, dans des crevasses rocheuses et autres espaces souterrains, ou bien dans des habitations. Certaines espèces spécialisées s'enveloppent de feuilles de bambou ou de palmiers, ou bien se cachent dans des termitières abandonnées, des nids de tisserins ou d'épaisses toiles d'araignée, mais très peu d'espèces passent la journée à dormir à l'air libre. La plupart de ces chauves-souris sont exclusivement ou principalement insectivores, mais au sein du sous-ordre, les régimes alimentaires sont extrêmement variés : insectes et arthropodes ou autres invertébrés, fruits, feuilles, fleurs, nectar et pollen, poissons, amphibiens, petits reptiles, oiseaux, petits mammifères (y compris d'autres chauves-souris), ou bien sang. De ce point de vue, les chauves-souris surpassent en diversité tous les autres groupes de mammifères, même les plus grands ordres (Marsupiaux, Primates, Carnivores et Rongeurs). D'une manière générale, on peut affirmer qu'au sein des Microchiroptères les adaptations se sont plus développées et ont entraîné une plus grande diversité de modes de vie que chez les Mégachiroptères.

Les principales adaptations sont la capacité de vol actif, l'alimentation nocturne, l'orientation au moyen d'ondes ultrasonores réfléchies (système sonar) et l'utilisation de vastes espaces où se dissimuler. Les membres antérieurs ont été convertis en ailes, soutenues par les os du bras, de l'avant-bras, les métacarpes et les phalanges des second au cinquième doigts. La surface portante de l'aile est une peau très mince, souple et résistante. Il s'agit en réalité d'un repli de peau et son épaisseur varie selon les espèces de 0,02 à 0,3 mm. Sur la majeure partie de sa surface, la surface alaire, ou patagium, est

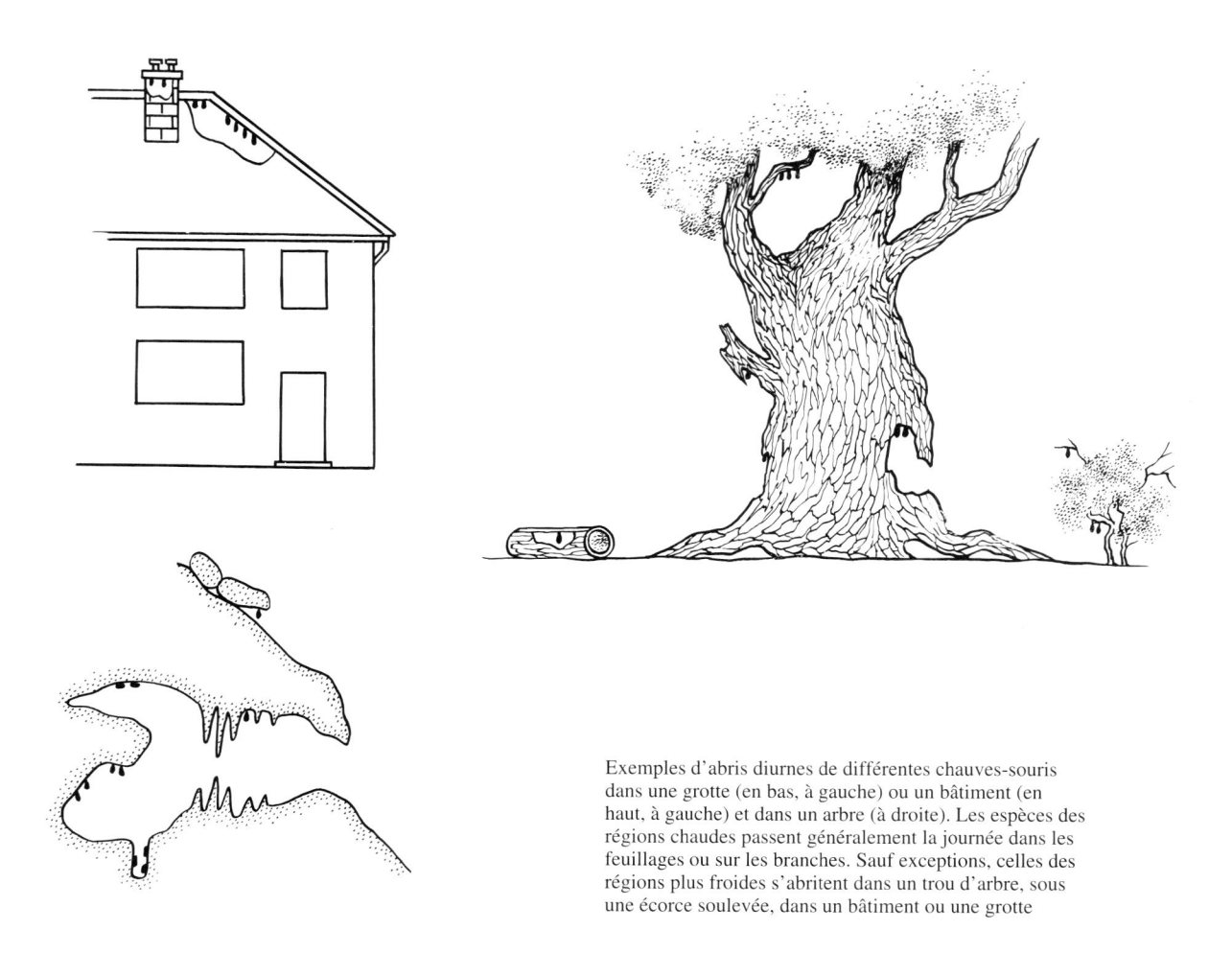

Exemples d'abris diurnes de différentes chauves-souris dans une grotte (en bas, à gauche) ou un bâtiment (en haut, à gauche) et dans un arbre (à droite). Les espèces des régions chaudes passent généralement la journée dans les feuillages ou sur les branches. Sauf exceptions, celles des régions plus froides s'abritent dans un trou d'arbre, sous une écorce soulevée, dans un bâtiment ou une grotte

quasiment dépourvue de poils et contient une quantité de fibres élastiques, musculaires et nerveuses. Elle est également très vascularisée. Les mouvements de l'aile sont contrôlés par de puissants muscles situés essentiellement sur le dos et, dans une moindre mesure, sur le thorax. Les membres postérieurs s'articulent sur la hanche dans la direction opposée à ceux des autres mammifères et, tout comme le petit pouce des membres antérieurs, constituent un système d'accrochage et de suspension. Les plantes des pieds se font face et l'organisation spéciale de leur musculature leur permet de soutenir sans effort le poids de l'animal. Le patagium s'insère sur les membres postérieurs jusqu'au talon, laissant libres les doigts et les métatarses. La plupart des chauves-souris ont également un patagium entre les membres postérieurs et la queue. On l'appelle uropatagium et il est renforcé sur les bords par un éperon cartilagineux articulé au niveau des talons. Les espèces à uropatagium bien développé l'utilisent souvent pour capturer les insectes, s'en servant comme une sorte de « filet à papillon » et dirigeant la proie d'un mouvement rapide vers leur bouche. L'extrémité de l'aile peut aussi servir à cet effet. Toutefois, ces opérations extrêmement rapides ne peuvent être détectées à l'œil nu et il fallut attendre la mise au point du ralenti cinématographique pour les découvrir.

Ce qui, chez les chauves-souris, fascine le plus l'être humain, depuis le profane jusqu'au biologiste et au technicien, c'est leur système d'écholocation, c'est-à-dire d'orientation grâce aux échos d'ondes ultrasonores. Il est rendu possible par l'existence d'un appareil d'émission-réception composé d'organes (cordes vocales et oreille interne) que l'on retrouve chez les autres mammifères. C'est au zoologiste américain D. R. Griffin que l'on doit, pour l'essentiel, la découverte et l'étude de l'écholocation des chauves-souris. Il publia en 1958 une synthèse de ses travaux, dans un livre au titre désormais célèbre : *Listening in the Dark*. Depuis, les connaissances ont progressé. On a découvert ce type d'orientation chez plusieurs autres espèces animales et différents systèmes chez les chauves-souris. La plupart émettent des signaux sur des fréquences de 20 à 160 kHz et des longueurs d'onde de 0,7 à 60 mm, qui sont répétés de cinq à cent cinquante fois par seconde. Ces ultrasons sont de deux types, l'un où les fréquences sont constantes, l'autre où les fréquences sont modulées, c'est-à-dire où la hauteur de la tonalité varie durant l'émission du signal. Dans le premier type, le système d'écholocation fonctionne à une fréquence constante et particulière à l'espèce (chaque cri est un son pur, avec juste une rapide baisse de fréquence en toute fin d'émission). Dans le second, la fréquence élevée diminue régulièrement en cours d'émission pour atteindre le niveau le plus bas à la fin, avec des différences de niveau pouvant atteindre 60 kHz. Ces variations dans la technique d'écholocation sont en liaison avec les différences de mode de vie. Les espèces qui volent vite et chassent en milieu ouvert émettent des signaux assez bas, sur des fréquences basses et qui se succèdent à intervalles relativement longs. En revanche, celles qui volent parmi la végétation dense émettent des signaux élevés, rapides et souvent très faibles. Mais dans les deux cas, le nombre de cris par seconde augmente à mesure que la chauve-souris se rapproche de sa proie.

Les ailes, les muscles puissants et le système d'écholocation permettent un vol rapide et endurant, mais consomment une énorme quantité d'énergie que les chauves-souris doivent donc économiser. Un mécanisme physiologique particulier dénommé hétérothermie ou hypothermie contrôlée leur permet d'abaisser leur température interne et de réduire leur métabolisme, soit pour une courte période durant la journée, soit pour de longues durées pendant l'hibernation. Elles restent toutefois des animaux à sang chaud et peuvent sortir de ce sommeil léthargique sans élévation de la température ambiante. À ce sujet, le mode de reproduction est également intéressant. La fécondation différée, avec un intervalle de plusieurs mois entre l'accouplement et la fécondation de l'ovule, est fréquente chez les chauves-souris vivant dans la ceinture tempérée. Au cours de la

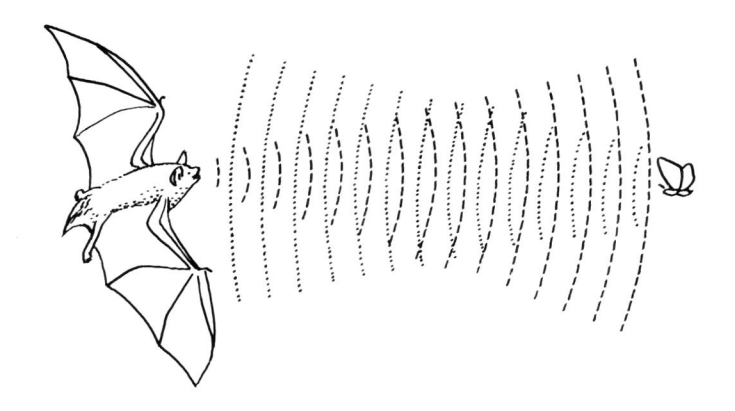

L'écholocation chez les chauves-souris : les vibrations des cordes vocales situées dans le larynx engendrent des signaux ultrasonores qui sont émis par la bouche ouverte ou les narines. Quand ces ondes rencontrent un insecte, l'écho revient aux oreilles du Chiroptère

mise bas, la femelle reste suspendue et récupère le nouveau-né soit dans son uropatagium (Vespertilionidés), soit dans ses ailes (Rhinolophidés). Avant la naissance des jeunes, chez la plupart des espèces, les femelles se réunissent en colonie. Ces unités sociales peuvent être de petite taille, avec seulement de cinq à dix animaux, ou bien énormes, comptant plus d'un million d'individus. Chez certaines espèces, les colonies sont exclusivement constituées de femelles ; d'autres peuvent réunir des mâles isolés et de jeunes femelles non gestantes. On rencontre aussi des colonies mixtes et des colonies rassemblant plusieurs espèces, en particulier dans les grottes. En été, les mâles vivent solitaires ou forment des colonies de mâles. La formation de colonies d'hivernage dans des endroits bénéficiant de températures constantes entre 5 et 10 °C est une autre manifestation de l'instinct grégaire des chauves-souris.

Chiroptères

Chauve-Souris à museau court de Horsfield

(Cynopterus horsfieldi) Ptéropidés *(Pteropidae)*

Tous les Mégachiroptères sont regroupés au sein d'une seule famille, qui comporte quarante-deux genres. Le genre *Cynopterus* compte quatre espèces de taille moyenne dont la répartition s'étend depuis l'Inde, le Sri Lanka et le sud de la Chine jusqu'aux Philippines et à l'Indonésie. Leur corps mesure de 9,5 à 12,5 cm, leur queue environ 1,5 cm, leur avant-bras de 5,5 à 9,2 cm et leur envergure de 30 à 46 cm. Elles pèsent entre 50 et 100 g.

La Chauve-Souris à museau court de Horsfield vit en Thaïlande, en Malaisie, à Sumatra, Java, Bornéo et sur les petites îles voisines.

Dans la journée, des groupes de quelques individus à plusieurs dizaines d'animaux se pendent dans les arbres, près de l'entrée d'une grotte, dans une galerie de mine abandonnée ou même sous un toit. La nuit, ils peuvent parcourir en vol jusqu'à 100 km à la recherche de nourriture, selon la distance qui les sépare de la source la plus proche de fruits et fleurs dont ils se nourrissent. Les graines non digérées traversent leur tube digestif, tombent au sol parmi leurs crottes et germent. De ce point de vue, ces chauves-souris ont donc un rôle important à jouer dans la dissémination des espèces végétales. La femelle a deux mamelles. Elle peut mettre bas deux fois par an, mais généralement un seul jeune à la fois. Cette espèce est encore localement abondante mais dans certaines régions, son existence est menacée par les chasseurs qui la tuent pour sa chair et pour de prétendues vertus thérapeutiques.

Chauve-Souris à museau court de Horsfield

Renard volant à tête grise

(Pteropus poliocephalus) Ptéropidés *(Pteropidae)*

Avec environ soixante espèces, le genre *Pteropus* est le plus important de toute la famille. C'est aussi celui des plus grands mammifères volants, dont l'envergure peut atteindre 2 m. Ces Mégachiroptères occupent un vaste espace s'étendant de l'Afrique à l'océan Pacifique où, sur certaines îles, ils sont même les seuls mammifères autochtones. Le Renard volant à tête grise, quant à lui, habite l'est de l'Australie, depuis le cap York jusqu'à Victoria. Son corps mesure 26 cm, son avant-bras 16,5 cm et il a une envergure de 1,10 m. Il pèse environ 900 g et n'a pas de queue. Il passe habituellement la journée perché dans un arbre mais, comme les autres membres du genre *Pteropus*, on le voit parfois voler en plein jour. Dans les forêts australiennes et la mangrove, il constitue

Chiroptères

Crâne de renard volant (genre *Pteropus*)

Renard volant à tête grise

souvent d'immenses colonies atteignant cinquante mille individus à l'hectare. La nuit, il part à la recherche de sa nourriture : fruits, fleurs, pollen et nectar d'eucalyptus ainsi que d'autres arbres et arbustes. À certaines époques de l'année, il entreprend parfois de longues migrations vers le nord. Les accouplements ont lieu au printemps et l'unique jeune naît vers le mois d'octobre. Les femelles gestantes et allaitantes, avec leurs petits, vivent séparées du reste de la population.

Le Renard volant à tête grise est considéré comme une espèce commune. Mais trois espèces du genre *Pteropus* ont déjà été exterminées et au moins dix autres sont en danger d'extinction. Quinze espèces de ce genre et onze autres parmi les Mégachiroptères figurent dans le Livre rouge de l'UICN. La plupart sont victimes d'une chasse excessive ou sont détruites comme ravageurs présumés des plantations.

Chiroptères

Roussette d'Égypte

(Rousettus aegyptiacus)   Ptéropidés *(Pteropidae)*

C'est un Mégachiroptère de taille moyenne à tête de chien et à grands yeux. Son corps mesure de 13 à 15,5 cm et son avant-bras de 8 à 10 cm et elle pèse de 90 à 170 g. On la rencontre depuis le Sénégal dans une grande partie de l'Afrique et du Moyen-Orient jusqu'au Pakistan, et son aire de répartition s'étend plus au nord que celle de n'importe quel autre Mégachiroptère puisqu'on la retrouve également à Chypre et en Turquie.

La caractéristique la plus intéressante des membres du genre *Rousettus* (qui compte neuf espèces) est qu'ils utilisent l'écholocation en vol et c'est précisément chez la Roussette d'Égypte qu'elle a été le mieux étudiée. Contrairement aux Microchiroptères, cette chauve-souris émet des signaux d'orientation en faisant vibrer très rapidement sa langue dans sa cavité, provoquant de curieux claquements. Cela donne naissance à des trains d'ondes harmoniques d'une fréquence comprise entre 6,5 et 100 kHz, dont l'intensité la plus élevée se situe dans la gamme des 12 à 18 kHz. Il ne s'agit donc pas d'ultrasons, et ils peuvent être entendus par l'oreille humaine. De plus, ces Chiroptères se guident à la vue. Ils recourent à l'écholocation principalement dans les grottes, où ils forment des colonies composées de plusieurs milliers d'individus. Dans la journée, les roussettes peuvent aussi se dissimuler à l'intérieur d'anciennes tombes, les ruines de vieux temples, les mosquées et constructions similaires, même partiellement éclairées.

Roussette d'Égypte avec son petit accroché à sa poitrine, ce qui est inhabituel, car en général la mère ne l'emporte pas avec elle

Chiroptères

Elles partent à la recherche de nourriture au crépuscule, bien qu'elles puissent parfois explorer un arbre en plein jour. Comme les autres Mégachiroptères, ces chauves-souris préfèrent les fruits très mûrs. Elles mangent également des fleurs et boivent du nectar. Après une gestation de cent cinq à cent sept jours, la femelle donne naissance à un seul jeune (rarement à des jumeaux). Dans certaines régions, ces chauves-souris ont deux mises bas dans l'année.

Roussette d'Égypte examinant un arbre pour y trouver des aliments

Chauve-Souris à épaulettes de Gambie

(Epomophorus gambianus) Ptéropidés *(Pteropidae)*

Les membres du genre *Epomophorus* tirent à la fois leurs noms scientifique et vernaculaire des touffes de poils blancs que les mâles portent sur les épaules. Ces poils se hérissent lors des rencontres entre mâles et la glande que chaque touffe dissimule libère sa sécrétion. La quantité de sécrétion émise et la taille des épaulettes sont fonction du statut social et sexuel du mâle : plus elles sont grandes et blanches, plus le porteur est dominant. Le genre *Epomophorus* compte huit espèces vivant toutes en Afrique.

La Chauve-Souris à épaulettes de Gambie se rencontre du Sénégal jusqu'au sud de l'Éthiopie. Son corps mesure environ 16 cm, son avant-bras 8,5 cm, et elle pèse de 100 à 150 g. Durant la journée, elle reste perchée tête en bas, seule ou en groupe comprenant jusqu'à vingt individus, dans le feuillage dense des manguiers, palmiers et autres arbres. La nuit, elle s'envole vers ses différents gagnages où elle trouvera fruits, nectar et pollen. Dans les savanes, c'est un important pollinisateur des baobabs, dont les fleurs ne s'ouvrent que la nuit. L'existence de cette chauve-souris, et celle de l'espèce proche *Epomophorus wahlbergi* est une condition essentielle à la survie des baobabs et des nombreux organismes dont la vie est liée à cet arbre remarquable.

La Chauve-Souris à épaulettes de Wahlberg vit en Afrique, de la Somalie jusqu'au sud du continent

Chiroptères

Chauve-Souris à queue de souris

(Rhinopoma microphyllum)   Rhinopomatidés *(Rhinopomatidae)*

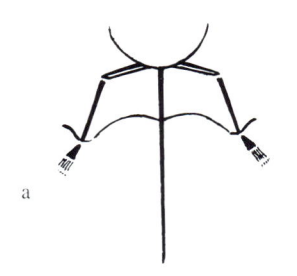

Ce genre est considéré comme un groupe ancien de chauves-souris. Il n'en existe que trois espèces dont l'apparence bizarre est due en grande partie à leur corps aplati et d'aspect décharné, leur nez porcin et leur longue queue fine ressemblant à celle d'une souris. La couleur de leur pelage rappelle également celle des souris. Le corps de la Chauve-Souris à queue de souris mesure de 6 à 8,4 cm de long, sa queue de 5 à 7,8 cm et son avant-bras de 6,2 à 7,3 cm. Elle pèse de 10 à 20 g. On la rencontre depuis le Maroc et le Sénégal jusqu'en Thaïlande et elle apparaît également à Sumatra. Toutefois, sa répartition en Afrique du Nord est irrégulière.

Cette espèce s'abrite dans les grottes, les tombes, les pyramides, les temples en ruine, les galeries de mines et autres constructions d'âge variable. Elle grimpe avec agilité sur les murs ou parois à pic et elle est capable de s'insinuer dans des espaces incroyablement étroits. Dans ces cachettes, on peut la trouver seule, en petits groupes ou en colonies de milliers d'individus. En Inde, elle s'accouple en mars et les jeunes naissent en juin. Son régime n'est pas connu, mais il semble qu'elle se nourrisse d'insectes.

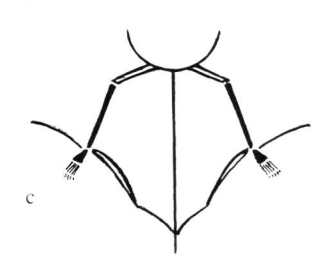

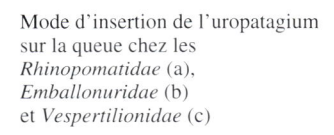

Mode d'insertion de l'uropatagium sur la queue chez les *Rhinopomatidae* (a), *Emballonuridae* (b) et *Vespertilionidae* (c)

Chauve-Souris à queue de souris

Chauve-Souris des hypogées

(Taphozous nudiventris)   Emballonuridés *(Emballonuridae)*

Cet animal appartient à une famille d'environ quarante espèces dotées d'une particularité : le bout de la queue, au demeurant peu allongée, traverse l'uropatagium et réapparaît sur sa face dorsale. La partie terminale de l'uropatagium n'est donc pas rattachée à la queue et se replie en direction ventrale. Ces chauves-souris possèdent également diverses glandes dermiques et des canaux excréteurs apparents, certains sur le propatagium et

Chiroptères

Chauve-Souris des hypogées

d'autres (notamment chez les mâles) au niveau de la gorge ; leur fonction est encore inconnue. Comme les autres chauves-souris, la Chauve-souris des hypogées peut emmagasiner de la graisse dans son organisme. Chez le genre *Taphozous,* les dépôts graisseux se situent principalement sur la face ventrale à la base de la queue, là où la peau est dépourvue de poils. Les oreilles portent un tragus membraneux (appendice dermique situé devant l'ouverture de l'oreille). Le corps mesure de 8,2 à 10 cm, la queue de 3,3 à 4,5 cm et l'avant-bras de 7 à 8 cm. Le poids est de 30 à 45 g.

Le genre *Taphozous* se répartit dans une vaste zone recouvrant l'Afrique, le sud de l'Asie, l'Australie et les îles situées entre les deux. La Chauve-Souris des hypogées se rencontre depuis la Mauritanie, le Sénégal et la Guinée-Bissau jusqu'à la Tanzanie vers le sud et la Birmanie vers l'est. Sa présence en Afrique du Nord est irrégulière mais elle est commune en Égypte. L'animal trouve généralement refuge dans de petits espaces souterrains et des tombes, mais également dans les temples, les pyramides et les mosquées. Il se glisse rapidement le long des murs et peut sauter d'un mur à l'autre. Son corps aplati lui permet de pénétrer dans d'étroites fissures. En vol, il est rapide et endurant. Il sort généralement de sa cachette avant la venue de l'obscurité et commence sa chasse à une altitude de 60 à 90 mètres, se rapprochant du sol plus tard dans la nuit. Ce mode de chasse indique qu'il se nourrit d'insectes. Les femelles donnent naissance à un seul jeune, souvent dans des colonies atteignant plusieurs centaines d'individus qui généralement ne se touchent pas les uns les autres.

La Chauve-Souris mauricienne des hypogées *(Taphozous mauritianus)* doit son nom à l'île Maurice mais elle vit aussi en Afrique au sud du Sahara et à Madagascar

Chiroptères

Grand Rhinolophe, Grand Fer à cheval

(Rhinolophus ferrumequinum)   Rhinolophidés *(Rhinolophidae)*

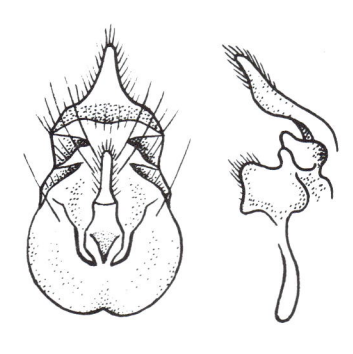

Feuille nasale (appendices nasaux) du Grand Rhinolophe vue de face et latéralement

Avec soixante-cinq espèces, les rhinolophes forment une famille homogène, et assez avancée du point de vue de l'évolution, du sous-ordre des Microchiroptères. Ils ont des oreilles pointues sans tragus, de larges ailes arrondies et un uropatagium bien développé mais fin qu'ils ne peuvent utiliser pour attraper les insectes. Ils se servent donc du bout de leurs ailes ou les capturent directement avec la bouche. Leur appareil d'écholocation perfectionné émet de longs et puissants signaux de fréquence constante. Les ultrasons sont émis par le nez, qui est entouré d'excroissances membraneuses complexes (feuille nasale) : une « lancette » au sommet, une « selle » au centre et un « fer à cheval » semi-circulaire à la base. C'est de cette structure que ces espèces tirent leurs noms latins et vernaculaires.

Le corps de cette chauve-souris mesure de 5,7 à 7 cm, sa queue de 3,5 à 6,5 cm et son avant-bras de 5,4 à 6 cm. Elle pèse de 17 à 29 g. Le Grand Rhinolophe habite toute la région méditerranéenne, l'Europe et l'Asie depuis le sud de l'Angleterre jusqu'au Japon. Toutefois, il ne pénètre pas très loin dans les déserts et n'apparaît pas dans la vallée du Nil en Égypte. En été et en hiver, il se dissimule surtout dans des grottes et autres espaces souterrains en Europe centrale et occidentale, les colonies de femelles avec leurs jeunes cherchent refuge dans des combles spacieux. L'hibernation, qui dure d'octobre à avril, est entrecoupée de courts réveils, jusqu'à deux par semaine. Les femelles atteignent leur maturité sexuelle dans leur troisième année et s'accouplent généralement en automne.

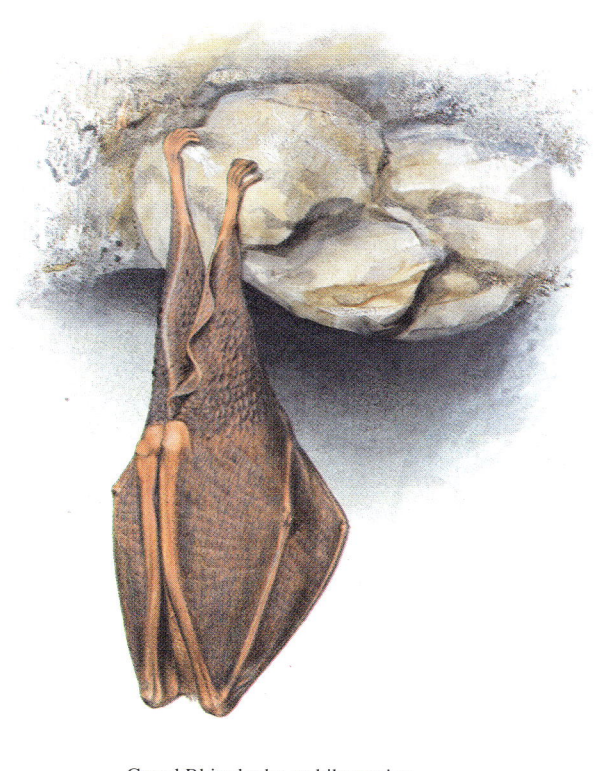

Grand Rhinolophe

Grand Rhinolophe en hibernation. Pendant l'hibernation, les rhinolophes s'enveloppent dans leurs ailes

Chiroptères

La fécondation peut être différée. Un seul jeune naît vers fin juin-début juillet, période où les femelles forment des colonies de cinquante à deux cents animaux (et même plus dans le Sud). Mais dans ces colonies, les individus ne sont pas en contact entre eux, excepté dans des situations particulières (thermorégulation sociale). Le Grand Rhinolophe vole lentement mais avec agilité, généralement près du sol, parmi la végétation où il capture papillons nocturnes, Coléoptères et autres insectes.

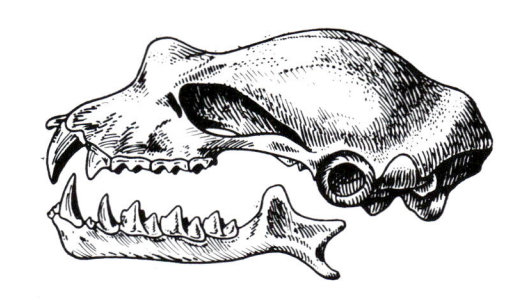

Crâne de Grand Rhinolophe

Petit Rhinolophe, Petit Fer à cheval
(Rhinolophus hipposideros)   Rhinolophidés *(Rhinolophidae)*

C'est un modèle réduit du Grand Rhinolophe. Son corps mesure de 3,7 à 4,7 cm, sa queue de 2,2 à 3,3 cm et son avant-bras de 3,7 à 5,5 cm. Il pèse de 4 à 8 g. Sa répartition est similaire à la grande espèce mais s'étend davantage vers le nord. Dans l'est, on ne le trouve pas au-delà du Cachemire et en Afrique, il a été trouvé en Éthiopie et au Soudan. Ses populations les plus septentrionales vivent en Irlande et en Europe centrale jusqu'à 51° de latitude. Les colonies d'été regroupent de dix à cent individus. Dans le nord, on les trouve aux greniers et, occasionnellement dans des caves chauffées. Ces chauves-souris passent l'hiver solitaires ou en colonies ne dépassant pas trois cents individus dans des grottes, des mines ou des caves. Comme les membres de l'espèce précédente, elles n'effectuent pas de longues migrations, leurs quartiers d'été et d'hiver pouvant se situer dans un même groupe de constructions (château par exemple), ou séparés seulement par une faible distance (jusqu'à 30 km environ). La femelle atteint la maturité sexuelle dans sa première ou seconde année et ne met bas qu'un seul petit par an. Cette espèce se nourrit de petits insectes (principalement des Diptères). Comme le Grand Rhinolophe, elle est menacée par la civilisation moderne et a été proposée pour figurer dans le Livre rouge de l'UICN.

Petit Rhinolophe

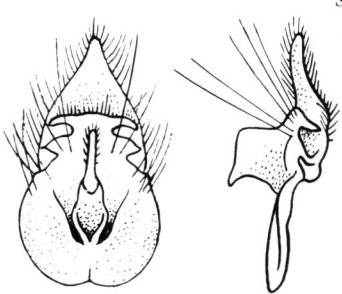

Feuille nasale du Petit Rhinolophe, vue de face et latéralement

Chiroptères

Rhinolophe euryale

(Rhinolophus euryale)   Rhinolophidés *(Rhinolophidae)*

Rhinolophe euryale

Cette espèce se situe par la taille entre le Grand et le Petit Rhinolophe. Son corps mesure de 4,5 à 5,7 cm, sa queue de 2,2 à 3 cm et son avant-bras de 4,5 à 5,3 cm ; elle pèse de 8 à 15 g. Comme les autres rhinolophes, elle se laisse toujours pendre par les pattes postérieures et elle est incapable de grimper sur les murs, parois ou plafonds et de marcher au sol. Le Rhinolophe euryale est un animal très grégaire, associé à l'origine aux régions karstiques riches en grottes où il forme des colonies d'été et d'hiver pouvant atteindre plusieurs milliers d'individus. Exceptionnellement, sur les bordures septentrionales de son aire de répartition, on peut trouver des colonies d'été dans les combles de constructions anciennes.

À la différence des autres rhinolophes, les membres d'une colonie peuvent se toucher les uns les autres et, même en hibernation, ne s'enveloppent jamais complètement dans leurs ailes. Aimant la chaleur, ils hibernent à 9-12 °C (le Petit Rhinolophe à 5-9 °C). Les femelles sont matures probablement vers 2 ou 3 ans et mettent bas un seul jeune par an. Le Rhinolophe euryale habite le sud de l'Europe, l'Afrique du Nord et les régions du sud de l'Asie, d'Israël à la Turkménie et à l'Iran.

Feuille nasale du Rhinolophe euryale, vue de face et latéralement

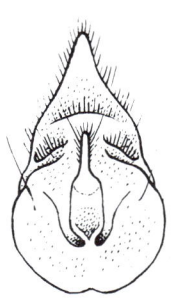

Chauve-Souris à trident

(Asellia tridens)   Hipposidéridés *(Hipposideridae)*

Les chauves-souris à feuille nasale de l'Ancien Monde comptent soixante espèces proches des rhinolophes et les deux groupes sont parfois réunis en une seule famille. Toutefois, contrairement aux précédents, leurs excroissances nasales ne suivent pas un modèle uniforme. Elles sont divisées en plusieurs éléments et non en trois (lancette-selle-fer à cheval). Comparées aux rhinolophes, elles ont généralement une assez grosse tête. Les deux articulations des doigts sont un trait caractéristique (les autres

Chiroptères

chauves-souris en ont trois). Ces animaux vivent en Afrique tropicale, en Asie et en Australie. Seules quelques espèces isolées pénètrent dans les régions subtropicales. La Chauve-Souris à trident en fait partie ; on la rencontre en Afrique depuis le Maroc et l'Égypte jusqu'au Tchad et au Soudan et en Eurasie depuis Israël jusqu'au Pakistan. Elle se concentre essentiellement autour des oasis où elle est très commune.

Le corps de cette espèce mesure de 4,6 à 5,7 cm, sa queue de 1,8 à 2,4 cm et son avant-bras de 4,5 à 5,2 cm ; elle pèse de 6 à 10 g. Elle se caractérise par une coloration très variable. Le gris est la teinte la plus fréquente, mais on rencontre aussi des individus bruns, orange brunâtre et rouge orangé. Tous ont le ventre plus clair. Ces différences n'ont rien à voir avec l'âge et sont de toute évidence d'origine génétique.
La Chauve-Souris à trident forme de grandes colonies composées de plusieurs centaines ou milliers d'individus dans des grottes, des tombes et des constructions sèches, chaudes, sombres et anciennes de préférence.
Les colonies de femelles et leurs jeunes restent séparées de celles des mâles et immatures. Chaque femelle n'a qu'un seul petit, probablement une fois par an.
Les quartiers d'hiver et d'été de l'espèce semblent différents, mais on ne sait rien de son hibernation.

Chauve-Souris à trident

Chiroptères

Chauve-Souris à nez de cochon   M

(Craseonycteris thonglongyai)   Craseonyctéridés *(Craseonycteridae)*

Chauve-Souris
à nez de cochon

C'est la seule espèce de sa famille et le plus petit mammifère connu. Son avant-bras mesure de 22 à 26 mm et, à l'état adulte, elle ne pèse que 2 à 3 g. Elle fut découverte en 1973 par la zoologiste thaï Kitty Thonglongya. L'espèce, le genre et la nouvelle famille furent décrits un an plus tard par le zoologiste britannique J. E. Hill. Mis à part sa taille minuscule et son museau ressemblant au groin d'un cochon, l'espèce se caractérise par une remarquable combinaison de traits que l'on retrouve chez les autres chauves-souris, dont elle diffère néanmoins de façon significative. Jusqu'à présent, elle n'est connue que dans la localité où elle a été découverte, c'est-à-dire la région karstique boisée de Ban Sai Yoke dans le bassin de la rivière Kwae Noi dans le sud de la Thaïlande. On a estimé qu'il n'en existe qu'environ deux mille spécimens dans cette région qui a été par conséquent déclarée parc national. La petite chauve-souris se dissimule dans des grottes par groupes de quinze à vingt individus et part chasser à la nuit tombée en altitude, au-dessus de la couronne des arbres. Lors d'un conseil de l'UICN à Madrid en 1984, l'espèce a été incluse dans la liste des douze espèces animales les plus menacées du monde.

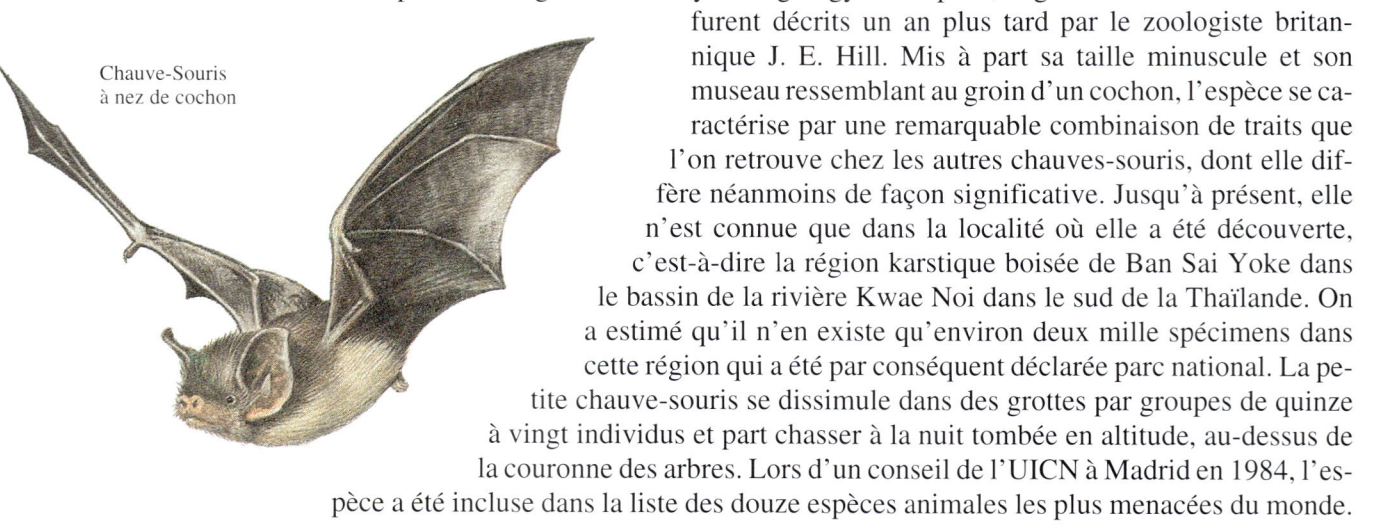

Chauve-Souris pêcheuse

(Noctilio leporinus)   Noctilionidés *(Noctilionidae)*

La famille américaine des Noctilionidés comporte deux espèces spécialisées dans la capture des poissons. L'aire de répartition de la Chauve-Souris pêcheuse s'étend du Mexique au Paraguay et au nord de l'Argentine ; on la trouve également aux Bahamas et dans les Petites et Grandes Antilles. C'est une grosse chauve-souris dont l'avant-bras mesure environ 8 cm de long, le corps environ 10 cm, et pesant de 40 à 70 g. Ses oreilles pointues sont inclinées vers l'avant et sa queue s'arrête à mi-longueur de l'uropatagium. Sous son museau pointu se cache un repli de peau transversal rappelant

La Chauve-Souris pêcheuse
capture des poissons avec ses
pieds

Chauve-Souris pêcheuse, ou Chauve-Souris bouledogue

Chiroptères

un bec-de-lièvre, ce qui lui a valu son nom scientifique. L'espèce vit dans les forêts tropicales et subtropicales, à proximité de l'eau. Elle s'abrite dans des grottes, des crevasses rocheuses ou des arbres creux. Elle vole parfois en fin d'après-midi à la recherche de nourriture. D'après les mouvements de l'eau, elle détecte la présence de poissons juste sous la surface grâce à son système d'écholocation et attrape ses proies à l'aide de ses pattes postérieures en rasant la surface. Elle consomme aussi des insectes aquatiques et des crustacés.

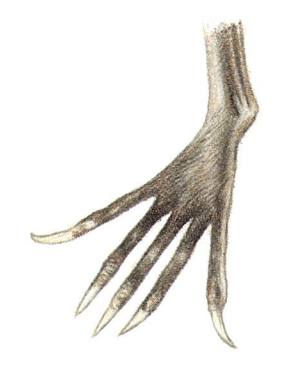

La Chauve-Souris pêcheuse a de grands pieds, de longs doigts et des griffes aiguës

Faux Vampire

(Megaderma lyra)   Mégadermatidés *(Megadermatidae)*

La famille tropicale des faux vampires compte cinq espèces. Le Faux Vampire, qui n'a pas de queue, mesure de 8,4 à 9,4 cm, son avant-bras de 6,5 à 7,2 cm, et pèse environ 47 g. Ses grandes oreilles, jointives au-dessus du front, ont un double tragus et son museau est surmonté d'un processus membraneux en forme de lyre (d'où son nom scientifique). En plus des insectes et araignées dont elle se nourrit, cette chauve-souris est partiellement carnivore, ajoutant à son régime de petits vertébrés tels que Rongeurs, autres chauves-souris, oiseaux, lézards et grenouilles. Survolant le sol à 3 m de hauteur au maximum, elle attrape ses proies en vol, ou bien depuis un poste de guet. Elle s'abrite dans des cavités souterraines ou des constructions. La femelle met bas un seul petit, généralement en avril. L'aire de répartition de l'espèce comprend la région la plus orientale de l'Afghanistan soumise au régime des moussons, l'Inde, le Sri Lanka, la Malaisie et le sud de la Chine.

Faux Vampire

Le Faux Vampire africain *(Cardioderma cor)* vit en Afrique orientale et sur Zanzibar

Crâne de Faux Vampire

91

Chiroptères

« Rhinolophe » américain de Waterhouse

(Macrotus waterhousii)   Phyllostomidés *(Phyllostomidae)*

Les Phyllostomidés constituent une famille américaine vaste et diversifiée d'environ cent quarante espèces de chauves-souris. Elle regroupe des espèces « typiques », insectivores, et d'autres adaptées à des régimes différents, combinant insectes et autres sources de nourriture.

L'espèce décrite ici est une chauve-souris de taille moyenne dont l'avant-bras atteint de 4,7 à 5,6 cm, l'envergure de 33,3 à 36,5 cm et pesant de 12 à 18 g. Elle se rencontre du Mexique au Guatemala et aux Bahamas, y compris la Jamaïque, Cuba et bon nombre d'autres îles. L'espèce parente *M. californicus* vit dans le sud-ouest des États-Unis et le nord du Mexique. Ces chauves-souris sont toutes deux exclusivement insectivores, les Orthoptères et papillons nocturnes constituant l'essentiel de leur régime. Dans la journée, elles se suspendent dans des grottes, mines ou constructions, ne pénétrant pas dans les fissures. Elles peuvent constituer des colonies de plusieurs centaines d'individus, mais ne sont pas en contact entre elles. Les femelles ont un jeune (rarement 2) par an. Bien que dans le sud des États-Unis elles puissent parfois entrer en léthargie durant l'hiver, ces chauves-souris n'hibernent pas vraiment. La température de leur corps ne tombe jamais très bas car une baisse en dessous de 26 °C leur serait fatale.

« Rhinolophe » américain de Waterhouse

Glossophage de Pallas

(Glossophaga soricina)   Phyllostomidés *(Phyllostomidae)*

Couvert de papilles, le bout de la langue du Glossophage de Pallas ressemble à une brosse ; en pleine extension, la langue est plus longue que la tête

Cette petite chauve-souris brune a un long museau étroit. L'allongement de ses mâchoires et de sa langue, la réduction de la taille des dents et son vol de type papillonnant indiquent une adaptation à un régime composé de nectar et de pollen, que l'animal obtient dans les fleurs de cactus et autres plantes qui fleurissent la nuit. La chauve-souris les récolte en effectuant un vol stationnaire devant la fleur comme un colibri, mais les deux animaux n'entrent pas en concurrence car ce dernier ne vole qu'en plein jour. À l'origine, on croyait que l'espèce se nourrissait exclusivement de pollen et de nectar,

Chiroptères

Glossophage de Pallas en train de polliniser une fleur

Glossophage de Pallas

mais on a découvert qu'elle consomme également des fruits et qu'elle capture habilement des insectes. Quoi qu'il en soit, elle a un rôle pollinisateur important. En Amérique du Sud, plusieurs centaines d'espèces végétales, arbres compris, dépendent de diverses espèces de chauves-souris pour leur pollinisation.

Le Glossophage de Pallas pèse environ 9 g. Son corps mesure de 4,8 à 6,4 cm, son avant-bras de 3 à 4 cm et sa queue environ 7 mm. L'espèce se rencontre du Mexique à l'Argentine ainsi qu'à la Jamaïque, sur Trinité et d'autres îles. En Amérique tropicale, c'est l'une des chauves-souris les plus communes. Pendant la journée, elle se cache dans des grottes, des mines ou des constructions, souvent avec d'autres chauves-souris. Elle forme aussi bien des petits groupes que de grandes colonies de plusieurs centaines d'animaux. Elle se reproduit généralement deux fois par an, mais à des époques différentes selon les régions et les cycles végétatifs des plantes à partir desquelles elle se nourrit. La femelle ne donne naissance qu'à un seul jeune à la fois.

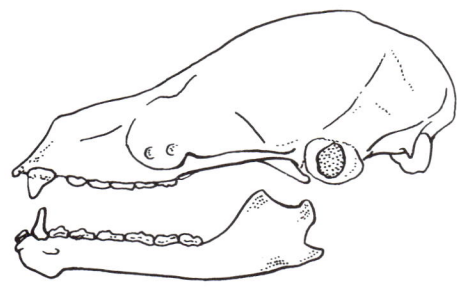

Crâne de Glossophage de Pallas

93

Chiroptères

Chauve-Souris campeuse de la Jamaïque
(Artibeus jamaicensis)   Phyllostomidés *(Phyllostomidae)*

Avec une envergure de 34 à 45 cm, un avant-bras mesurant de 5 à 6,3 cm et un poids de 27 à 45 g, cette chauve-souris de taille moyenne se rencontre depuis le Mexique jusqu'au bassin de l'Amazone au Brésil et aux Grandes et Petites Antilles. Ses abris durant la journée sont très variés, des grottes et des mines aux constructions et aux arbres, où elle se perche dans des cavités ou parmi le feuillage. Elle se nourrit principalement de fruits, mais également de fleurs et peut-être d'insectes. La femelle a 1 ou 2 jeunes et, dans certaines régions, met bas deux fois par an.

Chauve-Souris campeuse de la Jamaïque

La Chauve-Souris campeuse a un appendice nasal crochu, dont la pointe s'incline obliquement vers l'avant

Vampire
(Desmodus rotundus)   Phyllostomidés *(Phyllostomidae)*

Lorsque les Espagnols apprirent des Indiens que l'Amérique était habitée par des chauves-souris qui se nourrissaient de sang, ils donnèrent à toute une série d'espèces le nom de *vampiro*. En fait, il n'existe que trois espèces de chauves-souris vampires qui constituent une sous-famille séparée, celle des Desmodontinés, qui se nourrissent de sang frais. Deux d'entre elles ne sont pas particulièrement communes et attaquent surtout les oiseaux, mais la troisième peut être localement très commune. C'est la seule chauve-souris qui puisse constituer une nuisance pour l'Homme, non pas parce qu'elle s'attaque à l'être humain mais parce qu'elle cause des dommages considérables au bétail. C'est

Chiroptères

Vampire

une chauve-souris de taille moyenne, de couleur brun grisâtre. Son corps mesure de 7,5 à 9 cm, son avant-bras de 5 à 6,3 cm, elle pèse de 18 à 42 g et ne possède pas de queue. Sa denture est dépourvue de molaires. En revanche, sa paire d'incisives et ses canines sont semblables à de petits couteaux grâce auxquels la chauve-souris perce la peau de son hôte. Un organe thermosensible situé dans la région des narines l'aide à trouver un point d'attaque convenable.

L'aire de répartition du Vampire s'étend du Mexique au nord du Chili, au nord de l'Argentine et à l'Uruguay et comprend les îles Margarita et Trinité. L'animal passe la journée dans des grottes, généralement en colonies de cent à mille individus environ, et s'envole la nuit à la recherche de sa nourriture. Il attaque principalement les grands mammifères mais n'aspire pas leur sang comme on le croit généralement. En réalité, il ne fait que percer la peau de ses dents et lécher le sang qui s'écoule de la blessure par de petits mouvements de la langue. Une substance présente dans sa salive empêche le sang de se coaguler. Celui-ci s'emmagasine dans la partie antérieure de l'estomac inhabituellement allongée d'où, après avoir été prédigéré, il peut être régurgité par la femelle pour nourrir son petit, ou par les adultes pour se nourrir entre eux. En une seule nuit, le Vampire peut consommer une quantité de sang plus importante que son propre poids ; incapable de décoller, il doit alors rejoindre tant bien que mal l'abri le plus proche. Lorsqu'il attaque, il peut soit se poser sur le corps de sa victime, soit atterrir derrière elle puis parcourir le reste en avançant sur le bout de ses avant-bras et de ses pattes postérieures avant de grimper sur une patte de l'animal. Bien que le sang continue de couler après le départ de la chauve-souris, la perte n'est pas importante. Très souvent, toutefois, plusieurs chauves-souris peuvent se réunir autour de la même blessure et dans ce cas, la victime peut perdre une quantité de sang non négligeable. Les vampires transmettent également des maladies au bétail, notamment la rage. Jadis, on les détruisait en les gazant ou en dynamitant leurs grottes mais de nos jours, ils sont attrapés dans des filets, enduits d'une préparation toxique à base de coumarine puis relâchés. Ces animaux ayant des comportements sociaux très développés, ils se lèchent mutuellement et transmettent le poison à la colonie entière. Les vampires se reproduisent toute l'année et les femelles ne mettent bas qu'un seul jeune à la fois.

Gros plan de la tête d'un Vampire

Chiroptères

Vespertilion à moustaches

(Myotis mystacinus)   Vespertilionidés *(Vespertilionidae)*

Les Vespertilionidés forment de loin la famille la plus vaste de l'ordre des Chiroptères qui regroupe, dans l'état actuel des connaissances, trois cent vingt-cinq espèces. En Europe et en Amérique du Nord, ils représentent plus des trois quarts des chauves-souris. Il s'agit d'un groupe très évolué. Toutes les espèces sont insectivores mais elles chassent de différentes manières, certaines attrapant leurs proies dans les airs, d'autres dans

Vespertilion à moustaches

la végétation, sur des rochers, des murs, à la surface de l'eau ou au sol. Certaines espèces consomment aussi quelques autres arthropodes et quelques-unes présentent une tendance à évoluer vers un régime alimentaire à base de poisson. La forme de leurs ailes, leur façon de voler et leur système d'écholocation diffèrent également, bien que ce dernier fonctionne toujours en modulation de fréquence. Toutes les espèces ont des oreilles avec tragus membraneux mais ne portent aucune excroissance sur le nez.

Le Vespertilion à moustaches appartient au genre le plus vaste, *Myotis*, présent avec ses quatre-vingt-quinze espèces sur tous les continents. Son aire de répartition est très grande, s'étendant d'ouest en est depuis l'Irlande et la Scandinavie jusqu'à l'île Sakhaline et vers le sud jusqu'au Maroc, l'Iran et le sud de la Chine. C'est une petite chauve-souris dont le corps mesure de 3,5 à 4,8 cm, la queue de 3 à 4,3 cm, l'avant-bras de 3,1 à 3,7 cm, et qui pèse de 4,5 à 6,5 g. Elle habite les régions boisées au climat relativement humide et se rencontre aussi bien en plaine qu'en montagne jusqu'à une altitude de 1 900 m. En été, les colonies de femelles et de jeunes composées de vingt à cent individus se dissimulent dans les fissures des bâtiments ou dans des trous d'arbres, mais en hiver, on les retrouve dans les grottes, les mines ou bien les caves. Ces chauves-souris hibernent souvent individuellement, mais forment parfois des colonies pouvant atteindre une trentaine d'animaux. Les femelles mettent bas un seul jeune (peut-être occasionnellement 2). L'espèce se nourrit de Diptères et autres petits insectes.

Le Vespertilion de Brandt *(Myotis brandti)* ressemble fortement au Vespertilion à moustaches ; il vit dans les forêts d'Europe et d'Asie

Chiroptères

Vespertilion à oreilles échancrées

(Myotis emarginatus) Vespertilionidés *(Vespertilionidae)*

Cette espèce est légèrement plus grosse que la précédente. Son corps mesure de 4,1 à 5,3 cm, sa queue de 3,8 à 4,8 cm, son avant-bras de 3,6 à 4,1 cm et elle pèse de 6 à 10 g. Le Vespertilion à oreilles échancrées occupe une aire s'étendant depuis la France jusqu'à l'Ouzbékistan et l'Afghanistan vers l'est, à travers l'Europe centrale, et jusqu'au nord-ouest de l'Afrique et Israël vers le sud. Il aime la chaleur et préfère aux montagnes les plaines et les régions de collines. Dans la partie septentrionale de son aire, les colonies d'été se forment dans des combles, alors que dans le sud, elles s'abritent dans des grottes. L'animal se laisse toujours pendre du plafond, ne se cachant pas dans les fissures. Les femelles ne mettent bas qu'un seule jeun qui naît dans la seconde moitié de juin ou au début de juillet. Une seule colonie peut compter jusqu'à trois cents femelles adultes, qui partagent souvent les lieux avec des rhinolophes. Dans ces endroits, la température peut atteindre 40 °C. L'espèce passe l'hiver dans des espaces souterrains dont la température est située entre 6 et 9 °C, soit individuellement, soit en petits groupes d'une vingtaine d'animaux. Son vol est lent mais précis et elle attrape principalement sa nourriture (araignées et insectes) sur les feuilles et les murs. Ses quartiers d'hiver et d'été ne sont généralement pas séparés de plus de 10 km.

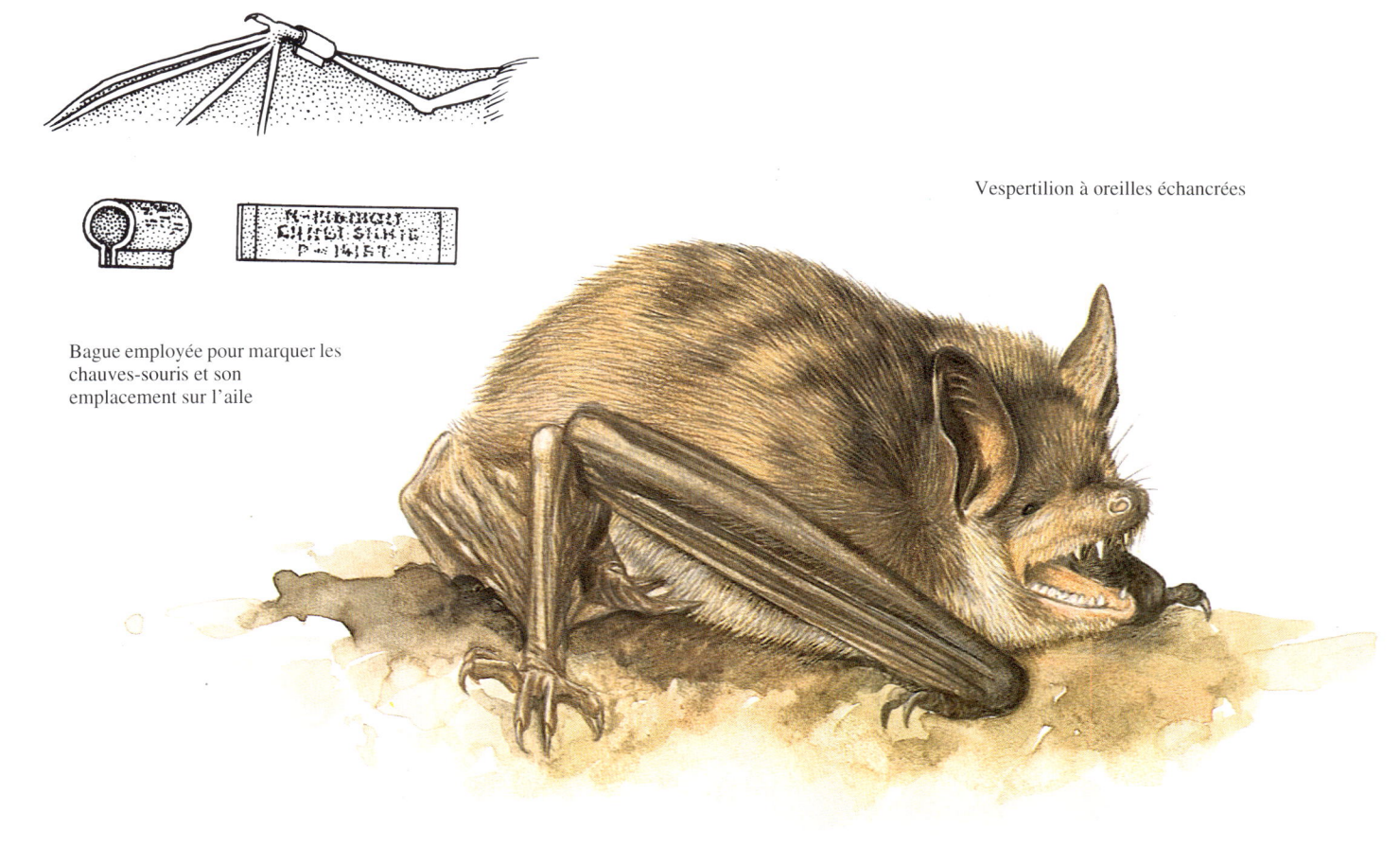

Bague employée pour marquer les chauves-souris et son emplacement sur l'aile

Vespertilion à oreilles échancrées

Chiroptères

Grand Murin

(*Myotis myotis*)

V

Vespertilionidés (*Vespertilionidae*)

Pour une espèce européenne, il s'agit d'une grande chauve-souris. Son corps mesure de 6,8 à 8,3 cm, sa queue de 4,5 à 6 cm, son avant-bras de 5,6 à 6,7 cm et elle pèse de 16 à 35 g. Comme chez les autres membres de la famille, l'uropatagium est bien développé, incluant presque la totalité de la longueur de la queue. Le Grand Murin est l'une des rares chauves-souris dont le centre de répartition se situe en Europe. On le rencontre dans le centre et le sud de ce continent jusqu'à l'est de l'Ukraine, en Asie Mineure, au Liban et en Israël et il a été trouvé occasionnellement dans le sud de l'Angleterre.

Grand Murin en vol

Détail de la tête d'un Grand Murin

Les femelles et les jeunes forment de grandes colonies d'été, essentiellement dans les combles de vieilles constructions mais également dans des grottes du Sud. Celles-ci regroupent entre cinquante et deux mille animaux. Les mâles vivent la plupart du temps solitaires. L'accouplement a lieu à la fin de l'été et en automne, époque où les mâles réunissent des harems comptant jusqu'à cinq femelles. L'ovulation n'a pas lieu avant le printemps et le jeune (généralement unique) naît en juin. Il grandit rapidement et sait voler vers 40 jours, commençant à chasser lui-même. En règle générale, les jeunes ne se reproduisent pas avant leur seconde année, mais quelques femelles s'accouplent dès l'âge de 3 mois environ et peuvent avoir leur premier petit vers un an seulement. Le Grand Murin n'hiberne généralement pas à plus de 50 km de ses quartiers d'été, bien qu'il soit capable de parcourir jusqu'à 400 km. Il passe toujours l'hiver sous terre, dans des grottes, mines ou caves où la température peut varier assez largement (de 5 à 12 °C). Là, il forme souvent des colonies de plusieurs centaines d'individus qui se serrent les uns contre les autres en une masse compacte. Il chasse surtout en milieu boisé ou dans les parcs et attrape la plupart de sa nourriture au sol. Son régime est composé essentiellement de Coléoptères terrestres (*Carabidae*), auxquels il adjoint d'autres insectes et des araignées.

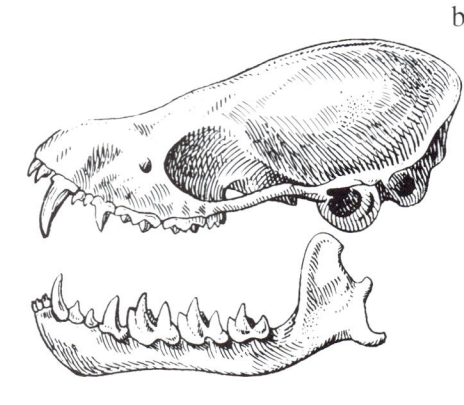

Crâne de Grand Murin

Chiroptères

Petit Murin
(Myotis blythi)   Vespertilionidés *(Vespertilionidae)*

Il s'agit d'une espèce un peu plus petite que le Grand Murin, et les spécialistes la considèrent comme l'espèce à partir de laquelle la grande espèce s'est différenciée. Elles ont toutes deux des mœurs similaires, mais le Petit Murin est encore plus lié au milieu cavernicole. À la limite nord de sa répartition en Europe, il forme des colonies d'été mixtes avec l'espèce précédente. Dans les grottes, celles-ci peuvent compter jusqu'à cinq mille individus. Il passe également l'hiver sous la terre à des températures de 6 à 12 °C. La femelle met bas un seul petit. L'âge maximum connu est 13 ans et le plus long déplacement de l'espèce 600 km. Une partie de la nourriture est attrapée à terre. L'espèce habite toute la région méditerranéenne jusqu'à l'Autriche et la Slovaquie au nord ; dans le sud de l'Asie, on la rencontre jusqu'au Cachemire et en Chine centrale.

Différence de forme des oreilles chez deux espèces étroitement apparentées : le Grand Murin (a) et le Petit Murin (b)

Petit Murin

Femelle du Petit Murin *Myotis blythi* avec son petit de cinq jours

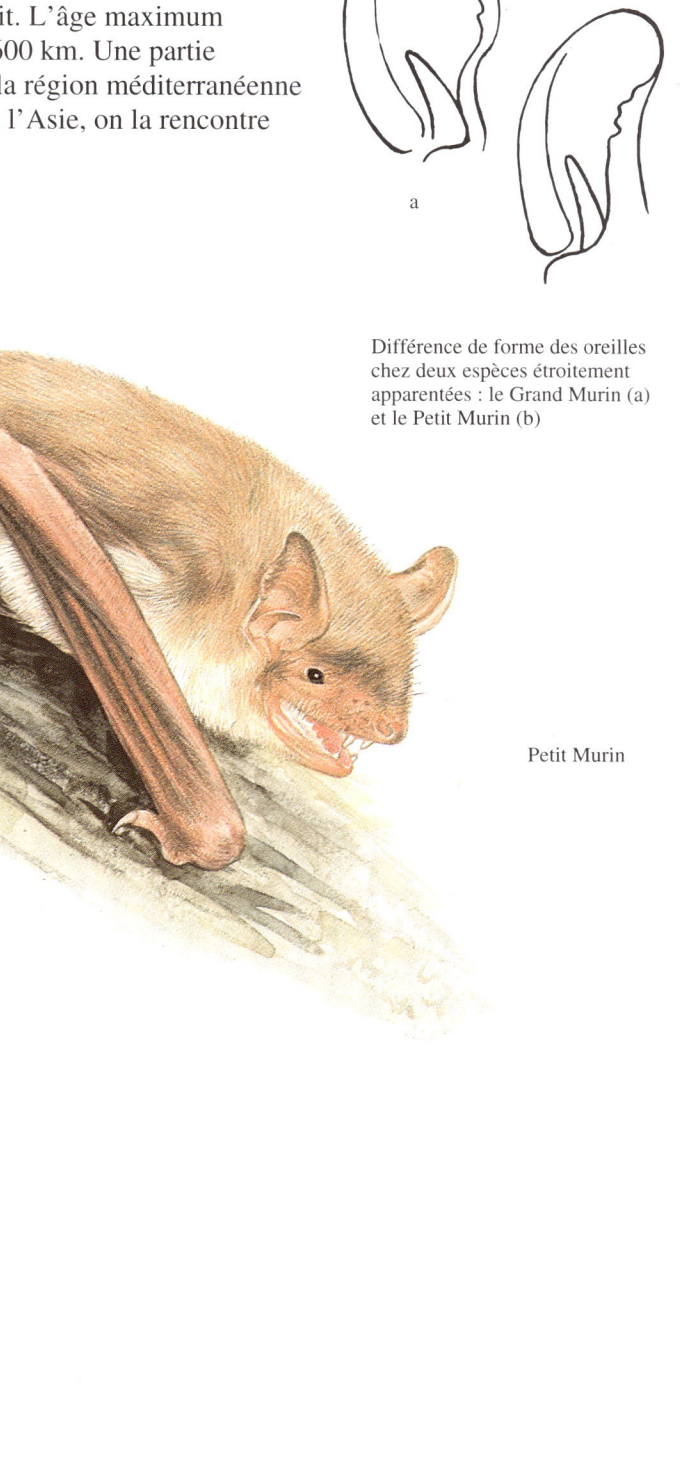

Vespertilion de Daubenton

(Myotis daubentoni)   Vespertilionidés *(Vespertilionidae)*

C'est une petite chauve-souris dont le corps mesure de 3,6 à 6 cm, la queue de 3,1 à 4,8 cm, l'avant-bras de 3,5 à 4,1 cm et qui pèse de 6 à 10,5 g. Elle a des oreilles relativement courtes et larges qu'elle replie en arrière au repos. Le ventre plus clair est généralement bien contrasté par rapport au dos au niveau de la ligne de séparation. Ses pieds sont assez grands, avec de longues griffes courbées, et sont entièrement libres, le patagium ne se rattachant qu'au niveau de l'articulation du talon. Les deux espèces suivantes possèdent la même caractéristique, qui constitue une adaptation pour capturer les proies à la surface de l'eau ; on la considère, du point de vue de l'évolution, comme le stade précédant un régime piscivore.

Vespertilion de Daubenton

Le Vespertilion de Daubenton habite toute l'Europe au sud des 63 et 64° de latitude Nord et occupe en Asie une large ceinture allant de l'Oural jusqu'au Kamtchatka et à la Mandchourie au nord, et jusqu'à l'Assam (Inde) et au sud de la Chine vers le sud. Il préfère les régions avec de petites surfaces boisées et de nombreux plans d'eau libre. Ses colonies d'été, qui rassemblent de vingt à deux cents femelles, se cachent dans des arbres creux ou les fissures des constructions. Il passe l'hiver dans des espaces souterrains. Le Vespertilion de Daubenton attrape généralement les insectes qui volent au-dessus de l'eau ou tombent à la surface.

Vespertilion de Capaccini

(Myotis capaccinii)   Vespertilionidés *(Vespertilionidae)*

Cet animal est un peu plus gros que le Vespertilion de Daubenton et de coloration différente ; il n'y a pas de ligne de séparation bien marquée entre la couleur du dos et celle du ventre. Il habite le sud de l'Europe, le nord-ouest de l'Afrique et le sud de l'Asie jusqu'à l'Ouzbékistan et l'Iran, mais seulement là où il trouve assez d'eau. Le plus souvent, on le rencontre dans les régions karstiques et sur les côtes marines. Il forme des colonies

Chiroptères

d'été dans des grottes où il hiberne également. Sa vie et ses mœurs sont par ailleurs similaires à celles du Vespertilion de Daubenton.

Vespertilion de Capaccini

Petit Vespertilion
(Myotis lucifugus)

Vespertilionidés *(Vespertilionidae)*

C'est la plus commune des chauves-souris d'Amérique du Nord. On la rencontre depuis l'Alaska jusqu'au Labrador et vers le sud jusqu'à Mexico. Dans le centre de l'Alaska, elle atteint presque le cercle arctique. Elle ressemble beaucoup au Vespertilion de Daubenton mais son pelage est légèrement plus sombre et brillant avec des nuances dorées. Ses colonies d'été, que l'on rencontre dans les combles sous les matériaux de couverture ou derrière les enduits muraux écaillés, comptent plusieurs centaines à quelques milliers d'individus. Elles se forment en avril et mai et se disséminent à la fin de juillet et en août. La femelle n'a qu'un seul jeune, qu'elle transporte sur elle les 3 premiers jours, sauf lorsqu'elle part pour la chasse. Les jeunes savent voler à 1 mois et commencent alors à chasser. Les accouplements ont lieu à la fin de l'été et en automne et peuvent se poursuivre dans les quartiers d'hiver. En automne, on observe souvent des concentrations dans certaines mines ou grottes où, la nuit, les chauves-souris volent constamment en rond et font des allées et venues de part et d'autre de l'entrée ; on appelle cela le comportement d'essaimage. Dans certaines régions, cette espèce migre sur des distances pouvant atteindre 460 km. Elle passe l'hiver dans des grottes et des galeries de mines.

Petit Vespertilion

Chiroptères

Pipistrelle commune
(Pipistrellus pipistrellus)   Vespertilionidés *(Vespertilionidae)*

Le genre *Pipistrellus* compte environ cinquante espèces, dont la plus répandue et la plus petite en Europe est la Pipistrelle commune. Son corps mesure de 3,6 à 5,1 cm, sa queue de 2 à 3,5 cm et son avant-bras de 2,8 à 3,4 cm. Elle pèse de 3,5 à 6,5 g. Ses éperons ne sont pas situés sur la bordure de l'uropatagium mais sont inclus dans celui-ci. Au-dessous, une petite portion de patagium appelée épiblème est tendue entre l'éperon et le pied. L'aire de répartition de la Pipistrelle commune s'étend depuis les îles Britanniques et le sud de la Scandinavie jusqu'à l'Asie centrale et la Chine vers l'est, et jusqu'au nord-ouest de l'Afrique, au Proche-Orient et au nord de l'Inde vers le sud. C'est une espèce extrêmement sociable qui se dissimule dans les lézardes, crevasses et autres petits interstices. Ses colonies d'été de cinquante à cinq cents femelles s'abritent sous les toits, dans les fissures de la maçonnerie ou les chevrons des charpentes, dans les arbres creux et derrière les écorces. Dès l'âge d'un an, les femelles mettent bas 1 ou 2 jeunes, capables de voler à 3 semaines. À la fin de l'été, dans certaines villes, des quantités de jeunes pipistrelles envahissent parfois certains locaux (bureaux, écoles, hôpitaux et habitations), mais les raisons de ces invasions restent inconnues. L'espèce passe l'hiver dans les constructions (fissures dans les murs, derrière les tableaux dans les églises, etc.) et, dans le Midi à l'interieur des, grottes à des températures de 2 à 8 °C.

Pipistrelle commune

Pipistrelle de Kuhl
(Pipistrellus kuhli)   Vespertilionidés *(Vespertilionidae)*

Cette chauve-souris ressemble à l'espèce précédente, mais est un peu plus grosse et généralement de couleur plus claire. Le bord postérieur du patagium, entre le cinquième doigt et la patte, est presque toujours marqué d'une étroite ligne blanche. Cette espèce occupe une vaste zone du sud de l'Europe jusqu'au Kazakhstan et au Pakistan, y compris la majeure partie de l'Afrique et tout le sud-ouest de l'Asie. Ses colonies d'été occupent le plus fréquemment des fissures dans les constructions. On ne sait pas grand-chose de leurs sites d'hivernage. Les femelles se reproduisent dès leur première année et donnent naissance à 2 jeunes. L'espèce attaque des insectes en vol, souvent près des éclairages urbains.

Pipistrelle de Kuhl

Chiroptères

Pipistrelle de Savi

(Pipistrellus savii)   Vespertilionidés *(Vespertilionidae)*

La Pipistrelle de Savi diffère des deux espèces précédentes par plusieurs détails (dents, structure de l'os pénien) et certains zoologistes la classent dans le genre (ou sous-genre) *Hypsugo*. Son corps mesure de 4 à 5,4 cm pour un poids de 5 à 10 g. Le bout de sa queue dépasse de l'uropatagium. Elle habite le sud de l'Europe jusqu'à la Suisse, le nord-ouest de l'Afrique et les zones montagneuses d'Asie jusqu'au Japon, le nord de l'Inde et la Birmanie. On la rencontre surtout dans les régions rocheuses, depuis le niveau de la mer jusqu'à 3 000 mètres d'altitude environ. En été, elle forme des colonies qui s'abritent dans des fissures de rochers ou des constructions. On sait très peu de choses

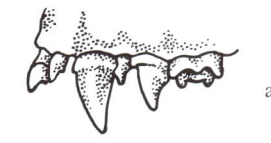

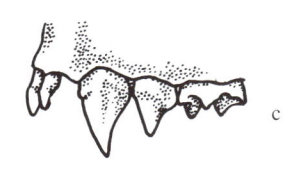

Pipistrelle de Savi

Dents de la mâchoire supérieure chez la Pipistrelle commune (a), la Pipistrelle de Kuhl (b) et la Pipistrelle de Savi (c)

des endroits où elle passe l'hiver ; il s'agit peut-être là encore de fissures rocheuses. On a découvert, en été et en hiver, des individus cachés dans des arbres creux ou sous des écorces. Comme les autres pipistrelles, celle-ci attrape les insectes en vol.

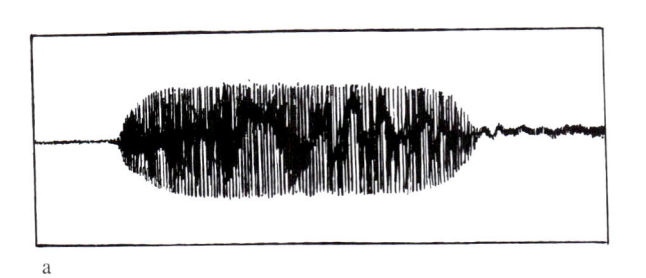

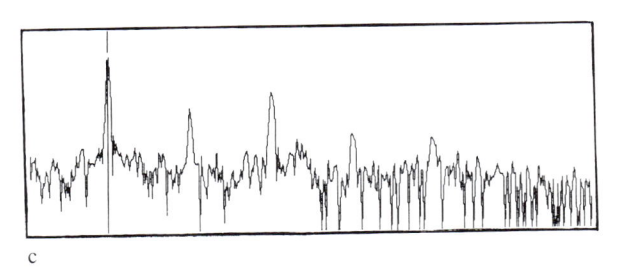

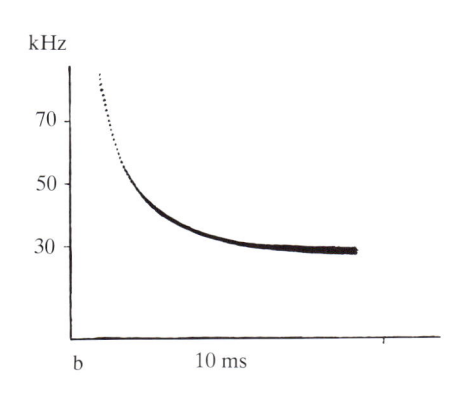

Sonagramme du signal ultrasonore de la chauve-souris *P. savii* (a), sa courbe de fréquence (b) et ses composantes harmoniques (c)

Chiroptères

Noctule de Leisler

(Nyctalus leisleri) Vespertilionidés *(Vespertilionidae)*

Le corps de cette assez grosse chauve-souris mesure de 5,3 à 6,6 cm, sa queue de 3,7 à 4,8 cm et son avant-bras de 4 à 4,6 cm ; elle pèse de 12 à 20 g. Espèce rare et assez dispersée en Europe, liée aux milieux forestiers, elle est présente dans l'Est depuis l'Irak jusqu'à l'Himalaya et dans le Sud, à Madère et aux Açores. Elle est commune dans quelques endroits. Ses colonies d'été, réunissant le plus souvent de vingt à cinquante animaux, s'abritent principalement dans des arbres creux. Elle hiberne également dans des arbres la protégeant du gel et dans des constructions. La Noctule de Leisler se joint parfois à la Noctule pour former des colonies mixtes. Elle attrape ses proies en vol aux altitudes libres d'obstacles.

Noctule de Leisler

Noctule

(Nyctalus noctula) Vespertilionidés *(Vespertilionidae)*

Cette chauve-souris ressemble à la Noctule de Leisler, mais en plus gros. Son corps mesure de 6 à 8,4 cm, sa queue de 4,5 à 6 cm et son avant-bras de 4,8 à 5,8 cm ; elle a une envergure de 32 à 40 cm et pèse de 20 à 40 g. Comme tous les membres de ce genre, elle possède de longues ailes étroites qui lui assurent un vol rapide. Elle est répartie de l'Europe occidentale (excepté l'Irlande) jusqu'au Japon, apparaît jusque dans le sud de la Scandinavie vers le nord, dans le nord-ouest de l'Afrique, au Liban, au Cachemire et dans le nord de la Birmanie vers le sud. Dans les forêts et parcs d'Europe, elle est commune mais ne se rencontre guère en altitude.

Ses colonies d'été, composées de vingt à cent femelles, trouvent refuge dans les arbres creux, et parfois par petits groupes dans des nichoirs ; on connaît également des colonies composées entièrement de mâles. Les femelles sont matures dans leur première année mais en général, ne se reproduisent pas avant la deuxième ; les jumeaux sont

Chiroptères

fréquents. En automne, les mâles occupent des cavités et attirent les femelles par des cris puissants. Chacun se constitue un harem de deux à cinq femelles (exceptionnellement jusqu'à vingt). Au printemps et en automne, on trouve parfois ces chauves-souris dans les bâtiments en ville (par exemple dans les conduits de ventilation ou dans des briques creuses). Elles hibernent essentiellement dans les interstices des murs ou roches, par groupes pouvant dépasser le millier d'individus. Certaines populations sont migratrices. En automne, elles parcourent environ 1 000 km vers le sud-ouest depuis la partie européenne de la Russie et sont de retour au printemps suivant. Les noctules chassent de gros Coléoptères et des papillons nocturnes après la tombée de la nuit, volant généralement au-dessus de la couronne des arbres à la vitesse de 50 km/h.

Noctule

Grande Noctule

(Nyctalus lasiopterus)   Vespertilionidés *(Vespertilionidae)*

Version géante de la Noctule, c'est la plus grande des chauves-souris européennes : elle peut atteindre 70 g et une envergure de presque 50 cm. Son aire de répartition s'étend à travers l'Europe centrale, du Sud et de l'Est jusqu'à l'Asie centrale. On la rencontre aussi au nord-ouest de l'Afrique. À l'intérieur de cette aire, elle n'est toutefois présente qu'en certains endroits, dans les vieilles forêts d'arbres à feuilles caduques. Elle est très rare en Europe (on la rencontre dans le sud de la France et en Espagne) et l'on sait peu de choses de ses mœurs.

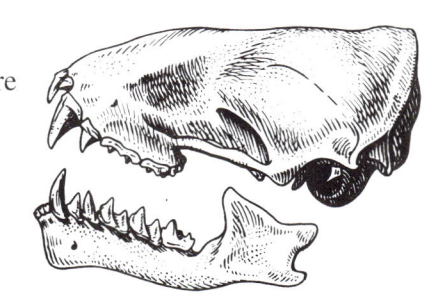

Crâne de chauve-souris du genre *Nyctalus*

Grande Noctule

Chiroptères

Sérotine bicolore

(Vespertilio murinus)   Vespertilionidés *(Vespertilionidae)*

Cette chauve-souris aux colorations remarquables est probablement la plus jolie des espèces européennes. Son corps mesure de 4,8 à 6,4 cm, sa queue de 3,7 à 4,4 cm et son avant-bras de 4 à 4,7 cm ; elle pèse de 11 à 18 g. Les oreilles, la face et les ailes sont noires, et la fourrure du dos présente de nets reflets argentés. Ses oreilles charnues forment vers la commissure de la bouche un large repli. Contrairement à toutes les autres chauves-souris européennes, la femelle porte deux paires de mamelles.

La Sérotine bicolore habite une vaste zone s'étendant du sud de la Norvège et de la Grande-Bretagne jusqu'à Vladivostock dans l'Est, jusqu'aux Balkans, à la Transcaucasie et à l'Asie centrale vers le sud. On ignore toutefois si elle se reproduit dans la totalité de cette zone. Les découvertes de colonies de femelles sont rares ; celles de mâles sont beaucoup plus fréquentes dans les interstices des constructions. Cette espèce s'abritait probablement à l'origine dans des fissures de rochers, mais elle apparaît aujourd'hui dans les villes, particulièrement durant les migrations d'automne (il s'agit d'une espèce migratrice qui peut parcourir jusqu'à 900 km). La Sérotine bicolore vole rapidement lorsqu'elle est en chasse, capturant généralement ses proies à 10-20 mètres au-dessus du sol. La femelle donne naissance à 2 ou 3 jeunes à la fois, mais on sait peu de choses de ses mœurs.

Sérotine bicolore : les poils du dos sont noirs sauf l'extrémité blanche (aspect « poivre et sel »). Il y a des taches jaunâtres près des oreilles et sur le dessous du corps

Sérotine boréale, Sérotine de Nilsson

(Eptesicus nilssoni)   Vespertilionidés *(Vespertilionidae)*

Cette espèce est juste un peu plus petite que la Sérotine bicolore, mais porte une fourrure à reflets dorés. Les oreilles sont rondes, avec un tragus court et large. On la rencontre plus au nord que n'importe quel autre chiroptère et, en divers points de Scandinavie, elle dépasse le cercle arctique. Son aire de répartition couvre l'Europe du Nord, centrale et orientale et l'Asie au sud du cercle arctique. Vers l'est, elle atteint

Chiroptères

l'île Sakhaline et le Japon ; vers le sud, les chaînes montagneuses d'Irak, d'Iran et du Népal ; on ne l'a pas trouvée au Tibet.

Sérotine de Nilsson : les poils du dos sont brun foncé sauf l'extrémité jaune, qui donne un reflet doré

La Sérotine boréale aime les climats froids et, dans le sud de son aire, ne fréquente que les régions montagneuses. Les colonies d'été de femelles et de jeunes s'abritent dans des constructions situées à proximité des bois ou dans les bois eux-mêmes, dans les arbres creux. Elles sont composées de vingt à soixante femelles adultes qui donnent naissance à 1 ou 2 jeunes dans la seconde moitié de juin. On ne possède pas de données sur ses migrations. L'animal chasse en soirée, parfois alors qu'il fait encore jour (et dans le nord, pendant les « nuits blanches » de l'été arctique), attrapant des insectes aux altitudes libres d'obstacles. Ces chauves-souris parviennent assez tard, vers la fin octobre, à leurs quartiers d'hiver (grottes, mines, caves) où on les trouve isolées ou en petits groupes, et parfois en compagnie de barbastelles. C'est la seule espèce de chauve-souris qui supporte pour un ou deux jours des températures jusqu'à –5 °C. La température normale pour l'hibernation est de 0 à 5 °C.

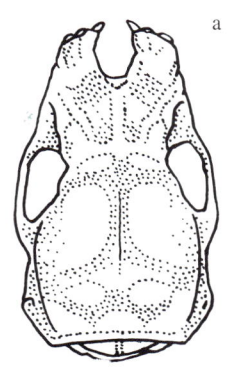

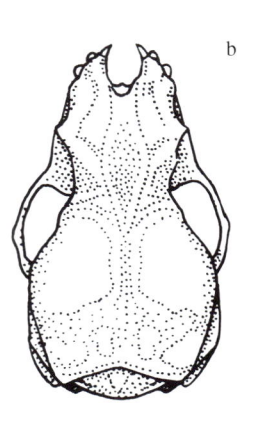

Différences de structure du crâne chez la Sérotine bicolore (a) et la Sérotine de Nilsson (b)

Chiroptères

Sérotine
(Eptesicus serotinus)   Vespertilionidés *(Vespertilionidae)*

Avec un corps mesurant de 6,2 à 8 cm, une queue de 4,5 à 6 cm, un avant-bras de 4,7 à 5,7 cm et un poids de 13 à 30 g, c'est l'une des plus grosses espèces d'Europe. Le genre *Eptesicus* compte trente-cinq espèces, aucune ne figurant au Livre rouge de l'UICN, bien que certaines apparaissent dans les listes rouges de divers pays. La Sérotine, en tout cas, ne fait pas partie de celles-ci car elle est commune et s'est bien adaptée à la vie dans les grandes villes d'Europe. On la trouve du sud de l'Angleterre et de la Suède, du Danemark et du Portugal jusqu'à la Chine et la Thaïlande dans l'Est, jusqu'à l'Afrique du Nord-Ouest et l'Arabie dans le Sud.

La Sérotime habite les plaines, collines, parcs et jardins, les prairies et les petits bois. Elle commence à chasser assez tôt et, par conséquent, est la plus fréquemment observée dans les villages et dans les villes. Elle se nourrit principalement de papillons nocturnes et de Coléoptères, qu'elle attrape en vol. Lors des éclosions de hannetons de la Saint-Jean, on la voit raser le sol. Les colonies d'été, composées de dix à cent femelles adultes, s'abritent dans les bâtiments, parfois sous les toits de vieilles maisons, dans les fentes des murs ou dans les gaines de ventilation horizontales des immeubles modernes. L'unique jeune (très occasionnellement 2 et exceptionnellement 3), qui naît dans la seconde moitié de juin, est indépendant vers l'âge de 5 semaines. L'espèce hiberne sous terre ou dans des bâtiments, mais toujours dans des espaces très étroits (par exemple derrière des tableaux). Elle n'est pas connue pour hiberner en masse. Le plus long déplacement enregistré est de 330 km et la plus grande longévité enregistrée est de 19 ans.

Sérotine

Sérotine des maisons
(Eptesicus fuscus)   Vespertilionidés *(Vespertilionidae)*

C'est l'homologue américaine de la Sérotine. Elle a presque les mêmes mensurations, mais sa coloration varie du brun clair (populations des déserts) au brun sombre

Chiroptères

Sérotine des maisons

(populations forestières). Elle a également des mœurs similaires. Ses colonies d'été, qui comptent de vingt à trois cents membres, se rencontrent dans les cheminées, dans les espaces muraux ou sous les combles. En général, elles hibernent également dans des bâtiments. La femelle a 1 ou 2 jeunes, qui naissent vers fin mai-début juin. La Sérotine des maisons se nourrit essentiellement de Coléptères mais attrape également d'autres insectes, notamment au-dessus des prairies, entre les arbres disséminés dans les pâturages, le long des avenues et la nuit autour des éclairages urbains. La plus grande longévité connue de l'espèce est de 19 ans et la distance de son plus long déplacement 250 km. Cette dernière est toutefois considérée comme une exception car les membres du genre *Eptesicus* sont plus sédentaires que migrateurs. L'aire de répartition de la Sérotine des maisons va du sud du Canada (sa limite septentrionale est à peu près 55 ° de latitude), à travers tous les États-Unis (excepté le centre et le sud du Texas ainsi que le sud de la Floride) et toute l'Amérique centrale jusqu'à la Colombie et au Venezuela. Elle apparaît aussi aux Bahamas, dans les Grandes Antilles et à la Barbade. C'est la deuxième espèce la plus commune dans la majeure partie des États-Unis.

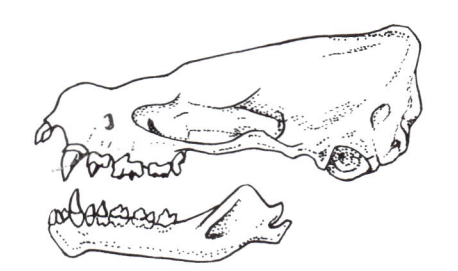

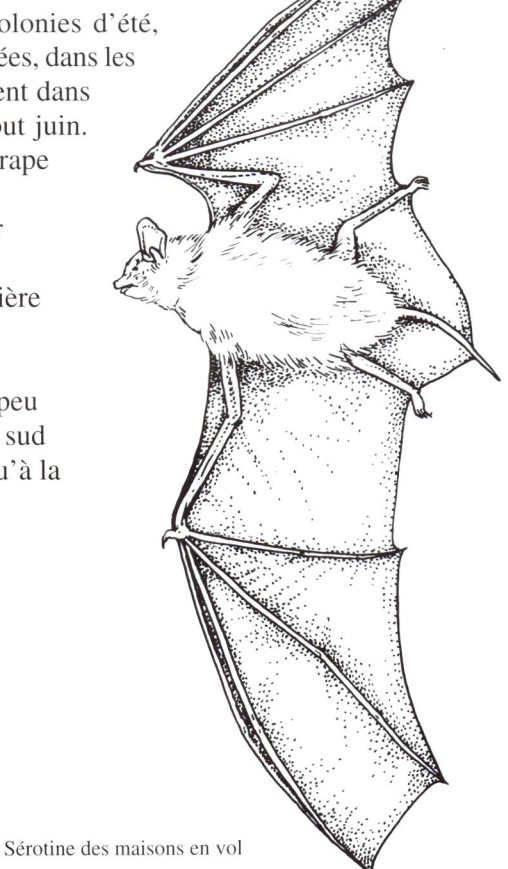

Crâne de Sérotine des maisons

Sérotine des maisons en vol

Chiroptères

Chauve-Souris argentée
(Lasionycteris noctivagans)   Vespertilionidés *(Vespertilionidae)*

Cette chauve-souris est presque complètement noire, mais l'extrémité blanche de ses poils donne à son pelage un reflet argenté. La face supérieure du patagium interfémoral est légèrement poilue. Son corps mesure de 5,5 à 6,5 cm, sa queue de 3,7 à 4,5 cm et son avant-bras de 3,7 à 4,4 cm ; elle pèse de 9 à 15 g. La Chauve-Souris argentée habite l'Amérique du Nord depuis le sud-est de l'Alaska et le sud du Canada jusqu'au nord-est du Mexique et aux Bermudes, mais elle est absente du sud-ouest des États-Unis. C'est une espèce forestière qui se dissimule le plus souvent seule sous des écorces ou dans des arbres creux. Elle hiberne généralement dans les arbres, les fissures de rocher ou les bâtiments. Elle chasse en soirée avant la nuit complète, volant lentement et souvent très bas au-dessus des clairières ou des eaux. Elle se nourrit d'insectes, en particulier de papillons nocturnes et de mouches. La femelle donne naissance à 2 jeunes. Les populations septentrionales (ou les femelles uniquement) sont probablement migratrices.

Chauve-Souris argentée

Chauve-Souris cendrée   I
(Lasiurus cinereus)   Vespertilionidés *(Vespertilionidae)*

C'est l'une des grandes chauves-souris d'Amérique du Nord. Son corps mesure de 5,8 à 8,7 cm, sa queue de 4,4 à 6,5 cm, son avant-bras de 4,2 à 5,9 cm et elle pèse de 20 à 35 g. Son aire de répartition est l'une des plus vastes parmi les espèces américaines : depuis le Canada, où à l'est de la baie d'Hudson elle s'étend jusqu'au cercle arctique, elle descend vers le sud à travers les États-Unis et le Mexique pour atteindre le Chili et l'Argentine. L'espèce vit aussi sur un grand nombre d'îles (à Hawaii par exemple, c'est le seul mammifère autochtone). Elle a été trouvée en Islande mais y est accidentelle. Comme les espèces proches, elle ne s'abrite pas dans des cavités (sauf en de rares occasions pendant l'hiver), mais se dissimule parmi les feuillages, où les femelles donnent naissance à leurs 2 petits. Ces chauves-souris volent rapidement lorsqu'elles sont en chasse et attrapent principalement des papillons nocturnes. On suppose que les populations septentrionales migrent vers le sud en hiver, mais la façon dont mâles et femelles effectuent cette migration diffère, ainsi que leurs sites d'estivage et d'hivernage. Les deux sexes se réunissent à l'automne. La sous-espèce hawaiienne *L. cinereus semotus* figure dans le Livre rouge de l'UICN.

Chauve-Souris cendrée

Barbastelle

(Barbastella barbastellus)   Vespertilionidés *(Vespertilionidae)*

Cette petite chauve-souris au nez retroussé a la face comme écrasée, à la manière d'un chien de la race des Carlins. Son corps mesure de 4,7 à 5,9 cm, sa queue de 3,5 à 5,5 cm et son avant-bras de 3,6 à 4,2 cm ; elle pèse de 7 à 14 g. Son aire de répartition va de l'Angleterre et de la France jusqu'à la Crimée, au Caucase et à la Turquie vers l'est, jusqu'à la région méditerranéenne et au Maroc vers le sud, où elle reste rare toutefois. Comme les deux espèces précédentes, c'est une habitante des milieux forestiers, mais elle hiberne quant à elle dans des grottes, caves, seule ou en colonies de plusieurs centaines d'individus. On sait peu de choses de sa vie estivale, mais les femelles, qui mettent bas 2 jeunes, forment des colonies de dix à quatre-vingts individus que l'on trouve le plus souvent derrière des volets.

Barbastelle

Chiroptères

Oreillard, Oreillard roux

(Plecotus auritus)   Vespertilionidés *(Vespertilionidae)*

Les cinq espèces du genre *Plecotus* ont un petit corps et de très longues oreilles, jointives au-dessus du front. Durant l'hibernation, les oreilles sont repliées sous les ailes ; seuls les tragus restent alors visibles.

Le corps de l'Oreillard mesure de 4 à 5,2 cm, sa queue de 3,9 à 5,1 cm et son avant-bras de 3,5 à 4,2 cm ; il pèse de 5,2 à 9,2 g. Les spécimens adultes portent toujours des taches brun jaunâtre sur les côtés du cou et des nuances brun clair sur le dos. Les tragus sont transparents et non foncés. Les pieds (de 6,5 à 10 mm sans les griffes) et le pouce des ailes (plus de 6 mm) sont assez gros. L'Oreillard se rencontre depuis la Norvège, l'Irlande et l'Espagne jusqu'à l'île Sakhaline, au Japon et au nord de la Chine ; c'est une espèce forestière. Les colonies d'été de femelles et de jeunes s'abritent à l'intérieur des cavités dans les arbres, des nichoirs et les combles d'habitations situées à proximité des bois. Elles sont composées de dix à cinquante adultes (exceptionnelle-ment jusqu'à cent). Les femelles donnent naissance à un jeune (rarement 2) au mois de juin. Ces chauves-souris ne partent pas en chasse avant la nuit. Elles volent lentement mais adroitement et attrapent des papillons et autres insectes nocturnes. Très souvent, dans les lieux où elles dévorent leurs proies, on peut trouver à terre des ailes de papillons arrachées, des élytres de Coléoptères, etc. Les distances qui séparent leurs quartiers d'été et d'hiver sont courtes. Elles hibernent dans des grottes, mines et caves.

Oreillard, ou Oreillard roux

Oreillard roux en vol

Chiroptères

Oreillard gris

(Plecotus austriacus)   Vespertilionidés *(Vespertilionidae)*

Cet oreillard est très similaire au précédent, ses mensurations et son poids étant quasiment les mêmes. Il possède toutefois une fourrure plus grise et les individus âgés n'ont pas de nuance dorée. Les tragus sont gris, sombres dans la lumière. Le pouce de l'aile et les pieds sont plus courts que chez l'Oreillard.

L'Oreillard gris aime la chaleur ; il occupe fréquemment les régions de plaines et de

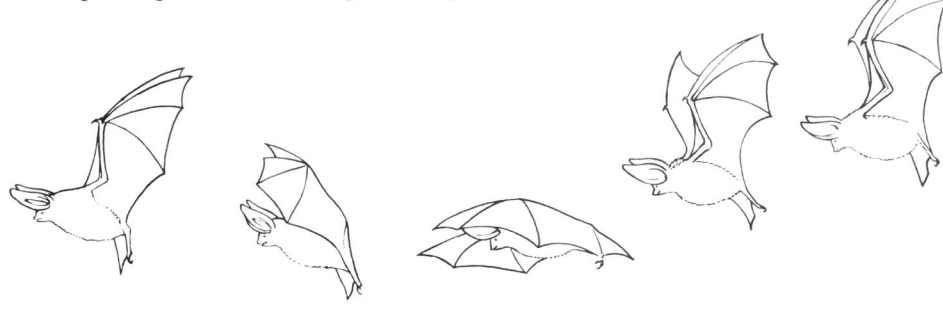

Les membres du genre *Plecotus* volent lentement mais manœuvrent très habilement

collines et par endroits les villes et villages, mais évite les grandes zones forestières. On le rencontre dans un vaste secteur, depuis le sud de l'Angleterre et le Portugal jusqu'à l'ouest de la Chine, à travers l'Europe et l'Asie du Sud. Il apparaît également dans tout le nord de l'Afrique, y compris l'Égypte, et s'étend jusqu'au Sénégal. Comme l'espèce précédente, il s'abrite dans de petits espaces. Dans le sud de son aire, il se cache l'été dans des trous de rochers et de petites grottes tandis que dans le Nord, il fréquente les bâtiments. Les colonies d'été de femelles, composées de dix à cinquante adultes, s'abritent généralement dans des combles, plus ou moins dissimulées dans la charpente. L'espèce chasse de la même façon que la précédente et des restes de proies (particulièrement de papillons nocturnes) se retrouvent au sol dans les lieux où les animaux se sont perchés entre leurs sorties. Les quartiers d'été et d'hiver ne sont pas séparés de plus de 20 km. Les femelles ont un jeune, qui naît dans la seconde moitié de juin. L'espèce hiberne dans des espaces souterrains, grottes, mines et caves, à des températures de 2 à 9 °C.

Oreillard gris

Chiroptères

Minioptère de Schreibers

(Miniopterus schreibersi) Vespertilionidés *(Vespertilionidae)*

Cette espèce possède la plus vaste aire de répartition de tous les Chiroptères, et l'une des plus vastes parmi les mammifères en général : elle apparaît depuis le Portugal et le Maroc jusqu'à la Chine, au Japon et au nord de l'Australie, à travers la majeure partie de la région méditerranéenne et une grande partie de l'Asie du Sud. Elle vit également à Madagascar, en Nouvelle-Guinée, dans l'île de Bougainville, l'archipel Bismarck et les îles Salomon. Au sein de ce vaste espace, le Minioptère de Schreibers s'est différencié en un certain nombre de sous-espèces se distinguant essentiellement par leur coloration. Sa

Minioptère de Schreibers

La boîte crânienne du Minioptère de Schreibers est très arrondie et le front est très haut

fourrure est longue, très fine et épaisse, et ses petites oreilles sont situées sur les côtés de la tête, qui est arrondie, et surmontée d'un front haut. Son corps mesure de 5 à 6,2 cm, sa queue de 5,6 à 6,4 cm, son avant-bras de 4,3 à 4,8 cm et il pèse de 10 à 17 g.
Le Minioptère de Schreibers est lié aux régions karstiques, depuis les côtes jusqu'à 1 000 mètres d'altitude environ. Ses colonies d'été et d'hiver, qui comportent généralement quelques centaines à quelques milliers d'animaux serrés en essaims compacts, s'abritent dans des grottes. Dans le Sud, il forme des colonies mixtes avec d'autres espèces de chauves-souris. Il hiberne entre 7 et 12 °C. L'animal vole rapidement et attrape ses proies (papillons de nuit, Coléoptères et mouches) à 10–20 mètres au-dessus

du sol. Il change relativement fréquemment de quartiers pour d'autres sites dans un rayon de 100 km environ. Son plus long déplacement connu est de 350 km. L'accouplement a lieu en automne, mais contrairement aux autres chauves-souris européennes, c'est l'implantation de l'œuf et non la fécondation qui est différée. L'ovule est donc fécondé immédiatement après l'accouplement, mais son développement est suspendu pendant toute la durée de l'hibernation. Les femelles mettent bas un jeune (rarement 2).

Chauve-Souris à queue courte de Nouvelle-Zélande   V

(Mystacina tuberculata)   Mystacinidés *(Mystacinidae)*

C'est l'un des représentants d'une curieuse famille néo-zélandaise de chauves-souris qui ne comprend que deux espèces, la seconde étant probablement déjà éteinte. Leur mode de vie inhabituel est indirectement à l'origine de leur raréfaction. En Nouvelle-Zélande, les insectes non volants et à vol bas dominent ; ces chauves-souris les attrapent essentiellement en marchant, à terre ou sur les tronc des arbres, mais rarement en vol. Elles se nourrissent également de cadavres de vertébrés et de fruits. Ce comportement ne posa aucun problème jusqu'à l'introduction par l'Homme de mammifères terrestres (Carnivores divers, Rongeurs et Marsupiaux) ; leur présence entraîna ensuite une réduction drastique des populations de ces chauves-souris.

Les mensurations de cette espèce sont (approximativement) 6 cm pour le corps, 2 cm pour la queue et 4,5 cm pour l'avant-bras. La partie de l'aile située le long du corps est épaisse et, au repos, les longs doigts et le reste du patagium sont repliés dessous. La Chauve-Souris à queue courte de Nouvelle-Zélande se dissimule dans les trous d'arbres en petits groupes. Elle n'hiberne pas pendant de longues périodes et redevient active quand le temps se radoucit.

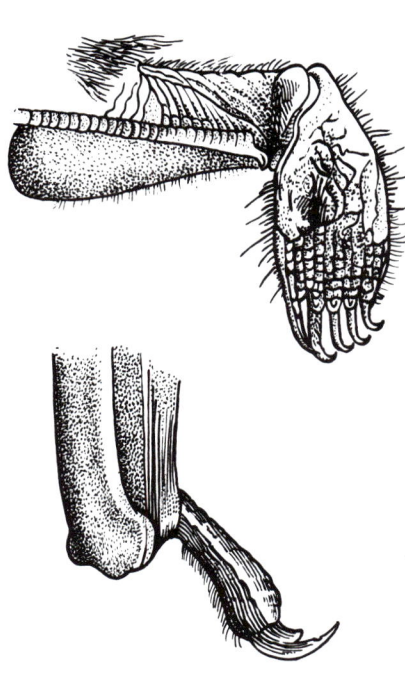

Détail du pied de la Chauve-Souris à queue courte de Nouvelle-Zélande (en haut) et de la griffe d'un membre antérieur (en bas)

Chauve-Souris à queue courte de Nouvelle-Zélande

Chiroptères

Molosse de Cestoni

(Tadarida teniotis)   Molossidés *(Molossidae)*

Les quatre-vingt-huit espèces de molosses sont parfaitement adaptées au vol rapide et à la chasse à très haute altitude. Elles vivent dans les régions chaudes partout dans le monde, à l'exception de la Nouvelle-Zélande et de quelques autres îles. L'aire de répartition du Molosse de Cestoni s'étend depuis Madère et les Canaries à travers toute la région méditerranéenne et le sud de l'Asie, jusqu'au Japon et Taïwan. En Europe, la limite septentrionale de son aire de répartition est la Suisse. C'est une grosse chauve-souris dont le corps mesure de 8,1 à 9,2 cm, la queue de 4,4 à 5,7 cm et l'avant-bras de 5,7 à 6,4 cm, avec une envergure d'environ 40 cm et un poids de 25 à 50 g.

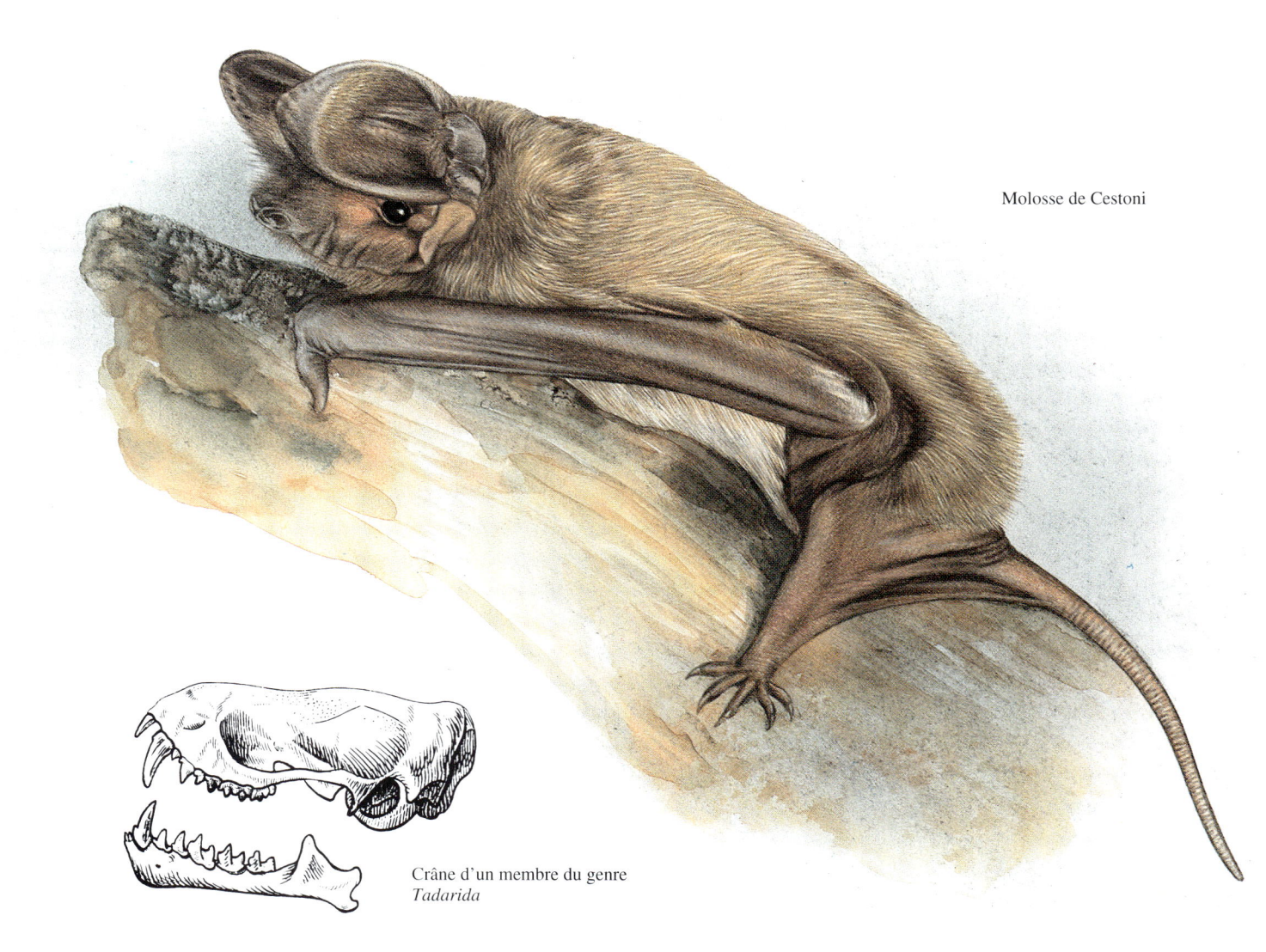

Molosse de Cestoni

Crâne d'un membre du genre *Tadarida*

Le Molosse de Cestoni fréquente les régions rocheuses. En été, il se dissimule dans les fissures des rochers, près des entrées de grottes et dans les interstices des bâtiments, notamment s'ils sont anciens. On ne sait pas où ni comment il passe l'hiver, mais il est possible qu'il n'hiberne pas du tout. Des observations effectuées sur des animaux marqués n'ont pas apporté de preuves de migrations, bien que des spécimens aient été attrapés dans des filets au col de Brettolet dans les Alpes, à une altitude de 1 923 mètres. Le Molosse de Cestoni chasse en poursuivant ses proies en vol. On ne sait pas grand-chose de sa reproduction.

Chiroptères

Molosse brésilien

(Tadarida brasiliensis) Molossidés *(Molossidae)*

Du point de vue de la taille des colonies, cette chauve-souris occupe la première place parmi les Chiroptères en particulier et parmi les mammifères en général. Dans le sud des États-Unis, il n'est pas rare que ses colonies atteignent plusieurs centaines de milliers à un million d'individus, dont les envols pour la chasse constituent une attraction pour les touristes. Fort heureusement, leur plus grande colonie connue, à Bracken Cave, près d'Austin au Texas, n'est pas ouverte au public. Avant la naissance des jeunes, elle regroupe environ vingt millions d'individus, mais beaucoup plus après ; exprimé en poids, cela doit représenter à peu près 250 tonnes de chauves-souris ! Les membres de cette colonie partent en chasse environ deux heures avant le coucher du soleil et leur longue masse ondulante peut s'apercevoir à 3 km de distance. Dans la grotte elle-même, la température et la concentration en ammoniaque (provenant de l'urine des chauves-souris) sont si élevées qu'il faut pour y pénétrer une combinaison et un appareil respiratoire spéciaux.

Comme la plupart des *Molossidae,* ce Molosse du Brésil a de larges oreilles tournées en avant, de grands yeux et un petit uropatagium qui laisse presque la moitié de la queue libre

Le corps du Molosse brésilien mesure de 4,7 à 6,5 cm, et son avant-bras de 3,7 à 4,6 cm ; son poids est de 10 à 15 g. Comme chez de nombreuses autres chauves-souris, le petit est dépourvu de poils et tout rose à la naissance. L'aire de répartition de l'espèce comprend le sud de l'Oregon et du Nebraska, la Louisiane, l'Alabama, la Caroline du Sud, et s'étend de l'Amérique centrale jusqu'au centre du Chili et de l'Argentine. Toutefois, la plupart des populations du sud des États-Unis n'y vivent que durant l'été et migrent vers le Mexique à l'approche de l'hiver, parcourant des distances atteignant 1 300 km. Là, elles restent actives l'hiver, passant tout au plus quelques journées moins clémentes en léthargie. Les femelles n'ont qu'un seul jeune et, en dépit du très grand nombre de chauves-souris dans la grotte, la mère et son petit sont capables de se reconnaître sans se tromper ; l'odeur et la voix sont en effet propres à chaque individu.

LES PRIMATES

Les Primates constituent un ordre ancien dont on trouve la trace à partir du Crétacé supérieur. Du point de vue du développement de l'encéphale, c'est l'ordre mammalien le plus évolué. Mis à part quelques branches éteintes proches des Insectivores primitifs, il regroupe les Lémuriens, Galagos, Loris et Tarsiers, tous les Singes (parmi lesquels on peut souligner les anthropomorphes ou anthropoïdes) et l'Homme. Il est aujourd'hui prouvé de manière irréfutable que les ancêtres animaux de l'Homme étaient des Primates et que notre arbre phylétique est par conséquent associé de très près à celui des Singes et autres membres de cet ordre. Cette proximité évolutive revêt pour nous une grande importance ; l'étude des structures, comportements, maladies et de nombreux autres aspects de la biologie des Primates en général et des singes anthropomorphes (ou anthropoïdes) en particulier, peut permettre d'améliorer la connaissance de notre propre espèce.

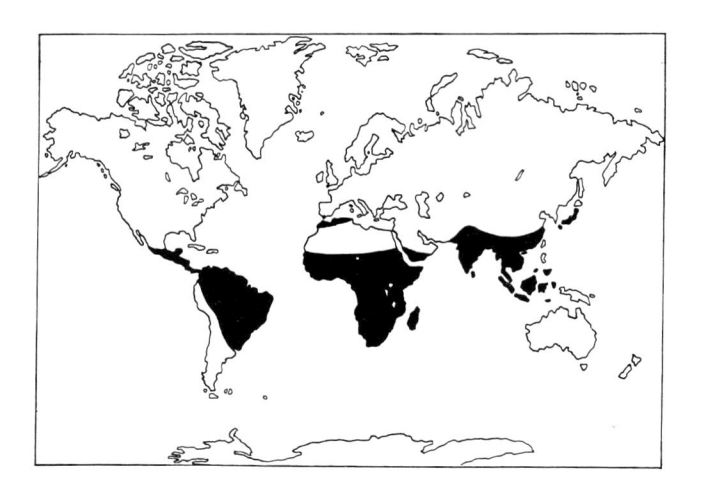

Répartition des Primates (sauf l'Homme)

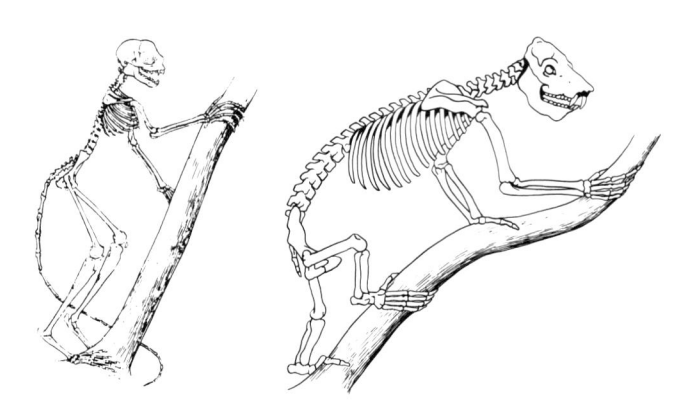

Squelette de tarsier (à gauche) et d'un Lémurien géant qui vivait au Pléistocène à Madagascar (genre *Megaladapis*) (à droite)

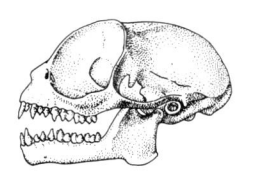

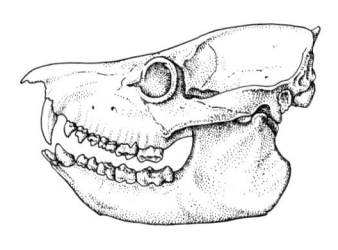

Crâne de tarsier (en haut) et d'un membre du genre *Megaladapis* (en bas)

Les liens évolutifs des Primates avec les Insectivores éteints constituent une sorte de parallèle à l'histoire des premiers mammifères par rapport à leurs ancêtres reptiliens. Dans les deux cas, la transition vers le groupe supérieur s'est effectuée graduellement et il est bien difficile, à partir des éléments fossiles dont nous disposons, de définir le moment précis où les lignées se sont séparées. Toutefois, le groupe supérieur représente toujours un progrès évolutif ; l'ordre des Primates a pu, grâce aux capacités de l'Homme à penser et communiquer, dépasser les frontières de l'animalité. L'un des changements les plus importants qui permet le développement de cet ordre fut le passage d'un mode de vie terrestre à un mode de vie arboricole ; il s'effectua probablement chez les Insectivores du Mésozoïque, à partir desquels ont évolué les Primates. Cette idée est corroborée par la présence chez ces animaux de certaines caractéristiques qui ont persisté jusqu'à l'époque moderne, telles que les clavicules et les membres à cinq doigts. La clavicule relie le bras au tronc et est très utile pour les mouvements dans les arbres car elle réduit la charge sur les muscles lorsque l'animal est suspendu à une branche. Les animaux terrestres n'ont pas besoin de clavicules, aussi ces os ont-ils régressé chez de nombreuses espèces. Les mains et les pieds à cinq doigts, où le pouce et le gros orteil peuvent être opposés aux trois autres pour agripper les branches, sont également très utiles aux grimpeurs. Au cours de l'évolution des Primates, la mobilité des membres au niveau des articulations a augmenté et les mains, ainsi que les pieds bien souvent, devinrent capables de saisir réellement. La transformation des griffes en ongles plats est particulière à cet ordre. Les ongles sont faits pour protéger le bout des doigts, qui comportent sur la face inférieure un grand nombre de terminaisons nerveuses tactiles. Quelques Primates parmi les plus primitifs possèdent encore des griffes, mais portent toujours les ongles sur le pouce et le gros orteil.

Dans les arbres, il est avantageux de disposer d'une longue queue et la plupart des Primates l'ont conservée. Chez certains singes sud-américains, elle s'est même développée en organe

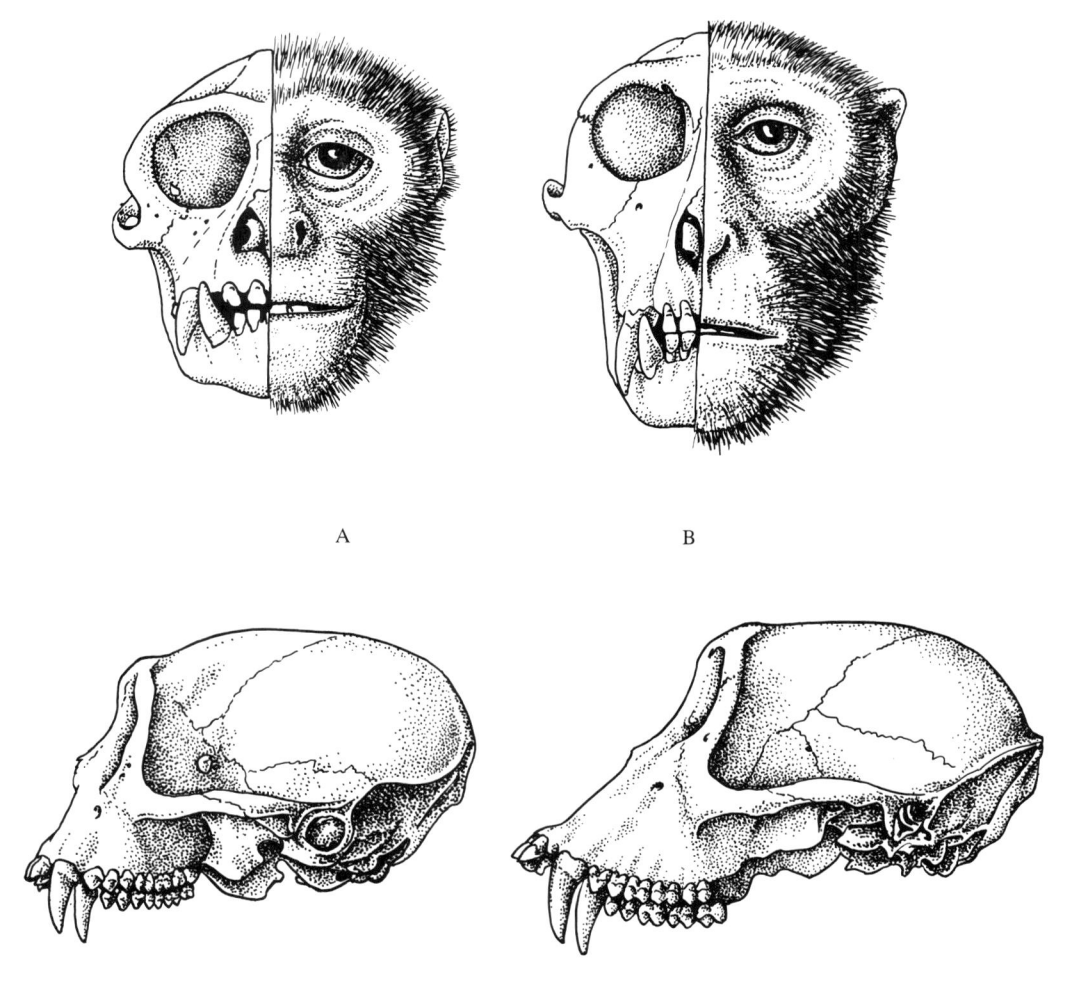

Face et crâne chez les singes du Nouveau Monde (Platyrrhiniens) (A) et de l'Ancien Monde (Catarrhiniens) (B). Les Platyrrhiniens ont un septum (cloison) large entre les narines, qui s'ouvrent vers les côtés ; chez les Catarrhiniens, les narines sont rapprochées et s'ouvrent vers le bas. La forme de la zone otique du crâne est, elle aussi, différente

préhensile – une « cinquième main », en quelque sorte – tandis que chez les espèces revenues à terre par la suite, elle s'est raccourcie. Elle s'est également réduite chez les formes les plus développées (gibbons, singes anthropoïdes, Homme), mais à l'origine à cause d'un changement de leur type de locomotion dans les arbres. En effet, la plupart des Prosimiens et des Singes se déplacent le long des branches comme des écureuils par exemple ; la queue joue alors un rôle de balancier. Elle est en revanche inutile chez les gibbons et singes anthropoïdes qui se pendent par leurs grands bras et se propulsent de branche en branche en balançant leur corps, « sautant » d'arbre en arbre. Ce type de locomotion est appelé brachiation. Dans la véritable brachiation (que l'on observe chez les gibbons), seule cette méthode intervient dans la locomotion ; dans la semi-brachiation (cas des singes anthropoïdes), les membres postérieurs sont également employés.

L'existence arboricole, qui implique de se mouvoir dans un environnement à trois dimensions, a également influencé les organes sensoriels. Les yeux ont été perfectionnés, sont devenus plus grands et se sont orientés vers l'avant, donnant naissance à la vision binoculaire stéréoscopique. L'acquisition de mœurs diurnes est associée à ce développement de la vision. Certes, beaucoup de Primates inférieurs sont restés nocturnes, mais parmi les espèces supérieures, seul le Douroucouli sud-américain, appelé aussi Singe de nuit, a conservé ce mode de vie. L'augmentation des capacités visuelles fut aussi accompagnée par une réduction de l'olfaction, bien que les Singes conservent un odorat largement plus développé que celui de l'Homme. Mais le corollaire majeur du développement des organes de la vision fut l'augmentation de la taille et des performances de l'encéphale. À l'origine, elles étaient liées également aux nécessités de la locomotion, car le déplacement dans les arbres nécessite une grande agilité, une parfaite

Pied droit (à gauche) et main (à droite) d'un toupaye et de plusieurs Primates : a – toupaye ; b – lémur ; c – aye-aye ; d – tarsier ; e – capucin (singe) ; f – atèle ; g – babouin ; h – gibbon ; i – chimpanzé ; j – gorille

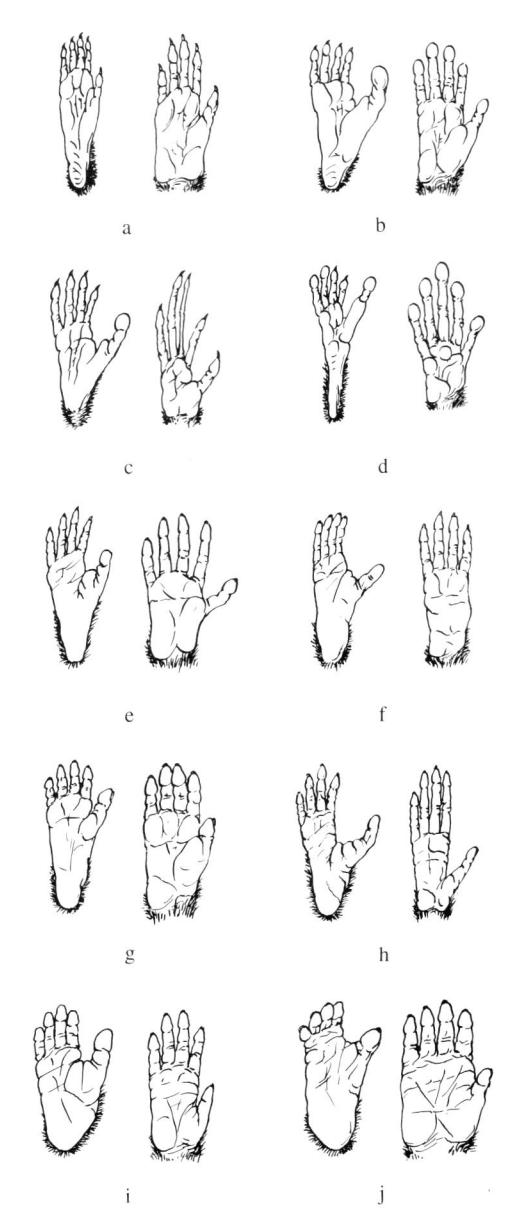

coordination motrice et la capacité de réagir instantanément aux situations les plus diverses. La réduction des performances olfactives s'accompagna d'une réduction des lobes olfactifs du cerveau et d'une augmentation graduelle du cortex cérébral et du cortex cérébelleux. La dernière phase de développement du télencéphale fut fortement stimulée par le développement parallèle des facultés préhensiles de la main, deux phénomènes associés à l'évolution de l'Homme lui-même et dans laquelle ils jouèrent un grand rôle.

D'autres tendances évolutives se manifestèrent encore au sein de l'ordre. Le crâne allongé que l'on retrouve encore chez les lémuriens s'est progressivement raccourci avec la réduction de l'appareil olfactif ; dans le même temps, les yeux sont devenus plus grands et leur position s'est modifiée. Les dents ont pris moins de place, la boîte crânienne s'est arrondie en devenant plus spacieuse, augmentant sa capacité. Le résultat de tout cela fut l'apparition d'une face plate caractéristique qui, parmi les Prosimiens, se retrouve déjà chez les tarsiers et est typique de la plupart des singes, notamment des anthropomorphes (anthropoïdes). Le visage est souligné par une fourrure courte ou l'absence de poils sur une grande partie.

La plupart des Primates inférieurs sont insectivores, chassent de petits vertébrés ou sont omnivores. Les Primates supérieurs montrent une tendance végétarienne, avec une préférence pour les fruits. Toutefois, l'ordre considéré dans son ensemble se caractérise par un large spectre alimentaire, seuls quelques groupes annexes, dont la plupart sont aujourd'hui éteints, s'étant spécialisés sur un type de nourriture précis. Même les chimpanzés, qui consomment principalement des végétaux, apportent quelquefois à leur régime un complément sous forme d'insectes

Développement de certains éléments du comportement d'un langur (singe) au cours de la croissance : a – jeune à mi-croissance ; b – adolescent ; c – sub-adulte ; d – adulte. Éléments du comportement : 1 – mimique ; 2 – embrassement ; 3 – parade ; 4 – regard menaçant ; 5 – secouement de tête : menace ; 6 – grimace (dents visibles) : menace ; 7 – première excitation sexuelle ; 8 – langue tirée ; 9 – bataille pour monter dans la hiérarchie du groupe

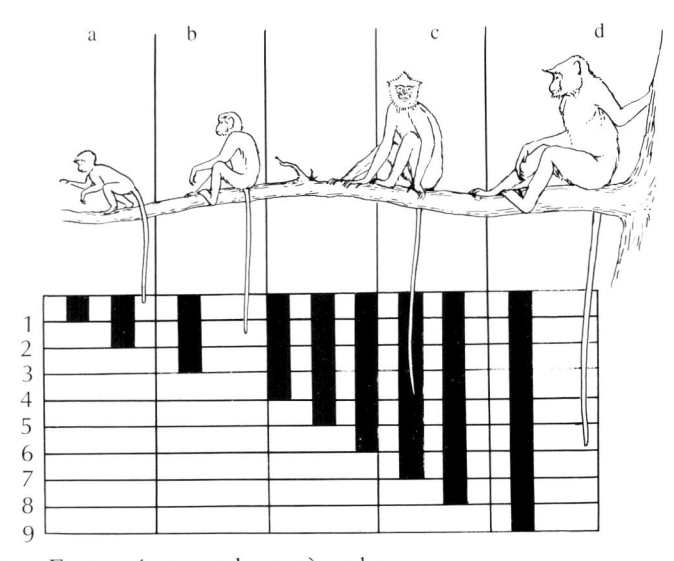

ou de viande, attrapant parfois les jeunes d'autres mammifères. En conséquence, les espèces les plus récentes, à une exception près, présentent une denture complète et beaucoup moins spécialisée que celle de la plupart des autres mammifères. Toutefois, le nombre des dents s'est réduit, les singes de l'Ancien Monde et les singes anthropoïdes en ayant 32, tout comme l'Homme. Cela a entraîné la réduction de la place réservée à la denture sur les mâchoires, devenues moins proéminentes que chez les autres mammifères. Dans quelques cas exceptionnels (celui des babouins par exemple), la denture et donc le museau lui-même se sont à nouveau développés, mais à cause d'une augmentation du volume des dents elles-mêmes et non pas de leur nombre. Les prémolaires et molaires ont une couronne basse aux cuspides émoussées, afin de pouvoir mastiquer différentes sortes de nourriture. Ce type de denture est dit bunodonte. La capacité à tirer le maximum de toutes les sources de nourriture disponibles a été l'un des facteurs les plus importants de l'évolution de cet ordre. Les Primates se caractérisent également par un petit nombre de glandes mammaires (en règle générale, il n'y en a qu'une paire avec deux mamelles sur la poitrine), par l'inclusion des testicules dans un scrotum chez les mâles, par un développement postnatal lent et par la longue durée des soins maternels aux jeunes. Les processus d'apprentissage jouent un rôle très important chez les individus jeunes et adolescents. Chez les Primates supérieurs, l'apprentissage des adultes, par l'imitation notamment, est également important.

Les Primates ont colonisé progressivement tous les continents, excepté l'Australie et l'Antarctique, et vivaient jadis en Europe et en Amérique du Nord. Leur répartition actuelle (si l'on ne tient pas compte de l'Homme évidemment) est limitée aux régions tropicales et, dans une moindre mesure, subtropicales. Ainsi, l'Afrique subtropicale du nord-ouest est habitée par une seule espèce, tandis que l'Afrique tropicale, au sud du Sahara et à Madagascar, abrite de nombreuses espèces. Quant au mythe du Yeti, l'« abominable homme des neiges », il est difficile de le prendre au sérieux, car aucune expédition scientifique n'a jamais été en mesure d'en confirmer l'existence.

Il est plus simple de diviser l'ordre (qui contient cent quatre-vingts ou deux cent trente-trois espèces selon l'opinion des spécialistes) en deux sous-ordres : les Prosimiens (*Prosimiae* ou *Strepsirhini*) et les Simiens (*Simiae* ou *Haplorhini*), regroupant les Singes et l'Homme. Les Primates inférieurs ne vivent qu'en Asie et en Afrique, y compris Madagascar. Dans cette grande île en particulier, on trouve un grand nombre d'espèces de Prosimiens qui y remplacent les Primates supérieurs absents. Ces derniers se rencontrent en Amérique du Sud, en Afrique, dans le sud de l'Asie et une espèce vit sur le rocher de Gibraltar (bien qu'il soit possible qu'elle ait été introduite par l'Homme). Les Primates inférieurs comptent sept familles vivantes pour un total d'environ quarante-cinq espèces. Il existe également sept familles de Primates supérieurs (y compris l'Homme, seul représentant de la famille humaine), avec environ cent quarante espèces. Trois familles, les gibbons (*Hylobatidae*), les singes antropomorphes ou anthropoïdes (*Pongidae*) et l'Homme (*Hominidae*), sont souvent regroupées dans la superfamille des Hominoïdes (*Hominoidea*).

Primates

Lémur catta
(Lemur catta)

V, C

Prosimiens *(Lemuridae)*

C'est le membre le plus connu de la famille des Lémurs (ou Lémuriens), qui compte seize espèces. Toutes vivent à Madagascar et figurent dans le Livre rouge de l'UICN et dans l'annexe I de la convention de Washington. Les cheirogales sont parfois classés dans la même famille. Le Lémur catta est un animal aux couleurs voyantes. Sa fourrure fine et relativement longue est gris perlé à brun grisâtre sur le dos, la face blanche arbore un masque noir ; la queue est marquée d'une succession d'anneaux noirs et blancs. Sur les membres antérieurs et autour de l'anus, on note la présence de glandes odoriférantes que l'animal utilise pour marquer son territoire. Le Lémur catta est à peu près de la taille d'un chat. Son corps mesure environ 42 cm, sa queue environ 35 cm et il pèse de 2,3 à 3,5 kg. Il vit dans le sud et le sud-ouest de Madagascar et dans les régions centrales de la moitié sud de l'île, où sa survie est menacée par les modifications des écosystèmes originels.

Lémur catta

Primates

Le Lémur catta est l'un des rares Prosimiens diurnes. Contrairement aux autres espèces, essentiellement arboricoles, il vit la plupart du temps au sol, sur les terrains rocheux à végétation éparse. Il se nourrit de fruits, feuilles et fleurs de végétaux sauvages. Il tient les fruits dans ses mains et y mord de sorte que le jus coule directement dans sa bouche. Lorsqu'il fait sa toilette, comme les autres Lémuriens, il utilise ses incisives inférieures pectinées et la longue griffe du second doigt des pattes postérieures. La durée de la gestation est de 120 à 135 jours ; la femelle donne généralement le jour à un seul petit en mars-avril (parfois aussi en octobre), qu'elle allaite pendant 6 mois environ. Le Lémur catta vit en groupe de dix adultes ou plus.

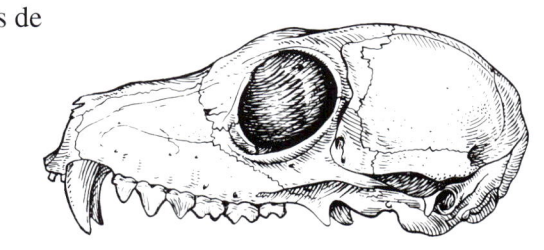

Boîte crânienne de lémur, montrant sa forme allongée typique et la position des orbites

Lémur vari
(Varecia variegata)

M, C

Prosimiens *(Lemuridae)*

Cet animal, seul représentant du genre *Varecia*, est légèrement plus gros que le Lémur catta. Son corps atteint de 51 à 56 cm de long, sa queue de 56 à 65 cm et il pèse de 3,2 à 4,5 kg. Sa fourrure est plus épaisse et plus longue que chez le précédent et la queue et les oreilles sont particulièrement touffues. La sous-espèce typique *V. v. variegata* est de coloration variable, avec des marques contrastées blanches et noires ou blanches et brunes. Chez l'autre sous-espèce (*V. v. ruber*), la présence de roux rend la coloration encore plus vive. L'animal vit sur la côte est de Madagascar. C'est un habitant des forêts et un grimpeur habile actif dans la journée mais préférant se reposer durant les heures chaudes de la mi-journée.
En plus de fruits et d'autres substances végétales, il se nourrit d'insectes. Contrairement aux autres grands lémuriens, il construit des nids dans les arbres. Les jeunes naissent en octobre ou novembre. Il constitue des sociétés de petite taille comptant seulement quatre à dix membres.

Lémur vari, sous-espèce *Varecia variegata ruber*

123

Primates

Propithèque de Verreaux
(Propithecus verreauxi)

V, C

Prosimiens *(Indriidae)*

C'est l'une des quatre espèces de la famille des *Indriidae,* dont les membres vivent uniquement à Madagascar. Toutes sont menacées de dispiration par la destuction des forêts et d'autres influences négatives et figurent dans le Livre rouge de l'UICN. L'Indri *(Indri indri)* est la plus grande et atteint 70 cm de long; c'est aussi le plus grand Prosimien actuel. Plus petit, le Propithèque de Verreaux mesure de 39 à 47 cm, queue (50 à 59 cm) non comprise, et pèse de 3,6 à 4,3 kg. Son pelage blanc est marqué de brun et de gris-noir.

Ses pattes postérieures sont un peu plus longues que les antérieures ; entre les pattes, la peau des flancs peut être tendue, ce qui permet à ce très agile petit Primate de faire des bonds de 10 m (maximum). Le Propithèque de Verreaux vit dans les arbres et se nourrit de fruits, fleurs et feuilles. Sociable, il forme des groupes de 3 à 13 individus conduits par un mâle. Il n'y a

Propithèque de Verreaux

qu'un seul petit par portée. Les trois sous-espèces habitent une très étroite bande de terrain sur les côtes de l'ouest et du sud de Madagascar, surtout dans des réserves comme celles d'Ankarafantsika (60 000 ha) ou celle de Tsingy de Namoroka (22 000 ha).

Primates

Microcèbe murin
(Microcebus murinus)

C

Prosimiens *(Cheirogaleidae)*

La famille des Cheirogales compte sept espèces vivant toutes à Madagascar. Le Microcèbe murin occupe l'ouest et le sud de l'île et partage avec le Ouistiti mignon (*Cebuella pygmaea*, qui n'est pas un Lémurien) le titre de plus petit Primate existant. Un sujet adulte mesure seulement de 12 à 14 cm, sa queue atteignant de 14 à 16 cm, et ne pèse que de 50 à 90 g (son poids subit de fortes variations au cours de l'année). Le Microcèbe murin est un hôte de la jungle, vivant dans les arbres, actif la nuit et passant la journée endormi dans un trou d'arbre ou dans un nid constitué de feuilles et de tiges. Son régime alimentaire est composé de fruits, fleurs, insectes et autres petits animaux. Il passe également la saison sèche endormi dans son nid, vivant sur des réserves de graisse stockées à la base de sa queue. Quand cette période s'achève, la femelle donne naissance à 2 ou 3 jeunes, entre octobre et février.

Microcèbe murin

Aye-Aye
(Daubentonia madagascariensis)

M, C

Prosimiens *(Daubentoniidae)*

C'est certainement le plus curieux des Primates, mais malheureusement aussi l'un des animaux les plus menacés du monde. Il survit sur l'île de Nosy-Mangabé (Madagascar), dans des zones isolées occupées par des forêts pluviales et par la mangrove. L'Aye-Aye est le seul membre de sa famille. Il possède de longs doigts fins, dont le troisième est si grêle qu'il semble fait uniquement d'os et dépourvu de chair. Tous les doigts, sauf le premier orteil des pattes postérieures, sont pourvus de griffes. Le corps de l'Aye-Aye mesure de 36 à 44 cm, sa queue de 50 à 60 cm et il pèse environ 2 kg. Dans la journée, il dort dissimulé dans le feuillage ou dans un trou d'arbre, partant à la recherche de sa nourriture en fin d'après-midi, sautant de branche en branche et chassant des insectes et leurs larves qu'il déloge à l'aide de son long doigt médian. Il se nourrit également d'œufs d'oiseaux, de moelle de bambou et de fruits. Il vit seul ou en couples ; la femelle donne naissance à un jeune.

Aye-Aye

Primates

Lori grêle
(Loris tardigradus)

C

Prosimiens *(Lorisidae)*

Les cinq espèces de la famille des Loris vivent en Asie tropicale et en Afrique. Ce sont de robustes animaux arboricoles exclusivement nocturnes et par conséquent rarement observés à l'état sauvage. Trois espèces, dont le Lori grêle, sont encore assez communes, mais les deux autres figurent dans les listes du Livre rouge de l'UICN. Le Lori grêle habite les forêts tropicales de l'extrémité sud de l'Inde et de Sri Lanka. Son corps mesure environ 25 cm et il pèse de 85 à 340 g ; il est dépourvu de queue. Ses traits les plus remarquables sont ses yeux énormes tournés vers l'avant et ses grandes oreilles arrondies. Les deux paires de membres peuvent saisir les branches, le premier doigt étant opposé aux autres. Les doigts sont pourvus de petits ongles plats, excepté le deuxième doigt des pattes postérieures qui porte une longue griffe servant à l'entretien de la fourrure.

Lori grêle

Le Lori grêle passe la journée roulé en boule, accroché à une branche ou caché dans un trou. La nuit, il se déplace dans les branchages, lentement mais sûrement, chassant à l'approche ses proies qu'il attrape d'un geste extrêmement rapide de la main. Il se nourrit principalement d'insectes, de geckos et d'autres lézards. L'animal vit solitaire, sauf durant la saison des accouplements, et chaque individu défend son propre territoire. Il marque son domaine et ses pistes dans les arbres d'une curieuse manière, mais qui se rencontre chez d'autres Primates : il arrose la plante de ses pattes d'urine, laissant derrière lui, à mesure qu'il se déplace, sa trace odorante. La femelle a un jeune (rarement 2), indépendant vers l'âge d'un an.

Primates

Potto de Bosman
(Perodicticus potto)

C

Prosimiens *(Lorisidae)*

Ce représentant africain de la famille des Loris se rencontre dans une vaste zone s'étendant de la Guinée au Cameroun et au Zaïre et jusqu'à la vallée du Rift. Son corps mesure de 30 à 45 cm, sa queue de 5 à 10 cm et il pèse de 1 à 1,5 kg. Il a une large tête, de petites oreilles et de grands yeux (toutefois moins gros que ceux du Lori grêle). Les processus spinaux de ses dernières vertèbres cervicales et de ses premières vertèbres thoraciques sont curieusement allongés et traversent la peau, apparaissant sous forme de protubérances cornées. Celles-ci sont normalement cachées par le pelage, mais le Potto peut aplatir sa fourrure, exposant ainsi ces excroissances. Certains spécialistes considèrent que le Potto de Bosman adopte ce comportement pour se défendre contre les prédateurs, mais d'autres ne partagent pas ce point de vue.

Comme le Lori grêle, le Potto se repose dans la journée, enroulé, cachant généralement sa tête entre ses bras, fermement accroché de ses quatre membres à une branche. Il passe toute sa vie dans les arbres, ne descendant jamais à terre. Il se nourrit d'insectes, de limaces, de lézards, d'œufs et de jeunes oiseaux, mais également de fruits et de feuilles. Il chasse à l'approche, lentement et silencieusement, mais peut courir très vite s'il est en alerte. Chaque individu défend son territoire et les rencontres d'accouplement sont brèves. La femelle transporte son unique petit avec elle, accroché à son ventre par ses quatre pattes.

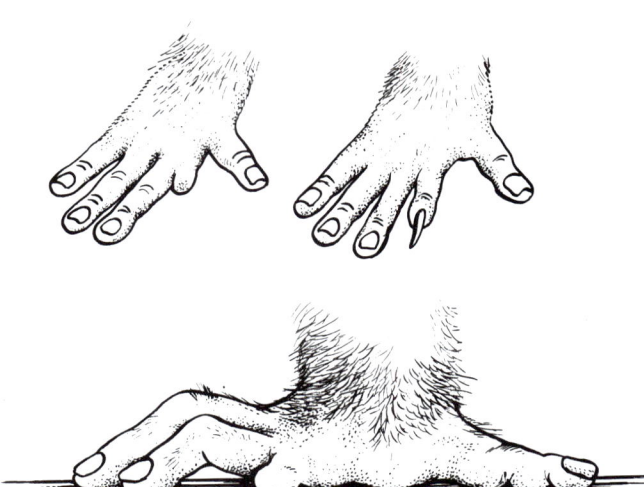

Les doigts et les orteils du Potto sont adaptés pour saisir les branches. Les pouces sont grands mais l'index (en haut à gauche) est atrophié ; le deuxième doigt (en haut à droite) a une griffe

Potto de Bosman

Primates

Galago du Sénégal

(Galago senegalensis)

C

Prosimiens *(Galagidae* ou *Lorisidae)*

Contrairement au loris aux mouvements lents, les galagos sont rapides et agiles. Les huit espèces vivent en Afrique et toutes appartiennent au même genre. Ce sont des animaux très attrayants, avec de grands yeux, de grandes oreilles et une longue queue plutôt touffue. Ils sont pour la plupart assez communs, mais deux espèces figurent dans le Livre rouge de l'UICN. Les mensurations du Galago du Sénégal sont d'environ 20 cm pour le corps, 25 cm pour la queue, l'animal pesant approximativement 500 g. Son aire de répartition correspond à peu près à l'extension des savanes et des forêts sèches, délimitée au nord par la ligne joignant le Sénégal à l'Éthiopie.

Les galagos sont des animaux grégaires, particulièrement durant la journée où ils se reposent dans la végétation dense, dans des nids d'oiseaux abandonnés ou des trous d'arbres. Ils sont actifs la nuit, débarrassant seuls ou en couples les branches des insectes ou petits vertébrés qui s'y trouvent, se nourrissant également de fruits et de sève. Ils n'ont aucune difficulté à courir et sauter au sol et y descendent souvent pour chasser les sauterelles, qui constituent leur mets favoris. Après une gestation de cent dix jours environ, la femelle donne naissance à 1 ou 2 jeunes, allaités pendant trois mois et demi. Les 2 premières semaines, la mère les transporte sur le dos.

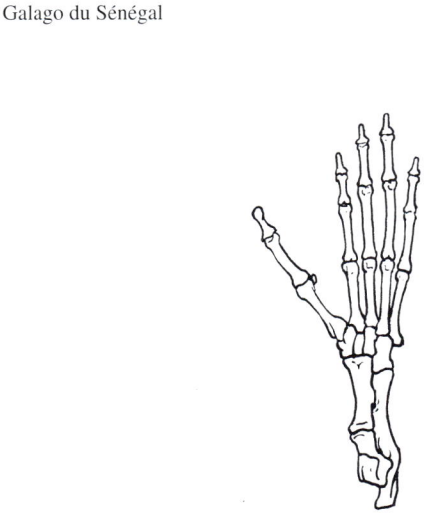

Galago du Sénégal

Squelette de la patte postérieure du Galago du Sénégal. La longueur des métatarses et des doigts est une adaptation au saut

Primates

Tarsier des Philippines

(Tarsius syrichta)

M, C

Prosimiens *(Tarsiidae)*

Avec trois espèces existantes, les tarsiers sont les Prosimiens les plus évolués. Ils étaient jadis considérés comme les précurseurs des singes à cause de la structure de leurs dents et de la taille de leur cerveau, mais selon les dernières découvertes, ces similarités sont aujourd'hui attribuées à une évolution convergente. Les tarsiers apparaissent trop spécialisés (forte hypertrophie des yeux et structure des membres) pour constituer un lien entre les Prosimiens et les Simiens. Leurs pattes postérieures sont beaucoup plus longues que les antérieures ; le tibia et le péroné sont partiellement fusionnés et les métatarses très allongés. Les extrémités des doigts, élargies, font office de ventouses. La queue est longue et épaisse. Ces caractéristiques constituent un ensemble d'adaptations à un mode de vie nocturne arboricole et à une locomotion de type saltatoire (procédant par sauts). Les tarsiers attrapent leur nourriture en sautant et viennent également la rechercher au sol.

Le corps du Tarsier des Philippines mesure de 15 à 18 cm, sa queue de 22 à 25 cm et il pèse de 80 à 140 g. Cette espèce habite quatre îles de l'archipel philippin – Mindanao, Bohol, Samar et Leyte – où elle vit dans la jungle, sur les côtes occupées par la mangrove, dans les forêts secondaires et les forêts de montagne jusqu'à 2 000 mètres d'altitude. Dans la journée, l'animal s'accroche fermement à une branche grâce aux ventouses de ses doigts. La nuit, il chasse les insectes et les petits vertébrés (essentiellement les lézards). Après une gestation d'environ six mois, la femelle met bas un jeune.

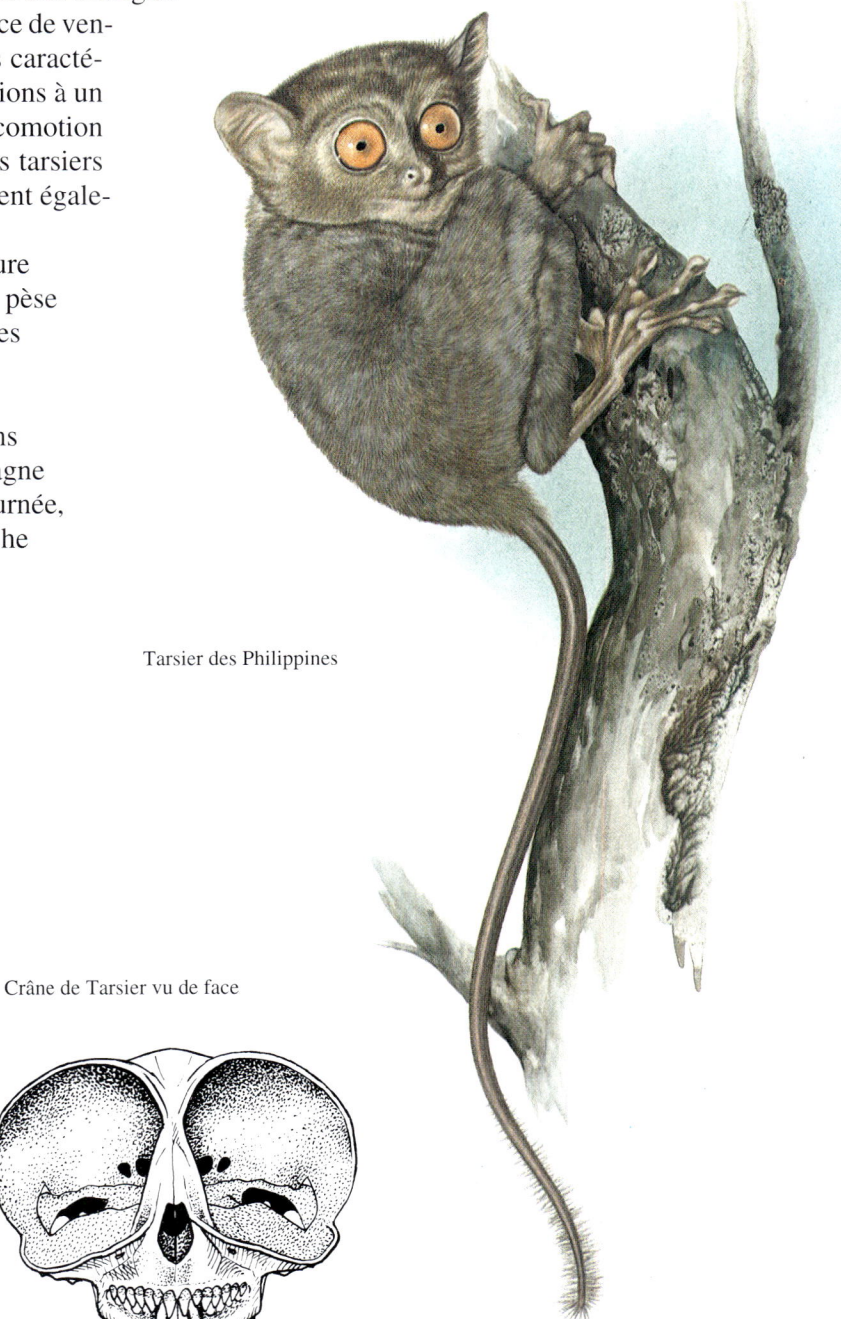

Tarsier des Philippines

Crâne de Tarsier : les orbites sont grandes et la face est très courte

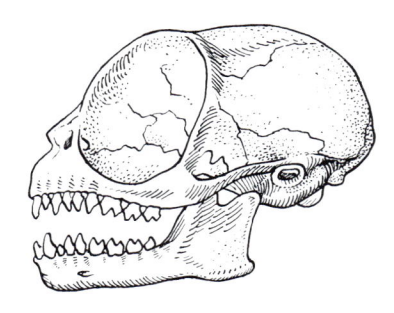

Crâne de Tarsier vu de face

Primates

Marmouset, Ouistiti à pinceaux blancs   C

(Callithrix jacchus)   Ouistitis, tamarins *(Callithrichidae)*

Les tropiques d'Amérique centrale et du Sud (appelés en zoogéographie zone néotropicale) sont le lieu de résidence des singes du Nouveau Monde *(Platyrrhini, Ceboidae)*. Ceux-ci possèdent un septum nasal très élargi, de sorte que leurs narines sont relativement éloignées l'une de l'autre, et n'ont pas de canal auditif osseux. Ils partagent de nombreux autres traits avec les Singes de l'Ancien Monde, comme la partie faciale du crâne aplatie, une séparation complète des orbites et des fosses temporales, la vision stéréoscopique, un cerveau relativement gros et un comportement social hautement développé. Excepté une espèce, ils sont tous diurnes, essentiellement végétariens ; la plupart aiment prendre des bains de soleil mais apprécient peu l'eau. Le sous-ordre (ou la superfamille) des Platyrrhiniens (les points de vue sur son statut taxinomique diffèrent) est divisé en deux ou trois familles. Celle des ouistitis et tamarins (Callithrichidés) compte environ quinze espèces, toutes menacées par la réduction rapide des forêts tropicales. Les touffes de long poils blancs, jaunes ou brun jaunâtre de la face interne de ses oreilles et son front blanc constituent les traits les plus frappants et les plus typiques du Marmouset. Son corps mesure de 20 à 25 cm, sa queue de 29 à 35 cm et il pèse environ 400 g. Ce singe habite les forêts tropicales de l'ouest du Brésil, où il vit en groupes familiaux de trois à huit membres qui parfois s'unissent pour former une troupe. Les séances de toilette mutuelle sont l'une des manifestations les plus fréquentes de la solidarité sociale de ces animaux. La nuit, les ouistitis dorment cachés dans la végétation ou dans un arbre creux. Ils se nourrissent de fruits et de sève, d'insectes, de petits oiseaux et d'œufs. La gestation dure de cent quarante à cent cinquante jours et la femelle donne naissance à 1–3 jeunes (le plus souvent 2), généralement deux fois par an. Le mâle s'occupe des nouveau-nés et les transporte sur son dos, la femelle ne les lui « empruntant » que pour les allaiter. Tous les ouistitis et tamarins agissent ainsi.

Marmouset

Primates

Tamarin-Lion

M, C

(Leontopithecus rosalia)

Ouistitis, tamarins *(Callithrichidae)*

Ce petit singe à l'aspect très remarquable est très populaire dans les zoos. On dit qu'il fut le premier à être conservé en Europe par madame de Pompadour au milieu du XVIIIe siècle. Il porte une fourrure soyeuse, si longue sur la tête et les épaules qu'elle forme une sorte de crinière. Le corps et la queue mesurent chacun de 20 à 40 cm et il pèse de 600 à 800 g (poids mesuré en captivité). Le Tamarin-Lion vit dans la forêt tropicale bordant la côte atlantique du sud-est du Brésil. Selon un recensement effectué au début des années 80, il ne resterait que quatre cents spécimens environ à l'état sauvage.

Comme les autres membres de la famille, le Tamarin-Lion constitue, du point de vue écologique, l'homologue des Prosimiens qui n'ont aucun représentant en Amérique. Il possède des griffes sur tous les doigts excepté le gros orteil et se nourrit de fruits, d'insectes et de petits vertébrés. Il s'abrite dans des trous mais, durant la journée, fréquente en petits groupes la cime des arbres. Après une gestation de cent vingt-six à cent trente-quatre jours, la femelle met bas de 1 à 3 jeunes (le plus souvent 2).

Tamarin-Lion

131

Primates

Douroucouli commun
(Aotus trivirgatus)

C

Singes du Nouveau Monde *(Cebidae)*

Ce représentant de la famille des Cébidés, qui compte plus d'une trentaine d'espèces, est le seul singe nocturne. Il habite une vaste région s'étendant du Panamá au nord-ouest de l'Argentine et de la Guyane au sud du Brésil ; on le rencontre également en Équateur et au Pérou. Il vit dans les forêts, tant en plaine qu'en montagne, jusqu'à 2 000 mètres d'altitude et plus. Sa tête arrondie, ses grands yeux et sa face blanche bordée de sombre lui donnent une apparence de chouette. Son corps mesure de 24 à 47 cm, sa queue de 32 à 40 cm et il pèse de 500 g à 1 kg.

Les douroucoulis vivent en groupes familiaux de deux à cinq membres et se dissimulent durant le jour dans des arbres creux. Chaque individu possède plusieurs cachettes. Au coucher du soleil, ils se mettent à la recherche de nourriture, se déplaçant avec rapidité et agilité dans les branches. Leur régime alimentaire très varié comporte des fruits, des feuilles, des insectes, des oiseaux, des œufs et des petits mammifères. Comme les autres membres de la famille, le Douroucouli possède une vaste gamme d'émissions vocales qui varient selon les situations. À la différence de la plupart des autres singes, les membres du groupe ne pratiquent pas la toilette mutuelle (ce type de comportement n'apparaît que dans les instants qui précèdent immédiatement l'accouplement). La femelle a un jeune (rarement 2) que le père ou les frères ou sœurs plus âgés transportent sur leur dos entre les allaitements.

Douroucouli commun

Saïmiri Écureuil
(Saimiri sciureus)

C

Singes du Nouveau Monde *(Cebidae)*

Ce singe du Nouveau Monde, qui compte aussi parmi les plus communs, habite une grande partie du nord de l'Amérique du Sud, de l'Équateur à la Bolivie et du Venezuela à la Guyane française. C'est une espèce très sociable dont les sociétés sont strictement hiérarchisées. L'animal marque son territoire avec son urine, qu'il applique à sa longue queue à l'aide de la paume de ses mains. Les individus dominants en frottent aussi les sujets inférieurs ; c'est une façon pour les mâles d'affirmer leur rang et d'exposer leurs organes génitaux. Avant les accouplements, les mâles dominants peuvent doubler de poids.

Le corps du Saïmiri Écureuil mesure de 26 à 36 cm, sa queue de 35 à 42 cm et il pèse de 750 g à 1,1 kg. Sa face quasiment dépourvue de poils est blanche ou rose, mais le front et le dessus de la tête sont noirs ; on note également du noir autour de la bouche et

Primates

des yeux. La queue ne s'enroule pas et n'est pas préhensile. Ces animaux attrayants vivent dans les forêts-galeries tropicales où ils passent la plupart de leur vie dans les arbres, descendant rarement au sol. Ils forment des troupes comprenant jusqu'à une centaine d'individus, qui courent et sautent dans les cimes des arbres avec une remarquable agilité. Leur nourriture se compose essentiellement de baies et de fruits, d'insectes, d'araignées et de petits vertébrés, parmi lesquels des grenouilles arboricoles. La femelle donne naissance à un seul jeune, qu'elle transporte d'abord pendu à sa poitrine, puis accroché à son dos, méthode commune chez les singes du Nouveau Monde.

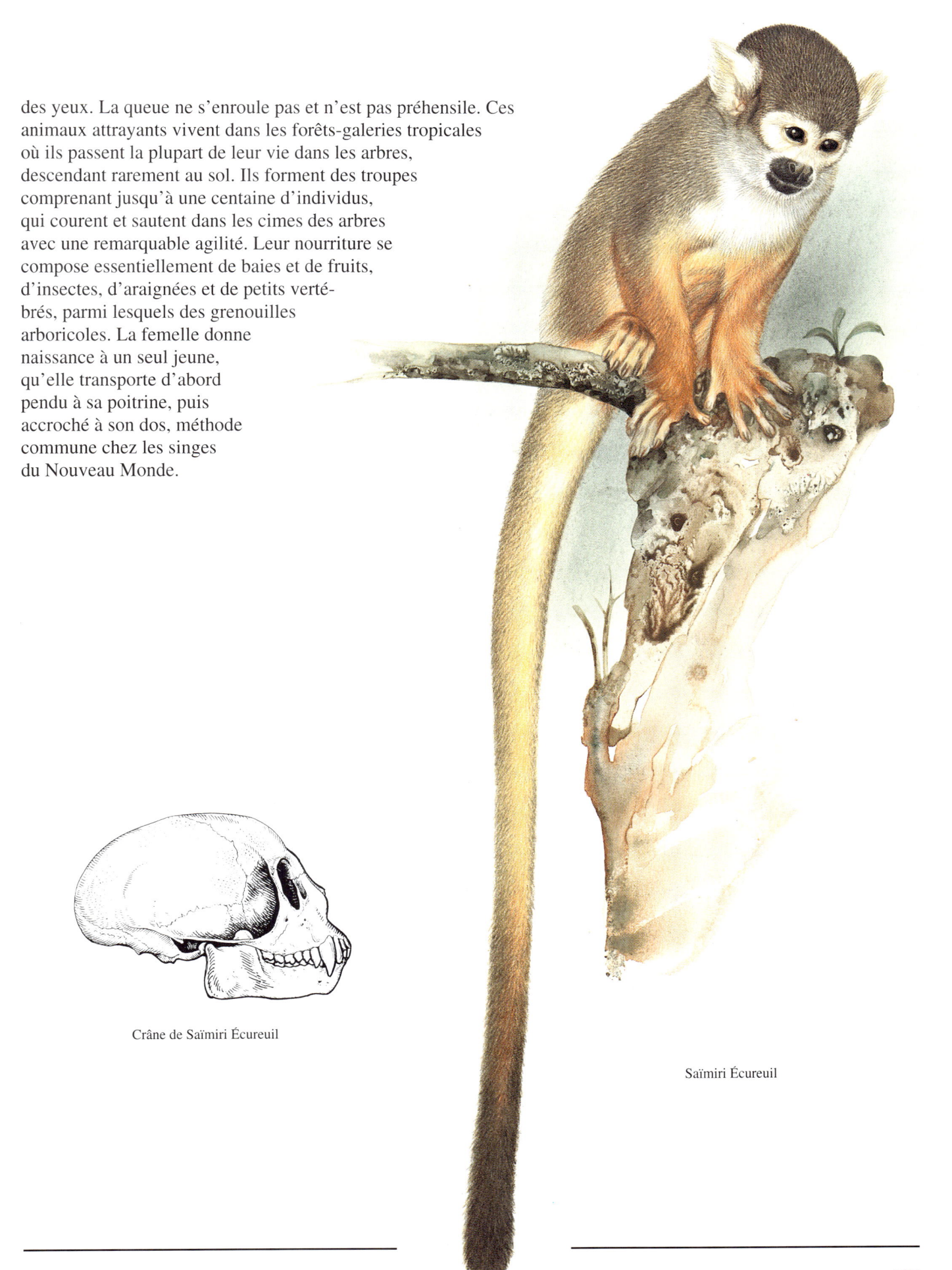

Crâne de Saïmiri Écureuil

Saïmiri Écureuil

133

Primates

Hurleur rouge

(Alouatta seniculus) Singes du Nouveau Monde *(Cebidae)*

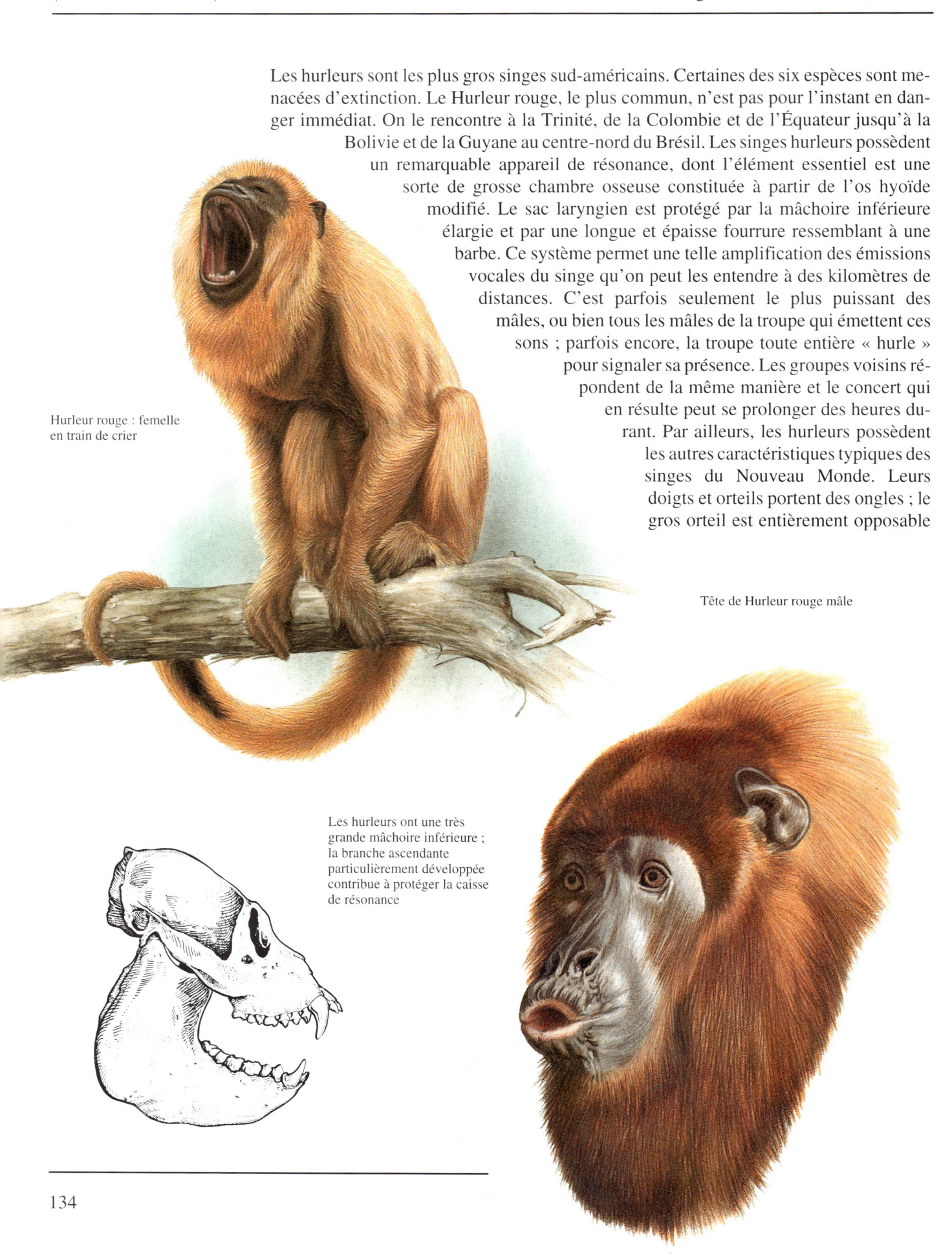

Les hurleurs sont les plus gros singes sud-américains. Certaines des six espèces sont menacées d'extinction. Le Hurleur rouge, le plus commun, n'est pas pour l'instant en danger immédiat. On le rencontre à la Trinité, de la Colombie et de l'Équateur jusqu'à la Bolivie et de la Guyane au centre-nord du Brésil. Les singes hurleurs possèdent un remarquable appareil de résonance, dont l'élément essentiel est une sorte de grosse chambre osseuse constituée à partir de l'os hyoïde modifié. Le sac laryngien est protégé par la mâchoire inférieure élargie et par une longue et épaisse fourrure ressemblant à une barbe. Ce système permet une telle amplification des émissions vocales du singe qu'on peut les entendre à des kilomètres de distances. C'est parfois seulement le plus puissant des mâles, ou bien tous les mâles de la troupe qui émettent ces sons ; parfois encore, la troupe toute entière « hurle » pour signaler sa présence. Les groupes voisins répondent de la même manière et le concert qui en résulte peut se prolonger des heures durant. Par ailleurs, les hurleurs possèdent les autres caractéristiques typiques des singes du Nouveau Monde. Leurs doigts et orteils portent des ongles ; le gros orteil est entièrement opposable

Hurleur rouge : femelle en train de crier

Tête de Hurleur rouge mâle

Les hurleurs ont une très grande mâchoire inférieure ; la branche ascendante particulièrement développée contribue à protéger la caisse de résonance

alors que le pouce ne l'est que partiellement ; leur queue préhensile est nue à l'extrémité sur la surface inférieure, où sont présentes des terminaisons tactiles. Les femelles ont un cycle menstruel.

La fourrure de ce singe est de teinte rouge cuivré et sa face, ses paumes et ses plantes de pieds sont dépourvues de poils. Le corps mesure de 55 à 91 cm, la queue de 58 à 92 cm, pour un poids de 7 à 8 kg. Le Hurleur rouge habite la forêt tropicale et forme des troupes de cinq à trente membres d'âge et de sexe différents. Il est surtout actif en soirée et au petit matin ; totalement végétarien, il consomme essentiellement des fruits et des feuilles. Après une gestation d'environ cent quarante jours, la femelle donne naissance à un seul jeune qu'elle transporte sur son dos pendant environ un an.

Singe capucin

(Cebus capucinus)   Singes du Nouveau Monde *(Cebidae)*

Les sajous ou sapajous sont probablement les Singes du Nouveau Monde les plus évolués du point de vue des facultés psychiques. Ils apprennent vite et ont effectué avec succès diverses expériences où ils avaient à résoudre des problèmes assez difficiles. À l'état sauvage, ils se servent de pierres pour briser les objets résistants et le zoologiste tchèque Veselovský a décrit comment les sapajous du zoo de Prague taillaient des prises dans un mur lisse de leur enclos pour parvenir à s'échapper.

L'aire de répartition du Singe capucin s'étend du nord de l'Amérique du Sud au nord de l'Argentine. Il habite les forêts vierges et secondaires et les plantations aux abords des villages. Il se nourrit de fruits et de baies, de feuilles et de noix, d'insectes, de petits oiseaux et d'autres petits vertébrés. Il est actif la journée, grimpant et sautant dans la couronne des arbres par troupes atteignant une trentaine de membres. Il ne vient à terre que pour boire et chercher sa nourriture. Les singes capucins sont des singes très bruyants ; leurs cris plaintifs maintiennent la cohésion du groupe. Leur corps mesure de 30 à 38 cm, pour un poids de 1,5 à 4 kg. Ils ont une queue préhensile de 35 à 45 cm de long mais sont incapables de s'y suspendre. La gestation dure environ six mois et la femelle donne naissance à un seul jeune.

Singe capucin

Primates

Atèle, Singe-Araignée de Geoffroy V, C
(Ateles geoffroyi) Singes du Nouveau Monde *(Cebidae)*

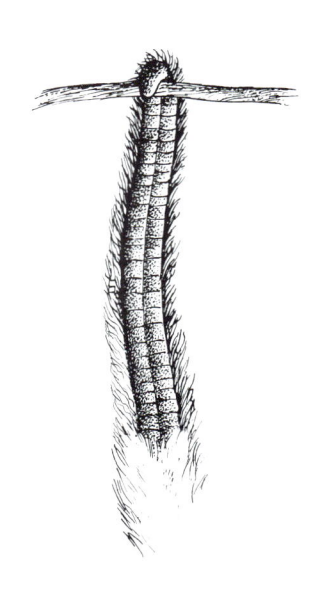

Détail de la face inférieure de l'extrémité de la queue d'un atèle

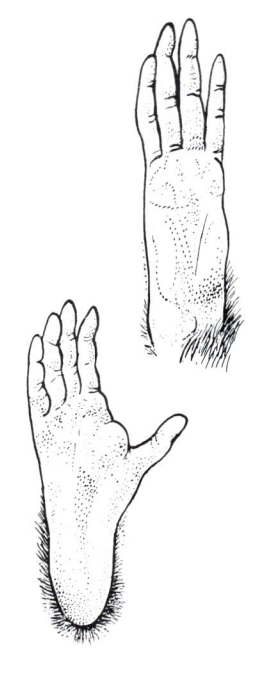

Les singes-araignées (atèles) du genre *Ateles* n'ont pas de pouces mais ont conservé leurs gros orteils

Les singes très élancés des genres américains *Ateles, Brachyteles* et *Lagothrix* (sept espèces en tout) utilisent l'extrémité de leur longue queue comme une cinquième main. C'est au sein de ces genres que cette spécialisation, dont on ne retrouve que l'ébauche chez les autres singes sud-américains, est la plus développée. Avec cette queue, ces animaux peuvent se suspendre et porter de la nourriture à leur bouche ; ils l'utilisent au moment des parades en enroulant mutuellement leurs queues pour se témoigner leur affection. Ils peuvent aussi se pendre par les bras comme les gibbons (brachiation) et leur pouce est réduit pour ne pas constituer un obstacle lorsqu'ils progressent en se balançant de branche en branche. Les singes-araignées sont de véritables acrobates et peuvent sauter plus vite et plus loin que n'importe quelle autre espèce de singe sud-américain. Lorsqu'ils se déplacent avec les bras, la queue est maintenue arquée. Lorsqu'ils grimpent, ils utilisent aussi leurs pieds dont le gros orteil est opposable aux autres doigts. La possession de cinq membres préhensiles permet aux singes-araignées d'adopter les positions les plus inattendues, faculté des plus utiles quand il s'agit d'atteindre un fruit situé à l'extrémité d'une tige fine. Les membres du genre *Ateles* ont également d'autres particularités. Ainsi, les femelles ont un très long clitoris érectile traversé par l'urètre (canal urinaire) et ressemblant à un pénis, de sorte qu'il est très difficile – du moins pour l'Homme ! – de différencier les sexes.

Tous les singes-araignées ont une queue et des membres extrêmement longs. Le Lagotriche gris (*Lagothrix lagotricha*), le plus gros singe sud-américain après les hurleurs, est le plus robuste et possède la fourrure la plus épaisse. Le Singe-Araignée laineux (*Brachyteles arachnoides*) possède aussi un corps relativement robuste, mais ses membres sont longs et effilés comme ceux du genre *Ateles*. Les membres du genre *Lagothrix* possèdent encore leur pouce, mais chez ceux des autres genres, il est soit vestigiel, soit absent. Les singes-araignées sont aujourd'hui au bord de l'extinction à cause de l'exploitation intensive des forêts tropicales. De plus, ils sont chassés pour leur chair et pour l'exportation. Les sept espèces figurent donc malheureusement dans le Livre rouge de l'UICN.

L'Atèle de Geoffroy possède un corps de 38 à 63 cm de long, une queue de 50 à 89 cm et pèse environ 6 kg. Le dernier quart de sa queue est très flexible, dépourvu de poils sur la face inférieure et possède de nombreuses terminaisons nerveuses tactiles. La peau présente des sortes de rainures caractéristiques, légèrement différentes chez chaque individu, un peu comme les lignes de la main humaine. Cette espèce vit dans les forêts tropicales d'Amérique centrale, depuis Tamaulipas et Oaxaca (peut-être Jalisco) au Mexique jusqu'au nord-est de la Colombie vers le sud, où il n'habite que les zones les plus denses de la forêt vierge. Il vit en troupes familiales de deux à huit membres qui se dispersent pour se nourrir. Chaque famille possède son propre territoire, au sein duquel elle utilise des voies de déplacement bien définies dans les arbres. L'Atèle de Geoffroy est diurne et largement végétarien. Après une gestation de vingt semaines environ, la femelle donne naissance à un seul jeune, qui reste dépendant d'elle pendant environ dix mois.

Primates

Atèle de Geoffroy

Primates

Colobe guereza   C
(Colobus guereza)   Singes de l'Ancien Monde *(Cercopithecidae)*

Quittons l'Amérique pour partir avec cette espèce vers l'Afrique, le Sud asiatique et ses nombreuses îles où habitent les Singes de l'Ancien Monde *(Catarrhini ou Cercopithecidae)*. Du point de vue évolutif, ceux-ci sont plus avancés et en général plus grands que leurs cousins d'Amérique du Sud. Ils ont un septum nasal étroit, leurs narines sont proches l'une de l'autre, s'ouvrant généralement vers l'avant et vers le bas et ils possèdent un canal auditif osseux sous forme d'un long tube étroit. La face est généralement courte et aplatie verticalement, la boîte crânienne voûtée et le télencéphale bien développé. Ses hémisphères, séparés par un profond sillon, présentent des circonvolutions marquées et recouvrent partiellement le cervelet. Les doigts et les orteils portent tous les ongles plats ; le pouce et le gros orteil sont opposables aux autres doigts. Ces singes arborent assez souvent des zones dépourvues de fourrure au niveau du postérieur où la peau épaisse forme les callosités fessières, particularité que l'on ne rencontre jamais chez les singes du Nouveau Monde. En revanche, les Catarrhiniens n'ont jamais de queue préhensile. Chez toutes les espèces, la femelle a un cycle menstruel.

Les Singes de l'Ancien Monde regroupent environ soixante-dix espèces, dont vingt-cinq environ appartiennent à la sous-famille des Colobinés. Ce sont des singes spécialisés se nourrissant essentiellement de feuillage. Leurs molaires présentent des nervures croisées et leur estomac est divisé en plusieurs compartiments où la présence de bactéries symbiotiques leur permet de digérer la cellulose.

Colobe guereza

Le Colobe guereza est un grand singe dont le corps mesure 75 cm, la queue environ 80 cm, et pouvant peser jusqu'à 11 kg. On le rencontre du Nigeria à l'Éthiopie et vers le sud jusqu'au Kenya, à l'Ouganda et à la Tanzanie. À la fin du siècle dernier, cet animal était chassé pour sa fourrure et ses populations en ont gravement souffert. Mais de nos jours, grâce à la protection dont il bénéficie, il ne compte plus parmi les espèces menacées. Il forme des troupes de cinq à vingt individus qui vivent dans les arbres, souvent près des rivières, et se nourrit de feuillage et de fruits. Le Colobe guereza signale sa présence dans son territoire en hurlant. Contrairement aux autres singes, qui expriment leur menace la bouche ouverte et les lèvres retroussées en arrière, découvrant leurs canines, ces singes claquent simplement des lèvres.

Primates

Langur, Entelle
(Presbytis entellus)

C

Singes de l'Ancien Monde *(Cercopithecidae)*

Les membres du genre *Presbytis* (seize espèces) vivent en Asie. Cette espèce se rencontre au sud du Tibet, au Népal, en Inde et à Sri Lanka. En Inde, elle est sacrée et révérée, protégée et même nourrie dans les temples consacrés au dieu singe Hanuman. Les entelles y sont libres de se nourrir dans les vergers et de chaparder leur nourriture en toute impunité. Leur corps mesure de 43 à 79 cm, leur queue de 54 à 107 cm et ils pèsent de 9 à 20 kg. Ils vivent en troupes pouvant atteindre cent vingt individus. Ils descendent souvent des arbres jusqu'à terre, ou bien vivent dans les lieux rocheux.
La durée de la gestation est d'environ six mois et la femelle donne naissance à 1 ou 2 jeunes qu'elle allaite pendant presque un an.
Souvent, plusieurs femelles s'occupent collectivement des jeunes.

Chez le Langur, la face, les oreilles et les mains, de couleur noire, contrastent avec le reste du pelage qui est gris ou brun grisâtre

Primates

Langur douc
(Pygathrix nemaeus)

M, C
Singes de l'Ancien Monde *(Cercopithecidae)*

Langur douc : mâle adulte

C'est le plus beau membre de la sous-famille des Entelles. Il possède une fourrure courte et épaisse, luisante et aux couleurs vives. Ses yeux obliques et en amande sont bien visibles sur la face. Son corps mesure de 61 à 76 cm et sa queue de 56 à 76 cm. Le Langur douc vit dans l'est du Laos, l'est du Cambodge, le centre et le sud du Viêt-nam et sur l'île chinoise de Hainan. Il habite les forêts vierges tropicales, depuis le niveau de la mer jusqu'à plus de 2 000 mètres d'altitude. Il passe la majeure partie de son temps dans les arbres et se nourrit entièrement de végétaux. Ses petits groupes sont essentiellement actifs le matin et le soir. On ne possède pas de détails sur sa reproduction. Le Langur douc est une espèce sérieusement menacée, dont le déclin est lié à la chasse excessive dont il fait l'objet, à la déforestation et en particulier aux conflits militaires qui ont dévasté son aire de répartition ces dernières décennies. Au cours de la guerre du Viêt-nam, les forêts ne furent pas seulement bombardées mais également aspergées de défoliants qui dépouillèrent les arbres de leurs feuilles, principale source de nourriture des Langurs doucs qui moururent alors par centaines. Cette espèce est désormais protégée par la loi vietnamienne.

Langur douc : femelle et son petit

Crâne de Langur douc ; ses dents sont faites pour mâcher des feuilles

Primates

Rhinopithèque

V, C

(Rhinopithecus [Pygathrix] roxellanae)

Singes de l'Ancien Monde *(Cercopithecidae)*

Ce singe a un pelage gris sombre, auquel de long poils de garde jaunes atteignant 18 cm donnent un reflet doré. Il a un museau remarquablement court et retroussé, similaire à celui de tous les autres entelles. Son corps mesure de 57 à 71 cm et sa queue de 61 à 70 cm. Si l'on inclut dans cette espèce *P. bieti* et *P. brelichi*, la gamme des tailles s'élargit encore (respectivement de 50 à 83 cm et de 51 à 104 cm pour le corps, queue comprise). Les incertitudes concernant la systématique de l'espèce se retrouvent également dans sa répartition. Selon la classification restrictive, il vit uniquement dans les forêts de bambou des versants orientaux du Sichouan, en Chine. Mais si nous acceptons la classification la plus large, il occupe les provinces chinoises du Sichouan, de Guizhou, du Yunnan, du Guangxi et apparaît peut-être également dans l'État indien d'Assam. Il reste malgré tout une espèce très rare dont on ne sait que peu de choses. Il vit difficilement dans les zoos et mêmes les grands muséums n'en possèdent que quelques spécimens. L'espèce a été photographiée dans son milieu pour la première fois en 1971. Jadis, les peaux de Rhinopithèques attrapés par les chasseurs devaient être remises à l'empereur. De nos jours, la fourrure est encore hautement prisée et, bien qu'ils soient protégés par la loi en Chine, les braconniers continuent de les capturer.

Le Rhinopithèque habite les forêts de montagne entre 2 000 et 3 000 mètres d'altitude bien qu'une partie de son biotope soit couvert de neige pendant la moitié de l'année. Il mène une existence essentiellement arboricole dans les forêts de sapins, bambous et rhododendrons. L'hiver, il descend vers le pied des montagnes. On pense qu'il forme de grandes troupes et qu'il se nourrit de fruits, bourgeons et de jeunes pousses de bambou.

Rhinopithèque

Primates

Nasique
(Nasalis larvatus)

V, C
Singes de l'Ancien Monde *(Cercopithecidae)*

Les mâles des deux espèces de ce genre, qui appartiennent à la même sous-famille que les entelles, possèdent un nez remarquable auquel ils doivent leur nom : ce gros appendice nasal pendant comme une trompe mesure en effet environ 10 cm. Celui de la femelle est court et retroussé. Les mâles mesurent de 66 à 76 cm, leur queue atteint de 60 à 76 cm et ils pèsent de 16 à 24 kg. Les femelles, plus petites, mesurent de 53 à 61 cm, avec une queue de 55 à 70 cm et elles pèsent de 7 à 11 kg. Néanmoins, les deux sexes sont de même coloration. Lorsqu'ils sont dérangés, leur face devient rouge.

Nasique : mâle adulte

Primates

Les second et troisième orteils sont soudés par un repli de peau. D'une manière générale, le Nasique apparaît comme une grosse espèce au corps robuste et dotée de longs membres. Il vit sur l'île de Bornéo. Dans l'État de Brunei, le zoologiste américain J. A. Kern a effectué une étude détaillée de l'espèce dans son milieu naturel. Il constata que les nasiques vivent en troupes comptant de seize à vingt individus, chacune occupant un territoire d'environ 37 km^2. On les rencontre dans les forêts vierges de plaine et les mangroves côtières, plus rarement dans les forêts secondaires autour des villages indigènes. Ils passent la majeure partie de leur vie dans les arbres, où ils se déplacent avec agilité ; ils sont actifs essentiellement au petit matin. Dans les forêts vierges, ils descendent au sol relativement fréquemment pour chercher à manger. Ils se nourrissent presque uniquement du feuillage de quelques espèces d'arbres, y ajoutant des bourgeons, des pousses, ainsi que des fruits et graines en petites quantités. Contrairement à la plupart des Primates, les nasiques aiment l'eau et sont d'excellent nageurs. Les mâles affirment leur suprématie sur leur territoire en émettant une sorte de grognement nasal pour la production duquel le nez hypertrophié fait office de caisse de résonance, se raidissant à chaque émission. La gestation dure environ cent soixante-cinq jours et la femelle donne naissance à un seul jeune dont la face est alors bleue.

Tête de Nasique femelle

En raison de sa spécialisation alimentaire, il est difficile de garder le Nasique en captivité. Les premiers furent conservés au zoo de Calcutta en 1890. En 1902, un jeune spécimen arriva à Londres, où il ne survécut que deux mois. Le premier succès fut enregistré au célèbre zoo de San Diego, en Californie, où des nasiques arrivés en 1956 survécurent plus de quatre ans. Le premier jeune né en captivité vit le jour au zoo de Surabaya, à Java, en 1963. Le premier né hors d'Indonésie vint au monde à San Diego en 1965. Aujourd'hui, l'animal se rencontre plus fréquemment en jardin zoologique. L'espèce la plus rare est *Nasalis concolor*, qui vit sur trois îles de l'archipel de Mentawei, à l'ouest de Sumatra. Elle est un peu plus petite que *N. larvatus*, avec un nez plus réduit, une petite queue courte et une face noire. Elle n'a jamais été conservée en captivité et l'on ne sait pratiquement rien de ses mœurs.

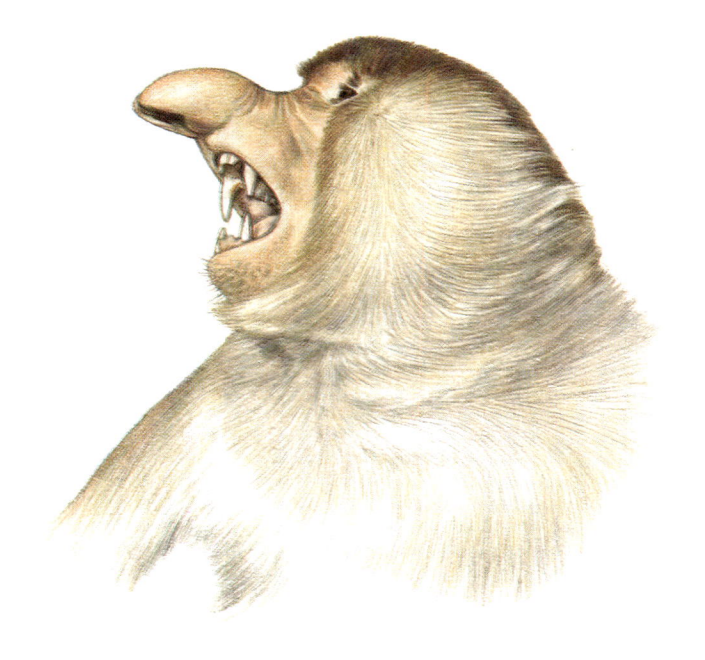

Nasique mâle en train de crier

143

Primates

Macaque brun
(Macaca arctoides)

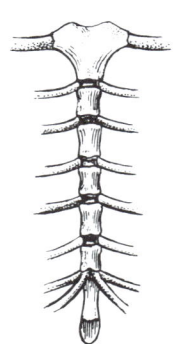

C

Singes de l'Ancien Monde *(Cercopithecidae)*

Les macaques ont un sternum étroit car leur thorax est lui aussi étroit mais profond comme chez tous les Primates (sauf les Hominoïdes)

Les macaques appartiennent à la sous-famille des Cercopithécinés qui comporte plus d'espèces (environ cinquante) que n'importe quel autre groupe vivant de Primates. Le genre *Macaca* compte à lui seul seize espèces, qui vivent toutes (sauf une) en Asie. Les Cercopithécinés regroupent des singes à l'apparence typique et d'autres dont l'aspect a été en partie modifié par le passage à un mode de vie terrestre, notamment les macaques. Tous restent capables de grimper mais, à la différence des vrais singes arboricoles, se montrent aussi à l'aise au sol que dans les arbres. Ils ont des membres plus courts et une queue beaucoup plus courte, qui n'est parfois plus qu'un moignon. Leur régime varié est à la fois d'origine animale et végétale, et non essentiellement composé de feuilles.

Le Macaque brun est de couleur brun sombre. Sur la tête, la fourrure s'enroule un peu comme un chignon mais devient moins épaisse vers l'avant, laissant une zone nue au-dessus du front plissé. La face est rouge, souvent marquée de taches sombres, et dépourvues de poils. Le corps mesure environ 50 cm et la queue est vestigielle. Le Macaque brun habite une région s'étendant depuis l'Assam jusqu'au sud de la Chine, à travers la Birmanie, le Viêt-nam et la Thaïlande.

Macaque brun

Magot, Macaque d'Afrique du Nord
(Macaca sylvanus)

V, C

Singes de l'Ancien Monde *(Cercopithecidae)*

Le Magot est le seul macaque vivant en Afrique et en Europe. En Afrique, on ne le rencontre que dans l'extrême nord-ouest (Maroc et Algérie), par îlots de population vivant dans le Rif et les montagnes du Haut et du Moyen Atlas. En Europe, une petite population vit à Gibraltar où l'animal fut introduit artificiellement, bien que personne ne sache quand et par qui. Une légende dit que Gibraltar restera possession de la Grande-Bretagne tant que

Primates

les magots y vivront ; ces singes y sont donc nourris et entretenus. Une autre petite population artificielle semi-sauvage, comptant environ cent cinquante individus, vit depuis 1969 dans un enclos de 12,5 hectares, « la montagne aux Singes » dans les Vosges. L'espèce n'est pas, pour l'heure, en danger immédiat d'extinction, mais compte tenu de sa faible répartition et de sa discontinuité, elle figure dans le Livre rouge de l'UICN.

Le Magot mesure environ 75 cm (il n'a pas de queue) et pèse environ 10 kg. Les femelles sont légèrement plus petites que les mâles. L'espèce habite les forêts de montagne et les zones de végétation basse sur terrains rocailleux (essentiellement calcaires). Les magots sont des animaux grégaires qui forment des troupes de plusieurs dizaines de membres. Leur régime alimentaire varié se compose de fruits, graines et petits animaux. En Afrique du Nord, on peut les voir mendier de la nourriture au bord des chemins. Ils supportent le gel en hiver et leurs empreintes sont visibles dans la neige. Ils sont actifs le jour et se réunissent pour la nuit sur des terrasses rocheuses inaccessibles, dans des grottes ou des arbres. Après une gestation d'environ six mois, la femelle donne naissance à un jeune (occasionnellement 2).

Magot, ou Macaque d'Afrique du Nord

Primates

Rhésus, Macaque rhésus

(Macaca mulatta)

C

Singes de l'Ancien Monde *(Cercopithecidae)*

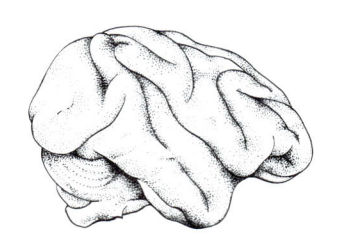

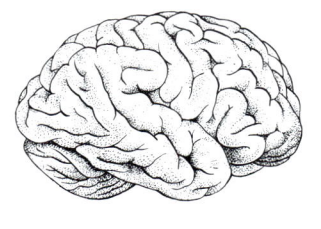

Comparaison entre le cerveau faiblement sillonné d'un macaque et celui de l'Homme, qui présente des circonvolutions complexes (échelles différentes)

De tous les macaques, c'est le plus connu et le plus important pour l'Homme. C'est dans son sang que le facteur rhésus (Rh), élément antigène complexe qui se rencontre également dans le sang d'environ 85 % des êtres humains, a été découvert. Si du sang contenant cet agglutinogène, c'est-à-dire un sang de rhésus positif (Rh+), est mélangé de façon répétée à du sang Rh–, il se produit une agglutination (le sang se coagule). Cette découverte a eu une signification pratique considérable pour le choix du sang lors de transfusions et pour prévenir les risques d'accidents pour un fœtus lorsque la mère est Rh– et le père Rh+. En tant qu'animal de laboratoire, la contribution du Macaque rhésus aux recherches médicales et pharmacologiques est considérable : elle a permis de tester d'innombrables médicaments et vaccins.

Le Macaque rhésus possède une fourrure modérément longue. La zone entourant ses organes génitaux externes est rouge vif, dépourvue de poils et elle présente des callosités fessières. Celles-ci sont particulièrement visibles chez les vieux mâles et les femelles en chaleur, période où cette partie de leur corps augmente en volume. Le Macaque rhésus mesure environ 50 cm, sa queue environ 25 cm et il pèse de 6 à 10 kg.

Les femelles sont légèrement plus petites que les mâles. L'espèce possède une vaste aire de répartition qui s'étend sur l'Afghanistan, l'Inde et la Birmanie, le nord de la Thaïlande, le sud de la Chine et le Viêt-nam. Elle habite divers milieux, depuis les zones de forêts vierge reculées jusqu'aux forêts secondaires, les régions rocheuses et les abords immédiats des villages, villes et monastères. Bien qu'elle ne soit pas vraiment sacrée, elle bénéficie dans les régions hindoues d'une protection pour des raisons d'ordre religieux et peut ainsi prélever de la nourriture dans les champs et les plantations sans s'exposer à la colère des hommes. Son régime est varié : fruits, baies, graines, insectes et autres petits animaux. Les troupes de macaques rhésus comptent jusqu'à trente-cinq membres, composées de quelques petits groupes familiaux menés par les mères. Ces singes vivent aussi bien au sol que dans les arbres, où ils dorment généralement. La gestation dure de cent trente à cent quatre-vingts jours et la femelle donne naissance à un seul jeune dont elle s'occupe pendant plusieurs mois.

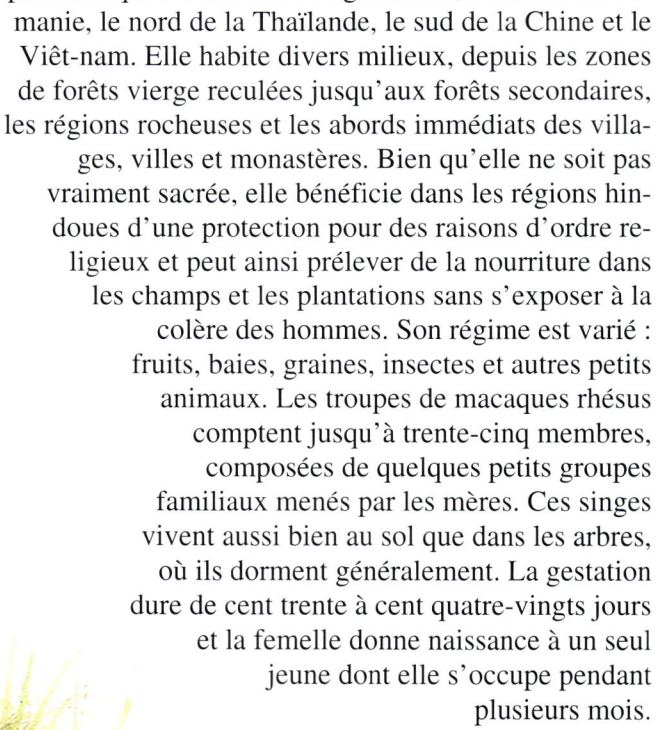

Rhésus : femelle et son petit

Primates

Macaque japonais

(Macaca fuscata)

V, C

Singes de l'Ancien Monde *(Cercopithecidae)*

Cette espèce se caractérise par des joues rouges et nues, bordées de longs poils formant une sorte de crinière. La fourrure est épaisse, ces singes du froid vivant plus au nord que n'importe quel autre Primate sauvage, sur les îles japonaises de Kyushu, Honshu et Shikoku. Leur corps mesure de 55 à 70 cm, ils ont une courte queue et pèsent de 8 à 12 kg. Le Macaque japonais a joué un rôle important dans l'art et la mythologie du pays. Les zoologistes Kawamura et Kawai ont décrit la façon dont ces singes acquièrent de nouveaux types de comportements. Cela se produit lorsqu'un individu au caractère un peu plus explorateur que ses congénères développe une nouvelle aptitude à la suite d'une découverte et que les autres l'imitent. C'est de cette manière que toute la population a appris graduellement à laver et saler les patates douces dans l'eau de mer, à séparer le riz du sable, à chasser des proies dans l'eau et à se réchauffer auprès d'un feu en hiver.

Macaque japonais

Primates

Gélada
(Theropithecus gelada)

R, C

Singes de l'Ancien Monde *(Cercopithecidae)*

Cette espèce, la seule de ce genre, se situe du point de vue systématique entre les macaques et les babouins. Évolutivement, elle est probablement plus proche des macaques, mais par son apparence et ses mœurs, elle ressemble aux babouins et on la classe parfois parmi ces derniers. De tous les singes, les babouins sont les mieux adaptés au mode de vie terrestre, bien que la majorité se repose, dorme et cherche refuge dans les arbres ou sur les rochers. Leurs membres antérieurs ne sont pas beaucoup plus longs que les postérieurs et ils portent une courte queue. Contrairement aux autres singes, ils possèdent de longues mâchoires et une face semblable à celle d'un chien, mais une boîte crânienne, donc un cerveau, plus volumineux. Ils se caractérisent par un dimorphisme sexuel marqué, les mâles, beaucoup plus gros que les femelles, disposant de dents plus grandes (en particulier de longues canines) et possédant souvent une crinière impressionnante comparable à celle d'un lion. Les babouins ont colonisé toute l'Afrique et se sont étendus jusque dans le sud de la péninsule Arabique. La plupart des espèces vivent dans les savanes, mais deux d'entre elles habitent les forêts d'Afrique de l'Ouest et deux autres des régions rocheuses dans des semi-déserts ou des montagnes. Le Gélada est précisément l'une de ces espèces montagnardes. Il vit dans les monts qui entourent le lac Tana en Éthiopie, parmi les rochers, les prairies et sur les pentes buissonnantes de l'étage alpin, entre 2 000 et 4000 mètres d'altitude.

Le corps du mâle mesure de 60 à 75 cm, la queue de 45 à 50 cm et l'animal pèse jusqu'à 25 kg ; la femelle est moitié moins grosse. La partie antérieure du corps du mâle est couverte d'une longue crinière et sa face encadrée par des moustaches latérales, tandis que ses narines, situées bien en arrière sur son museau, s'ouvrent vers le haut. Sur sa gorge et sa poitrine, des portions de peau rouge et nue, bordées de renflements, rappellent les perles d'un chapelet. Ces renflements sont normalement blancs mais virent au rouge en période d'accouplement. La femelle possède des structures similaires mais sur la croupe, dans la région des organes génitaux.

Gélada : jeune mâle

Primates

Les géladas forment des harems où un seul mâle dominant possède jusqu'à douze femelles adultes et leurs jeunes autour de lui. En période d'abondance, ces groupes peuvent s'unir et constituer de grandes troupes comportant jusqu'à quatre cents membres.

Les petits groupes ne semblent pas avoir de territoire défini mais parcourent la nature en suivant les crêtes. Dans la journée, ils restent à terre, mais la nuit, ils se retirent sur des plates-formes rocheuses ou dans des grottes. Les géladas se nourrissent principalement de graines qu'ils attrapent avec leurs mains et consomment souvent en position assise. Ils mangent aussi des racines, des tubercules, des baies et de petits fruits, mais très peu de nourriture animale. Les zoologistes s'intéressent à la vie et aux mœurs des géladas parce que l'évolution des ancêtres de l'Homme a dû passer par une phase granivore similaire. La présence, dans la lignée évolutive préhominienne, d'une structure similaire des dents : le complexe T, accrédite cette idée. La lettre T vient du nom génétique scientifique du gélada, *Theropithecus*. Tandis que les babouins dévorent de gros morceaux de nourriture (herbes et racines), les géladas se nourrissent d'une façon plus sélective (principalement les graines). Leurs mâchoires raccourcies occupent un moindre volume et leurs molaires modifiées leur permettent de broyer des graines. Un processus similaire a dû intervenir au cours de la longue hominisation de nos ancêtres, avant qu'ils n'apprennent à chasser de gros animaux au moyen d'outils.

Attitude menaçante d'un mâle : la gueule grande ouverte montre ses grandes gencives et ses grosses canines

Gélada femelle : des vésicules claires entourent la peau nue de la poitrine

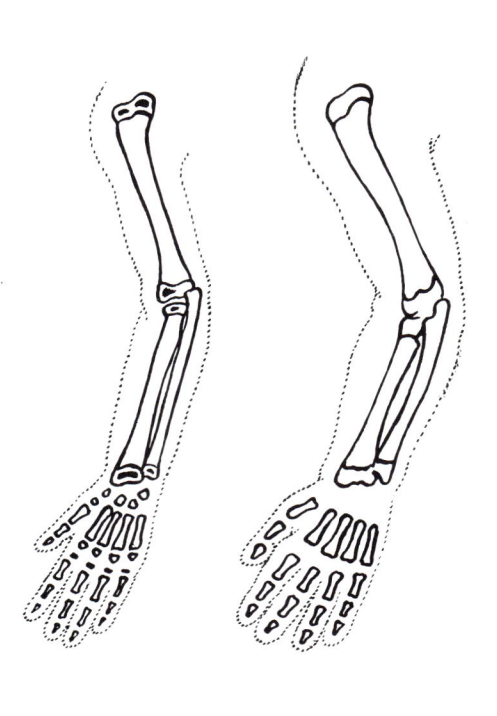

Comparaison entre la main d'un Gélada nouveau-né (à gauche) et celle d'un bébé humain (à droite)

Primates

Babouin doguera
(Papio anubis)

C

Singes de l'Ancien Monde *(Cercopithecidae)*

Babouin doguera : la crinière du mâle n'est pas très visible

Le Babouin doguera est un babouin typique des savanes et apparaît souvent dans les films animaliers concernant l'Afrique de l'Est. Son aire de répartition s'étend du Sénégal à l'Éthiopie et vers le sud jusqu'à l'Afrique du Sud par le Kenya. Le corps des mâles adultes atteint 1 m et la queue mesure jusqu'à 70 cm ; ils peuvent peser 45 kg. Les femelles n'atteignent que la moitié de ce poids. La fourrure est de teinte kaki. Vue de côté, la queue remonte d'abord depuis la base pour retomber subitement vers le sol, comme si elle était cassée. Les callosités fessières sont très marquées. L'animal est commun et se rencontre souvent au bord des routes dans les parcs nationaux, chapardant auprès des touristes.

Le Babouin doguera est un singe typiquement diurne et ses troupes, fortes de vingt à cinquante individus, parcourent les savanes, souvent associées aux troupeaux d'antilopes et de zèbres. Chaque membre possède au sein du groupe une place hiérarchique bien définie. La direction est assurée par le mâle le plus puissant, qui a plusieurs mâles adultes « sous ses ordres ». Ceux-ci protègent la troupe et, si nécessaire, peuvent remplacer le mâle dominant. Les femelles en œstrus, qui s'identifient par zone gonflée et rougie entourant leurs organes génitaux externes, tiennent une place particulière et restent à proximité des mâles. Au niveau inférieur de la hiérarchie se trouvent les femelles avec des jeunes en bas âge, le tout dernier rang étant celui des adolescents. Comme les autres Singes de l'Ancien Monde (et à la différence des singes du Nouveau Monde), les femelles portent les petits sur leur poitrine ; les jeunes plus âgés se déplacent par eux-mêmes ou s'accrochent au dos de leur mère. À l'instar des autres babouins, les dogueras se nourrissent de divers végétaux et attrapent aussi des petits mammifères, des oiseaux et des insectes. Un seul jeune vient au monde après une gestation de cent quatre-vingts jours environ.

Primates

Hamadryas

R, C

(Papio hamadryas)

Singes de l'Ancien Monde *(Cercopithecidae)*

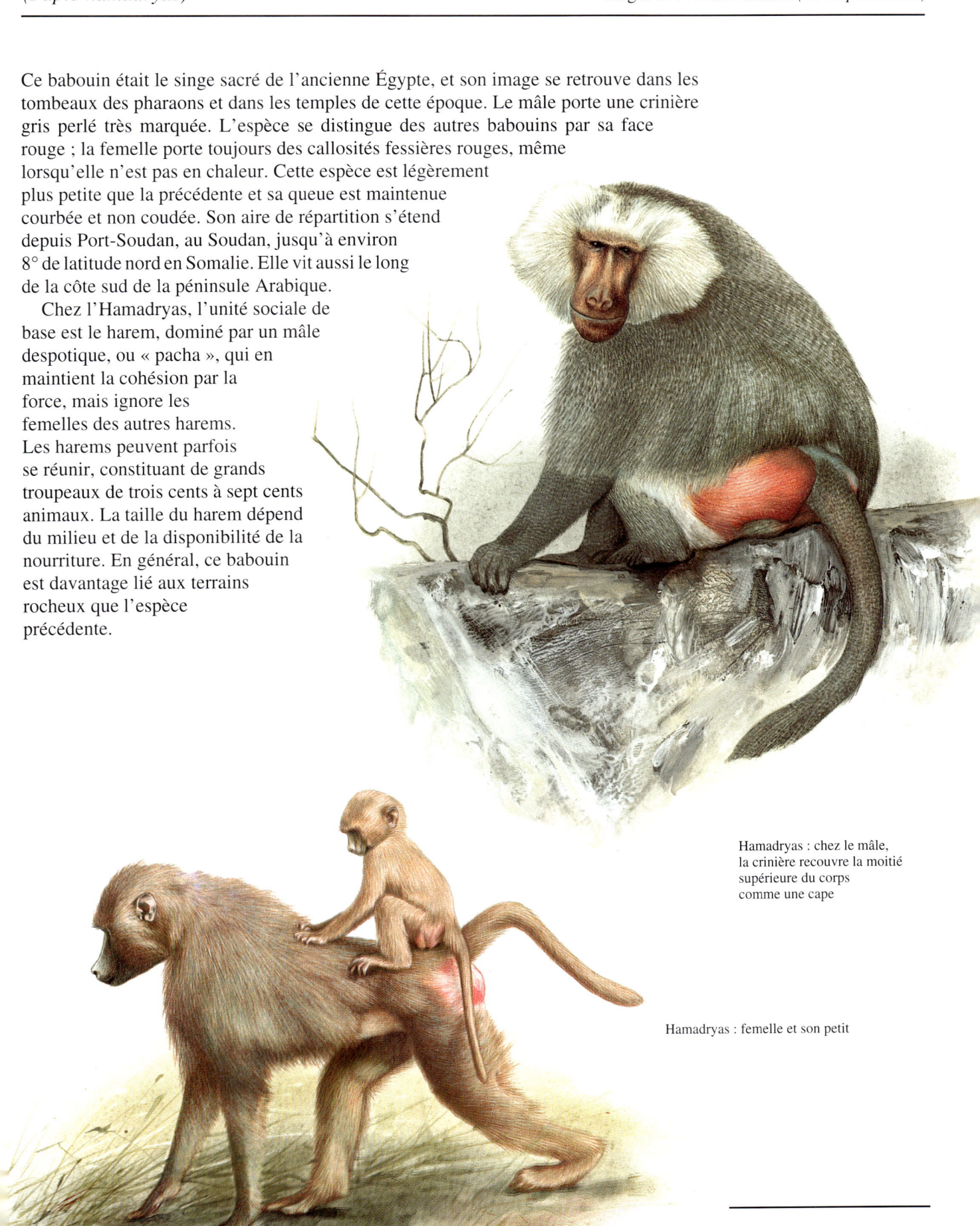

Ce babouin était le singe sacré de l'ancienne Égypte, et son image se retrouve dans les tombeaux des pharaons et dans les temples de cette époque. Le mâle porte une crinière gris perlé très marquée. L'espèce se distingue des autres babouins par sa face rouge ; la femelle porte toujours des callosités fessières rouges, même lorsqu'elle n'est pas en chaleur. Cette espèce est légèrement plus petite que la précédente et sa queue est maintenue courbée et non coudée. Son aire de répartition s'étend depuis Port-Soudan, au Soudan, jusqu'à environ 8° de latitude nord en Somalie. Elle vit aussi le long de la côte sud de la péninsule Arabique.

Chez l'Hamadryas, l'unité sociale de base est le harem, dominé par un mâle despotique, ou « pacha », qui en maintient la cohésion par la force, mais ignore les femelles des autres harems. Les harems peuvent parfois se réunir, constituant de grands troupeaux de trois cents à sept cents animaux. La taille du harem dépend du milieu et de la disponibilité de la nourriture. En général, ce babouin est davantage lié aux terrains rocheux que l'espèce précédente.

Hamadryas : chez le mâle, la crinière recouvre la moitié supérieure du corps comme une cape

Hamadryas : femelle et son petit

Primates

Mandrill

(Papio sphinx)

V, C

Singes de l'Ancien Monde *(Cercopithecidae)*

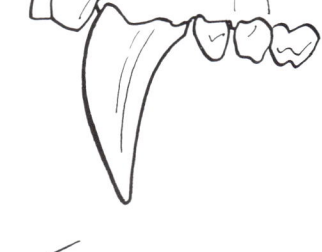

Différences entre la denture d'un Mandrill mâle (en haut) et celle d'une femelle (en bas)

Le Mandrill habite les forêts pluviales au sud de la Sanaga au Cameroun et, de là jusqu'au Gabon et au Congo. Il se tient presque toujours à terre, ne grimpant aux arbres que pour dormir ou échapper à un danger. Le mâle est probablement le plus vivement coloré de tous les mammifères : le milieu de la face, le nez et les lèvres sont rouge vif ; les joues, plissées, sont bleu cobalt ; les oreilles sont roses avec une tache blanche sur la partie postérieure ; la barbe et les favoris sont jaune-orange et des poils blancs couvrent le menton ; les fesses sont rouges, roses, violettes et bleues. Chez les deux sexes, le pelage est brun verdâtre ou brun grisâtre, sauf sur la face ventrale qui est grisâtre. Les femelles ont des couleurs moins vives mais à l'âge adulte leurs joues sont bleues. Le mâle mesure de 75 à 95 cm de long, queue (5–7 cm) non comprise, environ 50 cm de haut à l'épaule et il pèse jusqu'à 40 kg. Les femelles sont tout juste deux fois plus petites.

Le Mandrill préfère les forêts riches en clairières naturelles. Omnivore, il mange des fruits, graines, champignons, racines, tubercules, insectes, mollusques et petits vertébrés.

Mandrill : tête de jeune mâle

Mandrill : tête de mâle adulte

Il vit en troupes comptant jusqu'à cinquante membres dont le territoire est plus petit que celui des babouins de savane. À l'issue de 250 jours de gestation, la femelle met au monde un seul petit qu'elle porte d'abord sur son ventre et ensuite sur le dos. Le principal prédateur de cette espèce (et des autres babouins) est la panthère (ou léopard), mais le Mandrill est également chassé par l'Homme car il fait des dégâts dans les cultures.

Drill

(Papio leucophaeus)

Primates

M

Singes de l'Ancien Monde *(Cercopithecidae)*

L'aire de répartition de cette espèce s'étend du sud-est du Nigeria jusqu'à la Sanaga au Cameroun et au-delà, en sorte que Drill et Mandrill cohabitent dans une étroite bande de terrain. Le Drill est un singe trapu, pourvu de membres puissants et, bien qu'il soit plus petit que le Mandrill, il a un aspect plus robuste. Les mâles adultes ne dépassent pas 42 kg. Le museau est un peu plus court que celui du Mandrill, noir comme le reste de la face. Une épaisse collerette de poils blanc grisâtre entoure la face et le menton des mâles ; comme chez le Mandrill, il y a une tache claire sur la face postérieure des oreilles. La région anale des mâles est rouge et leurs callosités fessières sont roses en haut, bleues en bas avec un espace violet rosé entre ces deux couleurs. Les organes sexuels externes et la face interne des cuisses sont rouges. L'arrière-train des femelles est moins vivement coloré ; leur face et les oreilles sont noires. La queue brève, comme celle du Mandrill, est retroussée.

Le comportement du Drill ressemble à celui du Mandrill. Ses troupes, fortes de quatre à trente individus ou parfois davantage, sont conduites par de vieux mâles. Les drills cherchent leur nourriture à terre, arrachant les parties souterraines des végétaux et retournant les pierres. Leur régime est varié et comprend des éléments végétaux et animaux.

Drill

Primates

Cercocèbe à collier blanc

(Cercocebus torquatus)   Singes de l'Ancien Monde *(Cercopithecidae)*

Cette espèce vit dans les forêts de l'Afrique occidentale, de la Guinée au Gabon. Elle mesure de 55 à 65 cm de long, queue (60–70 cm) non comprise, et pèse de 6 à 12 kg. Ses paupières sont blanches et, quand les yeux sont fermés, elles contrastent fortement avec la face qui est rose ; leurs mouvements et les mimiques sont des moyens de communication optique. Le Cercocèbe à collier blanc est l'un des membres du genre qui vivent plus à terre que dans les arbres ; néanmoins, il se déplace très habilement quoique sans hâte parmi les branches. Cependant, dans les forêts primaires pluristratifiées, il se tient aux niveaux inférieurs. Les groupes familiaux comptent généralement quatre à douze membres. Les différents groupes communiquent au moyen de signaux optiques et acoustiques. Le régime est semblable à celui du Cercocèbe noir. On ne connaît pas les détails de la reproduction dans la nature mais on sait qu'il n'y a qu'un seul petit par portée. Comme celles des babouins et des chimpanzés, les femelles des cercocèbes présentent une importante enflure du siège quand elles sont en chaleur. Les cercocèbes nagent bien, comme on a pu le constater en nature. Beaucoup d'autres singes (macaques, babouins, cercopithèques et certaines espèces sud-américaines) en sont également capables, mais il est évident que les Primates vont rarement à l'eau volontairement.

Cercocèbe à collier blanc

Cercocèbe noir   C

(Cercocebus aterrimus)   Singes de l'Ancien Monde *(Cercopithecidae)*

Le Cercocèbe noir, qui habite les forêts vierges d'Afrique, mène une existence à la fois terrestre et arboricole. C'est un singe svelte, qui a des membres et une queue allongés. Certains spécialistes distinguent quatre espèces de cercocèbes, d'autres jusqu'à sept et, selon l'opinion la plus ancienne, le Cercocèbe noir ne serait qu'une sous-espèce du Cercocèbe à joues grises *(Cercocebus albigena)*. La tête du Cercocèbe noir est surmontée d'une houppe pointue. De longs favoris brun grisâtre encadrent partiellement ses oreilles. Ses dimensions ne diffèrent pas de celles de l'espèce précédente. Les mâles sont un peu plus grands que les femelles mais se distinguent par leur sac gulaire beaucoup plus développé, qui sert de caisse de résonance et amplifie leurs émissions vocales. Le Cercocèbe noir lance des sortes de hurlements aigus. Il vit au Zaïre et jusqu'en Angola. Il passe la majeure partie de son temps dans les arbres mais se tient plutôt à faible hauteur que dans les cimes. Il se nourrit de pousses, fruits, feuilles et, dans une moindre mesure, d'insectes et d'œufs d'oiseaux. Comme les autres cercocèbes, il peut enrouler

Primates

Cercocèbe noir

sa queue autour des branches mais elle n'est pas préhensile comme celle des singes sud-américains. Normalement, il la tient dressée ou repliée au-dessus de son dos.

Le Cercocèbe à joues grises, apparenté au Cercocèbe noir, vit en Afrique centrale et orientale

Primates

Grivet, Vervet
(Cercopithecus aethiops)

C

Singes de l'Ancien Monde *(Cercopithecidae)*

Quand on demande à quelqu'un le nom des singes les plus typiques, il a tendance à nommer des cercopithèques. En effet, ces animaux ont la face nue et aplatie, un corps svelte, une longue queue, des doigts agiles, bref tous les attributs caractéristiques des singes pour la plupart des gens. Les cercopithèques vivent surtout dans les arbres, mais peuvent aussi courir à terre. Dans les deux cas, ils se déplacent avec leurs quatre membres. Ce ne sont pas des singes très spécialisés et, dans leur patrie (l'Afrique au sud du Sahara), on les trouve dans presque tous les milieux.

Le genre *Cercopithecus* réunit une vingtaine d'espèces.

Le Grivet ou Vervet mesure de 40 à 60 cm de long, queue (50–87 cm) non comprise, et il pèse environ 7 kg. On en distingue plusieurs sous-espèces qui diffèrent par leur coloration. En général, ce singe a la face noire, entourée sur le front et les joues par de longs poils blancs. Les organes génitaux externes et la peau nue qui les entoure sont bleus. Le Grivet existe dans une grande partie de l'Afrique tropicale et sur Zanzibar ; il manque dans les déserts et au-dessus de la limite des forêts en montagne. On l'a introduit sur plusieurs îles de la mer des Caraïbes où il vit dans les lieux dégagés.

Il évite les forêts denses mais est fréquent au bord des cours d'eau, dans les broussailles, les savanes et vient même dans les villages et les parcs urbains. Il se tient en petits groupes comptant généralement jusqu'à vingt animaux. Comparé aux autres singes, il a un tempérament paisible. Il lance de forts cris d'alarme, différents selon qu'il a repéré une panthère, un serpent ou un oiseau rapace. Il mange des fruits, graines, fleurs et pille les cultures, les plantations et les jardins. Il boit rarement car ses besoins en liquide sont couverts par sa nourriture. La gestation dure environ sept mois et il n'y a qu'un seul petit par portée (les jumeaux sont rares). Le jeune Grivet s'accroche à la fourrure ventrale de sa mère.

Grivet, ou Vervet

Cercopithèque de Brazza

(Cercopithecus neglectus)

Singes de l'Ancien Monde *(Cercopithecidae)*

C'est l'un des cercopithèques sylvestres, dont la coloration est plus vive que celle des espèces de savane. Des couleurs éclatantes et le contraste entre des teintes claires et foncées sont importants pour les communications visuelles dans la pénombre de la forêt. Une autre caractéristique des cercopithèques forestiers est qu'ils s'associent à d'autres espèces, en sorte qu'une troupe peut comprendre des colobes guereza et des mangabeys ainsi que des cercopithèques de Brazza, ou d'autres espèces. Ces singes ne restent parfois que quelques jours ensemble, mais parfois aussi pendant plusieurs années. Il semble qu'ils ne se concurrencent pas car leurs exigences alimentaires sont quelque peu différentes.

Le Cercopithèque de Brazza a la même taille que le Grivet. Il vit du Cameroun à l'Angola, du sud du Soudan et du sud-ouest de l'Éthiopie à l'Ouganda et à l'ouest du Kenya. C'est dans la strate la plus basse des forêts marécageuses et côtières qu'il est le plus commun. Il se reproduit toute l'année et, en général, la femelle n'a qu'un seul petit.

Cercopithèque de Brazza

Primates

Mone
(Cercopithecus mona)

C

Singes de l'Ancien Monde *(Cercopithecidae)*

Le Mone et le Moustac ne vivent qu'en Afrique occidentale. L'aire de répartition du premier s'étend, vers l'est, depuis le Ghana et le Burkina Faso et au sud jusqu'au sud-ouest du Cameroun, c'est-à-dire autour du golfe de Guinée. Comme les autres cercopithèques forestiers, le Mone a de vives couleurs et les taches claires de son pelage facilitent les communications avec ses congénères dans les sous-bois. Son front et ses joues, blancs ou jaunes, sont séparés par une bande noire sur les tempes. La face inférieure du corps et la face interne des membres sont blanches ou jaunes et les callosités fessières portent une tache blanche bien visible à la base de la queue. Très bon grimpeur, le Mone se tient la plupart du temps dans la cime des arbres, jusqu'à 30 mètres de haut. Comme les autres cercopithèques, il court agilement à quatre pattes sur les branches (le premier doigt et le premier orteil s'opposent aux autres) et maintient son équilibre grâce à sa longue queue. Il peut également sauter d'un arbre à l'autre, son excellente vision lui permettant d'estimer

Mone

L'aire de répartition du Cercopithèque ascagne *(Cercopithecus ascanius)* va du Cameroun au Kenya, à l'Angola et à la Zambie. La tache en forme de cœur sur le nez est jaune ou noire

les distances. Il se nourrit de fruits (surtout des noix encore vertes), pousses, feuilles, insectes et limaces. Il forme de grandes troupes généralement très bruyantes. La gestation dure un peu moins de 7 mois et les naissances ont lieu toute l'année ; il n'y a en général qu'un seul petit, qui grandit d'abord rapidement mais n'atteint la maturité sexuelle qu'à l'âge de 5 ans environ. On a introduit le Mone avec succès sur quelques îles des Petites Antilles.

Moustac

(Cercopithecus cephus)

Singes de l'Ancien Monde *(Cercopithecidae)*

Primates

C

Cette espèce est reconnaissable à sa face bleue, sa lèvre supérieure bleue et les poils foncés qui forment une sorte de moustache de chaque côté de sa bouche. Le Moustac a les mêmes dimensions que le Grivet. Il vit au Gabon, au Congo, dans le sud du Cameroun, en Guinée équatoriale, dans le sud-est de la République centrafricaine et dans le nord-ouest de l'Angola. Il fréquente les forêts pluviales et les forêts côtières du golfe de Guinée. Il se tient dans les strates inférieures et, bien qu'il passe la majeure partie de sa vie sur les arbres, il est aussi très agile à terre. Sa nourriture ressemble à celle des autres cercopithèques. Ses petits groupes (dix individus au maximum) sont généralement conduits par un mâle adulte, mais les plus importants ont plusieurs chefs. Grâce à la stabilité du milieu forestier, la reproduction a lieu toute l'année et la femelle n'a qu'un seul petit, sauf exception.

Moustac

Primates

Talapoin
(Miopithecus talapoin)   Singes de l'Ancien Monde *(Cercopithecidae)*

Le Talapoin diffère un peu des véritables cercopithèques, c'est pourquoi on l'a placé dans un genre à part. Parmi ses caractères distinctifs, on note que chez la femelle en chaleur le siège gonfle comme chez les macaques, les babouins et les cercocèbes. Le Talapoin est le plus petit des cercopithèques puisqu'il mesure de 32 à 45 cm de long, queue (36–52 cm) non comprise, et pèse environ 1,5 kg. Vu de face, il a un aspect quelque peu léonin et une grosse tête. Le bout du nez est généralement noir. Il vit dans le sud-ouest du Zaïre et en Angola. Bien qu'il ait été décrit en 1774, c'est encore l'un des cercopithèques les moins bien connus car il vit dans les forêts marécageuses et proches des rivières, dont l'accès est difficile. Son régime comprend davantage d'animaux que celui des autres cercopithèques et, selon certains observateurs, il mange presque tout ce qui est comestible et disponible.

Talapoin

Singe rouge, Patas   C
(Erythrocebus patas)   Singes de l'Ancien Monde *(Cercopithecidae)*

Le Singe rouge diffère nettement des vrais cercopithèques par ses adaptations à un mode de vie terrestre. Il manque complètement dans les forêts et les broussailles, mais fréquente les savanes, les steppes et les semi-déserts. Svelte, avec de longs membres, il peut atteindre 56 km/h quand il court. On le rencontre depuis le Sénégal et la Mauritanie jusqu'au Soudan, l'Éthiopie, le Kenya et la Tanzanie. Il mesure de 55 à 85 cm de long, queue (50–75 cm) non comprise ; les femelles pèsent au maximum 10 kg et les mâles 25 kg. Les adultes ont le dessus de la tête plus roux que le dos et leur face est rouge brique ou grise selon la sous-espèce. Les mâles sont beaucoup plus grands que les femelles et portent parfois une sorte de crinière sur la nuque et les épaules. Le Singe rouge vit en groupes formés de femelles et de jeunes guidés par un seul mâle. Plusieurs harems de ce genre peuvent s'associer en troupes comptant jusqu'à cent animaux, qui parcourent de vastes domaines atteignant 40 km^2.

Primates

Les signaux optiques (gestes, mimiques, etc.) jouent un grand rôle dans la vie sociale du Singe rouge. Dans la journée, les patas se nourrissent de fruits, herbes, graines, tubercules et, secondairement, de lézards et petits invertébrés pris à terre. La nuit, ils dorment en petits groupes dans des arbres ou sur un autre perchoir. À l'issue d'une gestation d'environ cent soixante jours, la femelle met au monde un seul petit. Dans chaque groupe, accouplements et parturitions sont synchronisés, en sorte que les petits naissent quand la nourriture est relativement abondante, ce qui a beaucoup d'importance dans les régions arides.

Dans la partie orientale, la sous-espèce *Erythrocebus patas pyrrhonotus* a une tache blanche sur le nez

Dans la partie occidentale de son aire, le Singe rouge (*Erythrocebus patas patas*) a une tache noire sur le nez

161

Primates

Gibbon lar
(Hylobates lar)

C

Gibbons *(Hylobatidae)*

Les membres de la famille des *Hylobatidae*, qui vivent uniquement dans le Sud-Est asiatique, sont les Primates qui ont les plus longs bras et qui se déplacent avec le plus d'élégance dans les arbres. Enfin, certains ont une voix très puissante : les cris d'un groupe de gibbons qui manifestent leur présence dans leur territoire portent à des kilomètres. On s'en rend compte aussi dans les zoos qui possèdent ces animaux… Leur mode de locomotion arboricole – la brachiation – a été décrit précédemment, mais c'est chez eux qu'il est parfait. Les mouvements des membres antérieurs (où les avant-bras sont très longs)

Gibbon lar : différence entre la denture d'un mâle (en haut) et d'une femelle (en bas)

Le Gibbon cendré, ou Wou wou *(Hylobates moloch)* vit à Java

Gibbon lar en train de crier

L'aire du Gibbon noir *(Hylobates concolor)* va de Hainan à la Thaïlande. À la naissance, les jeunes sont brun doré mais ils deviennent plus foncés en grandissant ; les mâles adultes sont toujours noirs

Primates

représentent 85 % de l'activité locomotrice de ces singes, y compris les grands sauts qu'ils font d'un arbre à l'autre. Bien qu'ils soient remarquablement adaptés pour vivre à grande hauteur dans la cime des arbres, les gibbons sont néanmoins capables de se déplacer à terre ; dans ces circonstances, ils marchent comme des funambules, faisant de petits pas prudents, le corps bien droit, les grands bras étalés et recourbés servant de balanciers.

La famille des *Hylobatidae* compte neuf espèces. Outre la longueur de leurs membres, ces singes sont caractérisés par leur face aplatie, la largeur de leur crâne, la sveltesse de leur corps (qui paraît petit par rapport aux membres), l'absence de queue, la réduction partielle ou complète de leurs pouces et leur comportement qui se rapproche de celui des singes anthropomorphes. D'ailleurs, on les classe à côté de ceux-ci et de l'Homme dans une superfamille, celle des *Hominoidea*, le groupe le plus évolué de tous les Primates.

Le Gibbon lar est le mieux connu des *Hylobatidae*. Il mesure de 40 à 50 cm de long et pèse de 4 à 13 kg. L'extrémité de ses membres et les côtés de sa face sont toujours blancs. Il vit dans les forêts tropicales du sud-ouest de la Chine (entre la Salween et le Mékong), de la péninsule malaise et de Sumatra. On le rencontre depuis le niveau de la mer jusqu'à 2 000 mètres d'altitude. En général, il vit en familles composées d'un mâle, d'une femelle et de leurs petits (normalement, six individus au total). Quand les jeunes deviennent adolescents, ils sont chassés par leurs parents. Les familles occupent de petits territoires couvrant seulement de 12 à 40 hectares. Si les limites de territoires voisins se chevauchent, les familles se livrent de sanglantes batailles. Les intrus sont repoussés au moyen de cris puissants (qui diffèrent légèrement entre mâle et femelle), de gestes et mimiques de menace. Les signaux visuels ont beaucoup d'importance chez les gibbons.

Habituellement, la journée commence par un chœur matinal auquel succède la recherche de la nourriture. Les gibbons sont entièrement végétariens et mangent des fruits, feuilles et bourgeons. Aux heures les plus chaudes de la journée, ils somnolent ou dorment. Dans la soirée, ils mangent à nouveau et enfin se réunissent sur un arbre favori pour y passer la nuit. La gestation dure sept mois ; il n'y a qu'un seul petit par portée. Sa mère le soigne plusieurs mois pendant lesquels il apprend, ainsi qu'au contact du groupe, tout ce qui lui sera nécessaire pour subsister. La maturité sexuelle survient entre 6 et 10 ans.

Le Gibbon agile *(Hylobates agilis)* se présente sous deux formes, l'une claire (ci-dessus) et l'autre foncée (noire). Il vit à Sumatra et dans le nord-ouest de la péninsule de Malaisie

L'aire du Hoolock *(Hylobates hoolock)* va de l'Assam à la Chine méridionale à travers la Birmanie. Les jeunes, couleur crème à la naissance, deviennent noirs au bout de quelques mois. Les mâles restent noirs, mais les femelles passent au brun grisâtre. Les deux sexes ont une bande blanche au-dessus des yeux

Primates

Chimpanzé

(Pan troglodytes)

V, M , C

Anthropomorphes *(Pongidae)*

Le Chimpanzé, le Gorille et l'Orang-Outan sont trois espèces bien connues ; en 1929, Schwartz décrivit une sous-espèce de Chimpanzé qui, ultérieurement, fut reconnue comme étant en réalité une espèce différente, le Chimpanzé nain ou Bonobo. Il y a donc quatre espèces de *Pongidae* dont trois vivent en Afrique et une en Asie. Ce sont de grands Primates caractérisés par leur poitrine plate, leurs grands membres antérieurs, leur cerveau bien développé et leur comportement très évolué où l'apprentissage et une capacité de réflexion (« pensée » pré-verbale ou non-verbale) sont plus remarquables que chez n'importe quel autre animal. Leur parenté avec l'Homme ressort du fait qu'ils sont sensibles à certaines maladies typiquement humaines. Pourtant, aucune des espèces vivantes ne peut être considérée comme l'ancêtre d'*Homo sapiens,* l'Homme.

Le Chimpanzé mesure de 71 à 92 cm de long et, comme les autres nthropomorphes, il n'a pas de queue ; il pèse de 50 à 65 kg ; debout, il atteint de 1 m à 1,5 m de haut. Les femelles sont un peu plus petites que les mâles. Le pelage des vieux individus peut être gris par endroits et ils peuvent être chauves. La face et les oreilles sont nues. On distingue quatre sous-espèces qui vivent dans l'ouest et le centre de l'Afrique, de la Guinée et du Nigeria jusqu'au fleuve Congo et à l'ouest de la Tanzanie. C'est dans ce dernier pays, à la réserve de Gombe située au nord-est du lac Tanganyika, que la célèbre éthologiste Jane Goodall a vécu plusieurs années parmi des chimpanzés et a découvert certains aspects de leur comportement inconnus auparavant. Elle n'était cependant pas la seule à avoir étudié ces animaux, en nature et en captivité. On sait maintenant que les chimpanzés sont capables de faire des outils et de s'en servir ; ainsi, ils taillent des morceaux de bois et préparent des rameaux et des tiges d'herbes pour capturer des fourmis et des termites. Parmi les comportements les plus étranges, on peut citer la chasse occasionnelle aux jeunes singes, antilopes et

Chimpanzé

phacochères et la consommation de leur chair. Pour chasser – et en d'autres occasions –, les membres du groupe coopèrent : certains appellent les autres vers l'arbre qui porte des fruits et leur laissent une partie de la nourriture trouvée. En outre, des batailles sanglantes peuvent opposer des clans rivaux et on a constaté que le nouveau chef d'un groupe peut même se livrer à l'infanticide. Les chimpanzés vivent en forêt et dans la savane. Leurs troupes comptent environ quarante individus. Les mâles sont dominants mais la hiérarchie n'est pas stricte. La promiscuité est fréquente ; la gestation dure environ 8 mois et en général il n'y a qu'un seul petit par portée.

Jeune Chimpanzé

Chimpanzé nain, Bonobo

(Pan paniscus)

V, C

Anthropomorphes *(Pongidae)*

Comme son nom l'indique, cette espèce est plus petite que le Chimpanzé ; elle est aussi plus foncée, a le corps relativement plus long, des membres plus grands et des émissions vocales différentes (le Chimpanzé lance souvent de longs « Ouhh » et « Ohh », alors que chez le Chimpanzé nain les « Ahh » et « Ehh » prédominent). L'accouplement a lieu en position horizontale, les partenaires se faisant face, alors que chez le Chimpanzé (et les mammifères en général) cette position est rarement adoptée. Le Chimpanzé nain est plus arboricole, bien qu'il descende souvent à terre. Son régime, très varié, comprend des fruits, des insectes et leurs larves, du miel d'abeilles sauvages et du poisson. On le trouve dans une petite partie du Zaïre et il est fortement menacé d'extinction.

Chimpanzé nain, ou Bonobo : femelle et son petit

Primates

Gorille
(Gorilla gorilla)

V, M, C
Anthropomorphes *(Pongidae)*

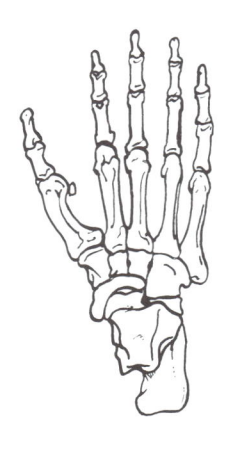

C'est le plus grand et le plus lourd de tous les Primates vivants, l'Homme y compris. Il mesure de 1 m à 1,40 m de long et atteint de 1,25 à 2,10 m quand il est debout. Les femelles sont nettement plus petites que les mâles : elles pèsent de 70 à 110 kg alors que les mâles font de 150 à 220 kg. Les gorilles ont un pelage noir qui, chez les vieux mâles, devient plus ou moins gris (les mâles du Gorille de montagne ont le dos gris). Aujourd'hui, l'aire de répartition du Gorille est discontinue. Le Gorille de plaine *(Gorilla gorilla gorilla)* habite les plaines du Nigeria méridional, du sud du Cameroun, du Río Muni et du Zaïre ; c'est la plus petite sous-espèce, encore assez abondante. Le Gorille oriental *(G. gorilla graueri)* vit au Zaïre, à l'est du Congo et, au sud, jusqu'aux monts Mitumba, à l'est jusqu'aux lacs Édouard (Rutanzige) et Kivu ; on le trouve aussi dans une enclave isolée dans le sud-ouest de l'Ouganda. C'est la plus grande sous-espèce ; sa tête, étroite, est très haute. La dernière sous-espèce, le Gorille de montagne *(G. gorilla beringei)* vit sur les monts Kahuzi et Virunga à l'ouest et au nord-est du lac Kivu, au Zaïre, au Rwanda et dans le sud de l'Ouganda. Sa taille se situe entre celles des deux autres sous-espèces ; sa répartition est très limitée et l'espèce se trouve menacée d'extinction.

Comme celui du Chimpanzé, le comportement du Gorille a été étudié par de nombreux spécialistes. Les résultats les plus complets ont été obtenus sur le Gorille de montagne dans la région des volcans Virunga par le célèbre zoologiste

Squelette de la main droite de Gorile

Jeune mâle de Gorille

Primates

américain G. B. Schaller et, plus tard, par Dian Fossey, qui paya de sa vie ses efforts pour sauvegarder les gorilles et leur habitat. Elle fut tuée par des braconniers et non par des gorilles. En effet, malgré leur très grande force, ces grands singes ne sont pas dangereux pour l'Homme, moyennant quelques précautions élémentaires. Leur charge, qui est exceptionnelle, est un moyen d'intimidation. Quand ils se font face, les gorilles regardent leur adversaire dans les yeux et se tiennent debout, tout en frappant leur poitrine. Ce « tambourinage » peut également servir à relâcher une tension nerveuse.

Les gorilles de montagne vivent dans les forêts situées entre 2 000 et 3 500 mètres d'altitude. Ils forment des groupes de trois à trente animaux conduits par un grand mâle au dos argenté. Il peut y avoir plusieurs mâles adultes mais un seul sera le chef. Certains mâles adultes vivent solitairement et essaient parfois de se créer un harem ou de diriger tout un groupe. Les batailles qui en résultent se soldent quelquefois par de graves blessures. En général, le nouveau chef tue les descendants de son ancien rival. Ce comportement – acte de cruauté gratuite à nos yeux – existe aussi chez d'autres Primates (langurs, babouins) et certains carnivores tel le lion. Il est avantageux car il empêche une réduction de la variabilité génétique. Les femelles sont aussitôt fécondées par le nouveau chef sans avoir à élever les descendants de son prédécesseur.

Les gorilles sont essentiellement terrestres. Ils mangent des pousses et autres parties de végétaux. Les jeunes montent dans les arbres, mais les adultes n'y grimpent que le soir pour se préparer un nid où ils dorment ; toutefois, il leur arrive de placer cet abri à terre. La gestation dure environ neuf mois et il n'y a, normalement, qu'un seul petit.

Chez le Gorille, les dents de la mâchoire supérieure sont disposées en U et le palais présente des plis transversaux

Vieux Gorille mâle

Le crâne présente un bourrelet pariétal sur lequel s'insèrent les muscles temporaux qui meuvent la grosse mâchoire inférieure

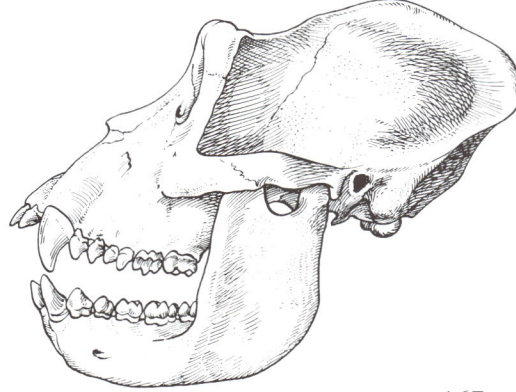

Primates

Orang-Outan

(Pongo pygmaeus)

M, C

Anthropomorphes *(Pongidae)*

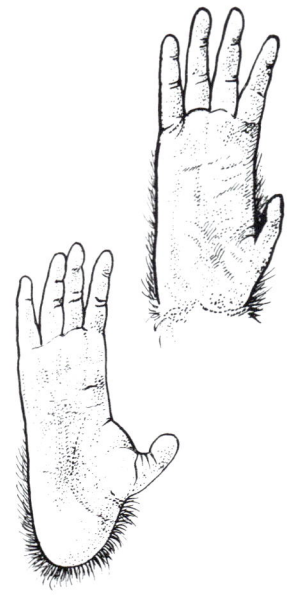

Main et pied d'Orang-Outan

L'Orang-Outan, le seul Anthropomorphe asiatique, ne vit pas sur le continent mais sur deux des grandes îles de la Sonde. La sous-espèce de Bornéo *(Pongo pygmaeus pygmaeus)* existe dans quelques régions du Kalimantan et ses effectifs sont estimés entre cinq mille et dix mille individus. L'Orang-Outan de Sumatra *(P. pygmaeus abeli)* ne se trouve qu'au nord-ouest du lac Toba à Sumatra et on pense qu'il n'en reste plus que de cent à deux cents. L'Orang-Outan est le singe anthropomorphe le plus menacé de disparition. Par ses dimensions, il occupe une place intermédiaire entre le Gorille et le Chimpanzé ; comme chez le premier, les mâles sont beaucoup plus grands que les femelles. Il mesure de 80 cm à 1,05 m de long, de 1 m à 1,40 m de haut et pèse environ 80 kg (mâle) ou 40 kg (femelle). Ces mensurations concernent les sujets sauvages, car ceux qui sont captifs deviennent souvent obèses (comme les gorilles) ; dans ce cas, les mâles atteignent 220 kg et les femelles 90 kg. De tous les Anthropomorphes, l'Orang-outan est celui qui a les bras les plus longs (leur « envergure » atteint 2,25 m), mais ses membres inférieurs sont courts. Comme chez les autres Anthropomorphes (et à la différence de l'Homme), le gros orteil est nettement écarté des autres et peut saisir. Sa tête arrondie porte des mâchoires proéminentes, des lèvres très mobiles et des yeux très rapprochés. Chez les vieux mâles il y a, sur le dessus de la tête, une grande crête sur laquelle s'insèrent les muscles temporaux, mais elle n'est pas aussi développée que celle des gorilles. En outre, ces vieux mâles ont de très larges bourrelets charnus sur les côtés de la face, deux grands sacs laryngiens sur le cou et une zone de glandes à sécrétion odoriférante sur la poitrine. Chez les femelles, les sacs pharyngiens sont plus petits, les bourrelets faciaux et les glandes pectorales manquent. Si l'on ajoute que les mâles ont un pelage plus long, qui forme parfois une barbe sur le menton, on comprendra que le dimorphisme

Orang-Outan : mâle adulte

sexuel est plus marqué chez l'Orang-Outan que chez tout autre singe anthropomorphe.

L'Ourang-Outan vit dans les forêts tropicales et se tient souvent dans la cime des arbres. Il se déplace par brachiation. Son régime est à base de fruits, feuilles, pousses, fleurs et écorces. C'est un solitaire qui forme toutefois de petits groupes composés de trois ou quatre individus. Normalement, les femelles avec un ou deux petits d'âges différents constituent les seuls groupes durables, auxquels les mâles s'associent en période de rut. Il y a parfois des groupes de jeunes immatures, mais ils ne comprennent jamais plus de six membres. Le comportement territorial semble ne pas exister chez l'Orang-outan et on n'a pas observé de duels entre les mâles adultes. La gestation dure sept mois et demi. L'unique petit est allaité pendant longtemps et reste plusieurs années avec sa mère. La maturité sexuelle survient à environ 10 ans. L'Orang-Outan est gardé en captivité peut-être depuis le XVIe siècle et certainement depuis le XVIIe, mais ce n'est qu'au XXe siècle qu'il a commencé à se reproduire dans ces conditions ; le premier petit vit le jour au zoo de Berlin le 12 janvier 1928 ; la même année, deux autres naquirent dans ceux de Nüremberg et Philadelphie. À titre comparatif, le premier Chimpanzé issu d'un jardin zoologique naquit en 1915, le premier Gorille en 1956 et le premier Chimpanzé nain en 1962.

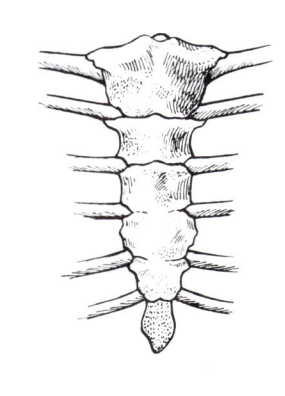

Le sternum est plat ; la poitrine est plate et large comme chez tous les Hominoïdes, l'Homme inclus

La femelle de l'Orang-Outan est beaucoup plus petite et plus svelte que le mâle

Édentés et Pangolins

Ce chapitre traite de deux ordres de mammifères anciens, primitifs et spécialisés. Leur cerveau peu développé et leur spécialisation alimentaire, qui se manifeste par une réduction du nombre de dents, leur confèrent une certaine ressemblance, mais du point de vue évolutif ils ne sont pas étroitement apparentés, bien qu'ils descendent manifestement des premiers Insectivores. Ceux-ci vivaient sans doute à des époques différentes et appartenaient à deux groupes distincts. D'après la documentation paléontologique, les Édentés sont un peu plus anciens car on les connaît depuis le Paléocène, alors que les

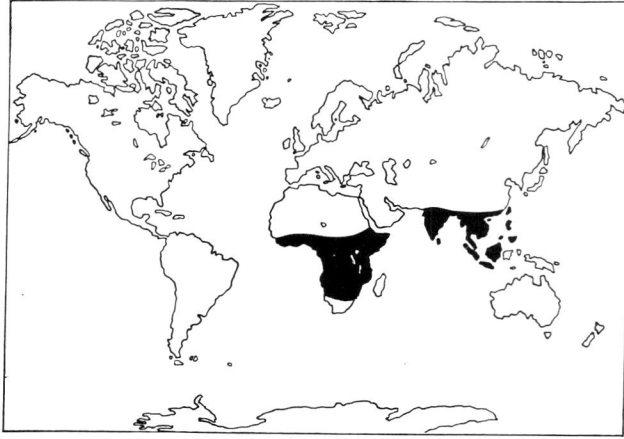

Distribution des Édentés

Distribution des Pangolins

Pangolins n'existent que depuis l'Oligocène, c'est-à-dire, dans les deux cas, depuis le début de l'ère cénozoïque. La distribution actuelle des deux ordres est elle aussi différente puisque les Édentés vivent en Amérique (surtout tropicale) alors que les Pangolins existent en Afrique et en Asie tropicales.

Les Édentés

Cet ordre est également connu sous le nom de Xénarthres, mais les mammalogistes emploient ce terme pour désigner le sous-ordre des Édentés récents, qu'ils opposent au sous-ordre éteint des Palaeanodontes, petit groupe qui vivait en Amérique du Nord au début de l'ère cénozoïque. Les Édentés actuellement vivants existent depuis le sud des États-Unis jusqu'au sud de l'Argentine, mais ils manquent dans le sud de la Patagonie et sur la Terre de feu. Leur aire de répartition est donc centrée sur l'Amérique du Sud tropicale, c'est-à-dire la région néotropicale. À la fin du Crétacé, quand l'Amérique du Sud devint une grande île, ils étaient représentés par un grand nombre d'espèces. Quand les Amériques furent reliées par l'isthme de Panamá, quelques-uns migrèrent vers le nord mais beaucoup moururent à la suite de la compétition avec les mammifères plus évolués appartenant aux autres ordres qui se déplaçaient dans la direction opposée. Les quelque trente espèces actuelles sont généralement réparties entre trois familles : les Fourmiliers *(Myrmecophagidae)*, les Paresseux *(Bradypodidae)* et les Tatous *(Dasypodidae)*. Certains spécialistes distinguent deux familles de Paresseux, chacune formée d'un seul genre, les *Bradypodidae* et les *Choloepidae* ou *Megalonychidae* (d'après le genre *Megalonychus*, éteint de nos jours mais qui vivait jadis dans les Grandes Antilles).

À l'ère cénozoïque (ère tertiaire), il y avait beaucoup d'Édentés en Amérique du Sud. L'un d'eux, le Tatou géant (Glyptodon) mesurait 1,60 m de haut et 3 m de long

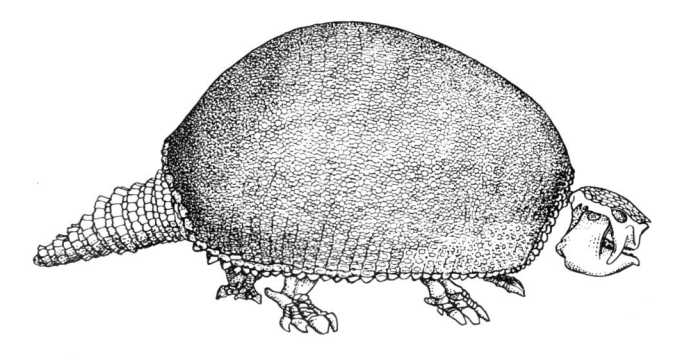

De prime abord les membres des différentes familles d'Édentés semblent très éloignés, mais ils ont en commun quelques caractères anatomiques. Ainsi, la voûte de leur crâne est aplatie et dépourvue de crête pariétale ; leur denture est secondairement homodonte (c'est-à-dire que leurs dents ont toutes la même forme) ou bien ils n'ont pas de dents. S'ils possèdent des molaires, celles-ci sont plus ou moins cylindriques et dépourvues d'émail et de racines. Leur colonne vertébrale présente des particularités inconnues chez les autres mammifères ; ceux-ci ont sept vertèbres cervicales alors que les Paresseux en ont jusqu'à neuf ; en outre, leurs vertèbres lombaires ont des apophyses supplémentaires, leur bassin est articulé avec la colonne vertébrale par l'ischion et l'ilion ; enfin, certaines de leurs vertèbres sont fréquemment soudées, surtout chez les espèces éteintes. De nombreux Édentés fossiles portaient une carapace de plaques dermiques qui subsiste chez les Tatous.

Les Pangolins (Pholidotes)

Les Pangolins sont insectivores et n'ont pas de dents ; la partie faciale de leur crâne est très longue et effilée ; ils ont une langue très mince et démesurément allongée. Ces détails les font ressembler aux fourmiliers et constituent un bon exemple de convergence, c'est-à-dire de ressemblance externe due à un genre de vie analogue chez deux groupes bien différents par ailleurs. Le rôle des dents est partiellement tenu par l'estomac qui possède un revêtement interne dur et corné et qui contient des graviers servant à écraser les aliments (il en est de même chez les oiseaux granivores). Toutefois, le caractère le plus visible des Pangolins est leur carapace, unique chez les mammifères, et formée de grandes plaques cornées qui se recouvrent partiellement. Dans certaines régions d'Afrique, les Pangolins étaient jadis sacrés à cause de ces écailles dont la disposition aurait servi de modèle aux habitants pour couvrir leurs huttes avec de grandes feuilles. Comme les Édentés, les Pholidotes sont des mammifères primitifs dont le crâne est exceptionnellement petit par rapport aux dimensions du corps. Cet ordre ne comporte qu'une seule famille avec sept espèces récentes, dont quatre vivent en Afrique et trois en Asie.

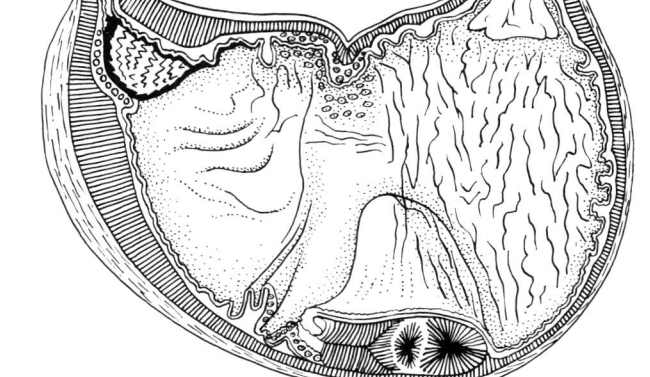

À l'intérieur de l'estomac des Pangolins, des protubérances et crêtes cornées déchirent la nourriture et remplacent les dents qui sont absentes

Édentés

Tatou à neuf bandes

(Dasypus novemcinctus)   Tatous, Armadillos *(Dasypodidae)*

Les vingt espèces de tatous forment le plus grand groupe d'Édentés. Ce sont des animaux terrestres, excellents terrassiers, et certains mènent une existence en grande partie souterraine. Leur face dorsale est revêtue d'une armure formée de plaques dont la partie inférieure est osseuse et la partie supérieure est cornée, ou bien les plaques sont entièrement cornées. Sur le dos et les flancs, ces plaques sont souvent disposées en rangées transversales séparées par des zones de peau velue ; le ventre est également couvert de peau velue. Contrairement à une croyance très répandue, seules quelques espèces sont capables de se rouler en boule comme un hérisson (le Tatou à neuf bandes n'en fait point partie). Les dimensions des tatous varient entre 15 cm (queue comprise) pour la plus petite espèce et plus d'un mètre à l'âge adulte pour la plus grande. Tous ont des dents simples mais nombreuses : il peut y en avoir jusqu'à 100 et même plus.

Le Tatou à neuf bandes est l'une des cinq espèces du genre *Dasypus* où l'on observe le phénomène de la polyembryonie : l'ovule fécondé (œuf) se divise en quatre (douze au maximum) embryons identiques, qui se développent normalement, en sorte que la femelle peut avoir de 4 à 12 petits, tous du même sexe et issus du même œuf. Il s'agit là

Tatou à neuf bandes

d'un mode de reproduction asexuée et les professeurs de biologie posent parfois cette question à leurs élèves : « La reproduction asexués existe-t-elle chez les mammifères ? » La réponse est « oui », mais il s'agit d'un cas particulier qui dérive toujours de la reproduction sexuée. Le fait le plus important est que chez les tatous la polyembryonie est un phénomène régulier, alors que chez d'autres mammifères il est exceptionnel (par exemple, les vrais jumeaux chez l'Homme).

Crâne de Tatou à neuf bandes

Le Tatou à neuf bandes mesure de 40 à 50 cm de long, queue (25–40 cm) non comprise, et il pèse de 4 à 8 kg. Son armure cornée se compose de plaquettes disposées en rangées transversales sur le corps et la queue. Cette espèce vit depuis le sud des États-Unis jusque dans le nord de l'Argentine. Elle habite les lieux herbeux, les semi-déserts et se nourrit plutôt de larves d'insectes que d'insectes adultes, de vers, mille-pattes, petits vertébrés, œufs d'oiseaux et de végétaux qu'elle prend à la surface

Édentés

du sol ou en creusant. Ce tatou se sert surtout de son odorat pour chercher ses aliments. Il vit dans un terrier qu'il creuse lui-même et qu'il tapisse avec des feuilles. Les accouplements ont lieu en été mais le développement des embryons s'arrête jusqu'en novembre, après quoi il reprend et les petits naissent au printemps.

Pichi

(Zaedyus pichiy)   Tatous, Armadillos *(Dasypodidae)*

Ce petit tatou est l'unique représentant du genre *Zaedyus*. Il vit sur les pentes herbeuses des Andes, du Chili au centre de l'Argentine et de là vers le sud, jusqu'au détroit de Magellan. Il mesure environ 40 cm de long, queue (15 cm) non comprise. Il s'abrite dans des terriers peu profonds qu'il fore dans des terrains souvent sablonneux. Face à un danger, il se blottit dans son terrier, les pattes repliées sous le corps, et s'accroche à la terre à l'aide des plaques latérales de sa carapace, si bien qu'il est difficile de le déloger. Il se nourrit de vers, insectes et cadavres. Dans les régions froides il passe la mauvaise saison en vivant au ralenti.

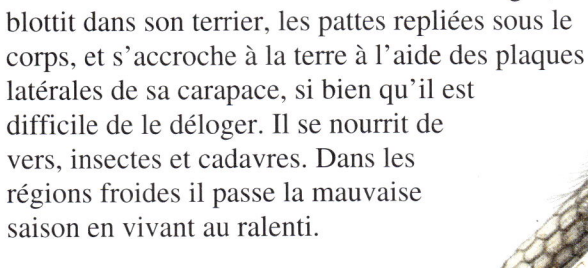

Pichi

Pichiciego

(Chlamyphorus truncatus)   Tatous, Armadillos *(Dasypodidae)*

Le Pichiciego ou le Tatou à bandes *(Chlamyphorus truncatus)* de 13 à 15 cm de long fait partie des plus petits animaux du groupe. Sa tête, son dos et sa queue sont cuirassés. Typique est son bouclier circulaire, presque vertical par rapport à l'échine et le bassin est fermement fixé sur le derrière. Ce petit animal mène une vie souterraine et il bouche de son bouclier l'orifice de la galerie en cas de danger. Il vit dans la pampa sablonneuse et sèche de l'Argentine.

Pichiciego

Édentés

Tatou à trois bandes .... M
(Tolypeutes tricinctus)   Tatous, Armadillos *(Dasypodidae)*

Il s'agit de l'un des tatous capables de défier les prédateurs en s'enroulant en boule. Il mesure de 35 à 40 cm de long, queue (7–9 cm) non comprise. Sa carapace, dépourvue de poils, dépasse les flancs en sorte que s'il se roule sur lui-même, ses pattes pouvant être repliées dessous. En général, il y a trois bandes transversales de plaquettes au milieu du dos, mais parfois deux ou quatre. Les membres antérieurs ont cinq doigts ; sur

Tatou à trois bandes

Le Tatou à trois bandes place son front dans une encoche de sa carapace et replie sa queue par-dessus ; il ressemble alors à une boule

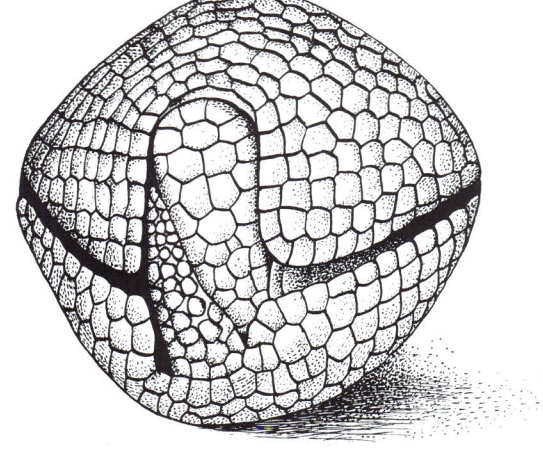

les membres postérieurs les premier et cinquième orteils sont séparés et ont chacun une griffe normale ; les autres orteils sont soudés et leurs griffes également unies ont l'aspect d'un petit sabot. Le Tatou à trois bandes vit dans le nord-est du Brésil, au sud de l'Amazone ; il est rare et menacé de disparition à cause de la chasse et des bouleversements apportés à son habitat. Sa biologie reste mal connue mais il se nourrit principalement de termites, semble-t-il. C'est un animal solitaire bien qu'à la mauvaise saison plusieurs individus se groupent parfois dans un terrier. La femelle met au monde un seul petit.

Tatou géant .... V, C
(Priodontes maximus)   Tatous, Armadillos *(Dasypodidae)*

Mesurant de 75 cm à 1 m de long, queue (environ 50 cm) non comprise, et pesant de 50 à 60 kg, le Tatou géant est la plus grande espèce de la famille. Ses membres ont tous cinq doigts et les antérieurs se terminent par d'énormes griffes. Sa carapace comporte de onze à treize bandes de plaquettes et elle est généralement bicolore. Comme les

Édentés

autres tatous, le nombre de ses dents varie de 15 à 28 sur chaque demi-mâchoire supérieure et inférieure ; elles tombent à mesure que l'animal vieillit.

Le Tatou géant vit dans les forêts denses et les savanes ; on le trouve souvent près de l'eau. Il est solitaire (sauf à la saison de reproduction) et nocturne. Son régime se compose de fourmis, termites, autres insectes et leurs larves, de vers, araignées, reptiles, cadavres et végétaux. Il se creuse des terriers et son aptitude à s'enfouir rapidement a été prouvée par des observations faites dans des jardins zoologiques où on l'a vu briser l'asphalte d'une route pour s'enterrer dessous en l'espace de quelques minutes. Bien qu'il puisse courir, il préfère généralement se mettre en boule s'il est attaqué. Toutefois, à la différence du Tatou à trois bandes, il ne peut s'enrouler complètement sur lui-même et rétracter ses pattes. La femelle donne naissance à 1 ou 2 petits dont la carapace est d'abord molle, semblable à du cuir, comme chez les autres petits tatous. Le Tatou géant vit en Amérique du Sud à l'est des Andes, depuis le Venezuela, la Colombie et les Guyanes jusqu'au nord de l'Argentine. Vers 1980, on a procédé à un recensement de cette espèce dans plusieurs pays sud-américains car le Tatou géant est menacé par la chasse et la destruction de son habitat. Dans certains pays (Surinam, Guyane, Venezuela et Bolivie) il était encore assez abondant, alors que dans d'autres (Brésil, Pérou, Colombie et Argentine) il était très rare. Il est protégé par la loi dans près de la moitié des pays où il existe.

Tatou géant

Édentés

Paresseux didactyle, Unau

(Choloepus didactylus)   Paresseux *(Bradypodidae)*

Les cinq espèces de paresseux, remarquablement adaptées à une existence arboricole, possèdent de nombreux caractères distinctifs. Ainsi, ces animaux ont 18 dents formées seulement de dentine (ils n'ont ni incisives, ni canines), de six à neuf vertèbres cervicales, un estomac divisé en plusieurs compartiments, une étrange dilatation de l'intestin juste avant le rectum et une température interne qui peut varier entre 28 et 35 °C. Ils s'accrochent généralement aux branches avec leurs quatre pattes extrêmement puissantes et peuvent tourner la tête sur 200°. Enfin, ils se tiennent toujours en position renversée, le dos tourné vers le sol. Leur pelage a un sens inversé (du ventre vers le dos) par rapport à celui qui caractérise tous les autres mammifères et cela facilite l'écoulement de l'eau quand il pleut. Leur tube digestif renferme des bactéries symbiotiques qui décomposent la cellulose ; enfin, leur fourrure abrite des algues unicellulaires bleu-vert. Les paresseux défèquent à de longs intervalles (en général tous les 12 à 21 jours) et des coléoptères coprophages des genres *Trichillum* et *Noxys* se développent dans leur rectum.

Deux espèces de paresseux ont deux doigts soudés à chaque patte antérieure (chacun porte une griffe pointue, incurvée, mesurant environ 75 mm de long). Les pattes postérieures portent trois doigts libres, également armés de longues griffes recourbées. Le Paresseux didactyle mesure de 60 à 64 cm de long et pèse environ 9 kg ; sa queue est réduite à un vestige. Sa longue fourrure est parfois teintée de vert par les algues qui s'y développent. Sa face est nue. On a constaté que les paresseux voient les couleurs et que leur ouïe est généralement faible. Le Paresseux didactyle vit dans le nord-est de l'Amérique du Sud, des côtes de l'Atlantique jusqu'au bassin de l'Amazone. À l'origine, il habitait les forêts vierges mais il a appris à vivre dans les forêts secondaires et même dans les parcs des villes. Il passe la majeure partie de son existence sur les arbres où il se repose parfois en position

Paresseux didactyle (Unau)

Édentés

assise, coincé entre des branches. À terre, il se traîne gauchement à l'aide de ses membres antérieurs, mais il nage bien. Son régime comprend des feuilles, pousses et fruits de diverses espèces d'arbres. La gestation dure de cinq à six mois et l'unique petit s'accroche fermement à la fourrure pectorale de sa mère pendant ses quatre premières semaines. Caché par le pelage, il tète pendant environ neuf mois et atteint la maturité sexuelle à 2 ans et demi. La deuxième espèce d'Unau, le Paresseux d'Hoffmann (*Choloepus hoffmanni*) n'a que six vertèbres cervicales, ce qui est rarissime chez les mammifères, l'autre exception se trouvant chez les lamantins du genre *Trichechus*.

Aï, Paresseux tridactyle

(*Bradypus tridactylus*) Paresseux (*Bradypodidae*)

Le genre *Bradypus* réunit trois espèces de paresseux qui ont trois doigts et un nombre record de vertèbres cervicales (neuf), caractéristique unique chez les mammifères. Le Paresseux tridactyle est un peu plus petit, plus svelte que le Paresseux didactyle et sa fourrure est plus claire. Ses quatre membres se terminent par trois doigts pourvus d'une griffe ; les paumes et les plantes des pieds sont velues. Cette espèce vit dans les forêts de l'Amérique du Sud, depuis le Venezuela jusqu'au Río Negro et l'Amazone, car c'est là que pousse l'arbre (*Cecropia lyratifolia*) dont il mange les fruits et les feuilles.

Paresseux tridactyle (Aï)

Crâne de Paresseux tridactyle

177

Édentés

Petit Fourmilier
(Tamandua tetradactyla) Fourmiliers *(Myrmecophagidae)*

Comme les paresseux, les Fourmiliers constituent une petite famille puisque de nos jours il n'y en a que trois genres pour quatre espèces au total. L'une d'entre elles est purement terrestre alors que les autres passent une partie de leur vie sur les arbres. Les fourmiliers ont des mâchoires dépourvues de dents, plus ou moins allongées, et une grande langue enduite d'une salive gluante produite par des glandes énormes. Qu'ils soient terrestres ou arboricoles, ces mammifères possèdent des griffes antérieures très fortes et recourbées ; pour marcher, ils s'appuient sur leurs articulations car ils replient ces griffes en arrière.

Le Petit Fourmilier occupe une position intermédiaire entre les espèces terrestres et celles qui sont arboricoles ; il a également des dimensions moyennes : il mesure de 54 à 58 cm de long (et autant pour la queue) et pèse de 4 à 7 kg. Sa queue est en partie préhensile et seul le tiers antérieur est velu. Son pelage, raide, a une coloration très variable. Les membres antérieurs ont quatre doigts pourvus de très grandes griffes ; les pattes postérieures ont cinq doigts munis de griffes plus petites. Cette espèce est répandue dans une grande partie de l'Amérique du Sud à l'est des Andes, depuis le Nord jusqu'au Paraguay, l'Uruguay et l'Argentine septentrionale. Elle vit aussi sur l'île Trinidad. On la rencontre à la lisière des forêts denses, des bois clairs et des prairies, et même au voisinage de l'Homme. Elle grimpe bien et peut marcher à terre mais est incapable de courir comme le Tamanoir. Elle est active pendant et à la tombée de la nuit.

Petit Fourmilier

Son régime se compose de termites et de fourmis terrestres et arboricoles, mais aussi d'abeilles sauvages et d'autres insectes. Menacé, le Petit Fourmilier se dresse sur ses pattes postérieures, sa queue lui servant de point d'appui, et il se défend avec ses pattes antérieures dont les griffes sont des armes redoutables. En outre, il émet une odeur désagréable et âcre. La femelle met au monde un seul petit qu'elle porte sur son dos.

Édentés

Tamanoir, Grand Fourmilier

(Myrmecophaga tridactyla)

V

Fourmiliers *(Myrmecophagidae)*

Cette espèce, la plus grande de la famille, mesure de 1 m à 1,30 m de long, queue (65–90 cm) non comprise, et pèse de 18 à 25 kg. Son régime spécialisé (fourmis et termites) a entraîné des adaptations morphologiques remarquables : la partie faciale de son crâne est démesurément allongée et étroite et sa langue peut sortir de 60 cm de sa bouche. Son corps aplati latéralement est revêtu d'un pelage long et grossier, notamment sur le dos et la queue où les poils atteignent 40 cm de long. Une bande noire bordée de blanc s'étend obliquement le long des flancs, de la poitrine à la partie postérieure du dos. Les pattes antérieures ont quatre doigts dont les deuxième et troisième sont pourvus de grandes griffes utilisées pour ouvrir les termitières et fourmilières et pour la défense. Le

Face interne d'une patte antérieure de Tamanoir

Tamanoir

Tamanoir ne creuse pas de terrier. Purement terrestre, il habite les forêts claires et les prairies (pampas) depuis Belize et le Guatemala jusqu'à l'Équateur à l'ouest et, à l'est des Andes, jusqu'à l'Argentine. Il est essentiellement diurne. Il se raréfie partout. Après environ six mois de gestation, la femelle met au monde un seul petit.

Crâne de Tamanoir. La mâchoire inférieure ressemble à une baguette

Pangolin terrestre du Cap, Pangolin de Temminck

(Manis temminckii)   Pangolins *(Manidae)*

Comme les autres pangolins, celui-ci a un corps allongé qui se rétrécit aux deux extrémités car la tête est conique et la queue, obtuse, est très longue. La majeure partie du corps, les membres et la queue sont revêtus d'écailles épaisses et plates dont certaines ont la face externe cannelée. Ces écailles s'usent en sorte que leur forme et leurs sculptures changent à mesure que l'animal vieillit. Seules les espèces asiatiques ont trois ou quatre poils à la base de chaque écaille. Chez tous les pangolins, les écailles sont mobiles et présentent des bords coupants.

Le Pangolin de Temminck vit dans l'est de l'Afrique, depuis le Tchad et le sud du Soudan ; dans le Sud, on le trouve de l'Angola et du Mozambique à la Namibie et en République d'Afrique du Sud à l'exception de sa pointe méridionale. Aucun Pangolin n'est menacé de disparition et aucun ne figure dans le Livre rouge de l'UICN. Le Pangolin de Temminck mesure environ 50 cm de long (les extrêmes vont de 30 à 80 cm chez les autres espèces) et sa queue atteint 35 cm (de 30 à 80 cm chez les autres espèces) ; il pèse environ 9 kg (de 4,5 à 27 kg chez les autres espèces). Les mâles sont un peu plus grands que les femelles. La queue est aplatie dans le sens dorso-ventral et est un peu convexe dessous ; elle est entièrement revêtue d'écailles alors que les membres en ont seulement sur la face externe. Les pattes antérieures ont cinq doigts ; les trois médians possèdent chacun une longue griffe, épaisse et pointue, légèrement incurvée et non pas recourbée en croissant comme celle des paresseux et des fourmiliers ; malgré cela, les pangolins s'appuient aussi sur leurs articulations pour marcher. Leur langue peut sortir de 25 cm de la bouche.

Le Pangolin de Temminck habite les régions arides peu ou pas boisées et préfère les terrains sablonneux. À la différence d'autres espèces qui grimpent bien, il mène une

Pangolin de Temminck

Pangolins

existence purement terrestre. Son odorat très fin lui permet de repérer les colonies de fourmis et de termites. Ayant creusé un trou dans leurs habitations, il prend les œufs, larves, nymphes et insectes adultes avec sa langue. Ses écailles, une peau épaisse et ses lourdes paupières le protègent contre les attaques des insectes et il peut aussi fermer ses narines et sa bouche ; il se contente de secouer les fourmis et les termites qui se sont glissés sous ses écailles. Après avoir ouvert une termitière, il se dresse souvent sur ses pattes postérieures et peut se déplacer dans cette position. Son activité est surtout nocturne. Attaqué, il essaie de trouver un abri ou bien se roule sur lui-même, mais en raison de la longueur et de la forme de son corps et de sa queue, il ressemble plutôt à une roue qu'à une boule ; cependant, il est protégé par les écailles qui, dressées, présentent leur bord coupant à l'ennemi.

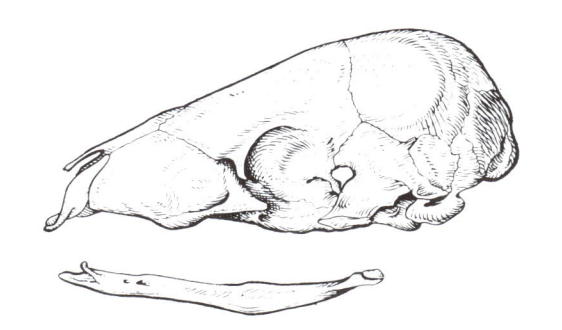

Crâne de Pangolin

Coupe de la peau d'un Pangolin avec deux écailles

Le Pangolin de Temminck est solitaire, sauf pendant la période de reproduction. La gestation dure environ quatre mois et il n'y a qu'un seul petit, rarement 2. À la naissance, les écailles du jeune Pangolin sont molles mais elles durcissent au bout de deux jours environ. Tant qu'il est petit, sa mère le porte sur son dos ou sur la face supérieure de la base de sa queue. En cas de danger, elle s'enroule autour de lui, si bien qu'il est complètement caché par l'armure maternelle.

Le Pangolin à longue queue (*Manis tetradactyla*) d'Afrique grimpe sur les arbres et se suspend aux branches par la queue

Les Carnivores

Dans certains ouvrages, les mammifères que nous décrirons dans ce chapitre sont répartis entre deux ordres, celui des Carnivores *(Carnivora)* et celui des Pinnipèdes *(Pinnipedia)*, car, de prime abord, ces animaux diffèrent beaucoup par leur aspect, leur mode de locomotion et d'autres points encore. Toutefois, de nombreuses études ont montré que les Pinnipèdes sont des Carnivores adaptés à la vie aquatique en mer, sauf quelques exceptions. Chez les Carnivores terrestres (sous-ordre des Fissipèdes), on trouve également des espèces adaptées à une existence aquatique, mais elles ne sont pas aussi spécialisées que les Pinnipèdes. Nous savons que les Otaries *(Otariidae)*, les moins spécialisées de tous les Pinnipèdes, existent depuis l'Oligocène (ère cénozoïque) et descendent de Reptiles qui furent aussi les ancêtres des ours, c'est pourquoi ces deux groupes – ours et otaries – présentent encore de nombreux traits communs. La famille des *Odobaenidae* (Morses) est un rameau de celle des *Otariidae*. L'origine de la troisième famille de Pinnipèdes,

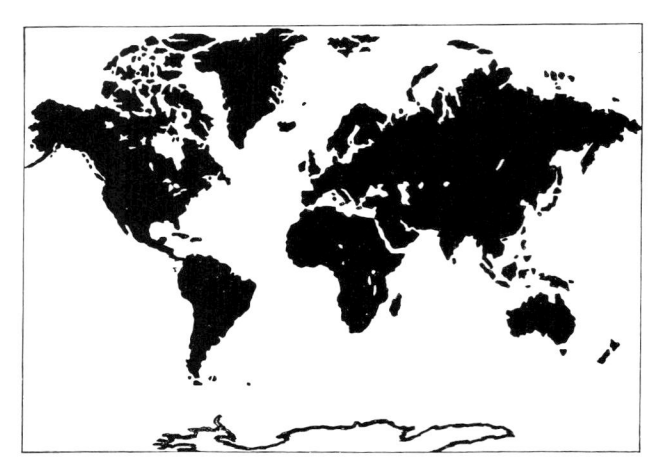

Crâne de Carnivore terrestre (Chien viverrin) (A) et de Pinnipède (Phoque gris) (B)

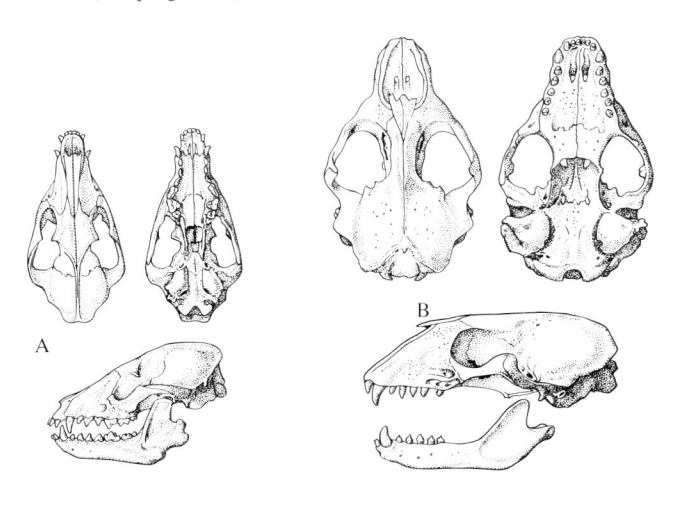

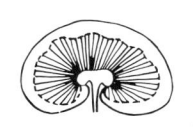

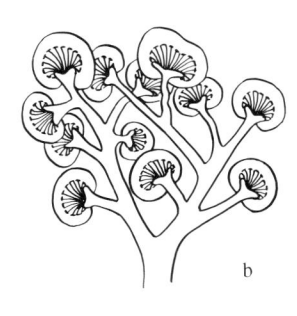

Distribution des Carnivores, Pinnipèdes inclus. Des Carnivores ont été introduits en Australie et sur de nombreuses îles. Les Pinnipèdes existent aussi dans la mer Caspienne, le lac Baïkal et dans les eaux côtières des continents et des îles

qui est aussi la plus évoluée, celle des Phoques *(Phocidae)* reste assez obscure mais ils dérivent soit des ancêtres des ours actuels, soit de Carnivores encore inconnus proches des loutres. D'autres hypothèses ont été émises mais les recherches sur l'histoire des Pinnipèdes ont toujours montré qu'ils ont eu pour ancêtres des Carnivores actuellement éteints.

Les Carnivores (Pinnipèdes inclus) forment un groupe de mammifères largement répandus, présents dans toutes les mers et sur tous les continents sauf le centre du continent antarctique. La plupart sont crépusculaires et nocturnes. Leurs sens sont très développés, leur comportement est complexe et ils possèdent les adaptations nécessaires pour chasser les animaux (surtout des vertébrés) qui forment l'essentiel de leur nourriture. La plupart mangent des espèces terrestres mais certains se nourrissent de poissons ou ont un régime mixte, ou encore sont insectivores, voire charognards. Quelques-uns ont une alimentation très particulière ; ainsi, le Grand Panda vit surtout aux dépens des jeunes pousses de bambou, et le Phoque crabier absorbe de petits crustacés (krill). Les Carnivores ont un crâne massif où la partie réservée au cerveau occupe une grande place ; les arcades zygomatiques sont développées. Les muscles masticateurs sont très puissants. Ils sont pourvus d'une denture complète et, très souvent, les canines sont particulièrement développées (crocs) ; ils ont parfois des carnassières qui, en réalité, sont les dernières prémolaires supérieures et les premières molaires inférieures, agrandies, qui servent à couper la chair des proies. Chez les Pinnipèdes, on note une tendance à l'homodontie (toutes les dents ont la même forme), caractéristique des mammifères piscivores. La mâchoire inférieure (mandibule) s'articule avec le crâne par un condyle à demi cylindrique qui lui permet de se mouvoir seulement dans un plan vertical ; elle ne peut donc pas effectuer les mouvements de va-et-vient comme chez les Rongeurs ou latéraux comme chez les Ongulés. Les clavicules manquent ou sont réduites. Les Carnivores qui se déplacent en courant sont généralement digitigrades. Les espèces terrestres ont tous les doigts munis de griffes, mais les pattes postérieures (et exceptionnellement les antérieures aussi) ont seulement quatre doigts. Les Pinnipèdes ont cinq doigts munis de griffes, mais celles-ci sont très réduites. Le cerveau est volumineux, très développé et sa surface

Les reins des Carnivores diffèrent par leur aspect. Sauf exceptions, ils sont plus simples chez les Carnivores terrestres que chez les Pinnipèdes a – rein simple de chien ; b – rein complexe de phoque. Cortex (écorce) en blanc, medulla (partie centrale) en grisé

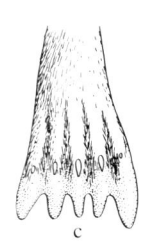

Patte postérieure: lion (a); loup (b) ; otarie (c) ; loutre (d). Vue par-dessus pour l'otarie, vue par-dessous pour les autres espèces

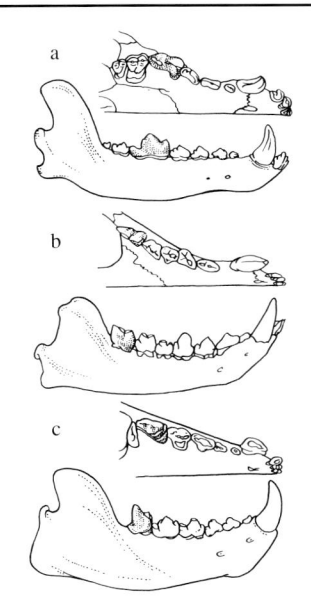

est généralement sillonnée (type gyrencéphalique). Parmi les autres détails anatomiques typiques des Carnivores, on peut citer l'existence d'un *tapetum cellulosum (tapetum lucidum)*, couche réfléchissante située sur le fond de la rétine, l'absence d'appendice, un placenta de type zonaire (chez les femelles) et, chez les mâles, la présence d'un baculum (os pénien).

La biologie des Carnivores terrestres et des Pinnipèdes est intéressante. Du point de vue écologique, la plupart sont des consommateurs de second ordre, c'est-à-dire qui vivent aux dépens des herbivores, consommateurs de premier ordre. Les grands Carnivores comme le Lion, le Tigre, le Jaguar ou le Grizzly sont des superprédateurs qui, à l'âge adulte, n'ont pas d'ennemis naturels et se trouvent au sommet des pyramides alimentaires. Malgré cela, les Carnivores sont généralement prolifiques car la mortalité est très forte chez les jeunes. Dans les régions (ou les années) où les proies sont peu nombreuses, beaucoup meurent de faim et certains sont victimes d'autres Carnivores ou d'oiseaux rapaces. Chez les Carnivores terrestres, la durée de la gestation varie entre trente et cent soixante-dix jours et certaines espèces se reproduisent deux fois par an (rarement trois fois). Le nombre des petits dans une portée va de 1 à 15 ; en général, ils naissent couverts de poils mais sont aveugles, incapables de se nourrir seuls et dépendent entièrement de leurs parents ou de l'un d'eux. La mère les soigne attentivement et il arrive que le mâle participe à leur élevage. Chez les espèces qui vivent en groupe (lycaons par exemple), les autres membres de l'association nourrissent également les jeunes.

L'apprentissage est une condition essentielle pour chasser efficacement, c'est pourquoi si un jeune Carnivore est privé de l'exemple donné par les adultes il n'apprend pas à capturer et tuer les proies. Les Pinnipèdes ont 1 ou 2 petits par portée ; la gestation dure longtemps (de huit à douze mois), car chez la plupart des espèces elle est différée, mais à la naissance les petits sont bien plus développés que ceux des Carnivores terrestres ; en effet, ils voient et entendent. Bien qu'ils soient capables de nager peu après leur venue au monde, ils naissent sur la terre ferme ou la glace. On connaît mal leurs processus d'apprentissage, mais les adultes ont un psychisme aussi développé que celui des Carnivores terrestres.

Les Carnivores sont apparus au Crétacé supérieur, c'est-à-dire à la fin de l'ère mésozoïque. Au début du cénozoïque, ils étaient représentés par la superfamille des *Miacoidea*, considérée comme le groupe d'où sont issues toutes les superfamilles récentes de Carnivores terrestres et, parmi les Pinnipèdes, au moins les otaries et le Morse. Les Carnivores terrestres (Fissipèdes) sont répartis entre trois super familles récentes, les *Arctoidea*, les *Herpestoidea* et les *Cynofeloidea*. Les *Arctoidea* comprennent les familles suivantes : les *Mustelidae* (belettes, etc.), les *Procyonidae* (ratons-laveurs, etc.) et les *Ursidae* (ours). La position systématique des Grand et Petit Pandas est controversée : on les place tantôt dans une famille spéciale *(Ailuridae)*, tantôt dans celle des *Procyonidae* ou celle des *Ursidae*, ou encore on place le Grand Panda dans la famille spéciale des *Ailuropodidae* et le Petit Panda dans celle des *Procyonidae*. La super-famille des *Herpestoidae* est un ensemble homogène qui comprend les familles des *Viverridae* (civettes, etc.), *Hyaenidae* (hyènes) et des *Protelidae* (Protèle). La super-famille des *Cynofeloidea* comprend les *Canidae* (renards, Loup, etc.) et les *Felidae* (félins). Les représentants actuels de ces derniers groupes ont le psychisme le plus développé de tous les Carnivores. Le sous-ordre des Carnivores terrestres (Fissipèdes) réunit environ deux cent quarante espèces.

Les principales différences entre les Pinnipèdes et les Carnivores terrestres concernent la structure des membres : chez les Pinnipèdes ils sont transformés en nageoires. Étant donné que la queue (généralement très utile pour nager) était déjà réduite chez leurs ancêtres, les Pinnipèdes ont des membres postérieurs tournés vers l'arrière (dans l'eau) qui jouent le rôle de la queue pour les déplacements aquatiques. Les Pinnipèdes ont une épaisse couche de graisse sous-cutanée et plusieurs autres adaptations qui leur permettent de rester longtemps en plongée. À terre, ils se déplacent très maladroitement et sur de très faibles distances. Ils vivent en troupes (souvent très importantes) qui se tiennent près des îles et des côtes. Au total, on en connaît trente-quatre (ou trente-cinq) espèces vivantes.

Comparaison entre les dents des Carnivores et celles des Hyaenodontes, ordre éteint. Mâchoires et dents de Canis (a), *Hyaenodon* (b) et *Hyaena* (c). Vivant au cénozoïque, les Hyaenodontes avaient un régime carnivore mais leur ressemblance avec les Carnivores actuels est l'expression d'un phénomène de convergence et non pas d'une relation de parenté. Chez les Hyaenodontes, les carnassières étaient toutes deux des molaires, alors que chez les Carnivores, seule la carnassière inférieure est une molaire agrandie

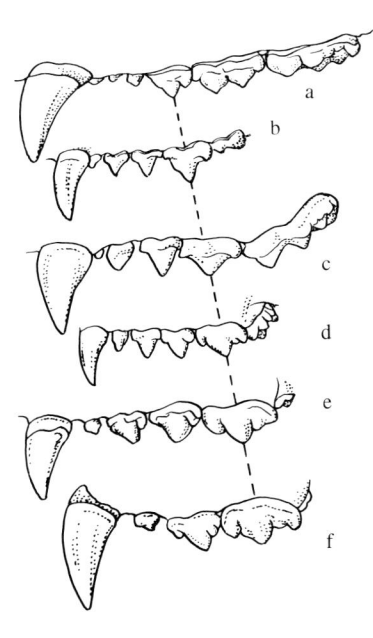

Chez les Carnivores actuels, la carnassière supérieure est toujours la dernière prémolaire. a – ours ; b – martre ; c – blaireau ; d – mangouste ; e – hyène ; f – panthère

Carnivores

Hermine
(Mustela erminea)

Belettes, etc. *(Mustelidae)*

L'Hermine est une représentante typique de la famille des Mustélidés, qui comprend environ soixante-dix espèces caractérisées par la longueur de leur corps et la brièveté relative de leurs pattes. Ces animaux ont une colonne vertébrale très souple, sont vifs et agiles. Beaucoup ont, autour de l'anus, des glandes dont la sécrétion âcre peut, chez certaines espèces, être projetée à distance si l'animal est irrité. La gestation différée est un phénomène fréquent dans ce groupe de Carnivores.

L'Hermine mesure de 24 à 29 cm de long (mâle) ou de 21 à 26 cm (femelle), queue (8–12 cm) non comprise, et pèse de 150 à 300 g. Sa distribution, très vaste, comprend tout d'abord l'Eurasie (de la toundra et de l'étage alpin aux plaines). En Europe, on la trouve jusqu'aux Pyrénées, aux Alpes et dans le sud des Carpates ; en Asie, elle atteint l'Hindou Kouch, l'Himalaya, la Chine et le Japon. En Amérique, on la rencontre dans la quasi-totalité du Canada et dans le nord des États-Unis. Les hermines, qui vivent dans les régions froides revêtent un pelage blanc en hiver, ce qui leur permet de se fondre dans le paysage enneigé ; toutefois, l'extrémité de leur queue reste noire. En été, leur fourrure est brune sur le dessus du corps et blanche sur le ventre, la séparation entre les deux couleurs étant rectiligne. L'Hermine vit dans toutes sortes de milieux, depuis les forêts jusqu'au voisinage des agglomérations humaines. Elle s'abrite dans un terrier, chasse des petits rongeurs et mange parfois des œufs, des oiseaux et des invertébrés ; enfin, elle ne dédaigne pas les fruits. La femelle a de 3 à 9 petits qu'elle allaite pendant près de deux mois. Les jeunes commencent à manger de la viande à partir de leur quatrième semaine.

Hermine en pelage estival

Carnivores

Belette

(Mustela nivalis)   Belettes, etc. *(Mustelidae)*

C'est l'un des plus petits Carnivores puisque les femelles mesurent seulement de 11 à 22 cm de long, queue (3–7 cm) non comprise, et pèsent de 40 à 80 g ; les mâles sont généralement plus grands et plus lourds d'un tiers ou de moitié. Dans certaines régions, il y a de grands mâles et de petits mâles dont la taille équivaut à celle des femelles. La Belette a la même coloration que l'Hermine mais la ligne de séparation entre les deux couleurs fondamentales est ondulée et la queue n'est pas noire à l'extrémité. Chez la plupart des populations, le pelage ne devient pas blanc en hiver. La Belette vit en Alaska, au Canada, dans le nord-est des États-Unis, dans toute l'Europe sauf l'Irlande, dans le nord-ouest de l'Afrique et dans toute l'Asie septentrionale jusqu'au Japon. Elle est commune dans les champs et les autres paysages ouverts. Active jour et nuit, elle chasse des micromammifères terrestres qu'elle capture dans leurs terriers (campagnols surtout). La gestation dure de trente-trois à trente-cinq jours (la gestation différée n'existe pas chez la Belette) et il y a de 4 à 7 petits par portée ; la femelle peut mettre au monde trois portées en un an.

Belette en pelage estival

Belette de Sibérie

(Mustela sibirica)   Belettes, etc. *(Mustelidae)*

Le mâle de cette espèce mesure de 28 à 39 cm, queue (15–21 cm) non comprise et pèse de 650 à 820 g ; la femelle de 25 à 30 cm, queue (13–16 cm) non comprise, son poids variant de 360 à 430 g. Cette belette habite surtout la taïga et la majeure partie de son aire de répartition se trouve dans l'ex-URSS ; cependant, elle existe aussi au Pakistan, en Birmanie, en Thaïlande, en Chine et à Taïwan. Comme les autres belettes, elle s'est habituée à vivre dans les agglomérations humaines. Elle se nourrit de rongeurs et d'autres vertébrés mais mange aussi des fraises, des noix et d'autres substances végétales. La femelle donne naissance de 2 à 10 petits par portée.

Belette de Sibérie

Carnivores

Vison d'Amérique
(Mustela vison)   Belettes, etc. *(Mustelidae)*

Le Vison d'Amérique est un petit Carnivore brun foncé à l'exception d'une tache blanche sur la lèvre inférieure. On l'élève pour obtenir sa fourrure qui, en captivité, peut être noire, argentée ou brun clair. Les sujets d'élevage peuvent avoir une tache claire sur la gorge ou la poitrine. Ce vison mesure de 34 à 45 cm (mâle) ou de 31 à 38 cm (femelle), queue (12–25 cm) non comprise ; il pèse de 600 g à 1,5 kg (mâle) ou de 400 à 850 g (femelle). Il vit en Amérique du Nord, en Alaska, au Canada et aux États-Unis sauf dans les déserts du sud-ouest. Vers 1920 on l'a introduit en Europe pour l'élever et obtenir sa fourrure très recherchée, mais des animaux se sont échappés et ont formé des populations sauvages. En outre, certains visons d'élevage ont été lâchés volontairement dans la nature. Le Vison d'Amérique fréquente les marais et le voisinage des eaux courantes ou stagnantes. Il mange des invertébrés et des petits vertébrés. À l'issue d'une gestation de six semaines, la femelle met au monde de 3 à 7 petits.

Vison d'Amérique

Putois
(Mustela putorius)   Belettes, etc. *(Mustelidae)*

Certains spécialistes placent le Putois dans un genre particulier *(Putorius)* et les visons dans le genre *Lutreola*. Le Putois mâle mesure de 35 à 46 cm de long, queue (11,5–16,5 cm) non comprise, et pèse de 1 à 1,5 kg ; chez la femelle ces dimensions sont respectivement de 29 à 40 cm, de 8,4 à 15 cm et de 600 à 800 g. Le pelage est brun foncé à noir avec une teinte jaunâtre sur les flancs où la bourre transparaît ; en outre, le

Carnivores

masque noir contraste nettement avec l'espace blanc qui entoure la gueule, et avec les joues blanches. Le Putois existe dans toute l'Europe sauf au nord, depuis l'Angleterre jusqu'à l'Oural ; toutefois, il manque en Irlande et dans le sud des Balkans ; on le trouve aussi dans le Maghreb. C'est un animal nocturne qui vit près de l'eau (ou à distance), dans la campagne cultivée parsemée de bosquets, près des fermes et à la lisière des forêts. Son régime, très varié, comprend des invertébrés, des petits vertébrés, des cadavres et des fruits. La gestation dure de quarante à quarante-trois jours et il y a de 3 à 8 petits par portée.

Crâne de Putois

Putois

Putois des steppes

(Mustela eversmanni)

Belettes, etc. *(Mustelidae)*

Cette espèce est un peu plus grande que le Putois puisque les mâles pèsent jusqu'à 2 kg et les femelles jusqu'à 1,4 kg. Sa coloration est généralement plus claire car sa queue est toujours pâle à la racine et foncée à l'extrémité, alors que chez le Putois la queue est entièrement brun noirâtre. Le Putois des steppes est répandu dans le sud-est de l'Europe (mais ne dépasse pas la République tchèque et l'Autriche à l'ouest) et dans les steppes asiatiques, de l'ex-URSS à la Mongolie, à la Chine et au nord de l'Inde. Il fréquente surtout les régions sèches, les steppes et les semi-déserts, les champs et le voisinage des habitations campagnardes. Il s'abrite dans un terrier (emprunté à un écureuil terrestre ou à un hamster), plus souvent que ne le fait le Putois.

Putois des steppes

Son régime comprend davantage de rongeurs (jusqu'à 74 %). La gestation dure de trente-six à quarante-trois jours et il y a jusqu'à 10 petits dans une portée.

Carnivores

Martre des pins, Martre
(Martes martes)

Belettes, etc. *(Mustelidae)*

Les martres sont des Carnivores de taille moyenne, plus grands que les visons. Leurs oreilles sont plus longues que celles des belettes, visons et putois. La Martre des pins mesure de 48 à 53 cm de long (mâle) ou de 40 à 45 cm (femelle) ; sa queue mesure de 22 à 28 cm et son poids atteint de 800 g à 1,4 kg (femelle) ou de 1,2 à 2 kg (mâle). Son pelage est brun sauf sur la gorge qui est jaunâtre à orange ; cette tache claire n'atteint pas la base des pattes antérieures. Cette espèce vit partout en Europe (sauf en Islande), dans l'extrême nord de la Scandinavie, la majeure partie de la péninsule Ibérique et le sud de la Grèce ; elle existe aussi dans les régions boisées de l'ex-URSS (à l'est jusqu'au 80e parallèle environ), dans une partie de la Turquie, de l'Irak et de l'Iran. C'est un mammifère typiquement forestier, présent à toutes les altitudes et dans tous les types de forêts. Arboricole, elle grimpe très bien et peut faire des bonds de 4 mètres d'un arbre à l'autre. Elle s'abrite dans les arbres creux, les vieux nids d'écureuil ou d'oiseaux qu'elle garnit de mousse et d'herbes sèches. Chaque Martre a son territoire qu'elle défend et dans lequel elle dispose de plusieurs gîtes. Elle suit des itinéraires fixes à terre ou dans les arbres et les marque avec la sécrétion de ses glandes anales. Les accouplements ont lieu à la fin de l'été ; la gestation est différée, en sorte que les petits naissent seulement au printemps suivant, soit de huit à neuf mois plus tard. Il n'y a qu'une seule portée par an et les 2 à 6 petits sont allaités durant sept à huit semaines. À 3 mois les jeunes deviennent indépendants, mais n'atteignent la maturité sexuelle qu'à 2 ou 3 ans. La Martre se nourrit d'oiseaux, écureuils et autres rongeurs et, secondairement, d'œufs, insectes et baies.

Martre

Carnivores

Fouine

(Martes foina)   Belettes, etc. *(Mustelidae)*

La Fouine a presque la même taille que la Martre mais est un peu plus robuste et plus lourde. Son pelage est brun-gris, sauf sur la gorge où une tache blanche plus ou moins fourchue s'étend jusqu'aux membres antérieurs. La Fouine vit en Europe, sauf en Islande, en Scandinavie et sur les îles Britanniques. Elle existe aussi dans le Caucase, le sud de la Russie et, à l'est, atteint les monts Altaï et la région himalayenne (nord de l'Inde, Népal et ouest de la Chine). On la trouve au bord des forêts, dans les endroits rocheux, les carrières, les châteaux en ruine et les villages.

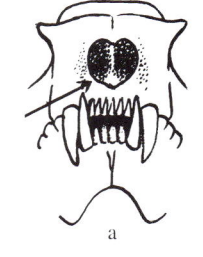

Crânes de Fouine (a) et de Martre (b), vus de face

Fouine

Récemment, elle s'est installée dans certaines villes européennes où elle chasse les pigeons et les rongeurs. Elle endommage parfois les câbles électriques et les pneus des voitures. Ailleurs, elle pénètre assez loin dans les forêts, surtout celles de feuillus ou mixtes. Elle grimpe bien mais passe davantage de temps à terre que sur les arbres. Son régime comprend des petits mammifères, oiseaux, insectes, vers, beaucoup de fruits dont on trouve les pépins dans ses crottes. La gestation est différée chez certaines femelles seulement, semble-t-il. Les copulations ont lieu surtout en juillet et août, mais il y a une seconde période d'accouplement en février et mars. La gestation dure normalement deux mois, atteint huit mois si elle est différée.

Les petits naissent entre la fin de mars et le début de mai ; ils sont capables de se reproduire à leur tour entre 1 et 2 ans.

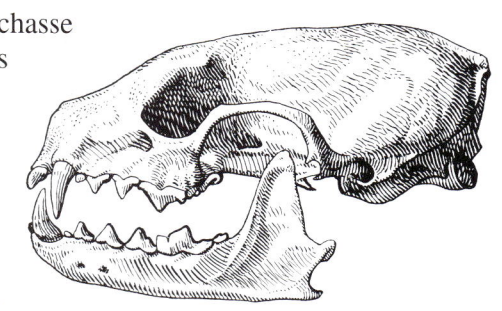

Crâne de Fouine

Carnivores

Zibeline
(Martes zibellina)   Belettes, etc. *(Mustelidae)*

La Zibeline ressemble à la Martre mais ses oreilles sont un peu plus grandes. En outre, la tache jaune de sa gorge est moins nette ou même absente ; enfin, sa queue est bien plus courte que la moitié de la longueur tête-corps. Elle mesure de 32 à 58 cm, queue (11–19 cm) non comprise. Plus grand que la femelle, le mâle a un poids variable selon la saison puisqu'il oscille entre 880 g et 1,65 kg en hiver et entre 940 g et 1,8 kg en été. La Zibeline est un Carnivore forestier répandu dans la taïga sibérienne. Sa fourrure étant extrêmement recherchée, elle est chassée depuis des temps immémoriaux mais les techniques modernes de capture l'ont presque fait disparaître : vers 1930, elle n'existait plus à l'ouest de l'Oural et à l'est sa répartition était sporadique. En 1935, sa chasse fut interdite pendant cinq ans. En 1939–1941 et 1949–1959, on la réintégra dans de nombreuses régions boisées de l'ex-URSS ; au total, environ 19 000 animaux furent ainsi libérés dans la nature. Cette expérience réussit fort bien et la Zibeline a été sauvée. Actuellement, on la rencontre de l'Oural au Kamtchatka et à Sakhaline, au sud jusqu'en Mongolie, dans le nord-ouest de la Chine, le nord de la Corée et sur Hokkaido (Japon). Sa biologie ressemble à celle de la martre, mais elle passe davantage de temps

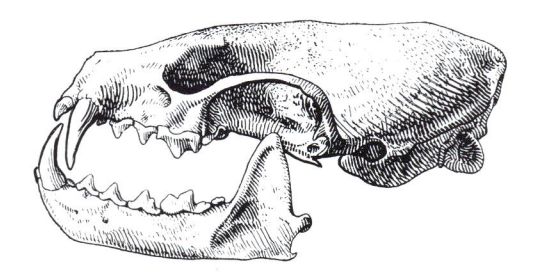

Zibeline

Crâne de Zibeline

Comparaison de la silhouette et de la taille (de haut en bas) chez la Martre, la Fouine et la Zibeline

Carnivores

à terre et s'abrite surtout entre des racines ou sous un arbre renversé plutôt que dans un arbre creux. Elle se nourrit de rongeurs, d'oiseaux et leurs œufs et de baies. Les accouplements ont généralement lieu en juillet et les petits naissent en avril (le report de l'implantation des embryons dure sept mois). Chaque portée comprend 3 ou 4 petits, rarement 2, 5 ou 6.

Martre à gorge jaune

(Martes flavigula)

M

Belettes, etc. *(Mustelidae)*

La Martre à gorge jaune est un grand Mustélidé puisqu'elle mesure de 48 à 65 cm de long, queue (37-45 cm) non comprise, et pèse environ 2,5 kg. Elle fréquente les forêts de conifères et de feuillus en Asie orientale, depuis la région himalayenne et le bassin du fleuve Amour jusqu'à Sumatra, Java et Kalimantan (Bornéo). Elle trouve sa nourriture sur les arbres et à terre ; en raison de sa taille, elle s'attaque à de petits ongulés tels que le porte-musc, le chevreuil et les faons du cerf élaphe, voire de l'élan. Elle capture aussi des lièvres, écureuils et autres rongeurs, des écureuils volants, de petits carnivores et des oiseaux. Elle mange moins de substances végétales que les autres martres. Dans les parties les plus froides de son aire de répartition les 2 à 4 petits naissent en mai. Sa fourrure n'a pas grande valeur. Là où elle cohabite avec la Zibeline, elle chasse cette dernière et elle est donc considérée comme indésirable, mais comme elle est très farouche il est difficile de la capturer. La sous-espèce qui vit à Taïwan, *Martes flavigula chrysospila,* figure sur la Liste rouge des mammifères menacés de l'UICN.

Martre à gorge jaune

Carnivores

Glouton   V
(Gulo gulo)   Belettes, etc. *(Mustelidae)*

Crâne de Glouton

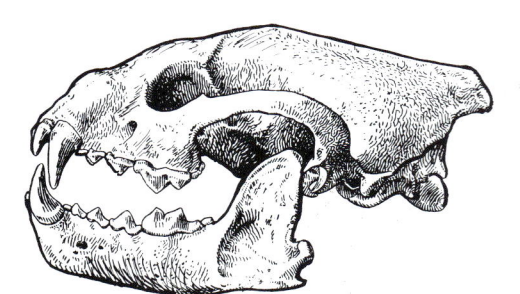

Le Glouton est le plus grand représentant de la famille des *Mustelidae* puisqu'il mesure de 70 cm à 1,07 m de long, queue (15–28 cm) non comprise, et pèse de 9 à 19 kg. Sa coloration est quelque peu variable mais il est généralement brun foncé sauf le front et les joues qui sont jaunâtres ou gris jaunâtre ainsi qu'une bande allant des flancs à la base de la queue. Sa fourrure est longue. Bâti en force, il a des pattes robustes pourvues de grandes griffes acérées. Le Glouton a une répartition holarctique : en Amérique du Nord il descend jusqu'au 37e parallèle, mais en Eurasie il ne dépasse pas le 50e ; en Europe, il ne subsiste plus que dans une partie de la Scandinavie, de la Finlande et du nord de la Russie.

La taïga et la toundra représentent son habitat ; il fréquente aussi les montagnes jusqu'à 4 000 mètres d'altitude. Malgré son allure gauche, il court, saute, nage et grimpe fort bien aux arbres. En dehors de la saison de reproduction, il vit en solitaire et il est actif surtout la nuit. Son terrain de chasse couvre de 200 à 1 600 km^2 et celui d'un mâle englobe ceux de plusieurs femelles. Il s'abrite

Glouton

sous des racines d'arbre, dans un tas de branches, parmi des rochers ou dans une grotte. Le Glouton se nourrit de petits mammifères – dans le Grand Nord, des lemmings – d'oiseaux et de leurs œufs, de grenouilles, d'insectes, de charognes et de baies. À l'occasion – surtout en hiver – il chasse des lièvres polaires, des canards, de petits carnivores et de jeunes ongulés ; il s'en prend même aux rennes s'ils sont malades ou affaiblis. La gestation est longue (huit–neuf mois). Les 2 à 5 petits ouvrent les yeux à 30 jours, sont allaités 10 semaines et s'émancipent à 1 an ; ils se reproduisent à leur tour à 2 ans.

Ratel

(Mellivora capensis)   Belettes, etc. *(Mustelidae)*

Ce robuste Carnivore a le corps allongé, de courtes pattes et une fourrure bicolore, le dos grisâtre à blanchâtre contrastant fortement avec la face ventrale entièrement noire depuis la face et le menton jusqu'au-dessous de la queue. Le Ratel est un plantigrade ; ses doigts antérieurs ont des griffes extrêmement développées. Il mesure de 68 à 75 cm de long, queue (18–20 cm) non comprise, et atteint 12 kg. Il existe dans presque toute l'Afrique (sauf le nord) et dans une grande partie du sud de l'Asie, depuis l'est de la région méditerranéenne jusqu'à l'Inde et au Népal. On le trouve dans toutes sortes de milieux, depuis le bord des déserts jusqu'aux lisières des forêts, mais c'est dans les savanes et les

Ratel : on trouve des Ratels entièrement noirs dans la forêt de l'Ituri (Afrique)

steppes qu'il est le plus répandu, dans les lieux secs ainsi que près des cours d'eau. Il vit solitairement ou en couple et se creuse un vaste terrier. Il est actif tôt le matin, le soir et la nuit. Sa nourriture se compose de petits vertébrés comme les gerbilles, le hérisson à grandes oreilles, d'agames, de varans et autres reptiles, d'insectes et de cadavres ; en outre, il mange beaucoup de substances végétales. Enfin, il ouvre les nids des abeilles sauvages pour obtenir le miel et le couvain (larves) ; à cette occasion, il est souvent guidé par les cris d'un oiseau, l'indicateur mange-miel. Son épaisse couche de graisse sous-cutanée le protège contre les piqûres des abeilles. La gestation dure environ six mois et il y a généralement 2 petits par portée.

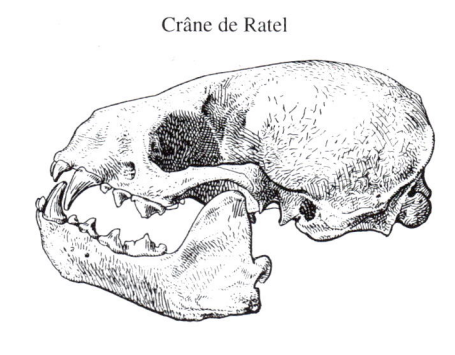

Crâne de Ratel

Carnivores

Blaireau européen

(Meles meles)   Belettes, etc. *(Mustelidae)*

Le Blaireau européen est un Carnivore trapu ; sa tête est allongée tandis que sa queue et ses pattes sont courtes. Il mesure de 60 à 90 cm de long, queue (15–20 cm) non comprise, et pèse de 10 à 18 kg (avant le repos hivernal il atteint de 20 à 22 kg). Ses pattes sont pourvues de longues et fortes griffes et sont bien adaptées au fouissement. Comme le Glouton et le Ratel, le Blaireau européen est un plantigrade. Sa répartition est typiquement eurasiatique et il existe dans toute l'Europe (sauf en Islande et dans une grande partie de la Scandinavie et de la Finlande) ; en Asie, on le trouve jusqu'à l'océan Pacifique, la Chine et le Japon. Il manque dans le Grand Nord et, dans le Sud, atteint une partie du Proche-Orient (par exemple Israël) et l'Asie centrale.

Blaireau européen

Empreintes de Blaireau européen

Il vit dans les bois, en plaine et en montagne, parfois dans la campagne parsemée de bosquets et jusqu'aux abords des zones urbanisées. Il ne peut subsister dans les milieux sans arbres comme la toundra, les steppes ou les « steppes cultivées ». Il se creuse un vaste terrier qu'il habite pendant plusieurs années et il arrive que de nombreuses générations s'y succèdent. Dans ce cas, le terrier devient un labyrinthe de galeries disposées sur plusieurs niveaux et occupant une surface atteignant un quart d'hectare pour une longueur totale de 80 mètres avec plusieurs pièces où les blaireaux se reposent. Les petits terriers sont fréquentés par des blaireaux solitaires, les grands par une ou plusieurs familles simultanément. Enfin, les terriers abandonnés sont occupés par le renard ou d'autres Carnivores. Les blaireaux ne s'éloignent pas beaucoup de leur terrier pour chercher leur nourriture puisque leur terrain de chasse ne dépasse pas 2 à 5 km de diamètre. En

Carnivores

hiver, ils se reposent et parfois obturent leur abri avec de la terre et des végétaux. Les chambres du terrier sont garnies de feuilles et d'herbes. Le repos hivernal n'est pas une véritable hibernation, car la température interne du Blaireau ne baisse pas beaucoup ; il est interrompu fréquemment mais l'animal maigrit fortement.

Le Blaireau a un régime varié à base de vers de terre, limaces, escargots, larves d'insectes et insectes adultes, petits mammifères, amphibiens, reptiles, racines, pousses et fruits. Il est donc omnivore, mais les aliments d'origine animale dominent. Le Blaireau trouve sa pitance à la surface du sol ou en creusant.

Dans la majeure partie de l'Europe, les accouplements ont lieu entre juillet et septembre ; la gestation étant différée, les petits naissent de sept à neuf mois plus tard entre février et avril. Toutefois, il y a très souvent un nouvel œstrus à un autre moment de l'année et dans ce cas la durée totale de la gestation (avec ou sans implantation différée des embryons) est encore plus variable. Ainsi, quand l'accouplement a lieu au printemps, la gestation peut durer un an. Chaque portée peut comprendre de 1 à 6 petits, mais en compte le plus souvent de 3 à 5. Les jeunes blaireaux ouvrent les yeux à 3 semaines, sont allaités 10 semaines, s'émancipent à 9 mois et se reproduisent à leur tour à 1 an et demi.

Les griffes des pattes antérieures du Blaireau européen sont plus longues que celles des pattes postérieures

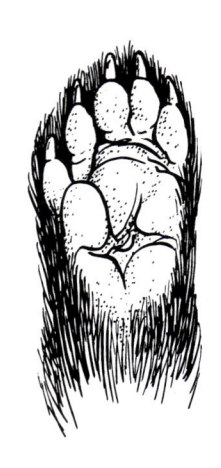

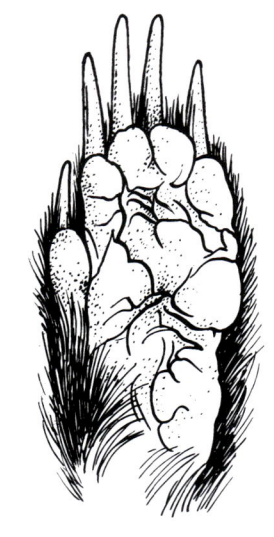

Un jeune de trois mois

Carnivores

Blaireau malais, Blaireau-Skonse

(Mydaus javanensis) Belettes, etc. *(Mustelidae)*

Les deux étranges blaireaux du genre *Mydaus* vivent sur plusieurs îles entre l'Asie et l'Australie. *M. javanensis* existe à Java, au Kalimantan (Bornéo), à Sumatra et Natuna. Il mesure de 37 à 51 cm de long, queue (5–7,5 cm) non comprise, et pèse de 1,4 à 3,6 kg. Il a un museau long et mobile et des pattes courtes pourvues de griffes puissantes. S'il est inquiété ou molesté, le Blaireau malais relève la queue et projette la sécrétion verte et malodorante de ses glandes anales à plusieurs dizaines de centimètres. On dit qu'un chien qui reçoit ce liquide suffoque ou que si ses yeux sont atteints il peut devenir aveugle. La biologie de cette espèce reste mal connue. Elle passe le jour à l'abri des regards dans un terrier qu'elle creuse ou « emprunte » à un porc-épic. Elle est active la nuit et son régime est mixte.

Blaireau malais

Blaireau américain

(Taxidea taxus) Belettes, etc. *(Mustelidae)*

Blaireau américain

C'est le seul blaireau présent en Amérique. On le trouve depuis le sud-ouest du Canada dans les deux tiers ouest des États-Unis et jusque dans le nord-ouest du Mexique (Basse-Californie) et autour de Puebla. À l'est, il atteint le lac Ontario et l'est du Texas. Il a une silhouette trapue, aplatie, et sa longue fourrure qui touche presque terre sur les flancs renforce cette impression d'aplatissement. Les griffes antérieures sont plus longues que celles des autres blaireaux et sont légèrement incurvées ; les postérieures, plus courtes, sont spatulées. Le Blaireau américain mesure de 52 à 73 cm de long, queue (10–15 cm) non comprise, et pèse de 5 à 11,5 kg. À l'origine, ce

Carnivores

blaireau vivait dans les prairies mais il s'est adapté à la campagne cultivée et fréquente parfois la lisière des forêts. Il est nocturne au voisinage de l'homme, mais ailleurs il se nourrit aussi dans la journée. Il mange surtout des rongeurs tels les écureuils terrestres, les gaufres, les souris à pattes blanches *(Peromyscus)*, qu'il sort de leurs terriers. On a vu des coyotes attendre qu'un rongeur échappe au Blaireau qui le déterrait pour s'en emparer. Le Blaireau américain mange aussi des oiseaux et leurs œufs, des reptiles, des invertébrés et des cadavres. Il s'abrite dans un terrier qu'il creuse très rapidement. Les éleveurs ne l'aiment pas car ses trous sont dangereux pour le bétail et les chevaux. Ce blaireau vit solitairement sauf à la période des accouplements (à la fin de l'été ou au début de l'automne). Les 1 à 5 petits naissent en mars ou en avril ; ils sont velus mais aveugles. Ils sont indépendants dès le mois d'août.

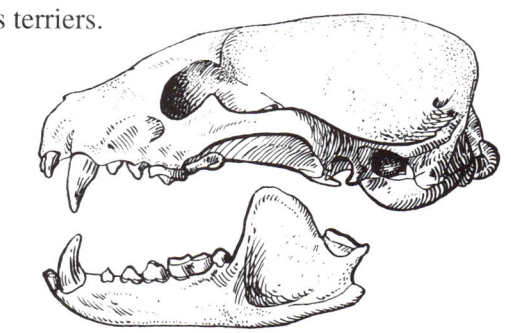

Crâne de Blaireau américain

Tête de Blaireau américain : les marques claires et foncées jouent un grand rôle pour la reconnaissance mutuelle

Patte de devant et de derrière du Blaireau américain

Distribution du Blaireau américain

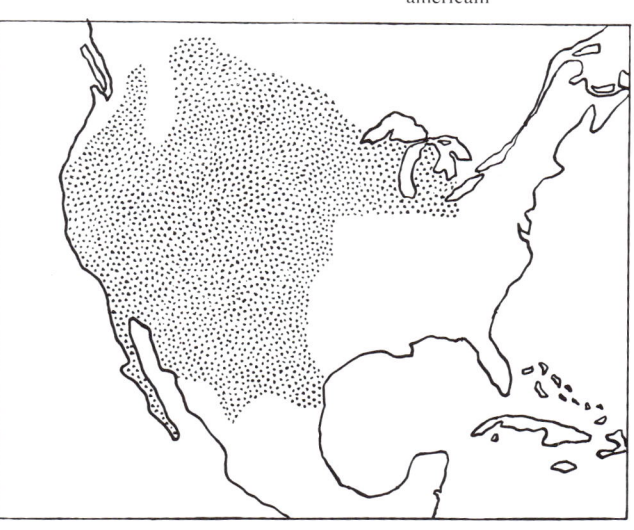

Carnivores

Skonse rayé, Skunks

(Mephitis mephitis)   Belettes, etc. *(Mustelidae)*

Les fossiles datant du début de l'ère cénozoïque permettent de dire que les skonses sont originaires de l'Eurasie. À la fin du cénozoïque, ils apparurent en Amérique du Nord et ensuite en Amérique du Sud. Actuellement, ils n'existent qu'en Amérique. Contrairement à ce que l'on croyait antérieurement, ce ne sont pas des proches parents des putois et ils ont davantage d'affinités avec les blaireaux et le Ratel. Comme eux, ils sont trapus, ont une tête pointue mais leurs pattes et leur queue touffue sont plus longues que celles de la plupart des blaireaux.

Enfin, leurs glandes anales sont très développées. Le Skonse rayé mesure de 30 à 45 cm de long, queue (8–39 cm) non comprise, et pèse de 2,7 à 6,3 kg. Son pelage contrasté, noir et blanc, est un bon exemple de couleur d'avertissement (couleur aposématique), comme celui du Ratel et, dans une moindre mesure, de certains blaireaux.

Ce type de coloration est souvent associé à un comportement annonciateur d'un danger. En l'occurence, le Skonse redresse la queue et si le danger (réel ou non) persiste, il projette la sécrétion jaune et huileuse de ses glandes anales à une distance de 4 mètres ; l'odeur repoussante de cette sécrétion est perceptible à 1,5 km…

Le Skonse rayé est assez commun au Canada au sud de la baie d'Hudson, dans tous les États-Unis et dans le nord du Mexique. Étant donné qu'il est largement répandu aux États-Unis, qu'il porte une marque blanche sur la tête et des bandes blanches sur le dos, le célèbre écrivain naturaliste E. T. Seton proposa d'en faire l'emblème du pays ; cette suggestion ne devait évidemment pas être prise au sérieux mais plutôt comme une plaisanterie. Le Skonse rayé fréquente toutes sortes de milieux depuis les déserts, les prairies et les forêts jusqu'aux villages et aux faubourgs des grandes villes.

Il se fait souvent écraser par les voitures et tous ceux qui ont parcouru les grandes routes américaines connaissent son odeur. Il s'abrite dans un terrier qu'il creuse lui-même ou qu'il emprunte à d'autres mammifères. Il peut aussi utiliser un arbre creux renversé, une crevasse de rocher ou une cavité sous un bâtiment. Son régime comprend des végétaux, des insectes (larves et adultes), de petits mammifères, des œufs d'oiseaux nichant par terre et des ordures. Il est sociable et plusieurs femelles peuvent cohabiter dans un territoire ou même dans un seul terrier. Il est surtout nocturne.

Les jeunes suivent leur mère à la queue leu leu et ce spectacle est visible aussi bien de jour que de nuit où les parties foncées du pelage

Attitude de menace du Skonse rayé

Crâne de Skonse rayé

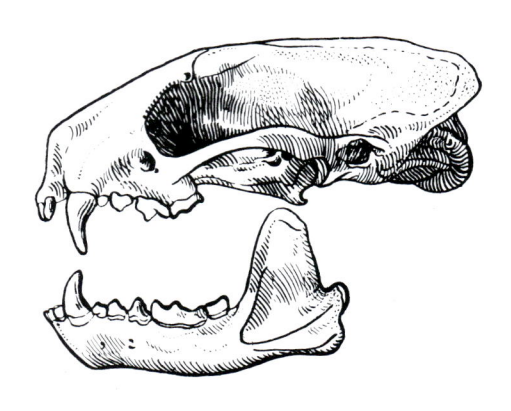

Carnivores

disparaissent dans l'obscurité ; seules les lignes blanches, ondulantes, sont alors perceptibles, ce qui crée un effet quelque peu mystérieux. En général, le Skonse rayé ignore l'Homme tant que celui-ci ne s'approche pas de trop près ou ne le dérange pas. Malheureusement, il représente actuellement le principal vecteur du virus de la rage aux États-Unis. Les accouplements ont lieu en février ou en mars ; la gestation dure de cinquante-neuf à soixante-dix-sept jours et les 4 à 7 petits naissent en mai. Ils sont allaités de 6 à 7 semaines. Le Skonse rayé n'hiberne pas en hiver, mais si le temps est très mauvais il peut dormir plusieurs jours d'affilée dans un terrier.

Le Skonse tacheté *(Spilogale putorius)* vit depuis le sud-ouest du Canada jusqu'au Costa Rica. De tous les skonses, c'est celui qui a la plus belle fourrure, avec des marques très variables

Carnivores

Loutre commune   V
(Lutra lutra) Belettes, etc. *(Mustelidae)*

Les loutres forment une sous-famille *(Lutrinae)* de la famille des *Mustelidae* et sont adaptées à la vie aquatique, surtout dans les eaux douces. Leur corps est allongé, assez svelte ; elles sont basses sur pattes, ont une queue épaisse et des doigts partiellement ou entièrement palmés. On distingue six genres de loutres, le plus important – *Lutra* – réunissant huit espèces.

La Loutre commune mesure de 60 à 95 cm de long, queue (35 à 55 cm) non comprise, et pèse de 5 à 10 kg. Comme ses cousines, elle a une tête large et aplatie, des petits yeux et des oreilles étroites ; ses narines sont obturables. Elle existe dans presque toute l'Europe, au Maghreb, dans une grande partie de l'Asie (excepté la toundra et les déserts). Au sud, elle atteint Sri Lanka, Sumatra et Java. Elle vit dans les rivières propres, les fleuves et les lacs. Une de ses sous-espèces européennes *(Lutra lutra lutra)* figure dans le Livre rouge de l'UICN. La Loutre est devenue rare en France et dans plusieurs pays voisins mais, dans l'ensemble, l'espèce n'est pas menacée d'extinction. Elle creuse dans une berge un terrier dont l'entrée se trouve sous l'eau. Son territoire peut s'étendre sur 20 km de rivière. Outre son terrier principal (appelé catiche), elle a plusieurs abris secondaires. Elle est solitaire hormis en période de rut et mène une existence nocturne, sauf parfois en hiver. Elle se nourrit principalement de poissons et secondairement d'oiseaux et mammifères aquatiques, amphibiens et invertébrés dulçaquicoles (mollusques, insectes, crustacés). Excellente nageuse, elle peut rester 8 minutes en plongée. Elle s'accouple en toutes saisons mais les petits naissent surtout en avril et en

La Loutre commune tient sa proie entre ses pattes antérieures pour la manger

Carnivores

Crâne de Loutre commune

mai. Normalement, la gestation dure deux mois mais elle peut être différée. Les 1 à 4 petits sont allaités durant sept à huit semaines et restent de huit à neuf mois avec leur mère. Ils aiment jouer et il en est de même pour les adultes.

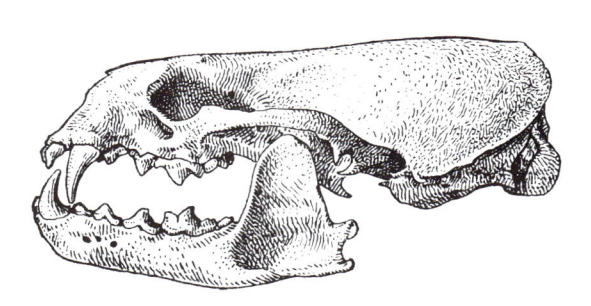

Loutre de mer

(Enhydra lutris)

M , C

Belettes, etc. *(Mustelidae)*

C'est l'une des plus grandes loutres puisqu'elle mesure de 1 m à 1,30 m de long, queue (25–37 cm) non comprise, pour un poids de 27 à 37 kg (mâle) ou de 16 à 19 kg (femelle). Ses membres postérieurs sont transformés en nageoires. De petites populations de cette espèce vivent sur les côtes de l'océan Pacifique au Kamtchatka, sur les îles du Commandeur et Aléoutiennes, dans le sud de l'Alaska et sur les côtes occidentales du Canada et des États-Unis jusqu'à la Californie. La sous-espèce californienne, *E. lutris nereis,* est menacée d'extinction. La Loutre de mer passe la majeure partie de sa vie dans l'eau ; elle s'y accouple et y met au monde ses petits (il y en a généralement un seul, rarement deux). Ceux-ci sont très développés à

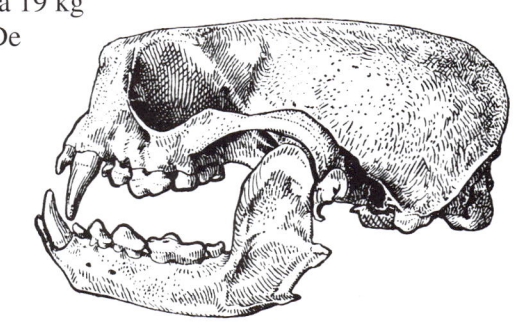

Crâne de Loutre de mer

la naissance puisqu'ils doivent attendre leur mère à la surface de l'eau pendant qu'elle pêche ; cependant, elle emporte très souvent son rejeton qui s'accroche à sa poitrine. Cette loutre ne s'éloigne jamais à plus de 2 km des côtes.

La Loutre de mer mange beaucoup d'oursins et de mollusques. Ayant pêché une proie, elle se renverse sur le dos, place un galet sur sa poitrine en guise d'enclume et, tenant le coquillage ou l'oursin avec ses pattes antérieures, elle le frappe jusqu'à ce que la coque se brise

Carnivores

Raton laveur
(Procyon lotor)

Ratons *(Procyonidae)*

Empreintes de Raton laveur

La petite famille dont il fait partie compte dix-huit espèces (vingt si l'on y place les deux pandas). À l'exception des pandas, toutes vivent en Amérique. Elles sont arboricoles et terrestres et se tiennent souvent près de l'eau. La plupart sont des Carnivores de taille moyenne au pelage tacheté, ayant un museau pointu et une longue queue. Le Raton laveur mesure de 60 à 95 cm de long, queue (20–40 cm) non comprise, et pèse de 7 à 20 kg. Il est répandu depuis le sud du Canada à travers les États-Unis (sauf une partie des montagnes Rocheuses), au Mexique et en Amérique centrale, mais ne dépasse pas le Panamá. L'espèce a été introduite en Europe pour l'élevage comme animal à fourrure, mais s'est échappée de captivité ou a été libérée volontairement et existe maintenant à l'état sauvage en Allemagne, aux Pays-Bas, en Russie, etc.

Le Raton laveur est un animal nocturne qui fréquente des milieux variés en Amérique. Il est particulièrement abondant près de l'eau, dans les bois et dans les parcs des villes. Omnivore, il mange des poissons, grenouilles, tritons, oiseaux et leurs œufs, petits rongeurs jusqu'à la taille d'un écureuil, crustacés, mollusques et insectes. Ses doigts, presque aussi agiles que ceux d'un singe, lui permettent d'ouvrir les réfrigérateurs et les boutons de porte. S'il y a de l'eau dans le voisinage, il y trempe ses aliments. Son repaire se trouve dans un arbre creux, sous un tronc ou des branches tombées, dans une crevasse de rocher, une grotte, le terrier d'une Marmotte forestière *(Marmota monax)* ou,

Raton laveur adulte

Carnivores

assez souvent, dans une cabane ou un garage. En période
de rut (février dans le Nord, décembre dans le Sud),
le mâle partage un terrier avec une femelle
pendant une semaine ou plus. Les petits
(de 1 à 7, mais généralement 4 ou 5)
naissent en avril ou en mai.

Jeune Raton laveur

Coati sud-américain

(Nasua nasua)   Ratons *(Procyonidae)*

Les trois ou quatre espèces de coatis sont des Carnivores très agiles, ayant un odorat particulièrement fin. Le Coati sud-américain mesure de 43 à 65 cm de long, queue (42–68 cm) non comprise, et pèse de 7,5 à 12 kg. Le mâle est deux fois plus grand que la femelle. Il vit dans les forêts de montagne, les canyons boisés, les forêts tropicales, généralement près de l'eau. Son aire de répartition, très vaste, va de l'Arizona et du Nouveau-Mexique (États-Unis) à travers le Mexique et l'Amérique centrale et dans presque toute l'Amérique du Sud jusqu'à l'Argentine. Il manque localement (par exemple en Basse-Californie et au Chili). C'est un animal diurne, sociable, vivant en groupes de quatre à vingt-cinq individus, généralement des femelles et leurs petits car les vieux mâles sont solitaires. Comme le Raton laveur, il grimpe habilement. Pour marcher et courir, il tient sa queue verticale sauf l'extrémité qui est repliée. Le plus souvent, il dort dans la cime d'un arbre. Omnivore, il mange beaucoup de fruits ainsi que des invertébrés et de petits vertébrés. Dans le sud des États-Unis, les accouplements ont lieu à la fin de l'hiver ; de 4 à 6 petits naissent environ soixante-quinze jours plus tard. Ils restent avec leur mère jusqu'à l'âge de 2 ans.

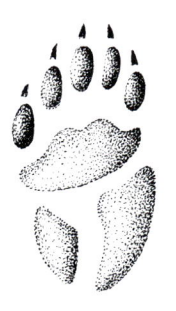

Empreintes de Coati sud-américain

Coati sud-américain

203

Carnivores

Petit Panda

(Ailurus fulgens)

V, C

Ratons *(Procyonidae)*

C'est le seul membre du genre *Ailurus*. Les controverses relatives à sa position systématique ont été mentionnées précédemment ; actuellement, on le place généralement dans la famille des *Procyonidae*, car il partage de nombreux caractères, avec les représentants de ce groupe : cinq doigts à toutes les pattes, une longue queue annelée et une bonne aptitude à grimper. En revanche, ses glandes anales sont plus grandes et sa répartition géographique est très différente. C'est l'un des mammifères les plus vivement colorés. Sa grosse tête est arrondie comme celle d'un félin, mais il a un museau pointu ; elle porte un masque roux et noir qui ressort sur un fond blanc ou jaunâtre. Le Petit Panda mesure de 51 à 64 cm de long, queue (28–46 cm) non comprise, et pèse de 3 à 4,5 kg. Il est répandu à la limite méridionale de l'Himalaya au Népal,

Petit Panda

Le crâne du Petit Panda est globuleux avec une zone faciale très courte

au Sikkim, au Yunnan, au Sichuan (Chine) et dans le nord de la Birmanie. Il se tient dans les forêts de montagne, notamment les massifs de bambous. Dans le Livre rouge de l'UICN il figure sous la rubrique « insuffisamment connu », expression employée pour les espèces dont on pense qu'elles peuvent être menacées de disparition.

Carnivores

Le Petit Panda a des pattes assez courtes terminées par des doigts pourvus de griffes en partie rétractiles ; quand il marche, il tourne les pattes antérieures vers l'intérieur

Le Petit Panda vit solitairement, en couple ou en groupes familiaux. Le jour, il dort dans un arbre, enroulé sur lui-même comme un chat ou un chien, la queue recouvrant la tête, ou bien allongé sur une grosse branche horizontale, les pattes pendant de chaque côté. Il lui arrive aussi de s'asseoir à califourchon sur une branche, la tête inclinée entre les pattes antérieures, comme un raton. Son comportement le fait ressembler aux ratons ou l'en éloigne. Bien qu'il passe une très grande partie de sa vie dans les arbres, il se nourrit principalement à terre, mangeant de jeunes pousses de bambous, des plantes riches en sève, des racines, des baies et des animaux (petits vertébrés, œufs d'oiseaux). Très propre, il se sert de sa langue ou de ses pattes humectées de salive pour faire sa toilette. Il lui arrive de boire en trempant une patte dans l'eau pour la lécher ensuite. La femelle met au monde de 1 à 4 petits qui naissent dans un trou d'arbre ou une crevasse de rocher. La gestation dure de quatre-vingt-dix à cent ciquante jours parce qu'elle peut être différée. Les petits viennent toujours au monde au printemps et sont aveugles durant leurs vingt et un à trente premiers jours. Ils restent avec leur mère (ou leurs deux parents) pendant longtemps (parfois plus d'un an), mais leur mère les chasse toujours avant la naissance de la portée suivante.

Les dessins de la tête varient même chez les membres d'une seule portée

Carnivores

Panda géant, Grand Panda

(Ailuropoda melanoleuca)

M, C

Ours *(Ursidae)*

En raison de son étrange aspect, de sa rareté et de sa distribution très restreinte, cette espèce est devenue le symbole des efforts entrepris pour sauver les animaux menacés d'extinction et la nature en général. Son image figure sur les publicités et circulaires du Fonds mondial pour la nature (WWF). Actuellement, de nombreux spécialistes le classent avec les ours, mais compte tenu de ses profondes différences, notamment par sa coloration, nous parlerons des caractéristiques de la famille des *Ursidae* quand nous décrirons les ours.

Grand Panda adulte

Le Grand Panda mesure de 1,20 à 1,80 m, queue (environ 12 cm) non comprise, de 60 à 80 cm de haut à l'épaule et pèse de 75 à 160 kg. Sa silhouette évoque celle d'un ours, mais il a des pattes plus courtes que celles de la plupart des *Ursidae*. C'est un plantigrade dont les soles plantaires sont renforcées par des coussinets nus.

Sur les membres antérieurs, la sole plantaire comporte un coussinet supplémentaire correspondant à un os carpien allongé (sésamoïde radial) qui joue le rôle d'un pouce quand l'animal saisit une tige de bambou, les autres doigts (y compris le vrai pouce) s'opposant à lui de l'autre côté. Jadis, le Grand Panda vivait dans une grande partie du sud-ouest de la Chine, mais aujourd'hui il est confiné dans les forêts de montagne du Sichuan, du Shaanxi et du Gansu, peut-être aussi du Qinghai sur le bord oriental du plateau tibétain. Il fréquente les forêts où croissent d'épais massifs de bambous des genres *Sirarundinaria, Fargesia* et *Phyllostachys,* entre 2 600 et 3 500 mètres d'altitude. En 1987, on estima à moins de 1 000 le nombre des sujets sauvages et 70 vivent en captivité dans des zoos. Ceux-ci ne peuvent en obtenir que par dons ou échanges. La reproduction des sujets captifs est rarement couronnée de succès. Selon les informations les plus récentes, l'espèce ne serait plus en danger imminent d'extinction.

Les pousses de bambous représentent plus de 90 % du régime du Grand Panda ; il mange aussi d'autres végétaux et, dans une faible mesure, des petits vertébrés terrestres et des poissons. Il s'assied souvent pour manger, et tire ses aliments vers sa bouche ou les y porte avec ses pattes. Il peut se dresser sur ses pattes postérieures. Il se tient le plus souvent à terre mais peut grimper sur les arbres. Il est actif après le crépuscule et la nuit ; dans la journée, il se cache dans un gros arbre creux, une crevasse de rocher, une grotte, mais n'a pas de repaire fixe. En général, il est solitaire, mais à la

Carnivores

Le Grand Panda est un plantigrade

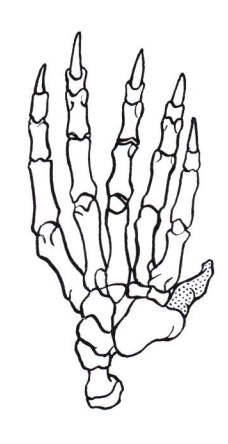

Squelette de la main gauche.
En pointillé, le long métacarpien
qui supporte la callosité utilisée
pour saisir les aliments

période de reproduction, de petits groupes (trois individus au maximum) se forment. Les jeunes restent longtemps avec leur mère. Le Grand Panda n'hiberne pas.
Dans la nature, les accouplements ont lieu au printemps et les petits naissent en janvier de l'année suivante. En captivité, la durée de la gestation varie entre cent douze et cent soixante-trois jours. Les petits (de 1 à 3) pèsent environ 2 kg à la naissance. Un seul survit au cours de la première année et grossit au rythme d'environ 2,5 kg par mois.
La maturité sexuelle survient à environ 6 ans.
En nature, les femelles ont une portée
tous les 2 ans.

Grand Panda âgé de 3 ans

Carnivores

Ours brun
(Ursus arctos)

E

Ours *(Ursidae)*

Si l'on y inclut le Grand Panda, la famille des *Ursidae* compte huit espèces. Les caractères généraux des ours sont bien connus : silhouette massive (certains sont les plus lourds de tous les Carnivores), queue très brève, denture adaptée à un régime omnivore, allure plantigrade et – le Grand Panda excepté – pelage généralement de couleur unie sur le corps tout entier (des zones claires existent cependant sur la gorge et la tête de certaines espèces). Parmi les ours et même les mammifères en général, l'Ours brun se caractérise par ses dimensions extrêmement variables.

Il est représenté par de nombreuses sous-espèces dans sa très vaste aire de répartition qui couvre l'ouest de l'Europe et le Maghreb, ainsi qu'une grande partie de l'Asie jusqu'à la partie occidentale de l'Amérique du Nord. Les plus petites sous-espèces pèsent de 60 à 80 kg alors que la plus grande, qui vit en Alaska (le Kodiak, *Ursus arctos middendorffi*) atteint 800 kg, soit dix fois plus. Avec l'Ours blanc (ou Ours polaire), le Kodiak est le plus grand Carnivore actuellement vivant. Aujourd'hui, sa distribution est très discontinue : il n'existe plus en Afrique du Nord et c'est seulement dans le nord de l'Europe, de l'Asie (sauf la zone arctique) et le nord-ouest de l'Amérique qu'elle est régulière. Dans le Livre rouge de l'UICN figure la sous-espèce mexicaine *Ursus arctos nelsoni*, désormais éteinte.

Ours brun

Carnivores

L'Ours brun grimpe aux arbres quand il est jeune (comme ici), mais aussi à l'âge adulte

L'Ours brun est un mammifère sylvestre présent à basse altitude et en montagne, bien qu'il ait été exterminé dans de nombreuses régions de plaine. Dans son régime, les éléments végétaux dominent (racines, baies, etc.) mais la nourriture animale est très variée. Les ours bruns ont l'habitude de se rassembler près des rivières quand les saumons migrent vers leurs lieux de reproduction et, à cette époque, ces poissons forment l'essentiel de leur alimentation. L'Ours brun a également un faible pour le miel et il pille les ruches sauvages ; à l'opposé, il peut tuer de gros ongulés et ne dédaigne pas les charognes. Bien qu'il mène une existence très ralentie en hiver, son « sommeil » est interrompu et sa température ne baisse pas beaucoup. La femelle met au monde de 1 à 3 oursons à la fin de l'hiver ; ils naissent dans son gîte, pèsent de 220 à 450 g et ont à peu près la taille d'un rat. La gestation, parfois différée, dure de cent quatre-vingts à deux cent cinquante jours. La maturité sexuelle survient à l'âge de 3 ans.

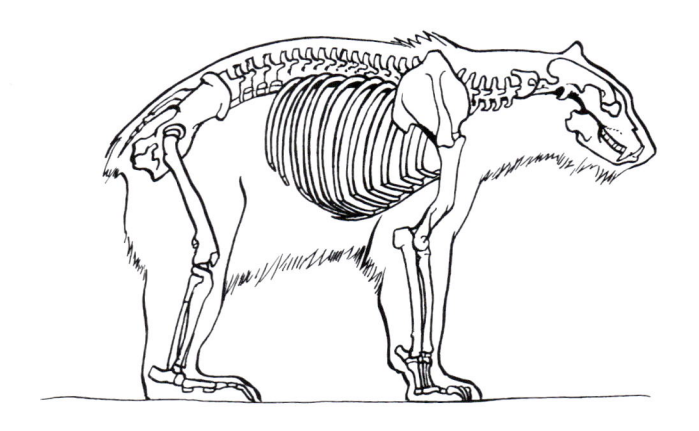

Ours brun : rapport entre le squelette d'une part, les viscères et les muscles d'autre part

Ours noir d'Amérique, Baribal

(Ursus americanus)

Ours *(Ursidae)*

Il mesure de 1,50 à 1,80 m de long, queue (8–17,5 cm) non comprise, et pèse de 120 à 230 kg. Il est généralement noir, mais certains sujets sont bruns, beige ou gris, et ceux qui vivent dans le nord de l'Alaska peuvent être presque blancs. Cette espèce vit en Alaska, au Canada (sauf l'extrême nord), dans une grande partie des États-Unis jusqu'au sud de la Floride. Son genre de vie est semblable à celui de l'Ours brun. Certains ours noirs vivent surtout d'ordures prélevées dans les terrains de camping et peuvent alors se montrer dangereux pour l'Homme. La même remarque vaut pour l'Ours brun. La femelle met au monde de 1 à 5 oursons mais généralement seulement 2 ou 3 survivent.

Ours noir d'Amérique, ou Baribal

Carnivores

Ours à collier

(Selenarctos thibetanus)

V, M

Ours *(Ursidae)*

Cet ours asiatique a de grandes oreilles arrondies et, sur la poitrine, une marque blanche en forme de V ou d'Y. Son pelage est long, épais, brillant et noir. Il mesure de 1,30 à 1,70 m de long, queue (7,5-10,5 cm) non comprise, et atteint 150 kg. On le trouve depuis l'Afghanistan le long de la limite méridionale de l'Himalaya jusqu'en Chine et dans la région de l'Oussouri (ex-URSS), à l'est et au sud jusqu'en Indochine. Il existe aussi au Baluchistan, à Taïwan et sur les îles Honshu et Shikoku (Japon). La sous-espèce du Baluchistan *(S. thibetanus gedrosianus)* figure dans le Livre rouge de l'UICN. Cet ours est un montagnard qui grimpe jusqu'à 4 000 mètres d'altitude et qui fréquente surtout les forêts de feuillus ; il manque au-dessus de la limite supérieure des arbres. Sa denture est moins puissante que celle des autres ours, c'est pourquoi les éléments végétaux tiennent une grande part dans son régime. C'est surtout en automne qu'il mange des animaux car à cette saison il se constitue une réserve de graisse pour l'hiver. Il consomme des invertébrés mais peut également tuer des moutons, des chèvres et des ongulés sauvages. Enfin, on a signalé des attaques sur l'Homme.

C'est un animal solitaire, actif nuit et jour selon le type de nourriture recherchée. Il grimpe et nage fort bien. Dans les parties les plus froides de son aire de répartition, il dort de quatre à cinq mois dans un abri qui peut être un très gros arbre creux, une crevasse de rocher, une grotte, etc. C'est pendant cette période que la femelle met au monde (généralement entre la fin de décembre et février) de 1 à 3 oursons (2 le plus souvent), dont le développement ressemble à celui des jeunes de l'Ours brun.

Ours à collier

Crâne d'Ours à collier

Carnivores

Ours malais, Ours des cocotiers, Hélarcte

(Helarctos malayanus)

V, C

Ours *(Ursidae)*

Seul représentant du genre *Helarctos*, c'est le plus petit de tous les ours puisqu'il mesure seulement de 1,10 à 1,40 m de long, queue (7–9 cm) non comprise, et pèse de 30 à 65 kg. Sa face est claire et, sur la poitrine, il y a parfois une marque jaune orangé ou blanc jaunâtre en forme de fer à cheval.
Son museau est très mobile et il a une langue étroite mais très longue.
Il vit dans les régions tropicales et subtropicales du Sud-Est asiatique, de la Birmanie et (en partie) des provinces chinoises du Yunnan et du Sichuan jusqu'à

Ours malais, ou Hélarcte

Sumatra et au Kalimantan (Bornéo) à travers la péninsule malaise. Les forêts de plaine et de montagne constituent son habitat. Il mange des fruits, les pousses terminales des palmiers et de petits vertébrés. Il recherche les nids des abeilles sauvages dans les arbres et ouvre les termitières terrestres, collectant les insectes avec sa langue ; parfois aussi, il enfonce une patte dans la termitière et lèche les insectes qui l'ont recouverte. Il grimpe mieux que tous les autres ours et passe généralement la journée dans un arbre où il prépare un nid de branches et de feuilles. Solitaire, il n'hiberne pas et est actif la nuit. La gestation dure environ deux cents jours et la femelle a généralement 2 petits qui naissent dans un abri situé à terre. Comme les autres oursons, ils restent longtemps avec leur mère.

L'Ours à lunettes *(Tremarctos ornatus)* est le seul ours sud-américain

Carnivores

Ours blanc, Ours polaire

(Thalarctos maritimus)

V

Ours *(Ursidae)*

Avec le Kodiak de l'Alaska, c'est le plus grand Carnivore vivant du monde, et avec le Renard polaire c'est celui qui vit le plus au nord. Sa répartition est circumpolaire mais on le rencontre uniquement dans l'Arctique (il est absent dans l'Antarctique, contrairement à ce que croient beaucoup de personnes). Dans la zone arctique, il fréquente les champs de glace, les îles rocheuses, les côtes de la Sibérie, du nord de l'Europe et de l'Amérique du Nord, du Groenland et d'autres îles, mais pas l'Islande. Il se déplace à grande distance dans les mers arctiques en profitant des glaces flottantes. Bien qu'il vive dans des régions extrêmement inhospitalières, l'Homme a néanmoins fortement réduit ses effectifs au XXe siècle. Étant donné qu'il n'a pas de prédateurs naturels, le niveau de ses populations est contrôlé par d'autres facteurs que la raréfaction de la nourriture ou les conditions climatiques, et il ne peut compenser les pertes dues à une chasse intensive. En 1973, un accord a été signé entre le Canada, les États-Unis, l'URSS, la Norvège et le Danemark pour interdire la chasse à l'Ours blanc à des fins commerciales. Seuls les autochtones des régions où il vit étaient dès lors autorisés à le chasser,

L'Ours blanc a une silhouette effilée de l'arrière-train vers la tête ; celle-ci est étroite

(Thalarctos maritimus)

Carnivores

mais seulement pour leurs propres besoins et sans utiliser des armes modernes. Grâce à ces mesures, les effectifs de l'Ours blanc ont remonté et on estime qu'ils sont désormais stabilisés aux environs de 30 000 individus.

L'Ours blanc mesure de 2,20 à 2,50 m de long, queue (7,6–12,7 cm) non comprise, de 1,30 à 1,60 m de haut à l'épaule et pèse de 300 à 700 kg. Les femelles atteignent seulement les trois quarts de la taille des mâles. Il a des pattes puissantes dont les soles sont en grande partie recouvertes de fourrure ; ses doigts sont reliés par une palmure sur la moitié de leur longueur et portent des griffes relativement courtes d'un noir brunâtre.

L'Ours blanc vit solitairement et ne forme des couples que durant quelques jours, généralement en avril ou en mai. Les cadavres de gros animaux, par exemple ceux des baleines échouées sur les côtes, attirent plusieurs dizaines d'ours qui viennent s'en repaître. Excellent nageur, l'Ours blanc utilise surtout ses membres antérieurs comme propulseurs et ne maintient que sa tête à la surface ; il est capable de plonger. Il se nourrit surtout de phoques et de poissons. Il attend les premiers auprès des trous de respiration qu'ils maintiennent dans la glace ou les approche en nageant, parcourant les derniers mètres en plongée ; il réussit ainsi à capturer un phoque qui ne l'a pas vu et qui se repose sur un morceau de glace ou sur le rivage. Dans l'eau, ses chances d'en capturer un sont nulles car les phoques nagent bien plus vite que lui. À terre, il mange aussi des lemmings, des oiseaux et leurs œufs, parfois de jeunes rennes ou bœufs musqués. Enfin, il consome des charognes, notamment les cadavres des Cétacés échoués et, en automne, profite des fruits sauvages. Il passe une grande partie de l'hiver dans un abri qu'il a creusé dans un amas de neige. Les femelles gestantes s'isolent sur une île ou sur le continent, modifiant leur gîte en entassant de la neige sur environ un mètre de haut à l'extérieur, de façon à empêcher l'air glacial de pénétrer directement dans la chambre où la température peut atteindre de 18 à 20 °C. C'est là qu'en décembre elles mettent au monde de 1 à 3 oursons ; elles y restent avec eux jusqu'en avril. Pendant les premières semaines, l'ourse tient les petits entre ses pattes antérieures et s'enroule autour d'eux en sorte qu'ils ne touchent pas le sol ni les parois de l'abri. Au total, elle s'en occupe pendant environ dix-huit mois.

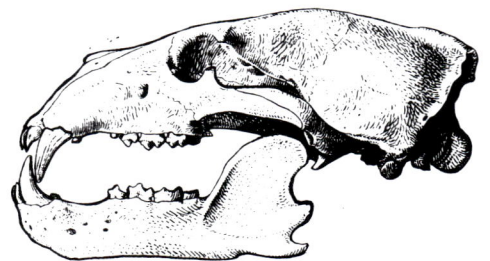

Crâne d'Ours blanc

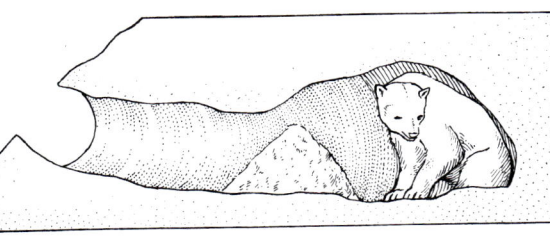

Coupe de l'abri hivernal d'une Ourse blanche

La forme de la tête diffère entre les membres du genre *Thalarctos* (a) et ceux du genre *Ursus* (b)

Carnivores

Civette d'Afrique
(Civettictis civetta)   Civettes, etc. *(Viverridae)*

La famille à laquelle appartient la Civette d'Afrique réunit environ soixante-dix espèces. On la divise parfois en deux familles, les civettes d'une part et les mangoustes *(Herpestidae)* d'autre part. Il s'agit de petits Carnivores au corps allongé, dont l'allure ressemble un peu à celle des *Mustelidae*. Leur museau est long et pointu et elles ont une grande queue. Elles vivent dans les régions chaudes de l'Asie, de l'Europe, de l'Afrique et plusieurs sont propres à Madagascar. L'Homme en a introduit sur d'autres continents.

La Civette d'Afrique est l'un des plus grands représentants de la famille. Elle mesure environ 70 cm de long, queue (50 cm environ) non comprise, et pèse de 9 à 20 kg. Une crinière de longs poils noirs érectiles se dresse au milieu de son dos et jusque sur sa queue. Ses griffes sont partiellement rétractiles. Cette espèce vit à peu près partout au sud du Sahara sauf dans l'extrême sud ; elle est absente sur

Civette d'Afrique

Madagascar. On la trouve principalement dans les savanes, mais aussi dans les bois ; cependant, elle est absente des forêts pluviales. Solitaire et purement nocturne, elle passe la journée dans un trou d'arbre, une crevasse de rocher ou le terrier d'un autre mammifère (notamment celui de l'oryctérope). Elle trouve sa nourriture à terre (insectes, petits vertébrés, cadavres, fruits, tubercules, etc.) et près des villages : plantes cultivées et volailles. Il y a généralement deux portées par an et chacune compte 2 à 4 petits.

Genette
(Genetta genetta)   **R**   Civettes, etc. *(Viverridae)*

Sa silhouette ressemble quelque peu à celle d'un chat, mais son corps et sa queue sont plus longs. La femelle a deux paires de tétines. La Genette mesure de 40 à 55 cm de long, queue (40–50 cm) non comprise, et pèse de 1,2 à 2,3 kg. Sa répartition couvre deux zones, l'une dans le sud-ouest de l'Europe, l'Afrique du Nord et la Palestine, l'autre dans toute l'Afrique au sud du Sahara. Certains spécialistes pensent que cette dernière population appartient à une espèce différente qu'ils appellent *Genetta felina*. La Genette

Carnivores

Genette

existe aussi dans le sud de la péninsule d'Arabie. La Genette et la Civette d'Afrique sont communes et seule la sous-espèce de la Genette vivant sur Ibiza (Baléares), *Genetta genetta isabelae,* est citée dans le Livre rouge de l'UICN.

La Genette fréquente les lieux secs couverts de buissons et d'arbres dispersés ; elle déserte les savanes, les déserts et les forêts humides. Sa biologie ressemble à celle de la Civette d'Afrique. Très agile, elle grimpe bien mais se nourrit surtout à terre. Elle mange davantage d'animaux que la Civette d'Afrique, puisque son alimentation se compose de petits mammifères, oiseaux, lézards, serpents, grenouilles, volailles et insectes.

Deux fois par an, la femelle donne naissance à 1–4 petits à l'issue d'une gestation de dix à douze semaines. Les jeunes mangent des aliments solides à l'âge de 6 semaines mais sont allaités pendant trois mois et restent neuf mois avec leur mère.

Le Binturong *(Arctictis binturong)* est une civette asiatique. Sa queue préhensile lui permet de s'accrocher aux branches

215

Carnivores

Poiane
(Poiana richardsoni)   Civettes, etc. *(Viverridae)*

La Poiane est la seule espèce de son genre et doit son nom à l'île de Fernando Po (aujourd'hui Bioko). Elle existe sur cette terre et dans les régions voisines du continent noir, c'est-à-dire les pays proches du golfe de Guinée, de la Sierra Leone au Zaïre. C'est un Carnivore svelte pourvu d'une très longue queue. Elle mesure de 33 à 38 cm de long, queue (38 cm environ) non comprise. Sylvestre, elle passe le jour dans l'épaisseur de la végétation et chasse de nuit. Son régime est à la fois carnivore et végétarien. La femelle a probablement deux portées annuelles de 2 ou 3 petits. La biologie de cette espèce reste encore mal connue. La sous-espèce du Liberia *Poiana richardsoni liberiensis* figure sur le Livre rouge de l'UICN.

Poiane

Civette masquée des palmiers
(Paguma larvata)   Civettes, etc. *(Viverridae)*

À la différence des espèces décrites précédemment, celle-ci vit en Asie (Inde, Népal, sud de la Chine et, plus au sud, Viêt-nam, Thaïlande, péninsule malaise, Sumatra et Kalimantan). Elle mesure de 51 à 76 cm de long, queue (51-64 cm) non comprise, et pèse de

Carnivores

3,6 à 5 kg. Essentiellement arboricole, elle se nourrit de petits vertébrés, insectes et fruits. Elle se défend contre les prédateurs en émettant la sécrétion de ses glandes anales très développées. Les 3 ou 4 petits sont élevés dans un trou d'arbre.

Civette masquée des palmiers

Nandinie

(Nandinia binotata)   Civettes, etc. *(Viverridae)*

La Nandinie est l'unique espèce de sa catégorie. Elle vit en Afrique à l'est de la Guinée-Bissau, jusqu'au sud du Soudan et, de là, atteint l'Angola, la Tanzanie et le Mozambique. Elle mesure de 44 à 57 cm de long, queue (46–62 cm) non comprise, et pèse environ 2,5 kg. Sa coloration est assez variable. Nocturne, elle passe le jour cachée dans un fouillis de plantes grimpantes parmi les arbres. Elle se nourrit sur les arbres et à terre, mangeant des fruits, des oiseaux et des mammifères jusqu'à la taille des prosimiens (potto, par exemple). En captivité elle devient assez familière. La gestation dure environ soixante jours et il y a 2 ou 3 petits par portée. En nature, la femelle a probablement deux portées par an.

Dessous d'une patte postérieure de Nandinie

Nandinie

Crâne de Falanouc, ou Euplère *(Eupleres goudotii)*, représentant malgache de la famille des civettes

Carnivores

Mangue rayée

(Mungos mungo)   Civettes, etc. *(Viverridae)*

Les mangoustes et les mangues sont des mammifères agiles ayant une longue fourrure raide, des pattes courtes et de petites oreilles arrondies. Certaines des quelque trente espèces ont la réputation de chasser des serpents venimeux, mais aucune ne s'en nourrit exclusivement. La Mangue rayée mesure de 30 à 45 cm de long, queue (23–29 cm) non comprise, et pèse de 1,5 à 2,5 kg. Elle vit en Afrique au sud du Sahara, du Sénégal et de la Gambie à l'ouest jusqu'au Soudan à l'est et, de là, en direction du sud, dans la plupart des autres pays sauf dans les déserts et les forêts pluviales. Sa queue, épaisse à la base, s'amincit vers l'extrémité. Ses pieds ont cinq doigts et les antérieurs ont des griffes particulièrement longues. La femelle a six tétines.

Sociable, la Mangue rayée vit en groupes de six à vingt individus qui occupent un domaine vital commun et qui gardent toujours le contact entre eux au moyen d'émissions vocales. Ce sont des animaux terrestres, actifs surtout le matin et le soir. Après avoir exploité une certaine surface, les mangues rayées en parcourent une autre, et se déplacent ainsi sur de vastes étendues en décrivant plus ou moins des cercles. Elles se nourrissent de larves d'insectes qu'elles déterrent, de mollusques, petits reptiles et mammifères, œufs d'oiseaux et fruits. La femelle a de 2 à 4 petits qui naissent en mai-juin ou en novembre-décembre.

Mangue rayée

Mangouste de l'Inde

(Herpestes edwardsi)   Civettes, etc. *(Viverridae)*

Espèce asiatique répandue depuis le nord de la péninsule d'Arabie à travers l'Irak, l'Iran et l'Afghanistan jusqu'au Népal, à l'Inde et au Sri Lanka. Vers 1960, elle a été introduite en Italie, au sud de Rome. Elle mesure de 35 à 45 cm de long, queue (35–40 cm) non comprise, et pèse de 1,2 à 1,5 kg. Ses pattes et ses griffes sont semblables à celles de la Mangue rayée.

Carnivores

Mangouste de l'Inde

La Mangouste de l'Inde est terrestre et surtout diurne. Elle s'abrite dans la végétation touffue, dans des cavités ou dans un terrier qu'elle creuse elle-même. On la rencontre dans plusieurs types de milieux, mais dans les régions sèches elle se tient aussi près que possible de l'eau. Très varié, son régime comprend des petits mammifères, oiseaux et leurs œufs, lézards et serpents, insectes et, dans une faible mesure, des substances végétales. Cette mangouste est célèbre pour son habileté à tuer des serpents venimeux, tels les cobras. Elle n'est pas immunisée contre leur venin mais en supporte de plus fortes doses que les autres mammifères (par exemple six fois plus qu'un lapin). Cela ne suffirait pas à la sauver et la seule façon pour elle de vaincre un cobra consiste à être plus rapide et plus habile que lui, donc à ne pas se faire mordre, comme l'a décrit R. Kipling dans le récit de Rikki-Tikki-Tavi (*Le Livre de la jungle*). À la fin du combat, la Mangouste mord le serpent à l'arrière de la tête, le tue et le mange. La Mangouste de l'Inde vit en couples ou en petits groupes familiaux.

Après huit à douze semaines de gestation, la femelle met au monde de 2 à 4 petits qui s'émancipent à 1 an et se reproduisent à 2 ans.

La Mangouste ichneumon (*Herpestes ichneumon*) existe presque partout en Afrique ; on la trouve aussi sur la péninsule Ibérique, dans le sud de la Turquie et en Arabie Saoudite

Carnivores

Suricate
(Suricata suricatta)

Civettes, etc. *(Viverridae)*

Le Suricate est peut-être le plus intéressant de tous les *Viverridae* en raison de sa sociabilité. Il vit en colonies, souvent en compagnie de la Mangouste fauve *(Cynictis penicillata)*. Son observation est aisée car il est diurne. Les individus qui montent la garde sont particulièrement visibles car ils se tiennent debout sur leurs pattes postérieures ou s'assoient sur leur arrière-train, légèrement inclinés et soutenus par leur queue. Le Suricate vit dans l'extrémité méridionale de l'Afrique, au sud de l'Angola et au Botswana. Il mesure de 25 à 35 cm de long, queue (18–25 cm) non comprise, et pèse environ 2 kg. Il fréquente les milieux secs et ouverts, creuse son terrier dans le sable ou emprunte celui d'un rongeur. Les populations des lieux rocheux vivent parmi les blocs et se cachent au-dessous. Les crottes sont déposées dans des latrines communes. Le régime comprend des insectes, myriapodes, araignées, reptiles, oiseaux et les œufs de ces deux derniers groupes d'animaux, des petits mammifères, des larves et des tubercules juteux qui sont déterrés. La gestation dure environ onze semaines et les portées comptent de 2 à 4 petits qui se reproduisent à l'âge d'un an environ.

Le Suricate a un masque facial typique ; ses grands yeux sont cerclés de noir

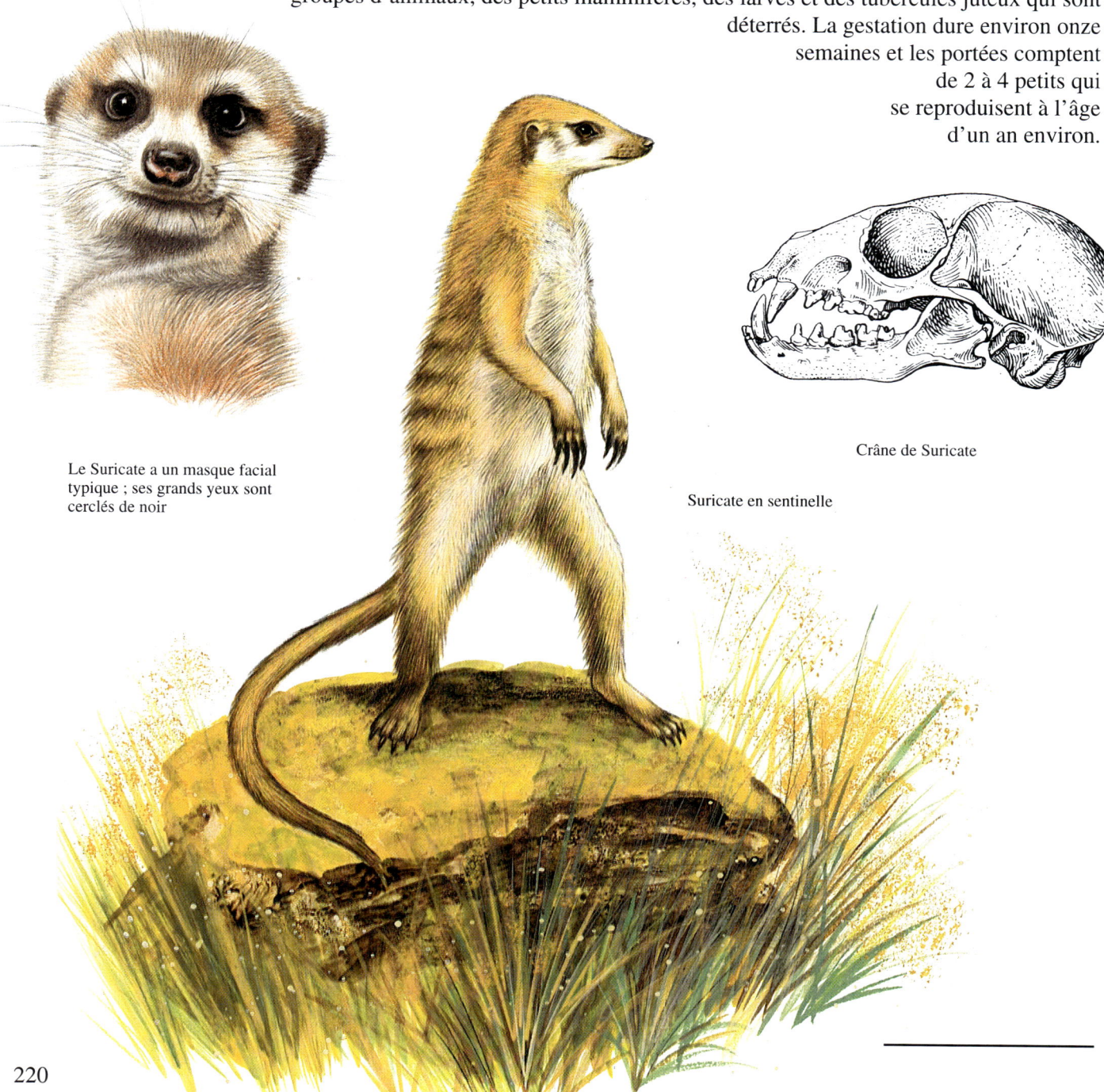

Suricate en sentinelle

Crâne de Suricate

Carnivores

Fossa

(Cryptoprocta ferox)

M

Civettes, etc. *(Viverridae)*

La Fossa est l'un des *Viverridae* exclusivement malgaches, bien qu'elle soit absente sur le plateau central de l'île. Elle vit dans les forêts et, du fait de leur disparition rapide, est menacée d'extinction. On l'a placée dans la catégorie des espèces « insuffisamment connues » du Livre rouge de l'UICN. Elle ressemble quelque peu à un chat mais a la queue bien plus longue et de courtes oreilles arrondies. Ses griffes sont rétractiles. Ses affinités avec les félins se manifestent également dans le nombre de dents (32 alors que la plupart des *Viverridae* en ont 36 et les félins de 28 à 30). Les vibrisses qui entourent son museau ont la même longueur que sa tête. Elle mesure de 61 à 76 cm de long (et autant pour la queue) et pèse de 5 à 6 kg. C'est le plus grand mammifère du groupe des Carnivores à Madagascar. Nocturne, solitaire, elle fréquente les forêts tropicales et subtropicales. Elle grimpe habilement sur les arbres où elle chasse des prosimiens (lémurs), des oiseaux et d'autres vertébrés, mais comme elle attaque aussi les animaux domestiques on la persécute (sa chair est consommée par les Malgaches). Cela contribue un peu plus à sa raréfaction et elle est devenue très rare en mainte région de l'île. La gestation dure environ dix semaines et il y a 2 ou 3 petits par portée ; ils atteignent la maturité sexuelle à environ 5 ans. Beaucoup d'histoires horribles ont été racontées à propos de la Fossa, d'où son nom d'espèce « *ferox* », mais la plupart sont purement imaginaires.

Fossa

Carnivores

Protèle
(Proteles cristatus)

Protèle *(Protelidae)*

C'est l'unique exemple d'un Carnivore qui, à lui seul, représente une famille vivante. À la différence de ce qui se passe pour les pandas, les spécialistes sont d'accord pour souligner l'originalité du Protèle, qui ressemble à une hyène mais se rapproche des *Viverridae* et constitue en fait un rameau spécialisé de cette famille. Le Protèle mesure de 55 à 80 cm de long, queue (20-30 cm) non comprise, et pèse de 7 à 10 kg. Une longue crinière érectile s'étend depuis le cou jusqu'à la queue ; quand elle est dressée, elle rend l'animal beaucoup plus volumineux qu'il n'est. Plus frêle que les hyènes, le Protèle a de longues oreilles, étroites et pointues, et des mâchoires ainsi qu'une denture plus faibles. Son aire de répartition est divisée en deux : il vit d'une part dans l'est de l'Afrique, du Soudan et de l'Éthiopie au nord de la Somalie et, d'autre part, dans le sud du continent. Partout, il fréquente les savanes et les plaines sèches. Nocturne, il est solitaire ou forme de petits groupes où les femelles élèveraient leurs petits en commun. Craintif, il se défend en redressant sa crinière et en émettant la sécrétion nauséabonde de ses glandes anales ; il peut aussi se servir de ses canines qui, à l'inverse de ses autres dents, ont des dimensions normales. Il se nourrit d'insectes (surtout de termites) et parfois de petits vertébrés. Les 2 à 4 petits naissent dans un terrier, souvent dans celui qu'un oryctérope a abandonné.

Crâne de Protèle : les dents sont plus faibles que celles d'une hyène ; plusieurs sont atrophiées car le Protèle se nourrit d'insectes

Protèle

Carnivores

Hyène tachetée

(Crocuta crocuta)

Hyènes *(Hyaenidae)*

C'est la mieux connue des trois hyènes, Carnivores trapus pourvus une grosse tête, des mâchoires, des dents puissantes et le dos oblique depuis le cou jusqu'à l'arrière-train. Digitigrades, les hyènes ont quatre doigts à chaque patte et des griffes émoussées, non rétractiles. L'Hyène tachetée mesure de 1,30 à 1,70 m de long, queue (25–30 cm) non

Hyène tachetée

comprise, et pèse de 59 à 82 kg. Elle vit en Afrique au sud du Sahara, sauf dans les forêts denses et à l'extrémité sud du continent. Solitaire, en couples ou en petits groupes, elle parcourt un vaste terrain de chasse et suit souvent les troupeaux d'ongulés. Elle attaque les jeunes, mais si la nourriture se fait rare elle s'en prend aussi aux adultes (surtout les malades et les blessés). Elle atteint la vitesse de 65 km/h. Elle mange des charognes et, grâce à la puissance de ses mâchoires, elle réussit à briser les gros os des buffles ou des vaches domestiques. Elle est surtout nocturne mais on la voit souvent aussi dans la journée. Elle est très bruyante. Après une gestation d'environ cent dix jours, 1 ou 2 petits (rarement 3) naissent dans un terrier que la femelle a creusé elle-même ou qu'elle a « emprunté » à l'oryctérope et qu'elle a agrandi. Les jeunes restent dix-huit mois avec elle.

Carnivores

Hyène brune

(Hyaena brunnea)

V, M

Hyènes *(Hyaenidae)*

Le genre *Hyaena* comprend l'Hyène rayée *(Hyaena hyaena)*, présente dans une grande partie de l'Afrique et dans le sud de l'Asie, et l'Hyène brune, confinée dans le sud du continent noir au sud du Zambèze où elle n'existe d'ailleurs pas partout. Aujourd'hui, on la trouve seulement dans les régions reculées de la Namibie, une partie de la république d'Afrique du Sud, le sud du Mozambique, le Zimbabwe et le désert du Kalahari au Botswana. L'Hyène brune a un pelage raide, une crinière brun-roux sur les épaules, les côtés du cou et la partie antérieure du dos. La région faciale de sa tête est plus courte que celle de l'Hyène tachetée. Elle fréquente les savanes, les lieux rocheux, les broussailles épineuses, les steppes sèches, les semi-déserts, les bois clairs et elle est active surtout la nuit. Elle est solitaire sauf pour la reproduction. Elle se déplace très silencieusement et peut s'approcher sans se faire remarquer. Toutefois, elle n'est pas agressive à l'égard de l'Homme et l'évite. Elle passe la journée dans une grotte, un trou de rocher ou un fouillis végétal. À l'instar de l'Hyène rayée, elle mange beaucoup de cadavres. Si les muscles et les viscères ont déjà été consommés par des vautours, des chacals ou d'autres charognards, il lui reste encore les os. Elle profite également des ordures amassées près des villages et, à défaut, elle se rabat sur de petits vertébrés, des chèvres, moutons et chiens.

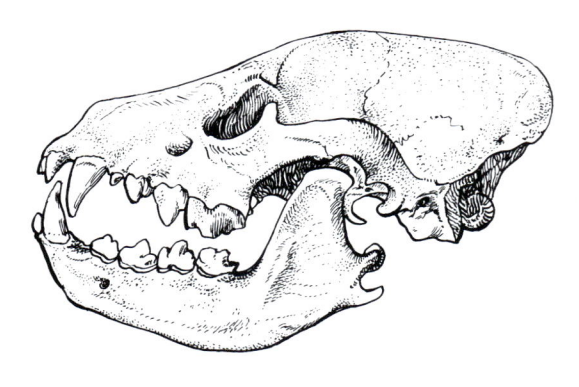

Hyène brune

Crâne d'Hyène rayée

Hyène rayée

Carnivores

Elle défend un petit territoire autour de son gîte, mais son terrain de chasse peut couvrir 45 km². Elle se reproduit en toutes saisons. La gestation dure environ trois mois comme chez l'Hyène rayée et la portée compte normalement de 2 à 4 petits, qui sont allaités près de 2 mois. Le mâle s'occupe lui aussi des jeunes qui atteignent la maturité sexuelle à 3–4 ans. En raison de son genre de vie très discret, on a peu d'informations précises sur sa densité, mais elle est certainement peu abondante. À l'origine, elle vivait dans toute l'Afrique, mais aujourd'hui elle n'existe guère plus que dans les parcs nationaux et autres réserves. L'Hyène rayée est rare elle aussi et sa sous-espèce *H. hyaena barbara* est particulièrement menacée : jadis commune au Maroc, en Algérie et en Tunisie, elle ne vit plus que dans les lieux les plus retirés (surtout en montagne). Elle est placée dans la catégorie E du Livre rouge de l'UICN, c'est-à-dire dans celle des espèces en danger d'extinction dont la survie est hypothétique si les causes de leur raréfaction ne disparaissent pas.

Loup à crinière

(Chrysocyon brachyurus)

M

Chiens, renards et loups *(Canidae)*

Le plus grand représentant sud-américain de la famille des *Canidae* est un animal élégant, dressé sur de longues pattes, au pelage bicolore et aux grandes oreilles. Le Loup à crinière mesure environ 1,25 m de long, queue (30 cm) non comprise, 75 cm de haut à l'épaule et pèse en moyenne 23 kg. Sa tête ressemble à celle d'un renard. Il habite les pampas et les lieux marécageux, mais déserte les forêts denses.
On le trouve depuis le centre du Brésil jusque dans le nord de l'Argentine. Il se nourrit de rongeurs tels les agoutis, d'oiseaux, reptiles, insectes et fruits. Après deux mois de gestation, la femelle donne naissance à 2 ou 3 petits.

Loup à crinière

Carnivores

Loup

(Canis lupus)

V

Chiens, renards et loups *(Canidae)*

Sur les empreintes, on voit l'emplacement des pelotes digitales, de la pelote plantaire et des griffes ; les marques des doigts médians sont légèrement tournées vers l'intérieur

Tout le monde sait que le Loup fait partie de la même famille que le chien domestique. Les types récents de ce groupe relativement jeune ont évolué à la fin du Cénozoïque et notamment au Pléistocène. Ils ont de longues mâchoires, de nombreuses dents, y compris des canines et des carnassières bien développées. La plupart ont de grandes pattes fines. Ils sont digitigrades et le premier doigt de leurs membres antérieurs est atrophié ou même absent. Ils vivent en meutes et chassent leurs proies en les poursuivant. En général, ils s'attaquent à des animaux malades, blessés, très jeunes ou très vieux et parfois se lancent derrière une proie sur une brève distance pour évaluer leurs chances de succès. La famille des *Canidae* comprend onze genres et environ trente-cinq espèces. Le Loup est l'ancêtre d'une partie des chiens domestiques et la race qui lui ressemble le plus est le Berger allemand.

Le Loup est l'un des mieux connus parmi les Carnivores, mais aussi l'un des plus persécutés. Dans son aire de répartition, qui s'étend sur trois continents, il a survécu grâce à sa vitalité, à la finesse de ses organes sensoriels, à ses facultés psychiques et à sa tendance à éviter l'Homme. Seuls les loups qui vivent dans les régions les plus reculées comme le Grand Nord ne sont pas aussi craintifs, et malgré cela ils attaquent rarement l'Homme. À l'origine, le Loup vivait dans toute l'Amérique du Nord, l'Europe et l'Asie sauf le sud de l'Inde, l'Indochine, la Malaisie et l'Indonésie, mais aujourd'hui il ne subsiste que par endroits. En Amérique, le nord du Mexique représente sa limite méridionale,

Le Loup a de courtes oreilles triangulaires et des yeux obliques. Au repos ou quand il marche lentement, il tient la queue pendante

Carnivores

mais aux États-Unis il a presque partout disparu ; cela vaut aussi pour l'Europe où son aire la plus vaste se trouve dans le nord de la Scandinavie, en Russie et dans les montagnes des Balkans. En Asie, il vit encore dans la majeure partie de l'ex-URSS, en Mongolie, en Chine occidentale, au Tibet et en Corée ; on le trouve encore dans le sud du continent, de la péninsule d'Arabie à l'Inde. Partout, le Loup fréquente presque tous les milieux sauf les vrais déserts et les sommets des hautes montagnes. S'il n'est pas persécuté, il réussit à s'adapter aux milieux transformés par l'Homme.

On connaît la silhouette du Loup. En général, son pelage est brun ou gris, mais il peut être noir ou blanc (par exemple, dans le Grand Nord américain). Mesurant de 1 m à 1,70 m de long, queue (30–50 cm) non comprise, il atteint de 65 à 90 cm de haut à l'épaule et pèse de 20 à 80 kg, ce qui en fait le plus grand des *Canidae*. La variabilité de son poids correspond aux différences de taille qui existent entre les sous-espèces. En outre, les mâles sont toujours plus grands que les femelles. Les Loups vivent généralement en meutes de cinq à quinze individus. En été, les meutes sont petites et formées d'une seule famille, alors qu'en hiver plusieurs familles s'associent. Une hiérarchie précise existe entre les mâles et les femelles et le mâle dominant est seul à s'accoupler avec la femelle dominante. Les loups coopèrent pour chasser. Leurs principales proies sont des ongulés (cerfs élaphes, chevreuils, mouflons, sangliers, élans et rennes), mais à l'occasion ils prennent des animaux plus petits comme les castors et les lièvres et, en outre, des animaux domestiques. Les loups s'accouplent en hiver. La gestation dure neuf semaines et il y a de 4 à 8 louveteaux par portée.

Canis lupus pallipes est une petite sous-espèce du Loup vivant sur la péninsule indienne (sauf son extrémité méridionale)

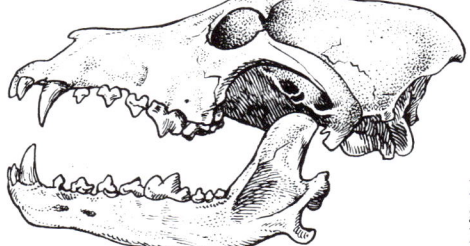

Le Loup a un crâne massif avec une grande crête occipitale pour l'insertion des muscles

Carnivores

Chacal doré

(Canis aureus)   Chiens, renards et loups *(Canidae)*

Plus petit que le Loup, le Chacal doré mesure de 60 cm à 1 m de long, queue (18–30 cm) non comprise, et pèse de 7 à 15 kg. Il a de grandes oreilles et un long museau pointu. Sa queue est noire à l'extrémité. Excepté au cœur du Sahara, il est répandu dans presque toute la moitié septentrionale de l'Afrique jusqu'au Nigeria et à la Tanzanie. Il vit aussi dans le sud-ouest de l'Europe, la plus grande partie du sud de l'Asie, des côtes de Méditerranée orientale à la Thaïlande. Il est commun dans la plupart de ces pays. Il manque en Extrême-Orient et sur les îles situées entre l'Asie et l'Australie. Le Chacal doré fréquente les paysages ouverts, les bois clairs, les terrains rocailleux, les semi-déserts et les savanes. Le voisinage de l'Homme ne le dérange pas, et en Orient on l'observe régulièrement aux abords des villes. Crépusculaire et nocturne, il vit solitairement ou en couples, mais parfois en petits groupes. Il mange presque tout ce qui est comestible, capture des rongeurs, des reptiles et des insectes, profite des restes de carnivores plus puissants que lui et absorbe des charognes ; en outre, il se nourrit aussi de fruits, de maïs et de déchets de cuisine. La gestation dure de soixante à soixante-trois jours et les 3 à 8 petits naissent dans un terrier ou une crevasse de rocher. Le mâle participe au forage du terrier et apporte des aliments aux jeunes qui restent avec leurs parents pendant six mois environ, après quoi ils doivent quitter leur territoire.

Chacal doré

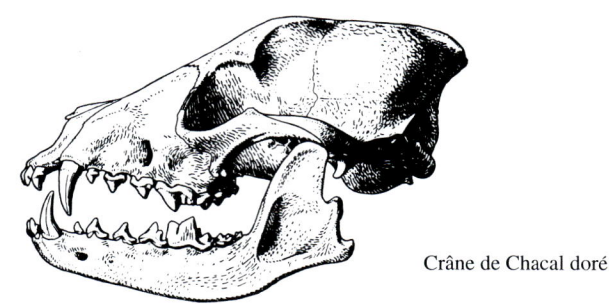

Crâne de Chacal doré

Carnivores

Chacal à chabraque

(Canis mesomelas)   Chiens, renards et loups *(Canidae)*

Le Chacal à chabraque a presque la même taille que le Chacal doré mais sa coloration est bien différente. C'est un Carnivore africain répandu dans l'est et le sud du continent ; entre ces deux aires s'étend une zone d'où il est absent. Les savanes représentent son habitat typique. Il est nocturne mais on le voit parfois dans la journée en train de manger une charogne. Normalement, il passe le jour dans des broussailles ou les grandes herbes. La nuit il chasse solitairement ou suit les grands carnivores comme les lions et les hyènes. Dans ce cas, plusieurs chacals peuvent former un groupe temporaire. Outre les cadavres, le chacal à chabraque se nourrit de petits rongeurs, d'oiseaux, de reptiles et de leurs œufs, d'amphibiens et d'insectes (sauterelles, criquets), voire d'animaux plus gros comme de jeunes antilopes. Il attaque les pythons qui dorment après un bon repas, mais à son tour peut être victime d'un python affamé. Sa reproduction ressemble à celle du Chacal doré.

Chacal à chabraque

Carnivores

Dingo
(Canis dingo)   Chiens, renards et loups *(Canidae)*

De nombreux zoologistes estiment que le Dingo n'est pas une espèce à part entière car il dérive de chiens domestiques revenus à la vie sauvage. Toutefois, personne ne sait par qui et quand ses ancêtres ont été introduits en Australie, ni d'où ils venaient, et cela bien que la chose se soit probablement produite il y a des milliers d'années. Depuis, les caractéristiques du Dingo se sont fixées et, quand on le regarde, il donne l'impression d'appartenir à une espèce bien distincte car il diffère de tous les autres *Canidae* sauvages et de toutes les races de chiens domestiques. Il mesure de 1 m à 1,50 m de long, queue (25–40 cm) non comprise, et pèse jusqu'à 35 kg. Il vit dans toute l'Australie, mais les persécutions humaines l'ont raréfié dans certaines régions. Son habitat normal est constitué par des lieux semi-désertiques et des espaces couverts de broussailles xérophiles (adaptées à la sécheresse). Il vit généralement en groupes familiaux mais s'assemble parfois en meutes assez importantes. Il chasse de nuit mais également dans la

Dingo

journée. Son régime comprend des marsupiaux (une meute peut venir à bout d'un grand kangourou), des rongeurs, oiseaux, reptiles et insectes. Dans les régions où les lapins abondent, ils forment l'essentiel de son alimentation. Les éleveurs le chassent car il s'attaque à leurs moutons ; il mange aussi des cadavres. La gestation dure environ six mois et les 4 à 7 chiots naissent dans un terrier ou un espace entre des rochers. Le mâle participe à leur élevage en apportant de la nourriture.

Coyote
(Canis latrans)   Chiens, renards et loups *(Canidae)*

La coloration du Coyote ressemble à celle du Loup et présente la même variabilité géographique, mais elle n'est jamais blanche. Le coyote mesure de 1 m à 1,35 m de long, queue (30–40 cm) non comprise, de 58 à 66 cm de haut à l'épaule et pèse de 10 à 20 kg.

Carnivores

Son aire de répartition augmente car depuis peu il est apparu en Pennsylvanie où il manquait auparavant. On le trouvait au sud du 55e parallèle et à l'est, jusqu'au Mississippi. Actuellement, il est présent de l'Alaska au Costa Rica, dans tout le Canada et presque tous les États-Unis sauf une bonne partie de l'Est. Dans l'Ouest, son habitat typique est la plaine sans arbres alors qu'à l'est il occupe les petits bois et les broussailles. C'est l'un des *Canidae* les plus rapides puisqu'il peut parcourir de brèves distances à 65 km/h et, normalement, peut soutenir une vitesse de 40 à 48 km/h pendant une heure. Des coyotes pourvus d'un émetteur radio miniaturisé ont franchi plus de 600 km en quelques jours. Peu difficile, le Coyote est un opportuniste : il chasse toutes sortes de vertébrés, des grenouilles aux serpents, aux oiseaux et aux écureuils terrestres, chiens de prairie et lapins, mais mange aussi des insectes et des charognes. Les gros animaux tels les cerfs et le pronghorn sont chassés en groupe, certains membres de la meute isolant la victime de ses congénères tandis que d'autres coyotes attendent pour l'attaquer. Habituellement, le Coyote chasse seul ou en couple, celui-ci étant souvent stable pendant plusieurs années. La femelle creuse un terrier mais elle peut aussi agrandir celui d'un autre animal ou se contenter d'une cavité naturelle. À l'issue de soixante à soixante-quatre jours de gestation, les petits (de 1 à 19, six en moyenne) naissent dans cet abri. Ces chiots restent dans le terrier pendant trois semaines, sont indépendants à 3 mois et adultes à 2 ans.

Tête de Coyote

Empreintes de Coyote

Coyote en train de hurler

231

Carnivores

Renard roux
(Vulpes vulpes)   Chiens, renards et loups *(Canidae)*

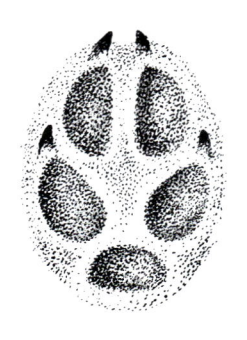

Empreinte dans la neige : on voit la marque des poils autour des doigts

Avec le Loup, le Renard roux est l'un des animaux les plus connus dans l'hémisphère nord et il est inutile de le décrire en détails ici. Signalons toutefois qu'outre les sujets roux, d'autres sont noirs ou gris et noir, surtout en Amérique du Nord. Le Renard roux mesure de 50 à 90 cm de long, queue (30–50 cm) non comprise, de 35 à 41 cm de haut à l'épaule et pèse de 3,6 à 10 kg. Sa répartition extrêmement vaste comprend presque toute la région holarctique, c'est-à-dire l'Amérique du Nord, l'Europe, le nord de l'Afrique (mais pas le Sahara) et l'Asie sauf les régions tropicales. Il manque aussi dans le Grand Nord et une partie de l'ouest des États-Unis. Bien que l'Homme ait essayé de l'exterminer, ses effectifs n'ont pas diminué et ont même plutôt tendance à augmenter. Il semble en effet que les différentes méthodes de destruction (tir, empoisonnement, gazage) affectent surtout les dimensions de son territoire et il compense les pertes par une intensification de sa reproduction ; d'autre part, les sujets qui échappent à la mort défendent des territoires plus petits que la normale. En Europe, les tentatives d'élimination du Renard roux au cours des dernières décennies ont été motivées par le fait que cet animal est le principal porteur du virus de la rage dans la nature. La méthode la plus astucieuse (et la plus écologique) employée actuellement consiste à répandre des appâts contenant un vaccin antirabique qui sera absorbé oralement.

À l'origine, le Renard roux était un animal forestier mais, doué d'une grande faculté d'adaptation, il vit actuellement dans les milieux les plus divers sauf les vrais déserts, la toundra – domaine du permafrost – et les sommets des hautes montagnes. Il n'est pas rare dans les grandes villes. Ses facultés d'adaptation sont comparables à celles des rongeurs qui vivent près de l'Homme tels le rat noir et la souris grise. Cependant,

Phase rousse du Renard roux

Carnivores

c'est un prédateur qui, par conséquent, ne peut atteindre une densité voisine de celle des rongeurs. Essentiellement nocturne, il est toutefois aussi visible en plein jour. Il habite un terrier qu'il creuse lui-même, à moins qu'il n'adopte celui d'un autre mammifère comme le blaireau. Le Renard marque son territoire et le défend. Son régime, très varié, comprend des fruits forestiers ou cultivés, du maïs et d'autres plantes cultivées, des charognes, insectes, grenouilles, oiseaux, rongeurs, lapins, lièvres et parfois des mammifères de taille supérieure (marmottes, faons de chevreuil, etc.). En Europe, campagnols et mulots forment l'essentiel de sa nourriture. En hiver, il mange davantage d'animaux qu'en été. Les aliments en surplus sont souvent stockés sous des feuilles dans la litière forestière ou sous la neige.

La plupart des renards roux vivent solitairement sauf en période de reproduction. En général, le mâle participe à l'élevage des jeunes et certains couples sont durablement stables. Les accouplements ont lieu de janvier au début de mars. La gestation dure de cinquante et un à cinquante-quatre jours et l'unique portée annuelle compte le plus souvent de 4 à 8 petits (extrêmes : de 1 à 10). Les renardeaux ouvrent les yeux à 12–15 jours ; à 4 semaines, ils sortent à l'air libre pour la première fois et jouent devant le terrier. La femelle les allaite six semaines, période durant laquelle ils reçoivent d'autres aliments prédigérés qu'elle régurgite ; ultérieurement, avec le mâle, elle leur apporte des proies et leur apprend comment les attaquer et les tuer. Émancipés à 4 mois, les jeunes renards s'écartent à grande distance du terrier familial puisque les mâles vont jusqu'à 200 km. La maturité sexuelle survient à 1 an environ. Après l'élevage des jeunes, les adultes se séparent eux aussi mais il arrive, exceptionnellement, que le groupe familial reste uni.

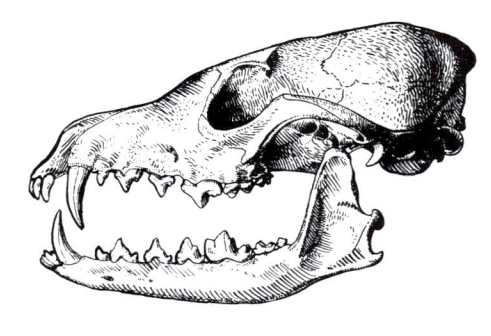

Phase brune du Renard roux

Crâne de Renard roux

Carnivores

Renard polaire, Isatis

(Alopex lagopus)   Chiens, renards et loups *(Canidae)*

Les deux espèces représentées illustrent la « règle d'Allen » selon laquelle les oreilles, le museau et les membres de certains mammifères vivant dans les régions froides sont plus courts que chez les espèces apparentées qui habitent les régions plus chaudes. Le Renard polaire et le Fennec se trouvent aux deux extrémités, le Renard roux occupant une position intermédiaire. Le Renard polaire mesure de 50 à 70 cm de long, queue (28–35 cm) non comprise, et pèse de 4 à 8 kg. Il a de petites oreilles arrondies, un museau bref et des yeux plus petits que ceux des autres renards. Sa fourrure est blanche en hiver, sauf quelques poils noirs au bout de la queue ; en été, son dos est noir brunâtre et sa face ventrale blanc grisâtre ou gris bleuâtre à gris noirâtre (Renard « bleu »). Ses petites pattes se terminent par des soles plantaires plus velues en hiver qu'en été. Ce renard a une répartition circumpolaire et vit dans la zone des toundras sur les continents et la plupart des îles arctiques. Dans le Sud, il atteint le centre du Canada ; en Scandinavie, on le trouve dans les montagnes, aussi bien dans le sud que dans le Nord. Son terrier est situé dans la terre non gelée ou dans la neige. En général, le Renard polaire chasse seul, mais plusieurs individus peuvent se retrouver autour d'un cadavre ou en un lieu où pullulent les campagnols. Les couples sont stables à la saison de reproduction et parfois au-delà. Le régime alimentaire comporte des baies, des crottes de renne, des oiseaux et

Renard polaire en livrée hivernale

Carnivores

leurs œufs, des cadavres et des poissons, mais surtout des lemmings, des campagnols et des lièvres arctiques dont les populations varient ; ces fluctuations se répercutent, avec environ un an de retard, sur les populations du Renard polaire.
La gestation dure une cinquantaine de jours et le nombre de renardeaux, en moyenne 3 ou 4, varie entre 2 et 10. Il peut y avoir deux portées annuelles quand la nourriture abonde.

Crâne de Renard polaire

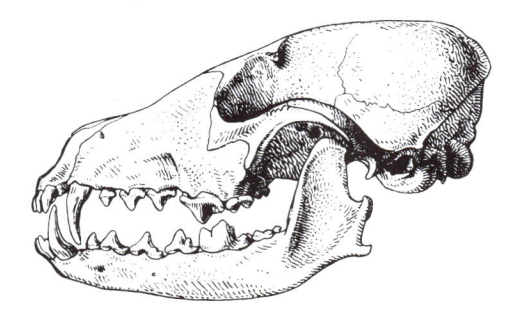

Renard polaire en livrée estivale

Fennec

(Vulpes zerda) Chiens, renards et loups *(Canidae)*

La couleur de ce charmant petit renard qui vit dans les déserts se confond admirablement avec celle du milieu ambiant puisqu'elle est isabelle ou beige à l'exception du bout de la queue brun foncé. Les oreilles, triangulaires, sont gigantesques, les yeux sont assez grands et les soles plantaires velues facilitent les déplacements sur le sable. Le Fennec mesure 40 cm de long, queue (30 cm) non comprise, et pèse de 1 à 1,5 kg. Il habite les régions désertiques depuis le Maroc jusqu'à l'Arabie, mais il est absent des zones les plus arides du Sahara méridional. Les dunes où pousse une végétation clairsemée représentent son habitat le plus typique. Nocturne, il passe la journée à l'abri dans un terrier creusé dans le sable et vit souvent en groupes de 10 à 15 individus. Il se nourrit d'insectes (surtout des sauterelles et des criquets), de lézards, œufs et oisillons, rongeurs et végétaux. La gestation dure environ cinquante jours et les 2 à 5 petits naissent en mars ou en avril.

Fennec

Carnivores

Dhole
(Cuon alpinus)   Chiens, renards et loups *(Canidae)*

Le Dhole mesure de 88 cm à 1,13 m de long, queue (40–50 cm) non comprise, et pèse de 14 à 21 kg. Il habite certaines chaînes de montagnes de l'Asie centrale et de l'Oussouri à l'extrémité orientale de l'ex-URSS. Au sud, il existe depuis le nord du Pakistan dans l'Himalaya, en Chine et de là jusqu'en Malaisie, à Sumatra et à Java. En de nombreux pays comme l'Inde, il n'en reste plus que des populations faibles et isolées. Il fréquente non seulement les hautes montagnes mais aussi les plaines, les forêts et les steppes. Fortes de cinq à douze membres, ses meutes chassent surtout des ongulés tels les mouflons, chèvres sauvages, cerfs et antilopes, mais le Dhole ne dédaigne pas les mammifères plus petits. La gestation dure environ soixante jours et chaque portée compte de 4 à 6 chiots.

Dhole en livrée estivale

Le Dhole est roussâtre, mais en été ses populations septentrionales sont plus foncées

Crâne de Dhole

Lycaon, Cynhyène, Loup peint   M
(Lycaon pictus)   Chiens, renards et loups *(Canidae)*

Ce Carnivore a une grosse tête d'hyène mais ses oreilles sont plus grandes et arrondies. Ses grandes pattes ont seulement quatre doigts, adaptation à la course rapide et prolongée. Son pelage est tacheté de brun foncé, jaune, noir et blanc, ces marques différant d'un individu à l'autre, même s'ils sont proches parents. Le Lycaon mesure de 76 cm à 1 m de long, queue (30–41 cm) non comprise, et pèse de 16 à 30 kg. Il vit en Afrique au sud du Sahara, sauf dans les déserts et les forêts pluviales ; les savanes représentent son habitat typique et il tient la place occupée par le Loup dans d'autres milieux. Extrêmement sociable, il vit en meutes de cinq à vingt individus qui chassent de façon méthodique les grands ongulés. Les lycaons peuvent tuer des animaux aussi gros que l'élan ; à l'opposé, ils mangent aussi des rongeurs et des lièvres. Souvent, ils commencent à dévorer leur victime avant même qu'elle soit morte et une meute peut manger complètement en quelques minutes un animal de la taille d'une gazelle de Thomson. Comme le loup, le Lycaon a un comportement social complexe et une hiérarchie existe entre mâles et femelles. Les jeunes (de 2 à 12 par portée) sont nourris collectivement.

Lycaon

Otocyon
(Otocyon megalotis)

Chiens, renards et loups *(Canidae)*

L'Otocyon est l'unique membre de son genre. Il ressemble au Fennec à cause de sa silhouette et de ses immenses oreilles, mais il est un peu plus grand, plus foncé, et ses pattes sont plus longues. Il mesure de 46 à 58 cm de long, queue (24–34 cm) non comprise, et pèse de 3 à 4,5 kg. Il se distingue par le nombre de ses dents (48 au total, soit, sur chaque demi-mâchoire inférieure et supérieure, 3 incisives, 1 canine, 4 prémolaires et 4 molaires). Les molaires sont assez faibles car l'Otocyon se nourrit surtout de termites et d'autres insectes. Il mange aussi des lézards, de petits rongeurs et, parfois, des charognes, des fruits et les parties souterraines de certains végétaux. On le trouve dans les savanes et les steppes de l'Afrique orientale et méridionale. Il vit seul, en couples ou en groupes de six ou sept individus. Bien qu'il soit nocturne, on le voit parfois dans la journée. La gestation dure de soixante à soixante-dix jours et les 3 à 5 petits naissent dans un terrier, généralement entre décembre et avril.

Otocyon

Carnivores

Chat forestier, Chat sauvage

(Felis silvestris) Félins *(Felidae)*

Les félins sont des Carnivores spécialisés dans la chasse rapide. Ils ont un crâne relativement court, arrondi, et une colonne vertébrale robuste mais très souple. Leurs mâchoires portent seulement de 28 à 30 dents. Leurs incisives sont petites, les canines sont longues, pointues et recourbées, et ils disposent de grandes carnassières. Les félins courent sur de brèves distances avant de bondir sur leur proie sans la poursuivre longuement comme le font certains *Canidae*. Le plus souvent, ils la guettent. Remarquablement adaptés pour la chasse, ils constituent un groupe important mais dont beaucoup de représentants ont déjà disparu. Les trente-sept espèces encore vivantes sont réparties entre trois sous-familles : les Petits Félins *(Felinae)*, les Grands Félins *(Pantherinae)* et le Guépard *(Acinonychinae)*. Le genre le plus important *(Felis)* réunit vingt-cinq espèces. Les Petits Félins ont un appareil hyoïde différent de celui des Grands Félins, une zone de peau nue autour des narines et des pupilles qui peuvent se contracter en forme de fente.

Le Chat forestier ressemble à un gros chat de gouttière rayé, mais il a une queue plus épaisse et plus courte, dont l'extrémité n'est pas pointue mais tronquée et porte un petit nombre d'anneaux foncés. La face inférieure de ses pattes postérieures est foncée à l'extrémité seulement (entièrement foncée chez le chat domestique). Le mâle mesure de 51 à 80 cm de long et la femelle de 45 à 69 cm ; chez les deux sexes, la queue mesure de 29 à 40 cm. Le mâle pèse de 3,5 à 15 kg et la femelle de 1,5 à 10 kg. Ce Félin existe depuis le nord de l'Écosse jusqu'au nord-ouest de la Chine. En Asie, il est présent au Proche-Orient, dans le centre du continent et dans une partie de l'Inde. En Afrique, on le trouve depuis le Maroc jusqu'à l'Égypte et au sud du Sahara dans les lieux secs, boisées et rocailleux.

Crâne de Chat forestier

Chat forestier, ou Chat sauvage

Carnivores

C'est l'ancêtre du chat domestique, et cela vaut notamment pour la sous-espèce du Proche-Orient.

En Europe, le Chat forestier vit dans les régions forestières. Il chasse au crépuscule et la nuit, passant la journée dans un arbre creux ou quelque autre cavité. C'est un solitaire sauf à l'époque du rut ; il marque son territoire avec son urine et ses crottes.

Son régime comporte surtout des rongeurs et peu d'autres vertébrés (oiseaux, par exemple). La gestation dure neuf semaines et il y a de 2 à 6 chatons par portée.

Chat de Pallas, Chat manul

(Felis manul)   Félins *(Felidae)*

Très différent des autres Petits Félins, le Chat de Pallas est parfois placé dans un genre particulier, *Otocolobus*. Il vit dans les steppes et les semi-déserts des régions situées entre la mer Caspienne, la Mongolie et le centre de la Chine. Ses oreilles sont arrondies, courtes, mais il a de très longs poils sur les joues. Il mesure de 50 à 65 cm de long, queue (21–30 cm) non comprise, et pèse de 2,5 à 3,5 kg. On le rencontre en montagne jusqu'à 4 000 mètres d'altitude et on admet que la longueur de sa fourrure, en particulier sur le ventre, est le résultat d'une adaptation au climat montagnard. Le Chat de Pallas mange surtout des mammifères (rongeurs, lièvres et pikas) et des oiseaux. Comme la plupart des Félins, il chasse seul et défend son terrain de chasse. Nocturne, il passe la journée sous un bloc de rocher, dans une petite grotte, une crevasse ou le terrier d'un autre mammifère. La gestation dure deux mois et il y a au maximum 6 chatons par portée. Cette espèce figure dans le Livre rouge de l'UICN.

Crâne de Chat de Pallas

Chat de Pallas, ou Chat manul

Carnivores

Chat pêcheur, Chat viverrin
(Felis viverrina) Félins *(Felidae)*

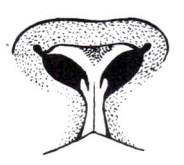

Les Grands Félins (a) ont une petite surface nue (rhinarium) autour de leurs narines et des poils jusqu'à l'extrémité du museau, alors que chez les Petits Félins (b) le rhinarium est grand et le bout du museau est nu

Cette espèce est parfois placée, avec trois ou quatre autres Petits Félins, dans le genre *Prionailurus*. Certains sont menacés de disparition, mais le Chat pêcheur n'en fait point partie. Son aire de répartition s'étend du Népal au Viêt-nam et à Taïwan, au sud jusqu'en Inde, au Sri Lanka, à Sumatra, Java et Bali. Sa fourrure porte des taches sombres sur un fond clair comme chez beaucoup d'autres félins. Il mesure de 50 à 70 cm de long, queue (30 cm) non comprise. Les forêts et les espaces herbeux représentent son habitat normal, mais c'est près des cours d'eau qu'il est le plus abondant. Les poissons et d'autres animaux aquatiques forment une part importante de son régime à côté de petits vertébrés terrestres.

Chat pêcheur

Serval
(Felis serval) Félins *(Felidae)*

Serval

Le Serval est un Félin svelte, à longues pattes, quelquefois placé dans un genre particulier, *Leptailurus*. On le trouve dans toute l'Afrique au sud du Sahara, sauf dans les vastes et épaisses forêts. Une population isolée habitait jadis le nord-ouest du continent noir, au Maroc et en Algérie. L'espèce est menacée dans certaines régions et on la protège dans plusieurs pays, mais elle n'est pas inscrite dans le Livre rouge de l'UICN. Le Serval est un habitant des savanes mais on le rencontre aussi près des lacs, au bord des marécages et à proximité des villages. C'est l'un des Félins les plus élégants et fait partie de ceux dont la fourrure est la plus belle. Son corps et une partie de sa tête sont couverts de grandes taches noires ; les populations d'Afrique orientale ont aussi des rayures noires sur les épaules et le dos.

Les oreilles, dressées, sont à la fois longues et larges. Le Serval mesure de 70 à 95 cm de long, queue (36–45 cm) non comprise, et pèse de 6 à 18 kg. C'est un Carnivore nocturne et terrestre bien qu'il puisse monter sur les arbres. Il saute fort bien (il capture des pintades en vol) et son habileté à pêcher des poissons fait sa réputation. Il mange aussi des rongeurs, oiseaux, lézards, amphibiens, gros insectes et des volailles. Ce dernier point – ainsi que sa fourrure – lui vaut d'être chassé et il a été exterminé dans les régions à forte densité humaine. Les adultes sont solitaires et ne se rapprochent que pour s'accoupler. Le Serval ne creuse pas de terrier ; la femelle utilise celui d'un autre mammifère, porc-épic ou oryctérope, pour mettre au monde ses 2 à 4 petits à l'issue d'une gestation de soixante-quinze jours environ.

Serval épiant une proie

Carnivores

Lynx

(Lynx lynx)   Félins *(Felidae)*

Empreinte de Lynx

Malgré ses dimensions, le Lynx est considéré comme un Petit Félin parce qu'il possède plusieurs des caractères anatomiques (par exemple, la structure de l'appareil hyoïdien) propres à ce groupe, et aussi à cause de son comportement. Cependant, il diffère des autres Petits Félins par l'extrême brièveté de sa queue. Il a de longues pattes et ses grands pieds sont couverts de poils sur leur face inférieure. L'extrémité de ses oreilles triangulaires est surmontée d'une touffe de poils noirs et sa face est encadrée par d'épais « favoris ». Il mesure de 60 cm à 1,30 m de long, queue (11–25 cm) non comprise, atteint de 60 à 75 cm de haut à l'épaule et pèse de 12 à 30 kg (en général, environ 20 kg). Son aire de répartition, très vaste, s'étend de la Scandinavie à Sakhaline et de l'Asie Mineure à la Chine. Il est absent sur les îles Britanniques et, ailleurs en Europe, il ne subsiste que sous forme de très petites populations dans certains massifs montagneux. Dans plusieurs pays d'Europe occidentale et centrale, il est protégé et l'on essaie de le réintégrer (par exemple, en France, en Allemagne, etc.).

Le Lynx vit dans les forêts (jusqu'à leur limite supérieure en montagne) ; c'est un solitaire sauf pendant le rut. D'autre part, un ou deux jeunes peuvent rester avec leur mère après la fin de leur croissance. Très discret, il s'abrite dans les broussailles, les crevasses de rocher rarement dans un terrier de renard ou de blaireau. Son terrain de chasse est vaste et il peut franchir de grandes distances. Il grimpe aux arbres et nage bien.

La coloration du Lynx est variable ; chez certaines sous-espèces, le pelage est à peine tacheté

Excellent grimpeur, le Lynx s'abrite parfois dans les branches d'un arbre

Carnivores

Actif après le crépuscule, il se chauffe parfois au soleil dans la journée. Son régime comprend surtout des mammifères de petites et moyennes dimensions, y compris d'autres carnivores (par exemple, le renard et les chats) et de petits ongulés (en Europe, surtout le chevreuil et, localement, des moutons domestiques) ; enfin, il mange aussi des oiseaux. La gestation dure de soixante-cinq à soixante-quinze jours et les 2 à 4 petits sont capables de se reproduire après la fin de leur seconde année.

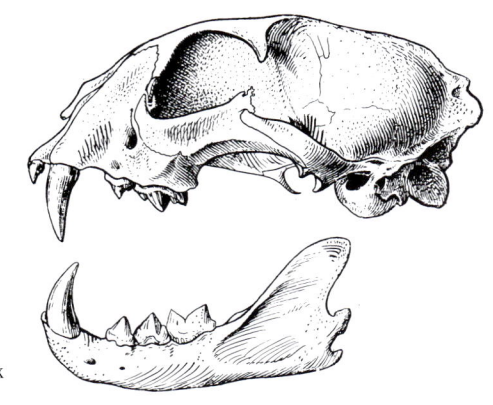

Crâne de Lynx

Lynx roux

(Lynx rufus)

Félins *(Felidae)*

Deux espèces de Lynx vivent en Amérique du Nord, le Lynx roux *(Lynx rufus)* et le Lynx du Canada *(Lynx canadensis)*, le plus grand, si proche du Lynx d'Eurasie qu'on les place souvent tous les deux dans une seule et même espèce. Le Lynx roux est répandu depuis le sud du Canada à travers les États-Unis (sauf une partie du centre) jusqu'au nord du Mexique. Il a des favoris mais ses oreilles sont dépourvues de longs poils à leur extrémité. Il mesure de 71 cm à 1 m de long, queue (10–17 cm) non comprise, et pèse de 6,5 à 31 kg. Il fréquente surtout les broussailles, les forêts morcelées, les terres cultivées. C'est un solitaire qui marque et défend son territoire.

Il mange surtout des lapins et des lièvres, mais aussi des rongeurs et on l'a observé en train de chasser des chauves-souris dans des grottes. Si ses aliments habituels se font rares, il consomme des charognes. La gestation dure 60 jours et la femelle donne naissance à 2–4 petits qui voient le jour dans un arbre creux ou sous un rocher. Le rut a lieu à la fin de l'hiver. Il y a une portée à peu près tous les deux ans, mais parfois deux en un an dans le Sud.

Plus petit que le Lynx, le Lynx pardelle *(Lynx pardina)* est toujours fortement tacheté ; il n'existe que sur la péninsule Ibérique

Lynx roux

243

Carnivores

Caracal
(Caracal caracal)

R

Félins *(Felidae)*

Svelte et haut sur pattes, ce Félin a, comme le Lynx d'Eurasie, de longues touffes de poils noirs à l'extrémité des oreilles, mais sa queue est plus grande et ses soles plantaires sont nues. Il mesure de 66 à 76 cm de long, queue (20–30 cm) non comprise, et pèse de 15 à 18 kg. Il habite les semi-déserts, les steppes et les savanes en Afrique et dans le sud-ouest de l'Asie, depuis les côtes de la Méditerranée et la mer Rouge jusqu'au Pakistan et au nord-ouest de l'Inde. La sous-espèce *C. caracal michaelis,* qui vit en Turkménie, est menacée de disparition. Le Caracal est un chasseur nocturne, mais dans les régions assez froides il chasse aussi le jour, capturant rongeurs et autres mammifères jusqu'aux jeunes antilopes et des oiseaux atteignant la taille d'une perdrix ou d'une pintade. Comme le Serval, il est capable de sauter très haut pour capturer un oiseau. Il vit solitairement sauf pendant le rut. La gestation dure soixante-dix jours et il y a de 2 à 4 petits par portée.

Expression menaçante d'un Caracal sur la défensive

Caracal

Chat marbré
(Pardofelis marmorata)

I

Félins *(Felidae)*

Ce Petit Félin mal connu mesure de 46 à 60 cm de long, queue (45–54 cm) non comprise. Il vit en Asie méridionale depuis le Népal et le nord de l'Inde jusqu'en Thaïlande, au Viêt-nam, en Malaisie, à Sumatra et au Kalimantan (Bornéo). Nocturne et arboricole, il

Chat marbré

fréquente surtout la jungle où il chasse écureuils, petits singes, oiseaux, rongeurs terrestres, reptiles et insectes. Il est menacé surtout par la disparition des forêts tropicales, principalement en Thaïlande et en Indonésie. Il est protégé dans certains pays mais la loi n'est pas respectée.

Panthère longibande
(Neofelis nebulosa)

V

Félins *(Felidae)*

Comme l'espèce précédente, celle-ci est parfois incluse dans le genre *Felis*. Elle a des pattes courtes mais un corps allongé. Elle mesure de 65 cm à 1,05 m de long, queue (61–90 cm) non comprise, environ 80 cm de haut à l'épaule et pèse de 17 à 23 kg. Ses canines très développées restent cependant invisibles quand la gueule est fermée. Sa répartition est la même que celle du Chat marbré bien qu'elle s'étende également du Népal à la Chine méridionale (y compris l'île de Hainan, Taïwan et l'Indonésie). Le genre de vie des deux espèces présente également des ressemblances. La Panthère longibande vit dans les forêts tropicales humides, y compris les zones marécageuses, et elle passe la majeure partie de son existence dans les arbres. Elle se tient souvent à l'affût sur une branche pour bondir sur la proie qui passe au-dessous. Elle se nourrit d'oiseaux, reptiles et mammifères (des rongeurs aux singes et aux jeunes ongulés). On a signalé des attaques sur l'Homme. La gestation dure environ quatre-vingt-dix jours ; les petits (de 1 à 5) sont allaités de 2 à 3 mois et s'émancipent vers 9 mois. Malgré son nom, cette espèce n'est pas étroitement apparentée à la panthère (léopard).

Panthère longibande et détail des marques sur les flancs

Carnivores

Puma, Couguar, Lion des montagnes

(Puma concolor)

M

Félins *(Felidae)*

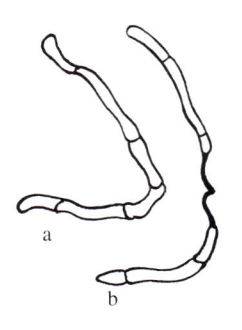

Différence de structure entre l'appareil hyoïdien des Petits Félins (a) et celui des Grands Félins (b). En noir, le ligament élastique

Bien que le Puma ressemble encore plus aux Grands Félins que le Lynx, il appartient malgré tout au groupe des Petits Félins et certains spécialistes le placent même dans le genre *Felis*. Le Puma est un Félin américain : on le trouve dans l'ouest de l'Amérique du Nord depuis la Colombie-Britannique et l'Alberta au Canada et, au sud, à travers l'ouest des États-Unis, l'Amérique centrale et l'Amérique du Sud jusqu'au centre du Chili et au sud de l'Argentine, et cela presque sans interruption. Bien qu'on l'appelle « Lion des montagnes », il n'a rien de commun avec le lion. Des populations isolées de pumas vivent dans le centre du Canada et le sud des États - Unis où elles forment les sous-espèces *P. concolor cougar* et *P. concolor coryi,* qui sont menacées d'extinction et figurent dans le Livre rouge de l'UICN.

Le Puma est un Carnivore élégant ; sa petite tête ronde porte une tache foncée de chaque côté de la gueule et une autre sur la face postérieure des oreilles. Il mesure de 1 m à 1,70 m de long, queue (53–92 cm) non comprise, et pèse de 35 à 120 kg. En Amérique du Nord, il vivait jadis dans des milieux variés mais la civilisation humaine l'a repoussé dans les contrées les plus reculées, surtout les montagnes, et il habite aujourd'hui les forêts de montagnes et les lieux semi-arides. En Amérique centrale et du Sud, il fréquente aussi les plaines, les forêts pluviales et subtropicales ainsi que les marécages.

Solitaire, il défend un territoire. D'un bond il peut atteindre 5,50 m de haut sur un arbre ; il nage s'il y est obligé. Les mâles ont un vaste territoire qui inclut les territoires, plus petits, de plusieurs femelles. Le Puma se nourrit de mammifères et notamment de cerfs ; il chasse aussi coyotes, porcs-épics, castors, ratons laveurs, lièvres, marmottes et

Puma, ou Couguar, ou Lion des montagnes

Carnivores

petits rongeurs tels que campagnols et souris (genre *Peromyscus*) ; à l'occasion, il mange des oiseaux et de grandes sauterelles. Les loups qui chassent en meute sont ses seuls prédateurs potentiels et ses concurrents pour la nourriture, mais son principal ennemi est évidemment l'Homme. Jadis, le Puma était actif jour et nuit, mais dans les régions habitées par l'Homme il est devenu entièrement nocturne. Normalement, il évite l'Homme, mais on a signalé quelques rares cas d'attaque. Les accouplements peuvent avoir lieu toute l'année mais se déroulent généralement au printemps. Pendant environ deux semaines, le mâle et la femelle restent ensemble, chassent de concert, dorment côte à côte. La gestation dure environ trois mois. Pour mettre bas, la femelle choisit un abri sûr, grotte, creux de rocher, broussailles épaisses, et donne naissance à 1–6 petits (le plus souvent 2 ou 3). L'abri est tapissé de mousse ou d'autres végétaux. Le mâle ne participe point à l'élevage des jeunes, qui restent un ou deux ans avec leur mère. Les pumas ont été longtemps chassés car ils s'attaquaient aux animaux domestiques. De nos jours, ils sont protégés partout où ils sont rares et sont considérés comme des animaux gibier là où ils sont plus nombreux.

Empreintes de Puma

Les jeunes pumas sont tachetés

Tête de Puma dans son pelage d'hiver

Empreinte de patte postérieure d'un Puma dans la neige

Carnivores

Panthère, Léopard

(Panthera pardus)

M , V

Félins *(Felidae)*

Empreintes de Panthère

La Panthère, le Jaguar, le Tigre, le Lion et la Panthère des neiges font partie de la sous-famille des Grands Félins *(Pantherinae)*. Tous sont également classés dans le genre *Panthera*, bien que la Panthère des neiges soit parfois placée dans le genre *Uncia*. Comme les Petits Félins, ces Carnivores ont des griffes entièrement rétractiles qui sont cachées, quand elles ne servent pas dans des encoches des doigts . À la différence des Petits Félins, leurs pupilles ne se contractent pas en fente à la lumière vive, mais restent circulaires et diminuent seulement de diamètre. L'espace nu qui entoure leurs narines *(rhinarium)* est petit et, sur la face supérieure, le pelage atteint l'extrémité du museau. En outre, les Grands Félins ont un appareil hyoïdien de structure différente ; couplé avec la mobilité du larynx, il leur permet de rugir bruyamment. On dit parfois qu'ils sont incapables de ronronner mais cela est inexact : ils peuvent exprimer leur contentement en ronronnant, mais ils le font moins souvent que les Petits Félins et de façon discontinue. Ces derniers peuvent ronronner tout en inspirant et en expirant, les Grands Félins seulement en expirant. Tous les Grands Félins ont une silhouette assez svelte bien qu'ils soient bâtis en force. Grâce à leur puissance musculaire, ils peuvent vaincre la résistance de proies qui sont souvent plus grandes et plus lourdes qu'eux. Ils ont, proportionnellement (absolument chez le lion et le tigre), les plus grandes canines de tous les Carnivores vivants, exception faite des défenses du morse. Leur force extraordinaire est encore plus évidente quand on se souvient qu'après avoir tué de gros ongulés – leurs proies principales – ils les traînent sur des distances parfois considérables.

De tous les Grands Félins, la Panthère est l'espèce qui a la distribution la plus vaste. Jadis, elle vivait dans toute l'Afrique (sauf les déserts) et en Asie méridionale, depuis l'Asie Mineure jusqu'à l'Oussouri en Extrême-Orient, où elle atteint le 45e parallèle, sa limite la plus septentrionale. Il semble qu'elle ait été toujours absente de certaines grandes chaînes de montagnes. Parmi les îles asiatiques, elle vivait – et vit encore – au Sri

Panthère, ou Léopard

Carnivores

Panthère aux aguets

Lanka et à Java, mais pas à Sumatra ni à Bali. Aujourd'hui, elle a été éliminée dans une grande partie de son aire de répartition (par exemple, au Maghreb). On distingue vingt-deux sous-espèces qui diffèrent notablement par leur coloration et leurs dimensions. Le plus souvent, la fourrure est tachetée de noir et porte aussi des rosettes assez petites sur un fond orangé ou brun jaunâtre ; le centre des rosettes est dépourvu de marques. Le mélanisme (pelage noir) est assez fréquent, mais si l'éclairage est bon on peut distinguer les marques foncées sur les panthères noires (et les jaguars noirs). La Panthère mesure de 95 cm à 1,70 m de long, queue (60 cm–1 m) non comprise, et pèse de 20 à 80 kg.

La Panthère habite les semi-déserts, les savanes et les forêts. En dehors de la brève période du rut, elle vit solitairement. Elle grimpe fort bien et passe le jour à se reposer sur les branches d'un arbre. Elle chasse jour et nuit et tire souvent sa victime dans un arbre pour la mettre à l'abri des autres carnivores. Elle tue ses proies en les mordant à la gorge ou en tordant et brisant leur cou. Elle se nourrit de singes (surtout des babouins), de porcs sauvages, de mammifères plus petits et d'oiseaux. En outre, elle s'attaque aux chèvres, moutons et autres animaux domestiques ; enfin, certaines panthères tuent régulièrement l'Homme. La gestation dure environ quatre-vingt-quinze jours et la femelle donne naissance à 2 ou 3 petits.

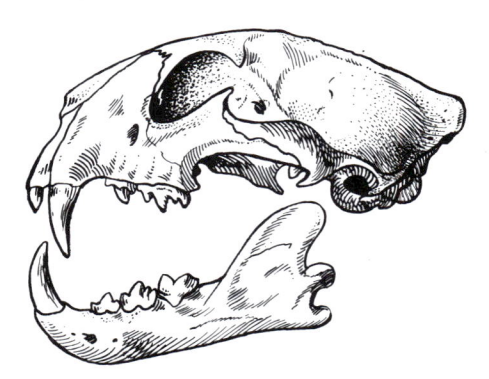

Le crâne de la Panthère a les caractéristiques propres aux Félins : une zone faciale courte, des canines et des carnassières très développées

Carnivores

Jaguar

V

(Panthera onca)

Félins *(Felidae)*

Le Jaguar est le seul Grand Félin vivant en Amérique. Il y est répandu depuis le sud des États-Unis à travers l'Amérique centrale jusque vers le 40e parallèle en Amérique du Sud, dans le nord-est de l'Argentine. Il manque sur la côte nord-ouest du Chili. Il est très rare aux États-Unis et vit seulement dans une partie de la Californie, de l'Arizona, du Nouveau-Mexique et du Texas. Il est rare aussi au Mexique et a déjà disparu d'une grande partie de ce pays. On en distingue quatre ou cinq sous-espèces. Sa coloration ressemble à celle de la Panthère, mais les marques comprennent de petites et de grandes taches noires ainsi que de grandes rosettes allongées ou irrégulièrement arrondies ; ces rosettes sont plus foncées au centre que la couleur de fond et, à la différence de celles de

Jaguar

Carnivores

la Panthère, certaines d'entre elles au moins, notamment sur les flancs, ont une ou plusieurs petites taches noires en leur centre. Les taches de la gorge et de la poitrine peuvent être disposées en bandes transversales ou se souder en rubans. Sur la queue, rosettes et taches sont allongées et disposées obliquement ou transversalement ; le bout de la queue est noir. En général, le Jaguar est plus lourd que la Panthère ; il a une tête plus massive et la queue plus courte. Le mélanisme n'existe pas aussi souvent que chez la Panthère. Le Jaguar mesure de 1 m à 1,80 m de long, queue (45-75 cm) non comprise, et pèse de 50 à 120 kg. Comme chez les autres Félins, les mâles sont plus grands que les femelles.

Le Jaguar ressemble au Tigre sous bien des aspects, mais il s'agit uniquement d'un phénomène de convergence écologique car les deux espèces ne sont pas étroitement apparentées. Il habite surtout les forêts pluviales épaisses mais peut aussi vivre dans des milieux plus ouverts avec grandes herbes et buissons. On le trouve principalement en plaine, surtout près des cours d'eau et des marécages, et il est rarement présent au-dessus de 1 500 mètres d'altitude. Comme le Tigre, il capture ses proies à terre. Bon nageur, il peut aussi grimper sur les arbres mais n'y chasse pas. Il s'y repose, s'y réfugie pour échapper à un danger, ou s'y installe pour épier une proie qu'il pourra surprendre en bondissant. Comme la plupart des Grands Félins, c'est un chasseur solitaire actif surtout la nuit. Il se nourrit de capybaras et d'autres rongeurs, de plusieurs espèces de cerfs, de pécaris, de blaireaux, d'oiseaux terrestres et d'animaux domestiques. Il réussit à venir à bout du plus gros mammifère sud-américain, le tapir. Selon le zoologiste américain G. Schaller et son collègue brésilien J. M. C. Vasconcelos, le terrain de chasse d'un Jaguar dans l'État de Mato Grosso couvrirait environ 50 km². Chaque Jaguar le marque avec son urine (moins souvent avec ses crottes) et en griffant l'écorce des arbres. Les dimensions de ce domaine varient selon l'abondance des proies. Malgré sa force, le Jaguar est moins dangereux pour l'Homme que la Panthère et on ne connaît pas de jaguars mangeurs d'hommes. La gestation dure environ cent jours ; il y a de 1 à 4 petits par portée, le plus souvent 2. Ceux-ci sont allaités pendant trois ou quatre mois mais peuvent accompagner leur mère pendant deux ans au maximum.

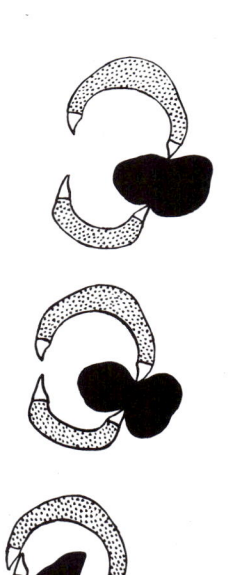

Les carnassières des Félins jouent le rôle de ciseaux

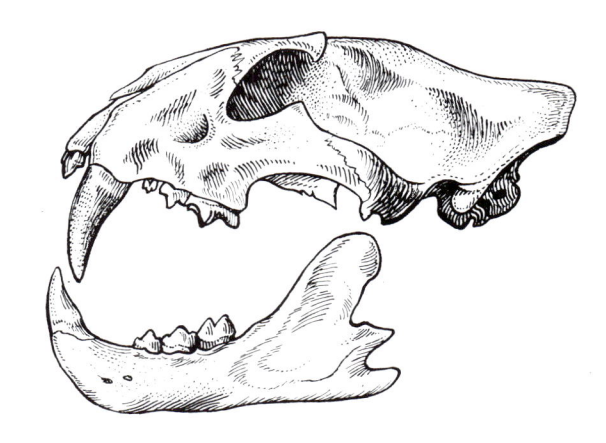

Crâne de Jaguar

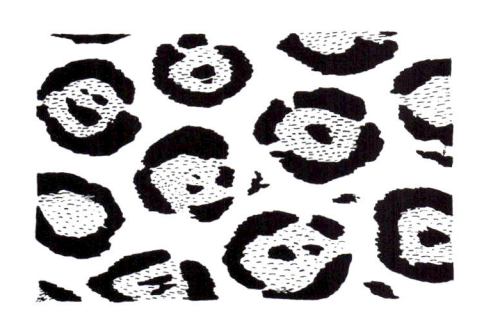

a   b

Taches du Jaguar (a) et de la Panthère (b)

251

Carnivores

Lion   M

(Panthera leo)   Félins *(Felidae)*

Le Lion a été et continue d'être le mieux connu des Carnivores, au moins en Eurasie et en Afrique. Il est mentionné cent trente fois dans la Bible. C'était un modèle prisé des artistes dans les anciennes civilisations de la Mésopotamie. Le célèbre sphinx égyptien a le corps d'une lionne et la tête d'une femme. De nombreux pays ont un lion dans leurs armoiries. L'une des causes de cet intérêt est que le Lion mâle a une allure majestueuse associée à un dimorphisme sexuel inhabituel chez les Félins. La grande crinière du mâle recouvre une partie de sa tête, son cou, sa poitrine, ses coudes et ses épaules. Chez certains sujets la crinière s'étend sur une partie ou la totalité du ventre. Il est facile d'imaginer quelles ont été les forces sélectives qui ont entraîné le développement de cette crinière. L'une était la protection pendant les duels entre mâles, qui sont souvent acharnés. Mâle et femelle ont, au bout de la queue, une touffe de grands poils qui dissimulent un éperon corné ; ce détail manque chez tous les autres Félins. Le Lion mesure de 1,70 à 1,90 m de long, queue (85 cm–1 m) non comprise, et pèse de 160 à 250 kg. Les dimensions correspondantes de la Lionne sont 1,50–1,70 m, 80–90 cm et 110–170 kg.

Jadis le Lion vivait dans toute l'Afrique (sauf les forêts pluviales de l'ouest et le centre du Sahara), dans le sud-est de l'Europe, dans une grande partie du Moyen-Orient et de là jusqu'en Inde. Il a disparu d'Europe depuis très longtemps et, au cours des cent dernières années, il a cessé de vivre dans le nord et le sud de l'Afrique ; en Asie, il ne subsiste plus qu'une petite population de cent cinquante à deux cents animaux confinés dans la réserve de la forêt de Gir sur la péninsule de Kathiawar (Inde) ; ces lions appartiennent à la sous-espèce *P. leo persica*, la seule des neuf sous-espèces qui soit incluse dans le Livre rouge de l'UICN. Le Lion vit dans les milieux ouverts comme les savanes, les steppes boisées ou non. En Inde, il habite un milieu sec, peu boisé, avec des buissons épineux. Il n'a jamais vécu dans les déserts. Il ne recherche pas l'eau mais il ne la

Les griffes rétractiles ne laissent aucune marque sur les empreintes du Lion

Lion

252

Carnivores

craint pas. Il grimpe sur un arbre incliné ou un arbre dont les branches lui faciliteront l'escalade et il aime s'y reposer. À la différence des autres Félins, c'est un Carnivore très sociable. Il vit en clans qui comprennent généralement de sept à dix membres ; il y a parmi eux un ou deux mâles adultes et plusieurs femelles avec des jeunes des deux sexes. Les lionnes et les jeunes lions chassent collectivement. Les vieux lions défendent leur territoire et le marquent avec leur urine et la sécrétion de leurs glandes anales ; ils signalent également leur présence en rugissant. Le territoire d'un clan occupe de 150 à 400 km^2. Quand un nouveau mâle adulte se met à la tête d'un clan, il tue les lionceaux engendrés par son prédécesseur. En Afrique, le Lion chasse des antilopes, zèbres, buffles, phacochères, girafes, les jeunes rhinocéros, hippopotames et éléphants ; en Inde, il se nourrit de porcs sauvages et de cerfs. Il y a parfois des lions mangeurs d'hommes. Le Lion est polygame et se reproduit en toutes saisons. Après une gestation de cent cinq à cent huit jours, la Lionne donne naissance à 3 lionceaux en moyenne.

Lionne rugissant

Les lionceaux sont tachetés. Certaines lionnes conservent des taches sur les pattes et le dessous du corps, même à l'âge adulte

Structure d'une patte de Lion. Quand il marche, des tendons relèvent les griffes, empêchant leur usure

253

Carnivores

Tigre

M

(Panthera tigris)

Félins *(Felidae)*

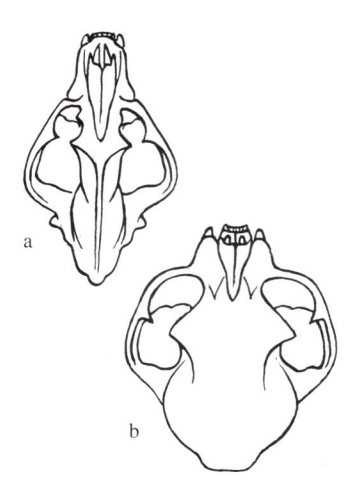

Différences de structure entre le crâne des Grands Félins (a) et celui des Petits Félins (b). Crânes dessinés comme s'ils avaient la même longueur

De tous les grands Félins, le Tigre est celui dont les dimensions sont les plus variables : alors que le Tigre de Sumatra (*P. tigris balica*) – aujourd'hui probablement éteint – avait la même taille que le Jaguar, le Tigre de Sibérie (*P. tigris altaica*) est le plus grand Félin vivant et l'un des plus grands Carnivores du monde. Si l'on tient compte des dimensions extrêmes des huit sous-espèces du Tigre, on obtient les résultats suivants : longueur du corps, de 1,40 à 2,80 m ; longueur de la queue de 60 à 90 cm ; poids de 70 à 300 kg. La coloration du Tigre varie beaucoup elle aussi ; les taches et les rayures de la tête et les bandes transversales du corps existent chez toutes les sous-espèces, mais leur densité, leur largeur et leur forme varient. La couleur de fond du pelage va de l'orangé pâle ou du brun jaunâtre chez le Tigre de Sibérie à l'orange ou au rosé chez le Tigre du Bengale (*P. tigris tigris*) ou au roux foncé chez le Tigre de Java (*P. tigris sondaica*) et le Tigre de Sumatra (*P. tigris sumatrae*). Jadis, le Tigre était largement répandu dans le sud de l'Asie en dehors des déserts et des montagnes, depuis l'est de la Turquie jusqu'à la Sibérie orientale et à la Mandchourie. Il n'a jamais existé au Sri Lanka mais vivait (ou subsiste encore) à Sumatra, Java et Bali. Il a été exterminé dans la majeure partie de ce très vaste espace et là où il existe encore, son avenir est sérieusement menacé. Il a virtuellement disparu du Proche-Orient, d'Asie centrale, du sud-ouest de la Sibérie et de Bali ; il est au bord de l'extinction à Java.

Tigre de Sumatra

Carnivores

On a coutume d'associer le Tigre aux jungles de l'Asie méridionale et peu de gens savent qu'il vit aussi dans les forêts du centre de l'Inde où les buissons épineux sont nombreux, dans les bois des collines himalayennes où la végétation est dense et enfin dans les forêts mixtes et les forêts de conifères de la taïga sibérienne. Il aime la végétation épaisse du bord des cours d'eau et des lieux inondables. Les spécialistes disent qu'il a trois exigences en ce qui concerne son habitat : il lui faut des proies en nombre suffisant, de l'eau et de l'ombre. Si ces trois conditions sont réunies, l'altitude importe peu. Dans le Sud, il tolère un climat humide et chaud ; dans le sud-est de la Sibérie et dans le nord-est de la Chine, il s'accommode d'une neige épaisse en hiver et de températures atteignant – 40 °C. Solitaire, il parcourt un terrain de chasse qui couvre de 70 à 4 000 km^2 selon la nature des lieux et l'abondance de ses proies potentielles. Il y signale sa présence en déposant son urine mêlée à la sécrétion de ses glandes anales, en écorchant l'écorce des arbres avec ses griffes et en labourant la terre. Il chasse en se fiant à sa vue et à son ouïe. Excellent nageur, il aime l'eau ; il grimpe (rarement) sur les arbres, même ceux dont le tronc est lisse. Presque partout, le sanglier est sa proie favorite, mais il chasse aussi plusieurs espèces de cerfs, des buffles, des singes et des élans (en Sibérie). Il peut tuer un ours concurrent ou se faire tuer par celui-ci. Il s'attaque également aux animaux domestiques de toutes sortes et de toutes dimensions, pêche des poissons (comme le jaguar, il les fait sauter hors de l'eau avec ses pattes) et s'il n'a rien d'autre à manger, il se contente de petits vertébrés ou même d'insectes. Il y a plus de mangeurs d'hommes chez le Tigre que chez tous les autres grands Félins. Dans les régions tropicales, le rut peut avoir lieu à n'importe quelle saison, mais dans le Nord il se produit généralement en hiver. La gestation dure de cent quatre à cent six jours et il y a 2 ou 3 (rarement 4) petits par portée. Ils sont allaités de cinq à six mois et restent encore un an avec leur mère qui leur apprend à chasser.

Albinisme partiel des tigres élevés par le maharadjah de Rewa. Ils sont blancs mais ont des rayures transversales normales ; leurs yeux sont bleus et non pas rouges

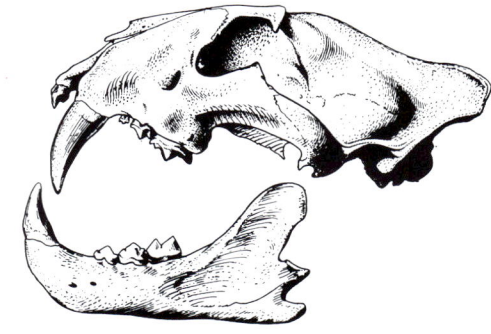

Crâne de Tigre. Remarquez la grosse crête médiane sur laquelle s'insèrent les muscles masséters

Un tigre en pleine vitesse

Carnivores

Panthère des neiges, Once

(Panthera uncia)

M

Félins *(Felidae)*

La Panthère des neiges présente plusieurs caractères primitifs, par exemple un crâne très large, et simultanément des adaptations à l'existence dans des conditions extrêmes.

Panthère des neiges ou Once

Ses membres postérieurs et sa queue sont proportionnellement plus longs que chez n'importe quel autre Félin car elle saute de façon tout à fait remarquable : le mammalogiste russe S. I. Ognev a rapporté qu'il avait vu une Panthère des neiges franchir 15 mètres d'un seul bond. Ce Félin grimpe également fort bien, mais ne va pas dans l'eau sauf s'il y est forcé. La fourrure est à la fois longue et épaisse ; en hiver, les poils du corps mesurent environ 6 cm de long et encore plus sur la queue. La Panthère des neiges a un corps puissant, oblique car sa hauteur au niveau de la croupe est plus grande qu'à l'épaule ; il s'agit là de l'une de ses adaptations à la chasse en montagne.

L'aire de répartition de la Panthère des neiges a la forme d'un fer à cheval : de sa partie centrale au Pamir, elle s'étend au nord-est jusqu'au Tian Shan, à l'Altaï, aux monts Sajan et à plusieurs chaînes de montagnes en Mongolie. Au sud et au sud-ouest elle inclut l'Hindou Kouch, le Cachemire et l'Himalaya jusqu'au Sikkim. Au milieu du fer à cheval se trouve le Tibet central où l'espèce n'a jamais existé. La Panthère des neiges peut grimper jusqu'à 6 000 mètres d'altitude mais, normalement, on la trouve entre 1 800 et 3 500 mètres ; en hiver, elle descend jusqu'à environ 1 500 mètres dans les vallées. Elle n'a jamais été très abondante car dans ce milieu hostile les proies sont peu nombreuses, mais au cours des dernières décennies, elle s'est nettement raréfiée et, localement, elle a complètement disparu.

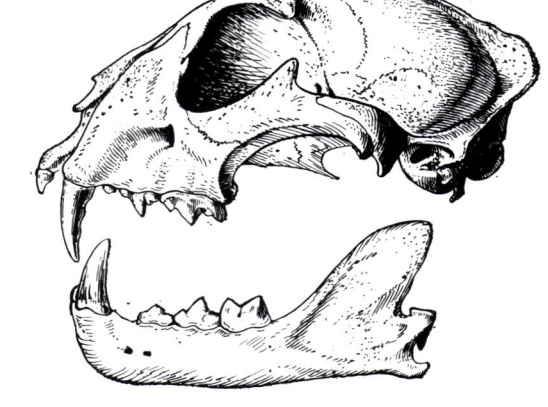

Crâne de Panthère des neiges

La Panthère des neiges mesure de 1 m à 1,30 m de long, queue (90 cm-1,05 m) non comprise, et pèse de 30 à 50 kg. Jusqu'à présent, le mâle le plus lourd qu'on ait répertorié pesait 68,5 kg (il provenait de l'Altaï). Les différences de taille entre mâle et femelle sont relativement faibles. Comme chez le Jaguar et la Panthère, les taches du pelage sont de deux types : des taches noires couvrent la tête, le cou, l'extrémité des membres ; sur le dos, les flancs et les cuisses se trouvent de grandes rosettes. La Panthère des neiges est le seul Grand Félin chez lequel on n'a pas distingué plusieurs sous-espèces (elle est donc monotypique). Elle habite les prairies de montagne parsemées de bouquets d'arbres ou de buissons, les forêts d'altitude, les pentes rocheuses et le bord des étendues neigeuses. Elle est nocturne et chasse généralement entre le crépuscule et l'aube. La vue et l'ouïe sont ses sens dominants. Elle chasse à l'affût ou bien s'approche de sa proie sans se faire remarquer. Elle se nourrit de chèvres et de moutons sauvages, marmottes, pikas et lièvres, à basse altitude de cerfs, sangliers et oiseaux. Elle peut se contenter de campagnols et de souris s'il n'y a rien d'autre. Près des villages, elle attaque les animaux domestiques, y compris les jeunes yaks. Elle se cache dans une grotte ou un creux de rocher. Elle est généralement solitaire bien qu'un mâle et une femelle puissent rester ensemble plus longtemps que chez les autres Félins. Le rut a généralement lieu en février ou en mars. La gestation dure de quatre-vingt-treize à cent dix jours et la femelle met au monde 2 ou 3 petits qu'elle allaite trois ou quatre mois. Les jeunes restent avec elle jusqu'à l'âge d'un an et sont adultes vers 3 ans.

Carnivores

Guépard

(Acinonyx jubatus)

V

Félins *(Felidae)*

Le Guépard est le seul membre de la sous-famille des *Acinonychinae*. Il diffère nettement des Grands et Petits Félins ce qui est visible au premier coup d'œil. Il a une petite tête, la face aplatie et seulement 28 dents. Son corps est svelte avec la région lombaire très étroite ; en revanche, sa poitrine, large et profonde, contient des poumons qui sont parmi les plus efficaces chez les mammifères terrestres. Ses pattes sont longues, souples et musclées. Jusqu'à l'âge d'environ 15 semaines, les jeunes guépards peuvent rétracter leurs griffes ; chez les adultes, elles ne sont pas rétractiles. La plupart de ces détails sont en relation avec le mode de chasse de l'espèce. C'est en effet un champion de vitesse, ce qui le distingue de tous les autres Félins : il peut courir à sa vitesse maximale sur 400 à 450 mètres (100-150 mètres seulement pour une lionne) et atteint de 90 à 100 km/h (60 km/h pour une lionne). Il y parvient dans les 10 à 15 premiers mètres. Sur de courtes distances, le Guépard est donc le plus rapide de tous les mammifères terrestres. À son allure maximale, il fait des bonds de 6 à 7 mètres.

Guépard femelle avec ses petits

Carnivores

Jadis le Guépard avait une aire de répartition très vaste puisqu'il existait dans presque toute l'Afrique sauf les déserts, les hautes montagnes et les forêts pluviales. En Eurasie, on le trouvait de la Palestine à l'Inde et au nord il atteignait les steppes voisines de la mer d'Aral. Il a disparu de l'Égypte, de Libye, de l'extrême sud de l'Afrique, du nord-ouest du continent noir et ailleurs il n'est plus présent que dans des régions isolées. En Asie, il ne subsiste probablement plus que dans le nord de l'Iran et de l'Afghanistan, mais il est possible que les derniers survivants aient disparu dans cette région. L'espèce et la sous-espèce asiatique *A. jubatus venaticus* figurent dans le Livre rouge de l'UICN. On distingue au total six sous-espèces.

La couleur du pelage du Guépard est un gris fauve ou un fauve clair parsemé de taches noires arrondies ; la ligne noire qui part du coin interne des yeux jusqu'à l'angle de la gueule est typique. Le Guépard mesure de 1,30 à 1,50 m de long, queue (60–75 cm) non comprise, environ 1 m de haut à l'épaule et pèse de 50 à 65 kg. Les femelles sont un peu plus petites que les mâles. Le Guépard vit dans les savanes et les prairies. C'est un Félin diurne qui chasse surtout le matin. Il cherche une proie du haut d'un monticule et essaie de s'en approcher le plus près possible, c'est-à-dire à moins de 100 m, avant de s'élancer pour la tuer. Dès qu'il l'a rattrapée, il réduit sa vitesse, renverse sa victime de quelques coups de patte et la tue en la mordant à la gorge. En Afrique, il chasse de petites antilopes, les jeunes de gros ongulés, d'autres mammifères plus petits et des oiseaux. Les gazelles de Thomson et de Grant font partie de ses proies favorites. La gestation dure de quatre-vingt-dix à quatre-vingt-quinze jours et la femelle met au monde de 1 à 8 petits (généralement 3 ou 4). La mère est parfois accompagnée par des jeunes de la portée précédente, d'où la formation de petits groupes familiaux ; le Guépard est toutefois un solitaire, bien qu'on observe des couples, même en dehors de la période de rut.

Empreintes de Guépard

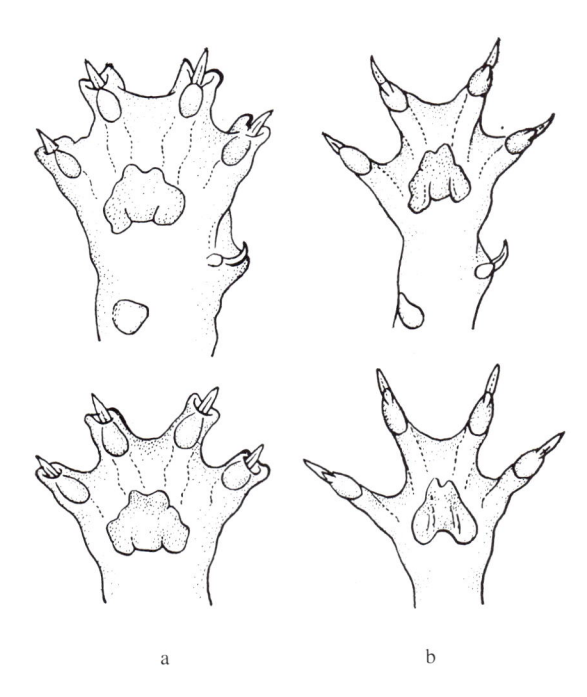

a   b

Face inférieure des pattes d'une Panthère (a) et d'un Guépard (b). Les griffes de la Panthère sont aiguës et rétractiles ; celles du Guépard ne le sont pas et s'usent, sauf celle du premier doigt antérieur

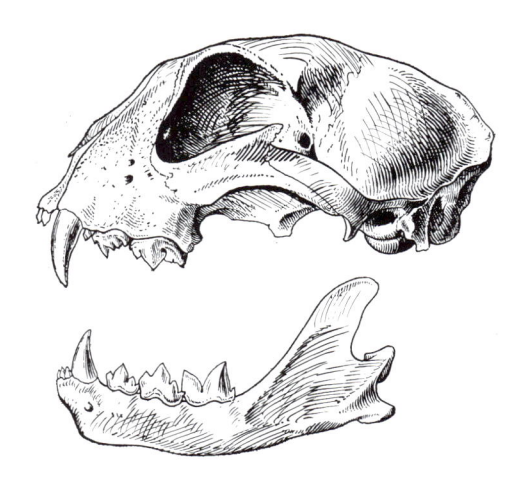

Crâne de Guépard

Carnivores

Otarie à fourrure des îles Pribilof

(Callorhinus ursinus)   Otaries à fourrure, ours de mer *(Otariidae)*

Les otaries, dont on connaît quatorze espèces, sont du point de vue évolutif les plus anciens des Pinnipèdes. Elles ont encore des pavillons auditifs, mais ils sont petits. Leurs pattes sont transformées en nageoires très souples et relativement longues. Pendant la nage, leurs membres postérieurs sont tendus en arrière, mais à terre ils sont tournés latéralement ou vers l'avant sous le corps. Les otaries peuvent se dresser sur leurs membres et, à terre, ce sont les plus agiles de tous les Pinnipèdes car elles marchent ou même courent en faisant de petits bonds.

L'Otarie à fourrure des îles Pribilof habite les eaux froides du nord de l'océan Pacifique. Son aire de répartition va de la mer de Béring et des îles du Commandeur aux côtes du Japon et de la Chine à l'ouest, et à la Californie du côté américain. Les vieux mâles mesurent de 1,90 à 2,10 m de long et pèsent de 180 à 300 kg (femelles : 1,50–1,70 m et 36–68 kg). Le nouveau-né porte une fourrure d'un noir brillant et pèse 5 ou 6 kg. Cette otarie passe la majeure partie de sa vie dans l'eau où elle nage et plonge parfaitement (elle atteint 100 mètres de profondeur et davantage). Elle se déplace seule ou en petits groupes et se nourrit de poissons et de crustacés. Ses lieux de reproduction les mieux connus sont les îles Pribilof et les îles du Commandeur où les mâles occupent des territoires et défendent chacun leur harem. Les mâles maîtres de harem peuvent rester jusqu'à quatre mois avec un groupe de dix à vingt femelles en moyenne, mais les plus âgés ont parfois un harem de quarante femelles. La gestation (différée) dure environ un an. Les femelles se reproduisent pour la première fois à l'âge de 3 ans et ont un seul petit par portée. Les populations de cette espèce ont été décimées par une chasse abusive, mais les mesures de protection prises au cours des dernières décennies ont permis la reconstitution de colonies formées de milliers d'animaux et comprenant un grand nombre de harems.

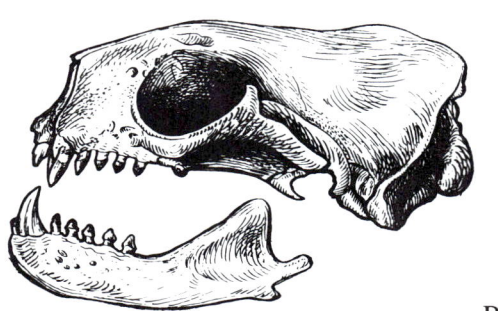

Chez l'Otarie à fourrure, le museau est court et les dents ont tendance à être toutes semblables

Otarie à fourrure des îles Pribilof. La fourrure de cette espèce comporte une bourre très épaisse

Carnivores

Lion de mer de Steller V

(Eumetopias jubatus) Otaries à crinière *(Otariidae)*

C'est le plus grand des Pinnipèdes pourvus d'oreilles. Il vit dans le nord de l'océan Pacifique et, au sud, atteint au maximum Hokkaido (Japon) et la Californie méridionale (États-Unis). Les mâles, qui ont le cou épais et une crinière, mesurent environ 3,50 m de long et atteignent 1,1 t. Plus claires, plus petites et plus minces, les femelles mesurent environ 2,50 m de long et pèsent environ 350 kg. Les deux sexes ont une très petite queue (8–17,5 cm). À la naissance, le nouveau-né pèse de 16 à 23 kg. La biologie du Lion de mer de Steller ressemble à celle des autres otaries. Les naissances et les accouplements (de mai à juillet) ont lieu sur des côtes rocheuses où les otaries se rassemblent en colonies très importantes. Le reste de l'année, elles vivent en mer. Les mâles jeûnent pendant la période de reproduction, mais les femelles vont se nourrir en mer. La gestation dure environ un an. L'unique petit naît à la fin mai et, peu après, les

Lion de mer de Steller (mâle)

femelles s'accouplent à nouveau. L'implantation de l'œuf dans l'utérus se produit seulement en octobre. Les mâles se livrent des combats acharnés desquels ils portent souvent de profondes cicatrices sur le cou. Un grand mâle a généralement un harem de dix à vingt femelles. Le Lion de mer de Steller se nourrit de poissons et de mollusques céphalopodes.

Carnivores

Morse

(Odobaenus rosmarus)

V

Morses *(Odobaenidae)*

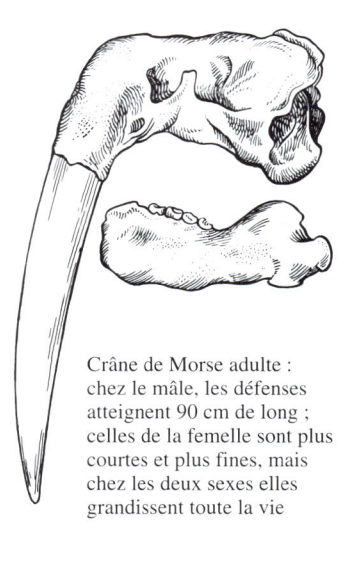

Ce Pinnipède est le seul représentant de la famille des *Odobaenidae*. Il n'a pas de pavillons auditifs mais peut tourner ses pattes postérieures sous son corps ; malgré cela il se déplace très gauchement à terre. Ses caractéristiques les plus remarquables sont la possession de défenses (canines supérieures très allongées) et la présence sur sa lèvre supérieure renflée de nombreux poils raides (vibrisses). Sa fourrure est courte (celle des jeunes est épaisse) et chez les sujets âgés elle disparaît, laissant la peau nue. Une couche de graisse sous-cutanée, épaisse de 5 à 8 cm, le protège contre le froid. Les mâles adultes mesurent de 3 m à 3,80 m de long ; quand ils redressent l'avant de leur corps et s'appuient sur leurs nageoires, ils atteignent 1,50 m de haut ; ils pèsent environ 1,2 t. Les mensurations des femelles sont inférieures d'un quart et leur poids correspond à la moitié de celui des mâles. Le Morse a une distribution circumpolaire dans la zone arctique ; on l'observe de façon exceptionnelle sur les côtes du nord-est des États-Unis, de Grande-Bretagne, de Scandinavie et du Japon. L'une de ses trois sous-espèces, *O. rosmarus laptevi*, qui vit près des côtes de la Sibérie orientale et dans les mers voisines, est incluse dans le Livre rouge de l'UICN sous la rubrique « insuffisamment connue » (autrement dit, on soupçonne qu'elle est en danger) et figure sur la Liste rouge de l'ex-URSS. Le Morse mange surtout des mollusques marins qu'il détache des rochers avec ses défenses et il plonge à 30-50 m de profondeur pour les obtenir. Il se nourrit aussi de crustacés, échinodermes, ascidies et poissons. Il se reproduit au printemps et en été. La femelle est gestante tous les deux ans et met au monde 1 ou 2 petits. Les morses vivent en groupes familiaux composés d'un mâle, de deux à quatre femelles et de leurs petits.

Crâne de Morse adulte : chez le mâle, les défenses atteignent 90 cm de long ; celles de la femelle sont plus courtes et plus fines, mais chez les deux sexes elles grandissent toute la vie

Morse

Phoque gris

(Halichoerus grypus)

Phoques *(Phocidae)*

Le Phoque gris appartient à la plus vaste famille de Pinnipèdes, celle des *Phocidae*, qui compte dix-neuf espèces, les plus évoluées du sous-ordre. Les phoques ont un corps fusiforme, une colonne vertébrale très souple (comme celle des autres Pinnipèdes) et de

Carnivores

Phoque gris

courtes nageoires antérieures dont seule l'extrémité est visible. Les membres postérieurs sont dirigés en permanence vers l'arrière et ne servent que pour la nage. Les phoques n'ont pas de pavillons auditifs et leur queue est rudimentaire. Ce sont les Pinnipèdes les mieux adaptés à la vie aquatique ; c'est pourquoi ils se déplacent peu et très maladroitement à terre. Le Phoque gris a les nageoires antérieures terminées par de longues griffes pointues. Les mâles mesurent de 2,45 à 2,95 m de long, les femelles de 1,68 à 1,98 m ; les premiers pèsent de 160 à 290 kg, les secondes de 120 à 250 kg. On le trouve le long des côtes et en pleine mer dans le nord de l'océan Atlantique, de l'est du Canada au Groenland, à l'Islande et de là jusqu'à l'Europe du Nord. Il mange des poissons, des mollusques céphalopodes et peut plonger jusqu'à 130 m de profondeur. Les mâles se battent pour obtenir les meilleurs territoires à la saison du rut ; ils ont en moyenne six femelles dans leur harem, mais l'espèce est parfois monogame. La gestation, qui dure de huit à douze mois, comporte généralement une période pendant laquelle l'implantation de l'embryon est différée. L'unique petit est allaité de 1 à 2 mois. Les mâles atteignent la maturité sexuelle à 7 ans, les femelles à 5 ou 6 ans.

L'Otarie de Californie *(Zalophus californianus)* est la plus connue des otaries. À la différence du Morse et des phoques, les otaries ont des pavillons auditifs

Carnivores

Phoque veau marin

(Phoca vitulina)

V

Phoques *(Phocidae)*

Jadis, cette espèce existait le long de toutes les côtes de l'hémisphère nord ; aujourd'hui, on ne la rencontre pas au sud du Mexique, de l'est des États-Unis, de la France et du Tiangxi en Chine. Des sept sous-espèces, *P. vitulina stejnegeri*, qui fréquente les îles Pribilof, les

Phoque veau marin

Aléoutiennes et les côtes de l'Alaska, figure dans le Livre rouge de l'UICN. Ce phoque mesure de 1,60 à 2 m de long et pèse de 50 à 150 kg ; les femelles sont un peu plus petites que les mâles. Le Phoque veau marin capture les poissons vivant dans les eaux côtières et mange aussi des crustacés, mollusques céphalopodes et gastéropodes. Il forme des troupes de plusieurs dizaines d'animaux (parfois des centaines), mais les mâles n'ont pas de harem. L'accouplement a lieu dans l'eau ; la gestation dure de dix à onze mois (dont deux à trois d'implantation différée). L'unique petit est allaité de 4 à 6 semaines et reste quelque temps encore avec sa mère.

Le Phoque veau marin a de grandes vibrisses (poils tactiles) ; il peut fermer ses trous auditifs dépourvus de pavillon

Carnivores

Phoque du lac Baïkal

(Phoca sibirica)

Phoques *(Phocidae)*

Trois phoques se distinguent des autres par le fait qu'ils vivent partiellement ou entièrement dans des lacs. On les place parfois dans le genre *Pusa*. Il s'agit du Phoque marbré (*P. hispida*), qui vit surtout en mer et près des côtes, mais aussi dans les lacs Saimaa (Finlande) et Ladoga (Russie), du Phoque de la mer Caspienne (*P. caspica*) présent dans cette mer et du Phoque du lac Baïkal, le seul Pinnipède exclusivement dulçaquicole, endémique dans le lac Baïkal, c'est-à-dire dont la répartition est très étroitement limitée. Du point de vue géologique, le lac Baïkal est très ancien et de nombreuses espèces y vivent, notamment des poissons et des invertébrés. L'ensemble de cette faune unique était menacée par les activités humaines ; aujourd'hui, ce milieu lacustre est protégé et le Phoque n'est probablement plus menacé d'extinction. C'est l'un des plus petits phoques puisqu'il mesure de 1,20 à 1,45 m de long et pèse de 60 à 100 kg (les femelles sont à peine plus petites que les mâles). Il se nourrit de poissons et, comme la surface du lac gèle en hiver, il entretient dans la glace des trous qui lui permettent de respirer, et cela jusqu'au printemps. Au milieu de l'hiver, les femelles gestantes sortent de l'eau et se préparent un abri dans la neige ; c'est là qu'à la fin de février ou en mars elles mettent au monde un seul petit. Elles l'allaitent très longtemps (jusqu'à 3 mois). À partir d'avril,

Phoque du lac Baïkal

tous les phoques, sauf les femelles qui allaitent, se réunissent sur la glace en troupes de cent individus et plus. Les accouplements ont lieu en mai et en juin. La gestation dure onze mois (dont trois mois d'implantation différée). Le nouveau-né pèse de 3 à 3,5 kg et mesure environ 70 cm de long. Au début de l'été, quand la glace se disloque complètement, les phoques en suivent les morceaux qui sont poussés par le vent vers la rive septentrionale du lac ; c'est pourquoi la majeure partie de la population se trouve concentrée dans cette partie du plan d'eau. À partir de la fin juin on voit de petits groupes de phoques sur les rives ou les rochers émergés, mais dès que l'eau commence à geler ils se défont.

Carnivores

Phoque moine de la Méditerranée M
(Monachus monachus) Phoques *(Phocidae)*

C'est l'un des Pinnipèdes les plus menacés. Dans la Méditerranée, il n'en subsiste que quelques petites colonies dispersées ; il existe aussi sur les côtes africaines de l'Atlantique et de la mer Noire où il est rarissime (il a disparu sur les côtes de l'ex-URSS). Il fait

Phoque moine de la Méditerranée

de rares apparitions en Roumanie ; il y a deux petites colonies sur les côtes bulgares et il est encore relativement fréquent le long de la côte septentrionale de la Turquie. La femelle a quatre tétines. Les mâles mesurent de 2,10 à 2,60 m de long et pèsent jusqu'à 300 kg ; les femelles sont un peu plus petites. La biologie de ce Phoque reste mal connue. Pour se reposer, il choisit des criques surmontées de rochers et de grottes. Il se nourrit de poissons et de mollusques. Les accouplements ont lieu en automne et la gestation dure de dix à onze mois. L'unique petit naît à la fin de l'été et est allaité durant six à huit semaines. Les effectifs mondiaux de cette espèce étaient estimés à moins de cinq cents individus en 1986.

Le Phoque crabier *(Lobodon carcinophagus)* est commun dans les eaux de l'Antarctique

Éléphant de mer du Sud C
(Mirounga leonina) Phoques *(Phocidae)*

Les deux espèces du genre *Mirounga* sont les plus grands Pinnipèdes actuellement vivants. Ce sont plus précisément les mâles qui atteignent des dimensions extrêmes (comme chez les otaries et le Morse, mais à l'inverse de nombreux phoques) car le dimorphisme sexuel est très prononcé : les mâles mesurent de 4,50 à 6,50 m de long et pèsent environ 3,5 t alors que les femelles sont de moitié moins longues ; leur poids est le

Carnivores

quart de celui des mâles. Comme chez les otaries et le Morse, les mâles grandissent durant toute leur vie ; autrement dit, les plus grands sont les plus vieux. Chez les deux sexes le museau se prolonge par une sorte de trompe, mais celle du mâle est bien plus développée que celle de la femelle. Elle peut être gonflée et joue un rôle dans le comportement sexuel et social. L'Éléphant de mer du Sud vit autour du continent antarctique et des îles subantarctiques. La saison de reproduction commence en septembre quand les mâles viennent à terre sur les îles, suivis par les femelles. Les mâles établissent des harems de trente à cinquante femelles mais il arrive (rarement) qu'un très grand mâle en réunisse cent. Pendant la période du rut, les mâles lancent des rugissements puissants et ne mangent pas. Les duels qu'ils se livrent sont généralement symboliques, mais il arrive que le sang coule. Après onze ou douze mois de gestation, les femelles mettent au monde 1 petit (rarement 2) au mois d'octobre ; environ dix-huit jours après, elles s'accouplent à nouveau à terre. Le nouveau-né mesure environ 1,20 m et pèse 50 kg ; il est allaité trois semaines durant lesquelles il triple son poids. Les éléphants de mer du Sud repartent au large en novembre et décembre pour mener une existence pélagique. Ils se nourrissent de crustacés, poissons, mollusques céphalopodes et plongent jusqu'à plusieurs centaines de mètres de profondeur. La maturité sexuelle arrive à 2 ans chez les femelles et 4 ans chez les mâles, mais ceux-ci ne peuvent avoir de harem tant qu'ils n'ont pas 7 ans.

Attitude impressionnal d'un Éléphant de mer du Sud (mâle)

Tête d'un Éléphant de mer du Sud en train de rugir

CÉTACÉS (BALEINES ET DAUPHINS)

Les Cétacés sont, parmi tous les mammifères qui vivent dans l'eau, les plus remarquablement adaptés à la vie aquatique. Ils s'avèrent en effet absolument incapables de se déplacer sur la terre ferme où ils ne peuvent même pas respirer. Cela peut paraître incompréhensible puisque, à l'instar des autres mammifères, ils respirent l'oxygène de l'air et non pas celui qui est dissous dans l'eau. En fait, leur morphologie et leur physiologie sont adaptées à la densité de l'eau qui est beaucoup plus grande que celle de l'air. Quand un Cétacé s'échoue, le poids de son corps, qui n'est plus soutenu par l'eau, comprime ses organes internes, et notamment ses poumons, de telle sorte qu'il ne peut plus respirer. En outre, son organisme n'est plus refroidi et entre en surchauffe. On sait que, proportionnellement, les déperditions de chaleur des gros animaux sont plus faibles que celles des petites espèces, aussi les dimensions considérables et la forme fuselée des Cétacés, qui sont avantageuses dans l'eau, les conduisent à la mort s'ils s'échouent.

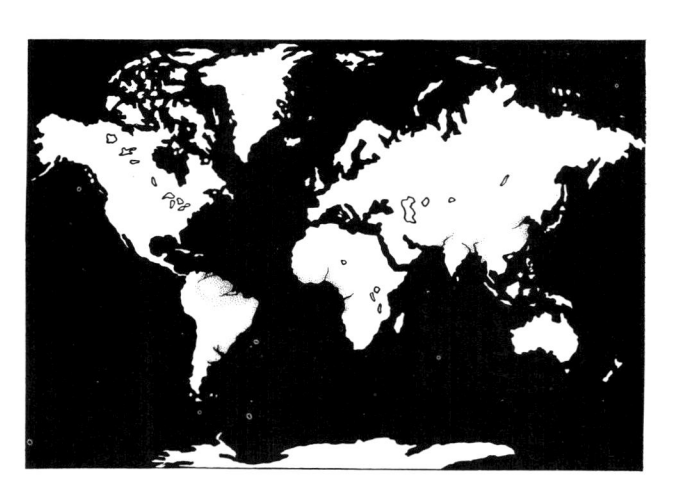

Distribution des Cétacés. Les pointillés montrent les fleuves occupés par les espèces d'eau douce

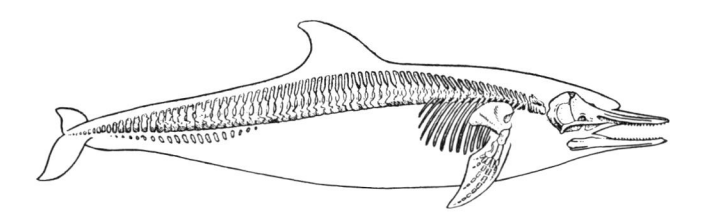

La silhouette et le squelette d'un Dauphin montrent sa parfaite adaptation à l'existence aquatique et à la chasse

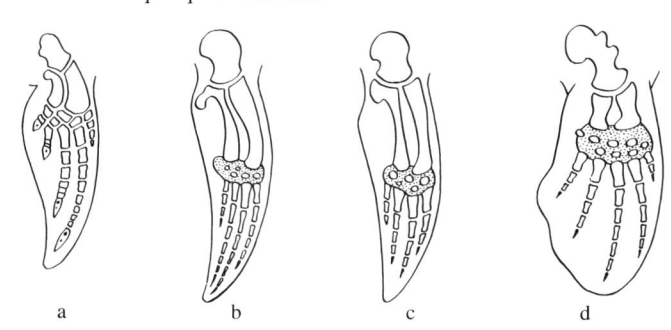

Les membres des Cétacés sont transformés en nageoires mais leur squelette montre bien qu'il s'agit de mammifères. a – Dauphin des Anciens ; b – Rorqual bleu ; c – Rorqual commun ; d – Baleine franche du Groenland

Les Cétacés ont un corps hydrodynamique en forme de torpille ; leurs membres antérieurs sont transformés en nageoires. Le bras et l'avant-bras sont raccourcis alors que la main est allongée ; les doigts comportent un grand nombre de phalanges (ou bien celles-ci sont très longues). Comme les nageoires pectorales des poissons, les nageoires des Cétacés ne constituent pas les principaux organes propulseurs, mais servent à maintenir l'équilibre du corps et facilitent aussi les changements de direction ou les retournements. Les membres postérieurs sont complètement atrophiés et c'est la nageoire caudale, horizontale, qui joue le rôle d'organe natatoire. De nombreuses espèces ont aussi une nageoire dorsale qui, à l'instar de la nageoire caudale, est dépourvue de squelette et se compose uniquement de peau et de tissu conjonctif. La position horizontale de la nageoire caudale est en relation avec l'obligation de faire surface pour respirer.

La finesse de leur silhouette et l'efficacité de leur appareil propulseur ne suffisent pas pour expliquer la vitesse et l'agilité des Cétacés, notamment les dauphins. En 1936, un savant américain, Gray, déclara que les dauphins n'agitent pas beaucoup l'eau quand ils nagent et qu'ils seraient capables d'atteindre une vitesse supérieure à celle que leurs efforts musculaires impliquent. Vers 1960 et 1970, le « paradoxe de Gray » fut vérifié expérimentalement, et des savants américains et anglais constatèrent qu'une maquette, réplique exacte d'un dauphin, propulsée par une force égale, avançait plus lentement que l'animal vivant. La résistance rencontrée par ce modèle en avançant dans l'eau était à peu près dix fois plus forte que celle qu'un dauphin devait surmonter. D'autres études permirent d'élucider le paradoxe de Gray : la structure de la peau, de la graisse et des muscles sous-cutanés et un ensemble d'organes sensoriels situé dans la peau réduisent les frictions et la formation des remous décélérateurs. La surface de la peau est hydrofuge (en sorte qu'à l'air libre l'animal est immédiatement sec) et, dans l'eau, cela réduit les frictions au minimum. La graisse sous-cutanée absorbe les changements de pression du liquide ; les turbulences formées autour du corps sont transformées en un flux laminaire où la résistance de l'eau est très faible ; cela concerne plus particulièrement les dauphins. Chez les baleines franches, la couche de graisse sous-cutanée, qui atteint 50 cm d'épaisseur, facilite la nage, constitue un isolant thermique, réduit le poids spécifique, protège les organes internes et contrebalance l'effet des fortes pressions auxquelles est soumis l'animal en plongée. Les rorquals s'enfoncent jusqu'à 400 mètres sous la surface et le cachalot jusqu'à plus de 1 000 mètres ; leurs appareils respiratoire et vasculaire sont adaptés en conséquence. Fait surprenant, les poumons des Cétacés sont relativement petits, mais ils sont très efficaces. Quand l'animal plonge à grande profondeur, ils sont tellement comprimés que l'air est forcé dans les bronches, la trachée et les très grandes narines. Le sang des Cétacés contient relativement plus d'hémoglobine que celui des mammifères terrestres et l'oxygène est aussi retenu par la myoglobine dans les muscles. Le système vasculaire comporte d'importants réseaux de petits vaisseaux sanguins (*retia mirabilia*). Quand l'animal plonge et donc cesse de respirer, ces réseaux fournissent du sang oxygéné au cerveau et au cœur ; dans ces conditions le cœur bat plus lentement.

La position des narines est l'une des caractéristiques étonnantes chez les Cétacés. La cavité nasale, située très en arrière, s'ouvre presque verticalement à la surface de la tête, en sorte que la ou les deux narines sont situées sur le haut de la tête. La forme du crâne est inhabituelle : il est long et ses os sont creusés de grandes cavités ; en outre, les maxillaires sont très longs et effilés. Les organes olfactifs sont réduits et la chémoréception est assurée par les organes du goût, en particulier au moyen des récepteurs situés sur la langue, qui est parfois gigantesque. Le pelage est peu développé et, chez certaines espèces, il se réduit à quelques poils tactiles situés sur la tête. Avec des cellules dispersées sur l'ensemble du corps, ces poils enregistrent les variations de pression de l'eau. La vision est assez bonne, mais l'ouïe est le sens le plus important car elle est associée à la production d'ultrasons et à l'écholocation. Ce système d'orientation et de repérage, qui existe aussi chez les chauves-souris (système sonar) devrait, dans le cas présent, s'appeler hydrolocation puisqu'il fonctionne dans l'eau.

La gamme des sons produits par les Cétacés est encore plus large que celle des chauves-souris (de 16 Hz à 280 kHz) et ils s'en servent pour connaître leur environnement, s'orienter, repérer leurs aliments et communiquer entre eux. Les sons sont produits dans le larynx par la vibration de certains plis. Les voies par lesquelles ils sont émis et reçus sont différentes de celles des autres mammifères, et leur structure est tout à fait originale. Ainsi, les Cétacés odontocètes ont un réflecteur à ultrasons, le melon, grosse protubérance graisseuse située dans la tête et dont la forme varie ; elle joue le rôle d'amplificateur pour concentrer les ultrasons émis et leurs échos en un faisceau étroit.

Les dix espèces de Cétacés à fanons (Mysticètes) n'ont pas de dents sauf au stade embryonnaire ; chez l'adulte, elles sont remplacées par de longues plaques cornées (les fanons) disposées dans l'immense cavité buccale. Leur crâne symétrique compte deux narines. Les soixante-huit espèces de Cétacés à dents (Odontocètes) ont un très grand nombre de dents, un crâne asymétrique et une seule narine. Les mensurations données ci-après pour les Cétacés correspondent à la longueur totale, queue comprise.

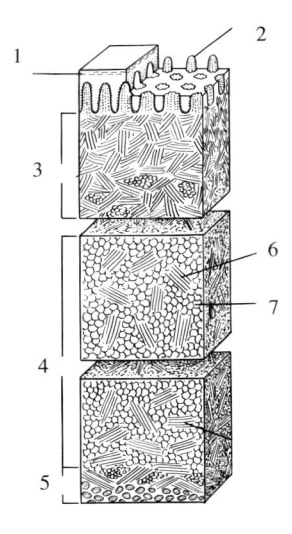

Coupe de la peau d'un Cétacé :
1) épiderme ;
2) papilles dermiques ;
3) derme ;
4) tissu adipeux sous-cutané ;
5) muscles sous-cutanés ;
6) faisceaux de fibres de collagène ;
7) cellules adipeuses

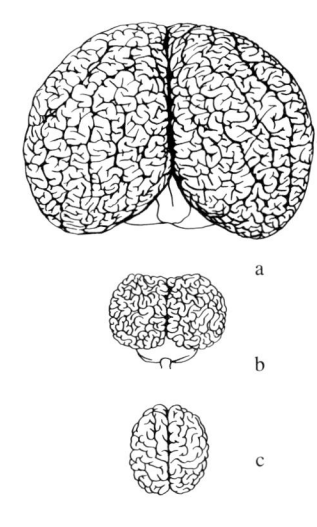

Taille relative et aspect de la surface du cerveau chez le Cachalot (a), le Dauphin (b) et l'Homme (c)

Cétacés

Rorqual commun   V

(Balaenoptera physalus)   Rorquals *(Balaenopteridae)*

C'est l'un des six membres de la famille des Rorquals et, après le Rorqual bleu, le plus grand animal du monde : il mesure en effet en moyenne 20 m de long et pèse en moyenne 50 t. Comme chez tous les Cétacés à fanons, les femelles sont un peu plus grandes

Fanon de Rorqual commun

que les mâles ; le record de longueur est tenu par une femelle qui mesure 27,30 m et le poids maximal connu dépasse 100 t.

La tête représente à peine un quart de la longueur totale. La mâchoire inférieure a une coloration asymétrique ; du côté droit, son bord supérieur est blanc à l'avant et devient plus foncé vers le coin de la gueule, alors que du côté gauche le bord supérieur tout entier est sombre. La mâchoire supérieure supporte de 350 à 470 paires de fanons dont les plus grands mesurent 90 cm de long et 25 cm de large à la base. Le Rorqual commun vit dans tous les océans, et surtout dans les eaux froides. Dans le Nord, on le trouve jusqu'à 80° de latitude, et dans le Sud au large des côtes de l'Antarctique. Ses effectifs ont fortement diminué au cours des dernières décennies et son avenir, comme celui de tous les grands Cétacés, dépend de l'arrêt complet de la chasse. Comme celle-ci n'est plus rentable, même pour les deux pays qui la pratiquent encore (à une faible échelle et sous contrôle international), on peut espérer que tous

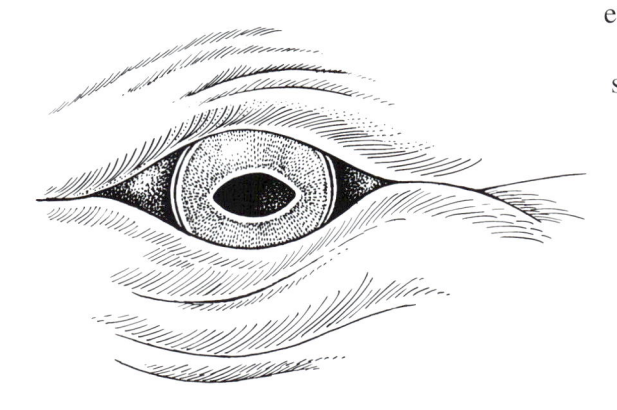

Les yeux du Rorqual commun sont protégés par un épais repli de peau

les Cétacés pourront être sauvés. Le Rorqual commun se nourrit de crustacés planctoniques appelés krill, d'autres invertébrés et de petits poissons. Il vit solitairement, en couples ou en petits groupes familiaux. Pendant l'été, la plupart des rorquals migrent vers les régions polaires où le krill abonde, puis l'hiver venu, ils regagnent des eaux plus chaudes. Après une gestation d'environ onze mois, la femelle met au monde un seul petit qui mesure de 5 à 7 m de long.

Sonagramme d'une émission vocale de Rorqual commun : il s'agit d'un signal de communication à basse fréquence (environ 20 Hz)

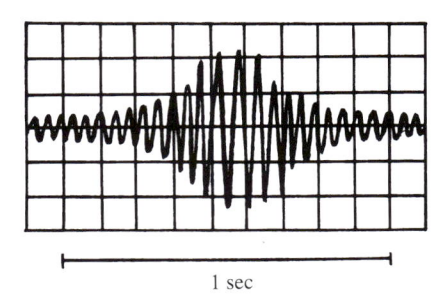

1 sec

Rorqual commun vu du côté droit ; le bord de la lèvre inférieure est blanc

Du côté gauche, le bord de la lèvre inférieure est gris foncé à gris noirâtre

Cétacés

Rorqual bleu, Baleine bleue

(Sibbaldus musculus)

M

Rorquals *(Balaenopteridae)*

C'est à la fois le plus grand animal actuellement vivant et aussi le plus grand de tous ceux qui ont jamais existé : le Rorqual bleu dépasse en effet les dinosaures géants des genres *Brachiosaurus*, *Diplodocus* et *Apatosaurus*. Certains spécialistes le placent dans le même genre que le Rorqual commun. Le mâle mesure de 23 à 26,50 m de long, la femelle de 24,50 à 27,50 m et ils pèsent de 100 à 130 t. Le plus grand spécimem connu, une femelle, mesurait 33,20 m et le plus lourd, une femelle aussi, pesait 190 t. La tête représente un quart de la longueur totale. La gueule renferme de 270 à 400 paires de fanons, les plus longs mesurant 1,10 m et 35 cm de large à la base. Le Rorqual bleu habite tous les océans et la plupart des mers, mais il est plus fréquent dans l'hémisphère sud. Il évite les eaux côtières et se tient surtout en pleine mer. Il ne forme pas de troupes mais

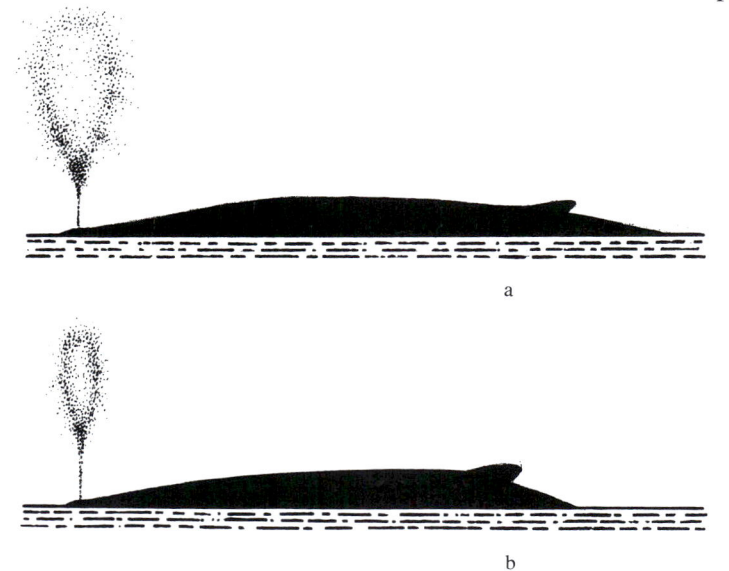

Forme du dos et du souffle chez le Rorqual bleu (a) et le Rorqual commun (b)

Rorqual bleu, ou Baleine bleue. Un plongeur donne l'échelle

nage seul, en couples ou en famille. Il se nourrit presque exclusivement de crustacés planctoniques (krill) et avale exceptionnellement de petits poissons vivant en bancs. La gestation dure de trois cent quarante à trois cent soixante jours et le nouveau-né, qui mesure de 6 à 8 m de long, est le plus grand « bébé » du monde.

La durée de vie maximale du Rorqual bleu est évaluée à 110 ans. Il a un comportement social très développé, des liens très étroits unissent notamment la mère et son petit. Au large, les rorquals forment des groupes de 3 à 5 individus mais on a observé aussi des troupeaux de 60 cétacés. Vers la fin du XIXe et dans la première moitié du XXe siècle, on en a pêché plus d'un million dont la plupart dans les mers de l'Antarctique. Leur nombre actuel est évalué à 10 000 individus répandus dans les océans.

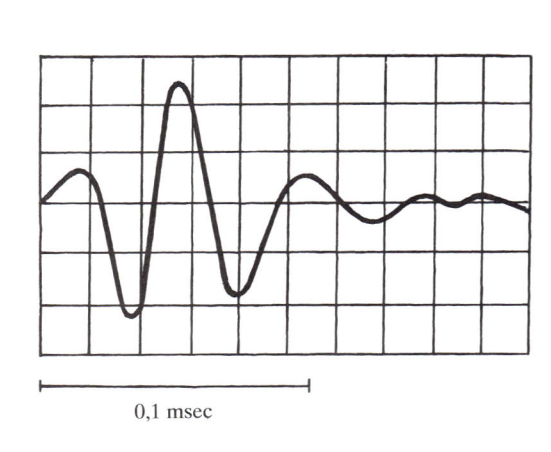

Fanon de Rorqual bleu

0,1 msec

Sonographe de la voix d'orientation.

Cétacés

Mégaptère, Baleine à bosses   V
(Megaptera novaeangliae)   Rorquals *(Balaenopteridae)*

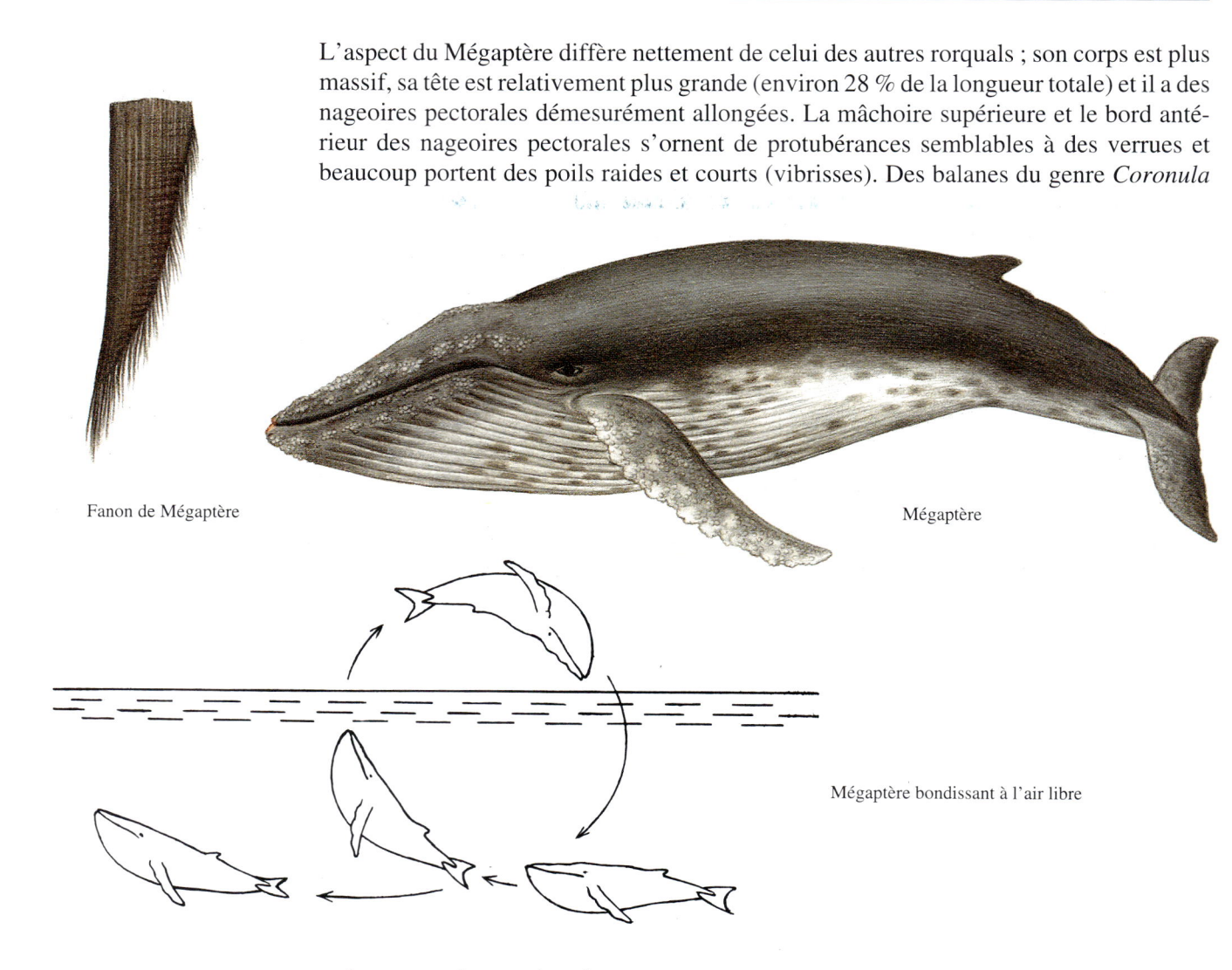

L'aspect du Mégaptère diffère nettement de celui des autres rorquals ; son corps est plus massif, sa tête est relativement plus grande (environ 28 % de la longueur totale) et il a des nageoires pectorales démesurément allongées. La mâchoire supérieure et le bord antérieur des nageoires pectorales s'ornent de protubérances semblables à des verrues et beaucoup portent des poils raides et courts (vibrisses). Des balanes du genre *Coronula*

Fanon de Mégaptère

Mégaptère

Mégaptère bondissant à l'air libre

Souffle d'un Mégaptère

et des crustacés parasites des genres *Cyamus* et *Paracyamus* se fixent sur ces bosses et aux autres parties du corps, mais surtout aux nageoires pectorales. La mâchoire inférieure est plus longue que la supérieure et une bosse arrondie existe sur le menton. La longueur de la queue égale le tiers de celle du corps. La mâchoire supérieure supporte de 270 à 400 paires de fanons dont les plus grands mesurent 1,10 m de long et 35 cm de large à la base. Le Mégaptère mesure en moyenne 13 m (mâles) et de 13,50 à 14 m (femelles) ; il pèse de 25 à 40 t. C'est une espèce cosmopolite qui vient jusque dans les eaux côtières si elles sont assez profondes. Il vit en groupes de vingt à trente individus et effectue de grandes migrations entre les eaux chaudes et les eaux froides.

À la saison de reproduction, c'est-à-dire en hiver, autour des îles Hawaii, les mégaptères émettent des cris puissants et prolongés qui évoquent une musique électronique. Leur « chant » varie selon les lieux et change d'une année à l'autre au même endroit. En outre, ils produisent des sons plus brefs et plus graves. Le Mégaptère se nourrit de krill et de petits poissons. Il est célèbre pour son habitude de bondir hors de l'eau et pour son comportement joueur près des bateaux qu'il ne craint pas du tout.

La gestation dure environ un an et l'unique petit est allaité pendant près de onze mois.

Cétacés

Baleine franche du Groenland

V

(Balaena mysticetus)

Baleines franches *(Balaenidae)*

La Baleine franche du Groeland constitue l'un des membres d'une famille qui ne compte que trois espèces. Ses populations ont été presque exterminées par une chasse industrielle excessive. Les mesures de protection ont fait passer ses effectifs de trois cents à quatre cents vers 1930 à environ huit mille en 1986. Les adultes mesurent de 15 à 18 m de long et pèsent de 50 à 60 t.

Son énorme tête représente un tiers de sa longueur totale ; elle est dépourvue de nageoire dorsale. Sa gueule renferme de 220 à 280 paires de fanons étroits, mais très longs. La Baleine franche du Groenland n'existe que dans l'hémisphère nord, principalement dans les eaux arctiques. Elle se nourrit exclusivement de plancton qu'elle filtre à l'aide de ses fanons : l'eau avalée ressort par les coins de la gueule et la nourriture est poussée dans le gosier par l'énorme langue. Tous les Cétacés à fanons obtiennent leur nourriture de cette façon. La Baleine franche du Groenland consomme surtout des crustacés planctoniques appartenant au genre *Calanus* et des mollusques des genres *Spiratella* et *Limacina*. La femelle met au monde un seul petit tous les trois ou quatre ans. La durée de la gestation est mal connue (les estimations vont de neuf-dix mois à treize-quatorze mois).

Fanon de Baleine franche du Groenland

Souffle de Baleine franche du Groenland

Baleine franche du Groenland

Cétacés

Dauphin de l'Amazone, Boutou   V

(Inia geoffrensis)   Dauphins d'eau douce *(Platanistidae)*

Les Cétacés à dents, dont cette espèce fait partie, sont bien plus nombreux que les Cétacés à fanons. On en distingue six familles (dix pour certains spécialistes). Leurs dents ont une structure simplifiée ; elles sont coniques et servent à capturer les proies, mais pas à mordre. Les mâles sont un peu plus grands que les femelles. Le Dauphin de l'Amazone fait partie des Dauphins d'eau douce, petits Cétacés vivant dans certains fleuves et eaux côtières dont les eaux, souvent très troubles, ont affecté les capacités visuelles. Ils sont caractérisés par leurs très longues mâchoires. On en connaît cinq espèces.

Dauphin de l'Amazone

Le Dauphin de l'Amazone mesure 2 ou 3 m de long et pèse de 100 à 120 kg. Sa couleur, assez variable, est généralement d'un gris rosé. Chaque moitié de ses mâchoires supérieure et inférieure porte 33 ou 34 dents. Son museau en forme de bec est couvert de vibrisses raides et courtes. Cette espèce existe dans les bassins de l'Amazone et de l'Orénoque. Elle vit solitairement, en couples ou en groupes comptant jusqu'à six animaux. Elle côtoie parfois un autre dauphin d'eau douce, le Bufeo ou Tucuxi *(Sotalia fluviatilis)*. Le Boutou mange des poissons qu'il fait fuir du fond boueux et capture près de la surface. La gestation dure environ onze mois et l'unique petit mesure environ 1 m de long.

Bélouga, Baleine blanche   V

(Delphinapterus leucas)   Bélouga, Narval *(Monodontidae)*

Le Bélouga est l'un des deux membres de la famille des *Monodontidae*, formée de Cétacés de taille moyenne ayant des mâchoires assez courtes et un petit nombre de dents. Les deux espèces figurent dans le Livre rouge de l'UICN ; leur statut est insuffisamment connu, mais on soupçonne qu'elles sont menacées. Le Bélouga mesure de 4 à 6 m de long et pèse de 1 à 1,5 t. Les jeunes sont gris foncé à noirs, mais en grandissant leur peau s'éclaircit jusqu'à devenir blanc crème, à l'âge de 3 ans et demi à 4 ans, signe de maturité sexuelle. Chaque moitié des mâchoires supérieure et inférieure porte de 8 à 10 dents courtes, puissantes et irrégulièrement coniques. Le Bélouga habite les mers arctiques au large des côtes nord-américaines, asiatiques et européennes. Il lui arrive d'entrer dans

Cétacés

Bélouga, ou
Baleine blanche

les grands fleuves ; ainsi, du 15 mai au 15 juin 1966, on l'a observé dans le Rhin qu'il avait remonté sur 400 km à partir de l'embouchure. Il s'égare parfois dans les mers plus chaudes, par exemple au large des côtes des États-Unis, de la France et du Japon. Il se nourrit surtout de poissons et y ajoute des invertébrés. Il est sociable, mais les groupes de mâles vivent séparément des groupes de femelles, sauf pour la reproduction ; de même, les groupes familiaux (une femelle adulte et plusieurs jeunes d'âges différents) se tiennent à distance les uns des autres. La gestation dure de onze à douze mois et l'unique petit mesure de 1,30 à 1,80 m à la naissance.

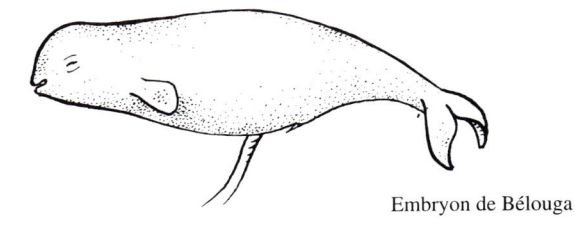

Jeune Bélouga

Embryon de Bélouga

Dans la mâchoire supérieure, le Bélouga a 10 dents et, dans chaque moitié de la mâchoire inférieure, 8 dents

Cétacés

Narval

(Monodon monoceros) Bélouga, Narval *(Monodontidae)*

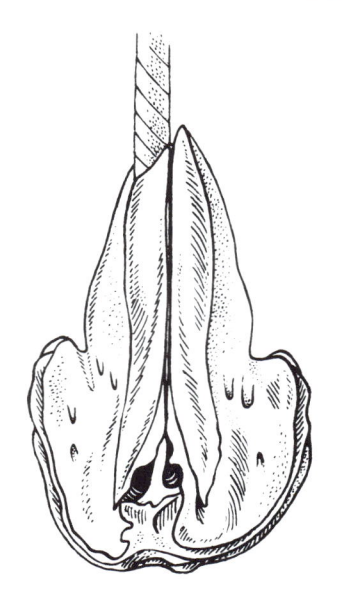

La biologie du Narval n'a guère été étudiée bien que ce Cétacé fût connu depuis fort longtemps et servît probablement de modèle à la légendaire licorne. Sa corne est une dent qui, même chez les Odontocètes, sort tout à fait de l'ordinaire. Le jeune Narval possède au maximum 4 paires de dents sur la mâchoire supérieure, mais 3 d'entre elles tombent précocement ; il ne reste donc plus que 2 canines. Chez la plupart des mâles, la canine droite ne grandit pas ; en revanche, celle de gauche traverse les tissus mous qui recouvrent la mâchoire supérieure et pousse jusqu'à ce qu'elle se transforme en défense spiralée atteignant 3 m de long. Il arrive que cette défense manque ou que les deux canines se transforment en défenses ; parmi les autres anomalies, on peut citer la formation d'une défense chez la femelle ou l'absence totale de dents chez le mâle adulte. La fonction de cette dent démesurément allongée reste inconnue, et les différentes hypothèses selon lesquelles il s'agirait d'une arme offensive ou défensive, ou encore d'un « instrument » pour remuer les sédiments au fond de la mer, ne sont guère plausibles ; l'explication la plus vraisemblable est qu'il s'agit d'un caractère sexuel secondaire.

Crâne de Narval mâle

Narval

Sans leur défense, les narvals mâles atteignent 6 m de long et les femelles 5 m, le poids étant de 1 à 1,5 t (mâles) et 600 kg et plus (femelles). Comme chez le Bélouga, la coloration change avec l'âge, mais de façon moins évidente. La queue est grande et l'extrémité de ses lobes est assez pointue. Le Narval vit dans les mers polaires de l'hémisphère nord, et en général on ne le rencontre pas au sud du 75e parallèle. Il mange des mollusques céphalopodes, des poissons et de gros crustacés. La durée de la gestation est encore inconnue ; l'unique petit mesure environ 1,50 m de long à la naissance.

Dauphin des Anciens

(Delphinus delphis) Dauphins *(Delphinidae)*

Cette espèce fait partie de la famille des Vrais Dauphins, qui compte trente-trois espèces. La plupart de ces animaux vivent en mer et quelques-uns dans les eaux douces. Leurs mâchoires sont plus ou moins allongées et leur front renflé contient un réflecteur d'ultrasons (melon). Le Dauphin des Anciens est le Cétacé le plus abondant dans les mers tempérées et chaudes, aussi bien à l'est qu'à l'ouest. Il vit dans la Méditerranée, la mer Noire et pénètre parfois dans les grands fleuves. Il mesure de 1,70 à 2,60 m de long et pèse de 80 à 140 kg. Chaque demi-mâchoire supérieure porte de 46 à 55 dents et chaque

Cétacés

Dauphin des Anciens : les sauts des dauphins sont souvent synchronisés

demi-mâchoire inférieure de 40 à 50. La coloration varie selon la sous-espèce, mais la plupart ont le dos gris brunâtre, le ventre gris blanchâtre ; les flancs sont gris-brun ou brun jaunâtre, une ligne ondulée les séparant de la face ventrale ; enfin, une bande foncée va de l'œil au front.

Ce dauphin vit en pleine mer et près des côtes, mais il évite les eaux peu profondes. Il forme des troupes de dix à cent individus. Nageur rapide, il saute hors de l'eau, s'élève jusqu'à 3 mètres de haut et franchit ainsi jusqu'à 10 mètres à l'air libre. Il accompagne volontiers les bateaux, bondissant comme par jeu dans leur sillage. Il se nourrit de poissons, surtout d'espèces qui vivent en bancs importants. Les accouplements ont lieu à la fin de l'été et en automne ; la gestation dure onze mois et l'unique petit mesure de 80 à 90 cm à la naissance.

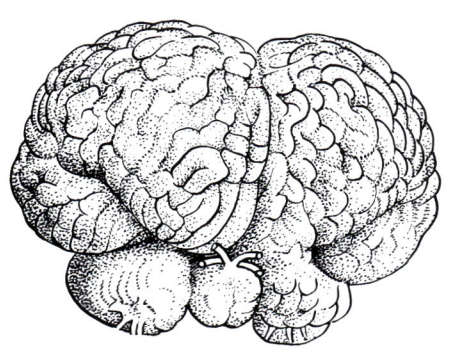

Les dauphins ont un gros cerveau présentant des circonvolutions quand on l'observe sur le dessus. Ce développement est en rapport avec leur aptitude à apprendre et avec la variété de leurs comportements

Cétacés

Souffleur

(Tursiops truncatus)   Dauphins *(Delphinidae)*

Le Souffleur est le dauphin le mieux connu du public car c'est lui que l'on voit le plus souvent dans les delphinariums et autres aquariums marins. Capable d'apprendre rapidement, il est dressé pour faire toutes sortes d'acrobaties. Il a été – et continue à être – l'objet d'études scientifiques. Comme les autres Dauphins, il n'attaque jamais l'Homme et, bien au contraire, peut spontanément lui venir en aide. Sa conduite naturelle le laisse en effet prévoir. Ce comportement d'assistance est manifesté quand, par exemple, un congénère est malade ou blessé. Dans ce cas, ses compagnons le soulèvent jusqu'à la surface où il pourra respirer.

Le Souffleur existe dans toutes les mers tempérées et chaudes et se tient de préférence dans leurs eaux côtières. Il se montre parfois plus au nord ou plus au sud, par exemple au large du Groenland, de la Scandinavie, de l'Australie méridionale et de la Nouvelle-Zélande. De grande taille, il mesure de 2,60 à 3 m de long (le plus grand spécimen connu mesurait 3,90 m) et pèse de 200 à 300 kg. Ses mâchoires sont étroites et le « bec » qu'elles forment est assez court. Chaque demi-mâchoire supérieure porte de 19 à 26 dents et chaque démi-mâchoire inférieure de 18 à 25. Ces dents atteignent 10 mm de diamètre et 20 mm de long. Comme chez les autres Odontocètes, elles ont presque toutes la même forme et la même taille. Cette denture homodonte, qui dérive du type hétérodonte, est une adaptation

Souffleur

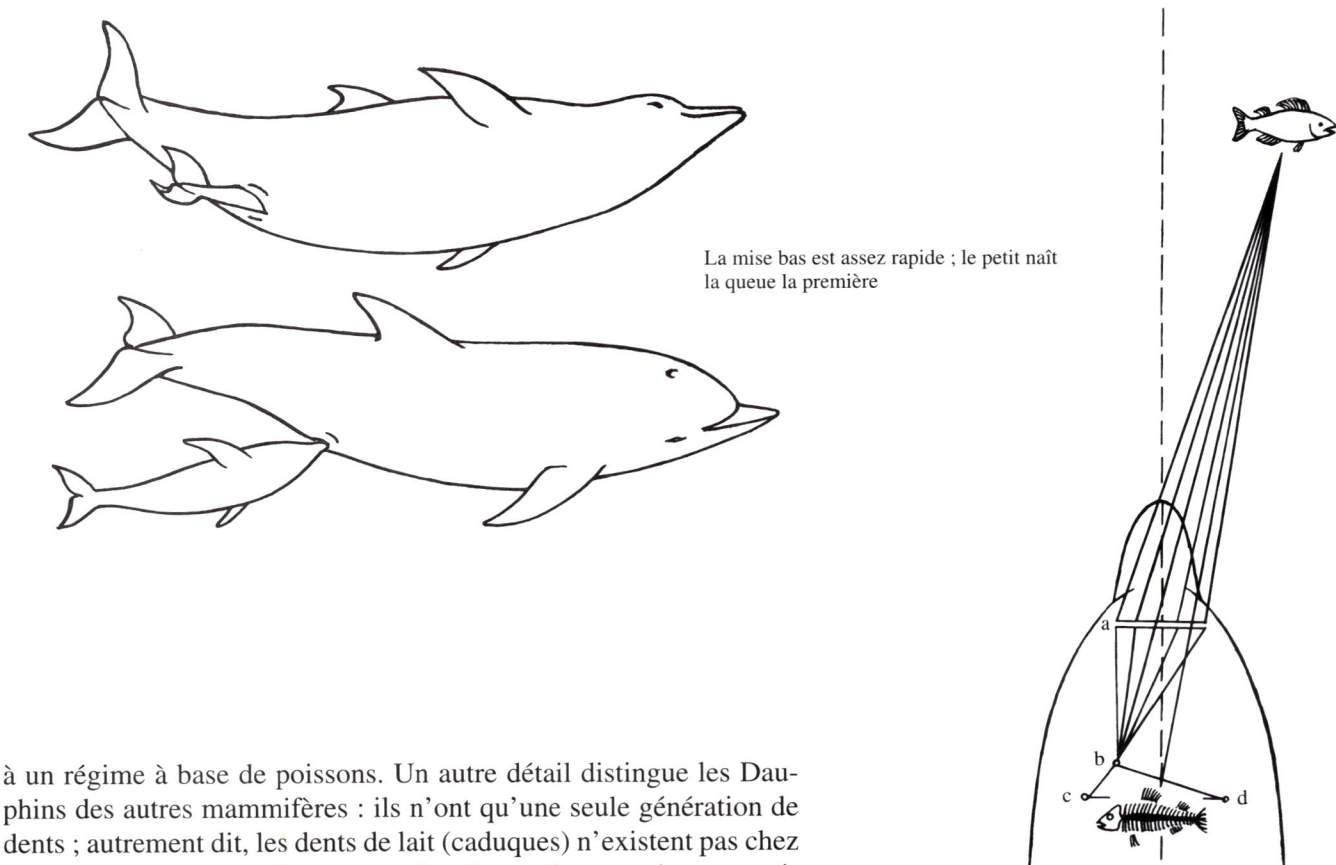

Cétacés

La mise bas est assez rapide ; le petit naît la queue la première

à un régime à base de poissons. Un autre détail distingue les Dauphins des autres mammifères : ils n'ont qu'une seule génération de dents ; autrement dit, les dents de lait (caduques) n'existent pas chez eux. Leur denture est donc monophyodonte alors que les mammifères qui ont deux générations de dents ont une denture diphyodonte.

En général, le Souffleur a le dos gris argenté à noir grisâtre et le ventre blanc à gris clair, sans délimitation nette entre les deux couleurs sur les flancs. C'est un animal sociable qui vit en groupes de dix à vingt individus le plus souvent, mais il s'assemble parfois en troupes de plusieurs centaines. Très joueur, il aime accompagner les navires et n'a aucune peine à se maintenir à leur niveau. Il saute souvent hors de l'eau jusqu'à 4 mètres de haut et sur 10 mètres et plus ; il peut nager à 40 km/h et rester sous l'eau pendant six à huit minutes. Comme tous les Cétacés, il plonge après avoir respiré à la surface. Jadis, on croyait que les Cétacés plongeaient après avoir expiré car on n'avait pas trouvé d'air dans les poumons des spécimens capturés à grande profondeur. En fait, comme on l'a vu au début de ce chapitre, quand les Cétacés plongent, l'air est chassé de leurs poumons dans les bronches, la trachée et les cavités nasales. Le Souffleur mange des poissons, y compris des petits requins, des mollusques et des crustacés. La gestation dure environ un an et l'unique petit, qui mesure de 1,30 à 1,40 m à la naissance, reste plus d'un an avec sa mère.

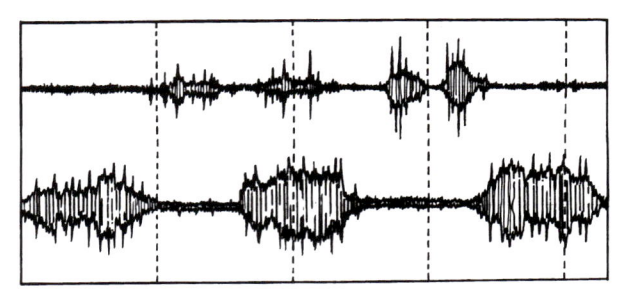

L'étude de l'écholocation chez les Cétacés a montré que ces mammifères marins peuvent concentrer non seulement les ondes sonores et ultra-sonores qu'ils émettent, mais aussi les échos reçus et cela grâce à leur « lentille acoustique », le melon. Ils obtiennent ainsi des informations sur le milieu ambiant. On a également constaté que les Cétacés perçoivent en premier lieu – et de cette façon – le squelette et la vessie natatoire des poissons. Ce schéma montre comment un dauphin (dont la tête est vue par dessus) prend connaissance d'une proie (poisson).
1 – « lentille acoustique », 2 – foyer acoustique, 3 – oreille gauche, 4 – oreille droite

Représentation graphique de signaux ultra-sonores d'orientation

Cétacés

Orque, Épaulard

(Orcinus orca)   Globicéphalidés *(Globicephalidae)*

La famille des *Globicephalidae* (sept espèces) doit son nom à la forme de la tête très arrondie, globuleuse et dépourvue de « bec » de la plupart de ses représentants. L'Orque est le plus grand représentant de ce groupe et, après le Cachalot, occupe le second rang pour la taille chez les Odontocètes. Les vieux mâles atteignent 9 m de long (maximum connu : 9,70 m) et pèsent 6 t (maximum connu : 8 t). Les femelles sont en moyenne d'un cinquième plus petites. Le dimorphisme sexuel affecte également la forme et les dimensions de la nageoire dorsale : chez les mâles, c'est un triangle étroit, haut de

Orque

1,20 à 1,80 m alors que chez les femelles elle a un peu la forme d'un croissant mesurant de 60 à 80 cm de haut. L'Orque a une coloration contrastée noir et blanc. Sa grande nageoire caudale atteint 2,50 m d'« envergure ». Chaque demi-mâchoire supérieure porte de 10 à 14 dents et chaque demi-mâchoire inférieure de 8 à 14. Très puissantes et coupantes, ces dents mesurent de 13 à 14,5 cm de long.

L'Orque est un Cétacé cosmopolite plus commun dans les eaux froides des mers polaires. Elle existe aussi dans la Méditerranée, mais pas dans la mer Noire. Elle ne figure pas dans le Livre rouge de l'UICN. En général, elle se tient en groupes de deux à quinze individus, mais on voit parfois trente orques ensemble. Certains mâles vivent seuls. De temps à autre, l'Orque saute à l'air libre mais pas plus haut que 2 mètres. Elle se nourrit de cétacés plus petits (dauphins, marsouins), de pinnipèdes, manchots et autres oiseaux marins, de poissons (y compris des requins) et de mollusques céphalopodes. Il est rare qu'un groupe d'orques attaque un grand cétacé (en général un rorqual). Sauf exceptions, l'Orque n'attaque pas l'Homme (on connaît un seul cas prouvé d'agression non provoquée).

Crâne d'Orque

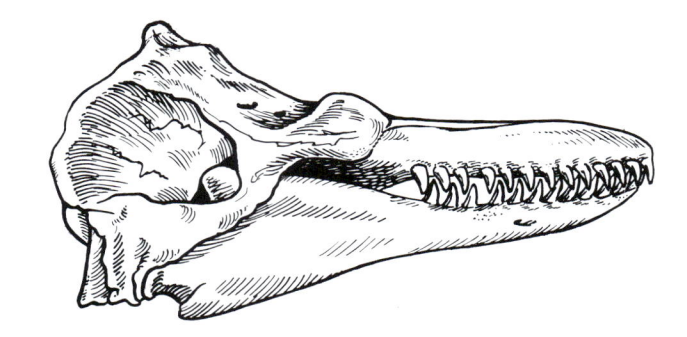

Cétacés

La gestation dure environ un an et l'unique petit, qui naît généralement en hiver, mesure environ 2 m de long quand il vient au monde.

Comme de nombreux autres Cétacés, l'Orque saute souvent à l'air libre

Orque méridionale

(Orcinus glacialis)   Globicéphalidés *(Globicephalidae)*

Cette espèce, récemment découverte, a été décrite en 1983 par les zoologistes russes Berzin et Vladimirov. Il ne s'agit pas d'un animal qui serait resté inconnu dans un espace marin non parcouru. En fait, les deux biologistes remarquèrent que, parmi les orques vivant dans les eaux côtières de l'Antarctique faisant partie du secteur de l'océan Indien, il y avait des animaux plus petits qui différaient aussi de l'Orque par d'autres détails. L'Orque méridionale mesure de 5 à 6 m de long et pèse de 1,5 à 2,5 t. De petites différences dans la coloration, la forme de la tête séparent les deux espèces, mais c'est surtout par la structure du crâne qu'elles se distinguent. Les orques méridionales vivent en groupes plus importants qui comprennent généralement de quarante à soixante animaux et exceptionnellement jusqu'à deux cents. Cette espèce se nourrit presque exclusivement de poissons.

Orque méridionale

Cétacés

Globicéphale

(Globicephala melaena)   Globicéphalidés *(Globicephalidae)*

Il fait partie des cétacés à dents et est reconnaissable à la bosse ronde sur la mâchoire supérieure qui dépasse en avant la mâchoire inférieure. Les nageoires pectorales sont longues, la nageoire dorsale occupe à la base un tiers de la longueur du dos et a 30 cm de hauteur. La femelle adulte mesure 3,50 m, quant au mâle, il a 1 m de plus. La femelle du Globicéphale commence à se reproduire à six ans et le mâle seulement au bout de treize ans. Dans la mer, ils forment des troupeaux de plusieurs centaines d'individus. Les calmars forment l'essentiel de son régime. On l'élève fréquemment dans les delphinariums. Il vit dans les mers de la zone tempérée.

Globicéphale

Marsouin commun   IC

(Phocoena phocoena)   Marsouins *(Phocoenidae)*

Les marsouins sont de petits Cétacés vivant habituellement dans les eaux côtières et qui, parfois, remontent un peu dans les fleuves. Leur tête, conique à hémisphérique, est dépourvue de « bec » ; ils ont généralement une nageoire dorsale triangulaire. Au moins cinq de leurs sept vertèbres cervicales sont soudées, formant un seul os. Leurs dents sont aplaties et spatulées. La famille des *Phocoenidae* comprend six espèces.

Le Marsouin commun mesure environ 1,50-1,70 m de long (maximum connu : 1,86 m) et pèse de 46 à 60 kg (maximum connu : 90 kg). La nageoire dorsale arrondie est plus large à sa base que haute. Une bande foncée va du coin de la gueule à la base de la nageoire pectorale. Le nombre de dents varie fortement ; chaque demi-mâchoire supérieure en porte de 20 à 30 et il y en a de 22 à 24 sur chaque demi-mâchoire inférieure. Ces dents sont petites et leur couronne est souvent divisée en trois pointes (cuspides). Le Marsouin commun vit dans les mers de l'hémisphère nord, approximativement au sud du 70e parallèle. Il ne franchit l'équateur qu'au large de l'Afrique occidentale, car son aire de répartition s'étire jusqu'à l'extrémité méridionale du continent noir. Dans le nord, on le trouve aussi bien le long des côtes atlantique et pacifique de l'Amérique du Nord qu'au large de celles du Groenland méridional, de l'Islande et de l'Europe occidentale ; il existe aussi dans la Méditerranée et la mer Noire. En Asie, on le rencontre le long des côtes du Pacifique depuis l'île Wrangel et le détroit de Béring jusqu'aux côtes méridionales du Japon et de la Corée. Il nage en couples ou en groupes d'environ cinq individus qui, parfois, s'unissent en troupes de plusieurs dizaines. Moins joueur que la plupart des dauphins, il saute rarement hors de l'eau et en général ne s'intéresse pas aux bateaux.

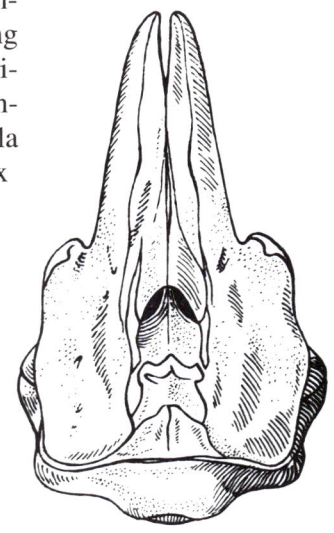

Son régime, varié, comprend de petits mollusques céphalopodes, des crustacés et d'autres invertébrés, mais les poissons mesurant moins de 30 cm de long constituent sa principale nourriture. Le Marsouin commun nage généralement juste au-dessous de la surface de l'eau et respire environ quatre fois par minute. Il peut plonger très profondément puisqu'on a trouvé des sujets qui s'étaient pris dans des filets de pêche à 75 mètres au-dessous de la surface. Les requins et l'Orque sont ses prédateurs naturels. La gestation dure de huit mois et demi à dix mois et demi ; le nouveau-né mesure de 65 à 86 cm de long, c'est-à-dire presque deux fois moins que sa mère. Les accouplements ayant lieu à la fin du printemps et en été, les petits naissent au début du printemps suivant. Le Marsouin commun figure dans le Livre rouge de l'UICN sous la rubrique « insuffisamment connu et suspecté d'être en danger ».

Crâne de Marsouin commun vu du-dessous

Le Marsouin du golfe, Cochito ou Vaquita (*Phocoena sinus*) est placé dans la catégorie « vulnérable » de ce même document. C'est une petite espèce mal connue, décrite par les zoologistes américains Norris et Mac Farland en 1958. Il vit au large des côtes du Mexique dans la partie septentrionale du golfe de Californie, mais l'on ne connaît pas exactement la limite méridionale de son aire de répartition. En tout cas, de tous les Cétacés marins, c'est celui dont la distribution est la plus restreinte.

Marsouin commun

Cétacés

Cachalot

(Physeter macrocephalus)

C

Cachalots *(Physeteridae)*

La famille des *Physeteridae* comprend trois espèces, et celle-ci est la plus grande. Elle doit son nom spécifique (*macrocephalus*) à sa tête gigantesque, qui représente un tiers de sa longueur totale. Après le Rorqual bleu et le Rorqual commun, le Cachalot est, en termes de grandeur, la troisième espèce animale vivante. Cela ne vaut que pour les mâles, car les femelles sont beaucoup plus petites. Les premiers mesurent normalement de 16 à 18 m et pèsent de 30 à 40 t, mais jadis on a capturé des sujets atteignant 23 m et 80 t. La femelle mesure de 11 à 13 m (exceptionnellement 15 m) et pèse de 15 à 27 t (maximum : plus de 30 t). Le légendaire Moby Dick du roman d'Herman Melville était un Cachalot mâle de couleur très claire. Si l'on admet que le modèle fut un Cachalot très agressif surnommé Moche Dick par les pêcheurs, il s'agissait d'un individu partiellement albinos sur le devant du corps et la bosse dorsale.

Le corps du Cachalot est fusiforme, mais son énorme tête paraît tronquée. Bien que ses deux mâchoires aient la même longueur chez l'animal vivant, les tissus mous font que la supérieure est plus longue (détail plus marqué chez les mâles). La mâchoire inférieure est très étroite et peut former un angle de 90° avec la supérieure. L'évent (orifice respiratoire) en forme de S se trouve sur la partie antérieure de la tête, un peu à gauche de son axe médian. Les nageoires pectorales sont courtes, larges, et la largeur de la grande queue équivaut au quart de la longueur du corps. Sur le dos, la nageoire est remplacée – aux deux tiers de la longueur – par une bosse allongée suivie de quatre à six protubérances plus petites. La tête et la partie antérieure du corps portent souvent des cicatrices claires qui témoignent des combats avec les calmars géants. La mâchoire supérieure est dépourvue de dents ou bien celles-ci sont cachées dans les gencives et non fonctionnelles ; il y a de 16 à 30 grandes dents coniques sur chaque demi-mâchoire inférieure. Une grande cavité située entre les os de la mâchoire supérieure contient le spermaceti, liquide huileux qui se durcit comme de la cire au contact de l'air et dont le poids peut atteindre une tonne. Cet énorme réservoir joue le rôle d'amplificateur acoustique.

Forme du dos et du souffle chez le Cachalot

Cachalot

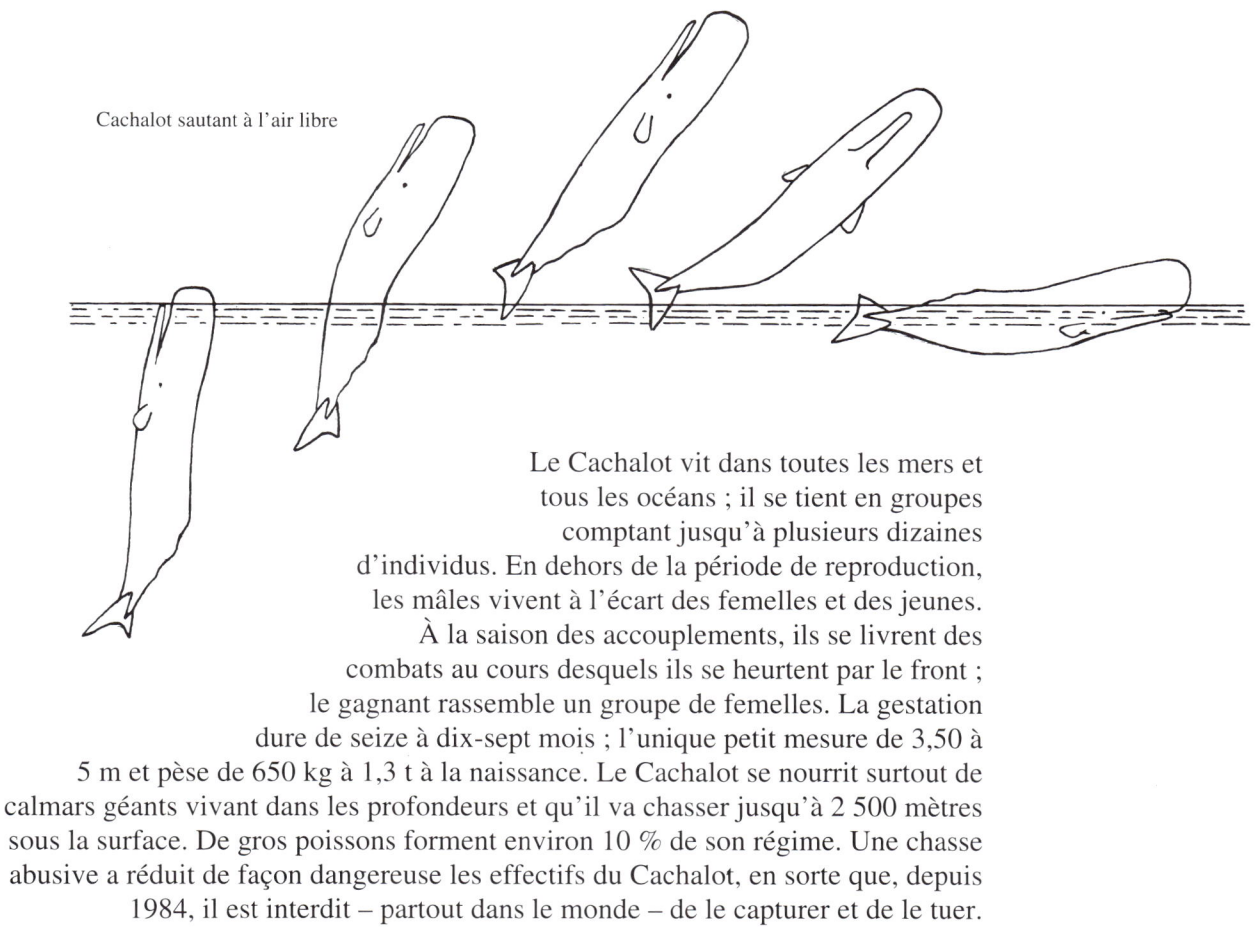

Cétacés

Cachalot sautant à l'air libre

Le Cachalot vit dans toutes les mers et tous les océans ; il se tient en groupes comptant jusqu'à plusieurs dizaines d'individus. En dehors de la période de reproduction, les mâles vivent à l'écart des femelles et des jeunes. À la saison des accouplements, ils se livrent des combats au cours desquels ils se heurtent par le front ; le gagnant rassemble un groupe de femelles. La gestation dure de seize à dix-sept mois ; l'unique petit mesure de 3,50 à 5 m et pèse de 650 kg à 1,3 t à la naissance. Le Cachalot se nourrit surtout de calmars géants vivant dans les profondeurs et qu'il va chasser jusqu'à 2 500 mètres sous la surface. De gros poissons forment environ 10 % de son régime. Une chasse abusive a réduit de façon dangereuse les effectifs du Cachalot, en sorte que, depuis 1984, il est interdit – partout dans le monde – de le capturer et de le tuer.

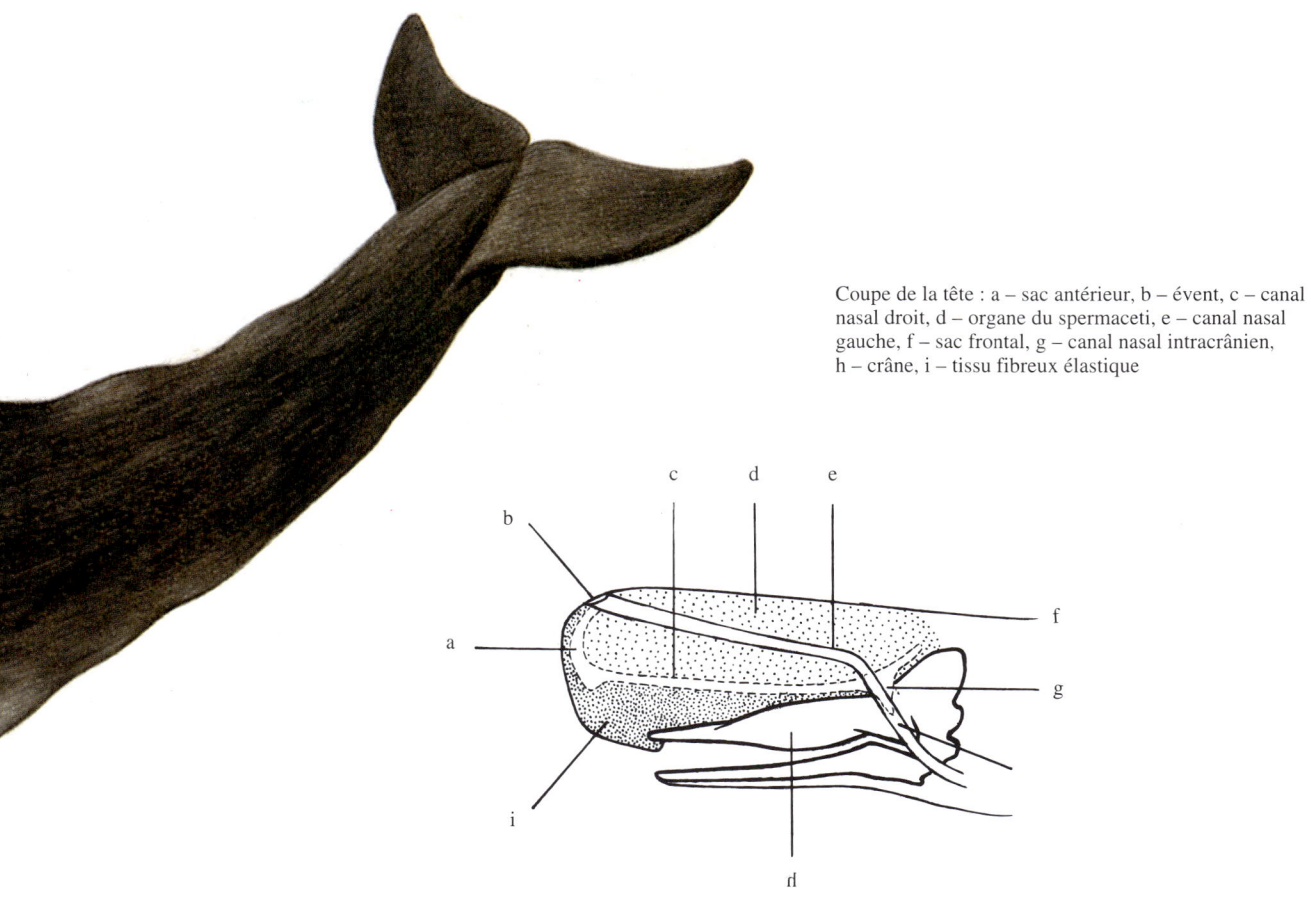

Coupe de la tête : a – sac antérieur, b – évent, c – canal nasal droit, d – organe du spermaceti, e – canal nasal gauche, f – sac frontal, g – canal nasal intracrânien, h – crâne, i – tissu fibreux élastique

287

LES RONGEURS

Avec environ mille huit cents espèces, l'ordre des Rongeurs (*Rodentia*) est le plus important de la classe des mammifères. En général, on le subdivise en cinq à sept sous-ordres réunissant trente-trois familles. Dans leur grande majorité, les Rongeurs sont des mammifères de taille moyenne ou petite (extrêmes : de 5 à 130 cm de long et de 3,5 g à 50 kg). Leur caractéristique la plus typique est la possession d'une seule paire d'incisives supérieures et d'une paire correspondante sur la mâchoire inférieure ; ils n'ont pas d'autres incisives, ni canines, seulement quelques prémolaires qui peuvent manquer.

Il y a un grand espace (diastème) entre les incisives et les autres dents (prémolaires et molaires) sur chaque moitié des deux mâchoires. Le nombre maximal de dents est 22. Dépourvues de racines, les incisives ont une croissance continue durant toute la vie de l'animal. Leur face externe est recouverte d'émail, la face interne (linguale) étant seulement formée de dentine plus molle et rapidement usée par le fonctionnement, en sorte

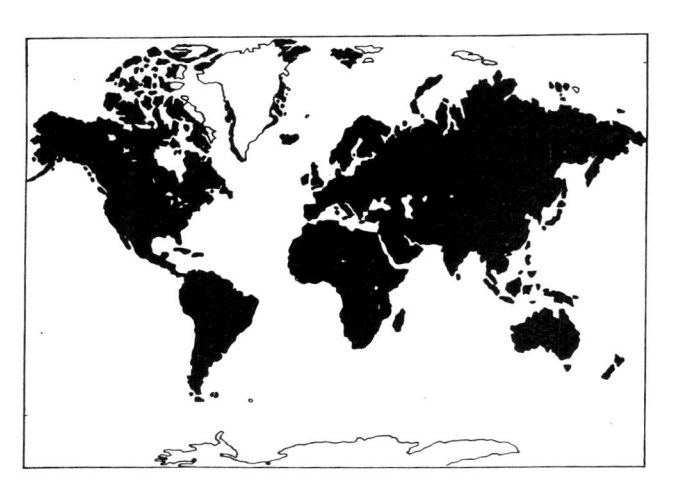

Des Rongeurs existent dans le monde entier sauf sur certaines îles de l'Arctique et de l'océan Pacifique. Les populations qui vivent dans plusieurs bases de recherche dans l'Antarctique ont été introduites et il en est de même au Spitzberg

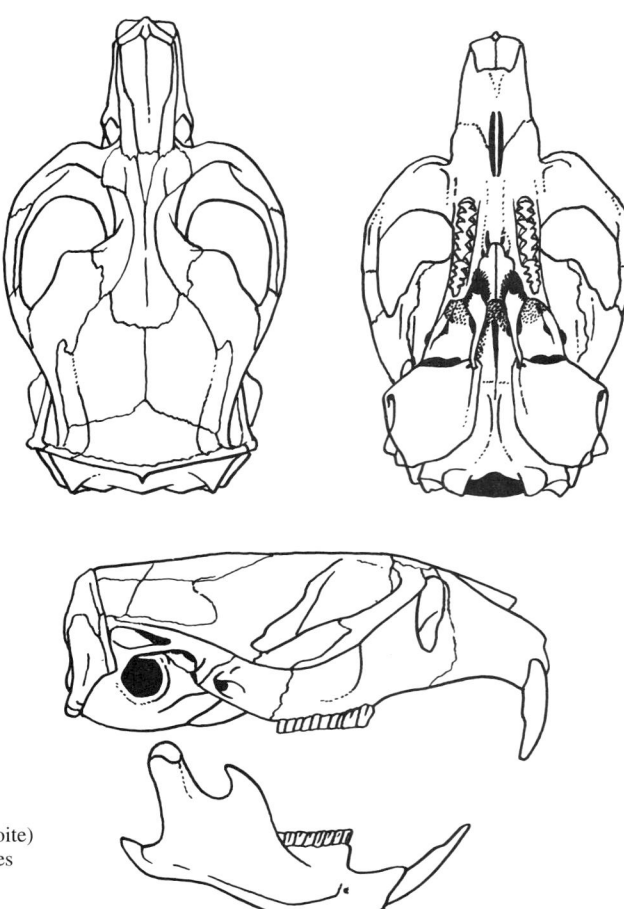

Crâne de Rongeur vu de dessus (à gauche), de dessous (à droite) et de profil (en bas). Il est caractérisé par les grandes incisives supérieures et inférieures et l'intervalle (diastème) entre ces dents et les molaires

qu'elles sont en biseau et constamment aiguisées. Si elles ne sont pas usées régulièrement, elles poussent démesurément en spirale. Chez certaines espèces, les prémolaires et les molaires ont des racines ; leur croissance est donc temporaire, alors que, chez la plupart, elle est continue, car elles sont également dépourvues de racines comme les incisives. Les dents des Rongeurs comportent une association d'émail et de dentine dont la proportion est constante et typique dans chaque groupe. Le cément n'existe que pour quelques dents pourvues de racines ; chez celles qui n'en ont pas, il occupe l'espace situé entre les replis de l'émail. La surface triturante des prémolaires et des molaires présente de petites pointes, des lames transversales (surtout chez les omnivores) ou des prismes de dentine dont la partie externe est couverte de plis d'émail (structure typique chez les herbivores). En raison de sa dureté, l'émail résiste aux frottements ; c'est pourquoi le bord des dents est tranchant, ce qui facilite la division de la nourriture en petits morceaux. Les dents des Rongeurs présentent d'autres adaptations permettant d'écraser efficacement les aliments. Les molaires supérieures sont généralement plus rapprochées que celles de la mâchoire inférieure ; en outre, les deux rangées s'opposent légèrement en oblique, en sorte que, lorsque les mâchoires sont en mouvement l'une contre l'autre, les aliments durs, cellulosiques, sont très finement broyés.

Les arcades zygomatiques du crâne peuvent être fortes dans certains groupes. Les puissants muscles masséter situés dans la fosse suborbitale sont insérés sur les mâchoires supérieure et inférieure ainsi que sur ces arcades. Leurs dimensions et leur mode d'insertion servent de critères pour distinguer plusieurs groupes de Rongeurs ; ils assurent des mouvements d'avant en arrière et inversement, ainsi que des mouvements latéraux.

La plupart des Rongeurs sont herbivores et seules quelques espèces mangent des animaux en plus ou moins forte proportion. Grâce à l'existence des diastèmes, la nourriture peut être collectée rapidement dans la bouche et mâchée ensuite par petites portions. Les diastèmes permettent aussi à l'animal de transporter beaucoup d'aliments (par exemple des graines) destinés à être stockés. À cet effet, certains Rongeurs ont en plus des abajoues internes ou externes. La langue est relativement courte et, chez la plupart des espèces, elle ne peut être avancée au-delà des incisives. Dans certains groupes l'estomac n'a qu'une seule poche, alors que, chez d'autres (par exemple les lemmings), c'est un organe complexe qui rappelle un peu celui des Ruminants. Le caecum est généralement bien développé mais il manque chez les *Gliridae* (loirs).

La majorité des Rongeurs sont plantigrades ; en général, les pattes antérieures ont quatre doigts mais parfois cinq, et les postérieures en ont cinq (parfois seulement quatre ou trois). Ces doigts se terminent par des griffes de formes et de dimensions variables, et peuvent être reliés par des palmures. Les Rongeurs des déserts ont, sur les doigts, de longues touffes de poils qui les empêchent de s'enfoncer dans le sable meuble. De nombreuses espèces possèdent des pelotes plantaires sur la face inférieure des pattes ; leur nombre est un critère utilisé par les systématiciens. La longueur de la queue est très variable. Chez certaines espèces (tel le Cochon d'Inde), elle est à peine visible, alors que chez d'autres (par exemple les sicistes) elle dépasse nettement la longueur du corps. Chez les espèces amphibies (Castor), elle sert de gouvernail, alors que chez celles qui grimpent ou vivent dans les arbres elle sert à garder l'équilibre, à s'accrocher et fait même office de parachute pour sauter (écureuils). Certains Rongeurs (mulots, par exemple) ont une queue fragile dont la peau se détache aussi facilement qu'elle peut se régénérer.

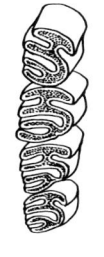

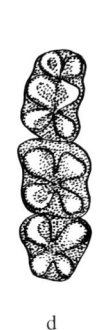

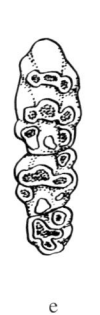

Structure de la couronne des prémolaires et des molaires chez différents Rongeurs : Castor (a), Ragondin (b), Loir (c), Hamster (d), Mulot (e). On distingue les molaires hypsodontes (couronne haute) et brachyodontes (couronne basse). Les hypsodontes peuvent avoir des racines ou en être dépourvues ; elles ont une croissance continue. Figures a–c : molaires de Rongeur de type herbivore ; d–e : molaires bunodontes de rongeur de type omnivore

a   b   c   d   e

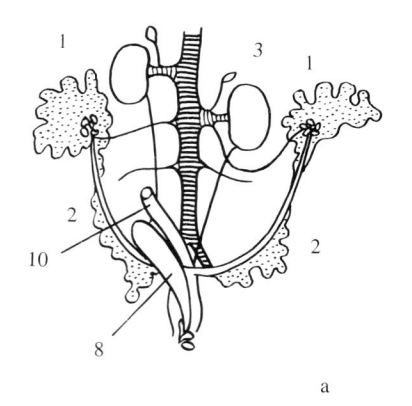

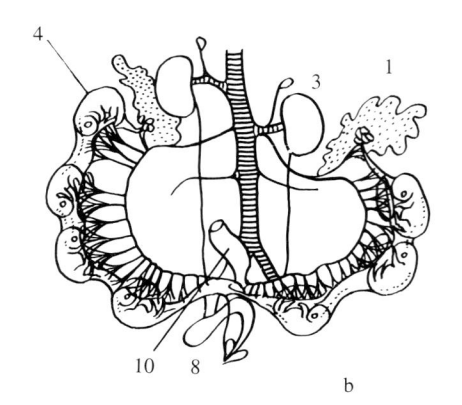

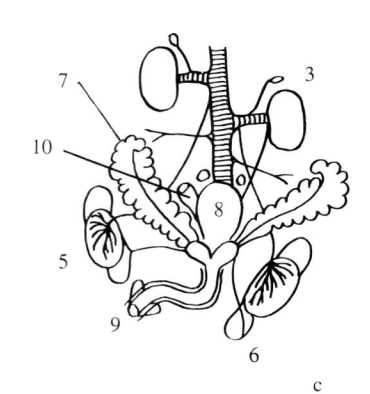

Système urogénital des Rongeurs : a) femelle sexuellement inactive ; b) femelle adulte gestante ; c) mâle adulte.
1) ovaire ; 2) corne utérine ; 3) rein ; 4) embryon ; 5) testicule ; 6) épididyme ; 7) vésicules séminales ; 8) vessie ; 9) pénis ; 10) intestin

Les Rongeurs nagent très bien ; à terre ils se déplacent à petits pas (par exemple les campagnols) ou en bondissant (mulots, gerboises) ; certaines espèces arboricoles peuvent planer d'un arbre à l'autre, distant d'une centaine de mètres, grâce à des replis de peau situés sur leurs flancs (patagium). Les Rongeurs s'abritent surtout dans des terriers qu'ils creusent eux-mêmes. Le terrier peut n'avoir qu'une seule pièce communiquant avec la surface par une ou deux entrées, ou bien être un véritable labyrinthe comportant, outre le nid, des toilettes, des greniers et des culs-de-sac servant de refuges en cas de danger. Certaines espèces habitent les terriers d'autres mammifères ; ainsi, plusieurs Rongeurs utilisent les galeries de la Taupe ou établissent leur logis dans un terrier abandonné qu'ils agrandissent. D'autres font leur nid dans les arbres, les creux de rocher ou l'accrochent à la végétation herbacée. Il en est qui ont une activité nettement monophasique (diurne ou nocturne), alors que chez d'autres elle est polyphasique ; dans ce cas, ils sont actifs à intervalles réguliers de quelques heures et se reposent entre-temps.

Certains Rongeurs entrent en léthargie à la mauvaise saison. Durant cette hibernation (profond sommeil hivernal comme celui des loirs), leur température interne baisse fortement, parfois jusqu'à quelques degrés au-dessus de 0 °C et leurs rythmes respiratoire et cardiaque ralentissent fortement. Ces modifications abaissent le métabolisme, et par

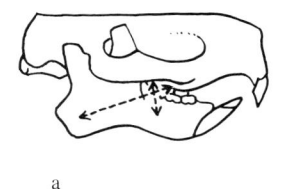

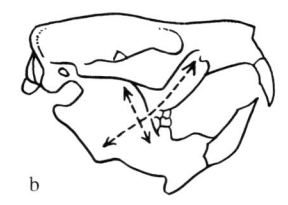

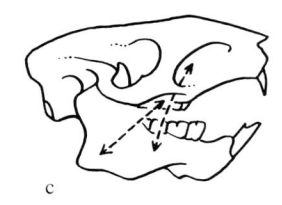

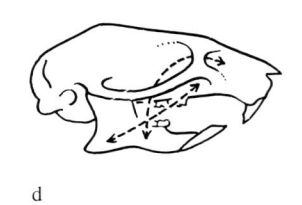

Modes d'insertion du muscle masséter chez les Rongeurs :
a – type primitif (Castor) ; b – type sciuromorphe (Écureuil) ;
c – type hystricomorphe (Porc-épic) ; d – type myomorphe
(souris et la majorité des autres Rongeurs)

conséquent réduisent les dépenses d'énergie. Les animaux peuvent donc vivre au ralenti pendant les périodes défavorables. Un phénomène semblable (l'estivation) existe chez des Rongeurs désertiques qui supportent ainsi les chaleurs torrides sans dommage. La léthargie peut durer plusieurs mois, parfois seulement quelques heures (par exemple aux heures les plus chaudes du jour, comme chez les gerboises et les sousliks).

C'est parmi les Rongeurs que l'on rencontre certains des mammifères les plus prolifiques. Cela vaut particulièrement pour plusieurs campagnols qui atteignent la maturité sexuelle très précocement, à 2 ou 3 semaines, ont des portées importantes (jusqu'à 12 petits), ceci trois fois et même davantage en une année. En l'espace de deux à quatre ans, une petite population de ces espèces peut ainsi grandir et atteindre une densité supérieure au niveau acceptable. À mesure que la population augmente, le nombre des individus qui colonisent des milieux moins favorables s'élève lui aussi, de même que diminue le nombre de jeunes mâles et femelles capables de se reproduire à un âge très précoce ; finalement, un grand nombre d'individus restent au stade subadulte et la saison de reproduction se raccourcit. Ce phénomène s'accompagne de variations du sex-ratio, en sorte que les femelles finissent par occuper une place prépondérante parmi les reproducteurs. La population atteint une densité maximale (pic) bientôt suivie d'une augmentation brutale de la mortalité ; il en résulte que les effectifs déclinent rapidement jusqu'à un minimum. Ces variations cycliques de population se répètent à des intervalles plus ou moins réguliers et sont particulièrement évidentes dans de vastes régions où la flore présente une certaine uniformité (par exemple la toundra). Quand la population est à son maximum (phase de pullulation), les animaux carnivores (mammifères et oiseaux rapaces) profitent de cette manne et leur densité peut elle aussi augmenter. Les Rongeurs jouent donc un rôle essentiel dans les chaînes alimentaires de différents écosystèmes. Ils ont aussi une très grande importance du point de vue économique. En effet, les uns font des dégâts dans les champs et les stocks de denrées, d'autres transmettent des agents pathogènes en sorte que leur rôle épidémiologique n'est pas négligeable. Dans un autre ordre d'idées, plusieurs Rongeurs fournissent une fourrure de bonne qualité et quelques-uns sont chassés pour leur chair. Enfin, plusieurs espèces sont élevées comme animaux de laboratoire et servent aux recherches scientifiques.

On a trouvé des fossiles de Rongeurs jusque dans le Paléocène du Nouveau Monde et, à cette époque, il y avait déjà des espèces spécialisées. En Europe, les plus anciens fossiles datent de l'Éocène supérieur. On pense que les Rongeurs dérivent d'Insectivores primitifs.

Rongeurs

Écureuil roux

(Sciurus vulgaris)   Écureuils *(Sciuridae)*

La famille des *Sciuridae* est l'une des plus importantes de l'ordre des Rongeurs puisqu'elle comprend cinquante genres et deux cent soixante espèces réparties dans le monde entier sauf l'Australie, Madagascar et la partie méridionale de l'Afrique du Sud. Les écureuils ont 3 molaires et 2 prémolaires sur chaque moitié de la mâchoire supérieure. L'Écureuil roux a une queue touffue presque aussi longue que son corps, qui mesure de 18 à 28 cm ; il pèse de 200 à 400 g (jusqu'à 480 g dans l'Est). Ses fortes griffes lui permettent de grimper sur le tronc et les branches des arbres et de bondir de l'un à l'autre sans glisser sur l'écorce. Au repos, il plie sa queue contre le dos, mais quand il court ou saute il l'étend derrière son corps ; elle lui sert alors de gouvernail ou de parachute. L'Écureuil roux a un pelage de couleur assez variable ; un type gris clair existe en Sibérie, entre l'Oural et l'Altaï, mais ailleurs, en Europe par exemple, on rencontre des écureuils roux, bruns ou noirs. Tous ont la face ventrale blanche. L'Écureuil roux est répandu dans presque toute l'Europe ; en Asie, il vit dans les forêts et les steppes boisées jusqu'à l'Extrême-Orient. Il préfère les forêts de conifères mais fréquente aussi celles de feuillus, les grands jardins et les parcs des villes. Il mange beaucoup de graines de conifères et aussi celles

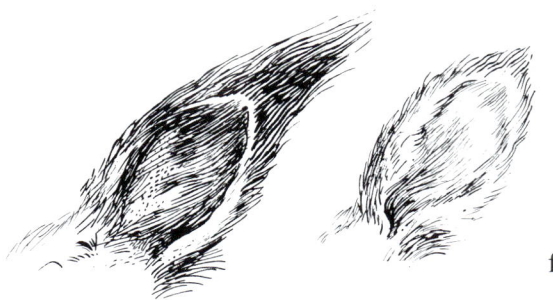

En hiver, l'extrémité des oreilles de l'Écureuil roux porte une longue touffe de poils (à gauche). À droite, l'oreille en pelage d'été

Écureuil roux en livrée hivernale (phase noire)

Rongeurs

d'autres arbres et de plantes herbacées, des bourgeons, des fruits, des champignons, des invertébrés, des œufs et des oisillons. Diurne, il passe la nuit et les périodes de mauvais temps (surtout les fortes gelées) dans un nid fait de branchettes, herbes et feuilles sèches placé dans un arbre. Le nid d'hiver est sphérique, celui d'été est ouvert et peu profond. L'écureuil peut également se réfugier et élever ses petits dans un grand trou d'arbre. Il n'hiberne pas. Il se reproduit généralement deux fois par an. La portée comprend le plus souvent 3 petits (5 en Asie) qui sont allaités cinq ou six semaines. La maturité sexuelle survient la deuxième année. La densité des populations d'Écureuil roux varie selon la production de graines de conifères. En Asie, cette espèce migre quand la nourriture se fait rare localement. En Europe, son principal prédateur est la Martre.

Écureuil roux en livrée hivernale (phase rousse)

Écureuil gris

(Sciurus carolinensis)

Écureuils *(Sciuridae)*

Plus grand que l'Écureuil roux, il pèse aussi plus lourd puisqu'il atteint 700 g. Il vit dans la moitié orientale du Canada et des États-Unis, depuis l'Ontario et le Nouveau-Brunswick jusqu'à la Floride. On l'a introduit sur les îles Britanniques et en Afrique du Sud. Particulièrement abondant en Angleterre et au pays de Galles, il y a fait reculer l'Écureuil roux. Il habite les bois de feuillus (surtout les chênes et les noyers) et préfère les plaines aux montagnes. En Amérique, il fait partie des animaux gibier.

Écureuil gris

Rongeurs

Marmotte des Alpes

(Marmota marmota)   Écureuils *(Sciuridae)*

La plupart des touristes qui visitent les Alpes ou les Hautes Tatras de Slovaquie rencontrent la Marmotte un jour ou l'autre. Ce robuste Rongeur, qui mesure de 50 à 60 cm de long, queue (13–20 cm) non comprise, et qui pèse de 3 à 7 kg, a de puissantes et courtes pattes. On trouve la Marmotte au-dessus de la limite des arbres, près des sentiers, dans les prairies alpines où elle prend des bains de soleil sur un rocher ou dans l'herbe. Elle attire l'attention en émettant des sifflements aigus ; à ce moment, le promeneur voit un animal brun jaunâtre, gros comme un chat, qui après avoir regardé alentour, debout sur ses pattes postérieures, fuit dans un terrier. La Marmotte des Alpes ressemble fortement à la Marmotte américaine (*M. caligata*) dont elle est une proche parente. Sa queue est brève, touffue, et la surface externe de ses incisives a une couleur allant du rouge orangé au brun. Espèce autochtone dans les Alpes occidentales et les Hautes Tatras, elle a été introduite dans d'autres chaînes de montagnes, par exemple les Basses Tatras et les Pyrénées. Elle vit entre 800 et 2 700 mètres d'altitude dans les alpages et dans les terrains rocailleux où la végétation pousse entre des pierres. Elle préfère les pentes exposées au sud et c'est là qu'elle creuse de profonds terriers avec un réseau de galeries et une chambre garnie de foin pour l'hiver, qui sert de nid. L'ensemble peut s'enfoncer jusqu'à 3 mètres sous la surface. Les orifices atteignent

Bouche et dents de la Marmotte des Alpes

Marmotte des Alpes

30 cm de diamètre ; avant de se retirer dans le terrier pour hiberner, la Marmotte les bouche avec de l'herbe, de la terre et des pierres.

La Marmotte des Alpes est diurne ; c'est tôt le matin, juste avant le lever du soleil, qu'elle déploie une grande activité. Elle hiberne pendant cinq à sept mois avec plusieurs interruptions. Après son réveil au printemps, elle sort la vieille litière de son terrier. Le mâle signale sa présence dans son territoire par une sécrétion de ses glandes faciales et il le défend contre les autres mâles. La Marmotte des Alpes vit en groupes familiaux comprenant les parents et plusieurs générations de leurs descendants. Les accouplements ont lieu en avril ou en mai ; les petits naissent trente-trois jours plus tard, en mai ou en juin. Ils sortent du terrier à l'âge de 40 jours environ. Les femelles atteignent la maturité sexuelle après leur seconde hibernation, les mâles encore plus tard. Plusieurs familles forment une colonie qui peut occuper une surface de 100 hectares au maximum.

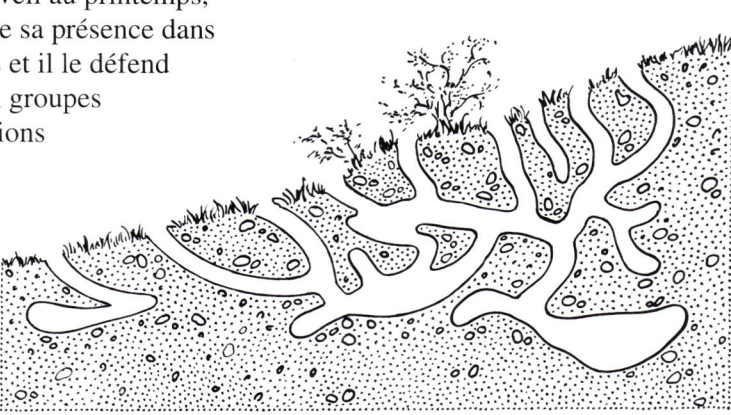

Coupe d'un terrier de Marmotte des Alpes

Marmotte bobak

(Marmota bobak)   Écureuils *(Sciuridae)*

Cette espèce ressemble beaucoup à la Marmotte des Alpes par ses dimensions et sa coloration. Elle vivait jadis dans les steppes hongroises, mais aujourd'hui les restes des populations européennes ne subsistent plus qu'en Ukraine, dans le bassin de la Volga et dans le sud de celui de l'Oural. La Marmotte bobak existe aussi en Sibérie, en Mongolie, en Chine occidentale, jusqu'au Kamtchatka et en Iakoutie, au nord du cercle polaire arctique. On la trouve dans les steppes et les alpages. Elle creuse des réseaux de galeries et rejette les déblais qui forment des monticules. L'hibernation est longue et commence parfois en septembre. Cette marmotte est recherchée pour sa fourrure mais, d'un autre côté, elle peut véhiculer la peste. Ses principaux prédateurs sont les chiens errants, les renards, les loups, la Panthère des neiges et l'Aigle des steppes. Ses anciens terriers sont occupés par d'autres mammifères.

Bouche et dents de la Marmotte bobak

Marmotte bobak

Rongeurs

Souslik, Spermophile

(Spermophillus citellus) Écureuils *(Sciuridae)*

La tête du Souslik a la même forme que celle d'un écureuil mais ses oreilles sont très courtes et une ligne claire entoure ses grands yeux. Son corps, allongé, mesure environ 20 cm, sa queue velue de 4 à 8 cm et, à l'âge adulte, il pèse de 200 à 350 g, les mâles étant plus grands que les femelles. Les deux sexes ont des abajoues bien développées. À l'ouest, l'aire de répartition de ce Rongeur atteint l'Europe centrale, et vers le sud-est elle va jusqu'à la mer Noire et l'ouest de l'Ukraine. Le Souslik habite les paysages steppiques, les prairies de montagne et les jachères, mais aussi les champs de luzerne. Il vit en colonies et creuse un terrier doté de plusieurs orifices, qui s'enfonce jusqu'à 2 mètres de profondeur. Chaque terrier est habité par un Souslik et comprend une chambre où se trouve un nid, plusieurs galeries et culs-de-sac. Il y a aussi des terriers très simples servant de refuges si l'animal est surpris à distance de son habitation principale. Le Souslik a un régime essentiellement végétarien comprenant une faible proportion d'animaux. Il est diurne, se tient souvent dressé et lance un sifflement aigu s'il repère un danger. Son hibernation commence en septembre et parfois plus tôt ; il ne fait pas de provisions pour l'hiver. La saison de reproduction commence dès le réveil, au printemps. Après une gestation de vingt-cinq jours, la femelle met au monde de 6 à 8 petits qui s'émancipent à l'âge de 2 mois environ. Cette espèce est menacée de disparition sur la frange occidentale de son aire de répartition et on la considère comme telle dans les pays impliqués.

Souslik

Rongeurs

Chien de prairie

(Cyonomys ludovicianus)   Écureuils *(Sciuridae)*

Cet assez gros Rongeur mesure de 30 à 40 cm de long, queue (7-11,5 cm) non comprise, et pèse de 500 g à 1,3 kg. Il habite les prairies de l'ouest des États-Unis entre l'est du Montana et le nord-ouest du Dakota, au sud jusqu'au Texas et au Nouveau-Mexique. C'est un animal diurne vivant en communautés comprenant jusqu'à plusieurs milliers d'individus qui forment des « villes » occupant une surface atteignant 40 hectares. Chaque ville est divisée en « quartiers » dont les limites sont représentées par des repères naturels. À leur tour, les quartiers comprennent plusieurs clans familiaux formés chacun d'un mâle dominant, de une à quatre femelles et de jeunes de moins de deux ans ; une hiérarchie stricte existe à l'intérieur de ce groupe. Les communications se font surtout vocalement, mais si le danger menace, les chiens de prairie s'avertissent mutuellement en agitant la queue. Ils ont l'étrange habitude de sauter sur place, les pattes antérieures relevées, la tête rejetée en arrière. Quand deux chiens de prairie se rencontrent, ils tournent la tête latéralement et se touchent avec leurs incisives, moyen pour eux de se reconnaître. Ces animaux s'abritent dans des terriers dont l'ouverture en forme d'entonnoir et mesurant environ 15 cm de diamètre est entourée d'un amas de déblais. Certains chiens de prairie se tiennent à côté de l'entrée et surveillent les environs. Cette espèce n'hiberne pas, mais en plein été et en hiver son activité est ralentie. Elle ne fait pas de réserves de nourriture et subsiste aux dépens de ses réserves de graisse.

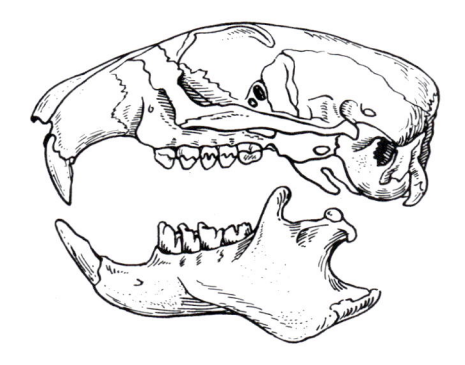

Chien de prairie

Crâne de Chien de prairie

Coupe de terriers de Chiens de prairie

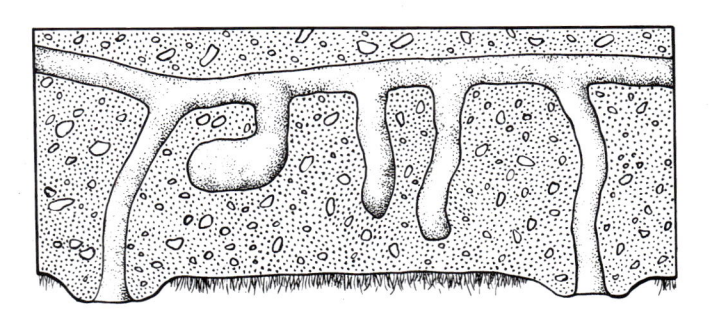

Rongeurs

Bouroundouk, Tamias de Sibérie

(Tamias sibiricus)   Écureuils *(Sciuridae)*

Le Bouroundouk ressemble à un petit écureuil qui mesurerait de 13 à 16 cm de long et dont la queue touffue serait à peine plus courte. Il a des abajoues. Sa coloration est très caractéristique : sur le dos, cinq bandes brun noirâtre sont séparées par trois autres, de teinte roussâtre ou blanc jaunâtre. Cet écureuil terrestre vit dans le nord-est de la Russie, en Sibérie (sauf dans la toundra) jusqu'en Iakoutie, dans le nord-est de la Chine, la Corée et sur certaines îles du Japon. Il fréquente la taïga (surtout ses clairières), les fourrés proches des cours d'eau et les bosquets dans les steppes. Les forêts mixtes de conifères et de feuillus où les buissons et les plantes herbacées abondent constituent son habitat typique. Il se nourrit surtout de graines de conifères, mais aussi de celles de plantes herbacées (graminées et autres espèces). Avant l'hiver, il entasse des provisions (de 3 à 4 kg de graines, notamment celles de pins) dans son terrier situé sous les racines d'un arbre. Il se reproduit au printemps, hiberne à la mauvaise saison et s'active dans la journée. Chaque portée compte de 3 à 6 petits (au maximum 10).

Crâne de Bouroundouk

Bouroundouk

Rongeurs

Tamias rayé, Chipmunk

(Tamias striatus)   Écureuils *(Sciuridae)*

Cet écureuil terrestre américain diffère principalement du Bouroundouk par la coloration de son pelage : de chaque côté du corps, une bande blanche bordée de noir en haut et en bas s'étend depuis le cou jusqu'à la queue. Ses oreilles sortent nettement de sa fourrure. Il pèse de 70 à 140 g et mesure de 20 à 30 cm de long, queue (7,8–11,3 cm) non comprise. Le Tamias rayé vit au Canada et dans l'est de États-Unis ; à l'ouest, il atteint le nord du Dakota, l'est de l'Oklahoma et, au sud, le Mississippi. Il habite les lieux dégagés, les lisières de bois, les fourrés et s'approche même des maisons. Ses terriers s'enfoncent sous les racines des arbres ou sous des rochers. Son nom scientifique *Tamias* – celui qui entasse et cherche la nourriture – *striatus* – rayé – lui convient fort bien. Très remuant, il grimpe sur les arbres pour chercher des fruits (glands et hickory) quand ils mûrissent. Faisant de nombreuses allées et venues, il les entasse dans ses grandes abajoues et les porte dans son terrier. Son cri habituel est un bref « tchip tchip » souvent répété plus de cent fois de suite ; il lance aussi des « tchouk tchouk » plus lents et plus graves. Il passe une grande partie de l'année sous terre. Son terrier atteint 10 mètres de long et comprend plusieurs galeries ; l'une d'elles communique avec des toilettes, en sorte que le nid où les petits sont élevés reste propre. Les accouplements ont lieu à la fin mars, à la fin avril ou au début mai. La femelle met au monde de 3 à 5 petits qui gardent les yeux fermés pendant environ trente-cinq jours ; un mois plus tard, ils sortent du nid.

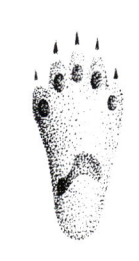

Empreintes de Tamias : les pattes antérieures n'ont que quatre doigts

Tamias rayé

Rongeurs

Écureuil fouisseur

(Xerus erythropus)   Écureuils *(Sciuridae)*

C'est l'un des écureuils terrestres qui creusent un terrier et qui y passent une partie de leur vie. Il mesure environ 31 cm de long avec une queue touffue un peu plus courte (18–28 cm) ; il pèse de 350 à 650 g. On le reconnaît à la bande claire qui court le long de ses flancs. Sa queue est brun foncé, mais chez les jeunes elle a l'extrémité blanche. L'Écureuil fouisseur vit en Afrique au sud du Sahara, depuis le Sénégal jusqu'au Kenya. Il habite les forêts, les broussailles, est diurne et se déplace en bondissant. Sa coloration se confond avec celle du milieu ambiant. En présence d'un danger, il fuit dans son terrier. La femelle met au monde seulement deux petits.

Écureuil fouisseur

Petit Polatouche

(Glaucomys volans)   **R**

                                                                                          Écureuils *(Sciuridae)*

Voici l'un des écureuils les mieux adaptés à la vie dans les arbres. Il est reconnaissable à la surface de peau (patagium) qui relie les poignets aux chevilles et lui permet de planer d'un arbre à l'autre, sur une distance atteignant parfois 70 mètres. Le Petit Polatouche mesure de 21 à 25 cm de long, auxquels s'ajoute une queue touffue et aplatie de 8 à 12 cm ; il pèse de 45 à 100 g. Son museau est arrondi. Le Petit Polatouche vit dans

Le patagium bicolore du Petit Polatouche est replié contre le corps

Rongeurs

le centre et l'est des États-Unis, au Mexique et en Amérique centrale. Il fréquente les forêts entrecoupées de clairières, au sous-bois épais comportant des arbres creux dans lesquels il place son nid. Ce dernier se compose de feuilles, d'écorce et de rameaux. En hiver, plusieurs polatouches peuvent cohabiter dans un même trou. Le Petit Polatouche mange des animaux et des végétaux (surtout des fruits et des graines). Il se reproduit en février ou en mars, et quarante jours plus tard la femelle met au monde de 2 à 6 petits.

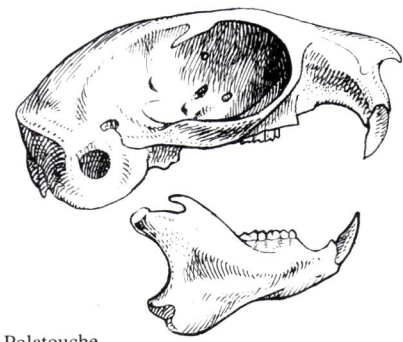

Crâne du Petit Polatouche

Écureuil volant de Pel

(Anomalurus peli)　　　　　　　　　　　　　　　　　　　　　　　　Anomalures *(Anomaluridae)*

Les Anomalures sont, eux aussi, adaptés à une existence arboricole. Extérieurement, les sept espèces ressemblent aux écureuils typiques. Le large patagium de l'Écureuil volant de Pel s'étend entre le membre antérieur et une baguette cartilagineuse située au coude jusqu'au membre postérieur et à la queue. Les doigts se terminent par une forte griffe facilitant l'accrochage aux troncs. La face inférieure de la queue est revêtue d'écailles pointues qui accrochent l'écorce. Cet écureuil atteint 45 cm de long, queue (35 cm) non comprise, et pèse de 750 g à 1,8 kg. Il est répandu dans les forêts pluviales de Guinée, du Liberia et de la Côte-d'Ivoire. Il se nourrit de graines et de fruits. Il court sur les arbres, plane de l'un à l'autre sur une distance atteignant 50 mètres. Il est essentiellement nocturne. On connaît très mal sa reproduction ; la femelle met au monde 2 ou 3 petits dans un trou d'arbre.

Comparaison des différents mammifères « volants » (de gauche à droite):
Acrobates, *Petaurus* (Marsupiaux);
Petaurista, *Anomalurus* (Rongeurs);
Cynocephalus (Dermoptères)

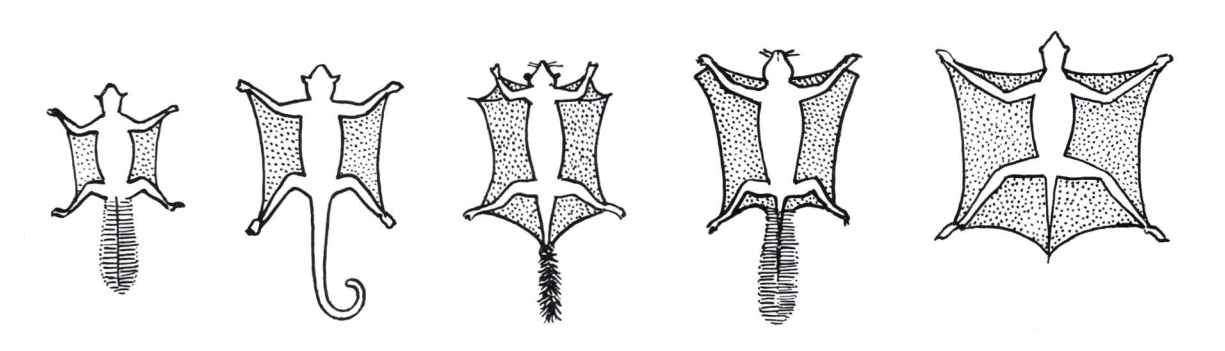

Écureuil volant de Pel

Rongeurs

Castor d'Eurasie

(*Castor fiber*)

M

Castors (*Castoridae*)

Le plus grand Rongeur européen est aussi l'un des plus grands du monde. Menacé d'extinction, il figure dans le Livre rouge de l'UICN. La famille des *Castoridae* comprend aussi une autre espèce en Amérique. Le Castor d'Eurasie mesure de 80 cm à 1 m de long, queue (28-38 cm) non comprise, et pèse de 20 à 35 kg (maximum : 38 kg). Les doigts de ses fortes pattes sont palmés jusqu'à la dernière articulation et la griffe du deuxième doigt, divisée en deux, sert à lisser le pelage. Le Castor ferme ses narines et ses oreilles quand il plonge. La face inférieure de sa queue écailleuse porte une glande sécrétant une substance grasse employée pour enduire le pelage. La sécrétion des glandes anales sert à marquer le territoire. L'anus et le canal urogénital débouchent dans une poche commune (pseudo-cloaque).

En Europe, le Castor d'Eurasie vit surtout au bord du Rhône, de l'Elbe, de la Havel (Allemagne) et aussi en Suisse, Pologne, Norvège et Russie. Il a été réintégré localement (par exemple en France, en Finlande et en Autriche). Il habite les lacs et les rivières lentes dont les berges sont couvertes de peupliers, saules, trembles, aulnes, bouleaux et pins. Il se nourrit de leurs rameaux, écorce et feuilles, ainsi que de plantes herbacées. À l'occasion, il mange du maïs ou d'autres plantes cultivées poussant au voisinage de l'eau. En grande partie nocturne, il reste actif toute l'année. Son terrier, creusé dans la rive, est recouvert d'un amas de branches, mais dans les eaux dormantes il construit une hutte faite de branches et de terre qui atteint 2 mètres de haut et couvre une surface atteignant 12 m². Localement, le Castor construit des digues atteignant 100 mètres de long qui régularisent le niveau de l'eau ; elles sont faites en branches, terre et pierres. Monogame, le Castor d'Eurasie vit en groupes familiaux avec ses petits âgés de 1 à 2 ans, après quoi ces derniers s'émancipent. La période de reproduction va de janvier à mars ; la gestation dure cent cinq jours et il y a 1 à 5 petits par portée ; leur allaitement dure trois mois. La maturité sexuelle survient entre 2 ans et demi et 3 ans. Les mâles dominent par le nombre chez les jeunes, mais chez les adultes ce sont les femelles qui sont plus nombreuses.

La queue du Castor laisse une empreinte entre celles des pattes

Castor d'Eurasie

Rongeurs

Castor américain, Castor du Canada

(Castor canadensis)

M

Castors *(Castoridae)*

Très étroitement apparenté au Castor d'Eurasie, il n'en diffère pas dans son milieu naturel. Les seuls caractères qui l'en séparent sont le plus petit nombre de chromosomes et des os nasaux plus courts. Le Castor américain vit en Amérique du Nord sauf dans la toundra ; au sud, il atteint le nord de la Floride. En Europe, on l'a introduit en Scandinavie et surtout en Finlande, où il s'est si bien acclimaté qu'il a évincé le Castor d'Eurasie, principalement en raison de sa plus grande prolificité (les portées comptent jusqu'à 8 petits). Dans son pays natal on le chasse encore pour sa fourrure ; ainsi, en Pennsylvanie, on en capture de trois mille à quatre mille chaque année.

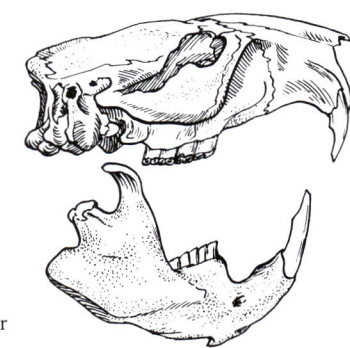

Crâne de Castor

Castor américain

Rongeurs

Goundi

(Ctenodactylus gundi)   Goundis *(Ctenodactylidae)*

Goundi

Les Goundis fréquentent les lieux arides et rocailleux du continent noir. Les deux espèces sont de petits Rongeurs au crâne plat et dont les molaires ont une croissance continue. Leurs pattes ne sont pourvues que de quatre doigts et les deux doigts internes des membres postérieurs portent des brosses de soies raides qui servent à lisser le pelage. Le Goundi grimpe très bien sur les rochers. En raison de sa silhouette trapue, il évoque le Cochon d'Inde. Il mesure de 16 à 20 cm de long, queue (1-5 cm) non comprise. On le trouve dans le nord de l'Afrique depuis la Libye, en Tunisie, en Algérie, au Maroc, où il fréquente les lieux rocheux. Très agile, il peut escalader des rochers presque verticaux. Il tolère de grands écarts de température. Végétarien, il trouve l'eau nécessaire dans ses aliments. Actif avant l'aube et après le coucher du soleil, il fait le mort s'il est saisi et peut rester immobile pendant assez longtemps (il est capable de retenir sa respiration pendant une minute). Son mode de reproduction est mal connu. Les 2 à 4 petits ont les yeux ouverts et peuvent marcher dès leur venue au monde.

Lièvre sauteur

(Pedetes capensis)   Lièvre sauteur *(Pedetidae)*

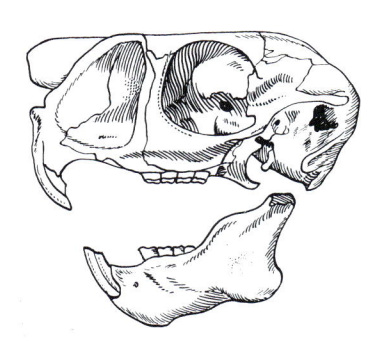

Le crâne du Lièvre sauteur est presque carré avec de grands os nasaux ; les cavités nasales et les orbites sont elles aussi importantes

C'est l'unique représentant de la famille des *Pedetidae*. Sa silhouette et sa façon de se déplacer le font ressembler à un kangourou. Il pèse 3 ou 4 kg, mesure de 35 à 45 cm de long et sa queue, aussi longue sinon plus que le corps, est épaisse, touffue et se termine par un pinceau de poils noirs. Ses membres antérieurs, courts, ont cinq doigts et des griffes assez grandes utilisées pour creuser rapidement. Les membres postérieurs sont beaucoup plus développés et portent quatre doigts munis de griffes relativement grandes ayant un peu l'aspect de sabots. Celle du deuxième doigt interne postérieur est assez grande et sert à la toilette. Le Lièvre sauteur a de longues oreilles mesurant environ 8 cm ; à l'entrée du pavillon, le tragus protège le conduit auditif et empêche le sable d'y pénétrer quand l'animal est en train de creuser. L'ouïe est excellente.

Rongeurs

    Le Lièvre sauteur vit en Afrique, du Kenya et de la Tanzanie à la région du Cap (il est absent de la Tanzanie à l'Angola). Il fréquente les terrains sablonneux dans les régions semi-arides ; son régime comprend des racines, des tubercules juteux et, dans les champs, du maïs et d'autres plantes cultivées. Son terrier est un labyrinthe de galeries percées de plusieurs orifices dont un seul reste libre, les autres étant bouchés dans la journée. Ce terrier abrite souvent un seul individu, parfois une ou plusieurs familles. Le Lièvre sauteur est surtout nocturne. Il quitte son abri en faisant de grands bonds. Il se déplace en sautant (2 à 3 mètres à chaque bond) et peut parcourir plusieurs dizaines de kilomètres en une nuit. Il dort assis, la tête inclinée en avant, recouverte par la queue. Une fois par an, la femelle met au monde un seul petit.

Lièvre sauteur

Rongeurs

Souris à pattes blanches

(Peromyscus maniculatus)   Hamsters, etc. *(Cricetidae)*

Avec cent quinze genres et cinq cent trente espèces, la famille des *Cricetidae* est la plus importante de l'ordre des Rongeurs. Ces petits mammifères vivent partout dans le monde à l'exception de la région australienne, malaise et de certaines îles. Chaque mâchoire porte une paire d'incisives et trois paires de molaires. La Souris à pattes blanches est l'un des plus petits *Cricetidae* mais l'un des Rongeurs les plus abondants aux États-Unis. Elle mesure de 7 à 10 cm de long, queue (5-12 cm) non comprise, et pèse de 10 à 35 g. Les soles plantaires de ses pattes postérieures mesurent de 1,6 à 2,5 cm de long. Elle a de grandes oreilles et de gros yeux ; son pelage dorsal brun grisâtre à brun roussâtre lui a probablement valu son nom américain « deer mouse ». Les membres antérieurs comptent quatre doigts, les postérieurs cinq.

Cette souris existe depuis l'Alaska jusqu'au Mexique ; à l'est, la limite de son aire de répartition va de la baie d'Hudson en passant par la Pennsylvanie jusqu'au centre de l'Arkansas et au Texas. Elle manque donc dans le sud-est des États-Unis. Les sous-espèces sylvestres qui vivent dans le Nord sont plus grandes que les sous-espèces des prairies présentes dans le Sud-Ouest (par exemple *P. maniculatus bairdii*). Les premières fréquentent la lisière des forêts et les jardins, mais aussi les champs et autres lieux dégagés. La Souris à pattes blanches mange surtout des graines d'arbres et de plantes herbacées (céréales dans les champs) et, dans une moindre mesure, des insectes et d'autres invertébrés. Elle transporte des graines et d'autres substances végétales dans ses abajoues pour en faire des provisions avant l'hiver et les stocke dans un arbre creux renversé ou une souche. En automne, elle pénètre dans les agglomérations. Elle n'hiberne pas. La période de reproduction (de février à novembre) varie selon la région ; il en est de même du nombre de petits par portée (la gestation dure de vingt-trois à vingt-sept jours). Une femelle peut mettre au monde quatre portées (et plus) en une année, chacune de 3 à 7 petits. Ceux-ci deviennent adultes entre 2 et 6 mois selon la saison et la densité de la population. Le territoire d'une femelle adulte couvre environ 2 000 m^2, celui d'un mâle adulte étant trois fois plus vaste. La Souris à pattes blanches est une importante source de nourriture pour de nombreux prédateurs (mammifères carnivores et oiseaux rapaces).

Chez la Souris à pattes blanches, la gorge, la face inférieure du corps et de la queue, de couleur blanche, contrastent avec le dos

Crâne de Souris à pattes blanches

Rongeurs

Hamster murin

(Calomyscus bailwardi)   Hamsters, etc. *(Cricetidae)*

Il ressemble à la Souris à pattes blanches mais n'a pas d'abajoues et ses molaires n'ont pas le même nombre de racines. Il mesure de 7 à 8,5 cm de long et sa queue atteint 10 cm. Les pattes postérieures sont plus grandes que les antérieures.
Le Hamster murin vit en Iran, en Afghanistan, dans le sud-est de la Transcaucasie et au Turkestan. Il fréquente les lieux arides et rocheux parsemés d'une végétation xérophile (capable de supporter la sécheresse). Son régime comporte des graines, un peu de verdure et de petits animaux. Il est actif la nuit sauf en hiver où il devient diurne. La reproduction a lieu entre mars et juillet ; il y a deux portées de 2 à 5 petits par an.

Hamster murin

Le proche parent de la Souris à pattes blanches qui vit dans les régions volcaniques au centre du Mexique à une altitude de 4 300 m est l'espèce *Neotomodon alstoni*.

Neotomodon alstoni

Rongeurs

Hamster nain

(Phodopus sungorus)   Hamsters, etc. *(Cricetidae)*

Hamster nain

Le beau pelage de ce petit Rongeur est gris jaunâtre sur le dos avec une rayure médiane foncée ; le ventre est blanc. Le Hamster nain mesure de 7 à 10 cm de long (sa queue est à peine visible). La face plantaire de ses pieds est recouverte d'une épaisse fourrure blanche. Cette espèce est présente dans les steppes d'Asie centrale, autour du lac Baïkal et dans le nord-est du Kazakhstan. Elle se nourrit de graines de végétaux xérophiles, et dans une moindre mesure de petits animaux. Elle fait des provisions avant l'hiver et les place dans des terriers peu profonds. Elle n'hiberne pas. La saison de reproduction s'étend de mars à septembre. La femelle a jusqu'à quatre portées de 3 à 12 petits par an.

Grand Hamster, Hamster commun, Kornferkel

(Cricetus cricetus)   Hamsters, etc. *(Cricetidae)*

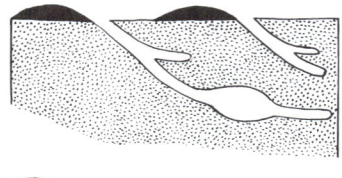

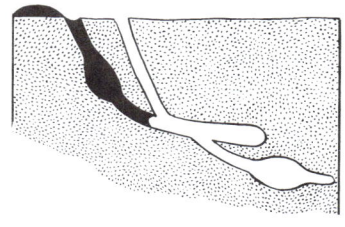

Le Grand Hamster mesure de 24 à 34 cm de long et pèse de 150 à 500 g ; sa queue (3–6 cm) est un moignon peu velu. Son pelage est noir sur la face ventrale, brun-roux et blanc sur le reste du corps et la tête, partiellement noir sur les membres. Son aire de répartition s'étend depuis l'Alsace à travers l'Europe centrale jusqu'à l'Iénisséï en Sibérie. On le trouve dans les steppes et les régions cultivées, au bord des forêts, dans les prairies, les champs et les jardins aux abords des villages et des villes. Il préfère les terrains secs et argileux et déserte les sols sablonneux, meubles et peu profonds. Il se nourrit principalement de graines et des parties vertes des végétaux, secondairement de petits animaux (surtout des insectes). Il creuse un terrier comportant un puits vertical et un autre, oblique, une chambre et un ou plusieurs greniers. En automne, il fait des provisions qu'il transporte dans ses abajoues et entasse parfois 15 kg de nourriture. Ses abajoues peuvent contenir 50 g d'aliments. Le Grand Hamster hiberne, mais si le temps s'adoucit il se réveille. Il vit solitairement sauf en période de reproduction. La gestation dure dix-neuf ou vingt jours et la femelle met au monde de 5 à 12 petits deux ou trois fois par an. Les jeunes sont allaités environ dix-huit jours et s'émancipent à 25 jours ; à cet âge, leur mère les chasse hors du nid. Ils peuvent se reproduire à l'âge de 3 mois.

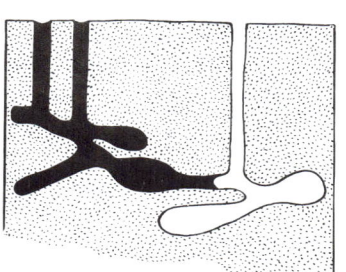

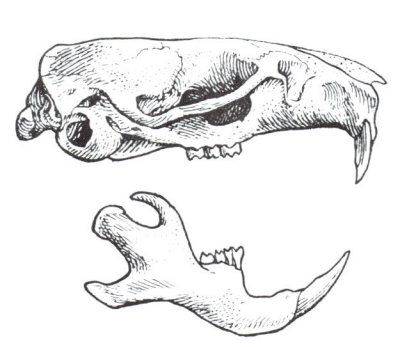

Différents types de terriers de Grand Hamster : en haut, abris temporaires simples. Les terriers permanents sont compliqués et modifiés au cours de l'année. En hiver, le Grand Hamster bouche les niveaux supérieurs (en noir) et creuse plus profondément

Crâne de Grand Hamster

Rongeurs

Grand Hamster

Hamster doré

(Mesocricetus auratus)

Hamsters, etc. *(Cricetidae)*

Ce Hamster présente un pelage jaune doré terne, un ventre blanc ou crème et une strie blanche sur le cou. Sa coloration lui a valu son nom français et scientifique (*auratus* signifie doré). Il atteint 18 cm de long et 130 g. Sa queue, extrêmement courte, est cachée dans la fourrure. La femelle est plus grande que le mâle. Son aire de répartition se trouve au Proche-Orient (Syrie). Aujourd'hui, on l'élève comme animal de laboratoire et de compagnie et cela depuis 1930, année où une femelle avec ses 12 petits fut capturée en Syrie et transportée en Angleterre. Depuis, ses descendants ont été propagés dans tous les laboratoires du monde. La gestation dure seize jours et il y a 6 ou 7 petits par portée (maximum : 15).

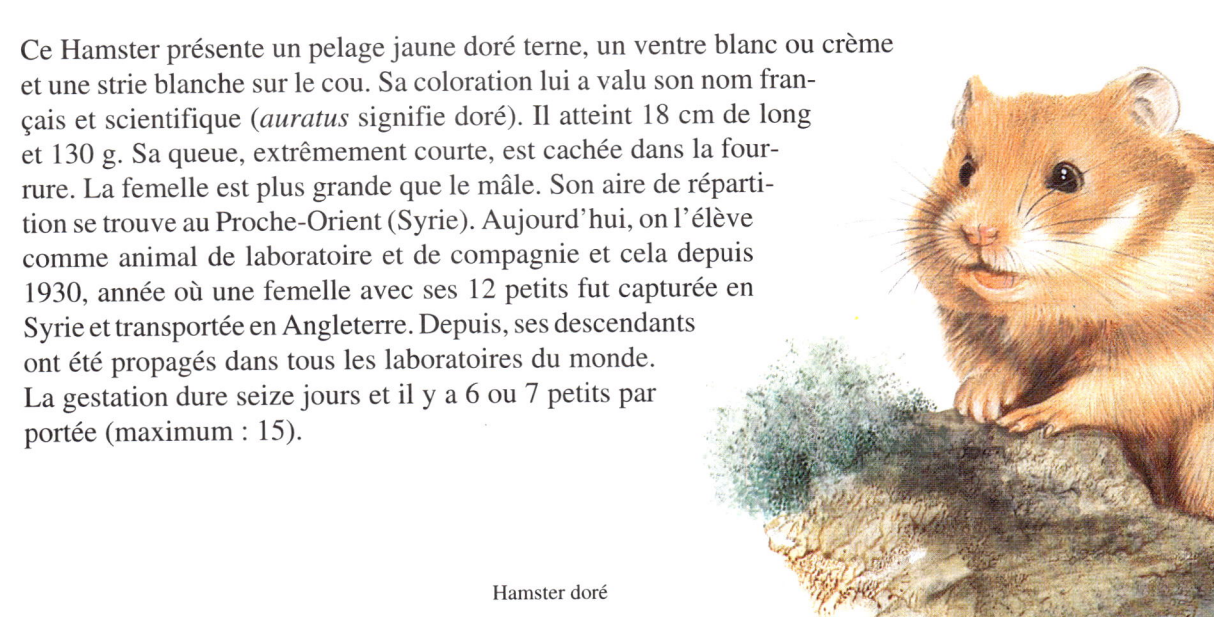

Hamster doré

Rongeurs

Lemming des forêts

(Myopus schisticolor)   Campagnols, etc. *(Arvicolidae)*

La grande famille des *Arvicolidae* compte environ cent vingt-sept espèces de petits Rongeurs trapus, au museau arrondi, aux oreilles et aux pattes courtes, pourvus d'une queue brève et de petits yeux. Ils vivent dans la région holarctique. Le Lemming des forêts est le plus petit des deux lemmings européens : il mesure de 9 à 13 cm de long, queue (moins de 2 cm) non comprise ; à la fin de l'hibernation, il pèse de 20 à 45 g. La griffe du premier doigt antérieur est aplatie et obtuse à l'extrémité. Ce lemming vit dans la taïga nordique de la région paléarctique. En Scandinavie, son aire de répartition coïncide avec celle de l'épicéa ; plus à l'est, elle occupe la Sibérie jusqu'au Kamtchatka. Nocturne, ce lemming habite les forêts humides et moussues. Il mange principalement des mousses et secondairement d'autres végétaux herbacés. La période de reproduction s'étend de mai à août. Il y a en moyenne 4 ou 5 petits par portée et de deux à quatre portées par an. La gestation dure vingt et un jours. Il est rare que cette espèce pullule.

Lemming des forêts

Extrémité d'une patte antérieure de Lemming des forêts

Lemming des toundras

(Lemmus lemmus)   Campagnols, etc. *(Arvicolidae)*

Cette espèce diffère de la précédente par ses dimensions et sa coloration. Elle mesure de 7 à 15 cm de long, queue (1–1,9 cm) non comprise, et pèse jusqu'à 130 g. Elle vit en Sibérie, dans le nord de la Finlande et sur la presqu'île de Kola en Russie. Les limites de son aire de répartition varient selon la densité de ses populations. En été, ce lemming fréquente les tourbières, la toundra et la zone alpine, alors qu'en hiver il se tient dans les vallées enneigées ; toutefois, certaines années, il peut aussi s'installer dans les forêts moussues de conifères ou dans les peuplements de bouleaux. Il passe généralement l'hiver dans les terrains caillouteux ou rocheux où la végétation se réduit presque à des mousses, ou bien choisit les massifs de carex et de joncs. Sa nourriture se compose surtout de mousses, graminées, carex et linaigrettes. La reproduction a lieu entre mai et septembre ; cependant, elle commence parfois en avril sous la neige. On a également trouvé des

Rongeurs

Lemming des toundras

lemmings sexuellement actifs en plein hiver. La portée compte de 2 à 11 petits, 6 en moyenne. Les pullulations se produisent à peu près tous les quatre ans. À mesure que les populations augmentent, les ressources alimentaires diminuent, surtout dans les zones d'hivernage, et de nombreux lemmings se déplacent vers d'autres habitats. La migration printanière dure une à trois semaines, celle d'automne commence parfois en juillet et continue jusqu'en hiver. Les lemmings migrateurs peuvent franchir 15 km en une journée ; pendant ce voyage, ils traversent les rivières et les lacs après quelque hésitation, mais ils ne se jettent pas à l'eau aveuglément. Ils sont capables de nager un kilomètre mais se noient s'ils s'égarent ou si le vent est très fort.

Rongeurs

Campagnol roussâtre

(Clethrionomys glareolus)   Campagnols, etc. *(Arvicolidae)*

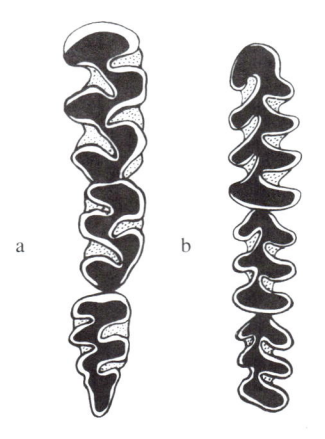

C'est l'un des Rongeurs forestiers les plus abondants en Europe. Son pelage est brun roussâtre sur le dos. Les adultes mesurent généralement de 9,5 à 10,5 cm de long, queue (4,5-5 cm) non comprise, et pèsent de 18 à 35 g (le plus souvent, moins de 25 g). Les molaires grandissent pendant les deux premiers mois seulement et acquièrent ensuite une couronne dont la longueur augmente avec l'âge. Ce campagnol est présent dans les forêts de la majeure partie de l'Europe, des Pyrénées et de l'Irlande à l'ouest, jusqu'à l'Oural et les monts Sajan (Sibérie) à l'est. Il ne manque que dans l'extrême nord de la Scandinavie ; en Europe méridionale, il existe dans le sud de l'Italie et le nord de la Grèce, sur les côtes de la mer Noire, en Turquie et dans le Caucase. Il vit dans tous les types de forêts, les bois, et il est particulièrement abondant dans les forêts riveraines où il peut pulluler. On le trouve également dans les haies et les parcs où il y a des buissons. Il se nourrit de graines, de parties vertes des plantes herbacées, de champignons et ronge souvent l'écorce des jeunes arbres.

Molaires supérieures (a) et inférieures (b) du Campagnol roussâtre

Campagnol roussâtre

La période de reproduction s'étend d'avril à septembre. Il y a généralement 5 petits par portée ; ils deviennent adultes entre 1 et 6 mois selon la saison où ils sont nés et la densité de la population. Le Campagnol roussâtre présente des phases d'activité toutes les deux heures et peut grimper aux arbres.

Campagnol terrestre, Rat taupier

(Arvicola terrestris)   Campagnols, etc. *(Arvicolidae)*

C'est l'un des plus grands campagnols. Son pelage, généralement gris-brun, peut être d'un brun foncé presque noir. Il mesure de 12 à 23,5 cm de long, queue (7-11 cm) non comprise, et pèse de 80 à 300 g. Les pieds postérieurs atteignent de 2 à 3,8 cm de long. En Europe, son aire de répartition est presque semblable à celle du Campagnol roussâtre ;

Rongeurs

Campagnol terrestre

en Asie, au-delà de l'Oural, elle couvre une large bande de terrain qui atteint presque l'océan Pacifique. Cette espèce amphibie nage et plonge fort bien. Elle vit près de l'eau dans les prairies, les tourbières ou bien les alpages, mais aussi dans les vergers et les plantations d'arbres. Sa nourriture se compose essentiellement des parties souterraines des végétaux et en particulier des racines des arbres fruitiers ou forestiers. En hiver, le Campagnol terrestre s'éloigne de l'eau. La reproduction a lieu du printemps à l'automne. En général, la femelle a de deux à quatre portées annuelles de 5 à 7 petits chacune. La maturité sexuelle survient à 6 semaines. Ce campagnol a des phases d'activité toutes les deux ou trois heures au cours d'une période de vingt-quatre heures. Il passe beaucoup de temps dans son terrier qui comporte des chambres à provisions et des toilettes.

Molaires supérieures et inférieures du Campagnol terrestre

Campagnol amphibie

(Arvicola sapidus)

Campagnols, etc. *(Arvicolidae)*

Sa coloration, sa silhouette et sa biologie ressemblent beaucoup à celles du Campagnol terrestre ; cependant, il en diffère par ses dimensions supérieures, sa queue et ses pattes plus longues et son pelage plus foncé. Il vit sur la péninsule Ibérique, dans la moitié ouest de la France et, localement, cohabite avec le Campagnol terrestre.

Crâne de Campagnol amphibie

Rongeurs

Rat musqué, Ondatra

(Ondatra zibethicus)   Campagnols, etc. *(Arvicolidae)*

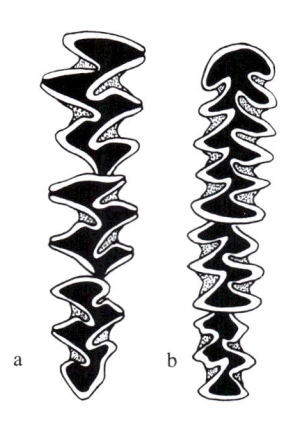

Le Rat musqué est l'un des plus gros Rongeurs amphibies. Il peut rester dix minutes en plongée. Sa queue, assez longue, aplatie latéralement, porte de petits poils clairsemés ; ses doigts postérieurs ont de courtes palmures et de longues soies. Le Rat musqué atteint 40 cm de long, queue (25 cm maximum) non comprise, et pèse environ 1 kg (maximum : 2,5 kg) ; ses pieds mesurent de 6 à 8 cm de long. Sa fourrure, de bonne qualité, est lustrée. Ce Rongeur vit en Amérique du Nord, depuis la limite septentrionale de la forêt jusqu'au golfe du Mexique. En 1905, on l'a introduit en Bohême, non loin de Prague ; de là, il s'est répandu dans une grande partie de l'Europe et a été propagé dans presque toute l'ex-URSS. Étant dépendant de l'eau, il vit près des rivières, canaux, étangs, lacs et marais. Il mange des végétaux palustres et aquatiques, des mollusques et des crustacés. Il creuse des terriers dans les berges ou construit des huttes (atteignant 1 mètre de haut) avec des végétaux aquatiques et des branches ; l'entrée se trouve sous l'eau. Le nid est toujours situé au-dessus du niveau de l'eau, mais l'entrée du terrier est au-dessous. La reproduction commence dès le début du printemps. La gestation dure de vingt-cinq à vingt-huit jours et la femelle peut avoir deux portées de 5 à 8 petits au cours d'une année. Les nouveau-nés sont aveugles ; ils ouvrent les yeux à 11 jours et sont allaités environ vingt jours. À cet âge, ils commencent à sortir du nid et à nager. Localement, le

Molaires supérieures (a) et inférieures (b) du Rat musqué

Rat musqué

Rat musqué a encore une grande importance comme animal à fourrure. En Europe, il fait des dégâts en affaiblissant les digues des étangs et des canaux ; c'est pourquoi on le chasse par piégeage ou empoisonnement.

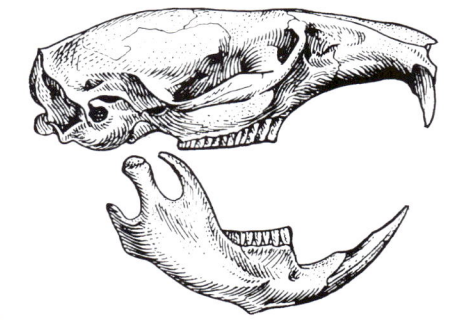

Crâne de Rat musqué

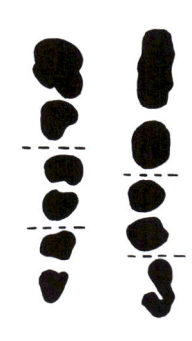

Alvéoles dentaires du Rat musqué

Campagnol souterrain

(Pitymys subterraneus) Campagnols, etc. *(Arvicolidae)*

Comme le laisse supposer son nom scientifique – *subterraneus* – le Campagnol souterrain mène une existence très discrète. C'est un petit Rongeur de 8 à 10 cm de long, queue (2-4 cm) non comprise, qui pèse de 14 à 23 g. Ses oreilles presque nues sont cachées dans sa fourrure et ses tout petits yeux ont la taille d'une tête d'épingle. Il ressemble au Campagnol des champs mais en diffère par le nombre de pelotes plantaires des pattes postérieures (il y en a six chez le Campagnol des champs et cinq chez le Campagnol souterrain). En Europe, il existe depuis les deux tiers nord de la France en direction de l'est jusqu'aux Balkans et à la Russie où la limite de sa répartition va de Saint-Pétersbourg au nord à la mer d'Azov au sud. Il vit près des sources, dans les aulnaies, les alpages, les prairies, les bois clairs et humides, les jardins, les parcs et les champs de luzerne. Sa distribution en altitude va des plaines à plus de 2 000 mètres. Il se nourrit de végétaux her- bacés (parties souterraines et aériennes) ; dans son terrier compliqué, la chambre est garnie d'herbes et de mousse. La période de reproduction va d'avril à septembre. Il y a en moyenne 3 petits par portée et plusieurs portées annuelles.

Campagnol souterrain

Rongeurs

Campagnol des champs

(Microtus arvalis)   Campagnols, etc. *(Arvicolidae)*

En Europe, c'est le plus commun des campagnols en dehors des forêts. Des études récentes ont montré qu'il existe au moins deux autres espèces très proches (*M. subarvalis* et *M. epiroticus*), qu'on a confondues pendant longtemps avec lui et qu'il est difficile de distinguer par un simple examen externe. Le Campagnol des champs a un pelage gris-brun à gris beige dessus, gris jaunâtre dessous ; ses pattes postérieures ont six pelotes plantaires. Il mesure de 8 à 10,5 cm de long, queue (3–4 cm) non comprise et pèse généralement de 20 à 25 g. Ses pieds mesurent de 1,4 à 1,5 cm. En Europe, son aire de répartition s'étend du nord de l'Espagne jusqu'à la Russie, au Caucase et à l'Oural. Il fait défaut en Scandinavie, en Grande-Bretagne (sauf les Orcades) et dans la majeure partie des pays méditerranéens. Il vit dans les steppes, terres cultivées, parcs, jardins, prairies, alpages. Il préfère les milieux relativement secs et ne vient dans les endroits humides qu'en période de sécheresse. Sa nourriture comprend un vaste choix de végétaux. Quand sa densité est très élevée, il forme des colonies qui habitent un réseau de galeries reliées à des nids et des coulées en surface.

    Il se reproduit généralement de mars à octobre, mais parfois aussi en hiver. Sa prolificité est extraordinaire : une femelle peut avoir quatre portées de 1 à 12 petits en l'espace d'un an ; si elle naît au printemps, sa maturité sexuelle survient dès l'âge de 2 ou 3 semaines. Les populations du Campagnol des champs présentent des fluctuations cycliques (appelées pullulations) tous les deux à quatre ans. Cette espèce joue un rôle très important dans les biocénoses car elle sert de nourriture à de nombreux mammifères carnivores et oiseaux rapaces.

Galeries de Campagnol des champs en période de pullulation

Campagnol des champs

Rongeurs

Campagnol des neiges

(Microtus nivalis)   Campagnols, etc. *(Arvicolidae)*

Un peu plus grand que le Campagnol des champs, il a de très longues vibrisses lui permettant de se faufiler entre les pierres. Il atteint 14 cm de long, queue (7,5 cm) non comprise et pèse de 40 à 68 g. Les pieds mesurent de 1,8 à 2,2 cm de long et les oreilles de 1,3 à 1,8 cm. Ses pieds ont des pelotes plantaires. Le Campagnol des neiges vit sur les

Campagnol des neiges

montagnes d'Europe-Pyrénées, Alpes, Balkans, Carpates, Caucase – de Turquie et du Proche-Orient. Il fréquente les pentes rocailleuses, les éboulis, les forêts claires où la végétation herbacée est clairsemée. Il sèche certaines plantes et les stocke dans des espaces séparant des rochers. Il reste actif tout l'hiver sous la neige qui l'isole du froid. Il se reproduit entre avril et août ; la femelle a généralement deux portées de 1 à 6 petits chacune. Sa longévité (jusqu'à 3 ans) dépasse largement celle de tous les autres campagnols.

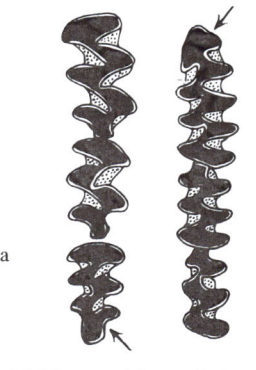

Molaires supérieures droites (b) et inférieures gauches (a) du Campagnol des neiges ; les flèches montrent les détails caractéristiques de l'espèce (trois angles sortant des deux côtés de la troisième molaire supérieure)

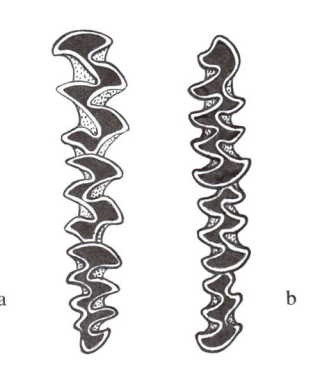

Molaires supérieures (a) et inférieures (b) du Campagnol nordique

Campagnol nordique

(Microtus oeconomus)   Campagnols, etc. *(Arvicolidae)*

Les mensurations de cette espèce sont presque exactement les mêmes que celles du Campagnol des neiges, mais son pelage est brun foncé et non pas gris-brun clair. Propre à l'Europe du Nord, il vit aux Pays-Bas, autour de la Baltique, en Scandinavie, dans la moitié septentrionale de la Russie et, de là, en Sibérie jusqu'à l'océan Pacifique. Il fréquente les prairies riveraines, les marais où il se nourrit de racines et de l'écorce des végétaux ligneux ainsi que de plantes herbacées. En Sibérie, il fait des provisions d'aliments avant l'hiver (aubier et racines d'arbres). La femelle peut avoir quatre portées annuelles de 5 ou 6 petits chacune. Cette espèce joue le rôle de vecteur de la listériose, maladie grave transmissible à l'homme.

Campagnol nordique

Rongeurs

Petite Gerbille du sable

(Gerbillus gerbillus)   Gerbilles, mériones *(Gerbillidae)*

La famille des *Gerbillidae* comprend quelque soixante-treize espèces de Rongeurs qui habitent les steppes, les semi-déserts et les déserts. Ces animaux ont une longue queue velue et sont bien adaptés à l'existence dans des conditions extrêmes. La Petite Gerbille du sable en est un bon exemple : les soles plantaires de ses pattes postérieures sont

Petite Gerbille du sable

pourvues de poils assez longs qui empêchent l'animal de s'enfoncer dans le sable quand il court. Il s'agit d'un petit Rongeur mesurant de 8 à 12 cm de long et dont la queue (de même longueur que le corps ou presque) se termine par une touffe de longs poils. Cette gerbille vit dans le Sahara, depuis le Maroc jusqu'à l'Égypte et, de là, dans les milieux désertiques entre Israël et l'est de l'Iran. Son régime se compose de parties souterraines de végétaux, d'herbes et de petits animaux. Elle se creuse un terrier simple dont elle obture souvent l'entrée, ce qui en rend le repérage difficile. Elle y passe presque toute la journée et va se nourrir la nuit. Ses aliments lui fournissent l'eau dont elle a besoin. Après vingt et un jours de gestation, la femelle met au monde de 1 à 7 petits (généralement 4).

Mérione de Mongolie

(Meriones unguiculatus)   Gerbilles, mériones *(Gerbillidae)*

Un peu plus grande que les précédentes, cette espèce mesure de 10 à 13 cm de long, queue (9-12 cm) non comprise, et ses soles plantaires sont entièrement velues. Elle vit en Mongolie, dans le nord et le nord-est de la Chine ainsi que, localement, dans le sud de la Sibérie. Elle fréquente les steppes sèches, herbeuses ou sablonneuses, ainsi que les terrains plus riches dans les champs et au voisinage des agglomérations. Son régime

Rongeurs

comprend diverses espèces de végétaux poussant aux environs de son terrier ; dans les steppes sablonneuses, il s'agit surtout de graminées, de liliacées et de composées ; dans les champs, de plantes cultivées et de mauvaises herbes. La Mérione de Mongolie forme des colonies et creuse deux types de terriers : certains sont temporaires (simples cachettes),

Mérione de Mongolie

Au bord antérieur des incisives il y a un petit sillon. Comme chez les autres gerbilles, les bulles tympaniques *(bullae osseae)* sont très développées

comptent de un à trois culs-de-sac et s'enfoncent jusqu'à 80 cm ; ils ne servent que de façon occasionnelle. Les terriers permanents ont plusieurs orifices et, outre la chambre du nid, ils comportent deux ou trois greniers. Les galeries qui relient ces pièces peuvent mesurer 10 mètres de long et s'enfoncer à 1,70 mètre. La Mérione de Mongolie stocke surtout des graines avant l'hiver. Elle sort de son terrier nuit et jour. Moins active en hiver, elle ne vient à la surface que si le temps est ensoleillé et l'atmoshpère calme. En général, la femelle a deux portées annuelles de 4 ou 5 petits. En Mongolie, l'espèce fait des dégâts dans les champs, surtout parmi les céréales ; en outre, elle transmet des maladies.

Le *Sekeetamys (Meriones) calurus* vit au Proche Orient dans des biotopes désertiques et rocheux. Sa queue velue est terminée par une touffe de poils longs et blancs.

Sekeetamys (Meriones) calurus

Rongeurs

Rat des moissons

(Micromys minutus)   Rats et souris de l'Ancien Monde *(Muridae)*

Rats et souris sont des Rongeurs granivores ou omnivores ayant une longue queue. Ils existent presque partout dans le monde et forment la deuxième famille de Rongeurs pour le nombre des espèces (environ quatre cent trente réparties entre cent huit genres). Le Rat des moissons en est le plus petit représentant puisqu'il mesure de 5,6 à 7 cm de long (autant pour la queue) et qu'il pèse de 5 à 10 g. Sa queue préhensile lui sert quand il grimpe dans la végétation herbacée. Ses membres antérieurs dont les pelotes palmaires sont reliées à un pouce atrophié sont plus adaptés à l'escalade que ceux des autres espèces. La couleur blanche de son ventre est nettement séparée du brun-roux à brun jaunâtre de la face supérieure du corps. L'aire de répartition du Rat des moissons s'étend depuis le sud de l'Angleterre et le golfe de Biscaye à travers l'Europe et la Sibérie jusqu'au Japon et au sud-est de l'Asie (Birmanie, Viêt-nam). Il est absent de la région méditerranéenne, en Norvège et en Suède. Très agile, il fréquente les roselières, les massettes, les carex, son habitat primitif, et notamment leurs grandes touffes. On le trouve aussi dans les joncs mais seulement s'ils ne sont pas trop denses. Il est présent au voisinage des rivières, lacs et étangs. Secondairement, il s'est répandu dans les champs de céréales, les jardins, au bord des forêts et dans les clairières des bois riverains. En hiver, il se retire dans les tas de paille ou de foin (surtout près de l'eau), les granges, mais il n'hiberne pas. Il se nourrit de graines (environ 60 %), de petits insectes (30 %) et de parties vertes des végétaux (10 %). La reproduction commence au printemps et la première portée voit le jour en mai. Une femelle peut avoir deux ou trois portées par an, chacune de 2 à 6 petits, qui deviennent adultes à 6 semaines. Le Rat des moissons construit un nid globuleux avec des graminées et d'autres végétaux ; il l'accroche à des tiges de plantes herbacées entre 40 et 80 cm de haut ; en hiver, il s'abrite dans un autre nid placé à terre. Le nid servant à la reproduction ne dispose que d'une seule entrée alors que les nids de repos en ont deux.

Rat des moissons

Rongeurs

Souris épineuse

(Acomys cahirinus)   Rats et souris de l'Ancien Monde *(Muridae)*

Ce Rongeur est caractérisé par la présence de poils raides dans son pelage dorsal, en sorte qu'il paraît toujours hérissé. Il a de grandes oreilles et sa queue, fragile, dépourvue de poils, est écailleuse. Le corps et la queue mesurent chacun près de 12 cm et le poids varie entre 60 et 90 g. La Souris épineuse vit dans le nord de l'Afrique et au Moyen-

Souris épineuse

Orient où elle fréquente les lieux arides, rocailleux, couverts d'une maigre végétation. Comme la Souris domestique, elle est grégaire et vit à côté de gerbilles dont elle occupe les terriers. On l'utilise fréquemment en laboratoire. Au cours d'études physiologiques on a constaté, par exemple, que ce rongeur du désert consommait quotidiennement une quantité d'eau qui ne représentait que 11 % de son poids. Aussi, ses reins produisent-ils une urine très concentrée.

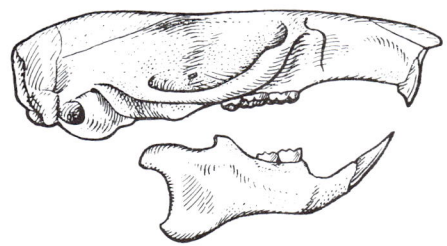

Crâne de Souris épineuse

Rongeurs

Mulot rayé

(Apodemus agrarius)   Rats et souris de l'Ancien Monde *(Muridae)*

Le Mulot rayé est reconnaissable à l'étroite bande noire qui part de sa tête (entre les oreilles) et qui va jusqu'à la base de sa queue en suivant le milieu du corps. Il mesure de 8,5 à 12 cm de long, queue (7-9 cm) non comprise, et pèse de 16 à 25 g. Ses pieds mesurent de 1,7 à 2,1 cm de long. Cette espèce vit surtout en Russie ; à l'ouest, on la trouve aussi en Pologne et jusqu'à la mer Blanche. Dans le Sud, elle atteint les Balkans, les Alpes orientales et, à l'est, existe en Sibérie, au Kazakhstan et dans l'Extrême-Orient. Ce mulot se déplace quand il pullule. Il habite les forêts, les steppes boisées, les prairies riveraines, les lisières de bois, les clairières et les champs. En hiver, il pénètre dans les bâtiments. Son régime est en majeure partie formé de végétaux et secondairement d'animaux. Il creuse des terriers simples, peu profonds, ayant deux orifices. La reproduction a lieu d'avril à octobre. Après vingt et un jours de gestation, la femelle met au monde de 3 à 9 petits (généralement 6) qu'elle allaite quatorze jours. Il y a deux ou trois portées par an. Le Mulot rayé a une activité diurne et nocturne ; quand il pullule, on remarque souvent sa présence dans les champs.

Crâne de Mulot rayé

Mulot rayé

Mulot à collier, Mulot à gorge jaune

(Apodemus flavicollis)   Rats et souris de l'Ancien Monde *(Muridae)*

Le pelage de ce Rongeur varie du brun jaunâtre au brun-roux sur la face supérieure ; la séparation avec le ventre blanc suit une ligne bien nette. La tache jaunâtre de la gorge relie la base des membres antérieurs. Le Mulot à collier mesure de 8,5 à 13 cm de long, queue (jusqu'à 13,5 cm) non comprise, et son poids moyen est de 30 g (il atteint exceptionnellement 50 g). Ses pieds mesurent de 2,2 à 2,7 cm de long et ses oreilles de 1,7 à

2 cm. Le Mulot à collier est présent dans le sud de l'Angleterre, l'est de la France, localement dans le nord de l'Espagne et dans les Pyrénées. Son aire de répartition est continue de la France au bassin de la Volga, au sud de la Scandinavie, au sud de l'Italie et des Balkans. Il fréquente plus les bois de feuillus que ceux de conifères, bien qu'en montagne il suive ceux-ci jusqu'à la limite supérieure des arbres. On le trouve aussi dans les bosquets champêtres s'il y a des forêts à proximité. Il se nourrit surtout de graines d'arbres, particulièrement de glands, faines, de graines de tilleul et de charme, et grimpe sur les branches pour les détacher. En automne, il les stocke dans son terrier, dans un trou d'arbre ou un nichoir pour oiseaux. Son régime comprend aussi une petite proportion d'animaux, surtout au printemps. La période de reproduction commence assez tôt, en février ou en mars, et s'achève en septembre. Il y a généralement 5 ou 6 petits par portée. L'importance de la reproduction et son commencement dépendent de l'abondance des graines au cours de l'automne précédent. Les mulots à collier se concentrent dans les peuplements d'arbres où la fructification est forte.

Mulot à collier

Empreintes de mulot avec la marque de la queue entre les pattes

Rongeurs

Rat noir

(Rattus rattus)   Rats et souris de l'Ancien Monde *(Muridae)*

Comparé au Rat gris, le Rat noir a une silhouette plus svelte et un museau plus pointu. Sa queue, plus longue que le corps (elle dépasse 20 cm), est uniformément grise. Il a de grandes oreilles, fines et presque nues ; repliées en avant au-dessus des yeux, elles les cachent entièrement. Les pieds mesurent généralement moins de 4 cm de long. Ce rat pèse de 140 à 250 g. On en connaît plusieurs types de coloration noire ou gris ardoise sur le dos et le ventre ; brun grisâtre dessus et un peu plus clair dessous, et enfin brun grisâtre dessus et blanc sur le ventre. Le Rat noir est probablement originaire de l'Inde, mais aujourd'hui il est cosmopolite, car il a été propagé par l'Homme sur presque tous les continents. Depuis plusieurs siècles, il se raréfie en Europe où il vivait surtout dans les ports, les entrepôts contenant des stocks de grains et autres aliments. En Europe, c'est seulement dans la région méditerranéenne qu'il vit encore dans la nature ; ailleurs, il se tient près de l'Homme. À la différence du Rat gris, il aime les lieux chauds et secs ; c'est pourquoi dans le Nord il vit uniquement dans les maisons, plus précisément aux étages supérieurs et dans les greniers. En nature, il se nourrit de végétaux et d'insectes ; dans les maisons, il mange des denrées stockées. La gestation dure de vingt et un à vingt-trois jours et la femelle a deux ou trois portées de 7 petits en moyenne. Ceux-ci atteignent la maturité sexuelle quand ils pèsent 100 g (à 3 ou 4 mois) et vivent généralement de 2 ans à 2 ans et demi. Le Rat noir est surtout crépusculaire et nocturne ; il grimpe et saute agilement. Il vit en colonies de soixante à quatre-vingt-dix animaux. On appelle « roi de rats » un étrange groupement de plusieurs rats dont les queues sont entortillées de telle sorte qu'ils ne peuvent se libérer et meurent. Dans un cas, trente-deux rats se trouvaient accrochés de cette façon. Ce phénomène, rarissime, se produit chez les jeunes encore au nid.

Rat noir

Rongeurs

Rat gris, Rat d'égout, Surmulot

(Rattus norvegicus)   Rats et souris de l'Ancien Monde *(Muridae)*

Rat gris, Rat d'égout ou Surmulot

Le Rat gris et le Rat noir se distinguent non seulement par leur morphologie, mais aussi par leur biologie ; pourtant, la plupart des gens les confondent souvent. Le Rat gris est beaucoup plus robuste et a un museau plus obtus. Sa queue bicolore est plus courte que l'ensemble de la tête et du corps, ses yeux sont plus petits que ceux de son cousin et ses oreilles, moins grandes, sont revêtues de petits poils ; rabattues en avant, elles n'atteignent pas les yeux ou en touchent juste le bord externe. En général, les pieds mesurent plus de 4 cm. La coloration du dos varie du gris brunâtre au gris très foncé ou au brun-noir, le ventre étant gris-blanc, sans séparation nette entre les deux couleurs. Enfin, le Rat gris a de longs poils de jarre luisants dans le pelage dorsal.

Le Rat gris est originaire d'Asie, mais le développement des transports et des échanges de marchandises a favorisé son expansion dans le monde entier, et il arrive en Europe au Moyen Âge. Il vit près de l'Homme dans les villages et les villes, aime l'eau, fréquente les égouts et les tas d'ordures et, en été, se montre même dans les champs. Omnivore, il se nourrit surtout d'aliments d'origine animale. Il creuse des terriers complexes. Très prolifique, la femelle peut avoir de trois à cinq portées annuelles de 6 à 10 petits chacune ; les jeunes sont capables de se reproduire dès l'âge de 3 mois. Le Rat gris vit en groupes hiérarchisés. Très prudent, il devient agressif s'il est menacé. Il fait beaucoup de dégâts dans les entrepôts, les silos, endommage les câbles électriques et peut percer le béton. Enfin, il véhicule de nombreux agents pathogènes responsables de maladies transmissibles à l'Homme. La forme albinos, couramment appelée rat blanc, est élevée comme animal de laboratoire.

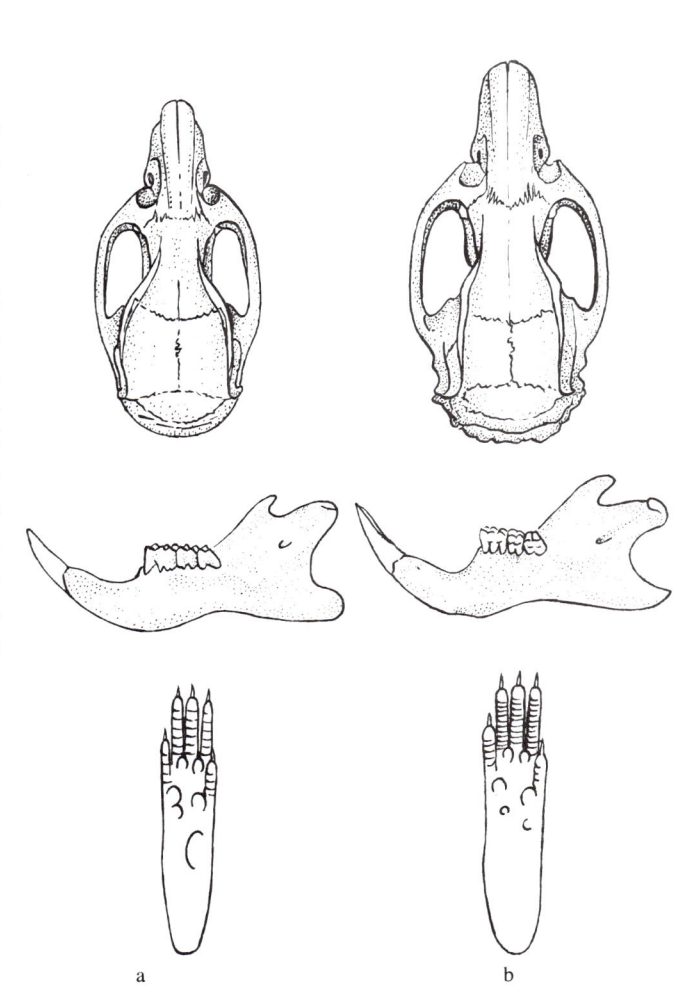

Différences entre le crâne, la mâchoire inférieure et les pattes postérieures du Rat noir (a) et du Rat gris (b)

a   b

Rongeurs

Souris domestique, Souris grise

(Mus musculus)   Rats et souris de l'Ancien Monde *(Muridae)*

Mus domesticus

La Souris grise est bien connue du public mais elle laisse les zoologistes perplexes car on a découvert que l'espèce *Mus musculus,* décrite par Linné en 1758, pourrait être un groupe d'espèces. Ce problème de systématique n'est d'ailleurs pas définitivement résolu. Quoi qu'il en soit, la Souris grise a des dimensions, une coloration et un comportement très variables. Elle mesure de 7 à 10 cm de long, queue (5–11 cm) non comprise, et pèse de 10 à 36 g. Les premières questions que l'on s'est posées sur l'unicité de l'espèce sont apparues quand on a étudié les chromosomes de ses cellules (karyotypes). Les systématiciens eurent eux aussi des doutes en employant des méthodes biologiques pour étudier les ressemblances ou les différences biologiques de plusieurs populations. En Europe, le genre *Mus* comprend cinq espèces qui n'ont pas encore toutes un nom

a

Dans le genre *Mus*, le bord postérieur des incisives supérieures porte une encoche (a); les incisives du genre *Apodemus* sont dépourvues d'encoche (b)

b

vernaculaire (nom commun), c'est pourquoi nous n'indiquerons que leur nom scientifique : *Mus musculus, Mus domesticus, Mus spretus, Mus hortulanus* et *Mus abbotti*. Dans les régions où deux espèces vivent en sympatrie, c'est-à-dire cohabitent, l'une vit généralement près de l'Homme et l'autre dans la nature. Ainsi, dans le sud de l'Europe et le nord-ouest de l'Afrique, *Mus domesticus* est réellement domestique, c'est-à-dire commensale de l'Homme, alors que *Mus spretus* (la Souris à queue courte), plus petite, à queue plus courte, vit en dehors des maisons, dans les garrigues, les petits champs et les peuplements de chênes verts. *Mus hortulanus* (*Mus spicilegus*) vit dans les Balkans et en Ukraine et fréquente les milieux steppiques ; elle entasse des graines dans un terrier sous un volumineux tas de déblais ; ces « greniers » appelés « kourgantchiki » mesurent environ 40 cm de haut et 1 mètre de diamètre ; le terrier qui abrite le nid se trouve au-dessous.

Les divergences d'opinions et l'absence de clarté quant à l'identité de ces différentes espèces (ou sous-espèces) rendent difficile la délimitation de la répartition. *Mus musculus* vit en Europe septentrionale et centrale, surtout dans les maisons et dans les exploitations agricoles. Elle a été propagée involontairement par l'Homme – probablement avec *Mus domesticus* de l'Europe occidentale – dans le monde entier. Aujourd'hui, il

Rongeurs

y a des souris dans les chalets montagnards, les stations polaires, les mines, les gros cargos et ailleurs encore… Le Rat gris est un de leurs prédateurs, mais il n'est pas aussi agile. On a constaté, dans des greniers envahis par les rats, que les souris étaient obligées de rester sur les chevrons et de risquer leur vie chaque fois qu'elles descendaient se nourrir. La Souris domestique vit en groupes familiaux qui défendent un territoire commun. Dans les rapports entre individus, les phéromones (odeurs) jouent un grand rôle. La fécondité de la souris est grande. La gestation dure de dix-neuf à vingt et un jours et une femelle peut avoir de cinq à dix portées de 4 à 9 petits en un an. Ce fait, joint à la grande faculté d'adaptation de l'animal, explique pourquoi l'Homme n'a pas réussi à l'éliminer depuis qu'il lutte contre elle, c'est-à-dire depuis l'Antiquité égyptienne. Si les fortes populations de souris sauvages font des dégâts, les petites souris blanches de laboratoire ont une grande utilité dans les instituts de recherche médicale.

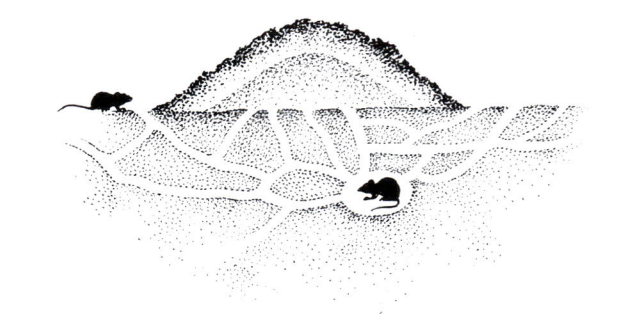

Mus musculus

« Kourgantchik » de *Mus hortulanus*

Mus spretus avec ses petits au nid

Rongeurs

Souris rayée

(Lemniscomys barbarus)   Rats et souris de l'Ancien Monde *(Muridae)*

C'est à partir de cette espèce que Linné décrivit le genre *Lemniscomys* qui réunit aujourd'hui six espèces différant surtout par leur coloration et leur biologie. Ces Rongeurs sont caractérisés par les rayures longitudinales de leur pelage. Chez certains il y a plusieurs stries claires ou rangées de taches, alors que chez d'autres on en trouve seulement une au milieu du dos qui va de la tête à la queue au milieu du dos. La Souris rayée présente plusieurs lignes pâles continues sur le dos et des séries de points clairs sur les flancs. Elle mesure de 9 à 12 cm de long ; sa queue est à peu près aussi longue et elle pèse de 33 à 41 g.

Lemniscomys barbarus vit dans le nord de l'Afrique le long des côtes de la Méditerranée et à travers le Soudan jusqu'en Afrique orientale. Elle fréquente les broussailles et les steppes proches du Sahara. Elle se nourrit surtout de petites graines, de fruits, des parties vertes des végétaux et d'insectes. Comme le Rat des moissons, elle prépare un nid sphérique avec des substances végétales. Jour et nuit, elle alterne périodes d'activité et de repos. La Souris rayée se reproduit à la saison des pluies. La gestation dure vingt-huit jours et en moyenne une portée compte 4 ou 5 petits. La femelle peut avoir quatre portées par an. Cette espèce est solitaire.

Souris rayée

Rat d'eau australien

(Hydromys chrysogaster)   Rats et souris de l'Ancien Monde *(Muridae)*

Ce rat est remarquablement adapté à un genre de vie aquatique. Ses narines sont partiellement obturables, ses doigts sont en partie palmés, enfin ses yeux et ses oreilles sont situés assez haut sur sa tête. Sa belle fourrure luisante comporte une bourre épaisse. Sa couleur fondamentale va du brun foncé au noir, quoique certains sujets soient brun doré ; les mâles ont le ventre jaune beige, celui des femelles étant brunâtre. Le Rat d'eau australien mesure de 20 à 35 cm de long (autant pour la queue) et pèse de 400 g à 1,3 kg. On le trouve en Tasmanie, Australie et Nouvelle-Guinée ainsi que sur les archipels voisins.

Rongeurs

Le Rat d'eau australien a la queue foncée sur la longueur et blanc pur à l'extrémité

Amphibie, il vit surtout près des rivières et des lacs, dans les terrains marécageux s'il y a des roselières. Il se nourrit de mollusques, crustacés, poissons et oiseaux, secondairement de végétaux. À l'instar de la loutre, il a l'habitude de porter ses aliments sur des pierres avant de les consommer. La reproduction a lieu entre décembre et avril et la portée compte généralement 4 ou 5 petits. Dans la première moitié du XXe siècle, ce Rongeur a été fortement chassé pour sa fourrure ; il est aujourd'hui protégé.

Le Rat de Gambie *(Cricetomys gambianus)*, qui vit en Afrique centrale, est l'un des plus grands Rongeurs murins. Il atteint 40 cm auxquels s'ajoutent les 35 cm de sa queue bicolore

Rongeurs

Loir gris

(Glis glis)   Loirs *(Gliridae)*

Les loirs sont des Rongeurs nocturnes, arboricoles, présentant une queue plus ou moins touffue et des molaires pourvues de plis d'émail transversaux. Les quelque vingt-cinq espèces vivent dans les régions paléarctique et éthiopienne. Le Loir gris, le plus grand représentant de la famille, a la taille d'un Rat noir ou d'un Rat gris, mais par son aspect il ressemble davantage à un petit écureuil. Sa queue très touffue est plus courte que son corps (celui-ci mesure de 12 à 20 cm de long). Un mince anneau noir entoure chaque œil. Le Loir gris est répandu depuis le nord de l'Espagne à travers l'Europe centrale et méridionale jusqu'à la Volga, au Caucase et à la Turkménie. Il préfère les forêts de feuillus et les forêts mixtes plantées de vieux chênes, hêtres et charmes, car il y trouve des cavités pour placer son nid. On le rencontre aussi dans les jardins, les vergers, les maisons abandonnées et les nichoirs. Son régime est surtout végétarien et il mange peu d'animaux. Il est fidèle à son territoire qui mesure environ 200 mètres de diamètre. Après avoir hiberné, le Loir gris se réveille à la fin d'avril et s'accouple en juin. Il n'y a qu'une seule portée de 4 à 6 petits par an ; ils naissent en juillet.

Loir gris

Rongeurs

Lérot
(Eliomys quercinus)   Loirs *(Gliridae)*

Le Lérot est reconnaissable à son masque noir qui part de la lèvre supérieure, entoure les yeux et dépasse les oreilles. Sa queue tricolore se termine par une touffe de longs poils noirs et blancs. Il mesure de 11 à 16 cm de long, queue (10–14 cm) non comprise et pèse de 60 à 140 g. Il est répandu au Maghreb, sur la péninsule Ibérique, en France, en Europe centrale et dans le nord-ouest de la Russie jusqu'à l'Oural. On le trouve aussi sur plusieurs grandes îles de la Méditerranée. Il fréquente les terrains rocailleux, les paysages karstiques, les forêts de conifères, les bois mixtes mais aussi les vignobles, les vergers ; il vient dans les fruitiers, les greniers, les granges, les chalets de montagne et on peut le rencontrer jusqu'à une altitude de 2 200 mètres. Il est omnivore, mais les animaux prédominent dans son régime. La femelle n'a qu'une portée de 4 à 6 petits par an, en mai ou juin. Le Lérot hiberne en groupes comptant jusqu'à douze animaux ; il lui arrive aussi de devenir léthargique en été.

Lérot

Muscardin
(Muscardinus avellanarius)   Loirs *(Gliridae)*

Ce petit Gliridé mesure seulement de 6 à 8,5 cm de long ; sa queue, à peine plus courte, est très velue et de diamètre uniforme. Le Muscardin pèse de 15 à 35 g. Son aire de répartition couvre la France, le sud de l'Angleterre ainsi que l'Europe centrale et orientale jusqu'à la Volga ; dans le Sud, elle inclut l'Italie, les Balkans et le nord de la Turquie. Le Muscardin vit dans tous les types de forêts, depuis les plaines jusqu'à la limite des arbres en montagne. Il mange surtout des graines et des fruits, mais au printemps il y ajoute des insectes et d'autres invertébrés. Il y a généralement deux portées annuelles, chacune de 3 à 5 petits. Le Muscardin vit en famille ou en petits groupes. Chaque adulte construit de 3 à 5 nids d'herbes sèches dans les buissons ou les arbres, les nichoirs ou des cavités, et les occupe successivement.

Muscardin

Rongeurs

Siciste des bouleaux

(Sicista betulina) Sicistes *(Zapodidae)*

Il y a treize espèces de Sicistes, petits Rongeurs à longue queue et grandes pattes postérieures. Leur mâchoire supérieure porte trois paires de molaires, une paire de prémolaires et leurs incisives ont un sillon longitudinal sur la face externe. Ces animaux vivent dans la région paléarctique. La Siciste des bouleaux a une queue plus longue que son corps, des pattes antérieures plus courtes que les postérieures et une bande noire, large de 3 mm, qui part entre les yeux et suit le milieu du dos pour atteindre la racine de la queue. La Siciste mesure de 6 à 7,5 cm de long, queue (8–10,5 cm) non comprise, et ses pieds ont 16 mm de long. En Europe centrale et orientale, on la trouve localement dans les Alpes, les Carpates et d'autres montagnes, mais aussi en plaine. Des populations isolées vivent au Danemark, en Suède et en Norvège. À partir de la Pologne et du sud de la Finlande, l'aire de répartition est continue jusqu'au lac Baïkal. La Siciste des bouleaux habite les clairières des forêts, les bois mixtes, les prairies de montagne et les tourbières, lieux humides où la végétation herbacée est épaisse. En été, par temps ensoleillé, on peut la voir se déplacer dans les buissons oû elle s'accroche avec sa queue. Elle mange des végétaux et des animaux. Adulte dans sa seconde année, elle se reproduit entre mai et septembre. Il n'y a qu'une seule portée de 4 à 6 petits par an. En hiver, la Siciste hiberne, enroulée sur elle-même dans un terrier situé sous des racines d'arbre ou sous un tronc renversé. L'hibernation dure de six à huit mois. En dehors de cette période, sa température interne varie aussi et, si le temps est froid, elle devient léthargique.

Siciste des bouleaux

Rongeurs

Petite Gerboise

(Jaculus jaculus) Gerboises *(Dipodidae)*

Membre de la famille des Gerboises (environ vingt-sept espèces) qui sont adaptées à la vie dans les déserts et les semi-déserts, ce Rongeur se déplace en bondissant sur ses pattes postérieures. Comme chez les autres espèces, elles sont à peu près quatre fois plus longues que les antérieures et lui permettent d'échapper rapidement en terrain découvert

Patte postérieure de Petite Gerboise

Petite Gerboise

à un prédateur. On dit que les gerboises sont si rapides qu'un chien ne pourrait les capturer. La Petite Gerboise mesure de 10 à 15 cm de long. Sa queue (15–25 cm) est recouverte de poils courts, jaune grisâtre sauf à l'extrémité qui porte une touffe plus longue. Les doigts postérieurs présentent des touffes de poils assez longs et semblables à des brosses. Le dos et les flancs ont la couleur jaunâtre du milieu ambiant, la face ventrale étant d'un blanc crème. Les yeux et les oreilles sont très grands. La Petite Gerboise vit dans les déserts de sable et de pierre du nord de l'Afrique et du Proche-Orient. Son régime est à base de racines, feuilles de plantes succulentes, tubercules et graines. Elle est nocturne et se creuse des terriers peu profonds où elle se réfugie quand il fait très chaud. Elle vit en groupes. La femelle met au monde de 2 à 4 petits entre novembre et février.

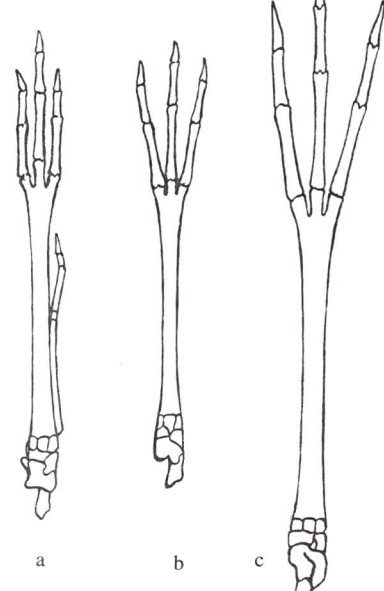

Squelette des pattes postérieures de plusieurs gerboises : *Allactaga tetradactylus* (a), *Jaculus lichtensteini* (b) et *Paradipus ctenodactylus* (c)

a b c

Rongeurs

Porc-épic

(Hystrix cristata)   Porcs-épics de l'Ancien Monde *(Hystricidae)*

Les Porcs-épics de l'Ancien Monde représentent approximativement onze espèces. Ce sont de gros Rongeurs dont le dos et la queue portent de grands piquants. Ils vivent en Afrique, Asie et Indonésie ; un seul, le plus grand, existe aussi en Europe. Ce dernier mesure de 50 à 70 cm de long en Europe et atteint 92 cm en Afrique orientale ; son poids maximum est voisin de 27 kg. La crinière de la partie antérieure du corps et les longs poils de la partie postérieure lui donnent une silhouette très massive. Sur sa tête arrondie, la lèvre supérieure est divisée en deux moitiés qui se meuvent de façon indépendante. De longues vibrisses poussent autour de ses yeux, sur son menton, ses joues et son museau. Des poils gris foncé, raides, recouvrent les flancs, le ventre et la partie antérieure du corps ; il porte des taches blanches semi-circulaires sur les côtés du cou. Une

Porc-épic

crinière formée de longues soies blanches va de la tête à la croupe. L'arrière-train et les flancs portent des piquants atteignant 40 cm de long, mais la plupart mesurent environ 8 cm ; ils sont creux, blancs avec des anneaux noirs. Il y a également des piquants blancs plus fins et très souples. La partie supérieure des piquants creux se détache facilement, notamment sur la queue, et la partie restante, renflée, ressemble à une sorte de tuyau. Il y a quatre doigts sur les pattes antérieures, pourvues de fortes griffes, et cinq sur les postérieures.

    Le Porc-épic est répandu depuis le nord de l'Afrique jusqu'au Zaïre, à l'Ouganda, au Kenya et à la Tanzanie. En Europe, on le trouve en Italie (Sicile et jusqu'en Toscane). Il préfère les milieux secs en terrain accidenté, mais manque dans les déserts car il se nourrit de diverses parties des arbres (racines, écorce et fruits). Dans les régions cultivées, les pommes de terre, les oignons et les betteraves tiennent une grande place dans son régime. Le Porc-épic installe son terrier entre des blocs de rocher ou sous des racines, mais

Rongeurs

très souvent il emprunte celui d'un renard ou d'un oryctérope. À l'intérieur, on trouve fréquemment des os de mammifères qu'il aime ronger. La gestation dure de soixante à soixante-dix jours ; la femelle met au monde de 1 à 4 petits qui voient tout de suite et dont le corps est partiellement revêtu de piquants mous et courts. Le Porc-épic est nocturne et solitaire. Mâle et femelle se rapprochent seulement pour la reproduction.

Menacé, il fait bruire ses piquants, agite sa queue et redresse ses piquants dorsaux. On raconte souvent qu'il serait capable de lancer ses piquants vers son adversaire pour le blesser, et cela en dépit de l'opinion contraire de certains spécialistes.

Porc-épic à queue courte

(Acanthion brachyura)   Porcs-épics de l'Ancien Monde *(Hystricidae)*

Étroitement apparentée au Porc-épic, cette espèce a une crinière plus courte sur l'avant du corps ; en outre, ses piquants sont moins longs, plus étroitement annelés et sa queue est elle aussi moins grande. Ce porc-épic vit en Malaisie péninsulaire, en Chine, au Kalimantan (Bornéo) et à Sumatra.

Crâne de Porc-épic à queue courte

Porc-épic à queue courte

Rongeurs

Hétérocéphale

(Heterocephalus glaber)   Rats-taupes africains *(Bathyergidae)*

Les douze espèces de rats-taupes vivent en Afrique. Adaptés à un genre de vie souterrain, ces Rongeurs ont de gigantesques incisives et un crâne aplati, de structure primitive. Parmi les rats-taupes en particulier et les Rongeurs en général, l'Hétérocéphale est le plus spécialisé et le mieux adapté à une existence hypogée. Il est nu (à l'exception de quelques grandes vibrisses dispersées), a de très petits yeux et il est dépourvu de pavillons auditifs. Ses pattes antérieures, fouisseuses, ont des doigts aplatis pourvus de griffes et des poils raides au bord des soles plantaires, ce qui facilite le forage. Cette espèce mesure de 8 à 9 cm de long, queue (4 cm) non comprise, et pèse de 40 à 80 g. Sa peau ridée est rose ou jaunâtre.

    Son aire de répartition s'étend depuis la Somalie jusqu'au Cap. Sa biologie est extrêmement originale : il vit en colonies d'environ soixante-quinze animaux à la base desquelles se trouve une femelle qui s'accouple successivement avec 1 ou 3 mâles et met au monde 12 petits en moyenne tous les soixante-seize à quatre-vingt-quatre jours. Ce sont ces derniers qui, peu à peu, constituent la colonie. En dehors de la femelle et des quelques mâles, les autres membres du groupe ne se reproduisent pas mais accomplissent des tâches pour lesquelles ils sont spécialisés : forage de galeries, défense de la colonie, ravitaillement, etc. Une hiérarchie stricte est respectée et il n'y a pas de disputes entre les congénères. La structure sociale se manifeste aussi par les différences de taille entre les sujets adultes selon leur fonction. Les colonies sont distantes les unes des autres d'environ 500 mètres.

Hétérocéphale

Spalax occidental

(Spalax leucodon)   Spalax *(Spalacidae)*

Le Spalax occidental est l'une des trois espèces de la famille des *Spalacidae*, toutes adaptées à la vie sous terre. Son corps est cylindrique et ses pattes sont courtes ; la queue est à peine visible et le crâne est aplati. Le museau est nu ; les yeux sont recouverts de peau et les oreilles ressemblent à de petits plis de peau. Les très grandes incisives sont visibles, même quand le spalax a la bouche fermée. Enfin, la fourrure est rase et très dense. Le Spalax occidental mesure de 15 à 24 cm, pèse de 140 à 220 g et ses pieds ont de 1,9 à 3 cm de long.

Rongeurs

Spalax occidental

    Ce spalax vit dans les steppes des plaines et des plateaux du centre de l'ex-Yougoslavie jusqu'au fleuve Bug au nord-est, et à travers les Balkans jusqu'au Péloponnèse au sud. Les associations végétales des milieux où il creuse ses terriers et se nourrit sont caractérisées par la présence de fétuque ou de barbon (*Chrysopogon*). Il mange surtout des organes souterrains (bulbes, racines et rhizomes) de végétaux variés, dont il fait des provisions toute l'année. Le Spalax occidental vit dans des galeries qu'il n'a pas creusées de ses pattes (elles sont trop faibles) mais avec sa tête puissante. Il se fraye un passage dans la terre avec son front et repousse les déblais derrière lui avec les poils raides situés sur les côtés de sa tête ; enfin, il coupe les parties souterraines des végétaux avec ses grosses incisives. Le terrier comporte plusieurs pièces et le nid se trouve entre 1 et 3 mètres de profondeur. Ce spalax ne s'éloigne guère à plus de 50 mètres de son terrier et se guide avec son odorat. La période de reproduction va de février à juin. Il y a généralement une portée de 2 à 4 petits par an.

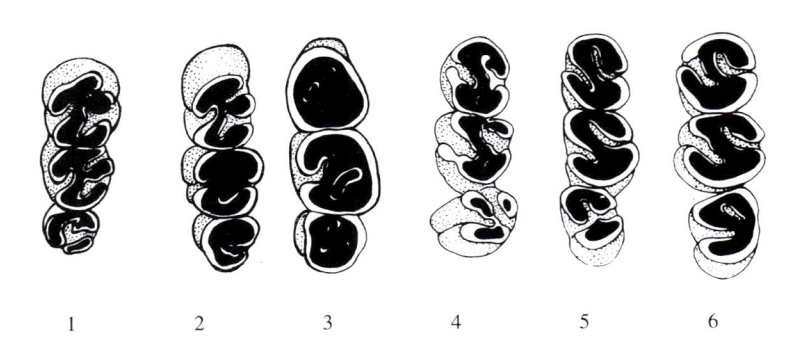

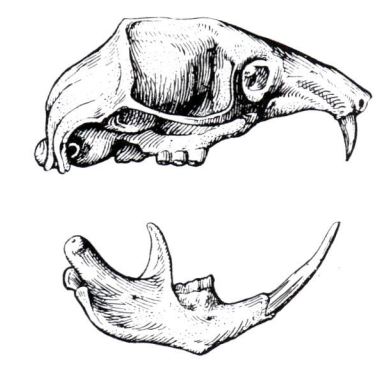

1   2   3   4   5   6

Les molaires du Spalax occidental s'usent fortement avec l'âge.
1–3 : molaires supérieures ;
4–6 : molaires inférieures ;
1 et 4 : molaires d'un jeune ;
2 et 5 : molaires d'un adulte ;
3 et 6 : molaires d'un vieil animal

Crâne de Spalax occidental

337

Rongeurs

Ourson coquau, Porc-épic d'Amérique

(Erethizon dorsatum)   Porcs-épics du Nouveau Monde *(Erethizontidae)*

Les Porcs-épics américains sont des Rongeurs qui ressemblent à leurs cousins de l'Ancien Monde, mais ils vivent dans les arbres. On les rencontre en Amérique du Nord, centrale et du Sud. Il en existe douze espèces. L'Ourson coquau mesure de 64 cm à 1,03 m de long, queue (10-30 cm) non comprise ; les adultes pèsent jusqu'à 18 kg. Son pelage comprend une bourre épaisse et de longs poils de jarre qui sont jaunes chez les sujets de l'ouest de l'aire de répartition et bruns à noirs dans l'est. De nombreux piquants (environ 2 mm d'épaisseur et 7,5 cm de long) sont mêlés aux poils ordinaires sur le dos et la queue (il y en a jusqu'à trente mille) et ne sont pas solidement implantés dans la peau.

L'Ourson coquau est répandu au Canada et dans l'ouest des États-Unis ; il est moins fréquent dans l'Est (Nouvelle-Angleterre, New York, presque toute la Pennsylvanie, la moitié septentrionale du Wisconsin et du Michigan). On le rencontre dans les forêts où il se nourrit de feuilles et des jeunes rameaux des arbres ; en hiver, il ronge l'aubier sous l'écorce dure. Il recherche aussi les manches d'outils imprégnés de sueur pour obtenir du sel. La reproduction a lieu en automne ou au début de l'hiver. La gestation dure de 210 à 287 jours et il n'y a qu'un seul petit par portée (il pèse 1,5 kg à la naissance et, deux jours plus tard, commence à grimper sur les arbres). Si ce porc-épic se sent menacé, il fait bruire son pelage et agite fortement sa queue ; si l'ennemi s'approche à portée de cette dernière, il est frappé de ses piquants qui se fichent dans sa peau et provoquent de très douloureuses blessures. L'Ourson coquau fuit généralement les intrus en escaladant un arbre. À terre, il se déplace assez lentement. C'est un solitaire, un nocturne qui, par mauvais temps, se cache dans un trou d'arbre ou un espace entre des rochers. En hiver, on peut trouver plusieurs individus blottis dans le même abri.

Ourson coquau, ou Porc-épic d'Amérique

Rongeurs

Capybara, Cabiai, Cochon d'eau

(Hydrochoerus hydrochaeris)   Capybara *(Hydrochoeridae)*

Seul membre de sa famille, le Capybara est le plus grand Rongeur du monde : il mesure de 1 m à 1,30 m de long (la queue est presque inexistante), environ 50 cm de haut à l'épaule et pèse environ 50 kg. Sa silhouette évoque celle d'un cochon d'Inde géant et haut sur pattes. Sa grosse tête obtuse, son large museau et sa grande lèvre supérieure sont typiques, ainsi que ses yeux situés très en arrière et très haut. Il a quatre doigts sur les pattes antérieures et trois sur les postérieures, tous munis de fortes griffes et reliés par une palmure. Le Capybara vit en Amérique du Sud, à l'est des Andes et jusqu'à l'embouchure du Paraná. Il habite forêts et pampas au voisinage de l'eau et se cache dans la végétation épaisse. Il mange diverses plantes aquatiques et peu de graminées. Après une gestation de quatorze à dix-huit semaines, la femelle donne naissance à une seule portée annuelle de 2 à 8 petits. Le Capybara vit en groupes familiaux. Il ne creuse pas de terrier. C'est un animal paisible qui échappe aux dangers en plongeant dans l'eau ou en courant. Le jaguar et les alligators le chassent mais c'est l'Homme qui en tue le plus grand nombre.

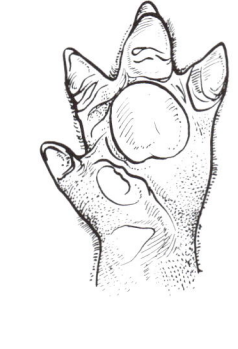

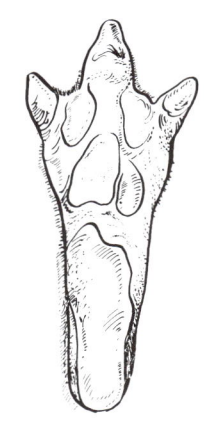

Crâne de Capybara

Soles des pattes antérieures et postérieures du Capybara

Capybara

Rongeurs

Cobaye sauvage

(Cavia aperea)   Cobayes *(Caviidae)*

Le Cobaye sauvage est l'une des quelque quatorze espèces de la famille des *Caviidae*, toutes présentes en Amérique du Sud. C'est un Rongeur trapu, à grosse tête, aux yeux assez grands et aux oreilles arrondies. Il mesure au maximum 35 cm de long et pèse jusqu'à 700 g ; sa queue est invisible, cachée dans le long pelage grossier, de couleur grisâtre ou brunâtre. La forme domestique, le Cochon d'Inde, a une fourrure plus fine, souvent très longue, de coloration variable, unie ou bigarrée. Le Cobaye sauvage est répandu surtout au Brésil et au Paraguay. On en distingue un type de montagne et un autre de plaine, parfois considérés comme des espèces distinctes. Il vit dans les broussailles et creuse un terrier dans lequel il se tient en petits groupes. Son activité est essentiellement nocturne et il se nourrit de

Cobaye : forme sauvage

végétaux. La reproduction a lieu tout au long de l'année. La gestation dure soixante-huit jours et les petits (de 1 à 4) sont allaités durant quatre semaines ; ils deviennent adultes à l'âge de 55 à 70 jours. Le Cochon d'Inde est élevé comme animal de laboratoire ou de compagnie, mais en Amérique latine on l'élève pour sa chair dont le goût est agréable.

Agouti

(Dasyprocta aguti)   Agoutis, acouchis et pacas *(Dasyproctidae)*

Cette famille comprend deux genres et treize espèces de grands Rongeurs à longues pattes. Le genre *Dasyprocta* compte au moins sept espèces répandues depuis le Mexique à travers l'Amérique centrale jusqu'au Brésil et aux Petites Antilles. Parmi elles, l'Agouti mesure de 30 à 40 cm de long (auxquels il faut ajouter 1,5 cm pour son moignon de queue). Ses pattes sont assez longues ; les postérieures, les plus fortes, ont les doigts terminés par des griffes en forme de sabots. La coloration de l'Agouti est élégante puisque chaque poil est rayé de brun foncé et de jaune d'or ; certains poils ont l'extrémité dorée,

Rongeurs

Agouti

chez d'autres elle est brune, en sorte que la coloration de l'animal change constamment quand il se déplace, selon l'incidence de la lumière. L'Agouti vit dans le bassin de l'Amazone et dans l'est du Pérou. On le rencontre dans les lieux couverts de buissons et sur les lisières des forêts ; il évite les régions non boisées. Son alimentation comprend surtout les diverses parties des végétaux, mais il capture de gros insectes et de petits oiseaux. Très discret, il ne cherche sa nourriture que la nuit venue. Il creuse un terrier près de l'eau ou sous les racines d'un arbre par exemple, à moins qu'il n'occupe une cavité naturelle ou une crevasse de rocher. Dérangé, il s'immobilise et, au bout d'un moment, essaie de fuir sans se faire remarquer. On le chasse pour sa chair qui passe pour être excellente. La gestation dure trois mois et il y a généralement 2 petits par portée. En captivité, l'Agouti atteint l'âge respectable de 20 ans.

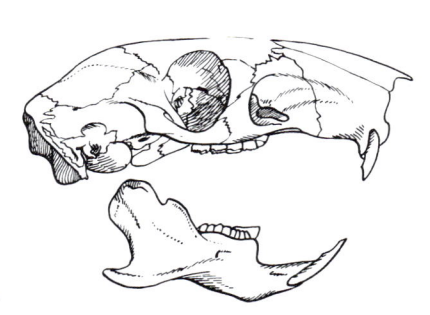

Soles des pattes antérieure et postérieure d'un Agouti

Crâne d'Agouti

Rongeurs

Chinchilla

(Chinchilla lanigera)

Chinchillas, viscaches *(Chinchillidae)*

Beaucoup de gens connaissent le Chinchilla, non parce qu'ils sont férus de zoologie mais parce qu'ils associent ce mot à une fourrure très recherchée, très douce, épaisse et grise à gris bleuâtre. Deux espèces de Rongeurs sud-américains sont appelées chinchillas et vivent en montagne ; les autres membres de la famille sont les viscaches. Les chinchillas ressemblent un peu à des écureuils ou à de petits lapins qui auraient une longue queue touffue. Le Chinchilla a une grande et large tête, d'assez gros yeux, de grandes oreilles nues et des abajoues. Il mesure de 22 à 38 cm de long, queue (7,7–15 cm) non comprise, et pèse de 500 g à 1 kg. Il vit dans les Andes du Chili et de Bolivie entre 3 000 et 6 000 mètres d'altitude et fréquente les terrains rocailleux où pousse une maigre végétation. Il se nourrit de racines, tubercules, rhizomes, mousse et parties vertes des végétaux. Pour manger, il s'assied sur ses pattes postérieures, tient ses aliments entre ses pattes antérieures et les pousse dans sa bouche. Il vit en colonies comptant jusqu'à cent animaux. Les mâles sont monogames ; après une gestation de 112 jours, la femelle met au monde de 1 à 6 petits qui commencent à manger des aliments solides quelques jours après leur naissance ; ils quittent tôt le nid pour circuler aux environs. À l'état sauvage, le Chinchilla est devenu rare, mais on l'élève en captivité pour sa fourrure.

Chinchilla

Ragondin, Myocastor, Coypu, Nutria

(Myocastor coypus)

Ragondin *(Myocastoridae)*

Le Ragondin, lui aussi animal à fourrure, est un très gros Rongeur puisqu'il mesure de 43 à 64 cm de long, queue (25-41 cm) non comprise, et pèse de 7 à 10 kg. Il ressemble au Rat musqué mais sa queue est cylindrique et non pas aplatie latéralement, et son museau est obtus. Chez la femelle, les tétines sont situées si haut sur les flancs que les petits

Rongeurs

Ragondin, ou Nutria, ou Myocastor

peuvent téter, même quand leur mère est couchée sur le ventre ou les porte sur son dos. Le Ragondin est l'unique représentant de la famille. Originaire de la partie méridionale de l'Amérique du Sud, il a été introduit en Amérique du Nord et en Europe pour être élevé comme animal à fourrure, mais les sujets qui se sont échappés ou que l'on a libérés ont peu à peu envahi une partie de l'Europe où ils vivent désormais à l'état sauvage.

Le Ragondin fréquente les bords des lacs, étangs, rivières, marais et tourbières. Il creuse des terriers dans les berges dont il provoque l'effondrement. En cas d'impossibilité, il entasse des substances végétales et ménage un nid à l'intérieur de cet amas. Il ne s'éloigne guère à plus de 200 mètres de son abri. Essentiellement végétarien, il mange aussi des vers, mollusques et fait des dégâts dans les champs. Il enfonce ses aliments dans sa bouche à l'aide de ses pattes antérieures. En Amérique du Sud, il se reproduit toute l'année ; en Europe, il a une ou deux portées annuelles de 5 à 6 petits en moyenne. La gestation dure environ 133 jours.

Crâne de Ragondin

LES LAGOMORPHES

Lièvres, lapins et pikas (Lagomorphes)

Cet ordre comprend deux familles, celle des lièvres et lapins (*Leporidae*) et celle des pikas (*Ochotonidae*). Ses membres sont répandus presque partout dans le monde, sauf dans l'Antarctique, à Madagascar, dans le sud de l'Amérique du Sud et sur la plupart des îles du Sud-Est asiatique. À l'origine, ils étaient absents de l'Australie et de la Nouvelle-Zélande. Lièvres et lapins ont longtemps été considérés comme un sous-ordre des Rongeurs car leurs mâchoires ont également un diastème (espace en arrière des incisives supérieures et inférieures, dû à l'absence de canines). Leurs incisives ont une structure particulière : la denture de lait comprend 6 incisives supérieures, 4 grandes devant et 2 petites juste derrière les deux premières paires. Les grandes incisives externes tombent précocement et il ne reste donc plus que les deux autres grandes devant et les deux petites en arrière. Celles-ci diffèrent par leur bord qui n'est pas biseauté. Sur la mâchoire inférieure, il n'y a qu'une seule paire d'incisives. Les grandes incisives sont tranchantes,

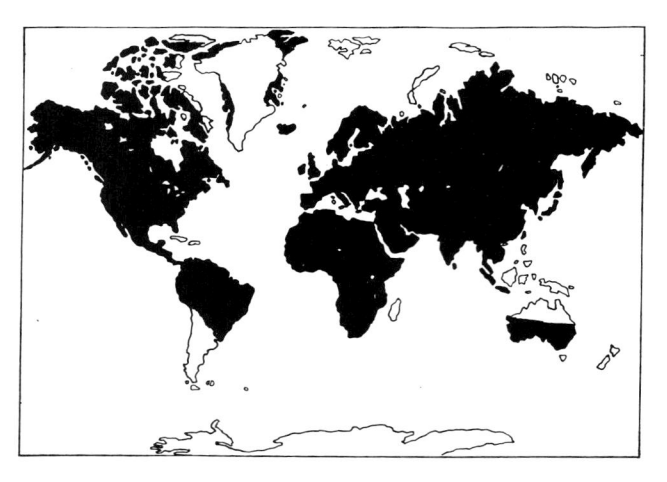

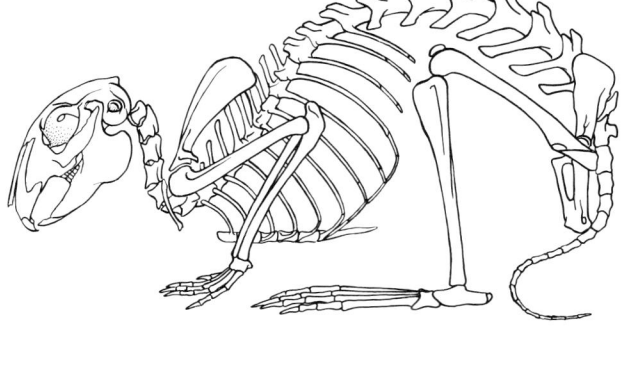

Distribution des Lagomorphes

Squelette de Lapin

recouvertes d'émail et ont une croissance continue durant toute la vie de l'animal. Les racines des prémolaires et des molaires ne sont pas fermées, en sorte que ces dents poussent aussi continuellement ; sur leur couronne, une épaisse couche d'émail forme des replis. Sur chaque demi-mâchoire supérieure, lièvres et lapins ont 3 prémolaires et 3 molaires alors que sur chaque demi-mâchoire inférieure il y a 2 prémolaires et 3 molaires. Les pikas ont 2 molaires sur chaque demi-mâchoire inférieure et supérieure, et une encoche triangulaire au bord des incisives. Quand les Lagomorphes rongent, leurs mâchoires se déplacent latéralement et verticalement, alors que chez les Rongeurs le mouvement se fait d'avant en arrière. Les Lagomorphes ont la lèvre supérieure profondément fendue. Ils n'y a pas d'os pénien (*baculum*) chez les mâles et le scrotum se trouve en avant du pénis comme chez les Marsupiaux. Enfin, l'utérus des femelles a deux cornes.

Les Lagomorphes sont végétariens ; leur appareil digestif est conçu pour une utilisation complète de la nourriture. Celle-ci traverse deux fois le tube digestif : à l'issue du premier passage, l'animal rejette des crottes molles et informes qu'il ingère aussitôt dès leur expulsion de l'intestin. Ces fèces traversent une seconde fois le tube digestif ; leur contenu est alors entièrement digéré et les crottes qui sont émises ont la forme et la consistance normales. Ce phénomène, appelé caecotrophie, ne se produit qu'à certaines périodes de l'année, probablement quand il n'y a pas d'aliments très riches et que le maximum d'éléments nutritifs doit être extrait de la nourriture disponible. La caecotrophie est un processus comparable à la rumination.

Les dimensions des Lagomorphes vont de 12 à 75 cm pour la longueur et leur poids varie entre 75 g et 5 kg. Lièvres et lapins sont reconnaissables à leurs longues oreilles étroites et à leurs pattes postérieures beaucoup plus grandes que les antérieures. Les pikas ont des oreilles plus courtes et arrondies ; chez eux, la différence de longueur entre les membres antérieurs et postérieurs est faible. Lièvres et lapins ont une petite queue et celle des pikas est à peine visible. Certains lièvres et lapins ont une fourrure grossière, alors que celle des pikas est toujours douce et d'excellente qualité. Les pikas sont diurnes alors que lièvres et lapins sont crépusculaires et nocturnes. Les Lagomorphes fréquentent des habitats variés depuis les steppes jusqu'aux terrains rocailleux en montagne ; certains creusent un terrier, d'autres s'abritent dans un gîte en plein air.

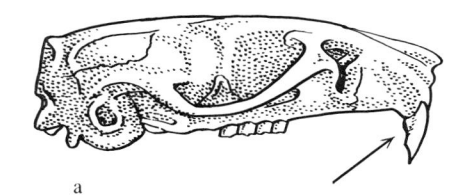

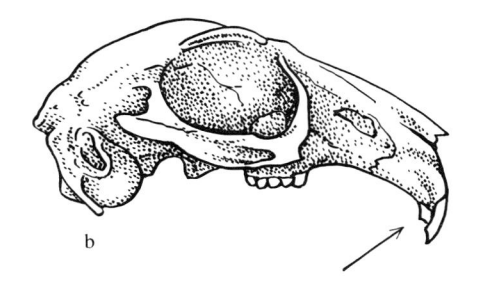

Crânes de Rongeur (a) et de Lagomorphe (b). Ils se ressemblent mais chez celui du Lagomorphe il y a une deuxième paire d'incisives derrière la première (voir la flèche) et, à droite, le détail vu par dessous

LES TUBULIDENTÉS

Cet ordre ne comprend qu'une seule famille, un seul genre et une seule espèce, l'Oryctérope, répandu dans presque toute l'Afrique au sud du Sahara. Cet animal vit partout où il y a beaucoup de termites et de fourmis. Sa denture comprend des dents en forme de colonnettes, dépourvues d'émail et de racines. Chacune a une section hexagonale ; au centre se trouve un canal contenant des terminaisons nerveuses. L'embryon a de nombreuses ébauches de dents mais les dents de lait ne percent jamais. La denture définitive ne comporte ni incisives ni canines et chaque mâchoire porte seulement deux paires de prémolaires et trois paires de molaires qui ne poussent pas simultanément. Les plus proches de la partie antérieure de la gueule poussent les premières et tombent dès que l'animal devient adulte ; celles qui se trouvent en arrière prennent alors leur place. Ces dents ont une croissance continue.

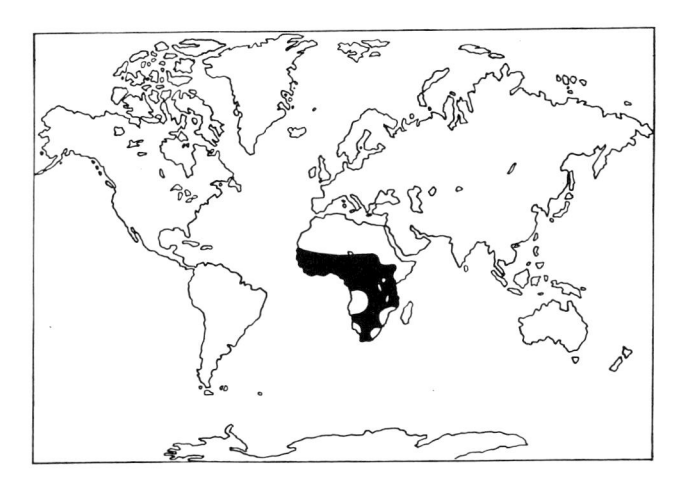

Distribution des Tubulidentés

Lagomorphes

Pika d'Amérique du Nord

(Ochotona princeps)   Pikas *(Ochotonidae)*

Ce pika est l'une des dix-neuf espèces de la famille. Il mesure de 16 à 22 cm de long (sa queue est si courte qu'on ne la voit pas) et il pèse de 105 à 130 g. Ses pattes antérieures ont cinq doigts mais le cinquième est souvent atrophié ; les pattes postérieures, plus longues, ne possèdent que quatre doigts. Comme les autres pikas, celui-ci a de très grandes vibrisses tactiles. Le Pika d'Amérique du Nord vit dans la partie occidentale de ce continent, de la Colombie-Britannique à la Californie et au nord du Nouveau-Mexique. Il habite les montagnes entre 2 000 et 4 000 mètres d'altitude et fréquente les rochers comportant des fissures et les moraines où des graminées poussent entre les cailloux. C'est un végétarien qui se nourrit surtout d'herbes. À la fin de l'été, il coupe des plantes herbacées et les porte sur des rochers où il les fait sécher au soleil ; il déplace ce foin pour

Pika d'Amérique du Nord

que sa dessiccation soit meilleure ou pour le mettre à l'abri de la pluie. Il en fait de petits tas et enfin l'engrange dans son terrier où il l'entasse entre des pierres. Ce foin comprend surtout des graminées, mais aussi de la mousse, des épilobes, chardons, glycéries, etc. Au total, il occupe un volume atteignant 35 litres, quantité importante car le pika n'hiberne pas et s'en nourrit pendant l'hiver.

Le comportement de cette espèce présente un autre aspect intéressant : son cri ressemble à celui d'un chevreau et, quand il l'émet, le pika lance son corps en avant et vers le haut d'une curieuse façon. Le Pika d'Amérique du Nord est diurne et c'est quand il se tient sur un gros rocher qu'on a les meilleures chances de le voir. Les accouplements ont lieu à la fin d'avril ; à la fin de mai ou au début de juin, la femelle met au monde de 2 à 4 petits qui sont nus et aveugles. On a trouvé des portées à la fin de juillet et en août. Les pikas vivent en grandes colonies où l'on observe des mouvements incessants et où l'on entend beaucoup de cris.

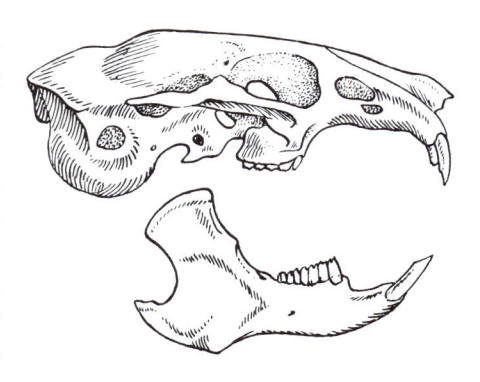

Crâne de Pika d'Amérique du Nord : vue de l'une des bulles tympaniques *(bullae osseae)*

Pika des steppes

(Ochotona pusilla)

V

Pikas *(Ochotonidae)*

Cette espèce est plus petite que la précédente (14–18 cm), mais à l'instar des autres *Ochotonidae*, elle a des incisives antérieures sillonnées et une encoche triangulaire sur leur bord coupant. L'extrémité claire de ses poils de jarre dessine des marques longitudinales sur son corps. Le Pika des steppes vit en ex-URSS, dans la partie méridionale de l'Oural et les steppes voisines situées au sud. Il fréquente celles qui sont parsemées de buissons et où les graminées sont hautes ; il pénètre dans les vallées des rivières et évolue jusqu'à 1 500 mètres d'altitude dans l'Oural. Localement, il se tient surtout dans les milieux humides et, en montagne, on le trouve même en forêt. Il sèche diverses plantes avant l'hiver et en fait de petits amas avant de les emporter dans son terrier. Il y a deux portées par an et la première vient au monde en mai.

Pika des steppes

Lagomorphes

Lièvre, Lièvre brun

(Lepus capensis)   Lièvres et lapins *(Leporidae)*

Ses longues oreilles et ses pattes postérieures puissantes caractérisent le Lapin. C'est l'un des mammifères européens les plus communs dans les champs et sans doute le plus connu – avec le Lapin de garenne – des cinquante-quatre membres de la famille des *Leporidae*. Ses oreilles sont plus longues que sa tête, ses pattes postérieures sont grandes elles aussi et ses pieds mesurent jusqu'à 18 cm de long. Les pattes antérieures, plus courtes et plus faibles, ont pour seule fonction de supporter le corps. Le Lièvre pèse en moyenne 4 kg et mesure de 50 à 75 cm de long. Son pelage hivernal est assez grisâtre, mais en été il devient brun à fauve. La queue, longue de 7 à 14 cm, est noire dessus et blanche dessous. L'émail qui recouvre la première paire d'incisives est épais sur la face externe et mince du côté opposé ; c'est pourquoi, à force de ronger des aliments durs, ces dents finissent par avoir un bord tranchant comme un ciseau. À l'intérieur des joues existe une zone glandulaire dont la sécrétion odorante, mêlée à la salive, est appliquée sur les pattes antérieures que le Lièvre frotte ensuite contre son corps ; de cette façon, il laisse sa marque sur la végétation et le sol au cours de ses déplacements.

Crâne de Lièvre

Estimation de l'âge d'un Lièvre : pliez une patte antérieure et, à environ 2 cm au-dessus de l'articulation, pressez la face externe de l'ulna (cubitus) : si vous sentez une bosse sur cet os, le Lièvre n'a pas plus de 8 mois ; si l'os est lisse, l'animal est plus âgé. La bosse est un cartilage d'accroissement (flèche) et se trouve à l'endroit où l'os grandit en longueur. À la fin de la croissance, ce cartilage s'ossifie et la bosse disparaît

Lièvre

Le Lièvre est répandu dans toute l'Europe, mais il a été introduit dans certains pays (Irlande, Scandinavie). À l'origine, il habitait les steppes et les steppes boisées ; aujourd'hui, il vit surtout dans les paysages ouverts, les champs, les prairies, les bosquets et à la lisière des bois. Il mange des graminées, de la luzerne, du trèfle et, en hiver, l'aubier des jeunes arbres, des graines et des écorces. L'écorçage est régulier à cette saison quand le sol est recouvert de neige. La période de reproduction dure de huit à neuf mois, la gestation de quarante-deux à quarante-trois jours ; il y a généralement 2 ou 3 levrauts par portée. La femelle (appelée hase) peut être fécondée à nouveau alors qu'elle est encore gestante ; il en résulte que deux portées (dont l'une composée de tout petits embryons) se développent simultanément dans son utérus ; ce phénomène est appelé superfétation. Les levrauts naissent à l'air libre, dans l'herbe, et sont déjà très développés ; la hase vient les allaiter la nuit, une fois en vingt-quatre heures. À l'âge de 10 jours, ils commencent à manger des végétaux, et à 7 mois ils peuvent se reproduire. Un petit nombre seulement atteint l'âge de 3 ans. Les effectifs du Lièvre varient de façon cyclique tous les dix à onze ans.

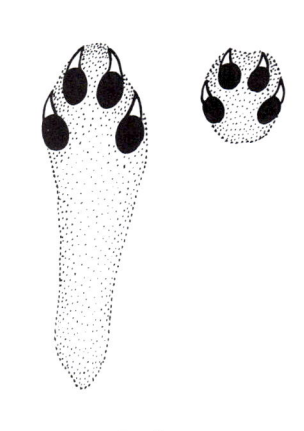

Empreintes de Lièvre : pattes postérieures très longues, pattes antérieures petites et arrondies

Lièvre variable, Blanchon

(Lepus timidus)   Lièvres et lapins *(Leporidae)*

Bien que plus petite avec une tête plus courte, cette espèce ressemble au Lièvre brun. L'extrémité de ses oreilles est toujours noire, même en hiver. Le pelage estival est brun grisâtre ; le pelage hivernal est blanc et la queue reste blanche toute l'année. Le Lièvre variable mesure de 46 à 68 cm de long, queue (4-7 cm) non comprise, ses pieds atteignent de 12 à 15 cm de long et ses oreilles de 6 à 10 cm ; il pèse de 1,3 à 5 kg. Son aire de répartition s'étend à travers le nord de l'Europe et de l'Asie, de l'Irlande à Sakhaline. Il vit aussi dans les Alpes. Dans le Nord, il fréquente les montagnes et la toundra. Son régime ressemble à celui du Lièvre brun.

La période de reproduction dure de février à juin ; il y a de 2 à 5 levrauts par portée. Cette espèce est solitaire ou au contraire sociable, selon les régions. Elle s'abrite entre des rochers ou dans un terrier peu profond qu'elle creuse elle-même.

Crâne et os nasaux de Lièvre (b) et de Lièvre variable (a)

Lièvre variable en pelage hivernal

Lagomorphes

Lapin à queue blanche

(Sylvilagus floridanus)   Lièvres et lapins *(Leporidae)*

Comparés aux lièvres, les lapins ont des oreilles plus courtes, sans marques foncées au bout, une tête plus arrondie et des pattes postérieures moins puissantes. Le Lapin à queue blanche présente un pelage gris-brun mais la base de son cou est brun roussâtre et le dessous de sa queue est blanc. Il mesure de 37 à 46 cm de long, queue (4–6 cm) non comprise. Ses oreilles atteignent de 5 à 7 cm de long et ses pieds de 9 à 10 cm ; il pèse de 900 g à 1,8 kg. Cette espèce vit dans la moitié orientale des États-Unis à l'exception de la Nouvelle-Angleterre ; à l'ouest, on la trouve du Dakota du Nord, du Kansas et du Texas jusqu'au nord du Nouveau-Mexique et dans l'Arizona. Elle habite les espaces couverts de broussailles, les champs et les forêts dont le sous-bois est dense. La période de reproduction s'étend de février à septembre ; en une année, une femelle peut avoir trois ou quatre portées de 1 à 9 petits chacune (le plus souvent 4 ou 5). Cette espèce est donc prolifique, mais la mortalité est très élevée et bien peu de lapereaux dépassent l'âge d'un an. À la saison de reproduction, les mâles se battent et paradent devant les femelles qui ont un territoire.

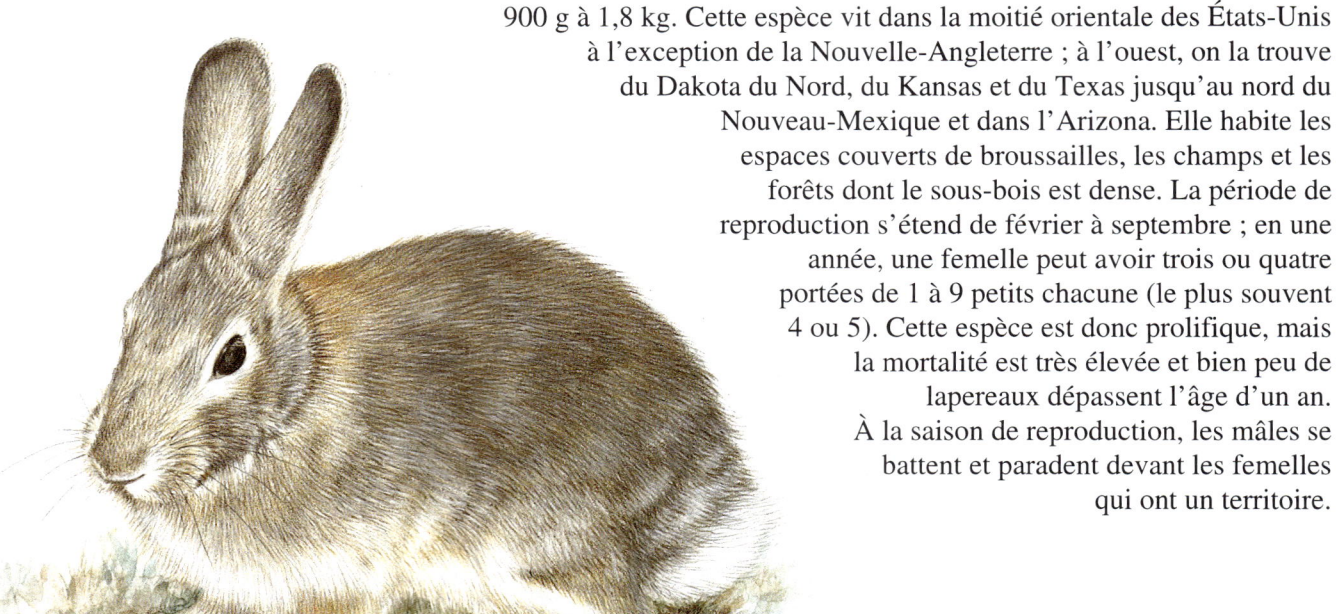

Lapin à queue blanche

Lapin de garenne

(Oryctolagus cuniculus)   Lièvres et lapins *(Leporidae)*

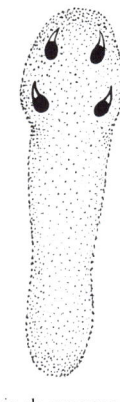

Empreintes de Lapin de garenne : les pattes antérieures sont nettement plus petites que les pattes postérieures qui ont une longue sole plantaire

Originaire de l'Afrique du Nord et de l'Espagne, le Lapin de garenne fut introduit dans une grande partie de l'Europe dès l'Antiquité classique et ultérieurement ailleurs. Aujourd'hui, il existe dans toute l'Europe occidentale, dans le sud de la Suède, en Pologne jusqu'à la Vistule, dans les Balkans et le sud de l'Ukraine. Il a été introduit en Australie et en Nouvelle-Zélande. Sa queue, noire dessus et blanche dessous, mesure de 4 à 8 cm. Il atteint de 35 à 45 cm de long, ses pieds font de 7,5 à 10 cm et il pèse de 1 à 3 kg. Il fréquente généralement les milieux assez secs et chauds, bois clairs, prairies, jardins, talus des voies ferrées, sablières, steppes herbeuses, parcs, cimetières, coteaux avec broussailles, dunes au bord de la mer et parfois même les espaces verts des grandes villes. Il se nourrit de plantes herbacées, de bourgeons, d'écorces et de racines.

Il vit en colonies familiales qui comprennent toujours un mâle, plusieurs femelles et leurs petits. Il creuse des terriers complexes, aux multiples orifices, qui s'enfoncent jusqu'à 3 mètres de profondeur. L'emplacement d'une colonie est appelé garenne. Les Lapins avertissent leurs congénères de l'approche d'un danger en frappant la terre avec leurs pattes postérieures ; à ce moment, tous filent dans le terrier. Pendant la période

Lagomorphes

Lapin de garenne

de reproduction, le territoire familial est défendu contre les intrus. Il couvre environ 80 mètres de diamètre autour du terrier et il est marqué de sécrétions odorantes, avec l'urine et les crottes. Les lapins suivent des « coulées » pour rejoindre les lieux où ils se nourrissent. Dans le sud de l'Europe, ils se reproduisent toute l'année ; plus au nord, entre février et octobre. La gestation dure de vingt-huit à trente et un jours et la femelle peut avoir de trois à cinq ou même sept portées par an. Les lapereaux naissent dans un petit terrier spécial (rabouillère) rembourré avec des poils et des végétaux, dont la lapine ferme l'entrée quand elle s'absente. À la naissance, les petits sont nus et aveugles ; ils ouvrent les yeux à 10 jours et sont allaités (la nuit) pendant trois semaines environ. Ils s'émancipent à 4 ou 5 semaines.

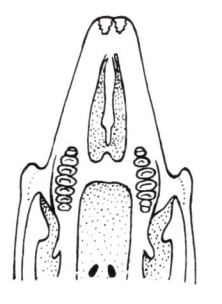

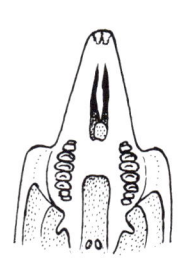

La structure du palais et de la mâchoire inférieure permet de distinguer un crâne de Lièvre (a) d'un crâne de Lapin (b)

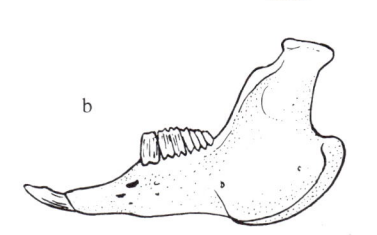

351

Tubulidentés

Oryctérope

(Orycteropus afer)   Oryctérope *(Orycteropidae)*

L'Oryctérope est l'un des plus étranges mammifères vivants. Sa tête relativement étroite se prolonge par un museau allongé en groin comme celui d'un porc ; des poils blancs mesurant de 2,5 à 5 cm de long entourent ses narines arrondies. Ses doigts sont unis à leur base et chacun porte une griffe rectiligne ; les griffes des pattes antérieures, particulièrement développées, servent à creuser. Les longues oreilles mesurent de 15 à 21 cm et ont la forme de cornets ; elles s'ouvrent vers l'arrière, ce qui empêche la terre d'y pénétrer quand l'animal creuse ou se déplace dans son terrier. La langue, pointue, longue et mince, pend souvent hors de la gueule et peut être projetée à 30 cm. L'Oryctérope mesure de 1 m à 1,60 m de

Oryctérope adulte

Détail de la surface d'une molaire d'Oryctérope

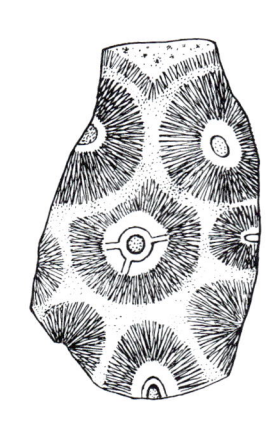

long ; sa queue, musculeuse, épaisse à la base et mince à l'extrémité, atteint de 44 à 61 cm de long. La hauteur à l'épaule varie entre 60 et 65 cm, le poids entre 50 et 70 kg (exceptionnellement 80 kg). La peau, très épaisse, est couverte de poils clairsemés et raides ; elle protège l'Oryctérope contre ses prédateurs. La denture définitive est très originale puisqu'elle ne comporte ni incisives, ni canines mais seulement 2 prémolaires et 3 molaires sur chaque demi-mâchoire inférieure et supérieure ; il y a parfois de petites dents accessoires.

L'Oryctérope vit en Afrique au sud du Sahara et du Soudan et, plus particulièrement, dans l'est du continent. Les traces de son activité trahissent sa présence. Il existe là où il y a suffisamment de termitières et de fourmilières, mais évite les forêts denses. Son régime comprend surtout des insectes sociaux (termites et fourmis) mais il mange aussi ceux qui sont présents en grand nombre, tels les criquets et de grosses sauterelles. Il se nourrit la nuit et peut parcourir 10 km avant l'aube. Son ouïe très fine lui permet de détecter le moindre bruissement des termites qui se déplacent et il les capture en lançant sur eux sa langue visqueuse. Il ouvre les nids des termites et des fourmis qui ne résistent pas à la puissance de ses pattes. Son propre nid est situé dans un terrier atteignant 3 mètres de profondeur et dans lequel il s'enroule sur lui-même. Il s'installe souvent dans une

Tubulidentés

Crâne d'Oryctérope

Jeune Oryctérope

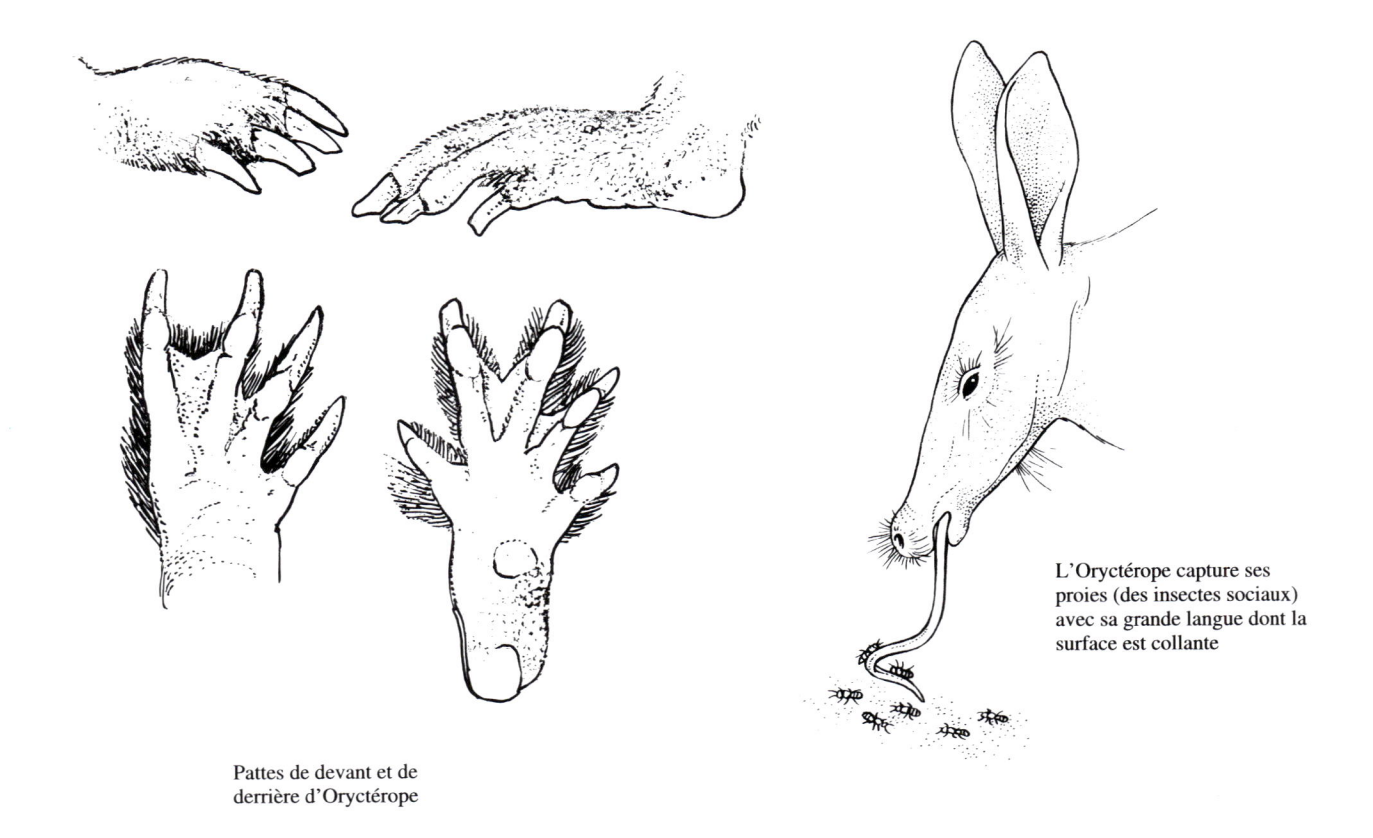

ancienne termitière et d'autres animaux profitent des terriers qu'il a abandonnés. La reproduction a lieu en mars et avril ; sept mois plus tard, la femelle met au monde un seul petit, d'abord entièrement nu et qui reste au moins deux semaines dans le nid ; l'allaitement dure plusieurs mois. L'Oryctérope peut se creuser un terrier dès l'âge de 6 mois. Parmi ses prédateurs, on compte la panthère, le guépard, les lycaons et l'Homme qui le chasse pour sa chair ; il est devenu rare localement.

Pattes de devant et de derrière d'Oryctérope

L'Oryctérope capture ses proies (des insectes sociaux) avec sa grande langue dont la surface est collante

LAMANTINS (Siréniens), DAMANS (Hyracoïdes), ÉLÉPHANTS (Proboscidiens)

Lamantins, damans et éléphants forment trois petits ordres de mammifères apparentés, dont les ancêtres communs vivaient en Afrique au Cénozoïque. Malgré de grandes différences dans leur aspect, leur habitat et leur biologie, ces animaux présentent certaines ressemblances. Ils ont de vingt à vingt-deux côtes, des glandes mammaires pectorales (seuls les damans d'arbre en possèdent aussi dans la région inguinale), un utérus bicorne et (chez les mâles) des testicules qui restent en permanence dans la cavité abdominale.

Siréniens (*Sirenia*)

Les Siréniens sont de gros mammifères aquatiques au corps cylindrique, terminé par une nageoire caudale horizontale. Leur longueur varie entre 2,50 m et 4,50 m mais une espèce aujourd'hui éteinte, la Rhytine de Steller, atteignait 7 m. Ils pèsent jusqu'à 4000 kg.

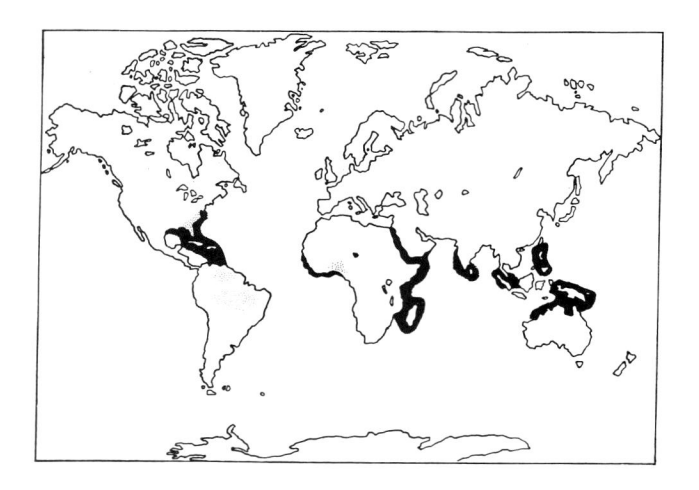

Distribution des Siréniens (« vaches marines »). En pointillé, la répartition dans les bassins fluviaux

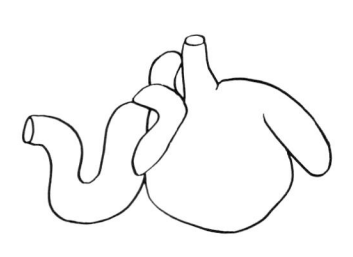

L'estomac des lamantins possède trois diverticules (petites poches) caractéristiques

Des fossiles datant de l'Éocène (ère tertiaire) ont montré que les Siréniens étaient à l'origine des animaux terrestres et que seuls certains d'entre eux étaient aquatiques ; ces derniers avaient des vestiges de membres postérieurs alors que les espèces actuelles possèdent seulement des restes de bassin. Les membres antérieurs sont transformés en nageoires semblables à des pagaies ; l'articulation du coude est mobile et il y a cinq doigts. Chez certaines espèces, les doigts ont des onglons semblables à ceux des éléphants. Les Siréniens n'ont ni clavicules ni pavillons auditifs. Leur denture a subi de profondes transformations puisqu'elle ne comprend que des molaires et parfois des incisives. Ainsi, les lamantins (*Trichechidae*) sont dépourvus d'incisives ; leurs molaires sortent successivement et migrent progressivement vers l'avant de la mâchoire avant de tomber,

Distribution des damans

Distribution des éléphants

poussées par celles qui se trouvent derrière. La première des 5 à 8 molaires de chaque demi-mâchoire est donc la plus ancienne et, quand elle est complètement usée, elle tombe pour être remplacée par la suivante ; ce processus, qui se renouvelle, rappelle ce qui se passe chez les éléphants.

Le Dugong (*Dugongidae*) a de longues incisives semblables à des défenses. Les molaires n'existent que chez les jeunes et tombent rapidement, en sorte que leur rôle est tenu par des plaques cornées situées sur la partie antérieure du palais et sur la partie correspondante de la mâchoire inférieure. L'extrémité de la langue est cornée elle aussi. Les Siréniens mangent des végétaux aquatiques qu'ils broutent dans les eaux marines peu profondes ou dans les deltas ; leurs énormes lèvres préhensiles jouent un rôle essentiel pour la prise des aliments. À ce régime herbivore correspondent un allongement considérable de l'intestin et la présence d'un vaste estomac comportant des diverticules (caeca). L'ordre des Siréniens comprend actuellement deux familles avec quatre espèces ; une troisième famille, celle des *Hydrodamalidae*, a disparu vers 1768.

Hyracoïdes (*Hyracoidea*)

Les ancêtres des damans, qui vivaient au Cénozoïque, étaient bien plus grands que les espèces actuelles. Ils devaient très bien courir car leurs membres ne comptaient qu'un petit nombre de doigts. Les damans actuels leur ressemblent de ce point de vue (ils ont quatre doigts sur les pattes antérieures et trois sur les postérieures) et aussi en ce qui concerne la denture. La mâchoire supérieure porte 2 incisives à croissance continue qui, chez les sujets âgés, dépassent la lèvre inférieure à la façon de minuscules défenses. Ces incisives ont une encoche triangulaire et la surface linguale (postérieure) est dépourvue d'émail, en sorte qu'elle s'use plus vite et que ces dents ont un bord aigu, en biseau. Les molaires ont une couronne haute ; étant donné que la denture définitive ne comporte pas de canines, il existe un diastème (espace) entre les incisives et les molaires.

Les damans possèdent certaines particularités qui n'existent pas chez les autres mammifères. La plus remarquable est la présence, sur le dos, d'une zone glandulaire odoriférante entourée de longs poils d'une couleur différente de celle du reste du pelage dorsal, et que l'animal redresse s'il est excité. En outre, les pelotes plantaires sont formées de peau nue, élastique ; dans les nombreux sillons qui traversent ces pelotes, s'ouvrent de petites glandes dont la sécrétion est collante. Quand l'animal s'appuie sur ces pelotes, l'air est chassé des sillons, de manière telle que les pieds adhèrent fermement au substrat, ce qui facilite l'escalade. Les doigts antérieurs et les deux premiers doigts des pattes postérieures sont unis par de la peau. Le doigt postérieur externe est libre, et sa griffe, fendue longitudinalement, sert à la toilette. Les autres doigts portent des ongles semblables à ceux des éléphants. Quand ils courent, les damans s'appuient sur leurs ongles et non pas sur leurs pelotes plantaires. La gestation est très longue (de six à sept mois) bien que les damans soient petits (de 40 à 60 cm). Les petits sont bien développés à la naissance. Il y a huit espèces qui font partie de la même famille. Des trois premières, les damans d'arbre, vivent en forêt, et sont de bons grimpeurs; la quatrième habite les steppes, et les quatre dernières se rencontrent en terrain rocheux. La plupart des damans sont présents en Afrique, mais une espèce existe sur le Sinaï, en Israël, en Syrie et en Arabie.

Proboscidiens (*Proboscidea*)

Les éléphants, plus grands mammifères terrestres, atteignent un poids maximal de 7,5 t. Leur caractère le plus remarquable est la possession d'une trompe issue d'un allongement de la lèvre supérieure et du museau. Elle leur sert à respirer, à sentir, à prendre la nourriture pour la placer dans la gueule, mais aussi à aspirer l'eau et à faire leur toilette. La trompe est un organe très compliqué, formé d'environ quarante mille faisceaux de muscles qui assurent sa souplesse; elle peut être tournée dans tous les sens et elle est extensible.

Il y a quelque cinquante millions d'années, les Proboscidiens existaient sur tous les continents; leurs premiers ancêtres remontent à l'Éocène (Cénozoïque). L'abondance des fossiles a permis de distinguer plusieurs centaines d'espèces, mais toutes ont disparu sauf les deux qui sont actuellement vivantes et qui font partie de la même famille.

Les défenses sont, avec la trompe, l'une des caractéristiques essentielles des éléphants. Il s'agit d'incisives supérieures démesurément allongées, dépourvues d'émail, aux racines ouvertes, qui grandissent à raison de 2 à 5 cm par an. Elles sont enfoncées dans la mâchoire sur un cinquième ou un tiers de leur longueur. Les molaires paraissent à l'arrière de chaque demi-mâchoire et poussent vers l'avant celles qui sont usées; ce processus continue durant toute la vie de l'éléphant. À cet égard, les éléphants diffèrent des

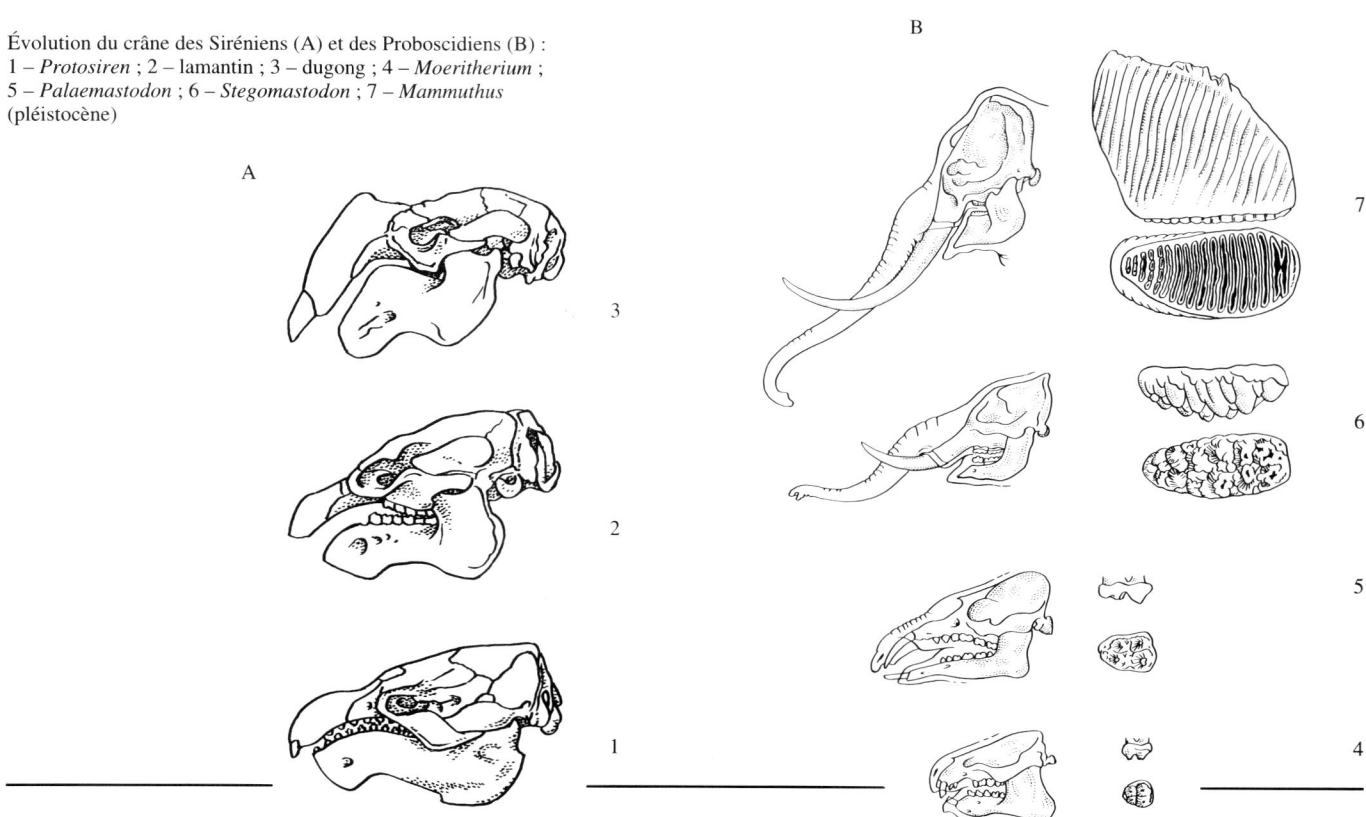

Évolution du crâne des Siréniens (A) et des Proboscidiens (B) :
1 – *Protosiren* ; 2 – lamantin ; 3 – dugong ; 4 – *Moeritherium* ;
5 – *Palaemastodon* ; 6 – *Stegomastodon* ; 7 – *Mammuthus* (pléistocène)

Schéma de l'évolution des éléphants et de leurs relations avec les Siréniens et les damans. I – Éocène ; II – Oligocène ; III – Miocène ; IV – Pliocène ; V – Pléistocène. *Mesotherium* de l'Éocène (Cénozoïque) fut leur ancêtre commun. À l'Oligocène, *Palaemastodon* présentait déjà des caractères de Proboscidien ; les *Mastodon* (rameau distinct) apparurent au Miocène

autres mammifères pour qui le dents de lait sont poussées dans le sens vertical par les dents définitives qui croissent par-dessous. Au cours de son existence, un éléphant a 6 molaires sur chaque demi-mâchoire, chacune étant plus grande que la précédente. Les os du crâne ont une structure spongieuse qui les allège. La peau, épaisse de 1 à 3 cm, est presque nue chez les adultes. Le corps est soutenu par quatre membres en forme de colonnes terminés par une sole plantaire cornée, précédée, à l'intérieur, d'un épais coussinet de tissu conjonctif élastique. Chaque doigt termine par un ongle ressemblant un peu à un sabot.

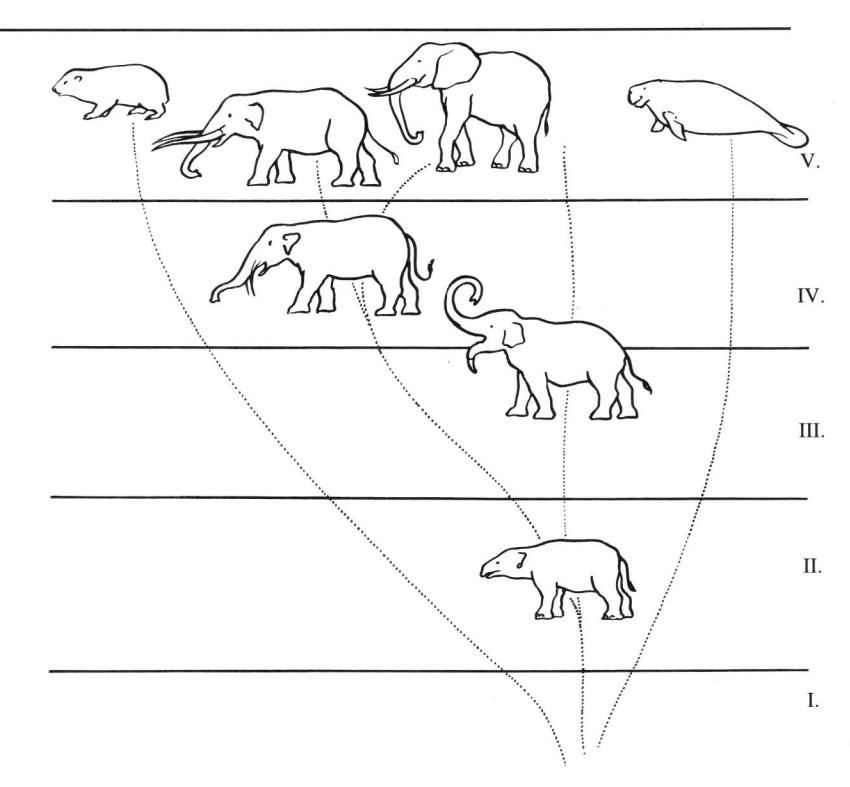

Les éléphants vont l'amble, c'est-à-dire qu'ils déplacent les deux pattes d'un même côté en même temps (celles de droite, puis celles de gauche, etc.). Leur vitesse normale de marche est de 5 à 6 km/h. Leur ration alimentaire quotidienne est à la mesure de leurs dimensions et s'élève à 300-450 kg d'herbes, feuilles et rameaux, dont seulement 40 % environ sont assimilés, le reste étant rejeté sans avoir été digéré. Cette importante consommation nécessite une recherche permanente et ne laisse que quelques heures pour le sommeil. Un éléphant boit plus de 200 litres d'eau par jour et peut en absorber jusqu'à 100 litres en très peu de temps. Les résidus de la digestion sont en proportion des quantités absorbées : de 140 à 180 kg de fèces et 50 litres d'urine par jour. Chez les mâles, les gonades sont dans la cavité abdominale ; le long pénis en forme de S pèse plus de 20 kg. En période de reproduction, les mâles se battent pour les femelles. La gestation dure de dix-sept à vingt-trois mois (elle est courte chez les jeunes femelles). La femelle qui va mettre bas est entourée par d'autres femelles qui peuvent l'aider à dégager l'éléphanteau des enveloppes fœtales et le protéger, ainsi que sa mère, contre les attaques éventuelles de Carnivores. Le nouveau-né pèse environ 100 kg et atteint presque 1 m de haut. Il tète avec sa bouche et non pas avec sa trompe (les tétines sont pectorales). Sa croissance est rapide et il atteint la maturité sexuelle à l'âge de 10 ans environ. En nature, la longévité moyenne de l'Éléphant est de 35 ans. L'odorat est le sens le plus développé. Dans les hautes herbes, l'Éléphant dresse sa trompe au-dessus de sa tête pour percevoir les odeurs des environs. Le toucher est lui aussi subtil ; enfin, l'Éléphant a une bonne mémoire.

Les éléphants vivent en groupes de divers types. L'unité fondamentale est la famille matriarcale composée d'une femelle et de ses descendants d'âges différents. Plusieurs familles forment un clan conduit par une femelle dominante ; c'est l'unité sociale la plus fréquente. Enfin, plusieurs clans peuvent s'associer en un troupeau accompagné par un ou plusieurs mâles. Dans certaines circonstances (par exemple en période de sécheresse), plusieurs troupeaux s'assemblent et sont conduits par un vieux mâle ou une vieille femelle. Il y a aussi des « clubs » de dix à quinze mâles conduits par le plus fort d'entre eux. Une hiérarchie stricte existe dans les différents groupements, les animaux les plus faibles étant subordonnés aux plus forts. Des observations ont montré que les éléphants s'aident mutuellement ; ainsi, ceux qui sont malades sont protégés et soutenus par les autres.

Siréniens

Dugong V

(Dugong dugon) Dugong *(Dugongidae)*

Seul membre de la famille, le Dugong vit dans certaines parties des mers tropicales proches des côtes en Afrique orientale, dans la mer Rouge, le golfe du Bengale, la Malaisie, les Philippines, la Nouvelle-Guinée et le nord de l'Australie. Le Dugong diffère des lamantins par sa queue échancrée. Son corps est massif, arrondi, et ses membres antérieurs ont l'aspect de longues nageoires dépourvues d'ongles. Il mesure de 2,40 à 4,10 m de long (en général moins de 3,20 m) et pèse le plus souvent moins de 200 kg. Les jeunes ont 26 dents de lait, les adultes seulement 10 dents définitives. Le Dugong passe beaucoup de temps à chercher sa nourriture sur le fond de la mer. Il soulève les herbes marines de ses nageoires et les détache avec ses dents ; avant

Dugong

de les avaler, il essaie d'en enlever le sable. Il broute la nuit, son activité étant synchronisée avec les marées.
Il se tient entre 1 et 12 mètres de profondeur dans les eaux dont la température varie de 20 à 26 °C. Toutes les deux minutes, il revient en surface pour respirer. Le Dugong se reproduit tout au long de l'année. Les femelles viennent dans les eaux peu profondes pour mettre bas un seul petit. Pour l'allaiter, elles le tiennent contre elles car leurs tétines sont pectorales.

Lamantin d'Amérique centrale, Lamantin des Antilles V

(Trichechus manatus) Lamantins *(Trichechidae)*

La famille des Lamantins compte un seul genre et trois espèces dont l'une vit dans le bassin de l'Amazone et à l'embouchure de ce fleuve avec l'Atlantique ; la seconde fréquente les autres fleuves du nord de l'Amérique du Sud et la région des Caraïbes, tandis que la troisième vit dans les fleuves africains, du Sénégal à l'Angola. La principale différence entre les lamantins et le Dugong se trouve dans la forme de la queue ; chez les premiers, elle est ovale et sans échancrure. Le Lamantin d'Amérique centrale a 3 ongles au bord de ses nageoires, une grosse touffe de vibrisses sur le museau et la lèvre supérieure profondément fendue. La forme et la position de ses lèvres lui permettent

Siréniens

de prendre les plantes flottantes qu'il pousse dans sa gueule avec ses membres antérieurs. Cette espèce atteint 4,60 m de long et 874 kg (maximum).

Elle vit dans les eaux chaudes et peu profondes, surtout le long des côtes de Floride et du sud-est des États-Unis ; elle s'avance parfois dans le cours inférieur des fleuves. Quand deux lamantins se rencontrent, ils se touchent mutuellement des lèvres. Le régime alimentaire comporte des végétaux aquatiques et la ration quotidienne s'élève à environ 25 kg (soit de 5 à 10 % du poids de l'animal), c'est pourquoi, localement, on se sert des lamantins pour débarrasser rivières et canaux d'une végétation envahissante. La reproduction peut avoir lieu toute l'année. Pendant l'accouplement, mâle et femelle se dressent hors de l'eau et se maintiennent ensemble à l'aide de leurs nageoires. La gestation dure de 385 à 400 jours et l'unique petit naît dans l'eau. La mère tiendrait le petit contre elle pour l'allaiter ; c'est ce que l'on a affirmé, et cette assertion a été infirmée. C'est probablement à cause de ses mamelles pectorales et de son habitude de se dresser verticalement dans l'eau que l'espèce est à l'origine de la légende des sirènes.

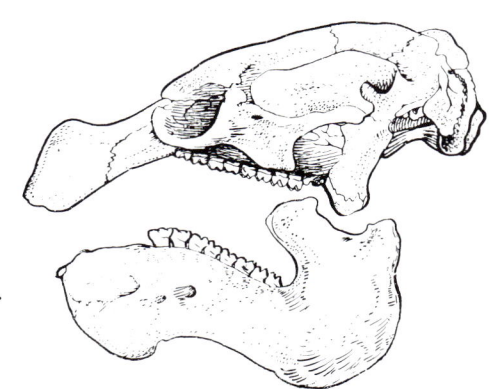

Squelette du membre antérieur droit d'un lamantin

Crâne de Lamantin d'Amérique centrale

Lamantin d'Amérique centrale

Hyracoïdes

Daman de rocher

(Procavia capensis) Damans *(Procaviidae)*

Daman de rocher

Le genre *Procavia* comprend une seule espèce qui vit dans une grande partie de l'Afrique et sur la péninsule d'Arabie. Ce mammifère grimpe très bien grâce à la structure particulière de ses doigts ; il peut même escalader des parois de rocher presque verticales. Quand il s'élève dans une crevasse, il appuie le dos contre l'une des faces du rocher. Il existe dans le sud et le sud-ouest du continent ainsi qu'en Angola, mais manque dans le nord, au Sahara et dans les forêts pluviales. Son pelage est brun grisâtre sauf les poils jaune doré qui entourent la zone glandulaire dorsale. Son estomac comporte deux parties dont l'une, musculeuse, est reliée à l'œsophage alors que la seconde est l'estomac glandulaire. Le Daman de rocher mesure de 30 à 60 cm de long (queue invisible) et pèse jusqu'à 4 kg. Chez les sujets âgés, les incisives dépassent de la bouche. L'alimentation est à base de graminées, d'autres plantes herbacées et de mousse. Le Daman de rocher ne rumine pas sa nourriture, contrairement à ce que l'on a affirmé et malgré le texte de la Bible où Moïse parle d'animaux ruminants à griffes fendues dont les juifs ne devaient pas manger la chair. Il s'agissait en l'occurrence du Daman d'Abyssinie *(Procavia habessinica)*, également considéré comme une sous-espèce de *P. capensis*. Le Daman de rocher vit en colonies réunissant jusqu'à cinquante animaux. Après sept mois et demi de gestation, la femelle met au monde 2 ou 3 petits qui sont capables de se déplacer et de manger des aliments solides peu après leur naissance. Ils grandissent rapidement et pèsent déjà 1,5 kg à 6 mois. Leur mère les porte longtemps sur son dos.

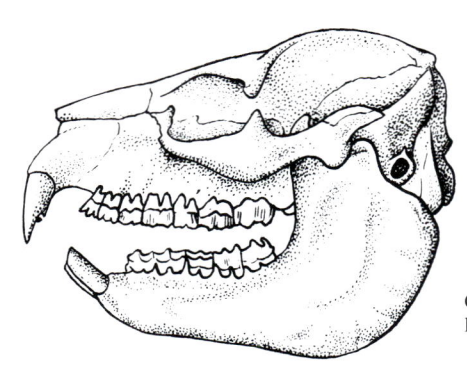

Crâne de Daman de rocher ;
les molaires ont une couronne haute

Daman d'arbre

(Dendrohyrax arboreus) Damans *(Procaviidae)*

La fourrure de cette espèce est plus longue et plus douce que celle des autres damans. Le Daman d'arbre mesure de 40 à 60 cm de long, queue (1–3 cm) non comprise, et pèse de 1,5 à 2,5 kg. Son pelage est brun, sauf les poils entourant la zone glandulaire dorsale qui sont blancs, blanc jaunâtre ou brun jaunâtre ; il porte aussi une tache blanche sur le menton. Ses dents ressemblent, en miniature, à celles d'un rhinocéros. On le trouve très localement en Afrique du Sud et surtout au Mozambique, en Zambie, au Kenya et dans le sud du Soudan. Il habite les forêts jusqu'à 4 500 mètres d'altitude, se tient dans les arbres où il court agilement sur les troncs et les branches inclinés. Nocturne, il passe la journée à dormir dans un trou d'arbre ou dans le feuillage dense des cimes. Il mange

Hyracoïdes

Crâne de Daman d'arbre

Daman d'arbre

des feuilles, bourgeons et jeunes pousses ainsi qu'une petite quantité d'insectes. Il est solitaire et on n'en voit que rarement deux ou trois ensemble. Il signale sa présence par des cris perçants que l'on entend après le coucher du soleil. La reproduction peut avoir lieu toute l'année. La gestation dure de sept à huit mois et la portée comprend généralement 1 petit, parfois 2 et très rarement 3. La maturité sexuelle survient à l'âge de 2 ans.

Le Daman du Cap *(Heterohyrax syriacus)* vit surtout en Afrique orientale

La patte postérieure du Daman d'arbre possède une sole musculeuse qui fait office de ventouse

361

Proboscidiens

Éléphant d'Asie

(Elephas maximus)

M

Éléphants *(Elephantidae)*

Les deux éléphants actuellement vivants sont placés dans deux genres distincts et n'habitent pas les mêmes continents. L'Éléphant d'Asie, plus petit que celui d'Afrique, est répandu en Inde, au Sri Lanka, en Malaisie et en Indochine, à Sumatra et au Kalimantan (Bornéo). Il mesure de 5,50 à 6,40 m de long depuis l'extrémité de la trompe jusqu'au bout de la queue (celle-ci atteint, de 1,20 à 1,50 m de long) ; sa hauteur à l'épaule est de 2,50 à 3 m et son poids atteint 5 t. Il diffère de l'Éléphant d'Afrique par plusieurs détails : sa trompe est presque lisse et ne possède qu'un seul appendice tactile à l'extrémité ; son crâne présente deux grandes bosses frontales ; ses oreilles sont petites et son dos est rectiligne ou légèrement convexe ; enfin, les défenses manquent souvent chez les femelles et parfois aussi chez les mâles.

On distingue plusieurs sous-espèces, la plus abondante étant l'Éléphant du Bengale (*E. maximus bengalensis*) dont les effectifs étaient estimés entre seize mille et vingt-deux mille en 1989. D'autres sous-espèces ont entièrement disparu (en Irak, Iran, Chine et sur Java) ou bien leurs populations sont très faibles. La peau est généralement grise, mais chez la sous-espèce du Sri Lanka (*E. maximus maximus*) elle est d'un noir grisâtre qui pâlit avec l'âge jusqu'à ce que certaines parties du corps soient entièrement dépigmentées : des taches roses commencent à apparaître à la base et à l'extrémité de la trompe, au bord des oreilles, sur les tempes et le cou ; elles s'agrandissent progressivement jusqu'à ce que, l'animal devenu vieux, elles se réunissent et forment de grands espaces roses.

L'Éléphant d'Asie vit dans les forêts mais il en sort pour manger dans les champs du voisinage, les plantations de bananiers et d'orangers, les cultures légumières où il fait

Éléphant d'Asie, sous-espèce
Elephas maximus bengalensis

Proboscidiens

beaucoup de dégâts. Cette situation s'explique aisément : les espaces où il peut encore vivre s'amenuisent de plus en plus, reculant devant l'extension des terres cultivées. Dans certaines régions, la densité des éléphants est telle qu'ils ne trouvent plus assez de nourriture et doivent en chercher ailleurs. L'Éléphant d'Asie aime se baigner et se frotter contre l'écorce des arbres. D'autres animaux l'aident à lutter contre les parasites ; ainsi, des hérons débarrassent sa peau des tiques et larves de mouches. Il se protège contre les insectes importuns en se roulant dans la boue et en se poudrant la peau avec de la poussière. Domestiqué depuis longtemps, il est dressé pour effectuer des travaux pénibles (transport, arrachage d'arbres, etc.) et on s'en sert aussi comme monture. C'est lui que l'on emploie dans les cirques.

Il devient adulte entre 8 et 13 ans. L'accouplement est précédé de préliminaires compliqués : le mâle renifle la femelle en chaleur et pose ses défenses sur son dos ; après quoi tous deux mêlent leurs trompes, se poursuivent et se donnent des bourrades. Pour la copulation, le mâle s'appuie sur la femelle avec ses pattes antérieures et, en position assise, introduit son pénis. La copulation dure moins de deux minutes mais est répétée plusieurs fois à environ vingt minutes d'intervalle. La gestation dure de dix-sept à vingt-deux mois si le petit est une femelle et de vingt à vingt-trois mois si c'est un mâle. La mère se tient debout pour la mise bas et l'éléphanteau naît généralement la tête la première.

Tête d'Éléphant d'Asie, sous-espèce *Elephas maximus maximus*

Surface d'une molaire d'Éléphant d'Asie : elle porte des plis d'émail transversaux

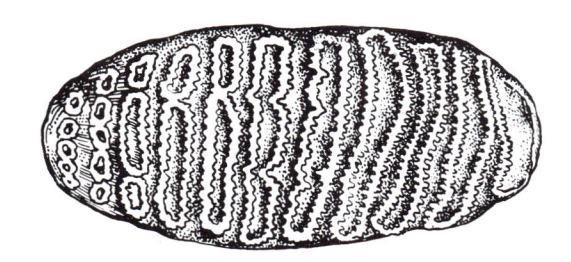

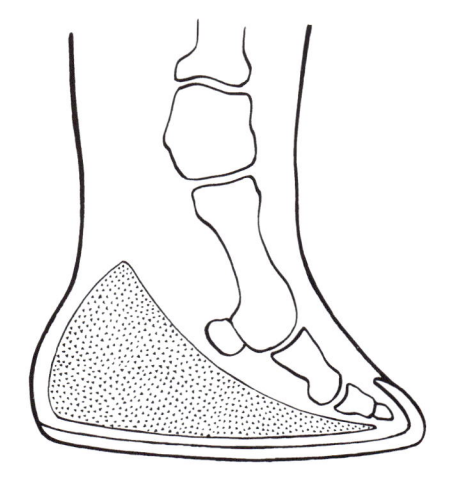

Coupe d'un pied d'Éléphant d'Asie. En pointillé, coussinet palmaire sur lequel l'animal s'appuie pour marcher

Proboscidiens

Éléphant d'AfriqueV

(Loxodonta africana)　　　　　　　　　　　　　　　　　　　　　　　　　Éléphants *(Elephantidae)*

L'Éléphant d'Afrique est le plus grand mammifère terrestre du monde. Du bout de la trompe à l'extrémité de la queue, il mesure 7,50 m, sa queue de 1 à 1,30 m de long ; il atteint parfois 4 m de haut à l'épaule et peut peser 6 t. Il diffère de son cousin d'Asie par l'absence de bosses frontales ; son front est plat et fuyant. Mâles et femelles ont des défenses qui, chez les premiers, mesurent en moyenne 1,50 m de long et pèsent 16 kg. Le record de longueur est de 3,50 m. Il y a normalement deux défenses, parfois seulement une et parfois jusqu'à six. Elles servent surtout à chercher des aliments dans la terre, à creuser les mares desséchées pour atteindre l'eau, à écorcer les arbres et s'utilisent également comme armes défensives ou offensives. Les deux défenses d'un éléphant n'ont pas exactement la même longueur et ne sont pas usées de la même façon, l'une l'étant généralement davantage que l'autre. On peut donc dire dans une certaine mesure qu'il y a des gauchers et des droitiers chez les éléphants. Enfin, l'Éléphant d'Afrique a des oreilles beaucoup plus grandes que celles de l'Éléphant d'Asie. Par temps chaud, l'animal les agite pour se rafraîchir car elles sont riches en vaisseaux sanguins (le mouvement refroidit le sang) et pour écarter les insectes

Surface d'une molaire : les plis d'émail forment des crêtes épaisses et assez hautes

Éléphant d'Afrique

Proboscidiens

importuns. Les mouvements des oreilles constituent également un moyen de communication entre les membres d'un troupeau. Le dos (et non pas le tête) est l'endroit le plus élevé du corps chez l'Éléphant d'Afrique. La trompe est profondément sillonnée et son extrémité porte deux lobes opposés (supérieur et inférieur). Cet éléphant vit en familles matriarcales comprenant une femelle et ses descendants d'âges divers. Il arrive que plusieurs familles s'assemblent en un troupeau comptant jusqu'à cent animaux. Les mâles adultes vivent en groupes distincts et rejoignent les femelles en chaleur. Les plus vieux sont solitaires. Les femelles ont un cycle œstrien de quatre ans et il ne naît qu'un petit. Aujourd'hui, l'Éléphant d'Afrique ne vit plus qu'au sud du Sahara, surtout dans les parcs nationaux d'Afrique orientale et centrale. Il se raréfie de plus en plus, massacré par les braconniers : on estimait ses effectifs à plus de deux millions en 1960 et sans doute trente mille en 1989. Il habite les savanes, les forêts et la végétation riveraine des lacs. Les zoologistes ont distingué plusieurs sous-espèces. La plus grande est l'Éléphant de savane (*L. africana oxyotis*) qui possède quatre doigts aux pattes antérieures et trois aux pattes postérieures ; l'Éléphant de forêt (*L. africana cyclotis*) vit dans les forêts d'Afrique occidentale et mesure environ 2,50 m de haut ; il a des oreilles arrondies, des défenses relativement minces tournées vers le bas, cinq doigts aux pattes antérieures et quatre aux postérieures. Des intermédiaires existent là où les deux sous-espèces se rencontrent. La plus petite sous-espèce, l'Éléphant de l'Atlas, a disparu depuis longtemps ; dans l'Antiquité, elle fut chassée, dressée et employée au cours des batailles ; c'est elle qu'Hannibal utilisa pour franchir les Alpes.

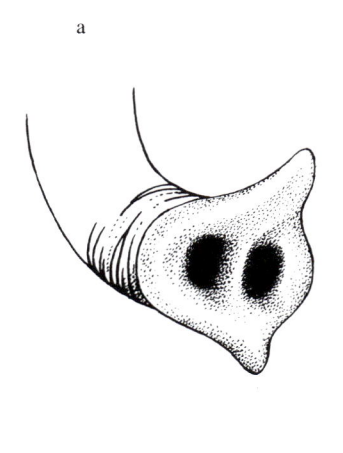

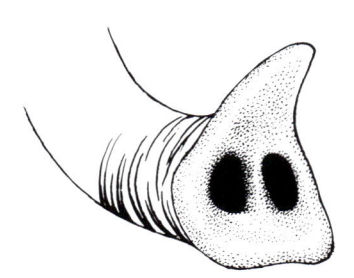

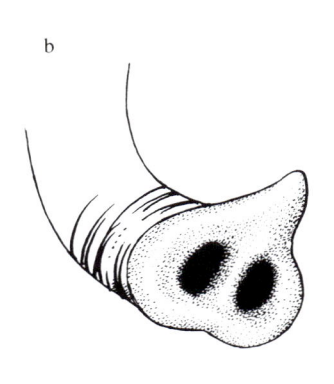

Extrémité de la trompe chez l'Éléphant d'Afrique (a), l'Éléphant d'Asie (b) et le Mammouth (c)

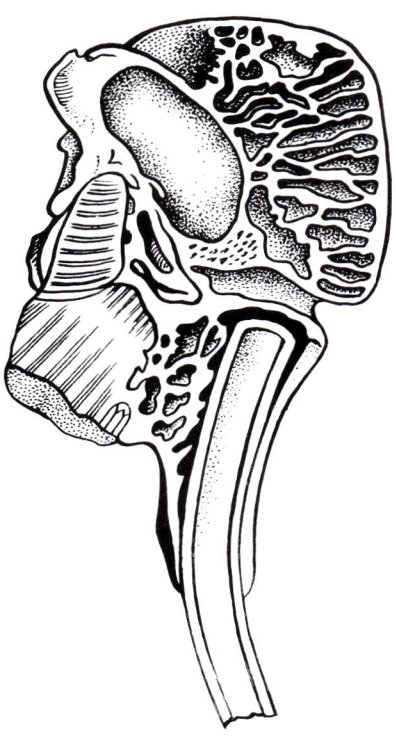

Coupe d'un crâne d'Éléphant d'Afrique. De nombreuses cavités allègent les os. Les défenses sont enfoncées dans la mâchoire supérieure sur environ un tiers de leur longueur

LES ONGULÉS PÉRISSODACTYLES

Les Périssodactyles sont de grands mammifères herbivores caractérisés par le fait que le poids de leur corps est supporté par les doigts médians des pattes. L'axe du corps passe donc par ces troisièmes doigts qui sont les plus grands et les plus longs. Les deux autres doigts présents sont plus petits ou bien n'existent que sous forme de vestiges. Tous ces mammifères ont un nombre de doigts impair aux membres postérieurs et, pour la plupart, également aux membres antérieurs. Des fossiles des premiers Périssodactyles ont été découverts dans des couches de sédiments datant de l'Éocène en Amérique centrale

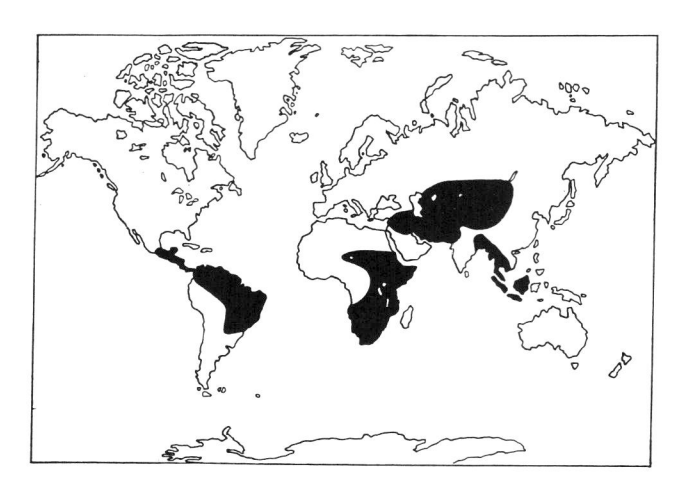

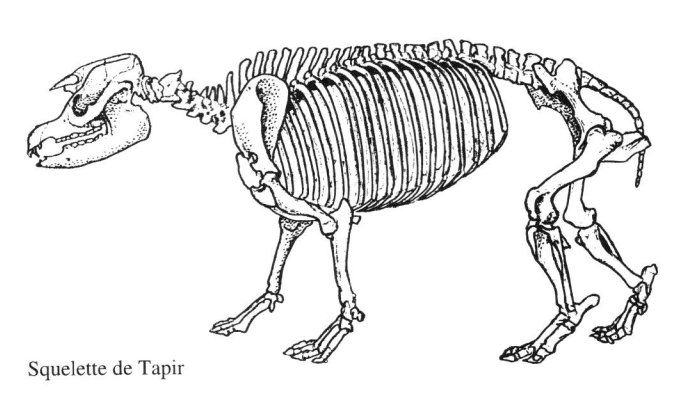

Squelette de Tapir

Distribution des Périssodactyles

et remontant par conséquent à environ 60 millions d'années. Ils avaient encore cinq doigts. Au cours de l'évolution, les doigts externes se raccourcirent et disparurent chez certaines espèces. Les rhinocéros (*Rhinocerotidae*) ne possèdent que trois doigts sur chaque patte alors que les tapirs (*Tapiridae*) en ont quatre antérieurs et trois postérieurs et les chevaux (*Equidae*) un seul sur chaque membre. Le premier doigt manque chez tous les Périssodactyles actuels. Les transformations du squelette des pattes, et notamment la réduction du nombre des doigts, sont des adaptations aux déplacements rapides sur les terrains durs des plaines. Elles permettent aussi d'échapper aux prédateurs. La dernière phalange des doigts est en biseau, et un sabot corné sur lequel l'animal s'appuie la recouvre. L'adaptation à la course a entraîné un allongement et un affinement des membres. C'est dans la famille des *Equidae* que l'on trouve les meilleures adaptations à la course : une modification importante a affecté l'os de la cheville appelé astragale à son extrémité proximale (la plus proche du corps) articulée avec le tibia. Cette disposition permet seulement des mouvements antéropostérieurs et renforce le membre. Les Périssodactyles n'ont pas de clavicules et les mâles sont dépourvus d'os pénien (baculum). Le crâne, allongé, est incliné vers l'arrière dans la région occipitale et les orbites sont situées très en retrait. Il n'y a ni bois, ni cornes semblables à celles des Artiodactyles ; en effet, les cornes des rhinocéros dérivent de l'épiderme extrêmement kératinisé, qui forme des fibres creuses au-dessus des os nasaux. Ces fibres sont agglomérées et constituent des « cornes » plus ou moins pointues et de longueur variable. Si on enlève la peau, les cornes partent avec elle. Les Périssodactyles ont de 24 à 44 dents ; leurs canines sont souvent petites ou incluses dans les gencives, donc invisibles. Chez la plupart des espèces, les molaires ont une couronne très haute dont les cuspides sont reliées par des plis transversaux. Les Périssodactyles coupent des feuilles ou des rameaux et broutent des herbes. Leur lèvre supérieure, relativement grande et très mobile, leur sert à saisir une nourriture qui doit être bien broyée car l'estomac est simple. Ce broyage est aussi assuré par les longues rangées de prémolaires et de molaires. Le grand caecum joue un rôle important dans la digestion. Les Périssodactyles sont dépourvus de vésicule biliaire.

Ces mammifères vivent dans le centre et le sud de l'Asie, à Sumatra, Java, au

Périssodactyles

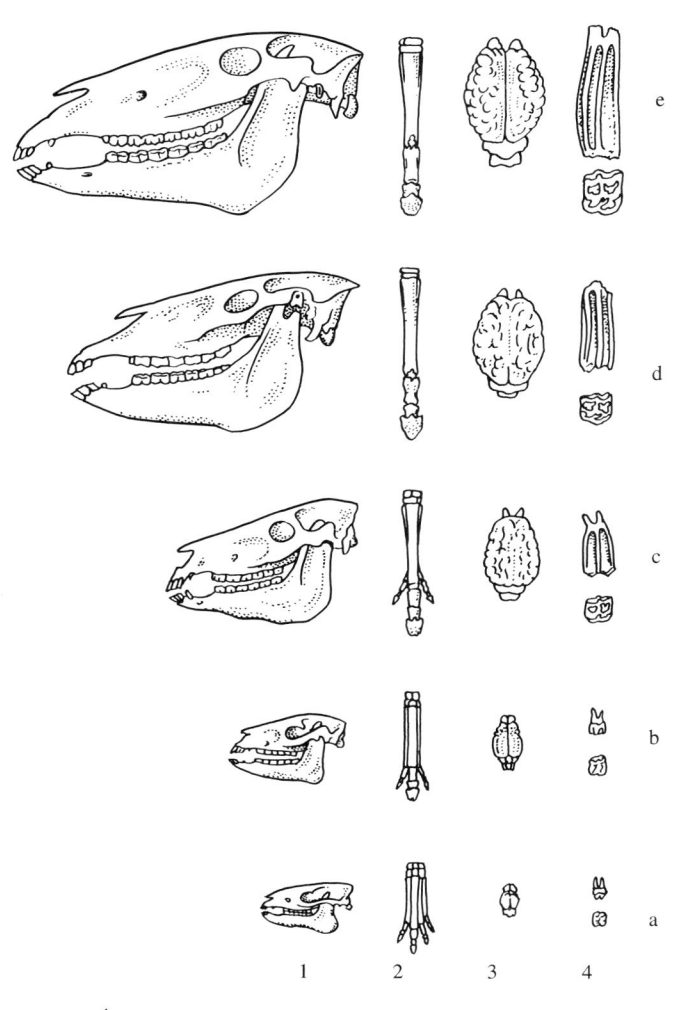

Évolution des ancêtres du Cheval depuis l'ère tertiaire (Cénozoïque). Remarquez l'augmentation de la taille (1), la réduction progressive du nombre des doigts fonctionnels (sauf le médian) et de leurs dimensions (2), le changement de structure du cerveau (3) et des dents (4). a – *Hyracotherium* (Éocène) ; b – *Mesohippus* (Oligocène) ; c – *Merychippus* (Miocène) ; d – *Pliohippus* (Pliocène) ; e – *Equus* (Pléistocène)

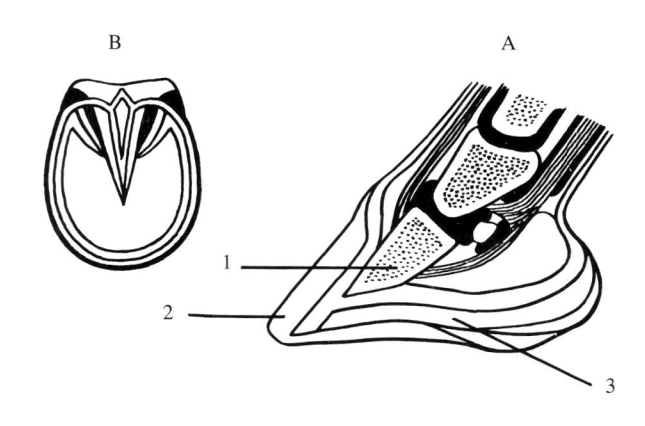

Sections longitudinale (A) et transversale (B) d'un sabot de Cheval : 1) dernière phalange ; 2) lame cornée (paroi) ; 3) sole plantaire

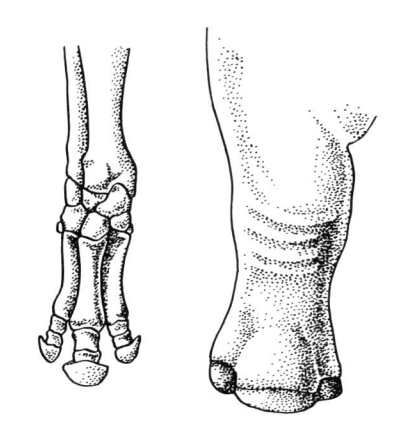

Squelette du membre antérieur d'un Rhinocéros (vu de face)

Kalimantan (Bornéo), en Afrique (sauf au Sahara) et dans le Nouveau Monde depuis le sud du Mexique jusqu'au nord de l'Argentine. Les seuls Périssodactyles indigènes dans l'hémisphère sud sont les tapirs. Les Périssodactyles vivants qui ont été domestiqués appartiennent tous à la famille des *Equidae*. Ces Ongulés Périssodactyles atteignent la maturité sexuelle à 4-6 ans et leur longévité varie de vingt à trente ans, voire davantage. Ils vivent en petits groupes conduits par un mâle qui assure la protection des membres de la famille. Celle-ci comprend en moyenne vingt animaux, soit l'étalon et une femelle âgée, leurs descendants d'âges différents et des deux sexes. Les étalons adultes vivent souvent en groupes particuliers et les plus vieux sont solitaires. Les tapirs vivent en petits groupes ou solitairement. Les rhinocéros sont eux aussi généralement solitaires, sauf pour la reproduction. Toutefois, il n'est pas exceptionnel de rencontrer des groupes comprenant des adultes des deux sexes et des jeunes.

La plupart des Périssodactyles courent très bien ; à cet égard, les chevaux sont les meilleurs, à la fois pour la rapidité et pour l'endurance. Les rhinocéros ne peuvent courir aussi vite que sur de brèves distances. Les tapirs sont plus lents et, en cas de danger, ils se cachent dans des fourrés ou plongent dans l'eau. À l'ère tertiaire (Cénozoïque) les Ongulés Périssodactyles étaient un groupe mammalien très important (on en a décrit plus de cent cinquante genres d'après les fossiles). Aujourd'hui, ils constituent un petit groupe d'une vingtaine d'espèces réparties entre trois familles.

Périssodactyles

Rhinocéros de l'Inde

M

(Rhinoceros unicornis)

Rhinocéros *(Rhinocerotidae)*

Ce gros herbivore fait partie d'une famille qui n'a que cinq membres (deux en Afrique et trois en Asie). Les rhinocéros sont des animaux massifs, dont la peau, nue et raide, atteint 6 cm d'épaisseur ; ils portent une ou deux cornes sur les os nasaux. Ils vivent dans les savanes et les savanes boisées, moins souvent en forêt. Le Rhinocéros de l'Inde est l'un des mammifères les plus remarquables du monde. On le reconnaît sans peine à sa peau qui forme de grandes plaques mobiles, si bien qu'à distance on dirait qu'il porte une armure. Cette peau est très résistante ; des poils existent seulement sur les oreilles et sous forme de touffe au bout de la queue. Le corps trapu du Rhinocéros de l'Inde est soutenu par des pattes courtes mais puissantes, se terminant par trois doigts pourvus de tout petits sabots. Les doigts, et notamment ceux du milieu, supportent le poids de l'animal qui atteint 4 t. Le Rhinocéros de l'Inde atteint de 2,10 à 4,20 m de long de 1 m à 2 m à l'épaule, et sa queue mesure de 60 à 75 cm de long. Sa tête assez courte mais large porte une seule corne sur les os nasaux.

Le Rhinocéros de l'Inde était jadis répandu dans une grande partie de l'Inde, mais aujourd'hui il ne subsiste que de petites populations au Népal, dans l'Assam, au Pakistan et peut-être au Bangladesh. Il fréquente les paysages ouverts, les lieux herbeux et les bois clairs. Il se nourrit de graminées, tiges d'arbres et d'arbrisseaux, de roseaux. C'est un solitaire qui séjourne là où il trouve des aliments et de l'eau car il se baigne chaque jour ; il aime aussi se rouler dans la poussière. Il se montre surtout actif à l'aube et le soir. Craintif, il préfère généralement se retirer en présence d'un danger, mais les sujets

Rhinocéros de l'Inde

Périssodactyles

blessés et les femelles qui défendent leur petit sont agressifs. Pour attaquer, ce rhinocéros se sert de ses dents et non pas de ses cornes ; les incisives inférieures, normalement cachées dans la gueule, représentent ses principales armes. Le Rhinocéros de l'Inde a un taux de reproduction très faible, ce qui explique – en partie – sa rareté. La gestation dure dix-neuf mois et l'unique petit naît entre la fin de février et la fin d'avril. L'allaitement dure jusqu'à deux ans. La maturité sexuelle survient vers 5 ans et pas avant 3 ans. La longévité de l'espèce atteint cinquante ans. Le Rhinocéros de l'Inde est menacé de disparition par le braconnage car, selon de vieilles superstitions chinoises, sa corne aurait des propriétés médicinales extraordinaires ; en outre, son sang séché est également très apprécié.

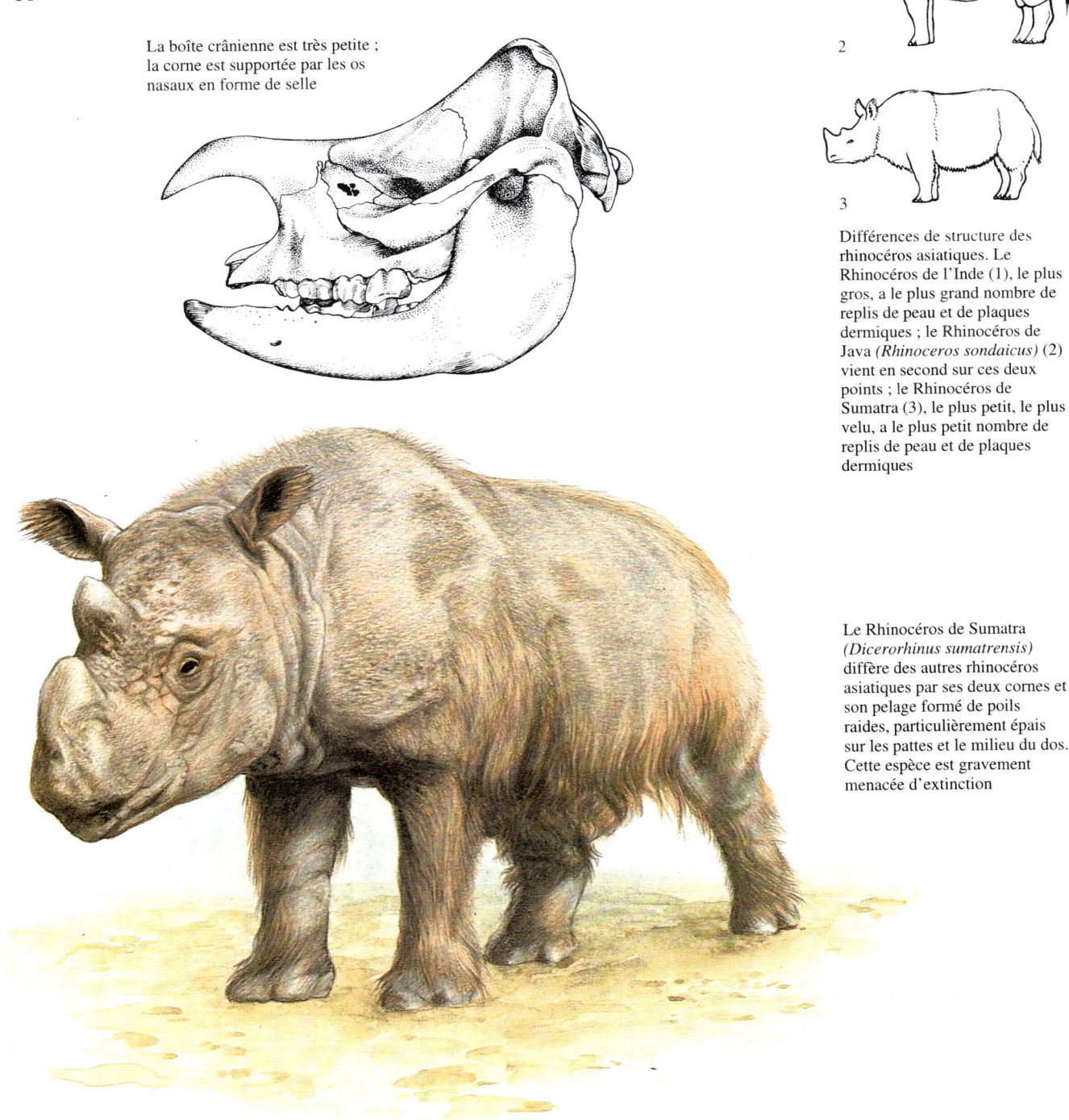

La boîte crânienne est très petite ; la corne est supportée par les os nasaux en forme de selle

Différences de structure des rhinocéros asiatiques. Le Rhinocéros de l'Inde (1), le plus gros, a le plus grand nombre de replis de peau et de plaques dermiques ; le Rhinocéros de Java *(Rhinoceros sondaicus)* (2) vient en second sur ces deux points ; le Rhinocéros de Sumatra (3), le plus petit, le plus velu, a le plus petit nombre de replis de peau et de plaques dermiques

Le Rhinocéros de Sumatra *(Dicerorhinus sumatrensis)* diffère des autres rhinocéros asiatiques par ses deux cornes et son pelage formé de poils raides, particulièrement épais sur les pattes et le milieu du dos. Cette espèce est gravement menacée d'extinction

Périssodactyles

Rhinocéros noir

(Diceros bicornis)

M

Rhinocéros *(Rhinocerotidae)*

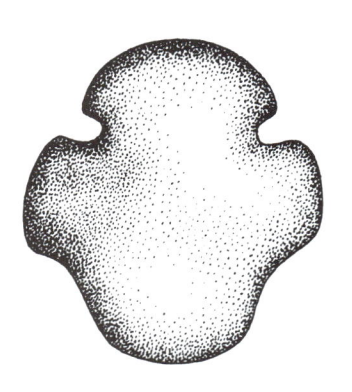

L'empreinte du Rhinocéros noir est à peu près ovale ; les marques des petits sabots sont semi-circulaires

Cette espèce est un peu plus petite que les Rhinocéros de l'Inde et le Rhinocéros « blanc », car elle ne mesure jamais plus de 3,60 m de long. Son poids moyen est 1,4 t mais certains spécialistes estiment qu'il peut atteindre 2,5 t. La hauteur à l'épaule avoisine 1,50 m et la queue atteint 71 cm. La peau ne forme pas de grandes plaques. Ce rhinocéros est reconnaissable à ses deux cornes ; la première, située près des narines, est beaucoup plus longue que la seconde qui se trouve au niveau des yeux. La première atteint 1,35 m et la seconde 50 cm. Il y a parfois l'ébauche d'une troisième corne derrière la seconde ; elle est mince et existe généralement chez la femelle. Le Rhinocéros noir se distingue aussi par sa lèvre supérieure triangulaire qui ressemble à une très courte trompe très mobile ; il l'utilise pour saisir les aliments. La tête est petite par rapport au corps et les oreilles sont très écartées. Le dos est rectiligne (il n'y a pas de bosse). La peau est gris foncé et paraît toujours plus claire à cause de la boue séchée et de la poussière qui la recouvrent.

Le Rhinocéros noir vit en Afrique, surtout dans l'Est et le Sud ; autrefois, son aire de répartition était bien plus vaste et continue. On le trouve dans toutes sortes de paysages,

Rhinocéros noir

370

Périssodactyles

depuis les savanes arides jusqu'aux forêts de montagnes. Il mange des feuilles et des pousses d'arbres qu'il saisit avec sa lèvre supérieure préhensile ; l'acacia lui fournit ses aliments favoris (rameaux, écorce et feuilles). C'est un animal solitaire dont le territoire comporte non seulement des sources de nourriture mais aussi une ou deux mares car il boit chaque jour. Le territoire de la femelle abrite celle-ci et son dernier petit. Le territoire du mâle, plus étendu, recouvre ceux de deux ou plusieurs femelles, mais les autres mâles ne peuvent y pénétrer. Les limites de cette propriété sont marquées avec les crottes, aspergées d'urine, rejetées en des points particuliers et que l'animal disperse ensuite à l'aide de ses pattes postérieures. L'agressivité du Rhinocéros noir est bien connue ; son comportement vis-à-vis de l'homme est imprévisible, ce qui le rend dangereux. Parfois, il attaque sans raison apparente, semblant suivre le principe selon lequel il vaut mieux prévenir que guérir. Il court fort bien sur de brèves distances, atteint presque 50 km/h mais il est aussi capable de franchir plusieurs kilomètres à une allure moindre. Dans les parcs nationaux, il a déjà chargé et renversé des voitures. Les braconniers le chassent pour obtenir ses cornes qui sont exportées principalement en Chine. Il en résulte que ses effectifs ont diminué de façon dangereuse : estimés à soixante-cinq mille en 1970, ils étaient probablement voisins de trois mille huit cents en 1987… La gestation dure de 530 à 550 jours et la femelle met au monde un seul petit tous les trois ans. La maturité sexuelle est atteinte à l'âge de 5 ans environ. Les accouplements peuvent avoir lieu toute l'année.

Différences entre les deux rhinocéros africains. Chez le Rhinocéros noir (1), la tête est petite par rapport au corps et le dos est rectiligne, sans trace de bosse. Chez le Rhinocéros « blanc » (2) la tête est longue, massive et généralement tenue basse ; en outre, il y a une bosse au niveau des épaules

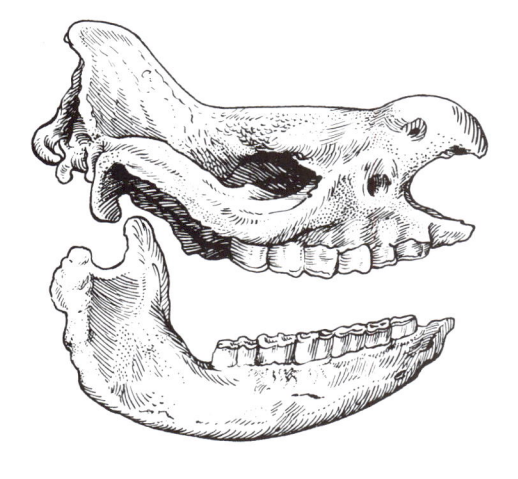

Un jeune

Crâne de Rhinocéros noir : les os nasaux supportent la corne antérieure ; la corne postérieure pousse sur les os frontaux

Périssodactyles

Rhinocéros « blanc », Rhinocéros de Burchell V, M

(Ceratotherium simum)   Rhinocéros *(Rhinocerotidae)*

C'est le plus gros mammifère terrestre après les éléphants. Il mesure de 3,50 à 4,30 m de long de l'extrémité du museau à la racine de la queue. Il est plus grand et plus lourd que le Rhinocéros noir mais en diffère par d'autres caractères. Il a deux cornes dont la première, la plus large à la base, est aplatie latéralement et mesure de 50 à 90 cm en moyenne ; la seconde, plus courte, atteint 50 cm. La lèvre supérieure n'est ni préhensile ni triangulaire mais carrée, en sorte que le museau est large et camus (d'où le nom latin *simum*, qui signifie camus, camard). Le nom couramment donné à cette espèce, Rhinocéros « blanc », est inexact car sa peau est grise et non pas blanche ; elle prend la couleur de la boue dans laquelle l'animal se roule souvent. Il vaut mieux l'appeler Rhinocéros camus ou Rhinocéros de Burchell (nom de celui qui le décrivit en 1817). Il se distingue aussi par sa bosse dorsale située au niveau des omoplates et particulièrement visible quand il dresse la tête. Le plus souvent, il tient sa tête basse quand il marche et ne la relève au niveau du corps que s'il est excité. Elle est massive et anguleuse.

La répartition de cette espèce est discontinue : on la trouve d'une part dans le sud-ouest de l'Ouganda, au Zaïre et dans le sud du Soudan, et d'autre part en Afrique du Sud. On a donné le statut de sous-espèce à la population de l'Ouganda (*C. simum cottoni*). Le Rhinocéros « blanc » habite les savanes où il broute les herbes avec sa très large lèvre supérieure. Il vit solitairement contrairement aux femelles, qui sont accompagnées de leur petit. Il se nourrit en grande partie dans la journée et emprunte des itinéraires fixes pour se rendre à ses pâturages. Il va chaque jour au bord d'un plan d'eau (marais ou rivière) inclus dans son territoire, et cela non seulement pour boire, mais aussi pour se rouler pendant des heures dans la boue. Son ouïe est très fine mais, comme le Rhinocéros noir, il voit mal ; cependant, il n'attaque que si on le provoque. Ses crottes diffèrent de celles du Rhinocéros noir car elles ressemblent au crottin de cheval alors que celles du Rhinocéros noir, qui contiennent des feuilles et des rameaux non digérés, ont davantage l'aspect de celles de l'Éléphant. Le Rhinocéros « blanc » défèque régulièrement aux mêmes endroits et disperse ses excréments avec ses pattes postérieures. La gestation dure dix-sept ou dix-huit mois et il n'y a qu'un seul petit. La maturité sexuelle survient entre 4 ans et demi et 6 ans chez les femelles ; à partir de cet âge elles ont un petit tous les deux, trois ou quatre ans. C'est l'une des raisons pour lesquelles l'espèce est peu abondante, la principale étant une chasse abusive (effectifs estimés à trois mille cinq cents en 1982).

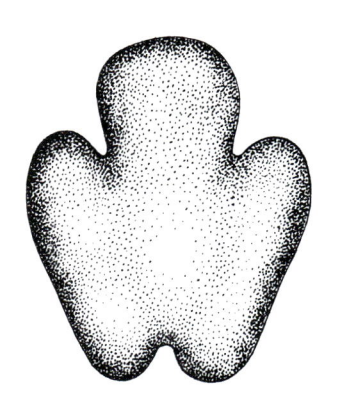

L'empreinte du Rhinocéros « blanc » est un peu allongée ; les marques des sabots latéraux sont étroites et bien dégagées ; le bord postérieur de l'empreinte est échancré et non pas arrondi

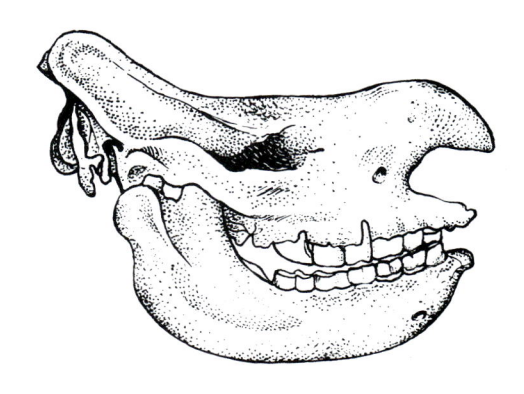

Comparé à celui du Rhinocéros noir, le crâne du Rhinocéros « blanc » est très long et rétréci dans la partie occipitale

Périssodactyles

Rhinocéros « blanc »

Périssodactyles

Tapir

(Tapirus terrestris)   Tapirs *(Tapiridae)*

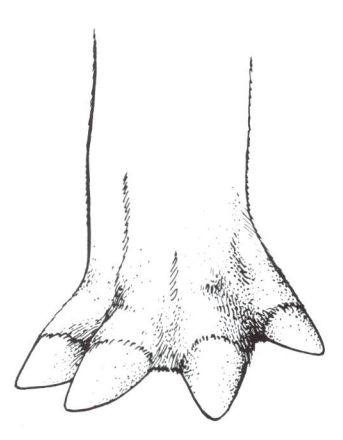

Patte antérieure de Tapir

La famille des *Tapiridae* comprend seulement quatre espèces vivantes. Ce sont des animaux robustes, au corps allongé, dont la lèvre supérieure forme une courte trompe. Ils vivent dans les forêts pluviales d'Amérique centrale et du Sud (trois espèces) et du Sud-Est asiatique (une espèce). Le Tapir brésilien mesure environ 2 m de long et 1 m de haut à l'épaule ; en moyenne, il pèse 225 kg (les femelles sont beaucoup plus grandes que les mâles). Les adultes sont d'un brun dont la tonalité varie selon le milieu ambiant. Jusqu'à 6-8 mois, les jeunes sont couverts de bandes longitudinales brun foncé et blanc qui ont un rôle de camouflage, car dans les sous-bois des forêts tropicales, où les taches d'ombre et de lumière alternent, elles brisent les contours du corps en sorte que les jeunes tapirs sont presque invisibles. Les adultes arborent une courte crinière foncée qui va des oreilles aux épaules. Il y a quatre doigts aux pattes antérieures et trois aux postérieures.

Ce tapir vit en Amérique centrale et en Amérique du Sud depuis le sud du Mexique, le Venezuela et la Colombie jusqu'au nord de l'Argentine et au Paraguay. Il fréquente les forêts épaisses, surtout près des rivières et des marais. C'est un animal craintif, discret, solitaire, dont l'observation est difficile. Il aime nager et c'est dans les lieux inondés qu'on a le plus de chances de le rencontrer. Nocturne, il passe la journée à l'abri dans les sous-bois denses. Il se déplace silencieusement en suivant des coulées. Son régime

Tapir

Périssodactyles

comprend des feuilles d'arbres et d'arbrisseaux, des fruits et des végétaux palustres. Là où l'Homme a envahi la forêt, le Tapir lui répond en endommageant ses cultures.

Malgré sa discrétion et son aspect banal, le Tapir est une espèce en danger dont les effectifs diminuent, et cela pour plusieurs raisons. Ce n'est pas le jaguar, son principal prédateur, qui est en cause. Il chasse le Tapir quand celui-ci sort de l'eau en plein jour pour faire la sieste sur les berges ; ce ne sont pas davantage les Indiens qui le chassent depuis des temps immémoriaux pour manger sa chair. Les causes essentielles sont la disparition progressive de son habitat naturel et une chasse abusive. Étant donné que la gestation dure environ quatre cents jours et que la femelle a un seul petit qui reste avec elle au moins un an, le Tapir ne peut compenser ces influences négatives et il s'est raréfié. La femelle s'occupe attentivement de son petit et le protège contre les dangers, se servant de ses dents et de ses pattes antérieures comme armes défensives. Normalement, les adultes échappent aux dangers en se précipitant dans l'eau où ils peuvent rester assez longtemps sous la surface. Les tapirs font partie des plus anciens mammifères du point de vue évolutif : au Cénozoïque (ère tertiaire), ils formaient déjà un groupe important présent à l'emplacement de l'Europe, de l'Amérique du Nord et de la Chine.

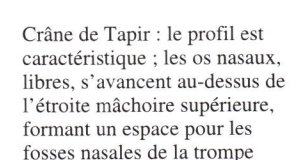

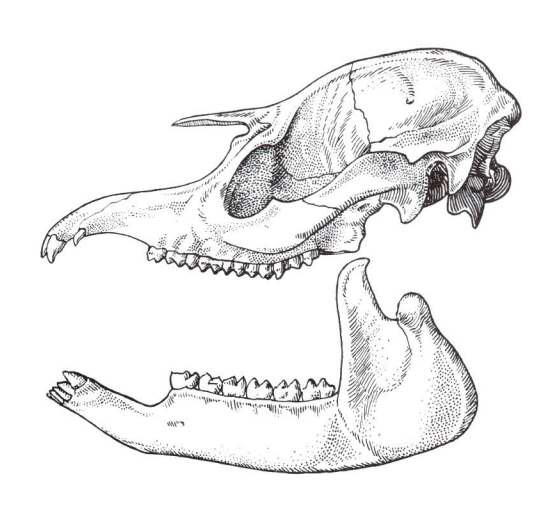

Crâne de Tapir : le profil est caractéristique ; les os nasaux, libres, s'avancent au-dessus de l'étroite mâchoire supérieure, formant un espace pour les fosses nasales de la trompe

Jeune Tapir

Périssodactyles

Tapir à chabraque
(Tapirus indicus)

M

Tapirs *(Tapiridae)*

Les adultes de cette espèce ont une coloration originale : la partie antérieure de leur corps, leur arrière-train et leurs membres sont d'un brun noirâtre alors que le reste est blanc. Jusqu'à 6-8 mois, les jeunes sont bruns avec des bandes longitudinales blanches. Les couleurs contrastées des uns et des autres (les rayures des jeunes sont semblables à celles de la précédente espèce) constituent une adaptation aux ombres et aux lumières

Tapir à chabraque

des sous-bois forestiers. Le Tapir à chabraque est bien plus grand que ses cousins d'Amérique tropicale puisqu'il atteint 2 m de long, queue (5-10 cm) non comprise, 1 m de haut à l'épaule et pèse jusqu'à 1,5 t à l'âge adulte. Sur les membres antérieurs, le premier doigt a disparu et le cinquième, très petit, est surélevé par rapport aux autres ; sur les pattes antérieures et postérieures, c'est le troisième doigt le plus fort et le plus grand. Comme chez les éléphants et les rhinocéros, la face inférieure des pattes est pourvue de coussinets de tissu conjonctif élastique. Une surface cornée, nue (châtaigne) se trouve au-dessus du coude (ou du genou) sur la face interne des membres. Sur le crâne, les os nasaux, massifs mais très courts, soutiennent la trompe mobile, plus longue que celle de l'espèce américaine ; en revanche, il n'y a pas de crinière.

Le Tapir à chabraque vit en Birmanie et en Thaïlande au sud du 18e parallèle, en Malaisie péninsulaire et à Sumatra. Jadis, son aire de répartition atteignait la Chine et

Périssodactyles

probablement le Laos, Kampuchéa et le Viêt-nam. Il habite les forêts tropicales et recherche les lieux où la végétation est la plus épaisse. Comme son cousin américain, il suit des itinéraires précis pour rejoindre discrètement gagnages et plans d'eau. Il passe des heures dans l'eau où il nage fort bien et il s'y réfugie en cas de danger. Il mange surtout les plantes qui poussent à l'ombre, au bord de l'eau et en terrain marécageux. Il lui arrive de venir dans les champs pour se nourrir.

Le Tapir à chabraque est surtout actif la nuit et ne quitte son lieu de repos qu'après le crépuscule. Il est généralement solitaire mais on a vu des couples et, bien entendu, des femelles avec leur petit. Ses effectifs diminuent rapidement car ses milieux naturels sont bouleversés par l'Homme ; or, il se reproduit lentement. Les forêts sont coupées et avec elles disparaît l'épaisse végétation et les terrains marécageux qui représentent son habitat typique. La gestation dure quatre cents jours. L'œstrus et la mise bas peuvent avoir lieu à n'importe quelle saison. En général, la femelle n'a qu'un seul petit.

Comparaison entre le Tapir à chabraque et ses cousins sud-américains. De bas en haut : Tapir à chabraque, Tapir, Tapir de Baird *(Tapirus bairdii)* et Tapir pinchaque *(Tapirus pinchaque)*

Femelle et son petit

377

Périssodactyles

Cheval de Przewalski, Cheval sauvage   E

(Equus przewalskii)   Chevaux, ânes et zèbres *(Equidae)*

La famille des *Equidae* se compose d'Ongulés extrêmement spécialisés dont les pattes sont terminées par un seul doigt, le troisième. Les onze espèces appartiennent au genre *Equus* et vivent dans les steppes, les savanes, les semi-déserts où elles courent très rapidement et se nourrissent d'herbes. Le Cheval de Przewalski est le seul cheval sauvage vivant (ou qui l'était encore il y a peu de temps). On estime que c'est l'ancêtre du cheval domestique. Il mesure au maximum 2,80 m de long, de 1,20 à 1,40 m de haut à l'épaule et pèse 350 kg. Les étalons sont plus grands que les juments. Sa tête est courte et massive ; il la tient très bas et, chez les étalons, le museau est pendant. Les puissants muscles masséter sont bien visibles sur la mâchoire inférieure. La crinière, courte, dressée, foncée, bordée de poils plus raides et clairs, est un caractère distinctif ; elle commence entre les oreilles (et non pas sur le front) et prend fin entre les omoplates. La partie inférieure (distale) des pattes est foncée et, chez certains sujets, il y a des ébauches de rayures foncées sur un fond plus clair. Les crins de la queue sont groupés en deux touffes, ce qui est un détail remarquable. Enfin, des poils plus clairs recouvrent la base de cet appendice qui paraît très épais.

L'histoire de la découverte de ce cheval est particulièrement intéressante. Au cours d'un voyage en Asie, l'explorateur russe N. M. Przewalski vit un troupeau d'Ongulés et crut qu'il s'agissait de chevaux sauvages. Il réussit à obtenir un cadavre de l'un de ces animaux et en rapporta la peau et le crâne à Pétrograd (actuelle Saint-Pétersbourg). À l'issue d'une étude comparative, le zoologiste I. S. Polyakov s'aperçut qu'il s'agissait d'une nouvelle espèce de cheval. La description qu'il en fit fut accueillie avec méfiance jusqu'à ce que des chevaux vivants fussent capturés et que se confirmât ainsi son opinion.

La dernière région où l'on a observé ce cheval en vie est la Dzhungarie (désert de Gobi) entre les montagnes de l'Altaï mongol et le Tian-Shan en Chine. Cette région, dont l'altitude est supérieure à 1 000 mètres, se trouve à la frontière sud-ouest de la Mongolie et de la Chine. Le Cheval de Przewalski y vivait sous un climat très rude, se contentant de manger les graminées coriaces de la steppe. On a encore vu de petits groupes de chevaux vers 1925, mais aucun ne fut capturé ni même photographié. Il se peut que quelques individus subsistent car on ne peut exclure qu'ils se soient déplacés vers les régions faiblement peuplées où il n'y a pas de bétail. Le Cheval de Przewalski n'a pas complètement disparu car des sujets capturés en Mongolie au

Deux détails typiques du Cheval de Przewalski : une raie dorsale foncée large de 3 cm entre la fin de la crinière et la base de la queue ; deux touffes de crins forment la queue

Cheval de Przewalski

Périssodactyles

début du XXe siècle ont été élevés dans plusieurs jardins zoologiques et furent ainsi à l'origine d'une population captive. L'espèce se reproduit assez bien dans ces conditions et, après onze mois de gestation, les juments donnent naissance à un poulain en avril ou en mai. Aujourd'hui, près de neuf cent soixante chevaux de Przewalski vivent en captivité, répartis entre plusieurs zoos.

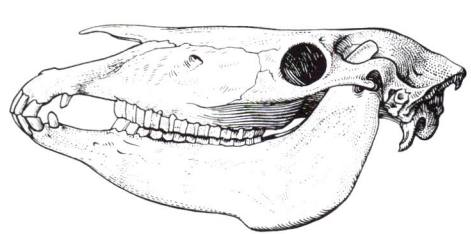

Le crâne est aplati, les orbites sont situées derrière les dents, la mâchoire inférieure est haute et massive. Comme chez les autres *Equidae,* les os nasaux sont étroits et libres du côté antérieur

Les croisement opérés en domestiquant le cheval ont abouti à la création de races ayant un aspect et un rôle différents : Kladrubsky (1), Trait léger (2), Percheron (3)

Périssodactyles

Âne sauvage d'Afrique M

(Equus africanus)   Chevaux, ânes et zèbres *(Equidae)*

Des ânes sauvages vivent en Afrique et en Asie, mais actuellement ils y sont très rares. L'Âne sauvage d'Afrique existe dans le nord-est et l'est du continent noir où il est représenté par deux sous-espèces qui diffèrent par les dimensions et quelques détails de

Âne sauvage de Nubie

coloration. L'Âne de Nubie, le plus petit (*E. africanus africanus*) mesure moins de 1,20 m de haut à l'épaule, alors que l'Âne de Somalie, plus grand (*E. africanus somaliensis*) atteint 1,40 m de haut. L'Âne de Nubie possède une robe gris jaunâtre ; sur le milieu du dos, une bande foncée va jusqu'à la base de la queue et elle est traversée par une rayure transversale sur les épaules, ce qui forme un dessin en croix. Les membres sont dépourvus de rayures ou celles-ci sont

Âne sauvage de Somalie

esquissées. Il y a environ quatre-vingts ans, cet âne vivait encore à l'ouest du Nil jusqu'au centre du Sahara, mais aujourd'hui il est probablement éteint. L'Âne de Somalie a une robe brun roussâtre sans croix sur les épaules, mais ses pattes portent des rayures transversales foncées. Cette sous-espèce survit dans le nord de la Somalie et la partie de l'Éthiopie proche du golfe d'Aden. L'Âne sauvage d'Afrique vit en groupes de dix à quinze individus conduits par une vieille femelle. Peu exigeant, il se contente d'herbes coriaces et de feuilles de buissons épineux. Les accouplements peuvent avoir lieu toute l'année et la gestation dure 360 jours. Cette espèce est l'ancêtre direct des ânes domestiques.

Âne sauvage d'Asie, Onagre, Hémione

V, M

(Equus hemionus)

Chevaux, ânes et zèbres *(Equidae)*

Cet âne ressemble à l'Âne sauvage d'Afrique par certains aspects et au cheval par d'autres. Sa tête est proportionnellement plus grande que celle du cheval et les poils de sa queue sont disposés différemment ; d'autre part, ses oreilles sont plus petites que celles d'un âne et son corps est plus svelte que celui des espèces voisines. Il mesure moins de 2 m de long et de 1 m à 1,50 m de haut à l'épaule. L'Âne sauvage d'Asie a cinq sous-espèces qui se distinguent par la taille, la coloration et leur répartition géographique. On les trouve dans le sud-est de la Mongolie, la Turkménie, l'Afghanistan, le nord de l'Iran, le Pakistan, l'Inde et le Tibet ; elles y fréquentent les milieux désertiques et semi-désertiques, se nourrissant de graminées et de plantes halophiles (poussant sur les terrains salés), toujours à proximité d'un plan d'eau dont elles dépendent la majeure partie de l'année sauf quand il neige et au début du printemps lorsque la végétation est encore riche en sève. Si l'eau ne se trouve pas à plus de 20 km des pâturages, les ânes y vont chaque jour ; sinon, ils s'y rendent tous les deux ou trois jours. Ils ne fréquentent pas les lieux situés à plus de 100 km d'un point d'eau. Très craintifs, ces ânes fuient l'Homme et se tiennent à l'écart de ses troupeaux de moutons et autres animaux domestiques. En mai ou plus tard, la femelle met au monde un seul ânon et reste avec lui à l'écart du groupe. Les familles se constituent à la fin de l'été et comprennent toujours une femelle, un mâle et leurs descendants âgés d'un ou deux ans. En hiver, ces groupes s'unissent et forment des troupeaux.

Âne sauvage d'Asie, ou Onagre, ou Hémione

Différences entre la queue d'un âne (1) et celle d'un cheval (2). Chez l'âne, les crins partent de l'extrémité et non pas de la racine ; ils forment une touffe au bout

Périssodactyles

Zèbre de Grévy

M

(Equus grevyi)

Chevaux, ânes et zèbres *(Equidae)*

Les zèbres forment un groupe particulier dans la famille des *Equidae* et vivent tous en Afrique. Leur robe est rayée de noir et de blanc ; ces rayures sont verticales sur la plus grande partie du corps. Des quatre espèces, dont une est éteinte, le Zèbre de Grévy est la plus grande. Il pèse de 350 à 400 kg et atteint de 1,40 à 1,60 m de haut à l'épaule. Il ressemble un peu aux ânes car il a de grandes oreilles, mais elles sont larges et arrondies ; en outre, son hennissement évoque plutôt un braiment. Ses rayures diffèrent de celles des autres zèbres car elles sont étroites et rapprochées (un peu plus larges sur l'encolure) et ses pattes sont rayées jusqu'aux sabots. Chez les poulains, la crinière s'étend de la tête à la racine de la queue. Le Zèbre de Grévy est répandu en Éthiopie, dans le sud du Soudan, en Somalie et dans le nord du Kenya où il habite les savanes et les semi-déserts. Dans ces milieux, ses rayures serrées le camouflent car il paraît tout gris et se fond dans le paysage, surtout au crépuscule. Il occupe un vaste territoire puisque celui que les étalons défendent en période de reproduction peut couvrir de 2,5 à 10,5 km^2. Le Zèbre de Grévy vit solitairement ou en groupes d'individus du même sexe ou des deux sexes.

Zèbre de Grévy

Périssodactyles

Les documents historiques prouvent que le Zèbre de Grévy est connu depuis plus longtemps que les autres ; pourtant, il n'a été décrit qu'en 1882 par les zoologistes d'après un spécimen offert par l'empereur d'Éthiopie au président de la République Jules Grévy.

Zèbre de montagne

(Equus zebra)

V, M

Chevaux, ânes et zèbres *(Equidae)*

C'est le plus petit de tous les zèbres (hauteur à l'épaule : de 1,20 à 1,25 m). Sa robe est semblable à celle du Zèbre de Grévy sauf sur la croupe et les pattes où les rayures sont larges et horizontales. Il se distingue par le petit fanon situé sous sa gorge. On sépare deux sous-espèces chez le Zèbre de montagne. Le Zèbre du Cap (*E. zebra zebra*), qui subsiste dans des réserves situées au nord-ouest du Cap, est le plus rare. Vers 1930, il était presque éteint, mais grâce aux mesures de protection ses effectifs ont légèrement augmenté. Le Zèbre de Hartmann (*E. zebra hartmannae*) est un peu plus grand que le précédent et son fanon est plus visible. Ses effectifs sont plus importants et il vit sur les plateaux et dans les montagnes de l'Angola méridional. La femelle et les jeunes du Zèbre de montagne forment de petits groupes de sept à douze têtes tandis que les étalons sont solitaires. Ce zèbre se déplace aisément en terrain accidenté. Son hennissement ressemble à celui d'un cheval.

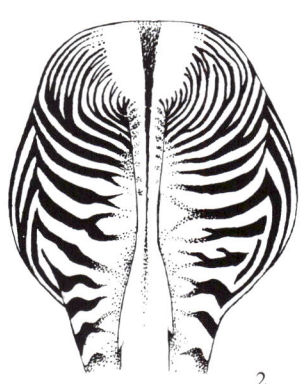

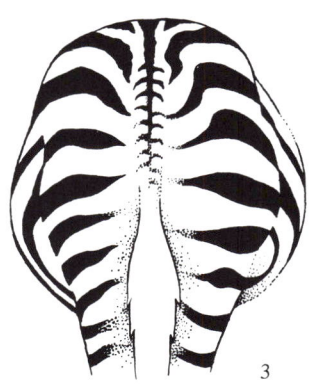

Zèbre du Cap

Rayures de l'arrière-train et queue du Zèbre de montagne (1), du Zèbre de Grévy (2) et du Zèbre de Grant (3)

383

Périssodactyles

Zèbre de Burchell

(Equus burchelli) Chevaux, ânes et zèbres *(Equidae)*

E

Actuellement, c'est le plus commun de tous les zèbres. Son aire de répartition va du Kenya et du sud du Soudan jusqu'à l'Angola, la Namibie, le Botswana, la Zambie et le Mozambique. Il compte trois sous-espèces (une quatrième s'est éteinte) aux dimensions et à la coloration différentes, mais qui présentent des caractères communs. Cela vaut surtout pour les rayures qui sont très larges et en partie fourchues. Dans le Nord, la couleur de fond est un blanc pur, mais vers le sud elle passe au brun jaunâtre ou teinté de roussâtre, et le nombre des rayures noires diminue ; elles s'amincissent sur la croupe et disparaissent presque complètement sur les pattes. Ce zèbre mesure de 2 à 2,20 m de long et de 1,10 à 1,40 m à l'épaule. Les étalons pèsent de 250 à 360 kg ; les juments, plus petites, sont aussi plus légères. La partie septentrionale de l'aire (au nord du Zambèze) est habitée par la sous-espèce la plus abondante, le Zèbre de Grant (*E. burchelli boehmi*), qui a le museau noir et une tache brune au-dessus des narines. Chez le Zèbre de Chapman (*E. burchelli chapmanni*), qui vit au sud du Zambèze, il n'y a presque pas de rayures sur les pattes, la robe est jaunâtre et les rayures brun-noir sont séparées par des bandes secondaires. La plus claire des sous-espèces, *E. burchelli antiquorum*, vit en Namibie. Le Zèbre de Burchell fréquente les savanes et les savanes boisées où il se nourrit de graminées, de feuilles et de rameaux. Il ne s'éloigne guère de l'eau. Il est plus pacifique que les Zèbre de Grévy et de montagne puisque les étalons ne défendent pas de territoire mais se contentent de surveiller leur famille qui reste unie au sein d'un troupeau.

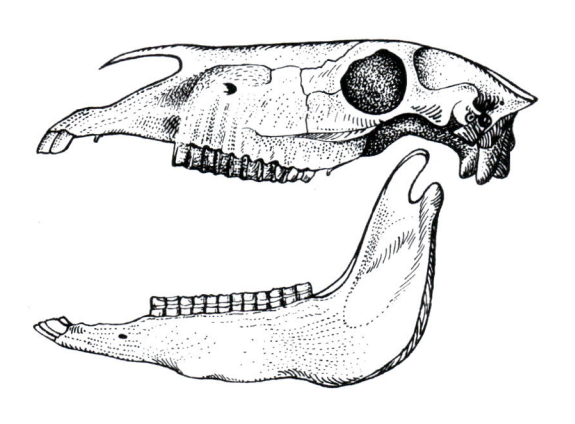

Le crâne du Zèbre de Burchell est plus fin que celui d'un cheval et les orbites sont plus grandes

Zèbre de Grant (Afrique orientale)

384

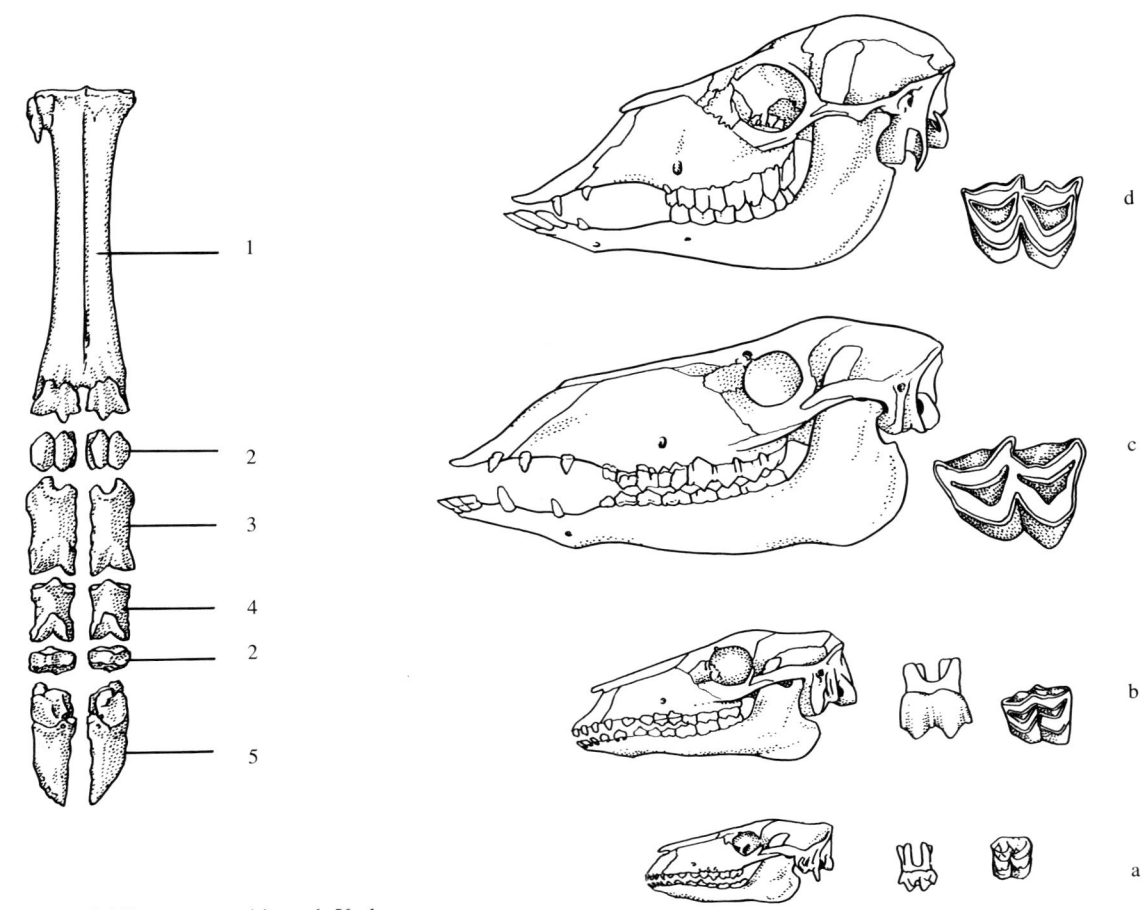

Vue dorsale de l'extrémité d'une patte antérieure de Vache :
métacarpiens soudés des doigts III et IV (1) ; os sésamoïdes (2) ;
articulations proximale (3), médiane (4) et distale (5)
des doigts III et IV

Comme celle des autres grands mammifères herbivores, la taille des Artiodactyles a augmenté au cours de leur évolution, et la structure de leurs dents a changé. C'est ce que montre la comparaison entre trois lamas éteints d'Amérique, *Protylopus petersoni* (a), *Poebrotherium wilsoni* (b), *Procamelus gracilis* (c) et le Guanaco actuellement vivant (d)

la surface des trois dernières phalanges, sous lesquelles se trouve un épais coussinet élastique que recouvre une sole plantaire commune.

La modification de la partie inférieure des membres, due à l'adaptation à la course, alla de pair avec d'autres changements anatomiques. Ainsi, les clavicules disparurent et les cubitus (*ulnae*) s'atrophièrent ; chez les groupes les plus évolués, ces derniers se soudèrent avec les radius. Le même phénomène se produisit dans les membres inférieurs où les péronés ont fusionné avec les tibias. L'un des os tarsiens, l'astragale, acquit une sorte d'articulation à ses deux extrémités, ce qui permit la flexion et l'extension de la partie inférieure des membres et facilita le saut et la course. Chez les Ruminants, les métacarpiens des troisième et quatrième doigts des membres antérieurs et les métatarsiens correspondants des membres postérieurs ont fusionné pour former un seul os appelé os canon.

La denture des Artiodactyles a changé elle aussi au cours de l'évolution. À l'origine, elle était complète et les différentes sortes de dents y étaient représentées. Les molaires, du type bunodonte, avaient une couronne basse et des cuspides (pointes) émoussées. Les porcs (*Suidae*) et les pécaris (*Tayassuidae*) actuellement vivants ont une denture de ce type mais, chez eux, elle s'est développée secondairement. La principale tendance évolutive s'est manifestée par la disparition de certaines dents, l'uniformisation des autres et l'apparition de molaires ayant une couronne élevée mais des cuspides soudées pour former des bourrelets en forme de croissants peu élevés. Ces molaires appartiennent au type sélénodonte. Les incisives et les canines supérieures ont disparu et, sur la mâchoire inférieure, les canines ont pris l'aspect d'incisives. Les Artiodactyles dépourvus

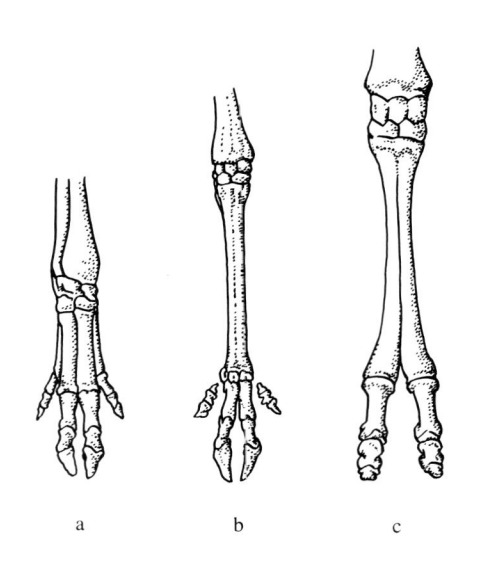

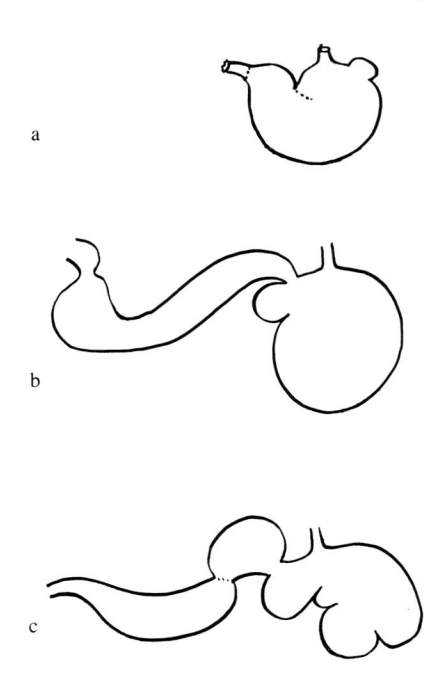

Squelette de l'extrémité de la patte antérieure d'un porc (a), d'un cerf (b) et d'un chameau (c)

Comparaison entre l'estomac simple d'un Porc (a) et l'estomac complexe d'un Chameau (b) et d'une Vache (c)

d'incisives supérieures (*Cervidae* et Ruminants à cornes creuses tels les *Bovidae*) ne coupent pas la végétation dont ils se nourrissent mais la cueillent, souvent à l'aide de leur langue. Toutefois, la structure des dents est assez variable chez les Artiodactyles récents : certains disposent de longues canines supérieures (chevrotains), d'autres de grandes canines inférieures (Hippopotame) ou encore de grandes canines supérieures et inférieures (porcs). Les chameaux possèdent toutes les catégories de dents mais leurs canines sont petites et il y a un ou deux espaces (diastèmes) sur leurs mâchoires. La présence de diastèmes est également fréquente chez d'autres groupes (bovins, cerfs, Pronghorn).

Au régime végétarien des Artiodactyles correspondent des modifications de l'appareil digestif. L'estomac comprend de deux à quatre poches dont l'une (l'estomac proprement dit), tapissée d'une muqueuse glandulaire, est généralement la dernière ; celles qui la précèdent proviennent de la partie inférieure de l'œsophage et de la partie antérieure (*cardia*) de l'estomac. Les Ruminants (*Ruminantia*), les chameaux et les lamas (*Tylopoda*) régurgitent la nourriture stockée dans la première poche de leur estomac et la mâchent longuement (ils la ruminent). Outre leurs mouvements verticaux, les mâchoires peuvent également se déplacer latéralement grâce à la structure de leurs articulations.

Les transformations subies par les aliments dans la cavité buccale et dans les premières poches de l'estomac ont une grande importance pour la digestion proprement dite qui a lieu dans la dernière poche, la caillette, et s'achève dans l'intestin. Dans la panse, la plus grande poche, les aliments sont soumis à l'action de micro-organismes symbiotiques (bactéries et protozoaires) ; ainsi, les polysaccharides (notamment la cellulose) sont décomposés par les enzymes des bactéries. Ce processus suppose que la nourriture ait été broyée et imprégnée de salive.

La plupart des Artiodactyles ont une face allongée, un grand cou et des pattes longues et fines. Leur queue, généralement courte, est parfois presque inexistante. Leur pelage est généralement dense et raide et leur peau renferme des glandes dont la sécrétion odorante sert aux communications sociales et au marquage du territoire. De nombreux Artiodactyles (seulement les mâles ou les deux sexes) portent des bois ou des cornes. Les femelles de deux familles (porcs et pécaris) ont un grand nombre de tétines disposées sur deux rangs entre les pattes antérieures et postérieures et elles sont très prolifiques. Chez toutes les autres espèces, les femelles ne possèdent qu'une ou deux paires de tétines dans la région inguinale et les portées comptent un seul petit ou tout au plus deux ou trois.

Bien qu'il y ait des exceptions, les jeunes Artiodactyles sont capables de se déplacer et de suivre leur mère peu après leur naissance. Ils sont donc précoces puisque leurs organes sensoriels sont capables de fonctionner immédiatement et qu'ils détiennent principaux comportements instinctifs indispensables à leur survie. Ces adaptations s'expliquent aisément puisque n'étant pas à l'abri dans un terrier ou un trou d'arbre ils sont menacés de toutes parts.

Les Artiodactyles existent sur tous les continents (sauf l'Antarctique et les îles voisines), mais à l'origine ils manquaient en Australie ; c'est l'Homme qui les y a introduits (volontairement ou non) au détriment des milieux naturels. Les porcs et les chèvres revenus à la vie sauvage ont ravagé certains écosystèmes. À ce sujet, on peut citer l'exemple des îles Galápagos où les porcs domestiques ont décimé les tortues terrestres en mangeant leurs œufs. De nombreux Artiodactyles vivent dans les milieux ouverts (steppes, savanes, toundra, etc.), mais d'autres habitent les forêts, les montagnes et certains grimpent remarquablement sur les rochers. En règle générale, mâles et femelles ne se rapprochent que pour la reproduction et la plupart des espèces sont polygames. Beaucoup vivent en troupeaux qui réunissent des centaines ou même des milliers d'individus dans les milieux favorables ou en certaines circonstances. En raison de leurs dimensions, les Artiodactyles ont besoin d'espace, or celui-ci leur est de plus en plus mesuré par l'Homme ; il en résulte que de nombreuses espèces et sous-espèces sont menacées d'extinction.

On divise l'ordre des Artiodactyles en trois sous-ordres : les Non-Ruminants (*Nonruminantia*), les chameaux et les lamas (*Tylopoda*) et les Ruminants (*Ruminantia*). Les premiers ont une denture complète et bien différenciée ; leurs grandes canines ressemblent à de petites défenses, la paire supérieure étant généralement tournée vers le haut. Leur estomac ne dispose que d'une seule poche et ils ne ruminent pas. Chameaux et lamas ont une denture complète mais peu différenciée, un estomac à quatre compartiments et ils ruminent. Cependant, l'anatomie et la physiologie de leur appareil digestif diffèrent de ce que l'on observe chez les Ruminants. En raison de leurs particularités, certains mammalogistes (tel V. E. Sokolov en Russie) les placent dans un ordre à part. Enfin, les Ruminants sont pourvus d'une denture incomplète, un estomac formé de quatre poches et des cornes ou des bois ; comme leur nom l'indique, ils ruminent leur nourriture.

Artiodactyles

Sanglier

(Sus scrofa) Porcs sauvages *(Suidae)*

C'est l'une des huit espèces de porcs sauvages qui, avec les pécaris (*Tayassuidae*) et les hippopotames (*Hippopotamidae*) forment le sous-ordre des Non-Ruminants. Les porcs sauvages sont des Ongulés omnivores pourvus d'un estomac simple (ce sont des monogastriques) ; leur corps, massif, est aplati latéralement et leurs pattes sont relativement courtes. Leur cou est bref mais leur museau est allongé et se termine par un groin avec lequel ils cherchent leur nourriture dans la terre. Leur pelage se compose de soies raides qui peuvent être très clairsemées par endroits. Ils ont quatre doigts à chaque patte mais ceux des membres postérieurs sont un peu plus petits, et surtout plus étroits. Les porcs sauvages vivent dans presque toute l'Europe et l'Asie, en Afrique (sauf au Sahara) et à Madagascar. Certaines espèces comme le Sanglier ont été introduites sur d'autres continents.

Le genre *Sus* compte quatre espèces, mais le Sanglier est la plus connue et la plus largement répandue. Son aire originelle de distribution comprenait les forêts et les steppes boisées de l'Europe et de l'Asie, de l'Atlantique au Pacifique, au sud jusqu'à l'Indonésie et le nord-ouest de l'Afrique. Jadis, il vivait aussi en Égypte. En raison de l'expansion humaine, sa répartition est devenue plus sporadique, mais localement il est commun ou même très commun, et donc nullement menacé de disparition. Seule la sous-espèce *S. scrofa riukiuanus*, qui vit sur les îles Ryukyu (Japon) figure sur le Livre rouge de l'UICN.

Sanglier

Artiodactyles

Le Sanglier est un hôte typique des forêts de feuillus humides dont il sort pour se nourrir dans les champs et les prairies du voisinage. Il pèse de 50 à 300 kg selon la sous-espèce. Plus petite, la Laie (femelle) atteint de 1,20 à 1,70 m de long, de 85 à 95 cm de haut à l'épaule et pèse généralement de 75 à 150 kg. La queue mesure de 20 à 40 cm de long. Le pelage hivernal comprend une bourre serrée et fine et de longues soies raides ; la bourre disparaît à la mue de printemps. Le corps du Sanglier est relativement étroit ; son échine est inclinée de la tête à la queue. Le Sanglier passe la journée à l'abri des fourrés et en sort la nuit ou à l'aube pour parcourir un vaste espace où il trouvera ses aliments. Son régime, très varié, comprend des végétaux (glands, faines, racines, fruits forestiers, maïs, pommes de terre, blé, etc.) et des animaux (rongeurs, œufs d'oiseaux et oisillons, insectes, larves, nymphes et adultes, vers, mollusques et charognes). Sociable, il vit en compagnies comptant cinq à trente animaux, formées de laies et de marcassins. En automne, les mâles adultes les rejoignent pour la reproduction et ils se battent entre eux. Le rut commence à la fin d'octobre ou au début de novembre et dure jusqu'en janvier. La gestation dure de quinze à dix-sept semaines et la portée compte de 3 à 12 marcassins reconnaissables à leur pelage rayé de brun et de jaunâtre.

Marcassin

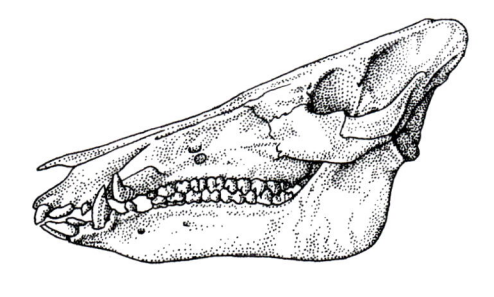

Vu de profil, le crâne est triangulaire

Tête de Sanglier mâle (à gauche) et de femelle (Laie) (à droite)

Artiodactyles

Potamochère

(Potamochoerus porcus) Porcs sauvages *(Suidae)*

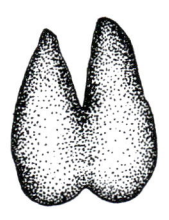

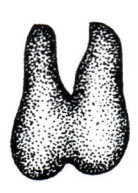

Empreintes de Potamochère

Les deux espèces illustrées ci-contre vivent en Afrique tropicale. Le Potamochère existe au sud du Sahara, sauf dans les régions désertiques du Sud-Ouest, et c'est le seul Ongulé sauvage présent à Madagascar. On le rencontre aussi aux Comores mais il y a sans doute été introduit par l'Homme. Le Potamochère mesure de 1 m à 1,50 de long, queue (30-45 cm) non comprise, de 58 à 96 cm de haut à l'épaule et pèse de 60 à 80 kg. Ses oreilles, très pointues, se terminent par un long pinceau de poils. Sa coloration varie du roux au gris-noir et au gris-brun avec des zones blanches (crinière notamment). On distingue cinq sous-espèces, la plus vivement colorée étant celle de l'Afrique occidentale *P. porcus porcus* ; celle d'Afrique du Sud, *P. porcus koiropotamus*, et une ou deux autres sont brun foncé à noires sauf la quasi-totalité de la tête et la partie antérieure du dos qui sont plus claires. Chez toutes les sous-espèces, les jeunes présentent des rayures longitudinales plus claires que celles des marcassins du sanglier. La femelle a huit paires de tétines. Le Potamochère habite les forêts épaisses en plaine et en montagne, les forêts riveraines et les broussailles. Dans la journée, il se cache parmi des buissons ou de hautes herbes où il suit des coulées ; il en sort la nuit pour manger. Il vit en groupes de trois à vingt animaux et parfois même cent. Son régime se compose de tubercules, bulbes et autres parties souterraines des végétaux, de graines, herbes, insectes et leurs larves, œufs d'oiseaux, reptiles et cadavres. La gestation dure environ quatre mois et la femelle met au monde une ou deux portées par an, chacune de 3 à 6 petits.

Potamochère

Phacochère

(Phacochoerus aethiopicus) ⟨V⟩, ⟨E⟩ Porcs sauvages *(Suidae)*

La répartition du Phacochère ressemble quelque peu à celle du Potamochère ; cependant, il est plus répandu en Afrique occidentale mais absent à Madagascar et dans les forêts pluviales. On en distingue sept sous-espèces. Il habite les savanes et les bois clairs.

Artiodactyles

Il est actif dans la journée, c'est pourquoi on le connaît beaucoup mieux que le Potamochère. Ses dimensions sont voisines mais il pèse de 60 à 150 kg. Les mâles sont nettement plus grands et plus lourds que les femelles et portent des défenses bien visibles. La tête est aplatie au sommet ; entre l'œil et le coin de la gueule il y a, sur chaque joue, deux grosses verrues. Une crinière formée de grands poils s'étend de la tête au milieu du dos. Le pelage se réduit à des soies éparses, claires, qui sont plus longues sur la croupe ; il y a aussi des touffes de soies au bout de la queue. La peau est grise. La femelle a deux paires de tétines. Le Phacochère vit solitairement, en couples ou en groupes de cinq à dix animaux qui s'associent parfois à un autre ensemble. La gestation dure environ 170-175 jours et les 2 à 6 petits naissent dans un terrier. Leur pelage est dépourvu de rayures.

Empreintes de Phacochère

Les Phacochères mâles ont de grandes défenses ; les supérieures, plus longues que les inférieures, atteignent 60 cm chez les vieux mâles

Phacochère

Artiodactyles

Babiroussa

V

(Babyrousa babyrussa)

Porcs sauvages *(Suidae)*

Le Babiroussa est l'un des plus étranges animaux du monde. Du point de vue esthétique on ne peut dire qu'il soit beau, car sa peau presque nue, gris brunâtre ou gris noirâtre, est plissée, son dos est voûté et sa queue est dépourvue de touffe terminale. En outre, le mâle a de longues défenses recourbées et pointues. Les supérieures sont plus longues que les inférieures et ne poussent pas latéralement comme chez les autres porcs sauvages, mais verticalement. Elles atteignent 31 cm chez les vieux mâles ; elles sont courtes ou absentes chez les femelles. Le corps et la tête pris ensemble mesurent de 90 cm à 1,10 m (la queue de 20 à 30 cm) et le poids varie entre 60 et 100 kg.

Le Babiroussa vit sur plusieurs îles du Sud-Est asiatique, Sulawesi (Célèbes), Buru, Sula et Malengi. Il fréquente les forêts tropicales humides, le bord des rivières et des lacs, les terrains marécageux, est actif la nuit et vit seul ou en petits groupes. C'est un végétarien. Comme les autres porcs, il nage bien. La gestation dure environ cinq mois. La femelle n'est pourvu que de paire de tétines et met au monde 1 ou 2 petits.

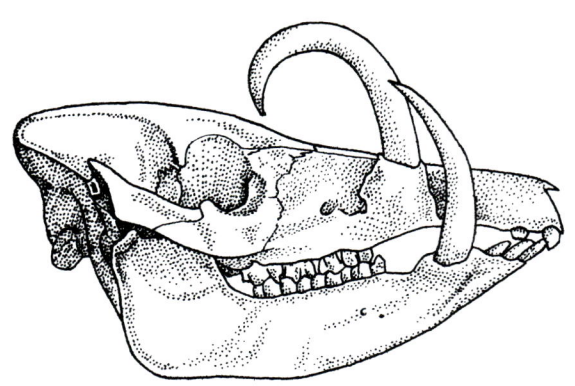

Au cours de leur croissance, les canines supérieures du Babiroussa mâle percent les maxillaires et la peau

Babiroussa

Artiodactyles

Pécari à collier

(Tayassu tajacu)

Pécaris *(Tayassuidae)*

La famille des *Tayassuidae* comporte seulement trois espèces. Le Pécari à collier est la plus connue et la plus répandue puisqu'on la trouve depuis l'Arizona, le Nouveau-Mexique et le Texas à travers l'Amérique centrale et l'Amérique du Sud jusque dans le nord de l'Argentine. Les pécaris ressemblent à de petits porcs mais ils en diffèrent sur bien des points. Ainsi, leurs canines supérieures sont dirigées vers le bas, ils ont seulement trois doigts sur les pattes postérieures et leur estomac comporte trois poches. Le Pécari à collier mesure de 75 cm à 1 m de long, queue (2-5 cm) non comprise, et pèse de 20 à 50 kg. Sur le dos, une glande dermique à sécrétion odorante existe chez le mâle et la femelle. Cette dernière a seulement deux tétines. Le Pécari à collier préfère les terrains secs, les broussailles, la lisière des forêts et les bois clairs, mais on le trouve aussi dans les forêts pluviales. Il est actif la nuit (ou le jour dans les forêts pluviales) et surtout à l'aube. Il se tient généralement en groupes de cinq à quinze comprenant des adultes et leur descendance. Il se fie surtout à son odorat et à son toucher pour trouver ses aliments. Il entend bien mais voit assez mal. Omnivore et capable de manger de petits animaux, il se nourrit surtout de végétaux. Dans la majeure partie de son aire de répartition, il n'a pas de saison de reproduction fixe. La femelle ne porte qu'une seule fois par an. Après une gestation de cent quarante à cent cinquante jours, elle met au monde 2 petits qui atteindront la maturité sexuelle entre 9 et 18 mois. Les deux espèces du genre *Tayassu* ne sont pas menacées mais le rare Pécari du Chaco (*Catagonus wagneri*), qui vit dans le Grand Chaco, figure dans le Livre rouge de l'UICN.

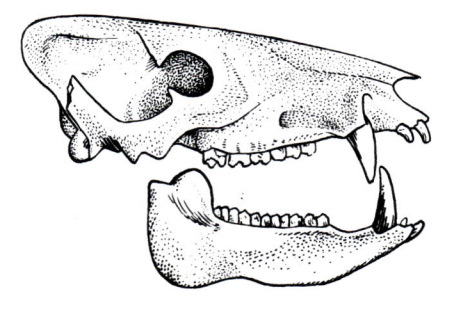

Pécari à collier

Crâne de Pécari à collier

Artiodactyles

Hippopotame

(Hippopotamus amphibius)   Hippopotames *(Hippopotamidae)*

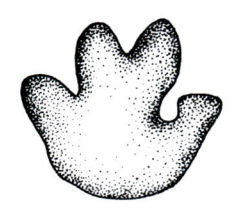

Les empreintes de l'Hippopotame sont nettement lobées

Narines, yeux et oreilles se trouvent au même niveau et restent au-dessus de la surface de l'eau quand le reste du corps est immergé

L'Hippopotame est un animal très populaire qui, dans la plupart des pays, porte un nom vernaculaire (nom commun), par exemple *kiboko* en swahili (Afrique orientale). Dans d'autres, comme la France et l'Angleterre, on s'est contenté de traduire le vieux nom grec d'où dérive le nom scientifique de l'espèce (*Hippopotamus* est la version latinisée d'un mot grec qui signifie « cheval de rivière »). L'Hippopotame est l'un des plus gros mammifères terrestres. Il mesure de 1,70 à 4,50 m de long, queue (15-50 cm) non comprise, de 70 cm à 1,65 m de haut à l'épaule et il pèse de 2,5 à 3,2 t. On le reconnaît immédiatement à la forme massive et arrondie de son corps et de sa tête, à ses pattes courtes et robustes et à son énorme museau. Sa peau est nue à l'exception de quelques soies éparses sur le museau et des poils sur la face interne des oreilles et au bout de la queue. Sa peau renferme de nombreuses glandes dermiques produisant une sécrétion visqueuse et rouge qui la protège quand l'animal sort de l'eau. La denture est complète ; canines et incisives croissent toute la vie et quand les molaires sont usées d'autres les remplacent comme chez les éléphants. Chaque pied a quatre doigts très partiellement palmés ; les doigts médians sont plus grands que les doigts externes. L'estomac est vaste et possède trois compartiments. Enfin, la femelle n'a qu'une paire de tétines.

L'Hippopotame vit dans les rivières, les fleuves et les lacs africains au sud du Sahara, mais il y a fort longtemps il vivait à l'emplacement de ce dernier avant qu'il ne devînt un désert, et ultérieurement il existait encore sur le cours inférieur du Nil. Ainsi, Linné le décrivit en 1758 d'après des spécimens égyptiens, mais aujourd'hui on le chercherait en vain dans ce pays. Sa répartition actuelle est discontinue et on le rencontre surtout dans les parcs nationaux et autres réserves naturelles. Il lui faut de l'eau en permanence et des prairies. Il vit dans les plaines et en montagne jusqu'à 2 500 mètres d'altitude. Il nage avec une aisance remarquable et peut rester sous l'eau jusqu'à six minutes mais généralement seulement deux minutes. Ses os étant lourds (ils ne sont pas pneumatisés), il peut marcher sur le fond sans remonter automatiquement à la surface. Il passe la journée dans l'eau ou se repose sur les berges

Hippopotame

Artiodactyles

et, au crépuscule, s'en va brouter dans les prairies du voisinage. Il mange surtout des graminées mais aussi un peu de végétaux aquatiques et des fruits tombés. L'Hippopotame (et notamment les mâles) a une curieuse façon de marquer son territoire : il disperse ses crottes en agitant rapidement sa queue. Il ne défend pas de territoire dans l'eau et y vit en bons termes avec ses congénères, formant des troupes de cinq à quinze, parfois trente animaux et même davantage. Les mâles sont solitaires ou ont une position dominante dans un groupe. Malgré son aspect lourdaud et pacifique, l'Hippopotame peut se déplacer très vite et, en période de reproduction, les mâles se livrent des duels sanglants. La gestation dure environ 233 jours et la femelle met au monde un seul petit (rarement 2). La naissance et l'allaitement peuvent avoir lieu à terre ou dans l'eau. Dans l'eau, l'Hippopotame peut se révéler dangereux pour l'Homme.

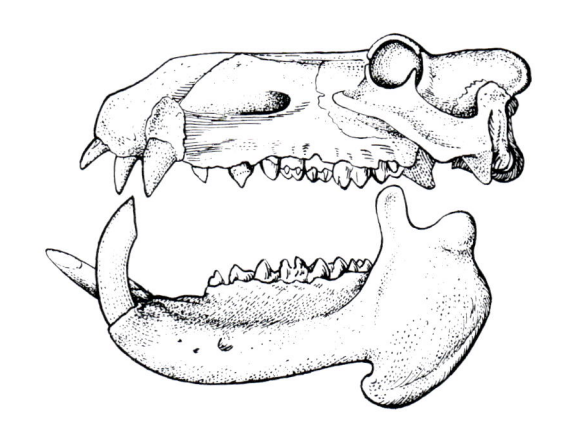

Crâne d'Hippopotame ; remarquez les grandes incisives et canines inférieures (défenses)

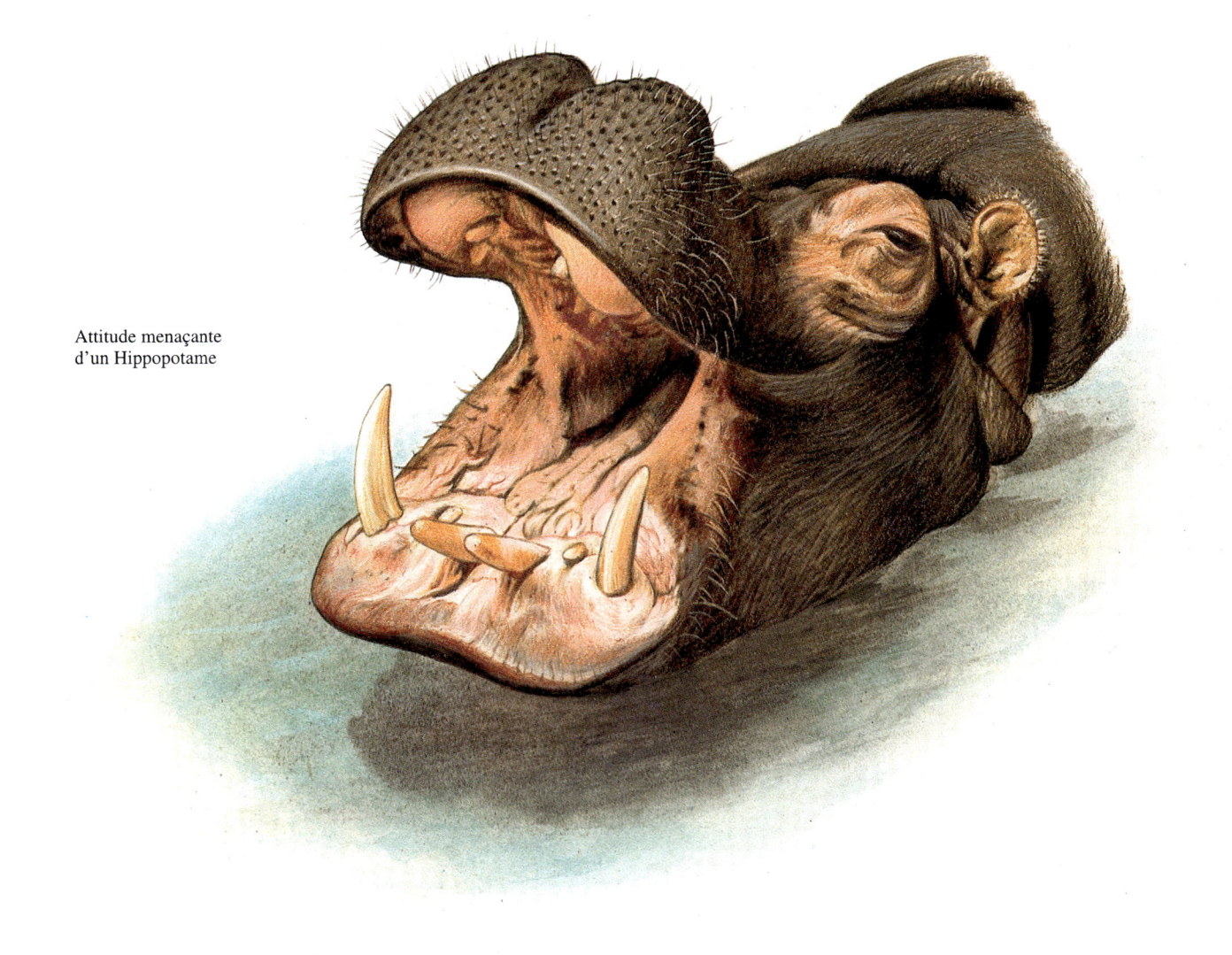

Attitude menaçante d'un Hippopotame

397

Artiodactyles

Hippopotame pygmée

(Choeropsis liberiensis)

V, E

Hippopotames (*Hippopotamidae*)

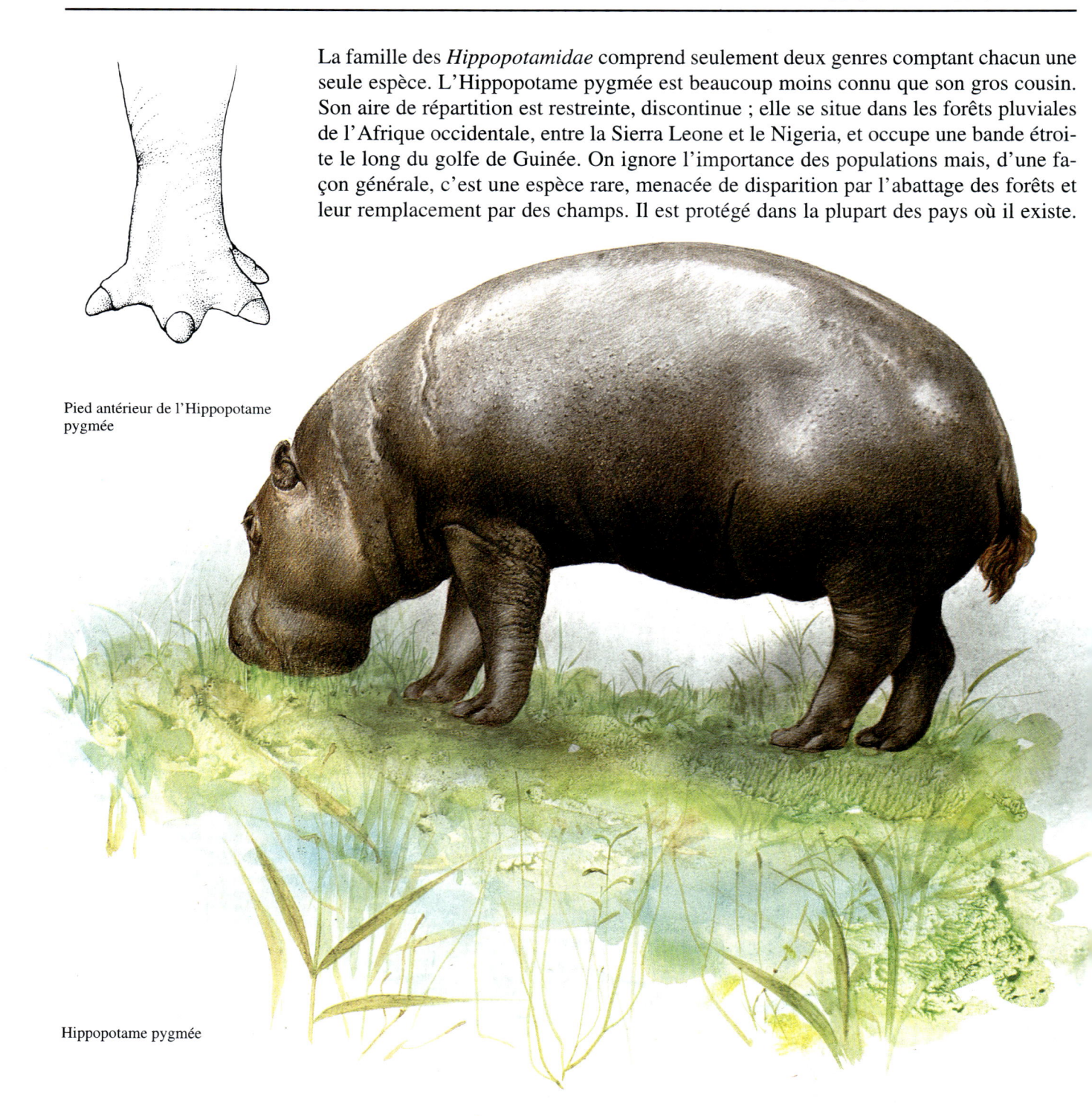

La famille des *Hippopotamidae* comprend seulement deux genres comptant chacun une seule espèce. L'Hippopotame pygmée est beaucoup moins connu que son gros cousin. Son aire de répartition est restreinte, discontinue ; elle se situe dans les forêts pluviales de l'Afrique occidentale, entre la Sierra Leone et le Nigeria, et occupe une bande étroite le long du golfe de Guinée. On ignore l'importance des populations mais, d'une façon générale, c'est une espèce rare, menacée de disparition par l'abattage des forêts et leur remplacement par des champs. Il est protégé dans la plupart des pays où il existe.

Pied antérieur de l'Hippopotame pygmée

Hippopotame pygmée

    Plus petit que l'Hippopotame, l'Hippopotame pygmée est aussi plus svelte malgré sa robustesse. Il mesure de 1,70 à 1,85 m de long, queue (15-17 cm) non comprise, de 70 à 80 cm de haut à l'épaule et pèse de 250 à 275 kg. Ce n'est quand même pas une version miniature de l'Hippopotame car ses membres sont plus longs, ses doigts plus libres, sa tête est plus courte et généralement plus petite, ses oreilles occupent une position plus latérale, ses yeux et ses narines sont moins proéminents, enfin ses narines sont plus espacées. Son dos est incurvé comme celui de certains porcs et il ressemble davantage à ceux-ci qu'à l'Hippopotame, étant donné qu'il se déplace dans les sous-bois

Artiodactyles

denses et se montre moins dépendant de l'eau. La sécrétion de ses glandes dermiques est incolore. Sa pilosité est semblable à celle de l'Hippopotame et sa peau est nue en dehors de quelques espaces velus.

L'Hippopotame pygmée habite les forêts épaisses, les marais sylvestres et le voisinage des lacs et des rivières. Menacé, il fuit généralement dans la forêt alors que l'Hippopotame va dans l'eau. Il est essentiellement terrestre et se repose généralement dans la végétation touffue des berges. Il nage cependant fort bien. Purement nocturne, il est encore plus mobile que l'Hippopotame, pourtant capable de franchir plusieurs kilomètres en une nuit. Il suit des coulées, véritables tunnels à travers la végétation élevée. Son régime, plus varié que celui de son grand cousin, comporte des végétaux herbacés, pousses, racines, herbes, fruits tombés de différents arbres et des plantes succulentes (c'est-à-dire riches en sève). Il est moins sociable que l'Hippopotame et ne s'assemble jamais à une troupe. Il se tient par couples ou vit solitairement. Il ne représente pas un danger pour l'Homme. On connaît encore mal son genre de vie dans la nature. Certaines informations (par exemple sur la reproduction) ont été obtenues dans les zoos où son élevage s'avère assez facile. La gestation dure de deux cents à deux cent quarante jours et l'unique petit naît à terre ; il est également allaité à terre, la femelle se couchant sur le flanc à la manière d'une truie. Le nouveau-né pèse de 4,5 à 7 kg et reste avec sa mère jusqu'à l'âge de 3 ans environ.

Les canines et les incisives de l'Hippopotame pygmée sont relativement plus petites que celles de l'Hippopotame

Un jeune

Artiodactyles

Dromadaire

(Camelus dromedarius)   Chameaux, lamas, etc. *(Camelidae)*

Chameaux et lamas forment l'unique famille du sous-ordre des Tylopodes (Ongulés aux doigts pourvus d'un coussinet élastique), qui réunit six espèces si l'on compte comme telles les formes domestiques. Certains zoologistes considèrent que ces dernières ne sont que des formes des espèces sauvages dont elles descendent. Dans ce livre, nous ne décrirons pas les mammifères domestiques à l'exception du Dromadaire, connu seulement comme auxiliaire de l'Homme. Selon certains spécialistes il dériverait du Chameau de Bactriane qui subsiste (peut-être) encore à l'état sauvage ; pour d'autres, il aurait eu pour ancêtre un chameau à bosses aujourd'hui disparu. Il s'agit là d'hypothèses car les fossiles ne montrent aucune différence entre les deux espèces. On peut ajouter que les produits du croisement entre le Dromadaire et le Chameau de Bactriane sont féconds ou, à tout le moins, que les hybrides femelles sont toujours féconds.

Les deux chameaux ont les dimensions suivantes : longueur du corps, de 2,20 à 3,40 m ; hauteur à l'épaule, de 1,80 à 2,10 m ; longueur de la queue, de 55 à 75 cm ; poids, de 450 à 650 kg. Malgré ces ressemblances, on les distingue très facilement puisque le Dromadaire n'a qu'une seule bosse ; en outre, il est plus svelte, a des pattes plus longues et une coloration assez variable (en général il est jaune grisâtre). Les chameaux sont des bêtes de somme et de selle, mais ils fournissent également leur laine, leur chair, surtout dans les régions désertiques du nord-ouest de l'Afrique, du centre et du sud de l'Asie.

Dromadaire

Artiodactyles

Chameau de Bactriane, Chameau à deux bosses

(Camelus bactrianus)

Chameaux, lamas, etc. *(Camelidae)*

V

Le Chameau de Bactriane est sur le point de disparaître et a peut-être même déjà cessé de vivre. Vers 1920, il était encore commun dans le désert de Gobi, en Mongolie et en Chine. Par la suite, son aire de répartition s'amenuisa et se divisa en deux parties, l'une dans le sud-ouest de la Mongolie, le Gobi trans-Altaï, et l'autre dans le nord-ouest de la Chine entre les lacs Lop Nur et Bagrax Hu. Selon le zoologiste russe V. E. Sokolov il y avait, en 1990, environ 800 chameaux sauvages en Mongolie mais le spécialiste allemand Trense estimait leur nombre à deux mille. Les effectifs en Chine sont mal connus et il se peut qu'ils aient disparu. Le Chameau de Bactriane est élevé dans plusieurs régions asiatiques de l'ex-URSS, en Mongolie, moins fréquemment dans les pays voisins. Son pelage est brun foncé, épais et long en hiver, plus court et plus fin en été. La mue est si rapide que les poils tombent en grandes plaques. Le Chameau de Bactriane vit (ou vivait) dans des steppes et des semi-déserts. Il préfère les régions vallonnées où croissent de rares buissons. Il vit en couples ou solitairement mais forme souvent de petits groupes de quatre à six individus. Il mange à peu près tout ce que la maigre végétation lui offre. Il résiste bien au froid et au manque d'eau, mais comme sa nourriture est très sèche il lui faut boire, ne serait-ce que de l'eau salée ; il peut absorber jusqu'à 57 litres de liquide en très peu de temps. Janvier et février correspondent à la période de reproduction. La gestation dure plus d'un an et l'unique chamelon, qui naît en mars, est allaité pendant une année environ.

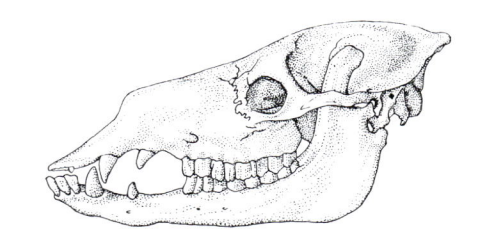

Les chameaux ont une denture complète (ils possèdent plusieurs incisives supérieures). Leurs canines sont, relativement, très développées

Chameau de Bactriane

Artiodactyles

Guanaco

(Lama guanicoe)   Chameaux, lamas, etc. *(Camelidae)*

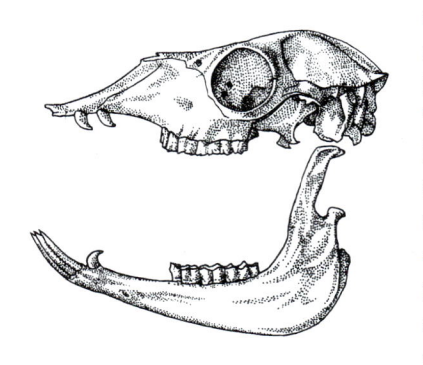

Le Guanaco a de très grandes orbites et des canines en forme de crochets

Les membres du genre *Lama* sont les cousins américains des chameaux. Comme ces derniers, ils ont été domestiqués, mais l'origine des formes domestiques est obscure. Il y a deux espèces sauvages, le Guanaco et la Vigogne. Le Guanaco est certainement l'ancêtre du Lama, mais l'ancêtre (ou les ancêtres) de l'autre forme domestique, l'Alpaca, reste inconnu. Au XXe siècle, les effectifs des Lama sauvages ont connu une chute brutale. Toutefois, selon les informations les plus récentes, le Guanaco serait moins menacé que la Vigogne, surtout parce que son aire de répartition est beaucoup plus vaste (il existe depuis le Pérou jusqu'à la Terre de feu). Le Guanaco mesure de 1,20 à 1,75 m de long, queue (environ 25 cm) non comprise, de 90 cm à 1 m de haut à l'épaule et il pèse de 48 à 96 kg. Son pelage, disposé en bandes ondulées, est plus long sur la poitrine, l'arrière-train et le bas-ventre. Il diffère de la Vigogne – entre autres détails – par la présence de callosités sur la face interne des pattes antérieures. Il a de longues oreilles, de grands yeux et, comme les autres membres du genre, de longs cils sur les paupières supérieures.

Le Guanaco vit à toutes les altitudes jusqu'à la limite des neiges (environ 5 000 m). Il fréquente les paysages herbeux et les semi-déserts. Toujours sur ses gardes, il est capable de fuir à la vitesse de 55 km/h. Les groupes se composent généralement de quatre à dix femelles conduites par un mâle adulte. Le régime alimentaire se compose surtout de graminées, d'une petite proportion de mousse et d'autres végétaux. La reproduction a lieu entre novembre et février. La gestation dure onze mois et il n'y a qu'un seul petit par portée ; il se dresse peu après sa naissance et se met à brouter dès l'âge de 2 semaines, mais sa mère l'allaite durant quatre mois environ.

Guanaco

Artiodactyles

Vigogne

(Vicugna vicugna)

Chameaux, lamas, etc. *(Camelidae)*

La Vigogne est un mammifère svelte et gracieux, remarquable par la longueur de son cou. Ses incisives inférieures ne sont recouvertes d'émail que sur la face externe et ont une croissance continue, comme celles des rongeurs. Elles s'usent à force de couper des herbes coriaces. La Vigogne mesure de 1,40 à 1,60 m de long, queue (environ 15 cm) non comprise, atteint de 76 à 86 cm de haut à l'épaule et pèse de 35 à 65 kg. À l'origine, elle existait depuis l'Équateur jusqu'à l'Argentine, mais de nos jours elle subsiste seulement dans le sud du Pérou, le nord du Chili, l'ouest de la Bolivie et le nord-ouest de l'Argentine. À la différence du Guanaco, elle vit exclusivement en montagne et fréquente les steppes et les semi-déserts entre 3 500 et 5 800 mètres d'altitude. Elle passe la majeure partie de l'année sur les hauts plateaux, sauf à la saison la plus chaude où elle monte sur les contreforts des montagnes voisines. Son genre de vie ressemble à celui du Guanaco. Les femelles et les jeunes forment de petits groupes conduits par un seul mâle ; il y a de cinq à quinze adultes dans chacun de ces groupes. Les mâles célibataires se réunissent parfois en « clubs ». La Vigogne se nourrit de graminées et d'autres plantes herbacées. La gestation dure dix mois ; l'unique petit naît généralement en février et reste auprès de sa mère pendant près d'une année ; il atteint la maturité sexuelle à 2 ou 3 ans.

Vigogne

Artiodactyles

Chevrotain de Malaisie, Chevrotain de Java

(Tragulus javanicus)   Chevrotains *(Tragulidae)*

La famille des *Tragulidae* se compose de quatre Ruminants les plus primitifs et comprend les plus petits Artiodactyles. Comme chez les Ruminants, l'estomac comporte quatre poches, la panse (ou *rumen*), le bonnet ou réseau (ou encore *reticulum*), le feuillet ou *omasum* (ou encore *psalterium*) et la caillette (ou *abomasum*). Il n'y a pas d'incisives supérieures et les mâles ne portent pas de bois.

À la différence de la plupart des Ruminants, les *Tragulidae* possèdent des canines supérieures très développées puisque chez les mâles elles sont très longues, incurvées et sortent de la gueule. Le Chevrotain de Malaisie est un tout petit mammifère qui ressemble plus à un rongeur qu'à un ongulé. Il évoque plutôt un agouti, et d'ailleurs son genre de vie est analogue. Autre détail intéressant : l'agouti et ce chevrotain emploient le même signal acoustique (ils frappent le sol avec leurs pattes). Le Chevrotain de Malaisie mesure de 42 à 50 cm de long, queue (6–8 cm) non comprise, environ 20 cm de haut à l'épaule et pèse de 2 à 3 kg. Il est répandu dans le sud-est de l'Asie, de la Thaïlande au Yunnan (sud-ouest de la Chine), et de là à Sumatra, Java, au Kalimantan (Bornéo) et sur les petites îles voisines. Comme les autres chevrotains, c'est un animal sylvestre présent dans les différents types de forêts tropicales, y compris les mangroves. Son activité est nocturne. Il mange toutes sortes de végétaux et des petits animaux. Des couples se forment pour la reproduction, mais le reste de l'année il vit en solitaire. La femelle a deux paires de tétines mais chaque portée ne comporte qu'un ou deux petits (la gestation dure de cinq à six mois). Les jeunes atteignent les dimensions de leur mère dès l'âge de 5 mois.

Chevrotain de Malaisie

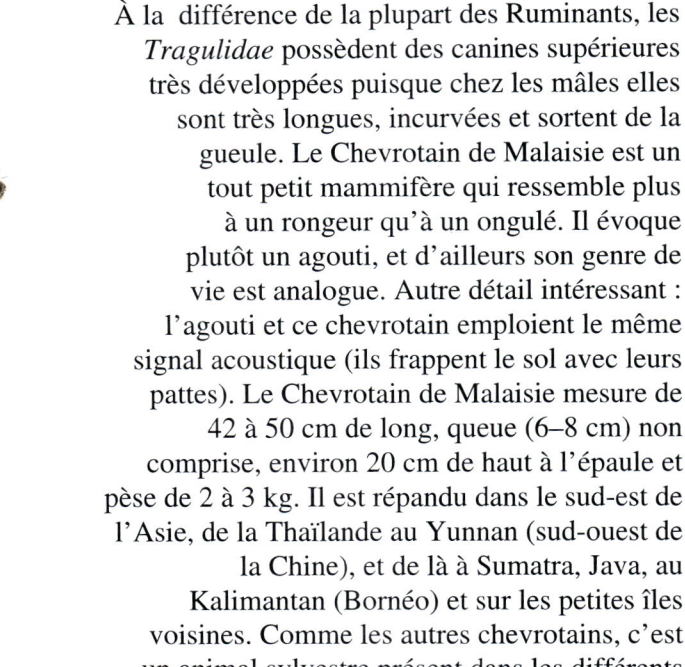

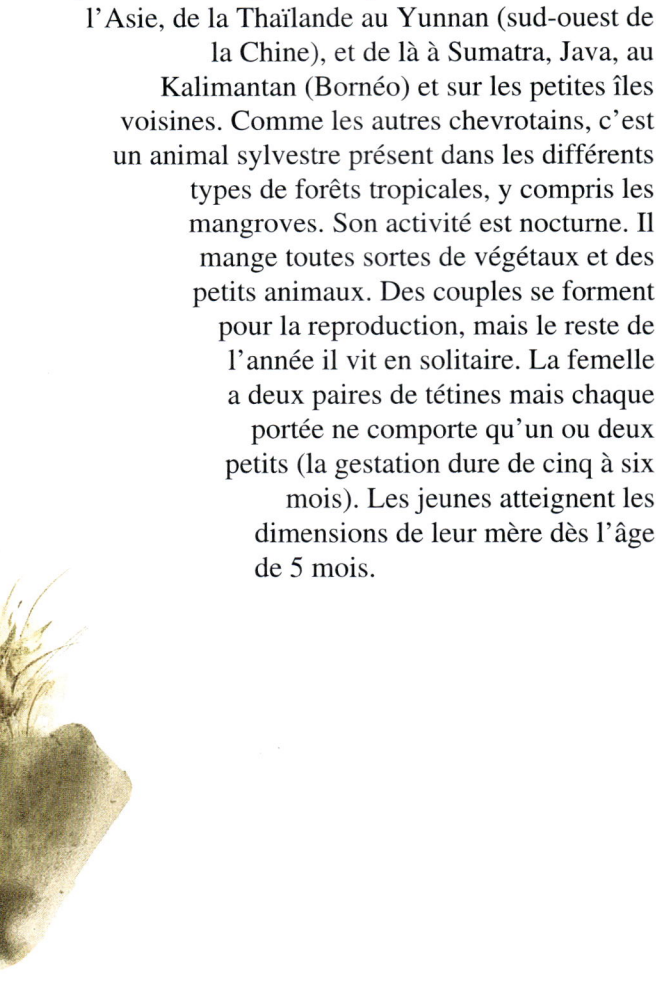

Le Tragule indien *(Tragulus meminna)* vit au Népal, en Inde et au Sri Lanka

Artiodactyles

Hydropote chinois

(Hydropotes inermis)

Cerfs *(Cervidae)*

L'Hydropote chinois appartient à la famille des *Cervidae*, forte de quelque quarante espèces, mais il a conservé quelques caractères des chevrotains. Il mesure de 75 à 97 cm de long, queue (5–8 cm) non comprise, de 45 à 55 cm de haut à l'épaule et pèse de 12 à 15 kg. Son épaisse fourrure est brun jaunâtre en été et brun foncé en hiver. L'Hydropote vit surtout dans le bassin du fleuve Yang-Tsé en Chine et dans le nord de la Corée. Enfin, on l'a introduit en Angleterre et en France. On ignore l'importance de ses effectifs dans son pays d'origine, mais ils sont probablement assez faibles. Il fréquente l'épaisse végétation riveraine des cours d'eau et des lacs, les îles lacustres, les marécages et se nourrit d'herbes, roseaux et autres végétaux. Mâle et femelle vivent séparément, sauf pendant la saison de reproduction en décembre. La gestation dure environ six mois. Le nombre de petits est extraordinaire, non seulement chez les *Cervidae* mais aussi parmi les Ruminants en général, puis qu'il varie entre 2 et 7 ; pourtant, la femelle n'a que quatre tétines. À la naissance, les jeunes ont le dos tacheté de blanc ; ils atteignent la maturité sexuelle entre 6 et 18 mois.

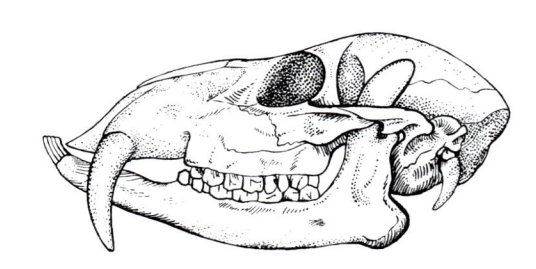

Comme les mâles des chevrotains, ceux de l'Hydropote chinois ont de très longues canines supérieures qui sortent de la gueule. Ils sont dépourvus de bois

Hydropote chinois

Artiodactyles

Porte-musc

M

(Moschus moschiferus)

Cerfs *(Cervidae)*

Avec l'Hydropote chinois, c'est le seul cerf dépourvu de bois ; en revanche, les mâles ont de grandes canines. Le Porte-musc mesure de 85 cm à 1,10 m de long, queue (5–6 cm) non comprise, de 55 à 65 cm de haut à l'épaule et pèse de 9 à 17 kg. Son pelage, long et dense, offre une couleur variable et porte des taches et autres marques qui tendent à disparaître avec l'âge. À l'avant du pénis, les mâles possèdent une glande qui, chez les sujets âgés de 3 ans et plus, sécrète une substance cireuse, brune, à l'odeur aromatique, employée pour marquer le territoire et qui joue un rôle important pour les communications entre individus. La femelle a deux tétines.

L'aire de répartition du Porte-musc couvre une grande partie de l'Extrême-Orient russe, le nord de la Mongolie, l'est et le nord de la Chine, la Corée et, à l'ouest, la région himalayenne. Le Porte-musc fréquente la taïga de montagne et la zone des broussailles subalpines. L'espèce n'est pas menacée de disparition mais la population himalayenne de la sous-espèce *M. moschiferus chrysogaster* figure dans le Livre rouge de l'UICN. Le Porte-musc est un animal solitaire, actif au crépuscule et pendant la nuit. Il se déplace habilement sur les rochers et monte sur le tronc des arbres à demi-renversés. Chaque individu a son territoire qui occupe généralement de 200 à 300 hectares. Le régime alimentaire est à base de plantes herbacées, herbes, écorces, mousses et lichens. La gestation dure de cinq mois à cinq mois et demi et la femelle met au monde 2 petits (plus rarement 1 ou 3) qui atteignent la maturité sexuelle entre 15 et 17 mois.

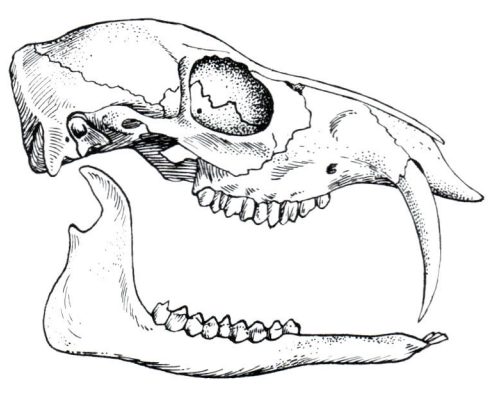

Les longues canines supérieures, pointues et tranchantes, du Porte-musc dépassent la mâchoire inférieure

Porte-musc

Artiodactyles

Muntjac de l'Inde

(Muntiacus muntjak) Cerfs *(Cervidae)*

Les mâles de cette espèce ont des bois comme ceux des autres cerfs, mais chez eux ils sont petits, dépourvus de ramifications et ne dépassent pas 15 cm de long. À l'instar des autres cerfs tropicaux, le Muntjac de l'Inde perd ses bois de façon irrégulière et pas toujours chaque année. Il mesure de 80 cm à 1 m de long, queue (15–18 cm) non comprise, de 50 à 60 cm de haut à l'épaule et pèse de 20 à 30 kg. Ce muntjac existe dans une grande partie de l'Asie méridionale, du nord du Pakistan à travers l'Inde, le Népal et le sud de la Chine y compris le Hainan, jusqu'au Sri Lanka, à l'Indochine, à Sumatra, au Kalimantan (Bornéo) et à Java. Ses populations paraissent stables et non menacées. Il habite plusieurs types de forêts denses mais on le rencontre surtout à proximité de l'eau. Il vit en plaine et en montagne jusqu'à 4 000 mètres d'altitude environ. Crépusculaire et nocturne, il se nourrit d'herbes, de feuilles de buissons, de fruits et de champignons. C'est généralement un solitaire mais on voit aussi des couples et de petites familles. À la saison de reproduction, et quand il est inquiété, le Muntjac de l'Inde lance de forts aboiements ; s'il repère un prédateur, il peut crier ainsi pendant une heure entière.
L'accouplement peut avoir lieu à n'importe quelle saison ; la gestation dure environ six mois. La portée compte un seul petit, rarement deux.

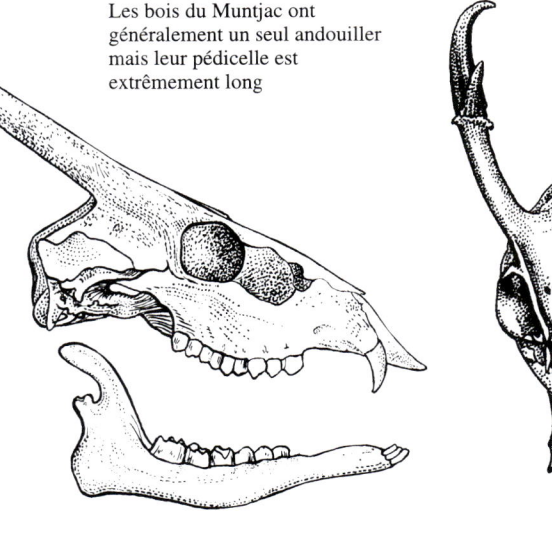

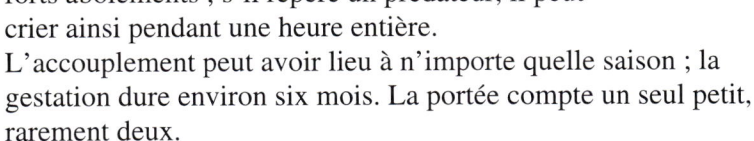

Les bois du Muntjac ont généralement un seul andouiller mais leur pédicelle est extrêmement long

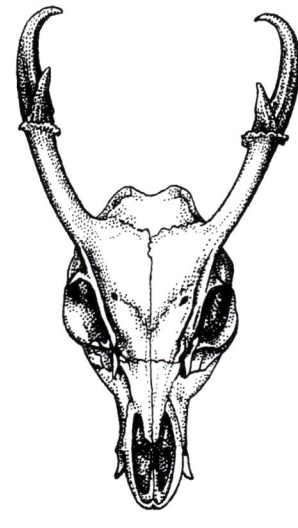

Muntjac de l'Inde

407

Artiodactyles

Cerf à queue blanche, Cerf de Virginie

(Odocoileus virginianus)

R

Cerfs *(Cervidae)*

À l'inverse des espèces précédemment décrites, le Cerf de Virginie ou Cerf à queue blanche a tout à fait l'aspect d'un cerf typique tel que la plupart des gens l'imaginent. Certes, il n'a pas des bois aussi majestueux que ceux du Wapiti ou des cerfs d'Europe et d'Asie, mais sa taille, son dos rectiligne et les taches claires de sa croupe prouvent qu'il s'agit d'un vrai cerf. Il fait partie de la sous-famille des *Odocoilinae*, uniquement composée de genres et espèces américains. Dans le genre *Odocoileus*, les bois sont tournés vers l'avant.

Le Cerf à queue blanche vit en Amérique du Nord, en Amérique centrale et dans le nord-ouest de l'Amérique du Sud. Son aire de répartition part du sud du Canada, traverse les États-Unis, le Mexique et les autres pays d'Amérique centrale, le Venezuela, l'Équateur, le Pérou, la Colombie et les Guyanes pour atteindre la Bolivie et le Brésil. Dans cette vaste zone, on a distingué trente-huit sous espèces dont certaines sont très communes, d'autres rares ; *O. virginianus clavium* figure même dans le Livre rouge de l'UICN. Le Cerf à queue blanche a été introduit en Europe.

Empreintes de Cerf à queue blanche

Crâne de Cerf à queue blanche avec un bois coupé

Cerf à queue blanche

Artiodactyles

Il mesure de 1,80 à 2,40 m de long, queue (15–30 cm) non comprise, de 85 cm à 1,10 m de haut à l'épaule et pèse de 52 à 140 kg (les sujets gardés dans des enclos atteignent 200 kg). Les mâles sont plus grands que les femelles. Quand ce cerf relève la queue, sa partie inférieure, blanche, devient visible et joue le rôle de signal optique comme chez d'autres *Cervidae*. Les bois mesurent environ 80 cm de long et tombent entre janvier et mars selon la région où vit l'animal. Le Cerf à queue blanche fréquente des milieux variés, prairies, forêts, broussailles, terres cultivées, en plaine et en montagne. Il se nourrit surtout à l'aube et au crépuscule, c'est-à-dire quand la lumière est atténuée. À la différence des cerfs de l'Ancien Monde et du Wapiti, il ne vit pas en groupes importants mais en famille de type matriarcal comprenant quatre animaux en moyenne, une femelle adulte, un jeune âgé d'un an et un ou deux faons. De février à août, les mâles se tiennent aussi en groupes de deux à quatre. En hiver, dans les régions froides et quand les paysages sont recouverts d'une épaisse couche de neige, les cerfs s'assemblent en troupes et gagnent les lieux où il n'est pas trop difficile de trouver de la nourriture.

La période de rut dure environ deux mois (au moins en Amérique du Nord et en Europe) et atteint son apogée en novembre. Les mâles deviennent agressifs, brament, soufflent et se battent avec leurs bois et leurs sabots ; il arrive que le perdant succombe à ses blessures. Chez cette espèce, les mâles ne se constituent pas de grands harems. L'œstrus ne dure que vingt-quatre heures ; si la femelle n'est pas fécondée durant ce délai, elle entre à nouveau en chaleur un mois plus tard. La gestation dure de six mois et demi à sept mois ; à la fin de mai ou en juin, la biche met au monde 2 faons tachetés de blanc, exceptionnellement 3. Les primipares (jeunes femelles) et les vieilles biches n'ont qu'un seul petit.

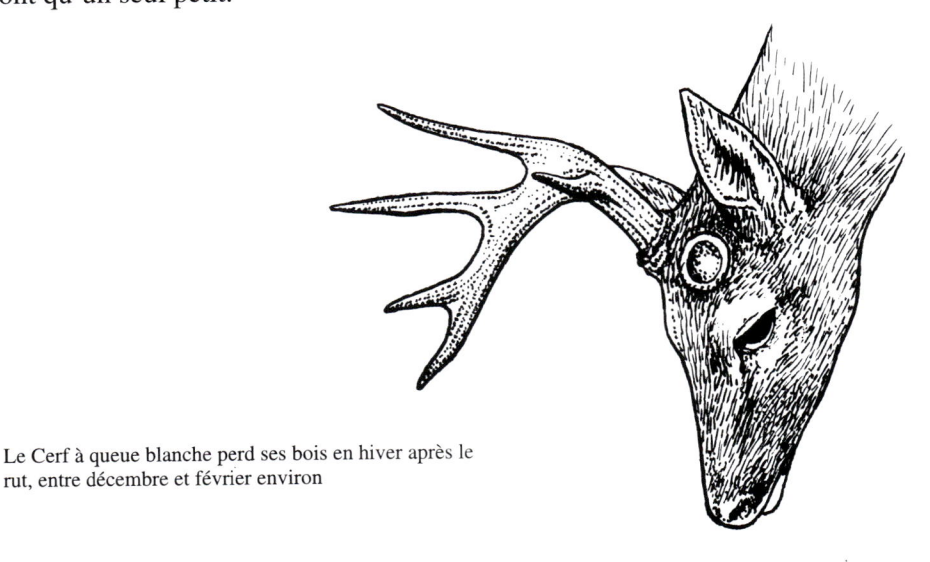

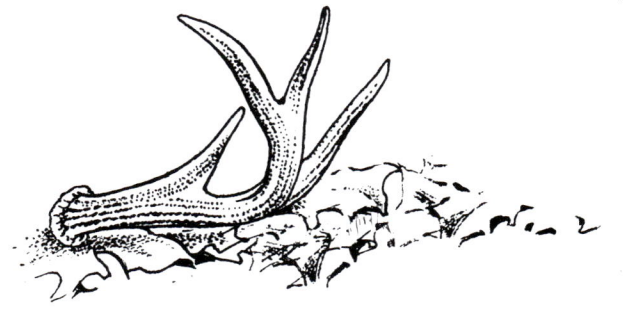

Tête de Cerf mulet *(Odocoileus hemionus)* dont les bois sont en velours ; cette espèce habite l'ouest de l'Amérique du Nord

Le Cerf à queue blanche perd ses bois en hiver après le rut, entre décembre et février environ

Artiodactyles

Élan, Orignal

(Alces alces)   Cerfs *(Cervidae)*

L'Élan (appelé Orignal au Canada) est le plus grand membre de la famille des *Cervidae*. Outre ses très grands bois palmés, il se distingue par ses très longues pattes, son corps relativement court et la hauteur de ses épaules (supérieure à la longueur du tronc). Il mesure de 2,50 à 3,50 m de long, queue (7–10 cm) non comprise, de 1,60 à 2,30 m de haut à l'épaule et pèse de 500 à 800 kg. Le mâle est d'environ un quart plus grand que la femelle. La grande tête de l'Élan porte de longues oreilles ; le museau est allongé, busqué, et la lèvre supérieure est pendante. Un fanon de peau velue pend sous la gorge, évoquant une barbe ; il est plus volumineux chez les mâles que chez les femelles et grandit avec l'âge. En période de rut, la salive, qui renferme des hormones sexuelles, coule sur le fanon qui joue le rôle de « carte de visite ». Chez les mâles, la forme des bois varie avec l'âge et aussi selon l'individu parmi les adultes. Ceux des jeunes ressemblent généralement à ceux du Cerf noble, c'est-à-dire qu'ils ne sont pas encore palmés ; au contraire, chez les individus âgés, les bois ont la forme de palettes qui se terminent par des pointes dressées ou tournées en avant, voire sur les côtés. Ils peuvent mesurer 2 m d'« envergure » et peser 20 kg. Les mâles adultes perdent leurs bois tous les ans en novembre ou décembre et les nouveaux commencent à pousser en avril ou en mai.

Tête d'Élan femelle

Élan : mâle adulte

Artiodactyles

L'aire de répartition originelle de l'Élan allait de l'Alaska à Terre-Neuve et de la Scandinavie et la Belgique à travers l'Europe et l'Asie jusqu'en Sibérie orientale et en Mandchourie. Aujourd'hui, elle est très discontinue et l'Élan existe surtout en Alaska, dans l'ouest du Canada, en Scandinavie et dans l'ex-URSS (sauf dans la toundra et les steppes). Il est en expansion en Europe ; ainsi, il vit désormais dans une grande partie de la Pologne et une petite population isolée existe dans le sud de la Bohême. L'Élan n'est pas du tout menacé d'extinction.

L'Élan est un habitant de la forêt mais il vient parfois dans la toundra et la steppe boisées. Il recherche les lieux humides, marécageux, les environs des cours d'eau et des lacs. À la belle saison, il mange des végétaux herbacés, de l'herbe, des feuilles et des rameaux tendres d'arbres et d'arbrisseaux ; il se nourrit aussi de plantes aquatiques submergées. Le régime hivernal comporte des rameaux, des écorces et des branches cassées. L'Élan aime lécher du sel. Il est généralement solitaire mais les femelles et leurs petits s'assemblent parfois en groupes de trois à cinq. Au printemps, l'Élan déploie son activité dans la journée, mais en été, quand les taons, les mouches et autres insectes importuns le gênent, il se déplace seulement la nuit venue et passe une partie du jour dans l'eau (il nage fort bien). Dans le Nord et en montagne, quand la neige dépasse 70 cm d'épaisseur, il migre pour gagner des lieux où elle forme une couche plus mince. Le rut a lieu en septembre et en octobre. Les mâles se battent pour les femelles mais ce sont ces dernières qui choisissent celui avec lequel elles s'accoupleront. Le couple dure quelques jours et bientôt la femelle chasse le mâle qui recherche une autre partenaire. La gestation dure environ huit mois. En mai ou juin, la femelle met au monde de 1 à 3 petits (le plus souvent 2), qui pèsent de 13 à 16 kg, mesurent 90 cm de long et environ 80 cm de haut à l'épaule. Ils peuvent nager à l'âge de 14 jours. L'allaitement dure de trois à quatre mois et l'émancipation se produit à la fin de la première année. Les femelles peuvent se reproduire à 24 mois, les mâles à 36 mois.

Tête d'un mâle dont les bois sont en velours

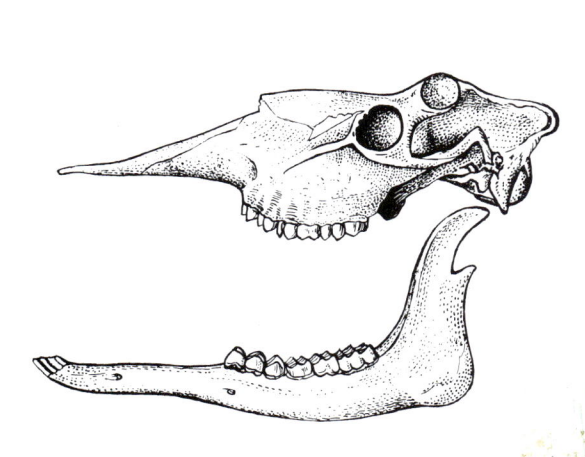

Crâne de mâle sans les bois

Jeune Élan

411

Artiodactyles

Renne, Caribou

(Rangifer tarandus) Cerfs *(Cervidae)*

La position systématique du Renne dans la famille des *Cervidae* n'est pas encore définitivement fixée. Certains spécialistes le placent dans la sous-famille des vrais cerfs (*Cervinae*), d'autres dans celle des *Odocoilinae* ou dans une sous-famille particulière (*Rangiferinae*) dont il serait l'unique représentant. Le caractère distinctif le plus remarquable du Renne est que mâle et femelle portent des bois (néanmoins, ceux du mâle sont plus grands et plus massifs que ceux de la femelle) ; ils tombent après le rut (en novembre ou décembre) chez le mâle ; chez la femelle, la chute a lieu après la mise bas en mai ou juin. On observe le même décalage pour la croissance des nouveaux bois ; chez le mâle ils commencent à pousser en avril et le velours qui les recouvre tombe à la fin d'août ou au début de septembre.

La forme des bois du Renne est différente chez le mâle (à gauche) et chez la femelle (à droite)

Caribou (*Rangifer tarandus caribou*)

Artiodactyles

Mâles et femelles mesurent de 1,20 à 2,20 m de long, queue (10–25 cm) non comprise, de 1,10 à 1,30 m de haut à l'épaule et pèsent de 150 à 300 kg. L'épaisse fourrure du Renne est de couleur variable. Chez les rennes sauvages, elle est généralement brun foncé à brun noirâtre en été et plus claire en hiver ; la crinière est blanche ou blanchâtre et il y a une petite zone blanc grisâtre autour du moignon de queue. On distingue dix sous-espèces. La répartition, circumboréale à l'origine, couvre encore de très vastes surfaces continues en Amérique du Nord, de l'Alaska au centre du Canada, dans l'est de ce pays, y compris plusieurs îles, et en Sibérie (ex-URSS) jusqu'au Kamtchatka et à Sakhaline. Le Renne existe aussi sur la côte occidentale du Groenland, sur plusieurs îles de l'océan Arctique ; enfin, on rencontre des populations isolées dans le Nord de la Scandinavie, dans l'Altaï et dans le nord de la Mongolie. On l'a introduit en Écosse et en Islande. Il est élevé dans le nord de l'Europe et de l'Asie.

Différentes formes des bois chez le Renne d'Europe *(Rangifer tarandus tarandus)*. Elles n'ont rien à voir avec l'âge

Essentiellement diurne, le Renne vit en troupeaux comptant des centaines ou des milliers d'animaux. Les grands troupeaux, généralement formés de femelles et de jeunes mâles, sont conduits par une seule vieille femelle. Les vieux mâles sont solitaires ou se tiennent en petits groupes la majeure partie de l'année. Les rennes ont pour habitat la toundra et la taïga. Ceux qui vivent le plus au nord effectuent une longue migration vers le sud avant l'hiver. Extrêmement endurant, le Renne nage bien. Il se nourrit de lichens, mousses, graminées et autres plantes herbacées, feuilles, bourgeons et jeunes pousses des saules et d'autres arbres ; il mange aussi de petits animaux tels des lemmings et des lagopèdes. Il est chassé par le loup, l'ours brun et le glouton. Son épaisse fourrure protège le Renne contre le froid qui, dans les régions où il vit, atteint –50 °C. Le rut a lieu en septembre et en octobre et continue parfois en novembre. Les mâles adultes établissent des harems de trois à treize femelles encore accompagnées de leurs petits et de jeunes mâles. Les vieux mâles se livrent des duels plus ou moins symboliques. La gestation dure de sept à huit mois et la femelle met au monde un seul petit pesant 5 kg, qui essaie de se tenir debout dès le premier jour. Il est allaité pendant six mois et atteint la maturité sexuelle dans sa seconde année.

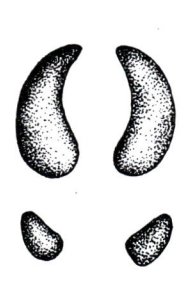

Les empreintes du Renne sont très larges et arrondies

Artiodactyles

Cerf du père David

(Elaphurus davidianus)

M

Cerfs *(Cervidae)*

Les six espèces décrites ci-après sont de vrais cerfs *(Cervinae)* d'origine asiatique. Le Cerf du père David, qui est originaire du nord de la Chine, est considéré comme une espèce primitive. Il n'existe plus à l'état libre ; dès le milieu du XIXe siècle, il ne vivait plus que dans un parc impérial situé à 45 km au sud de Pékin ; c'est là qu'il fut découvert en 1865 par le père David, missionnaire français. L'année suivante, on l'importa en Europe et il commença à se reproduire dans des réserves de chasse. Le troupeau le plus célèbre fut créé par le duc de Bedford dans le parc de Woburn (Angleterre) en 1900. En 1985, vingt-cinq cerfs provenant de Woburn, et en 1986 trente-trois autres élevés dans cinq zoos britanniques furent réintégrés en Chine. Aujourd'hui, il y a environ six cents cerfs du père David à Woburn et une centaine à Wadhurst. D'autres sont élevés dans divers zoos du monde entier.

Ce cerf mesure de 1,90 à 2 m de long, queue (40–50 cm) non comprise, de 1 m à 1,25 m de haut à l'épaule et il pèse de 150 à 250 kg. Sa queue est exceptionnellement longue ; les sabots de ses doigts médians sont épais ; les doigts externes sont seulement un peu plus courts et, si le sol est mou, leurs sabots marquent. Les bois ont une forme unique car la plupart des andouillers s'écartent du pivot (pédicelle) vers l'arrière. En outre, le plus bas est le plus long ; il prend naissance à quelques centimètres seulement du crâne et porte jusqu'à six pointes. Le Cerf du père David préfère les terrains marécageux couverts de grandes herbes et de roseaux. Il broute des graminées, des plantes aquatiques et il est actif le jour. Les femelles vivent en groupes de vingt à quarante. Le rut a lieu en juin et peut se pour-suivre en juillet. En avril ou en mai de l'année suivante, la femelle met au monde 1 ou 2 faons.

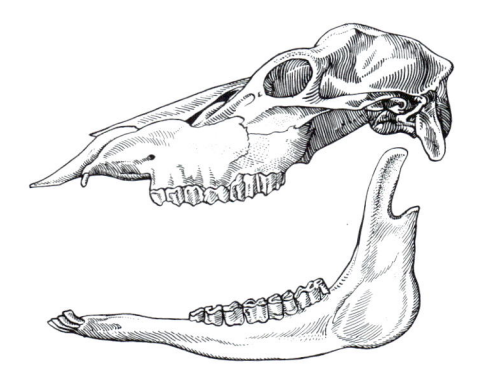

Chez le Cerf du père David, la boîte crânienne est très basse et les orbites sont grandes

Cerf du père David

Cerf sambar

(Rusa unicolor)

Cerfs *(Cervidae)*

Les spécialistes ne sont pas d'accord sur la composition du genre *Rusa* dont les représentants vivent en Asie méridionale. Pour certains, il comprend trois espèces et pour d'autres, quatre ou cinq ; d'autres encore ne reconnaissent pas ce genre et placent tous ses membres dans le genre *Cervus*. Le Cerf sambar est mieux connu dans le sud de l'Asie et Kipling en a parlé dans son *Livre de la jungle*. Son aire de répartition est la plus vaste puisqu'elle s'étend de l'Inde jusqu'au sud et au centre de la Chine ainsi qu'à Taïwan, au sud jusqu'au Sri Lanka, au sud-est dans l'ancienne Indochine, la péninsule de Malaisie, Sumatra, le Kalimantan (Bornéo) et les Philippines. On l'a introduit en Australie

Artiodactyles

méridionale, en Nouvelle-Zélande et en Californie. On connaît environ huit sous-espèces qui ont toutes des populations stables. Le Cerf sambar possède des bois massifs aux andouillers peu nombreux. Il mesure de 2 à 2,50 m de long, queue (15–20 cm) non comprise, de 1,30 à 1,50 m de haut à l'épaule et pèse de 230 à 350 kg. Il habite la jungle, les petits bois et les plaines herbeuses où il se déplace surtout la nuit. Il vit en petits groupes, en couples ou solitairement. Son régime est à base de graminées et d'autres végétaux herbacés.

Femelle du Cerf sambar

Cerf sambar : bois en velours

415

Artiodactyles

Daim
(Dama dama)

M

Cerfs *(Cervidae)*

Traces du Daim

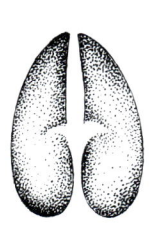

Aujourd'hui, le Daim existe dans de nombreux pays et sur plusieurs continents. Les sujets qui vivent en dehors de l'Europe proviennent d'élevages européens, mais le pays d'origine de l'espèce reste mystérieux. Il est probable qu'il y a longtemps, le Daim occupait la région méditerranéenne, tant en Europe qu'en Afrique et en Asie, mais il a été exterminé depuis longtemps sans doute dans le sud de l'Europe. Ultérieurement, au Moyen Âge, on se mit à l'élever et depuis deux cents ans il est devenu très populaire. Les sujets élevés en Europe correspondent à la sous-espèce *Dama dama dama*. On les trouve dans presque tous les pays de ce continent, dans le sud-ouest du Canada, quelques États des États-Unis, à Cuba et à la Barbade, au Pérou, au Chili et en Argentine, en Tunisie, à Chypre, en Afrique du Sud, à Madagascar, en Turquie, sur les îles Fidji, en Australie, Tasmanie et Nouvelle-Zélande. À l'opposé, le Daim de Mésopotamie (*Dama dama mesopotamica*) est menacé d'extinction. Il existait non seulement dans l'ancienne Mésopotamie (actuellement le sud de l'Iran et l'Irak) mais aussi en Syrie, Jordanie et dans le nord-est de l'Égypte. Il y a peu de temps encore on le trouvait aussi au Khuzistan (sud de l'Iran) mais il est probablement éteint aujourd'hui. Quelques individus subsistent dans des parcs à gibier près de la rive méridionale de la mer Caspienne et dans quelques zoos en dehors de l'Iran. Cette sous-espèce figure dans le Livre rouge de l'UICN, où elle est répertoriée comme une espèce à part, *Dama mesopotamica*.

Le Daim pèse de 100 à 200 kg, mesure de 1,30 à 2,30 m de long, queue (15–20 cm) non comprise, et atteint de 80 cm à 1,20 m de haut à l'épaule. Le daim de Mésopotamie est un peu plus grand.

Le pelage estival de ces deux animaux est brun-roux constellé de nombreuses taches blanches bien visibles sur le dos ; le ventre et les fesses sont blancs ; la tache blanche de ce dernier est bordée de noir à l'instar du dessus de la queue, le dessous restant blanc. La queue sert de signal optique quand le Daim l'agite de haut en bas ou latéralement. En hiver, le pelage est brun foncé ou brun grisâtre, mais sans taches. En élevage, on

Daim en livrée estivale : bois en velours

Artiodactyles

observe des sujets d'autres couleurs. Les bois, palmés et dressés, atteignent 80 cm de long. Chez les vieux mâles ils tombent en avril, et en mai chez les plus jeunes. Ceux du Daim de Mésopotamie sont peu ou pas palmés.

   Le Daim aime les bois clairs de feuillus ou mixtes avec des buissons et une végétation herbacée variée, les parcs et les bosquets entourés de prairies ou de champs. Diurne et crépusculaire, il se nourrit de graminées, d'autres plantes herbacées, de feuilles, écorces, glands, faines et châtaignes. La plupart des populations étant captives, on leur fournit des aliments supplémentaires, surtout en hiver. Sociable, le Daim vit en troupeaux ; en été, les groupes de mâles se tiennent à l'écart de ceux que forment les daines et leurs petits. Le rut se passe – tout au moins en Europe – entre la mi-octobre et la fin de novembre ; les mâles les plus puissants viennent sur des places de brame et s'affrontent pour obtenir un harem de huit à vingt femelles. La gestation dure environ sept mois et il y a généralement un seul petit qui ne tarde pas à suivre sa mère. Les faons ont la même couleur que les adultes en été. En France, il existe une petite population de daims sauvages en Alsace.

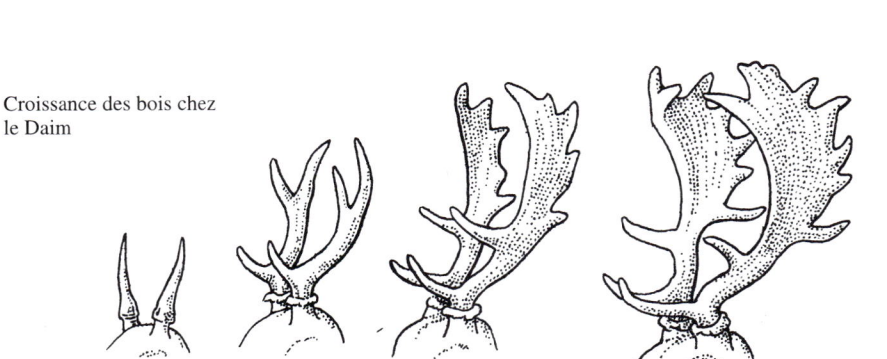

Croissance des bois chez le Daim

Forme des bois chez le Daim de Mésopotamie

Mâle en livrée hivernale

Artiodactyles

Cerf sika
(Cervus nippon)

M

Cerfs *(Cervidae)*

Le Cerf sika est le mieux connu des cerfs asiatiques et on l'élève comme animal gibier, dans des zoos et des parcs, en Europe, en Australie et en Nouvelle-Zélande. Il est originaire d'Asie orientale, depuis la Mandchourie et le sud de l'Oussouri à travers la Chine orientale et le Japon jusqu'au Viêt-nam et à l'île de Jolo (archipel de Sulu, entre le Kalimantan [Bornéo] et les Philippines). Il est représenté par dix sous-espèces dans cette vaste zone ; plusieurs doivent leurs différences au fait qu'elles sont isolées des autres car elles vivent sur des îles. La plus fréquemment élevée en dehors de l'Asie est la sous-espèce japonaise *(Cervus nippon nippon)*, native des îles Honshu, Kyushu, Shikoku,

Empreintes de Cerf sika

Cerf sika en livrée estivale

418

Artiodactyles

Yaku-shima et Goto. La plupart des sous-espèces ont des populations stables mais quatre sont en danger et figurent dans le Livre rouge de l'UICN. Dans les élevages de Chine et de l'ex-URSS, on a procédé à des croisements entre des animaux d'origine géographique différente, en sorte que çà et là il est impossible de savoir à quelle sous-espèce ils appartiennent.

Le Cerf sika pèse de 60 à 120 kg, mesure de 1,05 à 1,55 m de long, queue (10–20 cm) non comprise, et de 90 cm à 1,10 m de haut à l'épaule. Sa queue est blanche avec une bande foncée sur le dessus ; les fesses le sont également. Le reste du pelage est brun ou brun-roux tacheté de blanc en été et brun uni en hiver. Les bois sont plus petits que ceux du Cerf noble ; en général, ils ne disposent que de quatre andouillers chacun et mesurent de 30 à 60 cm de long. Là où le Cerf sika et le Cerf noble cohabitent, ils se croisent et les hybrides présentent des caractères intermédiaires. Le Cerf sika préfère les forêts de feuillus au sous-bois dense. Il est principalement crépusculaire et nocturne en nature mais également un peu actif dans la journée. Il mange des graminées et autres végétaux herbacés, des fruits de plantes ligneuses et des plantes cultivées. Comme le Cerf noble, il écorce les jeunes arbres et les endommage. En été, les groupes de mâles vivent séparément des troupes de femelles et de faons, mais en hiver des groupes mixtes se forment. Très agressif, le Sika mâle chasse les autres Ongulés (surtout le Daim et le Chevreuil) de son territoire. Les bois des mâles tombent en mai ou en juin et les nouveaux sont complets en septembre. Pendant le rut, qui commence dans la seconde moitié d'octobre et dure jusqu'à la mi-novembre, les mâles lancent des sifflements perçants. Leur harem est moins important que celui du Cerf noble et comprend généralement trois ou quatre biches. La gestation dure de trente à trente-deux semaines et les biches mettent bas – en mai ou en juin un seul faon qui est allaité pendant trois ou quatre mois et qui reste avec sa mère jusqu'au printemps suivant ou même après. La maturité sexuelle survient à l'âge de 18 mois environ, mais les bois simples des jeunes mâles commencent à paraître à 10 mois. Le Cerf sika court rapidement mais pas sur de grandes distances ; il nage facilement. Son principal prédateur était le loup, mais dans la plupart des pays où on l'élève maintenant il n'a plus de prédateurs naturels et c'est l'Homme qui contrôle ses effectifs.

Crâne de femelle du Cerf sika

Le Cerf axis *(Cervus axis)* ressemble beaucoup au Cerf sika. En général, ses bois ne comptent pas plus de six andouillers et les taches du pelage sont disposées irrégulièrement

Artiodactyles

Cerf noble, Cerf élaphe, Bête rouge

(*Cervus elaphus*)

M

Cerfs (*Cervidae*)

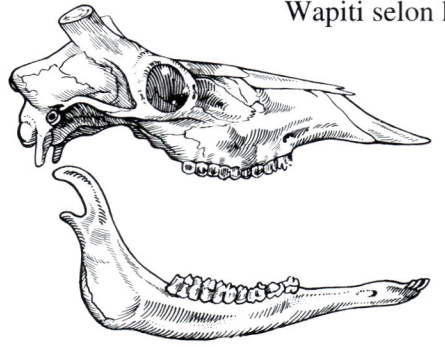

Crâne de Cerf noble ; les bois ont été coupés

La plupart des spécialistes pensent que les cerfs d'Europe, d'Asie et d'Amérique porteurs de bois très ramifiés appartiennent tous à la même espèce appelée Cerf noble ou Wapiti selon la sous-espèce. Si l'on admet cette opinion, l'aire originelle de répartition du Cerf couvrait une très vaste surface puisqu'elle comprenait une grande partie du Canada et presque tous les États-Unis, l'Europe depuis le sud de la Scandinavie, les îles Britanniques, le Portugal et l'Asie jusqu'à la Chine septentrionale et la Corée. En outre, l'espèce existe au Maroc. Ceux qui estiment que le Wapiti est une espèce à part (*Cervus canadensis*) placent les animaux qui vivent en Asie, du sud de la Sibérie à la Chine centrale, dans cette espèce. Le Cerf noble a plusieurs sous-espèces en Europe, Afrique du Nord et en Asie depuis la Turquie et la Syrie (où l'espèce a disparu), du sud de l'Oural au nord de l'Inde et à l'ouest de la Chine. Le groupe *elaphus* (Europe et jusqu'en Asie centrale) comprend onze sous-espèces qui pèsent en moyenne de 100 à 350 kg, mesurent de 1,60 à 2,50 m de long, queue (12–15 cm) non comprise, et de 1,20 à 1,50 m de haut à l'épaule. Les sept sous-espèces du groupe *canadensis* (Amérique du Nord et Asie orientale) pèsent en moyenne de 300 à 500 kg, mesurent de 2 m à 2,50 de long, queue (12–15 cm) non comprise, et de 1,30 à 1,60 m de haut à l'épaule.

Actuellement, l'aire de répartition du Cerf noble est discontinue mais l'espèce n'est pas du tout menacée puisque dans certains pays d'Europe occidentale et centrale où elle n'a plus de prédateurs naturels (loup, lynx, ours brun), ses effectifs sont trop élevés.

Cerf noble en été

On estime à trois millions le total des cerfs nobles et des wapitis actuellement vivants dans le monde, mais certaines sous-espèces sont en danger d'extinction et figurent dans le Livre rouge de l'UICN. C'est le cas de *Cervus elaphus corsicanus*, le Cerf de Corse, qui en réalité a disparu de Corse vers 1970 mais qui subsiste encore en Sardaigne. Une sous-espèce, au moins, a cessé de vivre. L'espèce a été réintégrée dans plusieurs contrées où elle avait été exterminée et on l'a introduite dans des pays où elle n'existait pas comme l'Australie et la Nouvelle-Zélande.

Artiodactyles

Biche (femelle du Cerf noble)

La robe estivale du Cerf noble est d'un brun roussâtre alors que le pelage hivernal est brun grisâtre ou brun noirâtre. La queue est unicolore et la grande tache sur les fesses est jaunâtre et non pas blanche. Les différentes sous-espèces se distinguent par leurs dimensions et la croissance de leurs bois. Ceux-ci sont massifs et très ramifiés puisqu'on peut compter jusqu'à dix andouillers sur chacun (vingt au total) ; ils pèsent jusqu'à 13 kg et plus. En 1692, le prince Frédéric III de Brandebourg aurait tué un cerf noble qui avait un total de soixante-six andouillers. Il s'agissait manifestement d'un sujet anormal souffrant d'un dérèglement hormonal ou d'une autre affection. Le Cerf noble vit dans les grandes forêts plus ou moins entrecoupées de clairières et comportant des fourrés, en plaine et en montagne. Les hardes de biches et de faons vivent à l'écart des groupes de mâles. À l'époque du rut (brame), les mâles adultes se constituent un harem de biches et tolèrent la présence des jeunes mâles dans ce groupe. Ils bramment, et les combats qu'ils livrent à leurs rivaux sont généralement fictifs. Le brame a lieu de la mi-septembre au début d'octobre. La gestation dure environ huit mois ; en général, la biche met au monde un seul faon au pelage tacheté.

Empreintes de Cerf noble

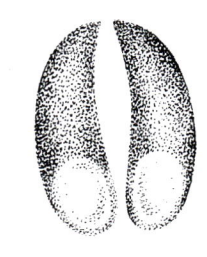

Faon du Cerf noble

Artiodactyles

Chevreuil

(Capreolus capreolus) Cerfs *(Cervidae)*

Cette espèce, la seule du genre *Capreolus*, est classée dans la sous-famille des vrais cerfs (*Cervinae*) ou dans celle des *Odocoileinae*. Si l'on adopte la première conception, le Chevreuil est le plus petit des vrais cerfs, mais à la différence de ses cousins, il n'a pas de glande préorbitale et ses bois, beaucoup plus simples, présentent seulement trois andouillers. La longueur du corps et la hauteur à l'épaule sont presque égales alors que chez les vrais cerfs le corps est bien plus long. Le Chevreuil mesure de 95 cm à 1,35 m de long (auxquels s'ajoutent de 3 à 5 cm pour la queue, cachée dans le pelage) et de 60 à 80 cm de haut à l'épaule ; il pèse de 15 à 35 kg.

Les adultes ont un pelage brun roussâtre en été et brun grisâtre en hiver ; les faons portent des taches claires. La zone pâle sur les fesses (roze) est ovale chez les mâles adultes et en forme de cœur chez les femelles adultes ; les poils qui la surmontent la recouvrent comme un tablier.

Le Chevreuil est répandu depuis l'Europe occidentale (sauf l'Islande et l'Irlande) jusqu'aux côtes du Pacifique en Chine et en Corée ; dans l'ex-URSS, il est absent entre les 40e et 50e parallèles. Dans cette vaste zone, il habite les forêts et les steppes boisées. C'est l'un des plus grands mammifères qui aient réussi à s'adapter à la présence d'une population humaine très dense. Sylvestre à l'origine, le Chevreuil apprend peu à peu à vivre dans la campagne cultivée (Chevreuil « de plaine »). Dans ce nouvel habitat, il forme des troupes réunissant parfois cent animaux ou même plus. En été, les chevrettes et leurs faons vivent en petits groupes, les mâles adultes (brocards) étant solitaires. Le Chevreuil est actif surtout à l'aube et le soir. Il se nourrit principalement de graminées et autres végétaux herbacés, mais aussi de feuilles, bourgeons, pousses, jeunes aiguilles de résineux, écorces, champignons, baies et plantes cultivées. Comme les autres Ongulés, il a besoin de minéraux qu'il obtient en léchant du sel. Il peut boire de 1,5 à 3 litres d'eau par jour.

Chevreuil : mâle (brocard) en période de rut

Artiodactyles

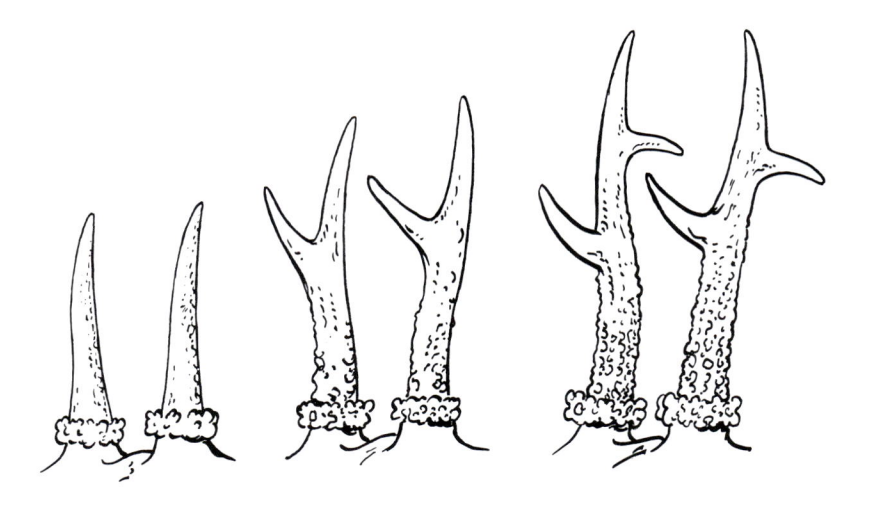

Les bois du Chevreuil peuvent avoir un seul andouiller (à gauche), deux (au milieu) ou six au total (à droite), mais rarement huit ou dix. Les vieux mâles perdent leurs bois en octobre ; les nouveaux commencent à pousser aussitôt et leur velours tombe en avril-mai de l'année suivante. Chez les jeunes, ce cycle est retardé de 2 à 6 semaines

En Europe, le rut se passe surtout en juillet et en août et la plupart des chevrettes sont fécondées à cette saison. Les brocards aboient (ils aboient aussi le reste de l'année, surtout quand ils sont inquiétés). L'implantation des embryons est différée chez les femelles fécondées en été ; leur développement s'arrête jusqu'en décembre, après quoi ils se fixent sur la paroi utérine et grandissent normalement. Sur une durée de quarante à quarante et une semaines de gestation, la croissance des embryons n'en exige qu'une vingtaine environ. Les chevrettes qui ne sont pas fécondées en été peuvent l'être plus tard durant un rut secondaire en novembre-décembre. Dans ce cas l'implantation n'est pas différée.

Les brocards en rut n'ont pas de harem bien qu'ils soient polygames. En général, celui qui a rencontré une femelle reste avec elle pendant plusieurs jours, puis il en recherche une autre et parfois une troisième. Pendant cette période, le mâle marque son territoire avec la sécrétion de ses glandes odoriférantes, en grattant la terre, en déchirant l'écorce de jeunes arbres ; enfin, il signale aussi sa présence en aboyant. À la fin de mai ou au début de juin, la chevrette met au monde 1 ou 2 chevrillards (exceptionnellement 3 ou 4) qui restent avec elle jusqu'au printemps suivant. Le lynx est le principal prédateur naturel du Chevreuil.

Tête de chevreuil avec les bois en velours

Tête de chevrette (femelle du Chevreuil)

Artiodactyles

Okapi

(Okapia johnstoni)

Girafe, Okapi *(Giraffidae)*

L'Okapi est l'une des deux espèces actuellement vivantes de la famille des *Giraffidae*. Sa découverte, au début du XXe siècle (il fut décrit en 1901), fit sensation dans le monde scientifique car personne ne croyait qu'un animal aussi grand eût pu rester aussi longtemps inconnu. La cause de cette découverte tardive est facile à comprendre : l'Okapi habite une surface restreinte, d'accès difficile, dans les forêts pluviales au centre du Zaïre (région de l'Ituri, Uele et Aruwimi). On ignore si son aire de répartition s'est rétrécie et sa densité paraît stable. Cependant, il a été inclus dans le Livre rouge de l'UICN comme potentiellement menacé à cause de sa distribution très limitée, mais on l'en a retiré ensuite.

Comme la Girafe, l'Okapi a seulement deux doigts (les troisième et quatrième) sur chaque patte ; leur extrémité porte un sabot court et large. Les mâles arborent une paire de petites cornes (de 10 à 12 cm de long) recouvertes de peau velue ; chez les plus vieux, cette peau est dénudée à l'extrémité des cornes et présente divers stades de kératinisation. Les femelles ont de très petites cornes entièrement revêtues de peau velue, ou bien en sont dépourvues. Le pelage de l'Okapi est brun foncé à noir avec des rayures blanches sur les pattes. Les mâles adultes sont un peu plus clairs que les femelles. Cette coloration cryptique protège l'Okapi car elle brise les contours de son corps dans les sous-bois et le rend invisible. L'Okapi a presque les dimensions d'un cheval : il atteint 2,10 m de long, queue (30–40 cm) non comprise, de 1,50 à 1,70 m de haut à l'épaule et pèse jusqu'à 250 kg. L'Okapi vit solitairement ou en couples, mais pas en groupe. Son régime alimentaire se compose de pousses, rameaux tendres d'arbres (surtout des Euphorbiacées), de petits fruits, de graines et de végétaux herbacés. Comme la Girafe, il cueille les feuilles avec sa langue. Il lui faut boire régulièrement, c'est pourquoi on le trouve généralement

Okapi

Artiodactyles

Chez l'Okapi, l'arrière-train et le haut des pattes sont couverts de rayures blanches ; le bas des pattes est blanc sauf les « socquettes » au-dessus des sabots. Il y a aussi une bande noire sur le devant des pattes antérieures et une touffe de crins noirs au bout de la queue. La face interne des cuisses est blanche

non loin de l'eau, mais habituellement il se tient en terrain ferme. Les observations sur son genre de vie dans la nature sont quelque peu contradictoires puisque, selon certains experts, il serait diurne alors que pour d'autres il serait nocturne. L'ouïe est son sens le plus développé. La panthère, les hyènes et les crocodiles sont ses prédateurs naturels. Les Pygmées le chassent depuis des siècles mais comme leur technique est primitive et que l'Okapi est très discret, ils n'ont pas eu d'influence défavorable sur ses effectifs. La gestation dure de quatorze à quinze mois et le petit, qui pèse environ 16 kg à la naissance et mesure 80 cm de haut à l'épaule, est allaité pendant huit à dix mois.

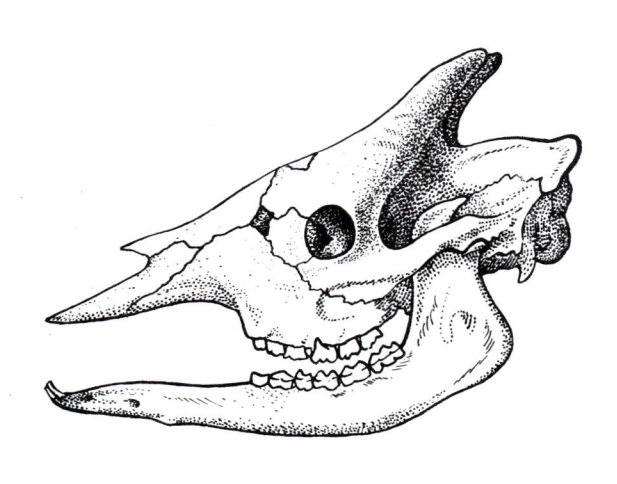

Les os frontaux se terminent en deux cornes obliquement recourbées vers l'arrière

Comme la Girafe, l'Okapi nettoie ses yeux et ses oreilles avec le bout de sa langue très longue et très souple

Artiodactyles

Girafe

(Giraffa camelopardalis)

Girafe, Okapi *(Giraffidae)*

La Girafe est l'un des mammifères les plus populaires et certainement l'un des plus bizarres. Elle détient plusieurs records et, en particulier, celui de la hauteur (c'est le plus grand mammifère et même le plus grand animal du monde) puisque depuis le haut de sa tête jusqu'à la base de ses sabots antérieurs, elle mesure de 4,50 à 5,80 m. Sa silhouette est si familière qu'il paraît inutile de la décrire, mais il faut toutefois préciser que la forme et la disposition de ses taches, brunes à jaunâtres, diffèrent selon la sous-espèce (on en distingue généralement cinq). Contrairement à l'Okapi, le mâle est plus grand et plus foncé que la femelle. Les deux sexes possèdent généralement deux paires de cornes de dimensions différentes, situées au milieu de la tête ; parfois il n'y en a qu'une seule paire. Ces cornes sont entièrement revêtues de peau velue, qui est parfois plus foncée sur l'extrémité arrondie. En outre, une petite fausse corne se dresse en avant, à la limite des os nasaux et frontaux, en sorte que certaines girafes ont trois ou cinq cornes. La girafe mesure de 3,50 à 4,70 m de long, queue (80 cm – 1,10 m) non comprise, de 3 m à 3,70 m de haut à l'épaule et elle pèse généralement de 500 à 750 kg, exceptionnellement 1 t.
Elle vivait jadis dans toute l'Afrique, sauf les déserts et les forêts pluviales.

Girafe : sous-espèce *Giraffa camelopardalis angolensis*

Les cornes, d'abord cartilagineuses, se forment dans la peau. Ultérieurement, elles se fixent aux os pariétaux mais n'en font point partie intégrante et par conséquent ne sont pas visibles sur le crâne

Artiodactyles

Aujourd'hui, sa répartition est sporadique au sud du Sahara, depuis le Sénégal à l'ouest jusqu'à l'Éthiopie et le sud de la Somalie à l'est et, de là, jusqu'à l'Angola, la Namibie, le Botswana et le nord-est de l'Afrique du Sud. Elle fréquente surtout les savanes boisées où les acacias et autres arbres sont largement espacés, ou au contraire assez denses. C'est en Afrique orientale qu'elle est le plus abondante. Elle mange des feuilles, pousses et jeunes rameaux d'arbres et de buissons. Grâce à sa taille, elle n'a aucun compétiteur au niveau où elle se nourrit, c'est-à-dire dans la cime des arbres. Elle est diurne et, par conséquent, possède une vue et une ouïe très fines. Sociable, elle forme des groupes de cinq à quarante individus qui se composent d'un mâle adulte et de plusieurs femelles avec leurs petits. Plusieurs groupes se réunissent parfois et, dans ce cas, une centaine de girafes ou même plus peuvent se trouver rassemblées. Si la Girafe a suffisamment de nourriture verte, elle peut se passer d'eau pendant des semaines, mais si elle en rencontre, elle boira. Elle dort souvent debout, parfois aussi couchée, la tête et le cou repliés en arrière, soutenus par une patte postérieure, en sorte que le cou décrit une très grande courbe.

Le lion et les hyènes sont ses prédateurs naturels mais ne se hasardent pas à attaquer un groupe ou un mâle adulte isolé car la Girafe se défend vigoureusement avec ses sabots antérieurs. Pendant le rut ou si un mâle étranger s'approche du groupe, les mâles se battent ; ils se poussent d'avant en arrière avec leur cou, se donnent des coups de tête mais emploient rarement leurs sabots. La gestation dure de quatorze à quinze mois. Il n'y a qu'un seul petit (les jumeaux sont rares). La mère se tient debout pendant la parturition et le nouveau-né tombe par terre d'une hauteur d'environ 2 mètres ; vingt minutes plus tard il titube sur ses pattes. L'allaitement dure dix mois et la maturité sexuelle survient à 3 ans.

Girafe : sous-espèce *Giraffa camelopardalis reticulata*

Girafe : sous-espèce *Giraffa camelopardalis rotschildi* (à gauche) et *Giraffa camelopardalis tippelskirchi* (à droite)

Artiodactyles

Pronghorn, Antilope à cornes fourchues

(Antilocapra americana)

M

Pronghorn *(Antilocapridae)*

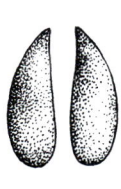

Les pattes du Pronghorn ont seulement deux doigts (les troisième et quatrième) visibles sur les empreintes. Les doigts postérieurs rudimentaires ont disparu

Le Pronghorn est le seul représentant de la famille des *Antilocapridae*. Il y a fort longtemps, plusieurs espèces vivaient en Amérique mais à la fin du Cénozoïque (ère tertiaire) et au commencement du Quaternaire, elles disparurent, sans doute incapables de s'adapter aux changements de climat et à la concurrence des bovidés plus évolués. On peut donc dire dans une certaine mesure que le Pronghorn est un fossile vivant. À l'origine, avant l'arrivée des Blancs, il occupait une grande partie de l'ouest de l'Amérique du Nord, depuis le sud du Canada jusqu'au centre du Mexique. Après la colonisation du Far West, son aire de répartition et ses effectifs diminuèrent. Toutefois, grâce aux mesures de protection (parcs nationaux) il n'a pas été exterminé par les chasseurs. Actuellement, on le trouve dans le sud du Saskatchewan et l'Alberta (Canada), dans l'ouest des États-Unis et, au sud, jusqu'à Hidalgo, la Basse Californie et l'ouest du Sonora (Mexique). Les effectifs de ses trois sous-espèces sont stables et suffisants. Toutefois, les sous-espèces *A. americana peninsularis*, du sud de la Californie et de Basse Californie et *A. americana sonorensis*, présentes dans le sud de l'Arizona, le centre et l'ouest du Sonora sont menacées et figurent dans le Livre rouge de l'UICN.

Le Pronghorn ressemble à une antilope, mais ses cornes sont très différentes. Fixées sur des chevilles osseuses, elles tombent périodiquement (plus précisément, c'est leur étui corné qui est caduc) et repoussent ensuite. Leur croissance exige environ quatre mois. Le Pronghorn pèse de 40 à 70 kg, mesure de 1 m à 1,50 m de long, queue (8–15 cm) non comprise, et atteint de 80 cm à 1 m de haut à l'épaule. Les mâles sont un peu plus grands que les femelles. En redressant les poils blancs de sa croupe (« miroir »), le Pronghorn communique à très grande distance avec ses congénères. Les mâles portent un masque noir sur la partie supérieure du museau et une tache de même couleur sur la gorge ; ces marques sont bien plus faibles chez les femelles. Le Pronghorn fréquente les

Pronghorn mâle : ses cornes atteignent 25 cm de long

Artiodactyles

steppes, les prairies, les semi-déserts, les espaces couverts de broussailles. C'est le plus rapide de tous les mammifères américains car il peut soutenir une vitesse de 65 km/h sur plusieurs kilomètres et il atteint 100 km/h sur de courtes distances. Il se nourrit de graminées, d'autres végétaux herbacés et grignote les buissons. Son activité est surtout diurne. En été, il vit en petits groupes qui s'associent pendant l'hiver pour former des troupes de cinquante à deux cents individus. Les groupes parcourent environ 5 kilomètres par jour mais davantage s'ils cherchent de l'eau. Pendant le rut, qui dure de la mi-août à la mi-septembre, les mâles adultes se constituent un harem de dix à quinze femelles et se battent entre eux. La gestation dure de 230 à 240 jours ; avant la naissance, la femelle quitte son groupe et met au monde 2 petits (en général) dans un endroit abrité, par exemple dans un creux du sol. Ils y restent environ trois jours avant de suivre leur mère. L'allaitement dure de cinq à six mois mais les jeunes commencent à brouter à 3 semaines. Les femelles atteignent la maturité sexuelle à 15–16 mois et les mâles à 24 mois.

Les cornes sont fixées sur des chevilles poussant sur les os frontaux et situées au-dessus des grandes orbites

Chez les femelles, les cornes sont plus petites ou absentes

429

Artiodactyles

Céphalophe de Grimm

(Sylvicapra grimmia)   Ruminants cavicornes *(Bovidae)*

Avec cette petite antilope, nous commençons la description des membres de la grande famille des *Bovidae*, Ruminants cavicornes (qui ont des cornes creuses). Beaucoup des quelque cent trente espèces sont apparues à la fin du Cénozoïque (ère tertiaire) ou au début du Quaternaire et leur évolution n'a pas pris fin. Le caractère le plus typique des

Céphalophe de Grimm

Empreintes de Céphalophe de Grimm

Le Céphalophe de Grimm a un crâne triangulaire ; ses cornes sont courtes, fines et droites. Seuls les mâles en sont pourvus

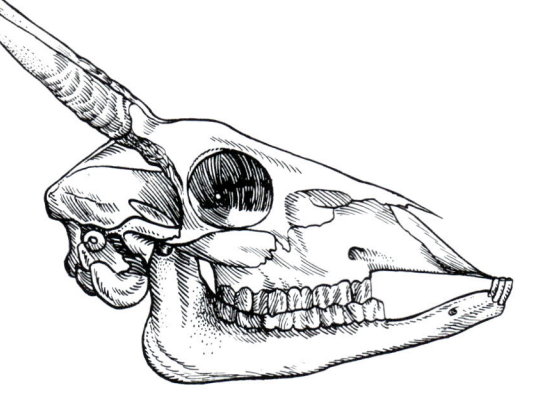

Bovidae est la possession de cornes creuses qui poussent sur des protubérances osseuses du front. Elles coiffent ces bosses et sont dues à la kératinisation de l'épiderme qui se produit de la base de la corne vers son extrémité. Étant donné que la partie la plus ancienne de la corne est constamment repoussée vers le haut, l'extrémité est la plus vieille, et la base la plus récente. Ces cornes sont permanentes, n'ont pas de ramifications et peuvent exister chez les deux sexes (elles sont alors plus grandes chez les mâles), ou seulement chez les mâles. Les Ruminants cavicornes s'appuient sur l'extrémité de leurs troisième et quatrième doigts qui sont recouverts de sabots ; les deuxième et cinquième doigts sont plus petits.

Les spécialistes divisent la famille des *Bovidae* en plusieurs groupes. Le Céphalophe de Grimm appartient à la sous-famille des *Cephalophinae*, qui comprend une quinzaine d'espèces. Il mesure de 85 cm à 1,15 m de long, queue (10–12 cm) non comprise, de 45 à 60 cm de haut à l'épaule et pèse de 12 à 16 kg. On le trouve dans toute l'Afrique au sud du Sahara, sauf dans les forêts pluviales des côtes du golfe de Guinée et du Zaïre. Il habite les forêts claires, les savanes et les broussailles ainsi que les prairies de montagne. Actif après le crépuscule, il passe la majeure partie de la journée caché dans un fourré ou dans de hautes herbes. Il se nourrit de feuilles, pousses, bourgeons, fruits et graines, parfois d'insectes et d'oiseaux. Il vit seul ou en couple. La reproduction peut avoir lieu en toute saison et les mâles se battent à cette occasion. La gestation dure environ sept mois ; il n'y a qu'un seul petit par portée, rarement deux.

Artiodactyles

Antilope de Bates
(Neotragus batesi)

Ruminants cavicornes *(Bovidae)*

Cette espèce fait partie de la sous-famille des *Neotraginae* ainsi qu'une douzaine d'autres espèces (diks-diks, Ourébi, Oréotrague). C'est une jolie petite antilope brun et blanc, au dos voûté. Ses yeux et ses oreilles sont très grands. Elle mesure de 50 à 60 cm de long,

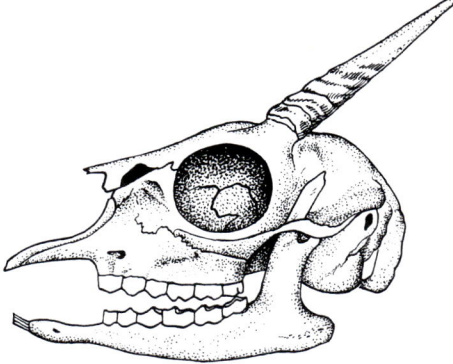

Antilope de Bates

Chez les diks-diks, les grandes orbites tiennent une place considérable dans le crâne. Seuls les mâles ont de petites cornes sillonnées à leur base

queue (5–8 cm) non comprise, de 25 à 35 cm de haut à l'épaule et pèse de 4 à 5 kg. Seuls les mâles portent de petites cornes. L'Antilope de Bates vit dans les forêts humides de l'Afrique équatoriale mais son aire de répartition est divisée en deux parties ; l'une à l'ouest (sud du Nigeria, du Cameroun et du Gabon au Congo), l'autre à l'est (nord-est du Zaïre et Ouganda). Mal connue, elle ne semble pas être en danger. On la rencontre dans les forêts pluviales denses. Elle se nourrit surtout de feuilles, bourgeons, fruits, racines et relativement peu d'herbes. Active le jour et le soir, elle est solitaire ou bien vit en couple ou en petits groupes.

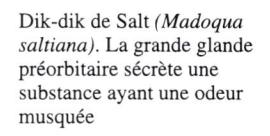

Dik-dik de Salt *(Madoqua saltiana)*. La grande glande préorbitaire sécrète une substance ayant une odeur musquée

Artiodactyles

Ourébi, Oribi

(Ourebia ourebi)

V

Ruminants cavicornes *(Bovidae)*

L'Ourébi est une petite antilope qui mesure de 95 cm à 1,20 m de long, queue (8–14 cm) non comprise, de 50 à 67 cm de haut à l'épaule et qui pèse de 15 à 22 kg. Il a une silhouette gracieuse. De chaque côté de la tête, au-dessous de la grande oreille, se trouve une surface de peau nue, brun foncé, qui ne renferme aucune glande et dont le rôle est encore mal connu. La face supérieure de la queue est recouverte de grands poils, la face inférieure restant nue. L'Ourébi vit en Afrique au sud du Sahara sauf près du golfe de Guinée, dans la majeure partie du Zaïre, de l'Éthiopie et de la Somalie ; il existe en Angola mais pas dans l'extrémité sud-ouest du continent noir. On le trouve dans les prairies parsemées de rares buissons et à proximité de l'eau ; en montagne, il grimpe jusqu'à 3 000 mètres d'altitude et plus. Il vit solitairement, en couple ou en petits groupes et s'associe assez souvent à d'autres troupes d'antilopes. C'est surtout le soir et à l'aube qu'il se montre actif. Son régime comprend essentiellement des graminées. La gestation dure sept mois et la femelle met au monde un seul petit.

Empreintes d'Ourébi

Ourébi : les cornes des mâles sont relativement longues (8–18 cm)

Oréotrague

(Oreotragus oreotragus)

M

Ruminants cavicornes *(Bovidae)*

Celui qui a vu un Oréotrague mâle surveiller le territoire de sa famille du haut d'un rocher n'oubliera jamais ce spectacle. Cette antilope a des sabots très particuliers puisqu'ils ressemblent à de petits blocs arrondis ; elle marche, court et saute sur leurs pointes comme une ballerine. Ce mode de locomotion n'est possible que grâce à la puissance des tendons qui maintiennent l'extrémité des doigts. Cette particularité morphologique permet à l'Oréotrague de se déplacer aisément sur les rochers et les éboulis. L'aire de répartition de cette espèce couvre l'Afrique orientale depuis l'Éthiopie jusqu'à la pointe méridionale du continent. Une population isolée vit dans le nord du Nigeria mais elle est menacée d'extinction. Ailleurs, dans les milieux qui lui conviennent, l'Oréotrague est

Les empreintes de l'Oréotrague sont arrondies et l'on n'y voit que l'extrémité des sabots

Artiodactyles

encore commun. C'est la seule espèce de son genre. Il mesure de 80 cm à 1,15 m de long, queue (8–13 cm) non comprise, de 50 à 80 cm de haut à l'épaule et pèse de 14 à 18 kg. On le trouve sur les collines rocheuses dans les savanes, en plaine et jusqu'à 4 000 mètres d'altitude en montagne. Il ne s'éloigne jamais beaucoup des rochers qui représentent son habitat typique. Il n'a pas besoin de boire régulièrement et se nourrit surtout de feuilles et pousses de buissons ainsi que d'une certaine proportion de graminées et autres végétaux herbacés. En général, l'Oréotrague vit en groupes familiaux comprenant un mâle adulte, une femelle et un petit. Il est actif tôt le matin et le soir. La gestation dure sept mois et l'unique petit reste avec sa mère jusqu'à la naissance du suivant.

Attitude typique d'un Oréotrague

La femelle de l'Oréotrague est dépourvue de cornes

Artiodactyles

Guib harnaché

(*Tragelaphus scriptus*)   Ruminants cavicornes (*Bovidae*)

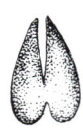

Empreintes de Guib harnaché

Guib harnaché

Les sept espèces du genre *Tragelaphus* qui forment la sous-famille des *Tragelaphinae* font partie des antilopes africaines les plus élégantes. Elles portent des bandes blanches verticales allant du dos au ventre. Comme chez les autres antilopes, les mâles sont plus grands que les femelles et ont une crinière érectile sur le dos ; leurs cornes décrivent un tour de spire. Tous les guibs mâles se battent en période de reproduction. Le Guib harnaché vit dans la majeure partie de l'Afrique au sud du Sahara et manque seulement dans le sud-ouest, de l'Angola à la partie occidentale de l'Afrique du Sud. Il mesure de 1,30 à 1,50 m de long, queue (30–35 cm) non comprise, de 80 cm à 1 m de haut à l'épaule et pèse de 40 à 78 kg. Son pelage brun noirâtre ou brun foncé est orné de lignes et de taches blanches dont la répartition varie chez les quelque vingt-quatre sous-espèces. Certaines comme *T. scriptus massaicus*, du Kenya et de la Tanzanie, n'ont pas de rayures.

Le Guib harnaché fréquente les broussailles épaisses, les bosquets, les hautes herbes des savanes, généralement non loin de l'eau. Il vit solitairement ou par couple et il est actif le soir et la nuit. Son régime comprend surtout des feuilles, pousses et rameaux d'arbres auxquels il ajoute parfois des fruits et des racines. La panthère et d'autres grands félins sont ses principaux prédateurs ainsi que de grands pythons. La gestation dure environ deux cents jours et la femelle n'a qu'un seul petit par portée.

Sitatunga

(*Tragelaphus spekei*)   Ruminants cavicornes (*Bovidae*)

Empreintes de Sitatunga en terrain marécageux (en haut) et en terrain dur (en bas)

Le Sitatunga est un peu plus grand que le Guib harnaché : il mesure de 1,50 à 1,70 m de long, queue (20–30 cm) non comprise, de 90 cm à 1 m de haut à l'épaule et pèse de 100 à 125 kg. Les mâles sont bruns à brun foncé, les femelles plus claires. La disposition des lignes et des taches blanches du cou et de la tête varie selon la sous-espèce (il y en a cinq). Les mâles portent de grandes cornes incurvées et spiralées ; il y a parfois une petite crinière sur le cou. Cette espèce vit dans l'ouest et surtout le centre de l'Afrique ; elle fréquente les marais, les massifs de papyrus, les roselières, les bois humides proches des lacs ou ceux des vallées inondables, les îles. Grâce à ses sabots qui s'écartent largement, le Sitatunga peut se déplacer sans difficulté sur les terrains marécageux instables où pousse une épaisse végétation palustre. Il nage très bien, passe souvent les heures les

Artiodactyles

Mâle adulte de Sitatunga

Les très longs sabots pointus, largement écartés, du Sitatunga, sont une adaptation aux déplacements en terrain humide

plus chaudes dans l'eau et plonge en cas de danger, ne laissant dépasser de l'eau que l'extrémité de son museau. Il se tient en petits groupes d'une demi-douzaine d'individus environ et il est à la fois diurne et nocturne. Son régime se compose de végétaux aquatiques et palustres ; en outre, il grignote des feuilles, rameaux et fruits. La gestation dure environ 225 jours et il n'y a qu'un seul petit par portée.

Jeune mâle de Sitatunga

La femelle du Sitatunga n'a pas de cornes

435

Artiodactyles

Grand Koudou

(*Tragelaphus strepsiceros*) Ruminants cavicornes (*Bovidae*)

Le mâle de cette majestueuse antilope porte de très belles cornes. Le Grand Koudou mesure de 2,25 à 2,50 m de long, queue (35–55 cm) non comprise, de 1,30 à 1,60 m de haut à l'épaule et il pèse de 250 à 327 kg. Les sept à dix rayures blanches verticales qui zèbrent ses flancs n'atteignent pas le ventre. Mâle et femelle ont une crinière dorsale, particulièrement développée sur les épaules ; les mâles mesurent souvent 1,50 m de long et décrivent deux ou trois tours de spire. Le Grand Koudou habite l'est et le sud de l'Afrique mais il n'atteint pas la pointe du continent. C'est un habitant des bois clairs, des régions sèches avec broussailles et lieux rocheux ; on ne le rencontre pas dans les prairies dépourvues de fourrés. Il vit en petits groupes de six à douze, mais en dehors de la période de reproduction, les mâles sont solitaires ou forment des « clubs » de célibataires. Le Grand Koudou a une activité crépusculaire ou matinale. Il mange des feuilles et des rameaux d'arbrisseaux et d'arbres. Il saute très bien et peut franchir des clôtures mesurant plus de 2 mètres de haut. La femelle met au monde un seul petit à l'issue d'une gestation de sept mois.

Empreintes de Grand Koudou

Jeune mâle du Grand Koudou

Artiodactyles

Petit Koudou

(Tragelaphus imberbis)

Ruminants cavicornes *(Bovidae)*

Le Petit Koudou est une antilope très élégante, svelte, dont les flancs sont ornés de onze à quinze bandes blanches verticales qui se détachent sur un fond gris brunâtre. Chez le mâle, une crinière s'étend de la tête à la base de la queue ; celle de la femelle est limitée aux épaules. Les cornes, spiralées comme celles du Grand Koudou, mesurent au maximum 90 cm de long. Il n'y a pas de grande différence de taille entre mâle et femelle. Le poids varie entre 90 et 110 kg, le corps mesure de 1 à 1,75 m de long, queue (30–40 cm) non comprise, et la hauteur à l'épaule varie de 95 cm à 1,05 m. Sa population se répartit sur une bonne partie de l'Éthiopie, au sud de la Somalie, à l'extrémité méridionale du Soudan, l'est de l'Ouganda, le Kenya et le nord-est de la Tanzanie. Il fréquente les fourrés d'épineux en terrain sec où sa coloration le camoufle efficacement. De nombreux prédateurs le chassent : les adultes sont capturés par le lion, la panthère, le lycaon, les hyènes et les petits sont victimes du serval, du caracal, de babouins et de pythons.

Le Petit Koudou se tient généralement en couple ou bien en famille (deux adultes et leur petit). Les femelles s'associent parfois en petites hardes et certains mâles vivent solitairement. Méfiant, le Petit Koudou passe généralement les heures les plus chaudes du jour caché dans la végétation dense et n'en sort que le soir ou tôt le matin. Comme le Grand Koudou, il se nourrit surtout de feuilles d'arbres et de buissons et peut se passer d'eau pendant longtemps puisqu'il habite des régions arides. En revanche, il boit régulièrement s'il a de l'eau à sa disposition. C'est en outre un coureur fort rapide. La gestation dure environ 220 jours et il n'y a qu'un seul petit par portée.

Le Petit Koudou laisse des empreintes piriformes

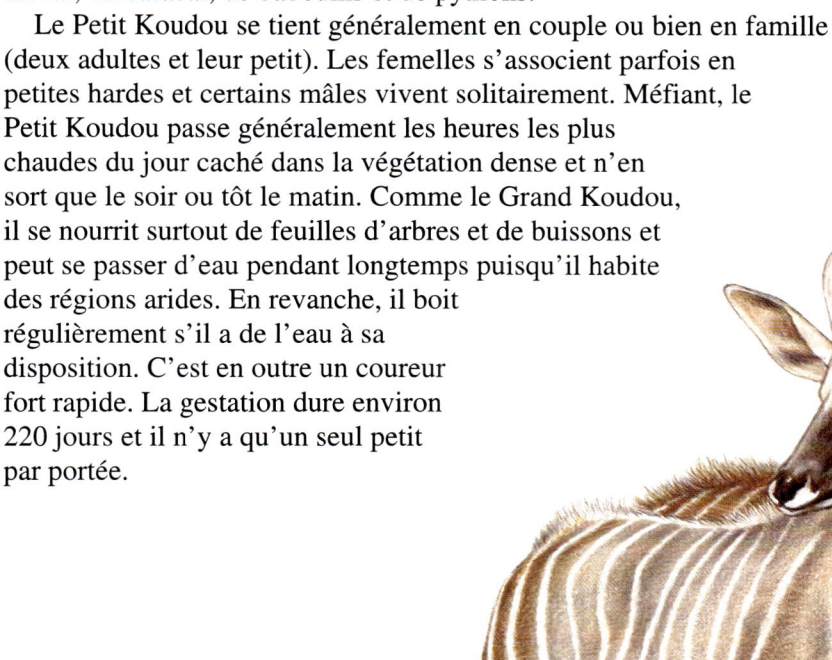

Petit Koudou

437

Artiodactyles

Nyala

(*Tragelaphus angasi*) Ruminants cavicornes *(Bovidae)*

De tous les membres de la sous-famille des *Tragelaphinae*, le Nyala est celui chez lequel le dimorphisme sexuel (différence d'aspect entre mâle et femelle) est le plus marqué. Le mâle est brun grisâtre ou brun foncé sauf les pattes jaune orangé, alors que la femelle est brun clair avec des pattes presque de la même couleur. L'un et l'autre présentent, sur les flancs, des rayures verticales mais elles sont plus évidentes chez la femelle qui a aussi davantage de taches blanches sur les cuisses. Le mâle est reconnaissable à sa très grande crinière blanche qui s'étend sur le dos et le cou ; une autre existe sur le ventre ; chez la femelle, on n'aperçoit qu'une ébauche de crinière sur le cou. Enfin, le mâle arbore de longues cornes légèrement spiralées. Cette antilope vit uniquement dans le sud-est de l'Afrique et surtout dans des réserves. Son habitat correspond aux fourrés des savanes de plaine, généralement au voisinage de l'eau. Le Nyala vit en groupes d'importance variable (jusqu'à trente animaux) ; certains comprennent seulement des femelles avec leurs petits, d'autres comportent aussi des mâles et enfin il y a des « clubs » de jeunes mâles. Le Nyala est crépusculaire et nocturne. Il mange des feuilles, bourgeons, rameaux, fleurs et fruits, parfois aussi l'écorce des baobabs. Il ne broute l'herbe que si elle est très tendre. La gestation dure environ sept mois. La longévité maximale de l'espèce est de seize ans.

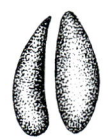

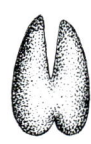

Empreintes de Nyala

Mâle adulte de Nyala

Artiodactyles

Bongo

(Tragelaphus eurycerus)

V

Ruminants cavicornes *(Bovidae)*

Le Bongo habite les épaisses forêts pluviales de l'Afrique, à l'ouest depuis la Sierra Leone, le Liberia et la Guinée dans les pays voisins du golfe de Guinée et, à travers le centre du continent, jusqu'au Kenya et au nord de la Tanzanie à l'est, mais cette aire de répartition est discontinue. C'est une robuste antilope qui pèse de 300 à 400 kg, mesure de 2 m à 2,40 m de long, queue (45–65 cm) non comprise, et qui atteint de 1,10 à 1,30 m de haut à l'épaule. La tête et le cou sont d'un brun acajou plus foncé que le corps ; des bandes blanches verticales traversent les flancs et il y a de petites taches blanches sur la tête et les pattes. Une crinière existe sur le dos. Le Bongo fréquente les forêts de plaine et de montagne jusqu'à 4 000 mètres

Jeune mâle de Bongo

d'altitude. Il se tient surtout dans les grands massifs boisés et se montre rarement dans les bosquets appartenant aux savanes. Il est difficile de l'approcher car il a un tempérament craintif et possède une excellente ouïe. Il mange surtout des feuilles, des pousses d'arbres, mais aussi du bois pourri (avec l'écorce), et broute parfois un peu d'herbe. Les vieux mâles sont solitaires, les autres vivent avec une femelle ; il y a aussi de petits groupes comptant au maximum trente animaux. Le Bongo est crépusculaire et nocturne. Il se déplace avec aisance dans les sous-bois denses et peut courir très vite, la tête redressée et les cornes inclinées sur le dos. La panthère chasse les adultes mais les petits tombent aussi victimes de grands pythons. La gestation dure cinq mois et demi et il n'y a qu'un seul petit. La longévité maximale de l'espèce est de dix-huit à vingt ans.

Artiodactyles

Éland

(*Taurotragus oryx*) Ruminants cavicornes (*Bovidae*)

L'Éland et son très proche parent, l'Éland de Derby (Éland géant), font partie de la même sous-famille que le Bongo, et certains spécialistes les placent dans le genre *Tragelaphus*. Ce sont les plus grandes antilopes vivantes ; *Taurotragus oryx* est à peine plus petit que *T. derbianus*. L'Éland mesure de 2 à 3 m de long, queue (50–80 cm) non comprise, de 1,30 à 1,60 m de haut à l'épaule et il pèse généralement de 590 à 700 kg. Son pelage brun-beige devient gris avec l'âge. En retrait des épaules, il y a généralement quatre rayures blanches peu marquées allant du dos aux flancs. Un grand fanon pend sous la gorge et se termine par une touffe de poils foncés ; il porte parfois une courte crinière sur le cou. Les cornes font un tour de spire et mesurent généralement de 60 à 70 cm de long (record : 110,5 cm) ; celles des femelles peuvent atteindre la même longueur que chez les mâles, mais elles sont plus épaisses chez ces derniers. L'Éland vit dans les savanes, les broussailles des régions semi-arides, les prairies de l'Afrique orientale et d'une partie de l'Afrique du Sud. Jadis, on le trouvait à partir du Kenya septentrional et dans presque tout l'Ouganda jusqu'à l'extrémité méridionale du continent. On l'a introduit sur d'autres terres, par exemple au Texas où il vit en semi-liberté et dans la réserve d'Askanija-Nova, dans le sud de l'Ukraine, où l'on a essayé de le domestiquer. L'Éland se tient en groupes d'une vingtaine d'individus, rarement davantage (soixante-dix) ; plusieurs groupes s'unissent parfois en troupeaux de deux cents et plus. Il s'associe à d'autres antilopes ou à des zèbres ; toutefois, certains vieux mâles sont solitaires. Essentiellement diurne, l'Éland se nourrit principalement de feuilles, rameaux et fruits succulents des arbres et des buissons ; il creuse la terre pour obtenir des tubercules et des racines. La gestation dure de 250 à 270 jours et la femelle n'a qu'un seul petit qui atteint la maturité sexuelle entre 5 et 7 ans.

Éland

Artiodactyles

Éland géant, Éland de Derby
(Taurotragus derbianus)

V, M

Ruminants cavicornes *(Bovidae)*

Cette espèce – la plus grande des antilopes – mesure de 1,50 à 1,80 m de haut à l'épaule, de 2,50 à 3,50 m de long et pèse de 600 kg à 1 t. Outre ses dimensions, elle diffère aussi de la précédente par ses rayures blanches plus visibles, plusieurs allant du dos au ventre. Le fanon est également plus long (il commence sous le menton) et la crinière plus grande. Les cornes, plus longues (jusqu'à 1,20 m) et plus épaisses, sont plus nettement spiralées. L'aire de répartition de

Empreintes d'Éland géant

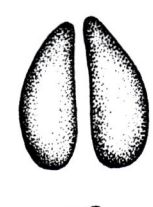

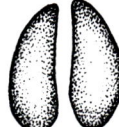

Éland géant

l'Éland géant est très discontinue ; elle s'étend au sud du Sahara entre le sud-est du Sénégal (près du parc national du Niokolo-Koba) à l'ouest et le sud-ouest du Soudan à l'est. On a peu de renseignements sur les effectifs, mais ils déclinent et l'espèce est considérée comme menacée. La sous espèce occidentale *T. derbianus derbianus* figure sur le Livre rouge de l'UICN. L'Éland géant habite les savanes boisées et la brousse épaisse ; il résiste mieux à la sécheresse que son proche parent et peut se passer d'eau pendant longtemps.

Artiodactyles

Nilgaut

(Boselaphus tragocamelus)   Ruminants cavicornes *(Bovidae)*

Le Nilgaut et l'Antilope à quatre cornes (*Tetracerus quadricornis*) sont des Ruminants asiatiques apparentés aux antilopes africaines de la sous-famille des *Taurotraginae*. Avec l'Antilope cervicapre, ce sont les seules antilopes vivant en Inde. Comparée à l'Afrique, l'Asie du Sud est donc beaucoup plus pauvre en antilopes. En revanche, sur ce dernier continent, il y a bien davantage de bœufs et buffles sauvages et de cerfs, absents de la majeure partie de l'Afrique. Le Nilgaut vit au Pakistan oriental, en Inde depuis les contreforts de l'Himalaya jusqu'à Bombay et la province de Mysore. Son pelage ras, de coloration presque uniforme, est gris ou gris bleuâtre chez le mâle et brun chez la femelle. Tous deux ont une crinière érectile sur le cou et les épaules. Au-dessus des sabots existe une bande brun foncé ou noire bordée de blanc en haut et en bas. La tache blanche semi-circulaire de la gorge est également typique chez les deux sexes. Seuls les mâles ont des cornes, mais elles sont petites par rapport à la taille de l'animal puisqu'elles mesurent seulement de 20 à 25 cm de long. Les vieux mâles ont une touffe de longs poils pendants sur la gorge. Le Nilgaut mesure de 1,80 à 2,10 m de long, queue (45–55 cm) non comprise, de 1,20 à 1,50 m de haut

Vieux mâle de Nilgaut

Artiodactyles

à l'épaule et pèse de 200 à 240 kg. Diurne, il vit dans les bois clairs, les broussailles et parfois les plaines herbeuses. Il forme de petits groupes de huit à dix animaux des deux sexes mais on voit plus fréquemment plusieurs femelles avec leurs petits. Les vieux mâles vivent solitairement la majeure partie de l'année ou s'assemblent en « clubs ». Ces différentes associations ont leurs propres territoires, suivent de véritables sentes en direction de leurs gagnages, des points d'eau (où les nilgauts boivent et se baignent) et des endroits où ils déposent leurs crottes. Le Nilgaut mange aussi bien des feuilles et des fruits que des graminées. Il apprécie beaucoup la canne à sucre et fait des dégâts dans les plantations. Le tigre et la panthère sont ses principaux prédateurs.

La reproduction peut avoir lieu à n'importe quel mois, mais le plus souvent à la fin de mars ou au début d'avril. Les mâles se battent très souvent et s'agenouillent comme le font les antilopes africaines de la sous-famille des *Tragelephinae*. La gestation dure huit mois et la plupart des petits naissent en décembre. Il y a généralement 2 petits par portée, et plus rarement un seul. Le Nilgaut n'a jamais été chassé à outrance car ses cornes ont peu de valeur comme trophée et sa chair n'est pas estimée. Il bénéficie également de sa ressemblance avec la vache domestique qui, pour les hindous, est un animal sacré. Il en résulte qu'on le laisse en paix dans une grande partie de l'Inde ; en revanche, il est rare dans l'est du Pakistan. Cependant, même en Inde, il s'est raréfié localement car son habitat naturel a été bouleversé.

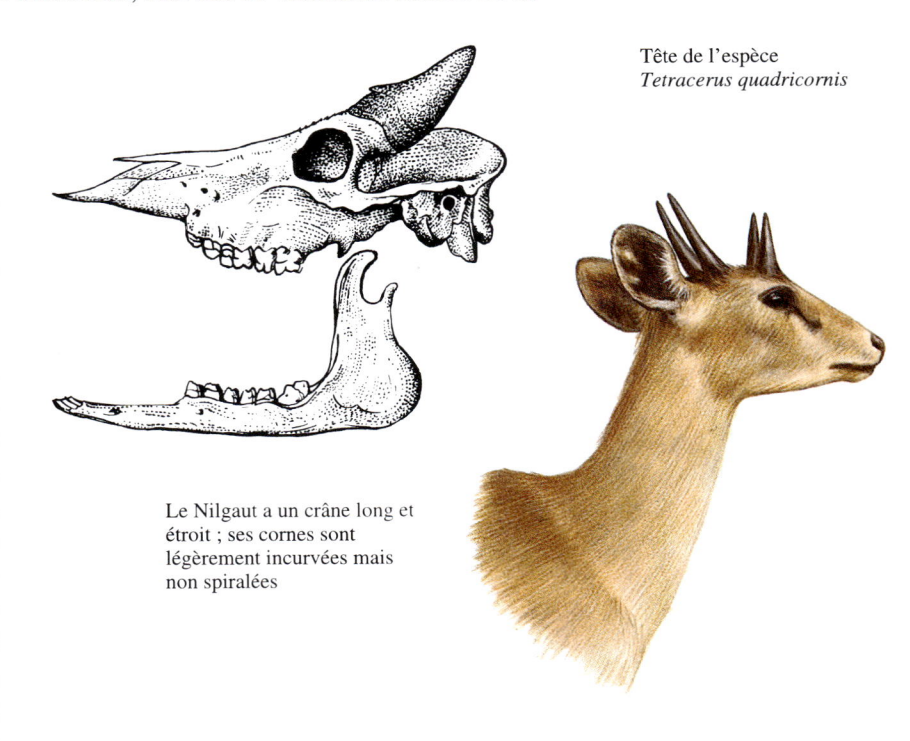

Tête de l'espèce *Tetracerus quadricornis*

Le Nilgaut a un crâne long et étroit ; ses cornes sont légèrement incurvées mais non spiralées

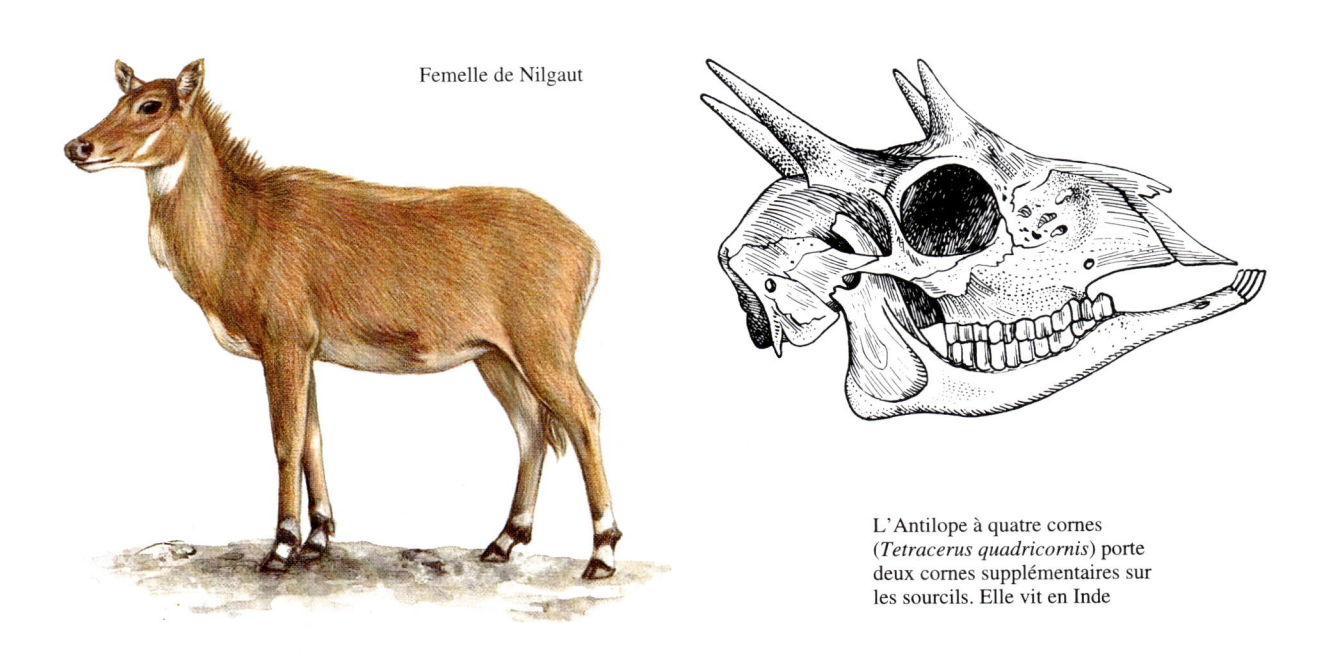

Femelle de Nilgaut

L'Antilope à quatre cornes (*Tetracerus quadricornis*) porte deux cornes supplémentaires sur les sourcils. Elle vit en Inde

Artiodactyles

Antilope rouanne, Hippotrague

(Hippotragus equinus)   Ruminants cavicornes *(Bovidae)*

Les quatre antilopes décrites ci-après font partie de la sous-famille des *Hippotraginae*. Chez toutes, les deux sexes ont de longues cornes, d'abord verticales puis incurvées en arrière, annelées et pointues. L'un des huit membres de la sous-famille, le Bluebuck (*Hippotragus leucophaeus*) a cessé de vivre. Il était répandu dans l'actuelle province du Cap en Afrique du Sud. En 1799, il n'existait déjà plus et ce fut donc le premier grand mammifère d'Afrique du Sud éliminé après l'arrivée des Européens. Sa disparition fut provoquée par la chasse et la concurrence que lui faisaient les moutons dans les prairies. Malheureusement, les autres membres de la sous-famille ne sont désormais guère mieux lotis et certains (ou certaines de leurs sous-espèces) sont menacés de disparition.

L'Antilope rouanne est un robuste animal qui mesure de 2,50 à 2,60 m de long, queue (50–70 cm) non comprise, de 1,50 à 1,60 m de haut à l'épaule et qui pèse de 260 à 300 kg. Le mâle est d'un quart ou d'un cinquième plus grand que la femelle. Ses cornes sont bien plus courtes que celles de l'Hippotrague noir (elles mesurent de 50 à 70 cm et jusqu'à 1 m). Une crinière foncée existe sur le cou et les épaules et une autre, moins nette, sur la gorge. Cette antilope vit en Afrique au sud du Sahara, à l'exception des forêts pluviales proches du golfe de Guinée, de la « corne » orientale du continent (Éthiopie et Somalie) et de presque toute l'Afrique du Sud. En Afrique occidentale elle n'est pas menacée d'extinction, mais ailleurs elle est devenue rare. On ne trouve des populations assez stables que dans les parcs nationaux et autres réserves. L'Antilope rouanne habite les plaines herbeuses, les savanes et les bois clairs, à proximité de l'eau. Elle vit solitairement ou en couples, ou encore en petits groupes de trois à vingt-cinq individus (maximum) conduits par un mâle dominant. Après la mise bas, les femelles forment aussi des groupes. Cette antilope mange surtout des graminées mais aussi des feuilles de buissons et des fruits. La gestation dure environ neuf mois et il n'y a qu'un seul petit.

Antilope rouanne

Empreintes d'Antilope rouanne

Artiodactyles

Hippotrague noir

M

(Hippotragus niger)

Ruminants cavicornes *(Bovidae)*

L'Hippotrague noir se caractérise par sa coloration contrastée puisqu'il est presque entièrement noir sauf une partie de sa face et le dessous du corps qui sont blancs ; les femelles, plus claires, sont brunes. Une haute crinière se dresse sur le cou, et les très longues cornes, d'abord verticales, se courbent ensuite vers l'arrière ; chez les mâles, elles mesurent de 1,10 à 1,25 m de long (record : 1,70 m) et seulement de 40 à 50 cm chez les femelles. Les mâles s'en servent pour se battre entre eux et pour se défendre contre les prédateurs. Comme l'Antilope rouanne, l'Hippotrague noir peut être très agressif. Actuellement, sa répartition comprend l'Afrique orientale depuis le sud-est du Kenya jusqu'à l'Angola et forme une sous-espèce particulière, *H. niger variani*, inscrite dans le Livre rouge de l'UICN. Ailleurs en Afrique, l'espèce n'est pas abondante. L'Hippotrague noir fréquente les savanes et forme des groupes de dix à vingt animaux (les troupes de cent à deux cents individus sont rares). Son régime est à base de graminées comme celui de l'Antilope rouanne et la gestation dure aussi longtemps. Les dimensions corporelles sont un peu plus faibles que celles de l'Antilope rouanne.

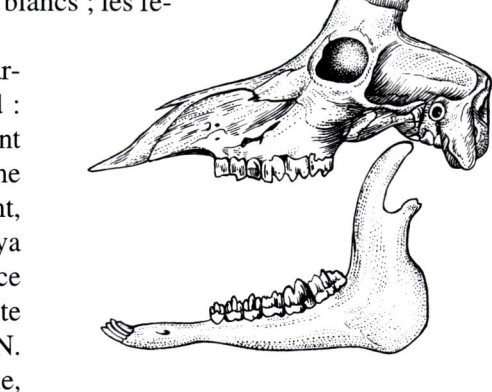

Le crâne de l'Hippotrague noir est allongé ; la partie qui supporte les cornes est particulièrement épaisse

Tête de la sous-espèce *Hippotragus niger variani*

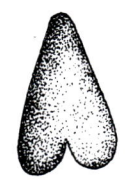

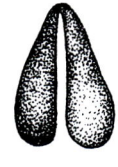

Empreintes d'Hippotrague noir

Hippotrague noir : sous-espèce *Hippotragus niger niger*

Artiodactyles

Addax

(Addax nasomaculatus)

M

Ruminants cavicornes *(Bovidae)*

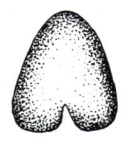

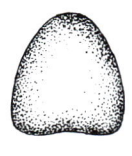

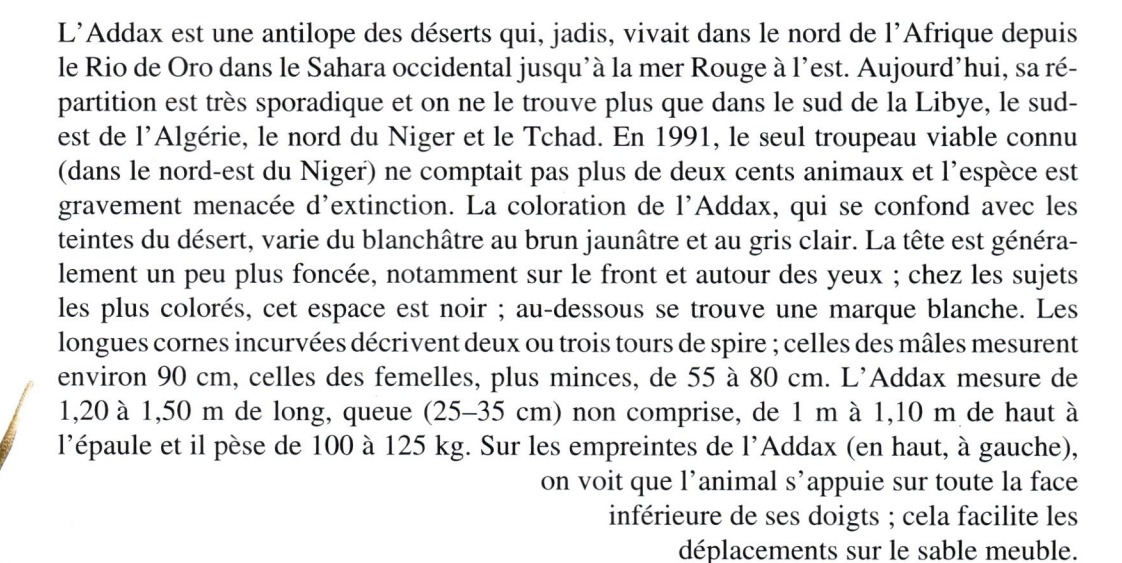

Empreintes de l'Addax

Addax

L'Addax est une antilope des déserts qui, jadis, vivait dans le nord de l'Afrique depuis le Rio de Oro dans le Sahara occidental jusqu'à la mer Rouge à l'est. Aujourd'hui, sa répartition est très sporadique et on ne le trouve plus que dans le sud de la Libye, le sud-est de l'Algérie, le nord du Niger et le Tchad. En 1991, le seul troupeau viable connu (dans le nord-est du Niger) ne comptait pas plus de deux cents animaux et l'espèce est gravement menacée d'extinction. La coloration de l'Addax, qui se confond avec les teintes du désert, varie du blanchâtre au brun jaunâtre et au gris clair. La tête est généralement un peu plus foncée, notamment sur le front et autour des yeux ; chez les sujets les plus colorés, cet espace est noir ; au-dessous se trouve une marque blanche. Les longues cornes incurvées décrivent deux ou trois tours de spire ; celles des mâles mesurent environ 90 cm, celles des femelles, plus minces, de 55 à 80 cm. L'Addax mesure de 1,20 à 1,50 m de long, queue (25–35 cm) non comprise, de 1 m à 1,10 m de haut à l'épaule et il pèse de 100 à 125 kg. Sur les empreintes de l'Addax (en haut, à gauche), on voit que l'animal s'appuie sur toute la face inférieure de ses doigts ; cela facilite les déplacements sur le sable meuble. Remarquablement adapté à l'existence dans le désert de sable ou de pierre, il peut vivre pendant longtemps sans boire. On pense même qu'il se passe entièrement de liquide du moment que sa nourriture est suffisamment aqueuse. Il peut également entreprendre de grands déplacements à la recherche de pâturages. Comme les autres mammifères des déserts chauds, il est actif le soir, la nuit et à l'aube. Il vit en groupes de cinq à quinze individus. La gestation dure environ neuf mois et il n'y a qu'un seul petit.

Oryx, Gemsbok, Beisa

(Oryx gazella)

Ruminants cavicornes *(Bovidae)*

Les antilopes du genre *Oryx* habitent les régions arides de l'Afrique et de l'Arabie. On admet généralement qu'il y en a trois espèces (deux sont en danger et incluses dans le Livre rouge de l'UICN). Chez le Gemsbok, particulièrement menacé et qui a une vaste répartition, on distingue cinq sous-espèces. L'une d'elles, le Beisa (*Oryx gazella beisa*) est parfois considérée comme une espèce à part. À l'origine, l'aire de distribution du Gemsbok comprenait l'ensemble de l'Afrique orientale et presque tout le sud du continent ; aujourd'hui, elle est divisée en deux parties. Au nord, elle inclut l'Éthiopie, le sud-est du Soudan, la Somalie, le nord-est de l'Ouganda, le Kenya et le nord de la Tanzanie ;

Artiodactyles

L'aire de répartition de l'Oryx d'Afrique du Sud (*Oryx gazella gazella*) s'étend depuis le sud-ouest de l'Angola jusqu'à la Namibie, au Transvaal et au nord-ouest de la province du Cap

Empreintes d'Oryx

au sud, elle va de l'Angola méridional à travers la Namibie jusqu'au Transvaal. Cette espèce a été introduite au Mexique, au Texas et en Floride. Elle a de grandes cornes rectilignes ou légèrement tordues à l'extrémité, pointues, mesurant environ 80 cm et annelées sur les deux tiers de leur longueur. Celles des femelles, parfois plus longues que celles des mâles, sont toujours plus fines. Le Gemsbok mesure de 1,60 à 2,30 m de long, queue (45–90 cm) non comprise, de 1 m à 1,40 de haut à l'épaule et il pèse de 200 à 225 kg. Les savanes semi-arides ou parsemées de buissons représentent son habitat et il y vit en groupes de dix à quarante individus souvent associé à d'autres antilopes ou à des zèbres. Il se nourrit surtout de graminées mais également de racines et de tubercules qu'il déterre. Si les pâturages sont suffisamment verdoyants, il n'a pas besoin de boire. La gestation dure de neuf à dix mois.

Beisa (*Oryx gazella beisa*), sous-espèce d'Afrique orientale de l'Oryx ou Gemsbok

Artiodactyles

Topi, Sassaby, Damalisque de Hunter V

(Damaliscus lunatus) Ruminants cavicornes *(Bovidae)*

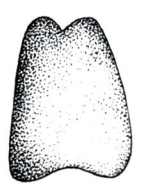

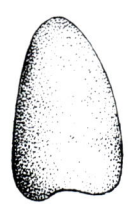

La sous-famille des *Alcelaphinae*, dont fait partie cette espèce, compte sept espèces qui vivent toutes en Afrique. Elles ont une tête longue et étroite, des cornes de dimensions moyennes et un peu lyrées quand on les voit de face. Les membres des genres *Damaliscus* et *Alcelaphus* ont le corps assez court perché sur de grandes pattes, les antérieures étant plus longues que les postérieures. Le Topi est un Ongulé caractéristique des savanes et, localement, par exemple dans les parcs nationaux, il est franchement commun. On le trouve au sud du Sahara, du Sénégal au Soudan, dans une grande partie de l'Afrique orientale, du Kenya et du sud de la Somalie au nord-est de l'Afrique du Sud ; il existe aussi jusqu'à l'Angola à l'ouest. Les différentes sous-espèces présentes dans cette vaste zone ont conservé leurs noms locaux, Topi, Sassaby, Jimela, Tiang et Hirola.

Le Topi est brun-roux mais cette teinte varie quelque peu selon la sous-espèce ; la tête, les pattes et/ou d'autres parties du corps portent des marques noires et les longs poils de la queue sont noirs également. Mâles et femelles ont des cornes annelées, mais celles des femelles sont un peu plus petites. Comme le pelage, les dimensions et la forme des cornes varient selon la sous-espèce. Le poids va de 90 à 170 kg, la longueur du corps oscille entre 1,20 et 2 m, queue (35–45 cm) non comprise, et la hauteur à l'épaule est comprise entre 99 cm et 1,30 m. Les femelles sont un peu plus petites que les mâles. Le Topi

Empreintes de *Damaliscus dorcas*

Topi : sous-espèce *Damaliscus lunatus lunatus* (Sassaby)

fréquente surtout les savanes parsemées ou non de buissons et d'arbres, en plaine et sur les plateaux. Il se nourrit de graminées courtes et fraîches aussi bien que d'herbes si sèches que les autres antilopes les négligent. En général, il se tient en petits groupes de quinze à trente individus. Dans certaines circonstances, par exemple quand il migre vers de nouveaux pâturages, il s'assemble en grands troupeaux (jusqu'à douze mille animaux). Ces derniers voyagent souvent en compagnie d'autres antilopes apparentées, de gnous et de zèbres. Dérangé, le Topi peut courir très rapidement. Ses principaux prédateurs sont le lion, la panthère, le guépard, le lycaon et les hyènes.

En période de reproduction, chaque mâle occupe un territoire qu'il marque en piétinant l'herbe et en y déposant ses crottes ; en outre, il manifeste sa présence en se tenant sur un monticule. Il le défend contre les autres mâles. La copulation a toujours lieu dans ce territoire. Le mâle s'accouple avec plusieurs femelles de son harem, puis celles-ci s'en vont pour constituer de petits groupes. La gestation dure de sept mois et demi à huit mois et il n'y a qu'un seul petit par portée. Le Topi résiste très bien à la sécheresse et peut se passer de liquide pendant longtemps, mais il boit régulièrement s'il a de l'eau à sa disposition.

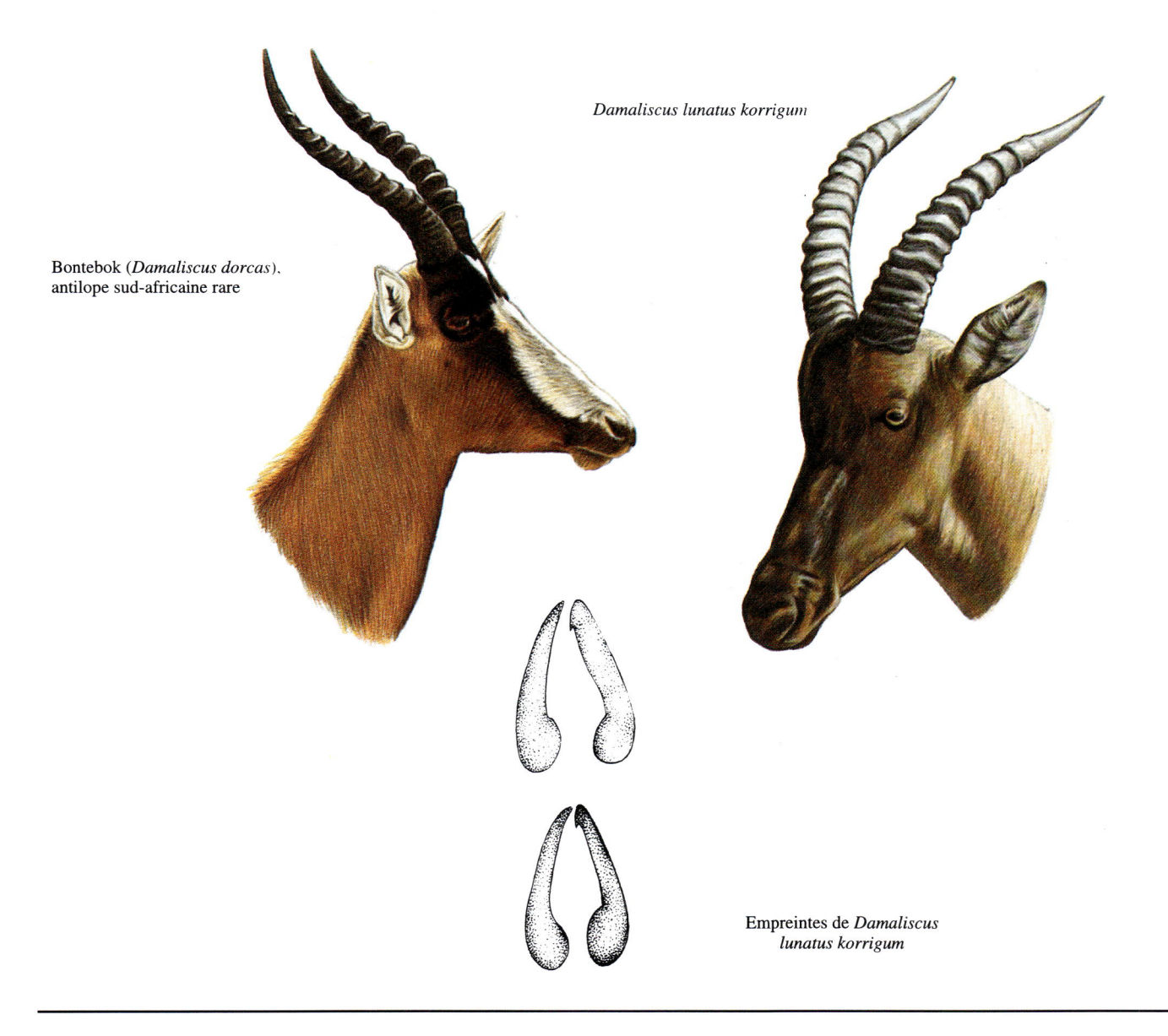

Bontebok (*Damaliscus dorcas*), antilope sud-africaine rare

Damaliscus lunatus korrigum

Empreintes de *Damaliscus lunatus korrigum*

Artiodactyles

Gnou à queue noire

(Connochaetes taurinus)   Ruminants cavicornes *(Bovidae)*

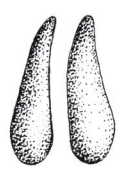

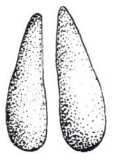

Le Gnou à queue noire est une grande antilope pesant de 230 à 290 kg et mesurant de 1,80 à 2,40 m de long, queue (70 cm–1 m) non comprise, avec une hauteur à l'épaule variant entre 1,10 et 1,40 m. Sa silhouette est plutôt gauche car il a une grosse tête, un large museau, le cou épais, la poitrine large, mais son arrière-train se rétrécit et sa croupe est étroite. Une longue crinière existe sur la nuque et la partie antérieure du dos et de grands poils forment une sorte de barbe sur le menton et la gorge. Des rayures verticales, noires ou gris foncé, traversent le cou et les flancs ; le front et le museau sont également noirs, le reste du pelage étant gris. Les cinq sous-espèces se distinguent par des détails de coloration et certaines portent des marques blanches.

Le Gnou à queue noire est répandu depuis le Kenya jusqu'en Afrique du Sud, à l'ouest jusqu'à l'Angola et la Namibie. Il a été exterminé en Afrique du Sud avant sa réintégration dans des parcs nationaux. Il habite les savanes ouvertes ou parsemées de buissons épineux et d'arbres. Il peut être actif le jour, au crépuscule ou la nuit mais il est surtout diurne. Les graminées représentent environ 95 % de son alimentation et il manifeste une préférence pour celles qui sont courtes. Le Gnou à queue noire vit en groupes et quand il migre à la recherche de pâturages ou d'eau, il fait partie des milliers d'animaux qui se rassemblent en troupeaux. Aucune hiérarchie ne s'y remontre en raison du très grand

Empreintes de Gnou à queue noire

Gnou à queue noire : femelle avec son petit

Artiodactyles

nombre de bêtes présents. Comme les autres Ongulés des savanes, les gnous se dispersent sur de vastes espaces quand la nourriture abonde à la saison des pluies, alors qu'en période de sécheresse ils se concentrent près des abreuvoirs et des derniers pâturages. S'il a suffisamment d'eau à sa disposition, ce gnou boit chaque jour ; sinon, il peut se passer de liquide pendant cinq jours. En saison sèche, il parcourt jusqu'à 50 km pour trouver de l'eau.

Pendant le rut, les mâles se battent, occupent un territoire et se constituent un harem d'importance variable ; on peut voir de un à trois mâles avec cent à cent cinquante femelles. Durant cette période, on observe de grandes troupes et d'autres plus petites ; ces dernières rejoignent les premières après la reproduction. L'unique petit naît à l'issue d'une gestation de huit mois à huit mois et demi. Il suit sa mère trente minutes après sa venue au monde. Les jeunes gnous sont chassés par les hyènes ; le lion, les lycaons et le guépard s'attaquent aux adultes (les gnous représentent la moitié des proies du lion). Le genre *Connochaetes* comprend une autre espèce, le Gnou à queue blanche (*C. gnou*) qui, jadis, était largement répandu en Afrique du Sud. Aujourd'hui, il ne subsiste plus que dans quelques réserves et des enclos de␣grandes fermes. Plus petit que son cousin, le Gnou à queue blanche est brun foncé sauf sa queue blanche ; ses cornes ont une forme différente.

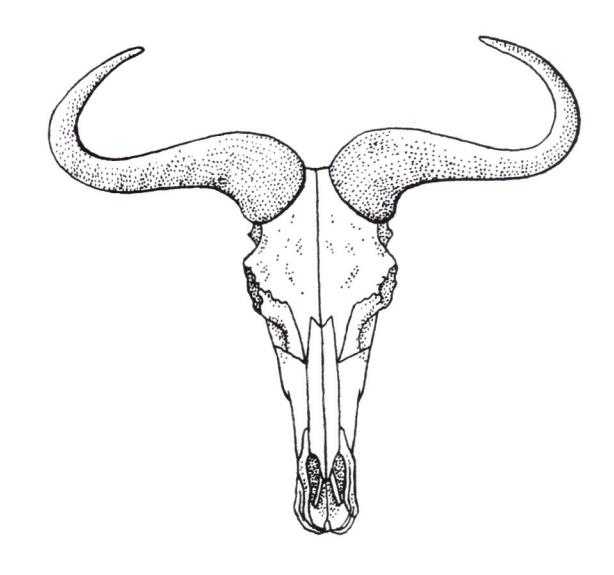

Les cornes du Gnou à queue noire s'écartent puis se relèvent et se rapprochent un peu. Elles ne sont pas très longues et existent chez les deux sexes

Gnou à queue blanche : ses cornes, tournées en avant, s'inclinent et s'écartent, puis se redressent en arrière. Chez les vieux mâles, leur base s'élargit au point de recouvrir l'arrière de la tête

Artiodactyles

Cobe à croissant

(Kobus ellipsiprymnus)   Ruminants cavicornes *(Bovidae)*

Les cobes (genre *Kobus*) et les réduncas (genre *Redunca*) sont placés dans la petite sous-famille des *Reduncinae*, qui comprend environ huit espèces, ou bien encore dans celle, plus vaste, des *Antilopinae* (une vingtaine d'espèces), selon l'opinion des mammalogistes. Seuls les cobes et réduncas mâles ont des cornes, dont les dimensions varient mais qui sont toujours annelées sur presque toute leur longueur (seule l'extrémité est lisse). Le Cobe à croissant est une robuste antilope qui mesure de 1,80 à 2,30 m de long, queue (30–50 cm) non comprise, de 1,20 à 1,40 m de haut à l'épaule et qui pèse de 200 à 270 kg. Le « miroir » (zone claire sur les fesses) est blanc ou gris selon la sous-espèce et peut être entouré d'un anneau blanc. Cette espèce vit depuis le Sénégal jusqu'à la Somalie, dans toute l'Afrique orientale et jusqu'au nord-est de l'Afrique du Sud ; à l'ouest, elle atteint la moitié orientale de l'Angola. Elle vit dans les savanes parsemées d'arbres et de buissons, les bois clairs, surtout au voisinage des rivières. Le Cobe à croissant recherche la proximité de l'eau bien qu'il ne soit pas lié au milieu aquatique comme le Cobe lechwe ou le Sitatunga (Guib d'eau). Il vit en groupes de cinq à trente individus conduits par un mâle adulte. Les mâles plus jeunes et plus faibles forment des « clubs ». Le Cobe à croissant mange des graminées, des feuillages et des végétaux aquatiques. La gestation dure de huit à neuf mois. Il n'y a qu'un seul petit par portée.

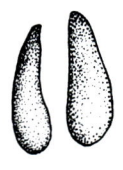

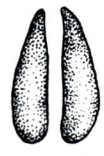

Cobe à croissant

Empreintes de Cobe à croissant

Cobe de Buffon

(Kobus kob)   Ruminants cavicornes *(Bovidae)*

Cette espèce a presque les mêmes dimensions et le même poids que le Cobe lechwe (voir ci-après). Son aire de répartition s'étend depuis le Sénégal jusqu'à l'Éthiopie et du nord du Zaïre à la Tanzanie. Elle vit en groupes de vingt à quarante dans les savanes pures ou boisées et à la lisière des forêts, mais elle a besoin d'eau. Sa nourriture se compose surtout de végétaux herbacés. Elle est active principalement le matin et en fin de journée jusqu'à la nuit.

Artiodactyles

Empreintes de Cobe de Buffon

Cobe de Buffon

Cobe lechwe

(Kobus leche)

Ruminants cavicornes *(Bovidae)*

Les mâles de cette élégante antilope ont de longues cornes incurvées en forme de S et lyrées ; le pelage est brun foncé à noir alors que celui des femelles est brun nuancé de roux ; les deux sexes ont la face ventrale plus claire ou blanche. Ce cobe mesure de 1,30 à 1,80 m de long, queue (35–45 cm) non comprise, de 85 cm à 1,10 m de haut à l'épaule et pèse de 65 à 130 kg. Son aire de répartition, discontinue, comprend le sud du Zaïre, le sud-est de l'Angola, le nord-est de la Namibie, la Zambie et le Botswana. Le Cobe lechwe habite les marécages au bord des rivières et des lacs et se nourrit d'herbes, de plantes aquatiques et palustres. Bon nageur, il passe une grande partie de la journée dans l'eau peu profonde. Surpris en terrain sec, il fuit dans l'eau en faisant de grands bonds. Il se tient en troupes lâches mais les groupes de femelles et de jeunes restent à l'écart des « clubs » de mâles durant la plus grande partie de l'année ; ils se réunissent pour le rut entre octobre et janvier. La gestation dure de sept à huit mois.

Cobe lechwe

Artiodactyles

Impala

(Aepyceros melampus)

Ruminants cavicornes *(Bovidae)*

M

Selon certains spécialistes, l'Impala serait le seul membre de la sous-famille des *Aepycerotinae*, mais d'autres pensent qu'il fait partie de celle des *Antilopinae*. C'est l'antilope typique telle qu'on se la représente généralement, très gracieuse aussi bien au repos qu'en mouvement. Les très belles cornes du mâle, qui mesurent de 50 à 75 cm de long, sont en forme de lyre. L'Impala mesure de 1,10 à 1,60 m de long, queue (30–45 cm) non comprise, de 77 cm à 1 m de haut à l'épaule et il pèse de 60 à 80 kg. Comme chez d'autres antilopes, la femelle est plus petite que le mâle. Le pelage est roussâtre, rehaussé d'une bande noire verticale qui longe les fesses à partir de la base de la queue ; il présente aussi des marques noires sur les pattes. Les quatre à six sous-espèces diffèrent par des détails de coloration. L'Impala ressemble à la Gazelle de Grant, de même taille (mais dont la répartition en Afrique orientale est beaucoup plus restreinte), avec laquelle on peut le confondre. Cependant, la Gazelle de Grant a des cornes moins incurvées, l'extrémité de sa queue est noire et son « miroir » blanc, bordé par une rayure plus courte,

En reniflant l'urine de la femelle, le mâle se rend compte si cette dernière est suffisamment en chaleur

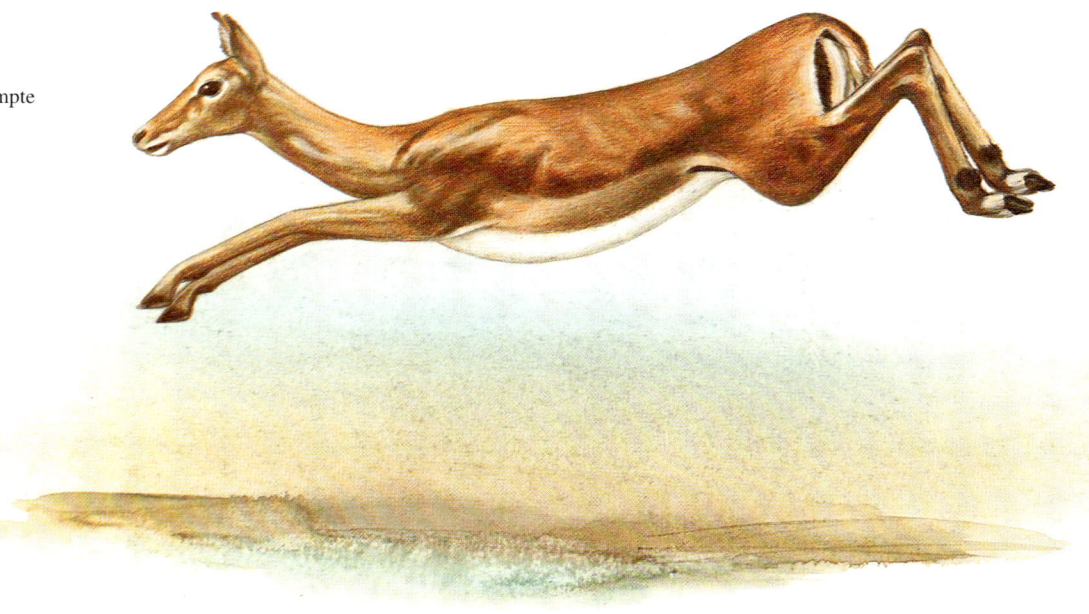

L'Impala peut sauter 3 mètres en hauteur et 9 mètres en longueur (maximum)

Crâne d'Impala mâle

remonte sur les côtés de la croupe ; enfin, cette gazelle est dépourvue de taches noires sur les pattes. L'Impala et la Gazelle de Grant sont les deux antilopes de dimensions moyennes que l'on voit le plus souvent dans les films ayant pour cadre l'Afrique orientale.

L'aire de répartition de l'Impala s'étend depuis l'Ouganda et le Kenya jusqu'au nord-est de l'Afrique du Sud (autrefois, il était présent dans toute l'Afrique du Sud). Une sous-espèce (*A. melampus petersi*) vit à l'écart dans le sud-ouest de l'Angola et le nord-ouest de la Namibie (Ovamboland). Elle est menacée en Angola, rare en Namibie et figure dans le Livre rouge de l'UICN. Son masque facial noir la distingue des autres sous-espèces.

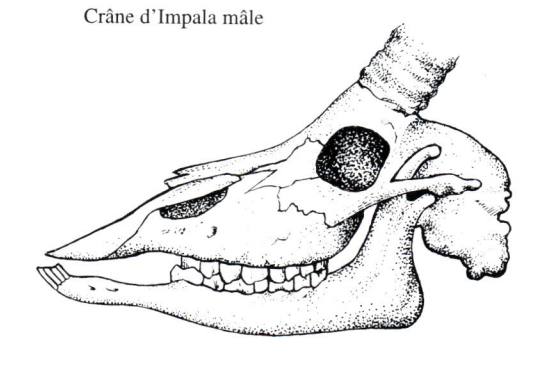

Artiodactyles

En plaine, sur les plateaux et les collines, l'Impala fréquente les savanes à acacias, les bois clairs et les paysages de parc ; il manque dans les forêts denses. Il a besoin d'eau et ne s'éloigne guère des rivières. Il vit en groupes de quinze à trente animaux comprenant des femelles avec leurs petits, des jeunes des deux sexes et un mâle adulte. Les jeunes mâles forment des « clubs ». Les groupes d'impalas s'associent fréquemment à ceux d'autres Ongulés. En saison sèche, les impalas se réunissent quelquefois par centaines. Actifs après le crépuscule, ils se montrent aussi dans la journée. Très rapide à la course, l'Impala fait de très grands bonds quand il fuit un danger (il saute jusqu'à 3 mètres de haut et franchit jusqu'à 9 mètres en longueur). Pendant le rut, les mâles se battent tout en lançant des grognements sonores et ils défendent chacun un territoire. La gestation dure de six à sept mois. La femelle met au monde un seul petit (rarement deux). Les principaux prédateurs de l'Impala sont la panthère, le guépard et le lycaon.

Impala

Empreintes d'Impala

Artiodactyles

Antilope cervicapre

(Antilope cervicapra)

V

Ruminants cavicornes *(Bovidae)*

Avec les quatre espèces suivantes, l'Antilope cervicapre fait partie des vraies antilopes (*Antilopinae*). Elle habite le sous-continent indien ; jadis on l'y trouvait presque partout, mais actuellement sa répartition est très discontinue. Ses effectifs sont estimés à plusieurs centaines au Pakistan, deux cents au Népal et huit mille en Inde. Il s'agit donc d'une espèce rare ; menacée au Népal, elle ne doit sa survie qu'aux réserves où elle est protégée. On l'a introduite aux États-Unis (Texas), en Argentine (provinces de Buenos Aires et Santa Fé) et en Australie (région de Geraldtown en Australie occidentale). Les adultes présentent un dimorphisme sexuel dans leur coloration. Les femelles et les jeunes mâles sont bruns sauf la face ventrale et le côté interne des pattes qui sont plus clairs ; les mâles âgés ont le dos noir et le ventre blanc, la limite entre les deux couleurs, très nette, suivant une ligne droite de la gorge au bas-ventre. Seuls les mâles portent des cornes spiralées et fortement annelées.

L'Antilope cervicapre mesure de 1 m à 1,50 m de long, queue (15–18 cm) non comprise, de 70 à 83 cm de haut à l'épaule et elle pèse de 35 à 50 kg. Elle fréquente les semi-déserts, les plaines herbeuses parsemées de buissons épineux et les forêts sèches de feuillus entrecoupées de clairières. On la trouve en plaine et en montagne du moment qu'il y a une végétation herbacée courte ou des cultures. Elle est active surtout dans la journée et pendant une brève période après la tombée de la nuit et avant l'aube. L'unité sociale est le harem conduit par un mâle adulte. Ce groupe comprend non seulement des femelles avec leurs petits mais aussi de jeunes mâles. Le maître du harem tolère ces derniers tant qu'ils ne sont pas adultes, mais ensuite il les chasse. À leur tour, ils essaient de se constituer un harem, mais cela ne va pas sans luttes. Les groupes comptent généralement de dix à vingt individus, parfois jusqu'à cinquante. Il arrive que plusieurs s'unissent en troupes et, autrefois, on a observé des rassemblements de plusieurs centaines d'antilopes cervicapres. Très agile, cette antilope court rapidement et le jeu de saute-mouton fait partie de ses activités ludiques. Le régime alimentaire se compose de graminées, parfois de plantes cultivées et, secondairement, de feuilles et de bourgeons de buissons.

L'Antilope cervicapre peut se passer d'eau pendant assez longtemps. Les accouplements ont lieu en février ou en mars ; durant cette période, les mâles marquent leur territoire en frottant les

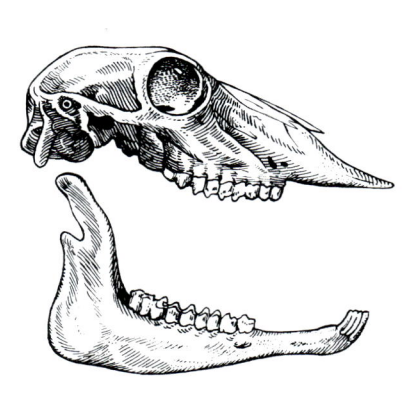

Vieux mâle d'Antilope cervicapre

Crâne de femelle

456

glandes odoriférantes de leur front contre le tronc des arbres et des arbrisseaux. Quand il s'approche d'une femelle en chaleur, le mâle tend un peu le cou, relève le museau et dresse ses cornes ou les incline obliquement vers le sol. La gestation dure six mois. Il y a 1 ou 2 petits par portée. La maturité sexuelle survient à 1 an ou 1 an et demi.

Jeune mâle d'Antilope cervicapre

Les femelles de l'Antilope cervicapre n'ont pas de cornes

Artiodactyles

Guérénouk, Gazelle de Waller, Gazelle-girafe M

(Litocranius walleri) Ruminants cavicornes *(Bovidae)*

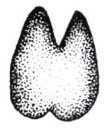

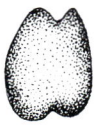

Tous ceux qui ont vu un guérénouk manger des feuilles d'arbres ou de grands buissons n'oublieront sans doute jamais ce spectacle, car cette gazelle se dresse sur ses pattes postérieures et étire son long cou pour atteindre sa nourriture. Lamarck avait émis l'hypothèse selon laquelle la morphologie des animaux résulterait de leur adaptation directe au milieu : le Guérénouk étire son cou, mais celui de la Girafe serait plus long car elle le tendrait davantage... Cette idée a été abandonnée car la réalité est bien différente. Quoi qu'il en soit, le Guérénouk est l'un des mammifères les plus remarquables, qu'il s'agisse de son aspect ou de son genre de vie. Il obtient sa nourriture à un niveau trop bas pour la Girafe mais trop élevé pour les autres antilopes ; il occupe donc un espace dans lequel il n'a guère de concurrents.

Étonnant par sa sveltesse, la longueur de son cou, de ses pattes et de ses oreilles, le Guérénouk a des cornes plutôt courtes (de 30 à 35 cm) en forme de lyre et annelées, présentes chez le mâle seulement. La femelle, à peine plus petite que le mâle, a le front de couleur différente. Le Guérénouk mesure de 1,50 à 1,60 m de long, queue (25–35 cm) non comprise, de 95 cm à 1,10 m de haut à l'épaule et il pèse de 35 à 50 kg. Son aire de répartition, assez limitée, va du nord de la Somalie et de l'est de l'Éthiopie aux fleuves Tana et Galana au Kenya et au nord-est de la Tanzanie, c'est-à-dire qu'elle correspond à la « corne » de l'Afrique. On distingue deux sous-espèces, celle du Nord (*Litocranius walleri sclateri*) qui est menacée et celle du Sud (*L. walleri walleri*), qui serait vulnérable mais on n'a pas de renseignements précis sur ses effectifs.

Le Guérénouk habite les steppes sèches parsemées de buissons épineux ; il est absent des savanes herbeuses. Il mange surtout les feuilles et les bourgeons d'arbres et de buissons (*Acacia*, *Cammiphora*, etc.). Il boit très peu ou réussit à se passer d'eau libre, preuve de son adaptation à un milieu aride. Il trouve

Empreintes de Guérénouk

Guérénouk

Ces trois herbivores africains se nourrissent à différents niveaux et mangent de l'herbe ou des feuilles de végétaux ligneux

Artiodactyles

celle dont il a besoin dans son alimentation. Diurne, il vit solitairement, en couple ou en petits groupes de cinq à sept individus. Son aspect change complètement quand il se met à courir. Il est grand, même lorsqu'il ne se dresse pas sur ses pattes postérieures, mais s'il court, il étire le cou horizontalement et fait de longues enjambées, ce qui contribue à aplatir sa silhouette. La reproduction n'est pas saisonnière. La gestation dure environ sept mois et la femelle met au monde un petit, rarement deux. La maturité sexuelle survient à 1 an ou 18 mois.

Position typique d'un Guérénouk en train de se nourrir

Artiodactyles

Springbok

(Antidorcas marsupialis)   Ruminants cavicornes *(Bovidae)*

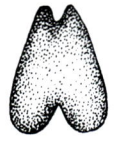

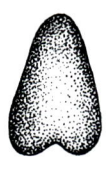

Le nom afrikaans de cette antilope a été adopté dans la plupart des grandes langues internationales, parfois avec de petites modifications. Le Springbok est une antilope de taille moyenne aux couleurs contrastées : sa tête est blanche avec, de chaque côté, un trait brun foncé allant de la narine à l'œil, les fesses sont blanches, une bande foncée parcourt les flancs ; sur le dos, un double repli de peau garni de glandes et couvert de poils blancs peut s'ouvrir quand le Springbok est excité ou inquiété ; à ce moment, les poils se dressent et ce signal optique est visible à grande distance. Le reste du pelage est fauve roussâtre. Le Springbok pèse de 25 à 45 kg, mesure de 1,25 à 1,50 m de long, queue (25–32 cm) non comprise et de 73 à 90 cm de haut à l'épaule. Mâle et femelle ont des cornes lyrées et annelées.

Cette espèce vivait jadis depuis le sud de l'Angola jusqu'au Cap, dans les deux tiers ouest de l'Afrique du Sud. Au XIXe siècle, elle effectuait de grandes migrations qui concernaient des millions d'individus voyageant sur des centaines de kilomètres. Aujourd'hui, le Springbok subsiste dans le sud-ouest de l'Angola, presque toute la Namibie et le Botswana ainsi qu'une petite partie du nord-ouest de l'Afrique du Sud. Son habitat correspond aux plaines sèches de type steppique ou semi-désertique avec herbes rases et buissons dispersés. Il se nourrit de graminées, de feuilles et pousses d'arbrisseaux. En terrain sablonneux, il déterre des racines et des tubercules. Il est actif le jour et au crépuscule. En période de reproduction, le mâle se constitue un harem mais après la mise bas, les femelles et les petits forment des groupes à part tandis que les mâles s'associent en « clubs ». Certains vieux mâles sont solitaires. Toutefois, le Springbok vit une grande partie de l'année en troupeaux mixtes où l'on peut compter des centaines ou même des milliers d'animaux.

Empreintes de Springbok

Springbok : les cornes du mâle mesurent environ 35 cm

Artiodactyles

Les migrations dont il a été question étaient motivées par la recherche de nouveaux pâturages et dépendaient des saisons sèches et humides. Ces déplacements étaient spectaculaires non seulement à cause du grand nombre d'animaux qui y prenaient part, mais aussi en raison de leur densité, si bien que les springboks repoussaient les autres espèces rencontrées et laissaient derrière eux une terre nue comme si un nuage de criquets y était passé. Lors de ces voyages, de très nombreux springboks mouraient de faim, d'épuisement, de maladie ou tués par des prédateurs. C'est ainsi que les effectifs étaient limités. On observe encore des migrations de springboks – à petite échelle – en Namibie et au Botswana. La gestation dure environ cent soixante-dix jours et il n'y a qu'un seul petit par portée.

Les cornes de la femelle sont plus courtes et plus fines

En présence d'un danger ou s'il est excité, le Springbok saute verticalement d'une manière caractéristique, le dos arqué, les pattes raides, les poils dorsaux redressés

Artiodactyles

Gazelle de Thomson

(Gazella thomsoni)   Ruminants cavicornes *(Bovidae)*

Dans les régions où elle existe, la Gazelle de Thomson est la plus commune des antilopes, mais son aire de répartition est restreinte puisqu'elle s'étend de l'extrémité sud-est du Soudan et du sud-ouest de l'Éthiopie au nord de la Tanzanie. Au centre de cette zone se trouve le Kenya mais, même dans ce pays, cette gazelle, appelée localement Tommy, n'est pas présente partout. Elle fréquente les savanes faiblement boisées et les prairies rases, en plaine et jusqu'à 2 000 mètres d'altitude en montagne. Sa coloration ressemble à celle des autres antilopes africaines de taille moyenne, dos fauve et ventre blanc ; une large bande noire traverse ses flancs et sépare les deux couleurs fondamentales. Cette marque existe aussi chez d'autres antilopes mais elle n'est pas aussi évidente et ces espèces n'ont pas la même répartition. Les femelles ont de très petites cornes ; celles des mâles mesurent environ 30 cm de long. La Gazelle de Thomson pèse de 18 à 30 kg, mesure de 90 cm à 1,10 m de long, queue (20–27 cm) non comprise, et de 60 à 66 cm de haut à l'épaule. Elle est surtout active au début de la matinée et dans la soirée. Elle se nourrit principalement d'herbes et, dans une faible mesure, de feuilles de buissons. Elle forme des groupes dont l'importance et la composition varient souvent, mais pouvant compter jusqu'à deux cents animaux et parfois plusieurs milliers en période de migration. Ces groupes s'associent souvent à ceux d'autres Ongulés. Le lion, la panthère, le lycaon, le guépard, les hyènes et d'autres carnivores s'attaquent aux jeunes. La gestation, assez courte (de cinq à six mois) et la possibilité de deux mises bas par an compensent l'importante mortalité juvénile.

Gazelle de Thomson

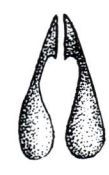

Empreintes de Gazelle de Thomson

Artiodactyles

Gazelle de Grant

(Gazella granti)   Ruminants cavicornes *(Bovidae)*

L'aire de répartition de la Gazelle de Grant englobe celle de la Gazelle de Thomson mais elle la dépasse puisqu'elle va du sud de l'Éthiopie et de la Somalie jusque dans le sud de la Tanzanie à travers l'Ouganda et le Kenya. Plus grande que la Gazelle de Thomson, elle mesure de 1,40 à 1,70 m de long, queue (25–35 cm) non comprise, de 85 à 95 cm de haut à l'épaule et pèse de 60 à 82 kg. Les couleurs de son dos et de son ventre sont très nettement séparées mais il n'y a pas de bande noire entre elles. Des rayures blanches vont de la base des cornes aux côtés du museau ; enfin, les fesses sont blanches et bordées d'une ligne foncée. Les mâles ont de longues cornes lyrées en forme de S (environ 60 cm) ; celles des femelles sont plus courtes.

La Gazelle de Grant fréquente les savanes parsemées de buissons, les semi-déserts (dans le Nord) et manque dans les prairies de hautes herbes. Elle mange des graminées et des feuilles. Elle se tient en groupes de six à trente et parfois en troupes comptant jusqu'à quatre cents individus. En période de reproduction, les mâles ont un harem de dix à douze femelles, voire davantage. La Gazelle de Grant est diurne ; elle supporte bien les fortes chaleurs et peut se passer d'eau pendant longtemps. Les grands félins et les hyènes sont ses principaux prédateurs. Les cinq sous-espèces diffèrent par la forme des cornes, la coloration et la distribution. Cette espèce est beaucoup moins abondante que la Gazelle de Thomson et le Springbok.

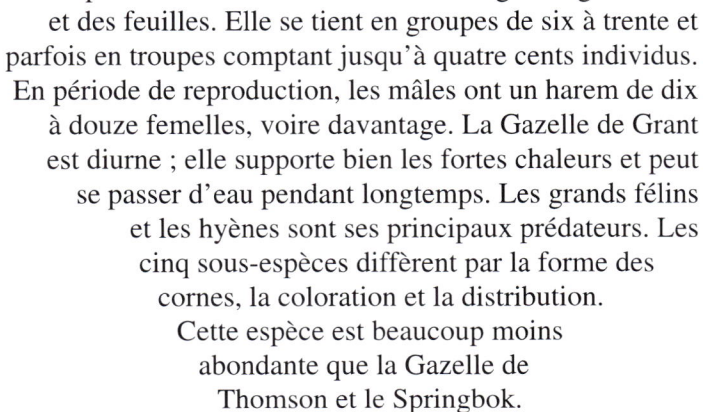

Empreintes de Gazelle de Grant

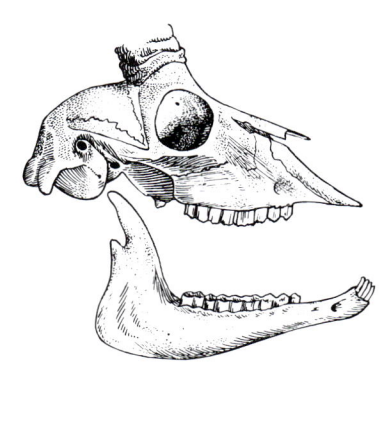

Gazelle de Grant

Crâne de Gazelle de Grant

Artiodactyles

Saïga

(Saiga tatarica)

M

Ruminants cavicornes *(Bovidae)*

La Saïga et les onze espèces illustrées qui suivent sont actuellement placées dans la sous-famille des moutons et des chèvres (*Caprinae*) qui, selon cette conception, inclut une trentaine d'espèces. Une autre classification distingue cinq ou six sous-familles, dont quatre n'ont qu'une seule espèce. Les raisons qui incitent à placer ces animaux dans la sous-famille des *Caprinae* sont d'ordre morphologique : la structure de leur crâne, de leurs cornes et de leurs dents, la présence de certaines glandes cutanées présentent des analogies. On a vu que les antilopes vivent surtout en Afrique ; à l'opposé, chèvres et moutons sauvages habitent surtout l'Asie, l'Europe et l'Amérique du Nord.

La Saïga pèse de 35 à 69 kg, mesure de 1,10 à 1,50 m de long, queue (8–12 cm) non comprise, et de 60 à 79 cm de haut à l'épaule. Son pelage est d'un brun jaunâtre clair à brun grisâtre. Sa silhouette la fait reconnaître immédiatement : elle a une tête massive et la partie supérieure de son museau est convexe, formant une courte trompe épaisse et un peu pendante au-dessus de la lèvre supérieure qui prend fin par de grandes narines arrondies. Celles-ci sont séparées par une cloison et tournées vers le bas quand la tête est tenue horizontalement. La surface interne des cavités nasales est richement vascularisée et renferme de nombreuses glandes produisant du mucus. Ces particularités n'ont rien à voir avec l'odorat mais permettent le filtrage et l'humidification ainsi que le réchauffement ou le refroidissement de l'air inhalé quand la Saïga court dans un nuage de poussière en été ou dans la neige en hiver. Il s'agit donc d'adaptations à l'existence dans des conditions extrêmes. Seuls les mâles ont des cornes faiblement lyrées mesurant de 28 à 30 cm de long.

La Saïga vit dans les steppes arides et les semi-déserts, depuis les régions situées au nord-ouest de la mer Caspienne à travers le nord de l'Asie centrale ex-soviétique jusqu'au Xinjiang (Chine) et le nord de la Mongolie. Jadis, son aire de répartition allait des pentes

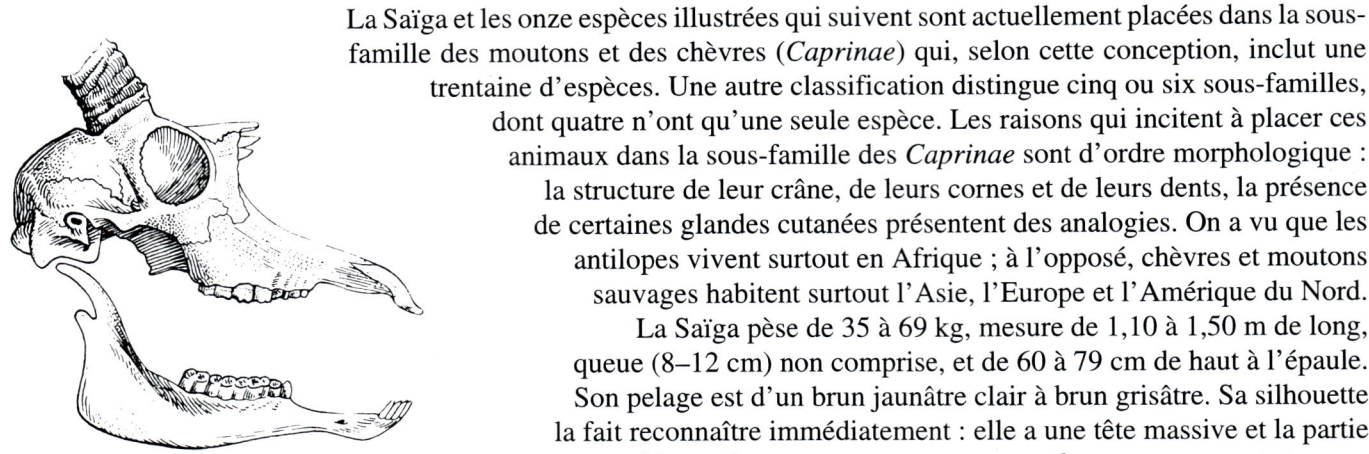

Les os nasaux de la Saïga sont très courts, ce qui laisse plus de place pour les grandes cavités nasales de la trompe

Les vieux mâles de la Saïga ont une grosse trompe au-dessus de la lèvre supérieure. Cette trompe peut être froncée ou dilatée

Artiodactyles

Les Saïgas femelles ont une trompe plus courte ; elles sont dépourvues de cornes

orientales des Carpates jusqu'à la Mongolie centrale, mais elle s'est considérablement rétrécie au cours des deux cents dernières années, et dans le même temps l'espèce s'est raréfiée jusqu'à se trouver au bord de l'extinction. Toutefois, des mesures de conservation ont permis de la sauver. La Saïga mange des graminées et elle est surtout active après le crépuscule. Elle forme des groupes de dix à cent animaux, mais au cours de ses migrations, ses troupes comptent jusqu'à cent mille têtes. La gestation dure cinq mois et il y a 2 petits par portée, parfois un seul ou 3.

Goral

(Nemorhaedus goral)

M

Ruminants cavicornes *(Bovidae)*

Le Goral vit dans les montagnes entre 1 000 et 4 000 mètres d'altitude. On le trouve dans le Cachemire, dans toute la chaîne de l'Himalaya, dans les régions accidentées du nord de la Birmanie, de la Thaïlande, du sud-est et de l'est de la Chine, en Corée et jusqu'à l'Oussouri dans l'ex-URSS. Il mesure de 1 m à 1,25 m de long, queue (15–20 cm) non comprise, de 60 à 78 cm de haut à l'épaule et pèse de 30 à 40 kg. Très agile en terrain rocheux, il commence par s'immobiliser s'il est menacé, après quoi il fuit aussi vite que possible. Il se nourrit de graminées et autres végétaux herbacés, de feuilles et de rameaux de buissons, de glands, etc. Il est actif tôt le matin et le soir. Les femelles se tiennent en groupes de quatre à six. La gestation dure huit mois et il n'y a qu'un seul petit par an.

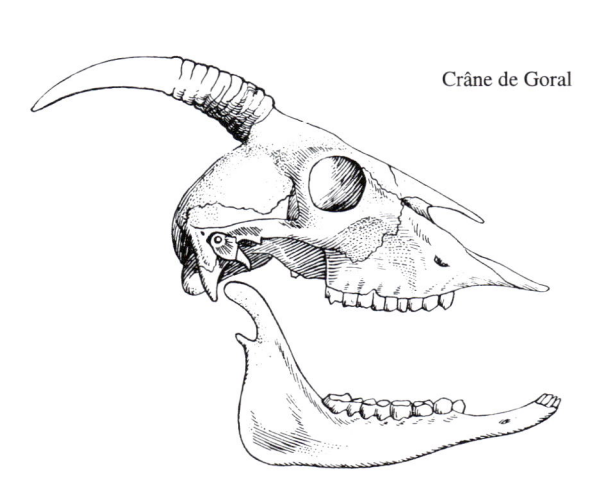

Crâne de Goral

Goral

Artiodactyles

Chamois

(Rupicapra rupicapra)

M , V , R , I

Ruminants cavicornes *(Bovidae)*

Le Chamois est l'un des rares grands mammifères dont la répartition est essentiellement européenne. Sa distribution est très sporadique car il est adapté à l'existence en montagne. Aujourd'hui, on le rencontre dans les monts Cantabriques, les Pyrénées (où on l'appelle Isard), les Alpes, le Jura, les Apennins, les Tatras, les Carpates, les Balkans, l'est de la Turquie et le Caucase. Toutefois, il n'est pas indigène dans tous ces massifs montagneux : ainsi, on a introduit des chamois originaires des Alpes en Europe centrale, et en France on a fait de même dans le sud des Vosges et le Cantal. Ces introductions n'ont pas toujours eu des conséquences heureuses quand il existait une population autochtone sur des montagnes du voisinage. En effet, un long isolement a entraîné la formation de plusieurs sous-espèces (on en a distingué dix au total) et si des chamois « étrangers » sont introduits près d'une région occupée par une population indigène, il y a un risque de mélange (métissage) et les particularités de la sous-espèce locale, bien adaptée au milieu ambiant, peuvent disparaître. Le Chamois a également été introduit en Argentine et en Nouvelle-Zélande.

Le Chamois pèse de 20 à 50 kg, mesure de 1,10 à 1,40 m de long, queue (3–10 cm) non comprise, et de 70 à 85 cm de haut à l'épaule. Le mâle est plus grand et plus massif que la femelle mais tous deux ont la même coloration. Les grands poils dorsaux de la livrée hivernale forment le « Gamsbart », trophée recherché par les chasseurs en Europe centrale ; ils sont également utilisés pour fabriquer des « blaireaux ». Le front du Chamois est blanchâtre ou blanc en toutes saisons ; deux bandes foncées allant de la base des oreilles à la gueule l'encadrent. Les sabots, adaptés à la course en terrain rocheux, ont des bords très durs et leur base est en corne élastique. Le Chamois habite les alpages et passe l'été au-dessus de la limite supérieure des arbres ; il descend dans les forêts en hiver. Certaines populations sont forestières même en été alors que d'autres séjournent toute l'année à la limite des forêts. Jouissant d'une bonne vue, le Chamois a une activité diurne. Femelles et jeunes vivent en hardes

Chamois : pelage estival

conduites par une femelle âgée ; les jeunes mâles se rassemblent en « clubs » et les plus vieux sont solitaires. Les groupes comprennent de cinq à quinze animaux, mais en hiver ils s'unissent parfois en troupes atteignant une centaine de têtes. Les mâles adultes rejoignent les femelles pour le rut, marquent leur territoire avec la sécrétion d'une glande située en arrière de leurs cornes et se battent avec vigueur, mais leurs duels n'ont pas de conséquences graves.

Les accouplements ont généralement lieu en novembre ou décembre. La gestation dure six mois et, en mai ou en juin, la femelle met au monde un petit, parfois 2. L'allaitement dure six mois mais, dès son deuxième mois, le jeune commence à manger des végétaux. La maturité sexuelle survient à 2 ans et demi. Le Chamois se nourrit de graminées et d'autres végétaux herbacés, de feuilles, pousses, écorces, jeunes aiguilles des conifères et lichens. Ses prédateurs naturels sont le loup, le lynx et l'aigle royal (ce dernier pour les nouveau-nés). L'espèce ne figure pas sur le Livre Rouge de l'UICN, mais deux sous-espèces y sont inscrites ; il s'agit de *Rupicapra rupicapra cartusiana*, qui vit dans le Dauphiné (massif de la Grande Chartreuse) et de *Rupicapra rupicapra tatrica*, présent dans les monts Tatras en Slovaquie.

Chamois : pelage hivernal

Les cornes du Chamois sont droites sauf l'extrémité, qui est recourbée en crochet. Celles du mâle (plus longues que celles de la femelle) atteignent 27 cm ; en outre, leurs crochets sont moins ouverts

Artiodactyles

Chèvre des Rocheuses

(Oreamnos americanus)   Ruminants cavicornes *(Bovidae)*

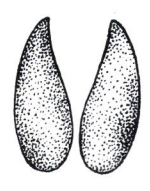

Les empreintes des deux sabots sont écartées en avant

La Chèvre des Rocheuses est l'équivalent américain du Chamois, mais elle est un peu plus grande et n'a pas la même coloration. Elle mesure de 1,24 à 1,78 m de long, queue (10–20 cm) non comprise, de 80 cm à 1 m de haut à l'épaule et pèse de 80 à 140 kg. Sa tête rectangulaire et sa silhouette massive la caractérisent. Son pelage hirsute est particulièrement long sur le menton, le cou, la poitrine et le haut des pattes. Mâle et femelle ont de petites cornes pointues, légèrement incurvées, dont les anneaux permettent d'estimer l'âge de l'animal. La Chèvre des Rocheuses vit dans les montagnes de l'ouest de l'Amérique du Nord (États-Unis, Canada), y compris le sud-ouest de l'Alaska, le sud du Yukon, le sud-ouest du Mackenzie et, de là, jusqu'à l'ouest du Montana, l'Idaho et l'Oregon. On l'a introduite sur les îles Baranof, Chichagof et Kodiak proches des côtes de

Chèvre des Rocheuses : chez les deux sexes, les cornes ont à peu près la même longueur et atteignent 30 cm

Artiodactyles

l'Alaska, dans Olympic National Park (État de Washington), le Colorado et le Dakota du Sud. Il y en a environ trente mille aux États-Unis et probablement davantage au Canada (en 1977–1978, on estimait qu'il pouvait en exister environ cent mille au total). Certains zoologistes distinguent quatre sous-espèces, d'autres doutent du bien-fondé de cette opinion. La faible tendance à la formation de sous-espèces s'explique par le fait que l'aire de répartition est continue en Amérique du Nord ; il n'y a donc pas de mécanisme d'évolution comme ceux qui ont affecté le Chamois (à la fin de la période glaciaire, celui-ci fut isolé sur plusieurs montagnes d'Europe très éloignées les unes des autres).

La Chèvre des Rocheuses fréquente les étages subalpin et alpin dans le nord des montagnes Rocheuses, et en particulier les pentes escarpées. En été, elle se nourrit au-dessus de la limite des arbres mais descend pour l'hiver ; l'ampleur de ses déplacements dépend de l'épaisseur de la neige. Elle mange surtout des graminées et autres végétaux herbacés, des feuilles d'arbres nains et de buissons, des mousses et des lichens. Elle est active la nuit, à l'aube et l'après-midi. Elle vit en groupes de quatre ou cinq et en troupes pendant l'hiver, mais les vieux mâles sont solitaires sauf pendant le rut (d'octobre à décembre) où ils rejoignent les femelles. Comme le Chamois mâle, celui de la Chèvre des Rocheuses défend un territoire ; il le marque avec son urine et en frottant sa tête contre de petits arbres sur lesquels il dépose la sécrétion de glandes situées derrière ses cornes. La gestation dure cinq ou six mois. Un ou deux chevreaux naissent en avril ou en mai ; ils peuvent se tenir debout 10 minutes après leur venue au monde. L'allaitement dure trois ou quatre mois mais les petits restent avec leur mère jusqu'à la mise bas suivante. La maturité sexuelle survient à 2 ans et demi. Malgré son aspect assez lourdaud, la Chèvre des Rocheuses est d'une agilité extraordinaire et escalade sans difficultés des parois abruptes. Le loup, l'ours brun, le puma et l'aigle royal sont ses principaux prédateurs.

Jeune Chèvre des Rocheuses dont les cornes commencent à pousser

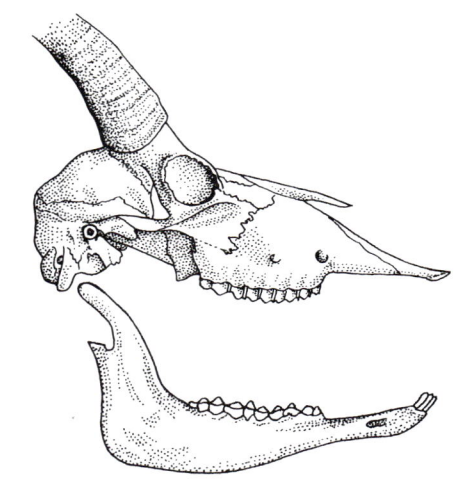

Crâne de Chèvre des Rocheuses

Artiodactyles

Takin

(Budorcas taxicolor)

M , I

Ruminants cavicornes *(Bovidae)*

Cet autre bovin montagnard vit dans le centre de la Chine et l'est de l'Himalaya. Trapu, couvert d'un pelage épais et long de couleur brune, brun grisâtre ou brun doré selon la sous-espèce, le Takin mesure de 1,70 à 2 m de long, queue (10–15 cm) non comprise, de 1 m à 1,30 m de haut à l'épaule et pèse de 250 à 350 kg. Ses cornes, présentes chez les deux sexes, sont épaisses et ne mesurent que 25 à 30 cm de long ; elles s'écartent d'abord puis s'inclinent en arrière pour se redresser à leur extrémité. Le Takin existe dans les provinces chinoises du Sichuan, Shaanxi, Gansu, au Tibet, dans l'Assam, le Bhoutan et le nord de la Birmanie. Il fréquente les peuplements touffus de bambous nains et de rhododendrons aux étages subalpin et alpin, près de la limite supérieure des forêts entre 2 500 et 4 500 mètres d'altitude, mais descend en hiver. Il se tient en petits groupes d'environ huit animaux qui s'assemblent parfois en troupeaux de plusieurs centaines. Son régime estival comporte surtout des graminées, tandis qu'en hiver il mange des tiges de bambous, des feuilles ainsi que des pousses de saules et d'autres arbres. Une fois tous les deux ans, la femelle met au monde un seul petit à l'issue d'une gestation de neuf mois. Deux des trois sous-espèces du Takin, le Takin du Tibet (*B. taxicolor tibetana*) et le Takin de Chine (*B. taxicolor bedfordi*) sont menacées et inscrites dans le Livre rouge de l'UICN.

Takin du Tibet
(*Budorcas taxicolor tibetana*)

Artiodactyles

Chèvre sauvage, Chèvre à bézoard, Chèvre aegagre M , R
(Capra aegagrus)   Ruminants cavicornes *(Bovidae)*

L'aire de répartition de cette espèce recouvre en partie les régions où se sont développées les plus anciennes civilisations humaines. Il n'est donc pas étonnant qu'elle ait été domestiquée et élevée depuis quelque dix mille ans et ait évolué jusqu'à avoir l'aspect que nous lui connaissons aujourd'hui. Actuellement, elle subsiste à l'état sauvage dans

La Chèvre sauvage se déplace aisément en terrain rocheux ; elle estime les distances avec précision et peut bondir sur une corniche étroite

l'ouest de la Crète, sur plusieurs petites îles grecques, dans le sud et l'est de la Turquie, dans le Caucase et la Transcaucasie, le nord de l'Irak, l'Iran, le sud de la Turkménie (ex-URSS), l'ouest de l'Afghanistan et le sud du Pakistan. On l'a introduite aux États-Unis (Nouveau-Mexique) et dans l'ex-Tchécoslovaquie. Certaines sous-espèces sont en danger, surtout *C. aegagrus cretica* qui vit en Crète et dont il ne resterait plus que quatre-vingt-dix représentants environ.

Le mâle a de grandes cornes très recourbées mesurant 60 cm ou plus et une longue barbe brun noirâtre sur le menton. Les cornes sont aplaties latéralement, anguleuses sur la partie antérieure mais arrondies à l'arrière. Celles de la femelle ne dépassent pas 20 cm. La Chèvre sauvage atteint de 1,20 à 1,60 m de long, queue (10–15 cm) non comprise, de 70 cm à 1 m de haut à l'épaule et pèse de 30 à 90 kg. La femelle est beaucoup plus petite que le bouc. Les parties rocheuses des montagnes représentent l'habitat de cette chèvre. On la trouve entre 900 et 3 500 mètres d'altitude. Elle se nourrit de graminées et autres végétaux herbacés, de feuilles et pousses d'arbres et arbrisseaux, se dressant souvent sur ses pattes postérieures pour brouter. En été, elle est active surtout tôt le matin et le soir ; en hiver, durant toute la journée. Elle forme des groupes qui réunissent jusqu'à cinquante animaux. La gestation dure environ cinq mois, et la femelle donne généralement naissance à 2 chevreaux.

Mâle adulte de Chèvre sauvage

Artiodactyles

Bouquetin

(Capra ibex)

R

Ruminants cavicornes *(Bovidae)*

Le Bouquetin est un robuste animal qui mesure de 1 m à 1,70 m de long, queue (12–15 cm) non comprise, de 70 cm à 1,10 m de haut à l'épaule et qui pèse de 75 à 125 kg (mâles) ou environ 50 kg (femelles). Les dimensions, la couleur et la forme de ses cornes varient selon la sous-espèce. En été, le mâle est généralement brun châtain et la femelle brun grisâtre, mais en hiver tous deux sont gris. Le mâle possède des cornes longues et épaisses, recourbées en arrière, dont la partie antérieure présente de gros bourrelets transversaux. Elles mesurent souvent plus d'un mètre de long ; faiblement recourbées, celles de la femelle atteignent environ 30 cm de long. L'aire de répartition du Bouquetin est divisée en trois parties. En Europe, la sous-espèce alpine (*C. ibex ibex*) existe dans les Alpes (France, Suisse, Allemagne, Italie, Slovénie) ; en Asie, le Bouquetin de Sibérie (*C. ibex sibirica*) vit dans le nord de l'Afghanistan et du Pakistan, au Cachemire, dans les montagnes de l'Asie centrale de l'ex-URSS et en Chine occidentale (Pamir, Tian-Shan, Altaï, Sajan, etc.), jusqu'à la Mongolie. Enfin, la troisième partie, située au Proche-Orient et dans les montagnes du nord-est de l'Afrique, est habitée par deux sous-espèces : *C. ibex nubiana*, présente du sud de la Syrie au nord de l'Éthiopie et *C. ibex walie*, propre à la partie la plus orientale de l'Éthiopie et aux montagnes de la Somalie. Cette dernière sous-espèce, parfois considérée comme une espèce distincte (*C. walie*), figure sur le Livre rouge de l'UICN.

Le Bouquetin fréquente les alpages et la zone des éboulis entre 2 300 et 3 800 mètres d'altitude. Il mange des graminées et autres végétaux herbacés, des bourgeons ainsi que des pousses d'arbres et d'arbrisseaux, des mousses

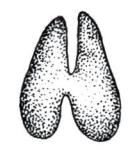

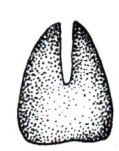

Bouquetin mâle

Empreintes de Bouquetin

Artiodactyles

et des lichens. Il est diurne. Les groupes de femelles et de jeunes réunissent jusqu'à trente ou même cinquante animaux ; les mâles sont solitaires ou vivent en groupes distincts. Pendant le rut (en décembre et janvier), ils se livrent des duels spectaculaires, se dressant sur leurs pattes postérieures et se poussant de tout leur poids, heurtant leurs cornes. La gestation dure cinq mois et demi. L'unique petit est allaité pendant six mois.

Crâne de Bouquetin

Markhor

(Capra falconeri)

R

Ruminants cavicornes *(Bovidae)*

Le Markhor est un peu plus petit que le Bouquetin. Son dos et ses flancs, roussâtres en été, deviennent grisâtres en hiver ; à cette saison, le pelage est aussi plus long. Le mâle porte une très grande barbe et une longue crinière sur le cou, les épaules, la poitrine et une partie des pattes. Cependant, il est surtout remarquable par ses cornes spiralées qui mesurent de 58 à 83 cm de long. Elles décrivent deux ou trois tours de spire, chacune dans un sens.

Plus courtes, les cornes de la femelle présentent néanmoins le même aspect. Le Markhor habite des montagnes de l'Ouzbékistan et du Tadjikistan (ex-URSS), de l'Afghanistan, du Pakistan occidental et du Cachemire (Inde). Ses effectifs ont été estimés à trois mille deux cents têtes. Sa biologie ressemble à celle du Bouquetin, mais il fréquente des altitudes plus faibles (entre 1 000 et 3 000 mètres en été).

Markhor mâle

Artiodactyles

Argali

(Ovis ammon)

M , I

Ruminants cavicornes *(Bovidae)*

Argali, ici la sous-espèce du Turkestan, *Ovis ammon nigrimontana*, qui vit uniquement sur les monts Kara-Taou (Kazakhstan)

L'Argali est un grand mouton sauvage, la sous-espèce de l'Altaï (*Ovis ammon ammon*) ayant les dimensions maximales. Il pèse de 140 à 180 kg, mesure de 1,80 à 2 m de long, queue (10–15 cm) non comprise, et de 1,10 à 1,30 m de haut à l'épaule. Le crâne des mâles atteint de 34 à 39 cm de long et leurs cornes de 1,30 m de long (circonférence à la base : 40–50 cm). La coloration du pelage varie selon la sous-espèce. L'aire de répartition de l'Argali correspond à l'Asie centrale et occupe une partie de l'ex-URSS, de la Mongolie, du nord et de l'ouest de la Chine ; elle atteint aussi l'Afghanistan, le Pakistan, le Népal, le Sikkim et le Bhoutan. Dans cette zone immense, l'Argali habite de nombreux massifs montagneux : Tian-Shan, Altaï, Alatau, Pamir, Karatau, Aktau, Nuratau, Kopetdag, les monts du désert de Gobi, le Ladakh, le Nanshan et une partie de l'Himalaya. Il fréquente les pâturages des plateaux, des versants ou des vallées entourées de rochers. Il est capable de vivre dans des milieux très secs. Son régime comporte essentiellement des graminées. Il broute le matin et le soir sauf en hiver où il est actif toute la journée. En été, les groupes de femelles et d'agneaux vivent à l'écart des béliers. L'argali peut effectuer des migrations saisonnières de 70 km et 2 000 mètres de dénivellation. Le rut a lieu à la fin de l'automne et en hiver. La gestation dure de cinq à six mois et il n'y a le plus souvent qu'un seul agneau par portée, mais parfois jusqu'à 3. Le loup et l'once (panthère des neiges) sont les principaux prédateurs de l'Argali.

Mouflon à manchettes

(Ammotragus lervia)

I , E

Ruminants cavicornes *(Bovidae)*

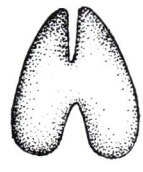

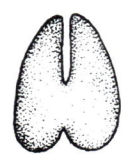

Empreintes de Mouflon à manchettes

Cette espèce ressemble à un mouton, mais en fait elle est plus proche des chèvres au point de vue évolutif. Son cou et les côtes de ses membres antérieurs portent de très longs poils clairs qui, chez les vieux mâles, touchent presque terre. Ce mouflon mesure de 1,55 à 1,65 m de long, queue (20–25 cm) non comprise, de 90 cm à 1 m de haut à l'épaule et pèse de 120 à 140 kg. Jadis, le Mouflon à manchettes existait dans toutes les montagnes du nord de l'Afrique, mais aujourd'hui il n'en reste que des populations isolées au Maroc, en Mauritanie, Algérie, Libye, au Tchad et dans le nord-ouest du Soudan. L'une des quatre sous-espèces connues, *Ammotragus lervia ornatus*, qui vivait en Égypte, a cessé d'exister. Le Mouflon à manchettes fréquente uniquement les montagnes inhospitalières des régions désertiques. Excellent grimpeur, il saute d'un rocher à l'autre. Quand il ne bouge pas, il se confond admirablement avec le milieu ambiant. Il se nourrit de végétaux herbacés et aussi de feuilles de buissons ; comme les chèvres, il peut se dresser sur ses pattes postérieures pour atteindre les fruits et le feuillage des acacias nains. S'il trouve certaines plantes (par exemple des oseilles) il est capable de se passer d'eau pendant longtemps, mais s'il rencontre un ruisseau ou une mare il boira. Les groupes de mouflons à manchettes (de cinq à vingt têtes) passent les heures les plus chaudes à l'ombre

Artiodactyles

Les femelles du Mouflon à manchettes sont plus petites que les mâles ; leurs cornes et leurs manchettes sont plus courtes

Crâne de Mouflon à manchettes

des falaises ; les animaux broutent au crépuscule et la nuit. Les vieux mâles et les femelles gestantes se tiennent à l'écart des groupes. La gestation dure cinq mois à cinq mois et demi. Le caracal chasse les petits et jadis la panthère attaquait les adultes.

Mouflon à manchettes ; très épaisses, les cornes du mâle s'écartent vers l'arrière

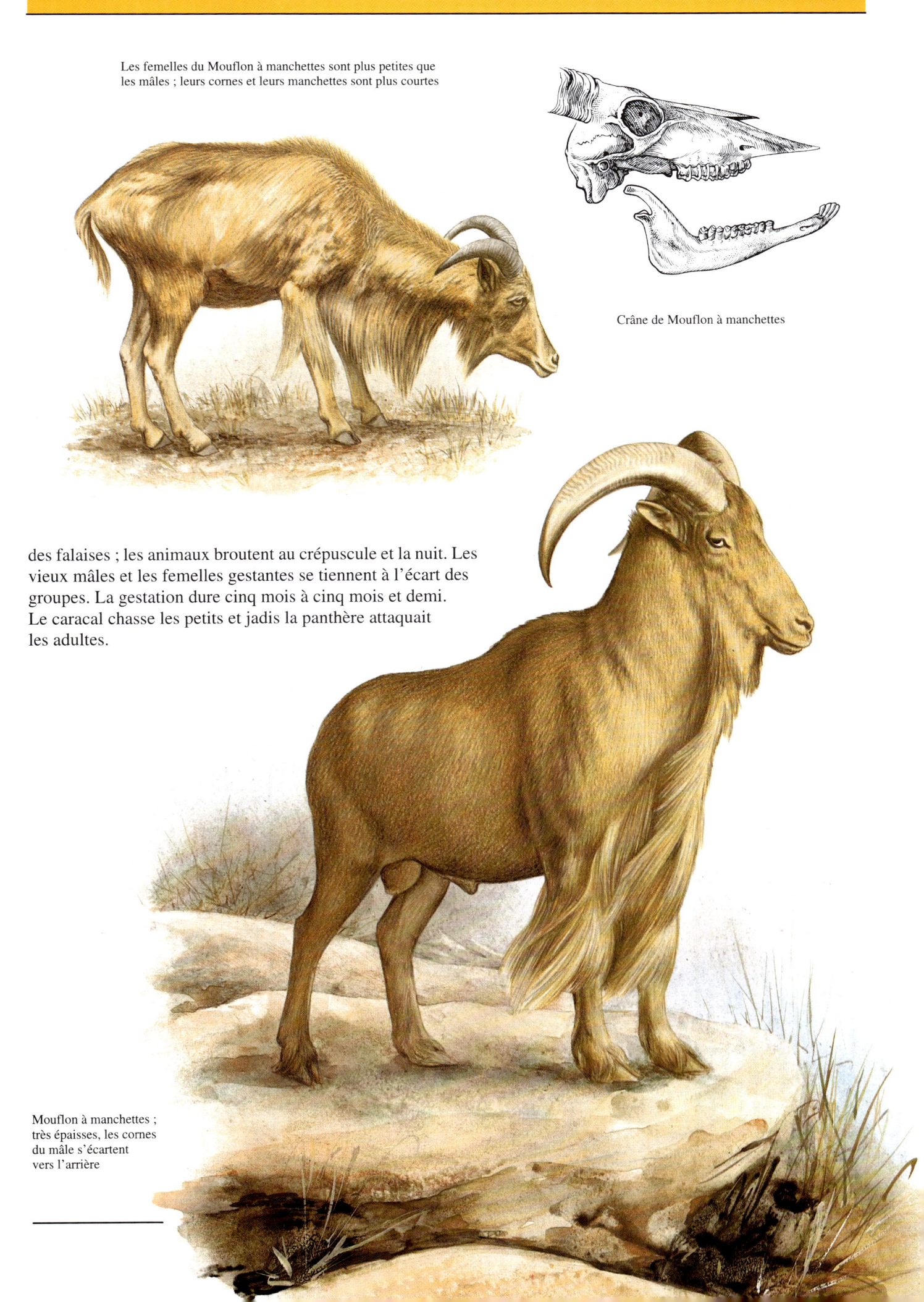

Artiodactyles

Bighorn

(Ovis canadensis)

V

Ruminants cavicornes *(Bovidae)*

La taille du Bighorn diminue progressivement du nord vers le sud ; il mesure de 1,75 à 1,95 m de long, de 95 cm à 1,10 m de haut à l'épaule et pèse de 70 à 140 kg. La croupe blanche contraste avec le reste du pelage brun-gris. Les mâles portent des cornes très épaisses qui décrivent une spirale complète et atteignent 1,11 m de long, en suivant la courbure. Celles des femelles sont rectilignes ou faiblement incurvées et ne dépassent pas 32 cm de long. L'aire de répartition de cette espèce s'étend depuis le sud du Canada jusqu'à la Californie et le nord du Mexique. En 1880, ses effectifs furent estimés à deux millions de têtes, mais ensuite ils fondirent très rapidement à cause de la concurrence du bétail domestique dans les prairies, de maladies et d'une chasse abusive.

À partir de 1920, on prit des mesures de conservation et on réintégra cet élégant animal dans les montagnes. Le Bighorn a figuré dans le Livre rouge de l'UICN, mais on l'a retiré de la liste des espèces en danger car on considère désormais qu'il est sauvé de l'extinction. Il fréquente les prairies aux étages subalpin et alpin ou les bois clairs au pied des montagnes. Il se nourrit de végétaux herbacés (graminées et autres espèces), de feuilles et de pousses d'arbrisseaux ainsi que d'arbres rabougris. Il se tient en groupes comptant jusqu'à cinquante

Bighorn

Artiodactyles

Duel entre deux mâles de Bighorn

animaux. Le rut se déroule en automne et les mâles se battent pour défendre leur harem de cinq à dix femelles. La gestation dure 6 mois ; il y a 1 ou 2 petits par portée. Le loup, le puma et le coyote sont les principaux prédateurs du Bighorn.

Mouflon

(*Ovis musimon*)

R, V

Ruminants cavicornes (*Bovidae*)

Le Mouflon a des dimensions voisines de celles du mouton domestique : il mesure de 1,10 à 1,30 m de long, de 65 à 80 cm de haut à l'épaule et pèse de 22 à 55 kg. En été, le bélier est brun roussâtre avec une « selle » blanche sur le dos ; en pelage hivernal, il est brun noirâtre. Les grosses cornes, fortement incurvées, atteignent 80 cm de long ; chez les vieux mâles, leur extrémité commence une deuxième boucle. La femelle est brune en été, brun grisâtre en hiver ; quand elle a des cornes, celles-ci mesurent au maximum 15 cm. Introduit en Europe continentale, le Mouflon est aujourd'hui beaucoup plus abondant que jadis dans son aire d'origine qui comprenait (du moins le pense-t-on généralement) la Corse et la Sardaigne, peut-être aussi Chypre. La Corse et la Sardaigne sont habitées par la sous-espèce nominale *Ovis musimon musimon*, qui figure dans le Livre rouge de l'UICN. Il en est de même pour la sous-espèce de Chypre, *O. musimon ophion*. Le Mouflon possède le même nombre de chromosomes que le mouton domestique, soit 54, et le même type d'hémoglobine (A). C'est donc l'ancêtre le plus probable du mouton domestique dont l'élevage a commencé au Moyen-Orient, où existent encore des populations isolées de deux autres sous-espèces de Mouflon. À l'origine, le Mouflon fréquentait le maquis, les montagnes sèches, rocailleuses et peu boisées, mais en Europe centrale il vit maintenant sur des collines, et même dans des plaines parsemées de bois de feuillus ou mixtes. Il se nourrit de végétaux herbacés, feuilles, rameaux, jeunes aiguilles de conifères et de fruits (châtaignes, glands).

Mouflon

Artiodactyles

Bœuf musqué

(Ovibos moschatus)   Ruminants cavicornes *(Bovidae)*

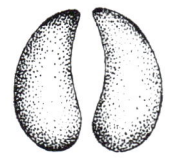

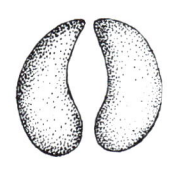

Le Bœuf musqué est un habitant des toundras nord-américaines. Ses trois sous-espèces existaient à l'origine de l'Alaska au Grœnland, mais elles se sont raréfiées en sorte que l'espèce subsiste seulement dans l'extrême nord du Canada, des Territoires du Nord vers l'est. La sous-espèce *Ovibos moschatus wardi*, qui vit encore au Grœnland, a été réintégrée en Alaska et sur certaines îles voisines (dans huit localités au total). On l'a introduit dans trois régions de Norvège et de Suède, au Spitzberg et dans l'ex-URSS sur la péninsule de Taïmyr et sur l'île Wrangel. Le Bœuf musqué offre une silhouette très massive ; ses dimensions et son aspect le font ressembler à la fois à un mouton et à un bœuf, d'où son nom scientifique (*ovis* « mouton », *bos* « bœuf »). Il mesure de 1,80 à 2,50 m de long, queue (10–17 cm) non comprise, de 1 m à 1,50 m de haut à l'épaule et pèse de 250 à 400 kg. Son avant-train est plus haut que la croupe et il tient la tête plus basse que les épaules. Son pelage très dense comprend de très longs poils de jarre brun foncé (ils pendent presque jusqu'à terre), qui recouvrent une bourre plus claire. La fourrure hivernale est plus longue et plus épaisse que celle d'été (les poils mesurent jusqu'à 16 cm sur le dos et 90 cm sur la face ventrale). Les cornes des mâles atteignent 73 cm, celles des femelles 40 cm. Leur forme est caractéristique : contiguës et aplaties à la base, elles forment de larges plaques qui suivent les contours du crâne et s'écartent un peu entre l'œil et l'oreille, se courbent latéralement et en avant avant de se redresser à l'extrémité.

Sur les empreintes, on constate que les sabots sont larges, ce qui facilite les déplacements sur les terrains gelés ou mous

Le Bœuf musqué est un hôte des toundras arctiques en terrain plat ou vallonné avec des monticules rocheux ; il évite les sols très humides. Il mange des graminées, des feuilles et des pousses de saules et bouleaux nains, des mousses et des lichens. En hiver, il gratte la neige avec ses sabots afin d'obtenir ses aliments. Il est diurne et nocturne, car dans l'Arctique près de la moitié de l'année est claire et l'autre moitié obscure. À la belle saison, il vit en petits groupes comprenant de deux à quatre femelles et leurs petits avec un mâle adulte. En hiver, des troupeaux de quarante à cent animaux se forment et comportent plusieurs mâles dominants. Les vieux mâles sont solitaires ou vivent en petits groupes. Le rut a lieu entre la fin de juillet et le début de septembre, et bat son plein en août ; les mâles se livrent des duels, se heurtant de front et émettant une forte odeur musquée, ce que rappelle le nom de l'espèce dans plusieurs langues. La gestation dure de huit à neuf mois ; il y a un seul petit, rarement 2, qui pèsent 7 kg à la naissance et sont allaités de 3 à 6 mois. La maturité sexuelle survient à l'âge de 3 ans et demi chez les femelles et 5 ans chez les mâles.

Bœuf musqué en train de muer

Artiodactyles

Le loup blanc des toundras américaines (*Canis lupus tundrarum*) est le principal prédateur des bœufs musqués. Ces derniers se défendent contre les meutes de loups en se disposant en cercle et en faisant face aux carnivores ; les veaux se trouvent au centre du cercle, protégés par les adultes. Sans essayer de rompre cette formation, les loups ne cessent d'aller et venir tout autour jusqu'à ce que les bœufs musqués s'énervent et prennent la fuite ; à ce moment, les loups réussissent à capturer un ou plusieurs veaux.

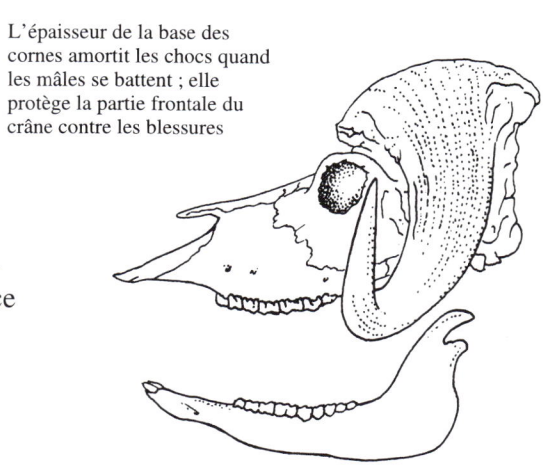

L'épaisseur de la base des cornes amortit les chocs quand les mâles se battent ; elle protège la partie frontale du crâne contre les blessures

Groupe de bœufs musqués

479

Artiodactyles

Buffle d'eau, Buffle d'Asie

M

(Bubalus bubalis)

Ruminants cavicornes *(Bovidae)*

Le Buffle d'eau et les dernières espèces décrites après lui font partie de la sous-famille des *Bovinae*. Cette entité comprend quinze espèces dont plusieurs sont les ancêtres de certains animaux domestiques. *Bos primigenius*, l'Aurochs, est à l'origine du Bœuf et de la vache domestiques mais il a été complètement exterminé. La plupart des *Bovinae* ont des dimensions imposantes. Entre autres caractères communs, ils possèdent des cornes lisses présentes chez les deux sexes, un museau nu, 32 dents, deux paires de mamelles chez les femelles, mais sont dépourvus des glandes cutanées caractéristiques des antilopes, chèvres et moutons.

Le Buffle d'eau pèse de 700 à 900 kg, mesure de 2,50 à 3 m de long, queue (60 cm à 1 m) non comprise, et de 1,50 à 1,80 m de haut à l'épaule. Ses cornes, ridées, nettement séparées l'une de l'autre à la base, forment un demi-cercle, tournées vers l'arrière et relevées. Ses sabots sont très larges. Cette espèce vit en Inde, au Népal, dans l'Assam, en Birmanie, en Thaïlande, au Laos, au Cambodge, au Viêt-nam et en Malaisie ; partout, sa répartition est sporadique. Elle est théoriquement protégée par la loi, mais celle-ci n'est guère respectée. En fait, le Buffle d'eau n'est pas chassé à outrance, mais on l'élimine indirectement en détruisant son habitat. Dans le sud de l'Asie et d'autres régions, on l'a domestiqué. On l'a introduit dans la nature en Australie (partie de nord) et ailleurs.

Buffle d'eau : forme domestique appelée Kérabau

Artiodactyles

Le Buffle d'eau habite généralement les marais boisés, les prairies marécageuses au bord des fleuves et de leurs affluents. Il se roule dans la boue et se tient souvent dans l'eau. Il se révèle un bon nageur. Sa nourriture comprend des végétaux herbacés (roseaux, herbes) et d'autres plantes palustres et aquatiques. Le tigre, son principal prédateur, ne peut rien s'il se trouve face à un groupe de buffles. Les troupeaux comptent généralement de dix à vingt animaux ; en dehors de la période de rut, les femelles et les veaux forment des groupes distincts de ceux des mâles (surtout les jeunes car les vieux mâles sont solitaires). Pendant le rut, qui a lieu en automne, les mâles dominants se constituent un harem. La gestation dure dix mois ou dix mois et demi. Il n'y a qu'un seul veau (rarement 2). La maturité sexuelle survient à l'âge de 2 ans environ. À l'état sauvage, le Buffle d'eau est actif jour et nuit, mais en général il mange tôt le matin, tard dans l'après-midi et le soir. Surpris à faible distance dans des fourrés, il peut devenir dangereux pour l'Homme. L'espèce domestique ressemble beaucoup à l'espèce sauvage, bien que ses cornes soient plus petites et son tempérament paisible ; cependant, elle peut tuer un tigre comme l'a décrit Rudyard Kipling dans son *Livre de la jungle*. Le Buffle d'eau domestique sert surtout d'animal de trait ; la vache ne donne pas beaucoup de lait mais la chair est bonne et on utilise le cuir de différentes façons. Le Buffle d'eau domestique peut être croisé avec son homologue sauvage mais pas avec les autres bovins domestiques.

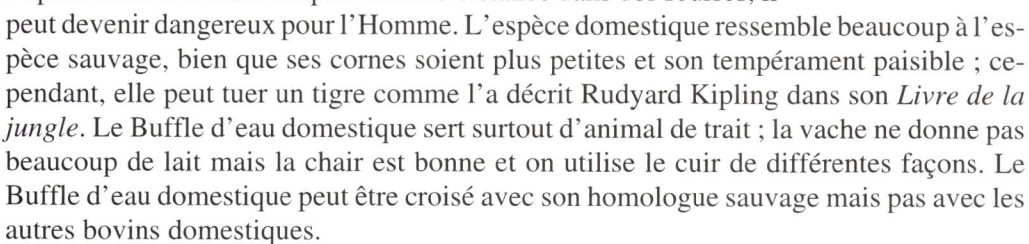

L'Anoa (*Bubalus depressicornis*) est le plus petit bovin sauvage actuel. Il vit aux Célèbes (Sulawesi)

Buffle d'eau : forme sauvage appelée Arni

Artiodactyles

Buffle d'Afrique

(Syncerus caffer)   Ruminants cavicornes *(Bovidae)*

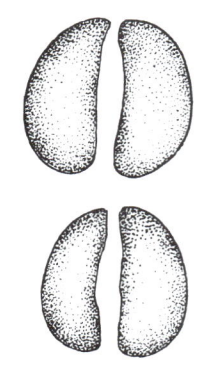

À la différence du Buffle d'eau, le Buffle d'Afrique jouit d'une vaste répartition et il est encore commun dans de nombreuses régions. Il n'a pas été domestiqué. On le trouve en Afrique au sud du Sahara, mais il y a très longtemps, il vivait aussi à l'emplacement de ce désert. On distingue trois sous-espèces qui diffèrent surtout par leurs dimensions, leur coloration et leur distribution. La plus petite, le Buffle de forêt ou Buffle nain (*Syncerus caffer nanus*) habite les forêts tropicales de l'Afrique occidentale, depuis la Gambie jusqu'au Zaïre et au nord de l'Angola. Le Buffle de savane ou Buffle du Soudan (*S. caffer aequinoctialis*) ressemble beaucoup au Buffle de Cafrerie ou Buffle noir et habite les savanes sèches à la limite méridionale du Sahara, de la Mauritanie et du Sénégal au Soudan méridional à l'est. Enfin, la plus grande et la plus commune est le Buffle de Cafrerie (*S. caffer caffer*), présent dans les savanes situées entre le sud de l'Éthiopie et la Somalie d'une part et, d'autre part, dans le sud de l'Angola, le nord de la Namibie, du Botswana et une partie de l'Afrique du Sud, surtout dans les parcs nationaux.

Le Buffle d'Afrique est un animal puissant, d'aspect redoutable, qui peut être dangereux pour l'Homme et les grands carnivores. Il mesure de 2,30 à 3 m de long, queue (75 cm–1,20 m) non comprise, de 1,10 à 1,70 m de haut à l'épaule et pèse de 350 à 900 kg. Ces écarts importants sont dus aux grandes différences de taille entre le Buffle nain et le Buffle de Cafrerie. Le pelage des veaux est complet, mais celui des adultes est clairsemé et les sujets les plus âgés ont la peau presque nue. De longs poils couvrent l'intérieur des oreilles et leur bord sauf chez les très vieux individus. Le Buffle de forêt est brun-roux lors que les deux autres sont noirs. Les cornes ont une forme assez variable. En général, mais pas toujours, elles sont très larges sur le front et leurs bases se touchent. Chez le Buffle de savane, elles sont très larges ou peu élargies à la base, annelées ; leur extrémité est verticale et souvent recourbée. Chez les vieux

Empreintes de Buffle de Cafrerie

Buffle d'Afrique : très vieux mâle du Buffle de Cafrerie (sous-espèce *Syncerus caffer caffer*)

Artiodactyles

mâles, elles dépassent 1,10 m. Celles du Buffle de forêt sont plus petites et se recourbent vers l'arrière en demi-cercle.

Le Buffle d'Afrique est un animal sociable qui vit en petits groupes ou en très grands troupeaux comptant deux mille têtes et plus. Les groupes denses se composent surtout de femelles et de leurs veaux, qui sont conduits par une vieille femelle ; toutefois, un mâle âgé y occupera une position dominante. Les autres vieux mâles sont solitaires tandis que les jeunes s'associent en petits groupes. Comme les autres troupeaux de grands Ongulés herbivores, ceux du Buffle d'Afrique sont accompagnés par des oiseaux, notamment des pique-bœufs (apparentés aux étourneaux) et des hérons gardes-bœufs, qui capturent les insectes présents au voisinage des mammifères ou vivant en ectoparasites sur leur peau. Le Buffle d'Afrique mange différentes espèces de graminées. Il lui faut boire au moins une fois par jour et il aime se rouler dans la boue. Il passe les heures les plus chaudes à l'ombre d'une végétation épaisse. La gestation dure environ onze mois et demi ; il n'y a qu'un seul veau, qui est allaité durant six à huit mois.

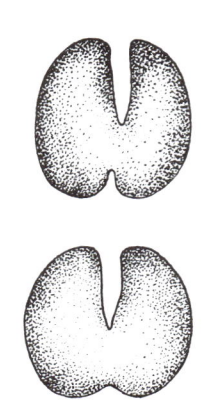

Empreintes de Buffle nain

Buffle nain (*Syncerus caffer nanus*), sous-espèce du Buffle d'Afrique

Artiodactyles

Yak

M

(Bos grunniens)

Ruminants cavicornes *(Bovidae)*

L'animal appelé *Bos grunniens* par Linné était un Yak domestique, c'est pourquoi certains spécialistes nomment l'espèce sauvage *Bos mutus* (c'est le nom que lui donna l'explorateur russe Przewalski plus d'un siècle plus tard). Le genre *Bos* a une grande importance puisque plusieurs animaux domestiques en font partie. Pour simplifier, nous avons nommé les formes domestiques comme s'il s'agissait de véritables espèces. Outre le Yak domestique, ce sont le Gayal (*B. frontalis*), le Banteng domestique (*B. banteng*), et le Bœuf domestique (*B. taurus*). Le Gayal dérive du Gaur (*B. gaurus*), le Banteng domestique du Banteng sauvage (*B. javanicus*) et le Bœuf domestique de l'Aurochs (*B. primigenius*), qui a cessé de vivre.

Le Kouprey (*B. sauveli*) n'a pas été domestiqué et vit seulement au Cambodge où il est menacé de disparition. Le Yak sauvage pèse de 550 à 800 kg, mesure de 3,20 à 3,50 m de long, queue (75–78 cm) non comprise, et de 1,70 à 2 m de haut à l'épaule. Le Yak domestique est plus petit.

Yak sauvage

Artiodactyles

Le Yak est caractérisé par sa fourrure longue, laineuse, dense, brun foncé à brun-noir chez les sujets sauvages, mais de couleur variable chez les sujets domestiques. Elle est particulièrement longue sur les côtés du cou, les pattes et la queue ainsi que sur la face inférieure du corps où elle touche presque terre. Les cornes des mâles atteignent 95 cm de long. À l'origine, le Yak vivait dans une grande partie de l'Asie centrale (républiques de l'ex-URSS, Mongolie occidentale, ouest de la Chine, Himalaya et nord de l'Inde). Aujourd'hui, on le trouve surtout sur les plateaux du Tibet et les montagnes voisines. Des populations isolées vivent au Ladakh, au Cachemire, au Népal et au Sikkim, mais on ignore l'importance de leurs effectifs. Selon des informations récentes, elles seraient en légère augmentation.

C'est au Tibet et dans ses environs que le Yak sauvage a été et est domestiqué depuis des temps immémoriaux ; aujourd'hui encore, il tient une grande importance dans la vie des nomades puisqu'il leur fournit sa chair, son lait, sa laine et son cuir ; enfin, ses excréments séchés servent de combustible et il peut traîner des charges ou en porter. Les yaks sauvages vivent dans les prairies entre 4 000 et 5 000 mètres d'altitude mais peuvent monter jusqu'à 6 000 mètres. Malgré leur aspect lourdaud, ils se déplacent aisément en terrain accidenté. Ils sont parfaitement habitués au vent et au froid. Ils se nourrissent d'herbes, lichens, tubercules et ont besoin de boire chaque jour. Ce sont des animaux diurnes. Les mâles adultes vivent en petits groupes de deux ou trois la plus grande partie de l'année ou sont franchement solitaires. Les femelles et les veaux s'associent en groupes de dix à douze individus et parfois davantage. La période du rut va de juin à novembre mais atteint son apogée en septembre ; alors, les mâles rejoignent les femelles et se battent.

La gestation dure de huit à neuf mois et il n'y a qu'un seul petit qui reste presque un an avec sa mère ; la maturité sexuelle survient à l'âge de 2 ans environ. Le loup et l'ours brun sont des prédateurs du Yak.

Les autres proches parents du Yak d'Asie du Sud-Est sont le Banteng (*Bos javanicus*), le Kouprey (*Bos sauveli*) et le Gaur (*Bos gaurus*) – de gauche à droite

Comparaison entre l'Aurochs (1), le bétail du Moyen Âge (2) et celui du XXe siècle (3)

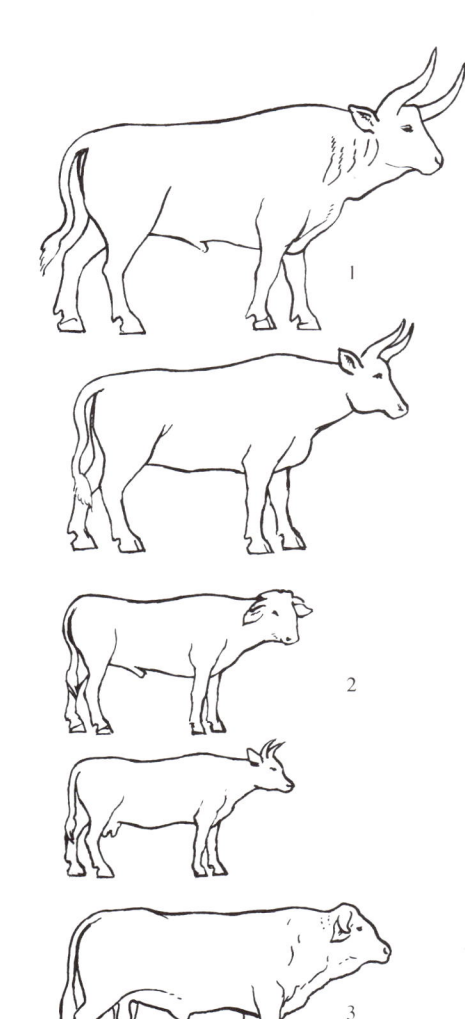

Artiodactyles

Bison d'Amérique

C

(Bison bison)

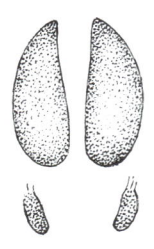

Ruminants cavicornes *(Bovidae)*

L'histoire des deux espèces du genre *Bison* montre bien l'influence négative ou positive de l'Homme vis-à-vis des grands animaux. Le Bison d'Amérique, et plus encore le Bison d'Europe, ont été presque exterminés et il a fallu déployer des efforts extraordinaires pour les sauver. À l'époque où les Indiens étaient, avec les Esquimaux du Grand Nord, les seuls habitants de l'Amérique du Nord, le Bison d'Amérique peuplait les vastes étendues comprises entre le nord-ouest et le centre du Canada (peut-être aussi l'Alaska) et, vers le sud-est, le sud des États-Unis et les plaines du Sonora au Mexique. Le massacre des bisons au XIXe siècle a été maintes fois relaté, mais il est particulièrement révoltant que l'extermination de ces animaux ait été en partie motivée par la volonté de priver les Indiens des prairies de leur principale source de nourriture. En quelques décennies, le nombre des bisons passa de quelque trente millions à cinq cents en 1889. Aujourd'hui, les bisons vivent surtout dans les parcs nationaux et les réserves. En 1928, on en introduisit en Alaska de sorte que leur répartition actuelle, très sporadique, s'étend de l'Alaska à travers le Canada jusqu'à l'ouest des États-Unis. On estime qu'il y avait environ cent mille bisons en 1985 et ce nombre augmente. Des deux sous-espèces, le Bison de prairie (*Bison bison bison*) est de très loin le plus abondant, le Bison de forêt (*B. bison athabascae*) ne comptant guère que deux mille cinq cents têtes en 1989. Le premier habite les prairies, le second les forêts, surtout en montagne. Ce dernier figure dans le supplément 1 de la CITES (Convention internationale sur le trafic des espèces sauvages).

Empreintes de Bison d'Amérique

Bison de prairie (*Bison bison bison*), sous-espèce du Bison d'Amérique

Artiodactyles

Le Bison d'Amérique mesure de 2,50 à 3,80 m de long, queue (60–90 cm) non comprise, de 1,70 à 1,90 m de haut à l'épaule et pèse de 800 kg à 1 t. La femelle est plus petite que le mâle, comme chez tous les bovins. Le Bison d'Amérique est reconnaissable à son énorme tête et à son avant-train massif, qui contraste singulièrement avec son arrière-train peu volumineux. Il tient la tête basse ; les vieux mâles ont une bosse dorsale bien marquée. Sur la tête, le pelage est court et frisé, parfois plus foncé que sur la bosse, les épaules et le haut des pattes antérieures où il est long et de différentes tonalités de brun. Les vieux mâles portent une barbiche sur le menton. Le Bison d'Amérique mange surtout des herbes. En hiver, les groupes de mâles se tiennent à l'écart des femelles et des jeunes. Pendant le rut, c'est-à-dire en été, tous se rejoignent et les mâles se battent. Le Bison de forêt vit en groupes de quatre à plusieurs dizaines d'individus. Les troupeaux de la sous-espèce de plaine sont plus importants. Jadis, aux époques de migration, ils comprenaient des milliers d'animaux. Le Bison d'Amérique est actif presque toute la journée mais broute surtout tôt le matin et le soir ; dans l'intervalle, il se repose et rumine. En hiver, les bisons grattent la neige pour dégager leur nourriture. L'unique petit naît à l'issue d'une gestation de neuf à dix mois. Les jeunes femelles atteignent la maturité sexuelle à 2 ou 3 ans, les jeunes mâles à 4 ou 5 ans.

Le bison consacre une partie de son temps à la toilette. En forêt, les bisons ont leurs arbres préférés contre lesquels ils viennent se gratter la tête, le cou et les flancs. Sur les troncs de ces arbres on voit progressivement apparaître des bandes d'écorce usée. Le bison aime également se vautrer dans la poussière et, pour ce faire, il recherche les endroits où la terre est meuble. En répétant cette activité, il laisse des creux de 2,5 m de largeur et de 30 cm de profondeur.

Tête de Bison d'Amérique : le pelage lui confère sa forme particulière

Différences dans la forme du corps chez le Bison d'Amérique (en haut) et le Bison d'Europe (en bas)

Un jeune

Artiodactyles

Bison d'Europe

(Bison bonasus)

V

Ruminants cavicornes *(Bovidae)*

Cette espèce est l'équivalent européen (jadis aussi asiatique) du Bison d'Amérique. Bien qu'elle n'ait jamais été aussi abondante que son cousin et qu'elle n'ait pas représenté la principale source de subsistance d'une population humaine, elle a connu un sort identique sinon pire. Le Bison d'Europe n'a pas été massacré à une aussi grande échelle et en un laps de temps aussi bref que celui d'Amérique, mais une chasse abusive, le braconnage et le passage des armées dans les régions où il vivait ont entraîné sa quasi-disparition. Comme le Bison d'Amérique, il forme deux sous-espèces. Le dernier représentant de la sous-espèce *Bison bonasus bonasus* fut tué par des braconniers dans la forêt de Bialowieza en 1919. La sous-espèce caucasienne *Bison bonasus caucasicus* s'est éteinte en 1925. Fort heureusement, des groupes d'individus d'origine pure appartenant à la sous-espèce nominale (*B. bonasus bonasus*) et des troupeaux mixtes des deux sous-espèces existaient en captivité dans divers enclos.

Bison d'Europe : sous-espèce
Bison bonasus bonasus

Artiodactyles

Le zoologiste polonais Jan Sztolcman, qui créa une société internationale pour la sauvegarde du Bison d'Europe, et la réserve de Bialowieza ont joué un rôle décisif pour la survie de l'espèce. À nouveau, les effectifs augmentèrent et un petit nombre de bisons furent relâchés dans leur milieu naturel. Les tentatives entreprises pour restaurer le Bison du Caucase par voie génétique ont été plus ou moins heureuses. Aujourd'hui, environ huit cents bisons d'Europe vivent en liberté, la plupart dans la forêt de Bialowieza à la frontière de la Pologne et de la Russie ; au moins mille deux cents autres se trouvent dans des zoos ou des enclos. On estime désormais que l'espèce est sauvée.

Veau du Bison d'Europe

À l'origine, le Bison d'Europe vivait dans les forêts de feuillus, les forêts mixtes et les steppes boisées de presque tout le continent, du Caucase et peut-être de l'Asie jusqu'à la Lena. Grâce aux introductions et réintégrations, l'espèce vit dans cinq endroits en Pologne, dix-neuf dans l'ex-URSS, en Roumanie, Bulgarie, dans l'ex-Tchécoslovaquie, en Hongrie et dans des jardins zoologiques du monde entier. Presque partout, ce bison se trouve dans un milieu correspondant à son habitat naturel. Le Bison d'Europe mesure de 2,50 à 3,50 m de long, queue (60–80 cm) non comprise, de 1,80 à 2 m de haut à l'épaule et pèse de 800 kg à 1,35 t. Le pelage de la tête, des épaules et du cou est particulièrement long, épais et bouclé ; chez les vieux mâles, il forme une barbe sur le menton et la gorge. L'avant-train est plus massif que l'arrière-train, mais la différence n'est pas aussi accentuée que chez le Bison d'Amérique. Le Bison d'Europe mange aussi bien des graminées et d'autres végétaux herbacés que des feuilles, rameaux et écorces d'arbres ; il absorbe aussi des fruits (glands, faines). Il est actif jour et nuit. Les mâles adultes sont solitaires ou groupés par trois à cinq la majeure partie de l'année. Les vaches, les veaux et les taurillons forment des groupes comptant jusqu'à cinquante têtes. Dans la forêt de Bialowieza, le rut se passe en août et dans la première moitié de septembre. Durant cette période, les vieux mâles rejoignent les femelles et se battent. La gestation dure environ neuf mois et, tous les deux ans, les femelles mettent au monde un seul petit. La maturité sexuelle survient à l'âge de 2 ou 3 ans, mais les mâles ne participent réellement à la reproduction qu'à 6 ou 7 ans.

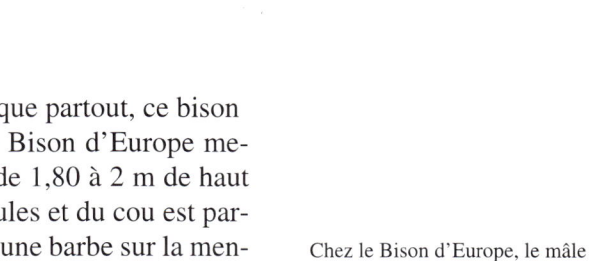

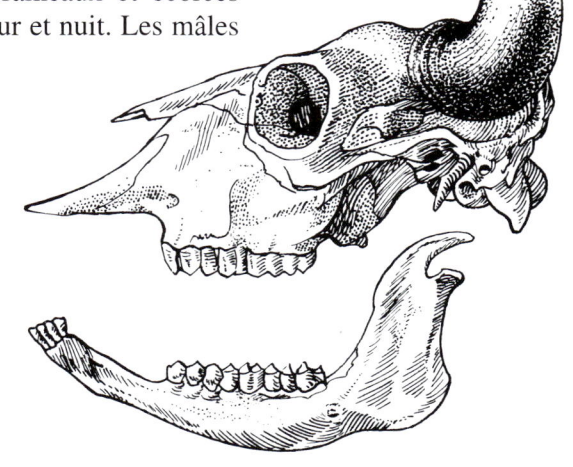

Chez le Bison d'Europe, le mâle a un crâne massif ; la base des cornes est très épaisse

BIBLIOGRAPHIE

Ouvrages en langue française
- *Les mammifères de France et du Benelux (faune marine exceptée)*. M.-C. Saint-Girons (1973). Doin, Paris
- *Guide des Mammifères d'Europe*. G. B. Corbet, D. Ovenden, M.-C. Saint-Girons (1985). Bordas, Paris
- *Guide des Mammifères marins d'Europe*. R. Duguy, D. Robineau (1982). Delachaux et Niestlé, Neuchâtel
- *Atlas des Mammifères sauvages de France*. A. Fayard (éditeur) (1984). Société française pour l'étude et la protection des mammifères, Paris
- *Mammifères sauvages d'Europe*. Quatrième édition. R. Hainard (1987-1988). Delachaux et Niestlé, Neuchâtel, Paris
- *Mammifères d'Afrique et de Madagascar*. Th. Haltenorth, H. Diller (1985). Delachaux et Niestlé, Neuchâtel, Paris
- *Atlas provisoire des Mammifères sauvages de Wallonie*. R. Libois (1982). Cahiers d'éthologie appliquée, 2, supplément 1-2 : 1-208
- *Guide des Mammifères d'Europe*. D. Schilling, D. Singer, H. Diller (1986). Delachaux et Niestlé, Neuchâtel, Paris
- *Encyclopédie des animaux : Mammifères du monde entier*. V. Hanák, V. Mazák (1979). Gründ, Paris

Ouvrages en langues étrangères
- *A world list of mammalian species*. G. B. Corbet, J. E. Hill (1986). British Museum (Natural History), Londres
- *A manual of mammalogy with keys to families of the world*. A. F. DeBlase, R. E. Martin (1981). Brown Company Publ., Dubuque, Iowa
- *Grzimeks Tierleben. Säugetiere*, 1-4. W. Fiedler et al. (éditeurs) (1967-1968). Kindler Verlag, Zurich
- *Säugetiere Europas*. M. Görner, H. Hackethal (1987). Neumann Verlag, Leipzig-Radebeul
- *Mammal species of the world*. J. H. Honacki, K. E. Kinman, J. W. Koeppl (éditeurs) (1982). Allen Press & Ass. Syst. Coll., Lawrence, États-Unis
- *Mammals, an outline of theriology*. K. Kowalski (1976). PWN, Varsovie
- *Handbuch der Säugetiere Europas*. J. Niethammer, F. Krapp (éditeurs) (1978-1985). Akademische Verlagsgesellschaft et Aula-Verlag, Wiesbaden, Allemagne.
- *System of the mammals of USSR*. I. J. Pavlikov, O. L. Rossolimo (1987). Éditions de l'université de Moscou, Moscou
- *Biologie der Säugetiere*. W. Pflumm (1989). Pareys Studientexte, Hambourg et Berlin, Allemagne
- *Principles of classification and a classification of mammals*. G. G. Simpson (1950). American Museum of Natural History, New York, États-Unis
- *System of mammals*, 1-3. V. E. Sokolov (1973-1979). École supérieure, Moscou
- *Ecology of small mammals*. D. M. Stoddart (éditeur) (1979). Chapman & Hall, Londres
- *Die Evolution der Säugetiere*. E. Thenius (1979). G. Fischer Verlag, Stuttgart, New York
- *The big game of the world*. W. Trense (éditeur) (1989). Verlag P. Parey, Hambourg, Berlin
- *Mammalogy*. T. A. Vaughan (1986). Saunders Coll. publ. Philadelphie
- *Walker's Mammals of the world*. Cinquième édition par Nowak, R. M. 1-2. E. Walker (1991). The John Hopkins University Press, Baltimore et Londres
- *The Audubon Society Field Guide to North American Mammals*. J. O. Whitaker Jr. (éditeur) (1980). A. F. Knopf, New York

Adresse utile
Société française pour l'étude et la protection des Mammifères (SFEPM). Bohallard, Puceul, 44390 Nort-sur-Erdre

Index des noms français

Addax 446
Agouti 340
Aï 177
Âne sauvage d'Afrique 380
– – d'Asie 381
– – de Nubie 380
– – de Somalie 380
Anoa 481
Antilope à cornes fourchues 428
– à quatre cornes 442, 443
– cervicapre 456
– de Bates 431
– rouanne 444, 445
Argali 474
Arni 481
Atèle 120, 136
Aurochs 480, 484
Aye-Aye 120, 125
Babiroussa 394
Babouin 120
– doguera 150
Baleine à bosses 274
– blanche 276
– bleue 272
– franche du Groenland 268, 275
Bandicoot 12
– lapin 31
Banteng domestique 484
– sauvage 484
Barbastelle 111
Baribal 209
Beisa 446
Belette 185
– de Sibérie 185
Bélouga 276
Bête rouge 420
Bighorn 476
Binturong 215
Bison 386
– d'Amérique 486
– d'Europe 486, 488
– de forêt 486
– de prairie 486
Blaireau 183, 486
– américain 196
– européen 194
– malais 196
Blaireau-Skonse 196
Blanchon 349
Bluebuck 444
Bœuf domestique 484
– musqué 478
Bongo 439
Bonobo 165
Bontebok 449
Boufeo 276
Bouquetin 472
– de Sibérie 472
Bouroundouk 298
Boutou 276
Buffle d'Afrique 482
– d'Asie 480
– d'eau 480
– de Cafrerie 482
– de forêt 482
– de savane 482
– du Soudan 482

– nain 482
– noir 482
Cabiai 339
Cachalot 269, 286
Campagnol amphibie 313
– des champs 316
– des neiges 317
– nordique 317
– roussâtre 312
– souterrain 315
– terrestre 312
Capybara 339
Caracal 244
Caribou 412
Castor 289
– américain 303
– d'Eurasie 302, 303
– du Canada 303
Céphalophe de Grimm 430
Cercocèbe à collier blanc 154
– à joues grises 154, 155
– noir 154
Cercopithèque ascagne 158
– de Brazza 157
Cerf 388
– à queue blanche 408
– axis 419
– de Corse 420
– de Virginie 408
– du père David 414
– élaphe 420
– mulet 409
– noble 419, 420
– sambar 414
– sika 418
Chacal à chabraque 229
– doré 228
Chameau 388
– à deux bosses 401
– de Bactriane 401
Chamois 466
Chat de Pallas 239
– forestier 238
– manul 239
– marbré 244
– marsupial 22
– pêcheur 240
– sauvage 238
– viverrin 240
Chauve-Souris 77, 78
– à épaulettes de Gambie 83
– – de Wahlberg 83
– à museau court de Horsfield 80
– à nez de chochon 90
– à queue courte de Nouvelle-Zélande 76, 115
– à queue de souris 84
– à trident 88
– argentée 110
– bouledogue 90
– campeuse de la Jamaïque 94
– cendrée 110
– des hypogées 84
– mauricienne des hypogées 85
– pêcheuse 90
Cheval de Przewalski 378
– sauvage 378
Chèvre à bézoard 471
– aegagre 471
– des Rocheuses 468
– sauvage 471

Chevreuil 422
Chevrotain de Java 404
– de Malaisie 404
Chien de prairie 297
– viverrin 182
Chimpanzé 120, 164
– nain 165
Chinchilla 342
Chipmunk 299
Civette d'Afrique 214
– masquée des palmiers 216
Coati sud-américain 203
Cobaye sauvage 340
Cobe à croissant 452
– de Buffon 452
– lechwe 452, 453
Cochito 285
Cochon d'eau 339
– d'Inde 289
Colobe guereza 138
Colugo 71, 75
– des Philippines 74
Couagga 385
Couguar 246
Couscous tacheté 33
Coyote 230
Coypu 342
Crocidure des jardins 63
Crossope 58
– de Miller 59
Cynhyène 236
Daim 416
– de Mésopotamie 416
Damalisque de Hunter 448
Daman d'Abyssinie 360
– d'arbre 360
– de rocher 360
– du Cap 361
Dauphin 269
Dauphin de l'Amazone 276
– des Anciens 268, 278
Dendrolague de Lumholtz 39
– de Matschie 38
Desman 48
Desman des Pyrénées 65
– russe 64
Dhole 236
Diable de Tasmanie 24
Dik-dik de Salt 431
Dingo 230
Douroucouli commun 132
– sud-américain 119
Drill 153
Dromadaire 400
Dugong 355, 356, 358
Échidné à long bec 15
– d'Australie 14
– de Bruijn 15
Écureuil 289
– gris 293
– fouisseur 300
– marsupial volant 37
– roux 292
– volant 71
– volant de Pel 301
Élan 410
Éland 440
– de Derby 441
– géant 441
Éléphant d'Afrique 364

491

– d'Asie 362, 364
– de forêt 365
– de mer du Sud 266
– de savane 365
– du Bengale 362
Entelle 139
Épaulard 282
Euplère 217
Falanouc 217
Faux Vampire 91
– africain 91
Felis serval 240
Fennec 235
Fossa 221
Fouine 189, 190
Fourmilier marsupial 28
Galago du Sénégal 128
Galéopithèque 71, 74
Gaur 484
Gayal 484
Gazelle de Grant 463
– de Thomson 462, 463
– de Waller 458
Gazelle-girafe 458
Gélada 148
Gemsbok 446
Genette 214
Gibbon 120
– agile 163
– cendré 162
– lar 162
– noir 162
Girafe 426
Glauconycteris 90
Globicéphale 284
Glossophage de Pallas 92
Glouton 192
Glyptodon 171
Gnou à queue blanche 451
– – noire 450
Goral 465
Gorille 120, 166
– de montagne 166
– de plaine 166
– oriental 166
Goundi 304
Grand Fer à cheval 86
Grand Fourmilier 179
Grand Hamster 308
Grand Koudou 436, 437
Grand Murin 98, 99
Grande Noctule 105
Grand Panda 182, 206
Grand Rhinolophe 86
Grivet 156, 157
Guanaco 387, 402
Guépard 258, 385
Guérénouk 458
Guib harnaché 434
Gymnure 55
Hamadryas 151
Hamster 289
– commun 308
– doré 309
– murin 307
– nain 308
Hélarcte 211
Hémione 381
Hérisson 47, 56
– à grandes oreilles 57

– d'Europe orientale 57
Hermine 184
Hétérocéphale 336
Hippopotame 396
– pygmée 398
Hippotrague 444
– noir 445
Hoolock 163
Hurleur rouge 134
Hydropote chinois 405
Hyène 183
– brune 224
– rayée 224
– tachetée 223, 385
Impala 454
Indri 124
Isatis 234
Jaguar 248, 250, 375
Kangourou 12
– gris 44, 45
– rat 41
– roux 44
Kérabau 480
Koala 12, 32
Kodiak 208
Kornferkel 308
Kouprey 484
Lagotriche gris 136
Lamantin 354
– d'Amérique centrale 358
– des Antilles 358
Langur 121, 139
– douc 140
Lapin à queue blanche 350
– de garenne 350
Lemming des forêts 310
– des toundras 310
Lémur 120
– catta 122
– vari 123
Léopard 152, 248
Lérot 331
Lièvre 348
– brun 348, 349
– sauteur 304
– variable 349
Lion 183, 248, 252, 385
– de mer de Steller 261
– des montagnes 246
Loir 289
– gris 330
Lori grêle 126
Loup 27, 183, 226
– à crinière 225
– blanc des toundras 478
– de Tasmanie 24, 26
– peint 236
Loutre 183
– commune 200
– de mer 201
Lycaon 236
Lynx 242
– d'Eurasie 243
– du Canada 243
– pardelle 243
– roux 243
Macaque brun 144
– d'Afrique du Nord 144
– japonais 147
– rhésus 146

Macroscélide 47
– d'Afrique du Nord 68
– tacheté 68
Magot 144
Mammouth 365
Mandrill 152, 153
Mangouste 183
– de l'Inde 218
– fauve 220
– ichneumon 219
Mangue rayée 218
Markhor 473
Marmotte américaine 294
– bobak 295
– des Alpes 294
– forestière 202
Marmouset 130
Marsouin commun 284
– du golfe 285
Marsupial volant pygmée 36
Martre 183, 188, 189, 190, 293
– à gorge jaune 191
– des pins 188
– marsupiale 23
Mégaptère 274
Mérione de Mongolie 318
Microcèbe murin 125
Minioptère de Schreibers 114
Molosse brésilien 117
– de Cestoni 116
Mone 158
Morse 262
Mouflon 477
– à manchettes 474
Moustac 158, 159
Mulot 289
– à collier 322
– à gorge jaune 322
– rayé 322
Muntjac de l'Inde 407
Musaraigne alpine 61
– aquatique 58
– carrelet 60, 61
– étrusque 63
– musette 62
– pygmée 60, 61
Muscardin 331
Myocastor 342
Nandinie 217
Narval 278
Nasique 142
Nilgaut 442
Noctule 104
– de Leisler 104
Numbat 28
Nutria 342
Nyala 438
Okapi 424
Onagre 381
Once 256
Ondatra 314
Opossum 11
– de Virginie 18
– sud-américain 19
Orang-Outan 168
– de Bornéo 168
– de Sumatra 168
Oreillard 112
– gris 113
– roux 112

Oréotrague 432
Oribi 432
Orignal 410
Ornithorynque 16
Orque 282
– méridionale 283
Oryctérope 352, 345
Oryx 446
– d'Afrique du Sud 447
Otarie 183
– à fourrure des îles Pribilof 260
– de Californie 263
Otocyon 237
Ouistiti à pinceaux blancs 130
Ourébi 432
Ours 183
– à collier 210
– à lunettes 211
– blanc 208, 212
– brun 208
– des cocotiers 211
– malais 211
– noir d'Amérique 209
– polaire 208, 212
Ourson conquau 338
Pachyure étrusque 63
Panda géant 206
Pangolin à longue queue 181
– de Temminck 180
– terestre du Cap 180
Panthère 152, 183, 248, 251, 259, 385
– des neiges 248, 256
– longibande 245
Paresseux d'Hoffmann 177
– didactyle 176, 177
– tridactyle 177
Patas 160
Pécari à collier 395
– du Chaco 395
Petit Fer à cheval 87
Petit Fourmilier 178
Petit Koudou 437
Petit Murin 99
Petit Panda 204
Petit Polatouche 300
Petit Rhinolophe 87
Petit Vespertilion 101
Petite Gerbille du sable 318
Petite Gerboise 333
Phacochère 392
Phalanger à queue touffue 34
– volant 37, 71
Phoque crabier 182, 266
– de la mer Caspienne 265
– du lac Baïkal 265
– gris 182, 262
– marbré 265
– moine de la Méditerranée 266
– veau marin 264
Pichi 173
Pichiciego 173
Pika d'Amérique du Nord 346
– des steppes 347
Pipistrelle commune 102, 103
– de Kuhl 102, 103
– de Savi 103
Poiane 216
Porc 388
Porc-épic 334
– à queue courte 335

– d'Amérique 338
Porte-musc 406
Potamochère 392
Potamogale 51
Potto de Bosman 127
Pronghorn 428
Propithèque de Verreaux 124
Protèle 222
Puma 246
Putois 186
– des steppes 187
Quistiti mignon 125
Quokka 41
Quoll 23
Ragondin 289, 342
Rat blanc 325
– d'eau australien 328
– d'égout 325
– de Gambie 329
– des moissons 320, 328
– gris 324, 325
– musqué 64, 314
– noir 324, 325
– taupier 312
Ratel 193
Raton laveur 202
Renard polaire 234
– roux 232
– volant à tête grise 80
Renne 412
– d'Europe 413
Rhésus 146
Rhinocéros 367
– « blanc » 372
– de Burchell 372
– de Java 369
– de l'Inde 368
– de Sumatra 369
– noir 370
Rhinolophe américain de Waterhouse 92
– euryale 88
Rhinopithèque 141
Rorqual bleu 268, 270, 272
– commun 268, 270, 272
Roussette d'Égypte 82
Saïga 464
Saïmiri Écureuil 132
Sanglier 390
Sassaby 448
Sérotine 108
– bicolore 106
– boréale 106
– de Nilsson 106
– des maisons 108
Serval 240
Siciste des bouleaux 332
Singe capucin 120, 135
– de nuit 119
– rouge 160
Singe-Araignée de Geoffroy 136
– laineux 136
Sitatunga 434, 452
Skonse rayé 198
– tacheté 199
Skunks 198
Solénodon 47
– de Cuba 50
– d'Haïti 50
Souffleur 280
Souris 289

– à miel 36
– à pattes blanches 306
– domestique 326
– épineuse 321
– grise 326
– marsupiale à queue grasse 20
– – à queue hérissée 21
– rayée 328
Souslik 296
Spalax occidental 336
Spermophile 296
Springbok 460, 463
Sumpfwallaby 42
Suricate 220
Surmulot 325
Takin 470
– de Chine 470
– du Tibet 470
Talapoin 160
Tamanoir 179
Tamarin-Lion 131
Tamias de Sibérie 298
– rayé 299
Tapir 366, 374
– à chabraque 376
– de Baird 377
– pinchaque 377
Tarsier 118, 120
– des Philippines 129
Tatou à bandes 173
– à neuf bandes 172
– à trois bandes 174
– géant 171, 174
Taupe 66
– à nez étoilé 67
– dorée 30
– – du Cap 54
– marsupiale 30
Tenrec 47, 49, 52
– musaraigne 53
– rayé 53
Thylacine 24, 26
Tigre 183, 248, 251, 254
– de Java 254
– de Sibérie 254
– de Sumatra 254
– du Bengale 254
Topi 448
Toupaye 70, 72, 73, 120
– à queue plumeuse 73
Tragule indien 404
Tucuxi 276
Unau 176
Vache 388
Vampire 94
Vaquita 285
Vervet 156
Vespertilion 77
– à moustaches 96
– à oreilles échancrées 97
– de Brandt 96
– de Capaccini 100
– de Daubenton 100
Vigogne 403
Vison d'Amérique 186
Wallabie de rocher 42
– des marais 42
Wallabie-Lièvre rayé 40
Wapiti 420
Wombat 12

– à museau velu 35
– commun 34
Wou wou 162
Yak 484
– domestique 484
Zèbre de Burchell 384
– de Chapman 384
– de Grant 383, 384
– de Grévy 382, 383
– de Hartmann 383
– de montagne 383
– du Cap 383
– du Damaraland 385
Zibeline 190

Index des noms latins

Acanthion brachyura 335
Acinonyx jubatus 258
– – *venaticus* 259
Acomys cahirinus 321
Acrobates pygmaeus 36
Addax nasomaculatus 446
Aepyceros melampus 454
– – *petersi* 454
Ailuropoda melanoleuca 206
Ailurus fulgens 204
Alces alces 410
Allactaga tetradactyla 333
Alopex lagopus 234
Alouatta seniculus 134
Ammotragus lervia 474
– – *ornatus* 474
Anomalurus peli 301
Antidorcas marsupialis 460
Antilocapra americana 428
– – *peninsularis* 428
– – *sonorensis* 428
Antilope cervicapra 456
Aotus trivirgatus 132
Apodemus agrarius 322
– *flavicollis* 322
Arctictis binturong 215
Artibeus jamaicensis 94
Arvicola sapidus 313
– *terrestris* 312
Asellia tridens 88
Ateles geoffroyi 136
Babyrousa babyrussa 394
Balaena mysticetus 275
Balaeonoptera physalus 270
Barbastella barbastellus 111
Bettongia penicillata 41
Bison bison 486
– – *athabascae* 486
– – *bison* 486
– *bonasus* 488
– – *bonasus* 488
– – *caucasicus* 488
Bos banteng 484
– *frontalis* 484
– *gaurus* 484
– *grunniens* 484
– *javanicus* 484
– *mutus* 484
– *primigenius* 480, 484
– *sauveli* 484

– *taurus* 484
Boselaphus tragocamelus 442
Brachyteles arachnoides 136
Bradypus tridactylus 177
Bubalus bubalis 480
– *depressicornis* 481
Budorcas taxicolor 470
– – *bedfordi* 470
– – *tibetana* 470
Callithrix jacchus 130
– *latrans* 230
Callorhinus ursinus 260
Calomyscus bailwardi 307
Camelus bactrianus 401
– *dromedarius* 400
Canis aureus 228
– *dingo* 230
– *latrans* 230
– *lupus* 27, 226
– – *pallipes* 227
– – *tundrarum* 479
– *mesomelas* 229
Capra aegagrus 471
– *cretica* 471
– *falconeri* 473
– *ibex* 472
– – *ibex* 472
– – *nubiana* 472
– – *sibirica* 472
– – *walie* 472
– *walie* 472
Capreolus capreolus 422
Caracal caracal 244
Cardioderma cor 91
Castor canadensis 303
– *fiber* 302
Catagonus wagneri 395
Cavia aperea 340
Cebus capucinus 135
Cebuella pygmaea 125
Ceratotherium simum 372
– – *cottoni* 372
Cercocebus albigena 154
– *aterrimus* 154
– *torquatus* 154
Cercopithecus aethiops 156
– *ascanius* 158
– *cephus* 159
– *mona* 158
– *neglectus* 157
Cervus axis 419
– *canadensis* 420
– *elaphus* 420
– – *corsicanus* 420
– *nippon* 418
– – *nippon* 418
Chinchilla lanigera 342
Chlamyphorus truncatus 173
Choeropsis liberiensis 398
Choloepus didactylus 176
– *hoffmanni* 177
Chrysochloris asiatica 54
Chrysocyon brachyurus 225
Civettictis civetta 214
Clethrionomys glareolus 312
Colobus guereza 138
Condylura cristata 67
Connochaetes gnou 451
– *taurinus* 450
Craseonycteris thonglongyai 90

Cricetomys gambianus 329
Cricetus cricetus 308
Crocidura russula 62
– *suaveolens* 63
Crocuta crocuta 223
Cryptoprocta ferox 221
Ctenodactylus gundi 304
Cuon alpinus 236
Cynictis penicillata 220
Cynocephalus variegatus 74
– *volans* 74
Cynomys ludovicianus 297
Cynopterus horsfieldi 80
Dama dama 416
– – *dama* 416
– – *mesopotamica* 416
– *mesopotamica* 416
Damaliscus dorcas 448, 449
– *lunatus* 448
– – *lunatus* 448
– – *korrigum* 449
Dasycercus cristicauda 21
Dasyprocta aguti 340
Dasypus novemcinctus 172
Dasyurus maculatus 22
– *quoll* 23
– *viverrinus* 23
Daubentonia madagascariensis 125
Delphinapterus leucas 276
Delphinus delphis 278
Dendrohyrax arboreus 360
Dendrolagus lumholtzi 39
– *matschiei* 38
Desmana moschata 64
Desmodus rotundus 94
Dicerorhinus sumatrensis 369
Diceros bicornis 370
Didelphis virginiana 18
Dugong dugon 358
Echinosorex gymnurus 55
Elaphurus davidianus 414
Elephantulus rozeti 68
Elephas maximus 362
– – *bengalensis* 362
– – *maximus* 362
Eliomys quercinus 331
Enhydra lutris 201
– – *nereis* 201
Epomophorus gambianus 83
– *wahlbergi* 83
Eptesicus fuscus 108
– *nilssoni* 106
– *serotinus* 108
Equus africanus 380
– – *africanus* 381
– – *somaliensis* 381
– *burchelli* 384
– – *antiquorum* 384
– – *boehmi* 384
– – *burchelli* 385
– – *chapmanni* 384
– – *quagga* 385
– *grevyi* 382
– *hemionus* 381
– *przewalskii* 378
– *zebra* 383
– – *hartmannae* 383
– – *zebra* 383
Erethizon dorsatum 338
Erinaceus concolor 57

– *europaeus* 56
Erythrocebus patas 160
– – *patas* 161
– – *pyrrhonotus* 161
Eumetopias jubatus 261
Eupleres goudotii 217
Felis manul 239
– *serval* 240
– *silvestris* 238
– *viverrina* 240
Galago senegalensis 128
Galemys pyrenaicus 65
Gazella granti 463
– *thomsoni* 462
Genetta felina 214
– *genetta* 214
– – *isabellae* 215
Gerbillus gerbillus 318
Giraffa camelopardalis 426
– – *angolensis* 426
– – *reticulata* 427
– – *rothschildi* 427
– – *tippelskirchi* 427
Glaucomys volans 300
Glis glis 330
Globicephala melaena 284
Glossophaga soricina 92
Gorilla gorilla 166
– – *beringei* 166
– – *gorilla* 166
– – *graueri* 166
Gulo gulo 192
Halichoerus grypus 262
Helarctos malayanus 211
Hemiechinus auritus 57
Hemicentetes semispinosus 53
Herpestes edwardsi 218
– *ichneumon* 219
Heterocephalus glaber 336
Heterohyrax syriacus 361
Hippopotamus amphibius 396
Hippotragus equinus 444
– *leucophaeus* 444
– *niger* 445
– – *niger* 445
– – *variani* 445
Hyaena brunnea 224
– *hyaena* 224
– – *barbara* 225
Hydrochoerus hydrochaeris 339
Hydromys chrysogaster 328
Hydropotes inermis 405
Hylobates agilis 163
– *concolor* 162
– *hoolock* 163
– *lar* 162
– *moloch* 162
Hystrix cristata 334
Indri indri 124
Inia geoffrensis 276
Jaculus jaculus 333
– *lichtensteini* 333
Kobus ellipsiprymnus 452
– *kob* 452
– *leche* 453
Lagostrophus fasciatus 40
Lagothrix lagotricha 136
Lama guanicoe 402
Lasionycteris noctivagans 110
Lasiorhinus latifrons 35

Lasiurus cinereus 110
– – *semotus* 111
Lemniscomys barbarus 328
Lemmus lemmus 310
Lemur catta 122
Leontopithecus rosalia 131
Lepus capensis 348
– *timidus* 349
Litocranius walleri 458
– – *sclateri* 459
– – *walleri* 459
Loris tardigradus 126
Loxodonta africana 364
– – *cyclotis* 365
– – *oxyotis* 365
Lutra lutra 200
– – *lutra* 200
Lycaon pictus 236
Lynx canadensis 243
– *lynx* 242
– *pardina* 243
– *rufus* 243
Macaca arctoides 144
– *fuscata* 147
– *mulatta* 146
– *sylvanus* 144
Macropus giganteus 45
– *rufus* 44
Macrotis lagotis 31
Macrotus californicus 92
– *waterhousii* 92
Madoqua saltiana 431
Manis temminckii 180
– *tetradactyla* 181
Marmosa cinerea 19
Marmota bobak 295
– *caligata* 294
– *marmota* 294
– *monax* 202
Martes flavigula 191
– – *chrysospila* 191
– *foina* 189
– *martes* 188
– *zibellina* 190
Megaderma lyra 91
Megaptera novaeangliae 274
Meles meles 194
Mellivora capensis 193
Mephitis mephitis 198
Meriones calurus 319
– *unguiculatus* 318
Mesocricetus auratus 309
Microcebus murinus 125
Micromys minutus 320
Microtus arvalis 316
– *epiroticus* 316
– *nivalis* 317
– *oeconomus* 317
– *subarvalis* 316
Miniopterus schreibersi 114
Miopithecus talapoin 160
Mirounga leonina 266
Modoqua saltiana 431
Monachus monachus 266
Monodon monoceros 278
Moschus moschiferus 406
– – *chrysogaster* 406
Mungos mungo 218
Muntiacus muntjak 407
Mus abbotti 326

– *domesticus* 326
– *hortulanus* 326
– *musculus* 326
– *spicilegus* 326
– *spretus* 326
Muscardinus avellanarius 331
Mustela erminea 184
– *eversmanni* 187
– *nivalis* 185
– *putorius* 186
– *sibirica* 185
– *vison* 186
Mydaus javanensis 196
Myocastor coypus 342
Myopus schisticolor 310
Myotis blythi 99
– *brandti* 96
– *capaccinii* 100
– *daubentoni* 100
– *emarginatus* 97
– *lucifugus* 101
– *myotis* 98
– *mystacinus* 96
Myrmecobius fasciatus 28
Myrmecophaga tridactyla 179
Mystacina tuberculata 76, 115
Nandinia binotata 217
Nasalis concolor 143
– *larvatus* 142
Nasua nasua 203
Nemorhaedus goral 465
Neofelis nebulosa 245
Neomys anomalus 59
– *fodiens* 58
Neotomodon alstoni 307
Neotragus batesi 431
Noctilio leporinus 90
Notoryctes typhlops 30
Nyctalus lasiopterus 105
– *leisleri* 104
– *noctula* 104
Ochotona princeps 346
– *pusilla* 347
Odobaenus rosmarus 262
– – *laptevi* 262
Odocoileus hemionus 409
– *virginianus* 408
– – *clavium* 408
Okapia johnstoni 424
Ondatra zibethicus 314
Orcinus glacialis 283
– *orca* 282
Oreamnos americanus 468
Oreotragus oreotragus 432
Ornithorhynchus anatinus 16
Orycteropus afer 352
Oryctolagus cuniculus 350
Oryx gazella 446
– – *beisa* 446, 447
– – *gazella* 447
Otocyon megalotis 237
Ourebia ourebi 432
Ovibos moschatus 478
– – *wardi* 478
Ovis ammon 474
– *ammon* 474
– – *nigrimontana* 474
– *canadensis* 476
– *musimon* 477
– – *musimon* 477

– – *ophion* 477
Paguma larvata 216
Pan paniscus 165
– *troglodytes* 164
Panthera leo 252
– – *persica* 252
– *onca* 250
– *pardus* 248
– *tigris* 254
– – *altaica* 254
– – *balica* 254
– – *sondaica* 254
– – *sumatrae* 254
– – *tigris* 254
– *uncia* 256
Papio anubis 150
– *hamadryas* 151
– *leucophaeus* 153
– *sphinx* 152
Paradipus ctenodactylus 333
Pardofelis marmorata 244
Pedetes capensis 304
Perodicticus potto 127
Peromyscus maniculatus 306
– – *bairdii* 306
Petaurus norfolcensis 37
Petrogale xanthopus 42
Phacochoerus aethiopicus 392
Phalanger maculatus 33
Phascolarctos cinereus 32
Phoca caspica 265
– *hispida* 265
– *sibirica* 265
– *vitulina* 264
– – *stejnegeri* 264
Phocoena phocoena 284
– *sinus* 285
Phodopus sungorus 308
Physeter macrocephalus 286
Pipistrellus kuhli 102
– *pipistrellus* 102
– *savii* 103
Pitymys subterraneus 315
Plecotus auritus 112
– *austriacus* 113
Poebrotherium wilsoni 387
Poiana richardsoni 216
– – *liberiensis* 216
Pongo pygmaeus 168
– – *abeli* 168
– – *pygmaeus* 168
Potamochoerus porcus 392
– – *koiropotamus* 392
– – *porcus* 392
Potamogale velox 51
Presbytis entellus 139
Priodontes maximus 174
Procamelus gracilis 387
Procavia capensis 360
– *habessinica* 360
Procyon lotor 202
Propithecus verreauxi 124
Proteles cristatus 222
Protylopus petersoni 387
Pteropus poliocephalus 80
Ptilocercus lowi 73
Puma concolor 246
– – *coryi* 246
– – *cougar* 246
Pygathrix bieti 141

– *brelichi* 141
– *nemaeus* 140
– *roxellanae* 141
Rangifer tarandus 412
– – *caribou* 412
– – *tarandus* 413
Rattus norvegicus 325
– *rattus* 324
Rhinoceros sondaicus 369
– *unicornis* 368
Rhinolophus euryale 88
– *ferrumequinum* 86
– *hipposideros* 87
Rhinopithecus roxellanae 141
Rhinopoma microphyllum 84
Rhynchocyon cirnei 68
Rousettus aegyptiacus 82
Rupicapra rupicapra 466
– – *cartusiana* 467
– – *tatrica* 467
Rusa unicolor 414
Saiga tatarica 464
Saimiri sciureus 132
Sarcophilus harrisi 24
Schoinobates volans 37
Sciurus carolinensis 293
– *vulgaris* 292
Sekeetamys calurus 319
Selenarctos thibetanus 210
– – *gedrosianus* 210
Setonix brachyurus 41
Sibbaldus musculus 272
Sicista betulina 332
Sminthopsis crassicaudata 20
Solenodon cubanus 50
– *paradoxus* 50
Sorex alpinus 61
– *araneus* 60
– *minutus* 60
Sotalia fluviatilis 276
Spalax leucodon 336
Spermophillus citellus 296
Spilogale putorius 199
Suncus etrascus 63
Suricata suricatta 220
Sus scrofa 390
– – *riukiuanus* 390
Sylvicapra grimmia 430
Sylvilagus floridanus 350
Syncerus caffer 482
– – *aequinoctialis* 482
– – *caffer* 482
– – *nanus* 482
Tachyglossus aculeatus 14
Tadarida brasiliensis 117
– *teniotis* 116
Talpa europaea 66
Tamandua tetradactyla 178
Tamias sibiricus 298
– *striatus* 299
Taphozous mauritanus 85
– *nudiventris* 84
Tapirus bairdii 377
– *indicus* 376
– *pinchaque* 377
– *terrestris* 374
Tarsipes spenserae 36
Tarsius syrichta 129
Taurotragus derbianus 440, 441
– – *derbianus* 441

– *oryx* 440
Taxidea taxus 196
Tayassu tajacu 395
Tenrec ecaudatus 52
Tetracerus quadricornis 442, 443
Thalarctos maritimus 212
Theropithecus gelada 148
Thylacinus cynocephalus 26
Tolypeutes tricinctus 174
Tragelaphus angasi 438
– *eurycerus* 439
– *imberbis* 437
– *scriptus* 434
– – *massaicus* 434
– *spekei* 434
– *strepsiceros* 436
Tragulus javanicus 404
– *meminna* 404
Tremarctos ornatus 211
Trichechus manatus 358
Trichosurus vulpecula 34
Tupaia glis 72
Tursiops truncatus 280
Ursus americanus 209
– *arctos* 208
– – *middendorffi* 208
– – *nelsoni* 208
Varecia variegata 123
– – *ruber* 123
– – *variegata* 123
Vespertilio murinus 106
Vicugna vicugna 403
Vombatus ursinus 34
Vulpes vulpes 232
– *zerda* 235
Wallabia bicolor 42
Xerus erythropus 300
Zaedyus pichiy 173
Zaglossus bruijnii 15
Zalophus californianus 263